英宪精义

〔英〕A. V. 戴雪 著

雷宾南 译

商务印书馆

Albert Venn Dicey
INTRODUCTION TO THE STUDY OF
THE LAW OF THE CONSTITUTION

本书中译本繁体版（全八册）根据英国麦克米伦出版公司 1915 年版译出，由商务印书馆于 1930 年首次出版，本次简体版在原 1930 年繁体版基础上，按现行出版规范与体例排印再版

译 者 序

这部书是戴雪(Albert Venn Dicey)先生的三大名著之一,原名"Introduction to the Study of the Law of the Constitution",简称"The Law of the Constitution"。倘若从字面迻译,汉译本应称为《英吉利宪法的初步研究》;简称《英吉利宪法》。但一就内容仔细推究,此类称谓实有未当。诚以原书在宪法学上之最大贡献,是在于将英宪(The Constitution of England)所有规则区分为两大部分:其一部分是宪法的法理及法规,故应属于宪法的本部;其他是典俗、成训及惯例,故应属于宪法的别部。前者被戴雪称为英宪的法律(the law of the constitution);后者为英宪的典则(the convention of the constitution)。简言之则为"宪法"与"宪典"。至于两者之所由区别只以有无"实效力"为标准。申言之,宪法受承认与被执行于法院;宪典则否。不过宪典本身虽不具有责效力,然而它们仍然可以得到法律的夹辅;故在间接上尽可得法院的扶持,在实际上即可以推行有效于英国。不宁惟是,英吉利民族素来是富有政治经验的民族;英格兰一向是饶有政治习惯的国家:因之,为着做出分类作界的工夫起见,在英宪的研究中著者诚不能不先将宪典区别于宪法以外;但为着彻底探讨英宪的内容起见,与彻底明白英宪的妙用起见,英宪的研究仍不能专攻法律部分,而弃却典则部分。惟其如是,戴雪在原著中实揭橥三条大义以研究英宪。三条大义为何？第一大义是"巴力门的主权"；第二大义是"法律主治"；第三大义是"宪典依赖宪法以得到责效力"。由此观之，我们可见戴雪的研究工作初不限于英宪的法律。倘若只以"英吉利宪法"一名迻译，我以为不但易惹起误会，而且易变成不信。倘若以《英吉利宪法的初步研究》一名迻译，我以为不但是不信，而且是不雅。不宁惟是，著者提示这三条大义，盖所以翘示英宪的特性，而别之于其他国宪。譬诸作画，凡画家善于传神者，往往利用各种象征，依之，他遂能给与观者以极强印象。戴雪对于英宪的表演方法正是一样。他所做英宪的研究工夫，恰似一幅美术画，实不难将英宪的真象活泼泼地表现，使读者得以心领神会。果尔，他的著作不但是一本正确的科学专著，而且是一种美术的作品。倘若只以初步研究目之，我以为这种称谓不但是不信，而且是不达。综合以上种种理由，我斟酌再四，最后特为我的译本取名曰《英宪精义》。"英宪"云者所以明英宪的研究，虽侧重宪法，但仍不弃置宪典也。"精义"云者所以表示这部书的著作艺术虽以研究三条大义为重心，但每一大义之中仍蕴蓄许多精理，故最后实以研究英宪的全部原理及规则为主旨也。

这部书的汉译本开始于民国16年，即西历1927年；原本系取之1926年版本，即该书经第八次修正（这是末后一次修正，时为1915年）后之第五次翻印本。是年冬间，译者方以筹备广西大学之故，于役欧洲，考察欧洲各国高等教育；翌年4月初旬，为着重游英格兰，并察观该国各著名大学起见，我特地从英吉利海峡东渡；是月15日，行抵英国西南方之别京顿（Beckington）一小村，我的业师辟克福特先生（James V. Pickford Esq.）馆我于其家，在个中，他欣然与我共读戴雪的原书一遍，获益不浅。自此之后，由英格兰入德意志，又由德意志入北欧诸国，舟车间甚形劳顿，差幸于旅行及考察之余，我还得忙里偷闲，以继续研究英宪与执笔赓续译事。不谓变故骤来，慈母在家内病笃，游子闻之，肝肠欲裂；于是束装就道，星夜驰归，比以8月21日抵里门时，先母何太夫人竟已于7月31日溘然长逝。悲痛之余，饮恨罔极，译事遂暂时中辍。嗣后，或往无锡演讲成人教育，或复归故里，主持本省教育行政，当是时，公私事务猬集；于是，译事时作时辍，而这一部汉译本的完成几乎不知何日。会今年春间，因为将就国立中央大学之聘，且将为诸生讲授英吉利宪法之故，我于是发奋努力，务将年来对于英宪的研究所得材料，及对于戴雪的生平和著作之研究所得事实重加整理一番。除此之外，我更要按日程功，速将原书译汉。计自去年11月起，迄于今年2月止，竭了四个月的时力，我不但能将汉译本《英宪精义》大体译完，而且能草成"译者导言"一篇，以为中国学生研究英宪之一助，又起草《戴雪传》一篇，以为中国读者明白了解原书著者的思想行动之一助。这是立言事业的一种小小尝试，其间所有成就如何，至不足道，不过假使在过去两年间，不有良师引导，诸位益友扶助，这部汉译本《英宪精义》或不会有了今日。我对于师友辈的高谊诚称谢不尽。末了，我还要郑重申明一句，这一部汉译本的完成实赖我的爱妻以热诚和忍耐力，终始其事。

著书是一件难事；译书亦是一件难事。著作的困难，尽人皆知，我无庸赘论。至于译述的困难，依译者所有经验说来，不但是在于明澈地索解原书所有词旨，与忠实地传达原书所有文义，而且在于能体会著者的思想行动，与能表现著者的整个人格。根据这种理想，在未执笔作汉译之前，译者已下了许多工夫，务求有所以领略英宪的性质，复求有所以会悟著者的研究方法和精神。而在译汉之际，译者不但于译本每章之首加入全章纲要，每章之末加入解义若干条*，而且于译本首册，冠以导言，又于译本末册，缀以著者传略。然而在此际仍有鳃鳃过虑者一事，即是：诚恐有志未逮，力不从心，译本遂不免有许多错处，亦有许多漏处。于是，諟正工夫不能不求之大雅君子。

1930 年 5 月 23 日雷宾南沛鸿序于南京国立中央大学

---

* 为便于读者阅读，本次排版时将译者注统一改为页下注。

译者导言

哈佛大学教授门禄（Prof. W. B. Munro）先生著书论及英吉利宪法，书中有一段精警语，引用之如下：

"自由政制的治术是盎格鲁-诺尔曼（Anglo-Norman）种族对于世界文明的最大贡献。本来现代文明，以构造论，最为复杂；因之，现代文明种人常从殊方异国得到各种文化的渊源。譬如，宗教来自东方；字母来自埃及；代数来自摩尔人（Moors）；艺术与文学大概来自希腊；法律来自罗马；诸如此类，不一而足。惟有关于政治组织中之基本概念，现代文明种人在势必须请教于英国的宪政制度；于是，在世界各国宪法中往往有许多通名与成语，除却引用英国政治的理论及实际所有典故外；无从解释明白。平心而论，代议政治并非始创于英国；但使我们追论此项政治在各国中之进展过程，我们即不免失望。因为首创此制的一切国家并不能令其有继续发展机会。卒之，只有英宪能成各国宪法之母；英吉利巴力门亦成各国所有巴力门之母。不管巴力门的名称在各国中，如何立异，例如，'Congress''Chamber''Reichstag''Rigstag''Storthing'，或'Sobranje'；他们在实际上都具有这位母亲的肖像。诚如是，我们虽谓在盎格鲁-诺尔曼人的领导下所产生现代世界的平民文明实为政治学上之最显赫事迹，亦不为过。倘若不明此旨，学者即不能领会政治学中之玄要。"[1]

由上文一段引用文考察,我们可知英吉利宪法在世界各国宪法中占居极重要位置,而英宪的研究在学问上之重要亦可推知。于是,劈头第一问题便是:什么是英宪?换一句话说,英宪的内容究竟包含什么东西,我们能具体地说明之否?

将欲答复这一问题,英宪的学者,尤其是从外国来的学者,常不免陷于窘迫的境地。是何以故?则以英吉利政治制度常带有几分诙奇吊诡的外貌故。试征实说,譬如,一个法国著名学者,在研究英宪之余,即不禁发生一种怪异感想;他只好提出两个比喻来,以解明己意。第一,他以英宪比一条万里奔驰的道路;第二,他又以英宪比昼夜奔流的大川,恰如孔子在川上时所发感叹,即谓:"逝者如斯夫!源泉滚滚,不舍昼夜!"适在眼前之微波,与正在脚下之流水,一刹那间,都卷入漩涡而荡漾流转以去。[2] 笃奎尔(Toqueville)更进一步,发为妙论,他说:"在英格兰中宪法常能不断地改变;严格言之,她实未尝有真际的存在(En Angleterre la constitution, peut changer sans cesse : ou plutôt elle néxiste point)。"[3] 诚以从普通概念观察,宪法在日常用语中,概指一道或几道公文,在其中一国的根本大法灿然具备。试征实例。譬如,合众国宪法只以一道文书明载;法兰西现行宪法亦不过以三宗法令构成。在此类公文中,不但国内政府的组织及功能均被明白规定,而且人民的基本权利及

---

[1] 参考门禄所著,《欧罗巴政治》,第一章。
[2] 见布眉(M. E. Boutmy)所著,《宪法学》(*Etude de Droit Constitutionnel*),第4页。
[3] 笃奎尔所著,《美国平民政治》(*La Democratie en Amerique*),第一册,第四章。

义务亦经郑重保证。由是，宪法在国法中之地位大概与普通法律所有地位轻重悬殊；同时宪法的制定程序及修正程序与普通法律所有程序难易判别。然而本书的研究对象——即英吉利宪法——则大异是。按实言之，英吉利宪法既不能以一道或数道公文括举，复不能以过去与现在的时间严谨区别。她缺乏谨严明确的内容，复缺乏首尾完整的体系。惟其如是。笃奎尔以大陆学者的眼光，研究英宪，其发为此论，当无足异，我们闻之，只好引用成语作赞，即谓："君房言语妙天下！"

虽然，倘若读者因此联想及于法律上之成文与非成文的区别，他不难遽下断语；即谓：个中奥妙尽可以一语道破，即通常所谓英宪概为非成文宪法，而法宪及美宪却为成文宪法是。如此论断，在我们看来，不免违于事实。谓予不信，试翻阅历史上之著名官书，或巴力门之法案，就中不少有公文足以当得起英宪的名义而无愧色。让我们指点一二，以资解证。昔在1215年，大宪章（Magna Carta）签押；自有大宪章，御用特权（royal prerogative）受了制限，日复一日。又在1295年，爱德华第一（Edward the First）檄告全国，召集巴力门；自有这一宗檄书，巴力门的每年召集遂成立国常规。继而在1606年，巴力门发布"请罪"文书（The Apology），再四申明"民声即天声"的大义。1628年，权利请愿书（petition of right）提出，以郑重宣告个人的自由与人民的私有权利。1679年，巴力门通过第一次出庭法案（Habeas Corpus Act），1816年，又通过第二次出庭法案：前者保障人民在刑事上之身体自由；后者保障他们在民事上之自由。1689年，巴力门再乘朝代更新之际，成立权利草案（bill of right），以继起大宪章的遗意，而谋有所以限制御用特权。1701年王位继承法案（*act of settlement*）通过，法律的内容虽异，法律的用意只是一样。不宁惟是，英格兰与苏格兰的关系实规定于1707年合一法案；大不列颠与爱尔兰的关系始受确立于1800年合一法案，中间受变易于1914年爱尔兰自治法案，末后复受修正于1922年爱尔兰政府法案。选举制度的改革造端于1832年大改革法案（*the Great Reform Act*）；中继于1867年与1884年两宗改革法案（*the Reformation Acts*）；再接再厉于1918年人民代表法案（*Representation of the People Act*），及1929年平等选举权法案（*Equal Franchise Act*）。凡诸如类之法令都足以确立政府的组织及功能，调节政府对于人民以至人民对于政府的权利义务。因之，我们纵不能视之为英宪的全体，但亦不能不视之为英宪的一部。他们既是英宪的一部，又是一一载明于官书与档案，于是，我们虽欲强称英宪为非成文宪法亦不可得。由此观之，将欲以成文与非成文的区别解答何谓英宪的问题，学者必至于失望。

而且上文所已列举的法令，或为君民间之信约，或为巴力门依立法程序而成立的法案，固然具载于官书，但无论如何，它们决不足以包举英吉利宪法。其实，纵使有人能勤于搜讨，复精于审订，尽将历朝档案翻阅，复尽将与根本大法有关的法律汇集，成为英宪丛书，此项丛书，无论如何浩博，仍未足使读者得窥英宪的全豹。这样困难就是学者在英宪的研究上所必遇。申言之，英宪的研究所有困难，不但因为她具有似是而非的非成文法律的外貌，而且因为她具有繁颐而不可究诘的内容。

惟其如是，将欲彻底明白英宪，我们少不了要下一番穷原竟委的工夫。诚以天下事理，若就支流推究，常由简而趋于繁，若向源头上溯，常由繁而归宿于简。果尔，英宪的渊源问题遂以惹起。

试用分析方法研究，英宪的渊源可约成五种，其第一种即为历史上著名的信约及重要公文，例如，上文所论述的大宪章、请罪文书、权利请愿书、权利草案之类。此类重要文书实为裁抑君权与扶植民权的基本原理所寄附；因之，他们自然是宪法的主要来源之一个，我们可无须深论。然而在这几道文书之中，无一道文书不是专为应付当时所有急需而设立；以此之故，无一道文书能独自构成宪法的法典。民间有一件特殊冤屈出现，国内即有一宗特殊补救的办法应付。这是英吉利民族性的长处所在，亦是他的短处所在。但不管是长是短，这几道文书的个体或全数，以具有时间性之故，概不能遗学者以一个印象，恰如美宪所造印象，即谓：这是英宪的法典。所以除这几道文书之外，英宪的渊源尚有赖于巴力门法案。故巴力门法案实即为英宪的渊源之第二个。试征实例，则有王位继承法案、英苏合一法案、大改革法案，以至诸如此类之法案。他们或与王位的授受有关系，或与国家的组织有关系，或与选民团的组织有关系；此类关系我曾在上文提示，因之，他们对于宪法的渊源所有贡献可无待赘述。不过我们在此地还要注意一点，即是每年巴力门建立法案极多，就中不止重要法案，如上文所已列举者，可构成宪法来源，甚至许多寻常法案亦可具有同样的价值。譬如，各种法案大则规定司法制度，有如1873至1876年间所通过，即所谓司法制度法案(Judicature Acts)者是；又或规定地方自治制度，有如1888年、1894年、1929年所通过，即所谓地方政治制度(Local Government Acts)者是：他们小则干涉及于民间破产事务，有如1883年、1914年所通过，即所谓破产法案(Bankruptcy Acts)者是；又或干涉及于毁谤名誉事务，有如1792年1888年所通过，即所谓毁谤法案（Libel Acts）者是。将欲证实此说，任浏览一部研究英宪的名著［譬如，即举安生（W. R. Anson）示例，安生在他的《英宪的法律与习惯》第一册中 [4] 引用法案几及二百之数］学者自当得到梗概。本来巴力门法案为数已多，因之，宪法的渊源已是繁重；不谓法案之外，尚有司法判决（judicial decisions）加入，以构成宪法的渊源之第三个。司法判决何以能成为宪法的渊源？原来在古代英格兰中，司法与立法的功能原属相混，故法院所下判决往往造成新法。于是有"法院造法"（judicial law-making）的名称及事实。[5] 惟时至今日，分工盛行，议会主立法，法院主执法。法院造法已不复如从前重要。随之，司法判决亦惟以诠释大宪章，各种信约，及各种法案，与解释个中所有条文为限。然而即专就诠释立法的功能做去，法院在英宪的渊源上所有贡献自是不小。试翻阅安生的名著《英宪的法律与习惯》，引用成案（cases）亦不下百数十宗，[6] 学者当不难认识司法判决的重要地位。不谓除司法判决外，又除法案外，英宪的渊源之第四个尚有常法（common law）。常法为何？本来这个名词可有好几种解释；[7] 但在此处只解作一个法律体系的原理及规则，他们的生成初不依赖巴力门的立法行为，只以徐徐演进而获取全国承认。此类原理及规则，简言之，便是国俗（custom of

---

4　参考安生所著，《英宪的法律与风俗》（The Law and Custom of the Constitution），第一册，法案索引。

5　参考普洛克（Pollock）所著，《法学及伦理学论文》，第237页以下。

6　参考安生所著，《英宪的法律与风俗》，成案索引。

7　参考澪恩著，《法学肆言》，雷沛鸿译，第九节。

the realm)。从来英吉利人民所赖以保证人身自由者,除出庭法案（Habeas Corpus Acts）外,大抵得力于常法,而法案无与焉。不宁惟是,英国在17世纪中,巴力门与元首对抗,寻常法院与特权法院（prerogative courts）对抗,于是,形成所谓17世纪的宪政奋斗。当是时,巴力门与寻常法院的惟一武器便是常法。故核实说,那场恶战只由常法与御用特权对仗。如天之幸,后者失败,前者战胜,英吉利立宪政治才告成功。所以任何人,倘要考察英宪的渊源,必须研究常法。但研究云云,谈何容易？诚以既为国俗,常法本身必不是成文法律,反之,它却是一种非成文法律。既为非成文法律,常法的外延自然是十分广漠,而难于立界；它的内容自然是十分空泛,而难于定实。常法在英宪渊源中所以迥异于君民信约,法案或成案者以此；英宪所以难于研究者亦以此。是故法兰西宪法学者布眉（M. E. Boutmy）先生有言："英宪常以历史的潮流推荡震撼而组合与分开各个别异部分；英吉利人民只听其自然,一任其随流飘泊所至。他们从不试将各个别异部分,分类作界,删繁补简,使之得以成为一个金瓯无缺的整体。这种散漫无统系的宪法,适足以使学者于竭力探索之后,依然茫无头绪。"[8]

最可异者,英吉利宪法还要吸取一种惯例（usages）,用之以作源泉。这是英宪的渊源之第五个,又即是末后一个。本来惯例只是一个政治道德,徒以习用日久,遂成典训。所以将常法与惯例较,两者有一同点,即是,同具有非成文的性质；但他们又有一异点,即是,前者虽不是成文,然仍不失为非成文法律,后者不

---

8 见布眉所著,《宪法学》,第7页。

特不是成文法律，而且不是法律。因此之故，前者得被执行于法院，故自有责效力（sanction）；后者适得其反而已。惟其如是，戴雪（A.V.Dicey）先生乃为之命名曰英宪的典则[9]（the conventions of the constitution），简称曰宪典（constitutional conventions），即所以示别于英宪的法律（the law of the constitution），简称曰宪法（constitutional law）。虽然，倘若学者由是遂轻视这种惯例，并断定他们在宪法的渊源居于可有可无的地位，这是大误。我们须知英格兰原为一个富有政治习惯的国家，英吉利人们原为一种富有政治经验的民众；随之，不特所谓惯例常孳生不已，而且宪政制度的大部分往往建筑于惯例之上。倘若专就现实政治立论，英宪的诞生与成立，与其谓为促成于法院所执行的法律，毋宁谓为促成于惯例。然则惯例在宪法的渊源中究居何等位置，学者当能推知耳。不过研究惯例有极难处。申言之，惯例的研究比之法案的考求，成案的审问，或常法的探讨，以至古代约章的解诂，较为困难。诚以惯例本身既非成文，又非法律，他们的真际存在只得寄附于政治行为之上。又以自然的生长或自然的死亡之故，他们更可以随时随地而变异，毫不固定。笃奎尔评论英宪所以谓之为无真际的存在者以此；英宪所以难于研究者亦以此。

综览上文，我们可知英宪的渊源所在，即是：在于古代重要典章、在于法案、在于司法判决、在于常法，又在于惯例。由是，英宪的内容亦必含有上列五种成分，我们当不难推知；而什么是英宪的问题即亦不难答复。兹请根据这番分析工夫而作出英宪的一条

9　参考译本《英宪精义》首章。

定义。

所谓英宪（the constitution of England）只是以法律及典则两类规则构成的体系，依之，英格兰的主权得以合法运用与分配于政府与人民。所有典则部分概属非成文的要素；所有法律部分既具非成文的要素，亦具成文的要素。而且她的渊源不来自一处；而来自多处。以此之故，英宪决不能以一道或数道公文括举，又不能组成一个完整的体系。自历史方面观察，她的起源导源甚远；更自现实政治方面观察，她的发展尚无止境。以此之故，英宪决不是一个死物，亦不是一副机械。申言之，她是政治社会中之一种有机体的组织。

惟其如是，在英宪的研究中，我们可以发见两件基本事实。第一，在英国中，法律不有根本大法与寻常法的类别。所谓宪法不过是寻常法律的一部：于是，宪法的制定所有程序仍与寻常法律的制定所有者无异；宪法的修改所有程序复与寻常法律的制定所有者相同。第二，惯例或典则本身原来不具有法律的责效力；然而一切政治上之行动，在英国中，遵行惟谨。一言以蔽之，此项现象实生成于英吉利人们的政治习惯，[10] 而此项政治习惯实养成于他们在千百年间之民族生活。原来英吉利民族在过去千百年间所营生活常受均衡与调制于两种主义：其一是保守主义（conservatism）；[11] 其二是自由主义（liberalism）。[12] 惟其富于保守，所以英吉利法律最重先

---

[10] 参考卢儿勒（A. L. Lowell）所著，《英格兰的政治》（The Government of England），第一册，"论英宪"。

[11] 参考休·塞西尔勋爵（Lord Hugh Cecil）所著，《保守主义论》。

[12] 参考 L. T. 霍布豪斯（L. T. Hobhouse）所著，《自由主义论》。

例(precedents);[13]惟其崇尚自由,所以英吉利法律最多有冒险性。[14]而两者,合作的结果不但使包含于英宪中之宪典得以夹辅宪法,而且使宪典得以孳生不已,在数量上较之任那一国的宪法为更多又更错综变异。[15]

由这些基本事实,遂发生几样特殊彩色,依之,英宪遂足以翘异于其他国宪。第一样特殊彩色便是软性(flexibility)。在软性支配之下,英宪随时可以被巴力门变易。试征实说,例如,在英宪中,没有一宗宪章(charter),更没有一宗法案(statute),无论关系如何重大,巴力门不能修改,又如,在英宪中没有一件司法判决,巴力门不能撤废;没有一条常法的规则,巴力门不能毁弃;没有一项惯例,巴力门不能变更。简约言之,英格兰的政治权力是操在巴力门手中。将欲明白此旨,我们最好把英宪的软性和法宪的硬性(rigidity)反勘。在硬性支配之下,法宪不但取得异常的法律形式,而且造成异常的法律品格。什么是她的法律形式?布眉(M. Boutmy)先生说:"在过去80年间,法兰西历史常时昭示我们以一个明训,即是,在"宪法"的称谓之下,她大概是一道公文,可以有目共见,不宁惟是,她常以一定手续公布,而又公布于一定日期。在依次排列的章节之间,所有政府的权力一一明载;所有人民的自由一一保证。"[16]什么是她的法律品格?笃奎尔先生说:"宪法在法国中常具有(至少

---

[13] 参考《法学肄言》,雷宾南译,第70至75页。

[14] 参考J. A. R. 马利倭(J. A. R. Marriott)所著,"自由与法律"论文,载于《爱丁堡评论》,第510期,在1929年10月出版。

[15] 参考卢儿勒所著,《英格兰的政治》,第一册,第一章。

[16] 见布眉所著,《宪法学》,第5页。

应该具有)不可变易性(immutable)。在这种通行理论之下,政府中之任何机关不能有权以改窜她的任何部分。"[17] 戴雪先生说:"除却两次宪法外,每次法兰西宪法均显然具有'硬性的性质'。是以法兰西人们的思想,无论属于何种学派,概崇信同样理论,即是:国家的政治基础必须超出寻常立法机关的活动范围以外;万一果有改变的必要,此类改变务必令其手续繁难与进行迟滞,必俟全国人民对于革新的条陈,深思熟虑,方能成立。"[18] 由这三段引用语,我们当不难反勘英宪所有软性的特色;而且我们还要顺便补足一句,即是要说,正惟英宪有了这样软性,所以笃奎尔便要诧异,并谓英宪没有真际的存在。不过倘若有人根据这番反勘工夫,遂以为英宪既是如此易变,她必然富有革命精神,法宪既是如此难变,她必然富有守旧或顽固性格,这种结论只是大误。为此说者须知国宪不过是全国法律的一部分,而全国法律的生活不过是民族生活的一部分,所以国宪的性格大抵不造成于国宪本身或法律本身,而造成于民族生活。法国的民族生活是如何?英国的民族生活又是如何?倘若论者审察个中异点,他必然自悟错误处所在。将欲明示个中异点,我们最好引用英法两国人的自己现身说法,以求解证。譬如,拿破仑第三说:"在法兰西中,我们要做出革命事业,却不惯做改良工夫。"这句话就是法国人的革命精神所表现。但是英吉利学者马利倭(J. A. R. Marriott)却要翻造上文语句,而替英吉利民族生活写真;他说:"在英格兰中我们要做出改良事业,却不惯提倡革命。"论者

---

17 见笃奎尔所著,《美国平民政治》,第一册,第四章。
18 见译本《英宪精义》的附录中之书后第一则,"论法兰西宪法的硬性"。

闻之，将不难即时反驳，即谓："难道英吉利历史上当真不曾有革命发生吗？果如所说，1640年间之大革命（the Great Rebellion）以至1689年之光荣革命（the Glorious Revolution），不是革命，又是何事？"[19] 此诚是矣；不过我们仍要申辩一句，即谓：就是专自这两次革命看来，英国所有革命仍迥异法国所有革命。这是要说，后者动要彻底改革；前者却要遵守成规。所以马利倭宣言："我国纵然不幸发生革命，这种革命仍不免带有好几分守旧精神；因之，当代革命家所日夕焦心苦虑者，不外要证明所有那次革命的企图只是一种返本还原的行动。幸而在英吉利人民的政治习惯之下，此项证明尚非是绝难事实。所以巴勒格拉弗（Palgrave）曾有言曰：'英格兰的法案或成文法律概是重出的公文；这是要说，它们不外要把古代法律，惯用的或成文的，或加，或减，又或改变多少，庶几年湮代远的法理得以显然复彰，而新生事变亦得以应付无碍。譬如造屋，基础不妨为旧日原有；地面建筑概属新料，故能焕然一新，事半功倍。一代制度既因袭前代制度而有所改革，则两者所有世系与师承至不易骤然中断。'"[20] 由此综观，我们可见英宪实因革损益旧有制度而生成，而守旧精神实为英宪的第二特殊彩色。

更由此旨，我们至容易推究英宪的第三特殊彩色，即英宪的继续性是。原来英宪的生成导源至远，即只就法律本身观察，我们固可由今代民治的宪法而追溯及于中世纪封建时代的大宪章；试翻阅上文关于英宪的渊源之叙论，读者即可明白梗概。倘若更就历史立

19　拿破仑第三及马利倭的引用语，俱见马利倭所著，《英吉利政治制度》(*English Political Institutions*)，第33页。

20　见上引马利倭书，第34页。

论，符礼门（Freeman）先生更进一步，还要追论诺尔曼征服以前英吉利政治制度以至条顿政治制度。符礼门的杰作常受学者称道，尤常受戴雪先生称道，试一浏览原书，读者当能窥见涯涘，兹不复累赘讨论。不过我们所要在此地提示的要旨不是在于英宪的源远流长，而在于英宪的不间断性。符礼门先生亦尝论及此旨，他的议论比任何作者为较精警，兹特译述之如下文，以资解证。符礼门曰："在过去1400年间，英吉利人民的民族生活，虽则时受外族蹂躏，仍未曾有一日中断。申言之，过去与现在的相互系属，如锁链然，环与环相扣，未尝有顷刻间分离。惟其如是，英吉利人民绝未尝端坐静思，谋构成一部崭新宪法，公布之于全国，以试用一种新奇理论。大凡每有一步进展，这一步只是前一步的推升；大凡每有一次改革，这一次改革并不要完全施行新法，却不过推陈出新。我们的进步有时是较速，有时或是较迟，甚至有时竟倒退数步；然而政治的发展却未尝有一日完全停顿，我们至可断定。盖自条顿民族入主，不列颠始渐被转变为英格兰，政治制度的进展至今犹未可限量。"[21]

末后，英宪尚有第四样特殊彩色，即所谓名实相违性（unrealities）是。本来在各国中，要是不有国宪则已，倘有国宪，则法文所规定大抵与事实相符合，纵不一一符合，彼此距离亦必不极远，惟英宪则大异是。理论与实际往往不能一致。原来以实际论英格兰的政治历史只以独裁政治开端，中间渐形成为立宪政治，近世竟趋

---

21 见符礼门所著，《英吉利宪法的生长》（Growth of the English Constitution），第19页。

于"一个戴有面具的民国"(a veiled republic)。然以理论言,独裁政治在英宪中至今尚留许多陈迹。申言之,元首在今日依然是国家威权所从出的源泉。政府的官吏只是元首的仆役;他可以随意任免。政府的行动只是元首的行动;惟有依他的名义才可以施行。而且元首在古代所有特权,例如,批准法律,黜陟官吏及抚绥臣民,运用司法及主持直道,至今未受侵削。然而在实际上国内已有许多惯例与典则,前后代兴;卒之,君主在今代已成为守府;元首的大权已旁落于阁部而归宿于人民;特权已受限于常法,而建立巴力门政治。所以安生(W. R. Anson)有言:"因此之故,英宪在实际上只是一种畸形发展的制度。譬如,一座古屋,每当新主入宅之际,必加修葺,或加增建,不但使之足以安居,而且使之足以合于时尚。惟其如是,屋内所有建筑及设备皆非一手造成;他们却是由多人经营而遗下的手泽。故就实用方面观察,居停主人未尝不称安适;但就美术方面观察,整齐匀称的雅观不免缺乏。所以古制遗俗早成陈迹而不合时宜者,往往仍保留于现代。其结果是:在英宪中不但理论与事实不能时时一致;而且法律与典训不免左右参差。"[22]

综括上文,我们可见所谓英宪实具有四样特殊彩色:第一样是软性;第二样是守旧精神;第三样是继续性;第四样是名实相违性。因为有了这四样特殊彩色,英宪在各国国宪中不但最为特出,而且最为始创。又因为有了这四样特殊彩色,英宪的研究在宪法的比较研究中不但最为重要,而且最为困难。继此让我们讨论各家研究英宪所用方法。

---

22 见安生所著,《英宪的法律及风俗》,第一册,第 1 页。

原来在戴雪的名著未出版以前，研究英宪的专著各国已所在多有，但大别言之，此项研究可汇成三大类。第一类是历史的研究；历史学者主之，而他们的研究方法可称为历史方法。第二类是法律的研究；法律学者主之，而他们的研究方法可称为法律哲学的方法。第三类是政治的研究；政治学者主之，而他们的研究方法可称为政治哲学的方法。平情论之，三大家派研究所得固然各有特殊贡献，但仍然不免带有缺憾。[23] 试征实说，历史学者的研究可以符礼门为代表，他们对英宪学问的贡献是在于穷原竟委，使宪法学生由之得以知英宪所由生成。法律学者的研究可以朴莱克斯顿（William Blackstone）为代表，他们对于英宪学问的贡献是在于确定英宪的研究所有重心及要旨，使英宪学生由之得以知英宪在英格兰法律中之正当位置。政治学者的研究可以贝吉（Walter Baghot）为代表；他们对于英宪的贡献是在于阐明英宪在宪政上之妙用，使宪法学生由之得以明白英格兰的政治制度在当代中所有运行实况。这是诸家学派所有长处，然而他们亦不无短处。短处何在？在于各有所偏。试征实说：例如，历史学者的研究详于古而略于今，未免迷于考古学中之古典主义；法律学者的研究详于理论而略于实际，未免失于侧重法律的形式主义；政治学者的研究详于典则而略于法律，未免遗漏英宪所有特殊法律精神。惟其如是，戴雪先生对于诸家学说遂不能满意。惟其不能满意，戴雪先生遂不得已，发奋立说著书，而自成一家言。试读下方两段引用文：

"简言之，所谓英宪的真正法律自有渊源。渊源何自来？来自

23　参考译本《英宪精义》首章所论。

其他英格兰的法律所同出的地方。换一句话说，英宪的法律与其他英格兰的法律，虽有同样渊源，然而仍可以自成一种独立而又有趣味的研究。在此类渊源之中，我们务须从事搜讨适当材料，复勤加审订与整理。庶几英宪的研究，纵未经多次探险，亦得以徐徐测定新领域，而造成法学中之特殊而又有系统的专门学问。本来此类学问的程途系属新辟，故一时尚未成为熟径。在此际，教者与学者，当进行时，虽则有时曲径通幽，新奇可喜，然而道阻且长，或不免时时发出行路难的感叹。"

"此项险阻艰难固然令人生畏，但亦非毫无益处。益处何在？在于逼迫我们觅取向导。是故在迈步前进之际，将欲提防失路，沿途必须认清目标。目标为何？他们是向来浸淫贯注于英宪中之三条大义。于是，这三条大义，在本书中实为今后研究工夫的纲领。诚以纲领一经提挈，所有错综隐现于英宪中之问题，无论如何纷繁，均得以理董而求解答。分析言之，这三条大义可以揭櫫于下文。第一，巴力门用所立法案为工具，可以统治全国。故专就法律方面立论，巴力门实处于至尊地位。倘若以学术用语提示，这就是'巴力门的主权'。第二，宪政在英国中纯然受法律精神所支配与弥漫；于是，在英格兰的四境以内，寻常法律以绝对的与普遍的现象运行于全国，倘若以学术用语提示，这就是'法律主治'。第三，宪典本来不是法律，因之，英宪的典则在此地似不必问及。徒以在英宪全体中，不但英宪多有，而且宪典能占居特异地位。将欲明白英宪的效实，除宪法的研究外，学者总不可不知宪法与宪典所有相互关系。惟其如是，我们于此亟须揭示一条大义，即是：宪典必须依赖宪法乃能责效。依此三条大义，以求推进，姑弗论将来探讨所得者成何结局,然而在研究进程中,学者对于此类大义下所蕴蓄的精理,必须下许多审问工夫、明辨工夫,以至比较及解证工夫。诚如是,学者将于英吉利宪法学问上早已能得到适当开端。"[24]

玩味上文词旨,并参证全书所解诂,戴雪先生诚能实践所言而无遗憾。以言审问工夫,著者对于英宪的渊源,不管是古代宪章,古今来法案与成案,以至常法及惯例,必加探讨,钜细不遗。以言明辨工夫,著者不但详阐英宪中之三条大义,而且推究各条大义下所蕴蓄的许多精义。无论在本文方面,或在注脚方面,一字一义,著者都不苟用;字斟句酌煞费推敲。以言比较及解证工夫,著者不但抉发英宪中之原理及规则,而且旁求印证,时以法兰西的宪法主义,或以亚美利坚宪法主义,与英吉利法律精神互相校勘。惟其如是,原书所有成就不但足以感应一代思想而风靡全世界,而且将于法律文学上永远占有一重要位置。

倘若更进一步,再就研究方法,详加推究,我们当不难断定,戴雪的这部著作不但是有数的法律文学,而且是"创作的法律文学"。第一着请先推论《英宪精义》所以出世之由来。先是在英格兰中有一著名律师,其姓名为查尔斯·维纳(Charles Viner);当将死时,他留有遗嘱;赠与牛津大学一研究讲座,其称号定为"Vinerian Professor of English Law";这一讲座设立于1758年,专以研究英吉利法律为任务。戴雪(Mr. Albert Venn Dicey)先生是这个研究讲座的第七任教授;而第一任教授就是朴莱克斯顿(William Blackstone)。朴莱克斯顿先生当在职时,实能本律师的专技,加以

---

24 见译本《英宪精义》首章最后两段。

文学家的天才,将紊乱无章的英吉利法律首作科学的研究。朴莱克斯顿而后,端坐这个研究讲座的历任教授未尝不有闻人,顾就中克绍承朴莱克斯顿的遗绪者允推戴雪。戴雪先生以1883年4月21日,于行就任典礼之际,发布就任讲义,即以申明本愿。讲义的题目是:"英吉利法律能在大学中教授否?"(Can English Law be Taught at the Universities?)[25] 倘若依当代法律专家的意见,英吉利法律只能在律师事务所(chambers)或法院中学习,却不能在大学中教授;因为这样是当代所有传统思想及经验。顾戴雪本人则以十分坚强肯定语答复这个问题。他以为惟有在大学中,法律能作一个整体的研究,且能作一个有系统的研究。他又以为惟有在大学中,法律学生能有机会以练习解剖法律制度的本领,及界说法律概念的能事。他更以为惟有在大学中,法律教育的改造,与法律文学的创造,可以受助力及兴奋力而得到成功。简约说,戴雪生平所抱宏愿,倘若就讲义的词旨玩味,实具有双层意义:其一,改进牛津大学的法律学校,谋以科学方法研究英吉利法律;其二,做出有价值的法学专论,谋有所以贡献于法律文学。为着实践此旨起见,他在生时曾印行三部杰作:其一是《英宪精义》(The Law of the Constitution);其二是《法律的相互抵触》(The Conflict of Laws);其三是《法律与公意》(Law and Opinion in England)。将欲得到这三部杰作的评价,我们最好引用现任同一研究讲座的教授所下批评。荷勒士华斯博士(Dr. W. S. Holdsworth)说:"就他的《法律的相互抵触》观察,他自是当代一个最伟大的律师;又就他的《英宪精义》和他的《法律

---

[25] 参考来特(R. S. Rait)所编,《戴雪言行录》(Memorials of Albert Venn Dicey),第86页。

与公意》观察,他不但是一个天才的法律史家,而且是一个天才的法律学者。"[26] 综合这三部杰作以观,我们深表同意于荷勒士华斯的论赞,即谓:"戴雪在19世纪的法律文学史上所有成就,恰如朴莱克斯顿在18世纪的法律文学史上所有成就;彼此各在所生时代中永远占有文坛一席。"

其次,请专就《英宪精义》的著作艺术推究。关于这一层,我只好先让荷勒士华斯代我说话。他说:"戴雪所有一切著作至足解证古今来所有一个实例,即是:英吉利法律的解诂专家大抵受了朴莱克斯顿的遗荫,总能'以学者的风度,君子的品格,尽心教习法学';于是,他们所有著作最能表现文章与法律的结晶。"[27] 这种精心结撰的著作中之第一部就是他的《英宪精义》,而《英宪精义》实为他的牛津讲义之修正稿,最初出版于1885年。大凡在一书未出版之先,著者用功极勤,不但勤于搜讨,而且勤于思考。所以每有一种著作,他本人都以博学深思做出。他的传者来特(R.S.Rait)告诉我们道:"他常时诵习许多典故,搜集许多成语,而一切材料,每有所得,必加仔细分类罗列。至于此后如何约成简要知识与深刻智慧更非一朝一夕所能致,它们都是一番艰远的趱程。这种心得,每当用之于讲义之际,煞费思量,又不知几经修改,然后发表。每逢只可以意会不可以言传之处,著者更费尽心机,设为各种表演方法,务使所有教材以反复申明于各章各节而益显,所有辩旨以巧妙笔锋提示而尽情毕露,至无余蕴。"[28] 惟其如是,所以即在原书出版之后,

---

26 参考来特所编,《戴雪言行录》(Memorials of Albert venn Dicey),第88页。
27 见同上书,第88页。
28 见同上书,第88页。

著者亦不愿画地以自限，而自庆成功。试观原书虽首版于1885年，而自1885年至1908年凡二十三年间，每多一版印行，即经一次修正。因之，此书前后经修正者凡有七次；至于1915年，即原书开始出版后之三十年，戴雪先生诚不愿修改太过频繁，至失原有真意，乃在卷头写成一篇《导言》，长至百页。在他的《导言》中，戴雪先生仍根据为学心得，与生平实际经验，以综括批评英宪在过去三十年间之变迁及进步。

末后一层，请综览《英宪精义》的努力及成功。根据第一层论旨，我们可见戴雪在研究英宪时，所用功力的方向何在。申言之，他所以研究英宪纯与历史学者或政治学者所有动机迥异。虽则英宪的逐一制度各具有长远历史，而且复为耐人寻味的历史，戴雪本为法律史家，盖深知之；然而他在原书中，尝再四申明一要旨，即是，他的任务实为在于研究现行宪法。本来政治学者的工作不但能抉发英宪的精美机括所在，而且能道达他们所以适应变异环境的妙用，戴雪对于此项工作未尝不心折复加以一咏三叹；徒以站在法家的立场观察，政治学者在英宪上所下工夫殊有未实未尽的遗憾。试征实例，例如，政治学者对于英宪的研究，既惟以研究英宪的惯例为事，其工作已失之太单纯；但即以惯例本身而论，他们仍不能解明此类政治惯例所以能推行有效的缘故何在。[29] 这是未尽的例证。又如，英宪中最精妙的机括莫如内阁政制（the cabinet system），而贝吉的名著《英吉利宪法》，所有最精彩处莫如推究此项政制的妙用的一篇论文。至于内阁政制的妙用倘若依贝吉的分析，是在于行

29　参考译本《英宪精义》首章。

政对于立法机关的切实联属；换言之，内阁在当时不过是"巴力门的执行委员会"，一切惟巴力门之命是听。[30]但贝吉的论文之发表时日，若加审问，实为1863年；后来刚过40年，即在1908年，卢儿勒校长（President A. L. Lowell）始以他的杰作"英格兰的政治"问世；故两书出版相距并非甚远，但彼此推究此项政制的运用却不免相互矛盾。这是要说，前者所要郑重提示的只是，巴力门对于内阁能指挥如意；后者所要郑重提示的却是，内阁不但能在政策方面领导巴力门，而且能在立法方面支配巴力门。[31]平情立论，此项矛盾并不是贝吉与卢儿勒的错误；其实只是政制随时代演进而生出的变迁。然而无论如何，宪政的典则本来是有时间性的关系，因之，不似法律的基本概念一般，他们必不能具有永久性。于是，凡关于研究英宪的典俗的著作，倘若就长时间观察，终未免带有不实的遗憾。戴雪诚有鉴于此，故研究英宪惟以法律的观察点为限。

不宁惟是，更根据第二层论旨，我们可见戴雪在研究时所用功力的独到处何在。原来戴雪本人不但是一个博学深思的学者，而且是一个富有经验的律师。[32]所以他在英宪学问上，不但要撇开历史及政治哲理的研究，以谋独开生面，而且要继朴莱克斯顿之后，专在科学的法律研究方面别具只眼。惟其如是，他是以能在复杂纷坛的政象之中，抉择英宪的主要成分。又惟其如是，他是以能在变化无穷的政治经验中，析出英宪的中心思想。更惟其如是，他是以能在继续演进的民族生活中，传译英宪的基本概念。因此之故，我

---

30 参考贝吉所著，《英吉利宪法》，第二论文，"论内阁"。
31 参考卢儿勒所著，《英格兰的政治》，第一册，第355页。
32 参考译本《英宪精义》的附录所载"戴雪传"。

们敢于断定一语,即谓:《英宪精义》不但可以行诸当时,而成为英宪的科学研究之善本,而且足以垂诸后世,而成为法律文学中之经典。为着充分地领会这部著作的真价值起见,我们且引用两位法律名家的赞语,以结本论。戴雪的后任人员,即桀勒达教授(Prof. Geldart),当在发表就任讲义时,曾说:

"叙论正在进行中的法律,区别生法律于死法律以外;与评判每一运动的起因及趋势,较之论述在静态中的法律,自然是更难的事。戴雪教授,就其生平言行观察,当属于第一种人物;但他的实际成就究竟达到什么程度,凡是曾经亲炙他的教训,或曾经诵习他的著作的人们,当比我一人所能道达者较为真切。以文章体裁论,戴雪与朴莱克斯顿相较,若就气魄与势力观察,当是不相上下,但就渊雅与博通观察,前者实比后者为优。更以学问论,两人同是淹博及周详者流。不过除此之外,戴雪还具有批评的眼光及分析力;此则非朴莱克斯顿所能企及。不宁惟是,戴雪不但对于当时政治问题至为详审,而且对于政治运动更能热心参加。在他的《英宪精义》中,他不但教训我们以宪法中之基本原理,而且教训我们以一要旨,即是:此类基本原理,虽则不断地变易,然而早在民族生活中培植了深根固蒂。"[33]

在1905年,戴雪的原书曾被译成俄语,当是时,历史派的法学名家维娜格拉铎爵士(Sir Paul Vinogradoff)曾为俄译本写一篇导言,节译如下:

"戴雪是一个博学深思的学者。他不但能善于分析事理,以勾

---

[33] 见来特所编,《戴雪言行录》,第90页。

取玄要部分,而且能于变异与芜杂的实事之中,抉择主要原理。他本来具有文学的天才,故在他的书中命意遣词,均属匠心独运;因此之故,将原书翻译成外国语言一事至不易为,不宁惟是,即在原书译成之后,俄罗斯读者必然尚苦难于了解;诚以该书纯从法律视点,以研究英宪,解人已属难索,不料它还要推究许多英吉利司法习例,以解证英宪,外国人于骤读之余更不易懂得。然而全书的精华所在,依我看来,正是在于这两点,于是,该书所以难于卒读者以此,该书所以值得玩味者亦以此。既不追溯逐一制度与逐一原理的演进历史,复不絮絮谈及全国所有宪政上之各种组织,戴雪之书惟欲给与我们以一部宝鉴,依之,英宪的法律思想,及此类思想的应用,可以全形毕现。"[34]

---

34 见来特所编,《戴雪言行录》,第91页。

目　次

第一版序文 …………………………………………………… 1

第八版序文 …………………………………………………… 5

导言 …………………………………………………………… 7

首章　全书纲领

宪法的真性质 ……………………………………………… 101
　第一节　古代人民的宪法观 ……………………………… 101
　第二节　今代人民的宪法观 ……………………………… 103
　第三节　英宪的涵义及范围何在 ………………………… 105
　第四节　宪法名称的确诂 ………………………………… 119
　第五节　宪法的研究范围测定 …………………………… 126

部甲　巴力门的主权

第一章　巴力门主权的性质 ……………………………… 135
　第一节　宗旨 ……………………………………………… 135
　第二节　何为巴力门主权 ………………………………… 135
　第三节　巴力门主权说释疑 ……………………………… 157

第四节　为巴力门主权的原则解除困难⋯⋯⋯⋯⋯⋯166
第二章　巴力门与非主权的造法机关⋯⋯⋯⋯⋯⋯⋯⋯⋯178
　　第一节　章旨⋯⋯⋯⋯⋯⋯⋯⋯⋯⋯⋯⋯⋯⋯⋯⋯⋯178
　　第二节　主权的巴力门所有特性⋯⋯⋯⋯⋯⋯⋯⋯⋯⋯178
　　第三节　非主权造法机关之特性⋯⋯⋯⋯⋯⋯⋯⋯⋯⋯182
　　第四节　从属的造法机关⋯⋯⋯⋯⋯⋯⋯⋯⋯⋯⋯⋯⋯184
第三章　巴力门主权与联邦主义⋯⋯⋯⋯⋯⋯⋯⋯⋯⋯⋯217
　　第一节　章旨⋯⋯⋯⋯⋯⋯⋯⋯⋯⋯⋯⋯⋯⋯⋯⋯⋯217
　　第二节　欲明白联邦主义莫如研究美国宪法⋯⋯⋯⋯⋯217
　　第三节　联邦主义的存在条件及其建国宗旨⋯⋯⋯⋯⋯219
　　第四节　联邦主义的主要特性⋯⋯⋯⋯⋯⋯⋯⋯⋯⋯⋯222
　　第五节　此类主要特性与其他联邦国家⋯⋯⋯⋯⋯⋯⋯241
　　第六节　联邦政制与巴力门主权之比较⋯⋯⋯⋯⋯⋯⋯245

部乙　法律主治

第四章　法律主治的体用⋯⋯⋯⋯⋯⋯⋯⋯⋯⋯⋯⋯⋯⋯257
　　第一节　引论⋯⋯⋯⋯⋯⋯⋯⋯⋯⋯⋯⋯⋯⋯⋯⋯⋯257
　　第二节　法律主治的三个指意⋯⋯⋯⋯⋯⋯⋯⋯⋯⋯⋯262
　　第三节　法律主治在发展进程中所生影响⋯⋯⋯⋯⋯⋯276
第五章　人身自由所应有权利⋯⋯⋯⋯⋯⋯⋯⋯⋯⋯⋯⋯279
　　第一节　英宪与比宪互勘⋯⋯⋯⋯⋯⋯⋯⋯⋯⋯⋯⋯⋯279
　　第二节　意义及救济方法的探讨⋯⋯⋯⋯⋯⋯⋯⋯⋯⋯281
　　第三节　出庭状⋯⋯⋯⋯⋯⋯⋯⋯⋯⋯⋯⋯⋯⋯⋯⋯⋯286

第六章　议论自由所应有权利 ·················· 309
第一节　法宪比宪与英宪比较 ·················· 309
第二节　毁谤法之探讨 ························ 312
第三节　出版自由何故被视为英格兰所有别相 ······ 318
第四节　现代英国的出版事业所有地位 ············ 318
第五节　与外国古今法律对勘 ···················· 324
第六节　与本国古代法律对勘 ···················· 331
第七节　英法出版律对勘后之问题 ················ 335

第七章　公众集会所应有权利 ······················ 341
第一节　比宪与英宪互勘 ······················· 341
第二节　集会原理的应用 ······················· 348
第三节　个人自由的制限 ······················· 350

第八章　戒严法 ·································· 355
第一节　引论：英吉利法律之分界问题 ············ 355
第二节　戒严法与英吉利法律 ···················· 358

第九章　陆军 ···································· 365
第一节　引论：本章论旨 ······················· 365
第二节　常备军 ······························· 367
第三节　地方防军 ····························· 377

第十章　财 ······································ 379
第一节　章旨 ································· 379
第二节　岁入之法律渊源 ······················· 380
第三节　岁出之法律根据 ······················· 383

| 第四节 | 合法度支之保证 | 386 |

第十一章 阁臣的责任 ... 392
  第一节　何谓阁臣的责任 ... 392
  第二节　阁臣的责任与法律主治 ... 393

第十二章 行政法的反比 ... 396
  第一节　章旨 ... 396
  第二节　行政法的探讨 ... 398
  第三节　比较观察 ... 428

第十三章 巴力门的主权与法律主治 ... 456
  第一节　引论 ... 456
  第二节　先就巴力门主权观察 ... 456
  第三节　复就法律主治观察 ... 460

部丙　宪法与宪典的联络

第十四章 宪典的性质 ... 465
  第一节　引论 ... 465
  第二节　宪典的性质 ... 466
  第三节　宪典的共相 ... 469
  第四节　宪典的终局 ... 474

第十五章 宪典的责效力 ... 483
  第一节　一个重要问题 ... 483
  第二节　各种答案 ... 484
  第三节　宪法上之几个次要问题 ... 495
  第四节　结论 ... 506

附　录

书后一　法兰西宪法的硬性 …………………………………… 513
书后二　联邦国家中之权力分割 ……………………………… 523
书后三　执政的两种形式 ……………………………………… 530
书后四　自卫的权利 …………………………………………… 543
书后五　公众集会的权利所有问题 …………………………… 556
书后六　军人在被命解散非法会议时所应守本分 …………… 579
书后七　"违宪"法律的义解 ………………………………… 585
书后八　瑞士联邦主义 ………………………………………… 587
书后九　澳大利亚联邦主义 …………………………………… 604
书后十　戒严法在外战或内乱时期之问题 …………………… 617
书后十一　平政法院的组织 …………………………………… 641
书后十二　论控诉元首 ………………………………………… 643
书后十三　1911年巴力门法案 ………………………………… 645

戴雪先生略传 …………………………………………………… 649

新旧人名译名对照表 …………………………………………… 654
新旧地名译名对照表 …………………………………………… 667

第一版序文

这部书是为指引学者,使得从事于英吉利宪法的学问而作;他不是一部宪法大纲,更不是一部宪法通论。书中题旨只以探讨英宪中之两三大义所含义蕴为事。当将原稿印行时,我怀抱双重希望:其一为学者准备一教本,依之,英宪所有主要原理可以彻底研究;其二为精深宪法学问作阶梯,由之,朴莱克斯顿(Blackstone)的《英吉利法律解诂》及其他同类专著可以融会贯通。为着实行此项设计,我不但勾提现行宪法所有基本精义(譬如,即以巴力门主权为例)加以郑重申明与反复辨论,而且时时采用比较方法,在一方面征引合众国的宪法主义,在他方面复征引法兰西的宪法主义,用之以解证英吉利宪法主义。至于本书究竟能达到此项期望与否,尚待读者明察及公断。不过我愿以一语,奉告两事:其一,这部书,原为演讲草稿,虽则在付印前曾经改订,然重复与罣漏之处,知所不免;其二,这部书系讨论英宪中之精义的专著,其所有主旨及范围,不但迥异一部英格兰的宪政历史,而且不能与一般分析巴力门政治的体系所有实际功能之书籍,有如贝吉(Bagehot)的杰作名《英吉利宪法》者,完全类似。

虽然,倘若我所坚持的论旨,即所谓本书自有特殊目的之论旨,竟使读者生一误会,遂以为此书是一种创作,我且将十分抱歉。按实言之，所有历代著作名家，如朴莱克斯顿，如哈廉(Hallam)，如轩恩(Hearn)，如贾地纳(Gardiner)，又如符礼门(Freeman)，他们的书籍久已嘉惠士林，且为学生界人人讽诵；即以我本己一人自问，我所受赐于这几位律师与历史家者实属不浅。当起草时，倘若不常时参考此类书籍，我的演说稿且无一页可以完成。就中有三位论主所以助我者尤厚，因之，我的特别致谢不但是本分所应为，而且是本心所愿为。试征实言之：轩恩教授所著《英格兰的政治》，实能教我以一主要方法，依之，古代律师不断地努力于确立各种根本原理，以造成宪法的基础。贾地纳先生所著《英格兰的历史》暗示我以一个结论，即是：御用律师，在修多朝代与司徒雅朝代之下，抱持对于特权的一种见解，适与现代法兰西民国所用以维持行政法(droit administratif)的法律与行政思想，酷相类似。这个结论，以我的见闻所得于行政法者相比较，恰可证实；因之，在本书下文中，我尝屡次不一次提示此旨。惟对于我的好友与同事，符礼门先生，我所受者则为具有别一性质的补益。他的名著《英吉利宪法的生长》实能示我以著书善法，依之，干燥无味的题目亦可以写成大众欣赏的文章。而且这部名著，对于所谓"成文的法律"与所谓"我们的习惯的宪法"之区别，解释详明；不料玩味之余，此项区别竟能引人入胜，使我不能不着力前进，以追寻一个问题的答案，即是：宪典既然不是法律，为什么他亦能具有责效力；究竟此项效力的渊源从何处来？同时，书中关于宪法的生成的叙论尤为犀利；惟是，一经玩索，此类叙论适足以促起我的心理上之一种反应，又足以惹起宪法上之一种深思。申言之，读罢此类叙论，我不但注意于观察我国的制度之方法，盖有历史的视点与法律的视点之区别；而且要进而推求一要旨。这个要旨便是：倘若纯以历史的眼光考察英宪，学者由此固得以明白宪法在进化上所有历程；然而倘以法律本身论，此项专意审问，得无妨害学者对于现行宪法所应下的研究工夫耶？换言之，历史方法，当应用于制度的生长之际，至少可含有一弱点，即是：他可以引人一味追寻某一制度所以能成为现有制度的经过情形；因之，愈入愈深，他们转不能仔细审察生成后的现行制度所有性质及功能。

1885年戴雪序于牛津大学

第八版序文

《英宪精义》第一次出版于1885年；今年适为出版后之30年，该书第八版本又将出而问世。第八版本系将第七版本所已改订者翻印，但加入一篇新撰的导言。这一篇导言具有两层主旨：第一层主旨是要追寻与论赞这一条大道，在其中英吉利宪法中之主要原理，有如我在前时所已阐发者，或因法律，或因惯例，在最近30年（1884—1914）间所有变革，不免受了牵动。第二层主旨是要叙明与解析近年发生的新宪思想；此类思想，或以存在于最近30年间之故，或以在此期间能特别发生新影响于英格兰之故（两者之中以后者为较重大的原因），均可以被加上"新"的徽号。

此次当正在撰著本篇导言之际，一如前时正在撰著我的别部书籍之际，本国与外国的朋友们常时不吝指教，因之，我自己得以受益不浅。对于协助诸君，我谨以肫诚致谢。言念及此，我不得不特别申谢，而且乐于特别申谢两位友人。这两位友人，每人当探讨英格兰的宪法之际，常时代表两个截然不同的见解，然而在著作文坛上，同是法界宗师。对于亡友安生爵士（Sir William Anson）的友谊，我称谢不尽。大凡英宪的工作所有详细情形，他十分熟悉；试观他的著作即可证明。而且他的知识，较之当代宗师，只有过之而无不及。自从我初次根据个人的判断力所及，试在英宪中做一番提要勾玄的工夫,他不断地给与我以无限同情及赞助。又自本书出版而后,每当各次版本正在改订之际,这位大师,他自己不但曾经做过探讨宪法原理的工夫,而且对于英宪中之法律及典则所有一切规矩,无不洞晓,时时给予我以许多暗示及正谬。对于吾友奇斯教授(Professor A.Berriedale Keith)我别具一种谢忱。自从他的杰作,《属邦中之责任政府》出版以来,凡介于英格兰与殖民地间之关系事端,群倚是书为宗匠。所以当本篇导言正在著作时候,我甚幸得奇斯教授为我将本篇关于殖民地帝国部分,细阅一遍。他在殖民事业中所有知识与经验当然惠我甚多;若非然者,我或将陷于极大谬误而不自知。

末后,我还要郑重声明一句,即谓:虽则本篇导言,在撰著时,厚承友人协助,然篇中所有词旨概由作者负责。文中尽有许多事实,多承朋好供给,但根据事实而得到的推理,纯为本人的独立判断。明知所下断论未必为授我以翔实报告者所能表同意,然而授者所有诚意与细心,转以见解不同之故,愈受尊视,我且将永矢弗谖。

1914年戴雪序于牛津大学

导　　言[1]

本篇题旨

　　1885年,《英宪精义》始以第一版问世。当是时,我正在牛津大学担任英吉利法律的芬臬利安教授的席位;这部书就根据那时演讲的草稿著成。至于演讲及著书的用意是在于阐明与解证现行宪法所有三个主要特性;其一为巴力门主权;其二为法律主治;其三为宪典。由此观之,这部书特着意于研究30年前之宪法(即1884年至1885年间之宪法)所有精义。自第一版发行以来,该书已翻印7次,[2]每翻印一次,原书即被修改一次,庶几所有宪法的新改革皆得增订。惟在第八版的印行中,我以为采用别一方法当为较便。

---

　　[1]按,以地位论,本篇导言冠于本书各章之首,以时间论,本篇导言却在全书大体著成后之30年。故以研究次序论:学者似应先读各章,后读导言,而且当玩索导言时,学者尚须时时将各章有关系的议论复阅(本书中方括号注码为译者注,后同)。

　　[2]按,本书各次出版期间,表列如下:

　　第一次原版,1885年;第二次改订,1886年;第三次改订,1889年;第四次改订,1893年;第五次改订,1897年;第六次改订,1902年;第七次改订,1908年;第八次增补,1915年;第九次重印,1920年;第十次重印,1920年;第十一次重印,1923年;第十二次重印,1924年;第十三次重印,1926年。

诚以一部书修改太过频繁，不但原有文学的意味不免损失过半，而且原有专著的研究精神不免摧残至极。因此之故，我决意于第八版中保留原书第七版本有面目，惟于书首冠以导言一篇。至于导言的用意所在便是比较研究，即以运行于1884年间之宪法比较现存于1914年间之宪法，而加以研究。由这番工夫，30年来所有法律与公意[3]的错综变化庶几可以综合观察。¹ 更由这种综合观察，读者当能明白立法或宪典在过去30年间曾否将所以建立前代所有英宪的体系之大义加以扩大，或加以缩小。然则本篇导言殆可作为一篇历史上之回顾文字看待。不过正在回顾当中，作者有时不能自禁，辄阑入将来的预测。其实此类预测固为纵论所必及，作者纵能自制，题旨将不许可，亦必将要求详细阐明耳。

分析言之，题目之有待于论证者，可以括示如下：其一为巴力门主权；² 其二为法律主治；³ 其三为宪法与宪典；⁴ 其四为新宪思想；⁵ 其五为综结。⁶

---

[3] 按，法律与公意互为因果，其间所有错综变化，戴雪先生尝就英格兰的实际经验，著成专论，题曰："法律与公意在19世纪中之英格兰所有关系。" 该书在同类研究中允称杰作。

1 比较《法律与公意在19世纪中之英格兰》第二版，"导言"（本书阿拉伯数字注码为原书作者注，后同）。

2 参考本书下文，部甲，第一章至第三章。

3 参考本书下文，部乙，第四章至第十三章。

4 参考本书下文，部丙，第十四及十五章。

5 见本篇下文论30年间新宪思想的发展。

6 将欲明白导言中所讨论各题，读者须仔细玩味本书下文与论题有关之各章，譬如，导言中论及巴力门主权的部分须与下文部甲第一至第三章并读，便是。

（A）巴力门的主权[7]

自法律视点观察，巴力门主权系英吉利政治制度所有主要特性。而所谓巴力门（Parliament）实含有君主、贵族院、众民院三者；必须三者共同操作，巴力门乃能构成。因此之故，巴力门主权之大义恰当解作，"巴力门有权可以造法，亦可以毁法；加之，在四境以内，无一人受承认于英格兰的法律，使有权利以践踏或抛弃巴力门的立法。"[8] 不宁惟是，巴力门所有这种权利或权力，实能伸张及于英国王的领域。[9] 自本书第一版出现于1885年之始，我在当日已揭橥这些精义以教学生，从此之后，所有在迭次翻版中他们皆尝依旧观陈示。他们所蕴蓄真理绝未尝受人否认。今当第八版将次出版，我们当不辞累赘，且将现存于1914年间之巴力门主权的大义重新估计。在此地，我们应即时有一句声明；即谓，巴力门主权尽有依两个方向而变革的可能性，我们必须分别清楚。第一种变革的可能性是，主权的权力所有组织及性质可以受彻底改革，譬如，试设一例。假使英国王及众民院会同通过一法案，以撤废贵族院随即将至尊立法的权力留在君主与众民院的手中，诚如是，尽人皆知此日所有主权者，以性质论，或以组织论，已不复是1884年间所有。第二种变

---

[7] 参看下文第一至第三章。

[8] 见下文第一章开端论巴力门的定义，巴力门自己可通过一巴力门法案，明白或暗中授予下级立法部或其他机关以增加或改变某一法案的权力。譬如，在平民国家法案（载于维多利亚代档案，第六十三册及六十四册，第十二章）中帝国巴力门即明白给予权力于澳大利亚平民国家的巴力门以改变该法案中许多条文；又在1911年国民保险法案中，帝国巴力门亦明白给予权力于保险委员会及商部以改变该法案的条文某几条。

[9] 参考下文第二章论英吉利自治殖民地一题所有文字。

革的可能性是，自1884年而后，帝国巴力门在实际上（虽则不是在理论上）已经对于三数属邦之受统辖于英国王者，不能完全运用至尊立法的权力，而建立法案以治理该属邦。让我们仔细审问这两种可能性。

（Ⅰ）第一种变革的可能性（1911年巴力门法案的效实），专就这件事考虑实际上只有一个问题，亟须解答。这个问题是，1911年巴力门法案[10]曾否将立法威权，自君主[11]与两院之手，移变君主与众民院？

将欲解答此题，最善之法莫如先将贵族院在1911年8月18日巴力门法案[4]未通过以前所有立法权力大致叙明，次将该法案所规定关于贵族院及众民院的立法权力分别陈述。

在巴力门法案未通过前之实况——在那时，无论任何法案，倘若不能得到两院的同意，无一可以通过。本来贵族院一向甚少改动关于财用草案的一部分；或否认该草案的全体；纵使以名分言，贵族院常有此项权利的主张，但以实际言，他们惟在万不得已时候，方欲实行运用。盖自1832年以来，贵族议员皆知所有民众渴望的

---

10 参考1911年巴力门法案，特别注意该法案第一、第三节，及本书下文附录中之书后第十三则，论1911年巴力门法案。

11 1911年巴力门法案并不减削君主的特权，因之，特权的外延，在今日，一如在该法案初通过前所有情状，毫无变更。该法案并在第六节规定："众民院所有权利及特别利益，本法案不得有所更动或减削。"

[4] 按，1911年巴力门法案，在英吉利宪法史上占据重要位置，学者须就历史方面考察其前因后果，方能领会个中所有重大意义，方能欣赏著者在本篇导言中及在附录书后中所有语重心长之论旨。参考(1) Gilbert Slater, The Making of Modern England；(2) 卢儿勒 (Lowell)，《英格兰的政治》，第二十二章。

草案,他们必须通过,同时对于众民院足以代表民族的意志的假定,他们必须承认。因之,纵使有某宗法案竟为贵族院所深恶;他们亦必设法通过。虽然,他们仍时时坚持一种论调,以为如果遇有强固理由,足以证明全国民众对于某一草案不愿见它成为法案,上项假定尽可被推翻。因此之故,各宗草案,虽则不得贵族议员的悦意,相继受通过于贵族院,然而逐一法案,在此际,必须得到贵族院的同意,方可以依法成立。惟其如是,无人能对于贵族院的否决权加以否认。不过尚有两种考虑必须注意。第一,自 1832 年以后,这种否决权,当运用于贵族院时,常为暂时保留的否决。譬如,即就 1832 年所通过的大改革法案(the Great Reform Act)而论,贵族议员实以差不多两年的光阴,通过此案;但自从此案通过以来,如果尚有一宗法案,确属民众所渴望,贵族院再不坚持己见,至于两年的长久期间。第二,在近代中所有下院大多数通过的法案,倘若从来经以事实证明,并未得到民族的同意,必遭上院拒绝。由此观之,贵族院的举动有时至足以卫护民族的威权,至无疑义。

巴力门法案直接所生果效,[12]——这种效实不能以专门术语表示,只能以通俗用语叙述;如下文:

(1)关于财用草案,贵族院此后再无任何立法权力,加以处置。该院尽可以讨论此项草案至于满月,但过了一月之后该草案,无论上院赞成与否,当即成为巴力门的一宗法案。[13]

12　1911 年,巴力门法案在间接上亦生有许多果效;参考本篇下文(C)宪典中论第二类宪典一题所有文字。

13　参考 1911 年巴力门法案,第一及第三节。

(2) 关于任何公家草案(财用草案除外),[14]贵族院尚有搁置的否决权,但不有最终否决权。[15]

此项搁置权,依 1911 年巴力门法案第二节,贵族院尚能保留,因为每一草案,若不得到贵族院的同意时,必须完成下列四条件,方能成立。

其一,这宗草案,在未呈交元首批准之前,接连提出又通过于众民院的三届会议,但仍受拒绝于贵族院,[16]凡三次。

其二,这宗草案,在每次通过于众民院之后,必于闭会前一月,送交贵族院讨论。[17]

其三,这宗草案通过于众民院时,所需时候,自第一届会议的第二读会起数至第三届会议之通过日止,共为两年。[18]

其四,这宗草案,当送交元首裁可时,所有程式及内容,概与第一次咨送贵族院的草案所有者毫无歧异;如有歧异,则必须为贵族院的修正案,或为贵族院能予以同意的修正案。

1914 年爱尔兰政府法案[5](俗称自治草案或法案,我在本篇导言中概沿用之)的历史至足以解证 1911 年巴力门法案所规定的奇

---

14 此外,尚有一例外,即关于延长巴力门的任期多过五年之法案是。参考 1911 年巴力门法案第二节第一项。

15 参考同上法案,第二节。

16 参考同上法案,第二节,第一款但书。

17 参考同上法案,并同节,同款但书。

18 参考同上法案,并同节,同款但书。在这条条文之下,贵族院可以依法要求延搁一宗法案至于二年又一月之久。倘在众民院中遇有力的反对,此项延搁尚可以伸长。

[5] 按,1914 年爱尔兰政府法案,自历史方面观察,为所谓"爱尔兰问题"之一大结束,自法律方面观察,为英吉利宪法中之一大变更。将欲领略著者对于该法案所有法律意见,读者须从历史中追寻所谓"爱尔兰问题"的起源及发展。

异立法程序。自治草案最初提出于众民院时,实为1912年4月11日;自此之后,该草案复继续提出于下次第二及第三届会议;故此次就是连续三届会议的第一届。他旋得通过于第二读会,其日期为1912年5月9日。不料他竟被拒绝于贵族院,且接连三次;每次或为实在拒绝,或为解释拒绝。[19] 于是,这一宗法案,依法,非待至1914年6月9日不能呈请君主认可。而实际上呈达君主的日期却为是年9月18日,即是,比法定两年之期间已有过之无不及。那一日适为巴力门停会之日;这宗草案即时奉上谕批准,而不需贵族院的同意。由是,遂成1914年爱尔兰政府的法案。这宗获准的法案所有实质实与1913年1月16日(即接连三届会议的第一次提出日期)咨送贵族院公文所有者无异。但在此际,我们遇见由1911年巴力门法案所惹起的困难,即此类草案在第三次咨送贵族院后欲加修正的困难。先是自治草案经过长期争闹,当代政治家觉得案中关及亚勒士惕(Ulster)的法律身份之处,实有修改的必要。此项感觉尤以1914年6月间最为显露。政府于是以6月23日提出一宗草案于贵族院,其用意是在于修改自治法案,该法案在那时,尚是一宗草案。但在草案未记载于法令档案而成法案之前,倘若再欲用别一法案修正该草案,此举殊不能寻出先例,即在立法程序上为毫无根据。卒之,政府的尝试遂成泡影。迨至1914年9月18日,自治草案虽变成自治法案(依法律专用术语,应称1914年爱尔兰政府

---

19 解释拒绝的成立条件,1911年巴力门法案第二节,第三项有明文规定。原文即谓:"一宗草案,倘若不附修正案便不能通过于贵族院,或只以附有两院同意的修正案乃能通过于贵族院,应即视为受了拒绝。"自治草案被实在地拒绝于贵族院,即由该院于第一、第二届会议时投票否决。到了第三届会议,贵族院并不在实际上有否决该草案的举动,徒以不即在第三届会议通过该草案之故,即被视为"解释拒绝"。

法案),然而并不附带任何修正案。不过,自效实言之,这宗法案确于正式成立之日受了别一宗搁置法案修正。这是要说,在一宗搁置法案之下,1914年爱尔兰政府法案被延搁至于翌年9月18日乃能实施,甚而至于此次世界大战终结之日乃能实施,亦未可定。于是1911年巴力门法案所有法律效力,政府遂得以这宗搁置法案而规避。然则就此一事变观察,立法程序之根据1911年巴力门法案而成立者,实有改正的必要;此理当不待赘论。

(3)关于任何草案,倘能符合巴力门法案第二节,众民院纵不得到贵族院同意,亦可呈请元首批准。实则只须众民院的议长签字证明其合于第二节所规定,便可呈送。

是故依据1911年巴力门法案,众民院(实则只是院中之多数党),但求适合该法案第二节,便能通过任何法案。然而即就第二节所规定而论,个中所有限制已足交给贵族院以搁置的否决权,依之,一宗草案可以被遏抑至于两年以上期间,使不能成为法案。[20]

在这几种场合之下,有人当辩论主权谁属的问题时,遽尔主唱

---

[20] 1911年巴力门法案容留众民院所有权利及特别利益依旧存在(见第六节条文)。至于所谓元首的"否决权"该法案绝不议及。他的存在自无疑义,不过此权在过去200年间实未尝见用。虽然,布雅克(Burke)的名言至值得牢记。其言曰:"君主否认草案的权利是御用特权之一种,他可以应用于任何时会及事端。即就我所知的法律而论,倘若这几宗法律竟受摈残于这种御用特权,我不能确实断定,公众会要受极大损失。但此项特权在运用之际的当否实不成问题。这种运用向来罕见,他的本身可谓善于忍耐。他的安息自能保全他的存在:而他的存在可以备不时之需,而拯救宪法本身于危亡。"(见布雅克致白理士涂(Bristol)郡守书,载于1808年版本他的文集第三册,第180及181页,又载于1872年版本他的文集第二册,第28页。)布雅克的言论至为确当不易,还可以实际经验证明。否决权的存在至足以维系英格兰与自治殖民地所有关系,使得在坦途上发展。他的存在能令帝国与殖民地间之政治家将两件特异性质的事实结合:其一为帝国的统一;其二为殖民地的半独立。这种结合的成功可以成为不列颠帝国的一种救星。

巴力门的主权，自1911年巴力门法案通过以后，化成君主及众民院的主权。但比较翔实的法律意见则异是。此项意见以为英格兰的主权依然寄附于君主及两院。理由有二。第一，以正面言，倘若君主与两院合作，他们能造法，亦能毁法，决不至于抵触1911年巴力门法案第二节。第二，以负面言，贵族院，纵在效实上不能禁制众民院依照该法案通过任何法案以牵动宪法，仍能在该法案继续有效之际遏抑任何法案的效实，使不能即时生效。

综合观察，我们由上文所叙述及辨证，可以得到一句法律判语，即谓：主权依旧寄附于巴力门，而巴力门实以君主及两院合作构成；不过1911年巴力门法案曾对于众民院的名下所有权力大加特加，又对于贵族院名下所有权力，大减特减。

（Ⅱ）巴力门的主权，所有领域在实用上之变革（帝国议会对于属邦的关系）[21]——"属邦"一名包括加拿大属邦，纽芬兰澳大利亚众民国，新西兰及南非合邦。每一属邦是一个自治殖民地。这是要

---

21 "属邦"一名在此处所有用法须参考"1914年外国人归化法案"，载于《佐治第五代档案》，第四及第五册，第十七章，第一表。特别比较本书下文第二章论英吉利自治殖民地一题所有文字。

属邦大概包含一个国家，他的本身是一个自治殖民地，或包含几个国家，他们在1884年是几个自治殖民地。但这一句叙述语并不能正确地应用于逐一属邦。譬如，西澳（West Australia）是澳大利亚平民国家的一邦，但到了1890年，他才有责任政府。纳塔耳（Natal）现为南非合邦之一邦，但到了1893年，他才有责任政府。南非合邦包含许多国家，他们在1884年，虽则奉英国王为宗主，但仍受治于布尔（Boer）政府之下，而对于英格兰成为独立国家。

在本篇"导言"中，除明白提出讨论外，关于殖民地的研究概不涉下列三类殖民地所有身份：其一为直辖殖民地；其二为巴哈马士（Bahamas），巴巴杜士（Barbadoes）及俾母打（Bermuda）三处殖民地，他们只有代议机关而无责任政府，其三为印度。简约说，本篇"导言"，凡当讨论帝国巴力门与殖民地所有关系之际，常时以论及帝国巴力门与五个自治殖民地所有关系为限。

说，每一殖民地自有一代议立法机关，又有一责任政府，即对于该立法机关而负责任的政府。

本题惹起两个疑问：

第一疑问——在1884年间，帝国巴力门与自治殖民地（譬如，新西兰）所有关系，较之在1914年间帝国巴力门与殖民地所有关系，究竟有什么分别？

在未直接答复这个疑问之前，我们且先提示一要点，即谓：专就两个重要方面观察，帝国巴力门[22]在1884年一如在1914年。

在第一方面言之，帝国巴力门在1914年仍旧保有绝对主权于不列颠帝国。而且此项权利的主张，固然伸张及于每一殖民地，复受通帝国内之任何法院呵护维持。不宁惟是，逐一属邦的宪法大概造端于帝国巴力门的一宗法案，复依赖几宗法案而成立；因之此类宪章皆由帝国巴力门赋予。于是这些宪章的法令当然可受帝国巴力门随时更易。

更在第二方面言之，巴力门远在1884年前即承认一条大义的真实性，实则在北美殖民地谋独立时代，布雅克[6]（Burke）[23]早能见

---

22 "帝国巴力门"一名，通常英吉利宪法学者只称之为"巴力门"，实际上便是合一王国的巴力门。但当我们要论及，一如本篇"导言"中所为，合一王国的巴力门与属邦所有关系，帝国巴力门的称谓甚形便当，诚以属邦中之每一邦各有一个代表立法机关，其名义通常模仿母国，亦一概称为巴力门。同时，"帝国巴力门"在殖民法令中亦常称用，譬如，1901年澳大利亚平民国家的诠释法案，第二号，是其一例。

[6] 按，布雅克名"Edmund"，生于1729年，死于1797年，为18世纪中最伟大的英吉利政治思想家。他的全集第一次出现于1827年，第二次加入信札一门，都成八册，出版时为1852年。

23 试征引布雅克的语言如下："你们是什么人？哪能愤激发怒而咬断自然所造的铁锁？平情立论，凡属庞大帝国，受了自然限制，亦是事所常有；其实此等事之遭逢于本国者决未尝比其他帝国所身受者较为恶劣。在巨物中，权力的循环运转，大抵到了

及而极力以此旨力劝同僚,不过他们多未能觉悟而已。当是时,布雅克在一方面批评巴力门的举措失当,谓不应行使绝对权力于美洲的麻萨诸塞(Massachusetts)殖民地,恰如对付伦敦市外之中写郡(Middlesex)一般;在别方面,他又反复申明双重道理:其一,运用主权须有界限,不但限于人造法律,而且限于自然法律;其二,巴力门,或任何主权者,倘若必欲行使同样权力于如此庞大的帝国,必然徒劳无功。惟以当局未能听从,卒致十三殖民地离英国而独立,布雅克遂不幸而言中。自此之后,英吉利人民,受了实在教训,遂不能不俯首承认布雅克所言具有真理。久而久之,此项承认的周到可以一件明显事实证明;即是,在1884年,甚至远溯过于那一年以前许多年,帝国巴力门更不复课税于殖民地,以为母国计较利益。[24]

僻远处所,必然未减。自然已明白言之矣。盖观土耳其人(the Turk),他不以治理斯拉士(Thrace)之法,治理埃及、阿剌伯,及古的士坦(Curdistan);他亦不能以统属柏鲁萨(Brusa)及士米拿(Smyrna)之道,统属克里米亚(Crimea)及亚勒诗耶(Algiers)。独裁政治有时必须自屈,而亲做星零买卖与斤斤较量。苏丹治国,不能处处颐指气使,只得领受他人所甘为者以责取服从。为着得到安然统治,他只好统治全帝国以怀柔政策。于是,他的威权所有勇气与猛势,因远方来归之故,得以集中而加厚,盖观西班牙,西班牙在她的属地中所有权力或者不能企及你们在你们的属地。她仍然依从;她仍然屈服;然而她实要守候时机。这就是广漠而散漫的帝国所有不可变的境遇与所必须遵守的天道。"(见:Burke, Conciliation with America, vol.Ⅲ (ed.1808)pp.56.57.)

24 帝国巴力门自动放弃课税于殖民地(无论自治与不自治)的权利,在历史上已经历两重阶级。自1783年后,凡以帝国法案而成立的赋税,即在直辖殖民地中,俱是为殖民地本土而起的赋税,于是,所得税收概归殖民地自用。但直至航海法案被撤废于1849年之日为止,为着维持航海体制,巴力门尚且保留一种习例,以课税于输入殖民地的货物,但此项税收仍归该殖民地自行保管而已。自1849年后,帝国巴力门再不通过任何法案,以征税于殖民地,因之,殖民地再不受强迫纳税,以协助合一王国的政费,甚至协助不列颠帝国的军费。

帝国巴力门至今尚课关税于人岛(the Isle of Man)。参考《佐治第五代档案》,第三、第四册,第十八章。

简约说，巴力门的万能权力，虽则在理论上可以承认，在实际上只能完全运用于合一王国（the United Kingdom）。

骤闻此语，一个学生或要发一疑问：即谓，如果巴力门将来永不尽量使用此项假造的万能，作者却要极力声明巴力门对于属邦，具有绝对主权，究有何用？我的答案便是：学生们，倘若不能谨记巴力门对于帝国全境，确有绝对主权的权利主张，将不能了解巴力门何故在事实上竟有时运用权力于合一王国以外，复不能了解巴力门的主权在理论上本是无限，何故在实行时竟有这样母国与属邦的区别与限制。而且更进一步学生们当不难寻见，即在属邦自身着想，帝国巴力门能替全帝国立法，有时极有效益。譬如，试以畜奴制度而论，大凡有道德的思想家，对于1834年禁止奴隶的法案，当无不承认帝国巴力门能建立及推行这种法律于属邦，是一美事。迨至今日，巴力门不但能禁绝奴隶制度于全帝国，而且能禁绝酷刑于全帝国。惟其如是，巴力门的绝对主权当运用于殖民地中，实足以促进人道。

继此我们当讨论巴力门与自治殖民地所有关系，介于1884年与1914年之间的两个时期，实有许多异点。

试观在1884年间之帝国巴力门对于一个自治殖民地的实际关系。譬如，即以新西兰为例。

在英吉利政治家的领导之下，帝国巴力门在那时确能承认，自治殖民地如新西兰者，应有权立法以处理地方事务。然而巴力门仍有时替新西兰或其他殖民地立法。譬如，现行破产法案实建立于1883年；依此法案，所有宣告破产人的财产，甚至不动产之散布于殖民地者,一概须移交破产清理机关保管。[25] 又依此法案,所有债务的清还,不但在合一王国内之债务须偿,而且远在新西兰内之债务亦须赔偿。[26] 譬如,殖民地立法机关所立法律,虽则为当地居民的道德情感所许可,但有时或不免违背英吉利人们的道德情感;于是,元首的否决权在1884年间即被运用,以撤废此项立法。[27] 试征实例。例如,殖民地尝有各种草案,或承认一男子与亡妻之姊或妹结婚为合法,或承认一女子与亡夫之兄或弟结婚为合法;帝国政府以巴力门之同意常运用元首的否决权,加以拒绝。不过这种干涉及于殖民地内务的立法,时代愈进,遭逢愈少;这是无可疑议的事实。然而这样干涉并非绝对无有。不宁惟是,关系司法方面,殖民地内最高法院的判决,在1884年左右,往往因败诉者不服,旋被提出于母国的枢密院再审。又关于行政方面,母国的政府,在1884年间,如果真见殖民地行事不合于英吉利人所有直道的观念,绝不迟疑而加以干涉。再次关于外交方面,英国行政的一条大义,在1884年之际,显然呈露;这条大义是,所有殖民地不应直接地或间接地与外国缔约。此外则有两事却为1884年之间的政治家所未能见及:其一为帝国会议的重要;其二为战时的中立。关于前者,目下凡遇有牵涉全帝国的福利之处,母国阁臣常与殖民地阁臣会面商量;这

---

25 参考戴雪所著,《法律的抵触》(第二版),第329至333页。
26 参考同上书,第24页,及下列一成案:
Ellis v. M'Henry(*1871*), L. R. 6, C. P. 228, 234–236。
此外尚有一成案,可资反勘,并具引于《法律的抵触》,第342页。其原有标题及典籍如下:
New Zealand Loan etc. Co. v. Morrison(*1898*), A. C. 349.
27 参考本书下文第二章,论"否决权如何运用"一题所有文字。

样合作精神实为从前公众生活所未有。关于后者,目下每遇英国与外国交战,殖民地可以严守中立;此项中立的可能性实为1884年间之政治家的梦想所不及。

又试观在1914年间之巴力门对于殖民地所有关系。[28]

这种关系尽可约成规则而逐一缕述,如下文:

规则一 凡直接牵涉帝国利益的事项,帝国巴力门将必(虽则日形谨慎,不欲造次)设立可以适用于殖民地的法律,否则必将直接运用主权于该殖民地。

然而此项规则几乎纯然适用于与帝国利益有直接关系的事务。[29]

规则二 巴力门绝不交付殖民地或该地立法机关以下列权利——

(a)撤回(著者按,凡殖民地根据帝国巴力门的别一法案,以撤回某一法案的行事,不在此例),帝国巴力门替该殖民地建立的法案;

(b)自行以自身的利益为根据擅与外国订立条约;

(c)在帝国与外国将次交战之际,自行宣告中立,或接受外国所不贡献于帝国全体的利益。[30]

在第一第二规则之下,帝国巴力门实有权以建立关于殖民地所有前途攸赖的法案;因之,适足以减削该地立法院与行政院所有权力。简言之,依照现代政治状况,帝国巴力门在上文所陈述的活动

---

28 属邦的义解具详见本书"导言"部分的注脚21。
29 参考奇斯(Keith)所著,《属邦的责任政府》,第1316页。
30 参考同上书,第1119至1122页。

范围内,仍旧屈服殖民地于巴力门主权之下。

规则三 帝国巴力门不但承认,而且实行下列原则,即是:任一属邦现在实具有道德上之独立权利(至少关及发生于殖民地境内之事端应有之),以处理帝国政府所能允让各殖民地自行处理之政事。

试就下文所列解证,以考察此项内部独立所有范围:

譬如,在新西兰中,如有纯然牵涉内务的事件,除非自动请求,巴力门决不替新西兰立法。[31]

类推言之,任一属邦,对于领域内所有自身利益,实有权力以立法处理。

譬如,在新西兰中,如有纯然牵涉内务的立法,元首的否决权罕被运用,[32] 至使此项草案不能成为法律。其实,除非此项立法真要触犯帝国利益,或跨越权限,否决权极难有一度见用。类推言之,元首(实即内阁)决不以间接地违犯母国利益为词,或以抵触母国所主张的法律原理(譬如,自由贸易的原理)为词,遽然拒绝某一宗草案之已经通过于殖民地立法机关者,不使成立。

譬如,以刑事论,倘若刑事上之诉讼、审讯、定谳及赦宥,一概发生于新西兰的领土以内,母国政府必不干涉殖民地政府(即新西兰政府)之执行赦宥或不予赦罪。[33]

譬如,以国防论,任一属邦现在皆有全权以设立海陆军。加之,英格兰的政策是在一方面,撤回英吉利驻防军队,在他方面,奖励

---

31 参考奇斯所著,《属邦的责任政府》,第 1316 至 1328 页。
32 参考本书下文第二章,论"否决权如何运用"一题所有文字。
33 参考奇斯,《属邦的责任政府》,第 1583 页。

殖民地筹设自卫兵力；由是，全帝国的设防得以完好无缺。

譬如，以司法判决论，帝国政府现已准备答应殖民地所有期望，即是，在属邦宪法中，殖民地人民向有由该地最高法院的判决而上诉枢密院的权利，此时已被废弃。[34]

末后，更以宪法的修正案论，帝国政府现亦准备授予殖民地以修改宪法的权力，纵使该宪法在先尝由帝国巴力门以一法案创造成立，亦不计及。[35]

规则四 最近渐有一政治习惯生成，即是，帝国会议应以时召集于英格兰，会场上须有母国政府及各个自治殖民地政府的内阁总理出席。所有关于帝国的利益及政策问题皆在会中讨论。自著者观之，此项会议现在已成为殖民地所有道德权利之一。

此项会议在30年前几乎无人想到；他的法定组织实构成于1907年。自此之后，英格兰与自治殖民地所有关系，遂发生一种重大变迁。

讨论至此，上文所发疑问[36]（即谓，在1884年间帝国巴力门与自治殖民地[37]所有关系，较之在1914年间帝国巴力门与殖民地所有关系，究有什么分别），可以用约语答复，在前一时期，英格兰尽量让与殖民地所需用以整理内政的独立权力。但生于那一时的英国政治家仍决定要保留于帝国政府许多控制权力，即用之以控制逐一殖民地内之内阁及议会；所让与者只以不至妨害该地处置地方事

---

34 参看澳大利亚平民国家的宪法，第七十四节；1909年南非法案第一百零六节。

35 特别注意1909年南非法案，第一百零六节。

36 参考本篇上文在第一疑问下之一段文字。

37 介于"自治殖民地"与"属邦"两种称谓之间具有异点，至值得注意。前者适用于1884年间所有情状；后者适用于1914年间所有情状。

务的独立权为限。在后一时期,英国所抱持殖民政策却是给予每一属邦以绝对的、无限的及完全的地方自治。[38] 至于自治的权限,仅以不至损伤当地对于帝国效命的忠诚为限。骤闻之下,学者或不免提起驳议:即谓,英格兰对于自治殖民地(现称属邦)所有在两期间之关系,其实只是同一关系,不过以两句不相雷同的说话表出之而已。这个驳议自有相当理由,但所持理由并不是十分翔实。诚以我的功力是用于叙明一件事实经过两个视点的观察所得结果。事实虽同,视点各异,于是,所得结果自然不无相同处及相异处。是故在1884年间,一如在1914年间,两个时期均明知,要是不给予殖民地以自治则已,若给予自治,该殖民地必须具有各种自治的权利。但在前一时期,自治权力虽由殖民地运用,然而殖民地所有立法权力恒受监视。申言之,英吉利巴力门及元首深惧殖民地立法或至违反母国利益或母国政治信条,所以自治权力应受加意防闲。迨至后一时期,殖民地的自治(譬如,新西兰的自治)是绝对的、无限的及完全的:此项自治权的运用无须顾虑英吉利人民所有利害与是非的观念。申言之,关于内务的处理,此项自治权可以推行无碍,惟以不至离叛母国为限而已。是故所谓属邦的独立性,若就现代眼光观察,应解作一种自治权力,除却各个属邦仍为帝国之一部分外,事事可做。

第二疑问——公意与法律原属息息相关,究竟公意在英国中,发生了什么变化,其结果遂足以改变英格兰与属邦所有关系?[39] 欲答此问,请先诵亚士蔡斯(Asquith)的谠论,如下文:

---

38 参考"1911年帝国会议议事录"(Cd.5745),第22页。
39 参考戴雪所著,《法律与公意》,第450至457页。

"在维多利亚统治初期(著者按,即在维多利亚统治中期亦然)当代政治家所谓'殖民问题'概用两个答案解决。其一是集中权力。这是要说,除却比较的细务外,帝国中之各部概受治于唐宁街(Downing Street)。其二是分化,若蜂窠然,继续分居,生生不已,即是'分窠'(livings off)的方法。由此方法,每一民社,一经政治的成熟期达到,即可继北美殖民地之后,自谋独立的生活。帝国的演进至今已有70年经验,依之,以审察上方两个方案,我们相信,无一能得到国内或殖民地的赞同。以云分化,我们固知这是不可能的事;以云集中,我们渐能明见此项理论的荒谬。于是,两者均不见采用。无论在合一王国中,或在你所代表的地方中,我们各个人都是,又同立心要做我们自己家内的主人。这是我们的政治所有真髓。这是帝国存亡的关键。"[40]

这段文字自然是近日所有事实的写真;但详加审察,我们见,在英格兰中与在属邦中之公意,对于母国与殖民地所有关系,近来渐形复变;而且变迁的进程中所有的复杂性初非泛读亚士葵斯先生的演说辞而漫不经意者所能了解。[41] 其实,迟至19世纪的后期,甚而迟至1884年,许多英吉利人们,其中包含有好几个老一辈的政治家在内,同怀一种意见:即谓,殖民问题的解决全靠英格兰能允许,最好能促进,一切渴望独立的自治殖民地分离于母国以外;但在分离的进程中,英格兰与他的属地所有好感尤须保全。除此之

---

40 见"1911年帝会国议议事录"(Cd.5745),第22页,主席亚士葵斯先生(Mr. Asquith)所致开会辞。比较"英国王普告自治属邦政府及人民书",载于《伦敦泰晤士报》1914年9月10日出版。

41 比较戴雪所著,《法律与公意》,第450至457页。

外，英国在19世纪之中叶，亦有一部分有经验的官吏，别具一种见解，以为今后殖民事业的前途必有赖于严密监视。但这种官吏究不免怀疑殖民地能有所补益于母国；因之，每遇相安无事，他们以为不妨听其自然，若不幸而有事，他们辄主张分立。至于就自治殖民地方面考察，虽则有时不满意于母国政府的干涉立法，但迟至1884年之顷，各自治殖民地尚无脱离母国而独立的倾向。虽然，他们同时亦无意参加帝国的政治，或分任国防费用。简约说，他们所崇信者只是放任政策。由此政策，极好的结果生焉。不但怨望尽能消除，而且恶感亦无从产出。然而大家对于帝国的爱国心亦属阙然无有。是故由此项心理上所起之变化，迟至19世纪末年，渐见明显。这就是帝国主义（此系沿用今代流行语）的生成。不过帝国主义一名词，若非明定界说，至易引起误会。所以当用之以称呼不列颠帝国时，我们须知帝国主义一名在此地无所褒贬。他的用法纯以表示一个极重要的观念。这个观念是：不列颠帝国是一种值得维持的制度；个中所有涵义并非出于偏好，而出于正确的道理。按实言之，不列颠帝国对于英格兰，以及对于每一殖民地，实时常贶以两种嘉惠：其一，他能保证和平于世界中之最大多数民众；其二，他能抵抗外敌，不使凭陵属地。又以地大物博之故，帝国所有岁入尽可以供养极大海陆军；如果英格兰本身健在，任一最大强国将不能侵略帝国的任何地方。如其不然；倘若母国与殖民地不能合一，任一外国，或互相结合的几个外国，必足以击破个别势力。惟其如是，英格兰或自治殖民地，必能明见分化的害处。诚以一经分化，母国与殖民地所以拥护自由及独立的工具且将消灭；两者皆将无以自存。以此之故，忠于帝国的心理之由忠于英国君主的诚意而表现者，且随历史的进程而日有发展。这种心理足使英格兰与殖民地所有关系另得到一种新理解。这种新理解适足以促成殖民政策的大变化;于是,在1914年间之殖民政策迥异于1850年间,甚至1884年间之殖民政策。在一方面,英吉利政治家奉献属邦以大量的自由,惟以不妨碍帝国生命的维持为限。然而任一政治家,倘闻某一属邦图谋独立,必不可以一刻安居,而泰然自若。在他方面,属邦不愿,亦不惧,帝国巴力门以立法,或巴力门的役吏以政治行为,干涉属邦所有内务。然而属邦的政治家都表示愿意分担帝国的防务经费,同时复于各项会议中渐明白表示愿意参加所有关于构成帝国政策的工作。不过在本篇导言中,我并不要商量合理性的帝国主义如何成立;无论何人,如果具有常识,当亦不欲在此时遽断言帝国主义的情感将有如何发展,或有如何退步。我的论旨只要提示一事:即是,这种新帝国主义实系历史的演进力所推荡而成的自然结果。

虽然,在未结束本论之前,我们不妨更以数语括举寻常人所易忽略的几件重要事实。第一,近代所有这种亲善的帝国主义实生成于政治上之放任政策。诚以此项政策首先足以消除自治殖民地所有怨望,其次足以催生一种友好的感情于母国与各地居民队里。惟先有了这种友好的感情的存在,英国人们或外国人们之居留各地者乃能渐次明白帝国的一种制度实大有造于殖民地;同时英国人们之居留本国者亦能渐次看见各处殖民地究竟能有所贡献于英格兰的安全与帝国的发达。[42] 第二,从前所有容忍殖民地脱离帝国的政策现时已不复存在。所以南非洲之役并不单纯地由英格兰向一个殖

---

42 一如目前(1914年)状况,所有各个属邦正在贡献于英格兰的安全及帝国的发达不少。

民地作战；实由各处属邦同向脱离帝国而谋独立者作战。惟其如是，南非的自治，即于战事平后未几时，得到母国政府承认。此事的经过，征诸历史，恰似美国的南北战争。先是，南方各邦因放奴事而脱离北部，遂有脱离的战役；其后，战务稍息，南部复归入联邦；卒之，合众国中之列邦的法律身份，复为南部恢复如故。第三，及末后，我们还须记取一点：即是，虽则母国及殖民地的居民于帝国会议中同声企望全帝国的切实结合，然而帝国政制的生成已足使许多爱国志士有一失望事。此事为何？即平等公民权的建立于通帝国中之所有失败是。原来不列颠臣民在合一王国的通国内，一律平等，而此项平等的理想，在19世纪中叶时，英吉利人们曾希望有一日实现于全帝国：惟就事实的趋势观察，此项理想的实现盖属难乎其难。[43]

（B）法律主治[44]

英宪中更有一条特性，即为法律主治；法律主治一大义，从前所论述于本书专论中者，至今依然保存本来面目。在英格兰中，无

---

[43] 英国人民实有一种企图，要将一种平等观确立于不列颠帝国内，使凡属帝国臣民皆能享受这种平等。此种企图可以历年存在于英格兰的实际状况证实。概括说，逐一不列颠臣民今日在英格兰中，能与一般生于英格兰的英吉利人们，或父母皆是英籍，而本身现在又安居于英格兰的人们，享受同等政治权利。譬如一个不列颠臣仆，不管生于何处，属于何族，信何宗教，除却极稀罕的例外外，均享有与一般英吉利人们同等的权利以安居及营生于英格兰。加之他并有同样的政治权利。倘若依选举法所规定而合格，他可以投票选举巴力门议员。倘若献身候补于一选举区而当选，他可以入巴力门而为议员。英格兰并不设有法律，以限制不列颠臣民，使因生地，血统与信仰之关系致不能身任议员或内阁阁臣。或者对于此语，尽可反答，谓以非英国人而任如此重职，此等事绝对不会遭逢。或人所云在事实上固是真实，然而在理论上英格兰并不否认任何臣仆以此项权利，则亦为十分正确。如此平等待遇，许多不列颠臣仆实无缘享受于所居在的自治殖民地，这是英格兰与属邦迥异处所在。

[44] 参考本书下文部乙，特别注意第四章。

一人可以因为做了不经法律明禁的行为被罚，或被勒令赔偿。每人的法律权利及责任皆由寻常法院决定。以此之故，个人的权利与其为宪法运行的结果，毋宁称为宪法成立的根据。

在本书部乙中我尝条分缕析法律主治下之各种原理，同时为着比较研究，我并探讨行政法（droit administratif）的性质；至于今日，凡所已论述者尚不须极大变易。所以在本篇导言内，我的主旨要首先提示现代人心对于法律主治的尊敬渐次衰落，其次指出法兰西国的行政法各种变迁。[45]

I　尊敬法律主治的衰落。最近30年间，法律主治，在英格兰中，不复受人民尊敬备至；而且此项心理较之古代，相去甚远，若欲证明此说，请观三事：其一为立法的实际状况；其二为对于法院及审判员的怀疑；其三为无法的行动。

其一，立法。自近代所有法案观察，司法的或半司法的威权屡由巴力门以法律授予行政官吏。[46]而行政官吏，以地位言，实与当代政府接近，以职分言，实容易被操纵于当代政府。惟其如是，法院的威权遂不免有时受排挤或受减损。这样减损法治的威权的趋势可以下列法案征实。譬如，1902年教育法案尝以司法权力授予教育委员；[47]1911年及1913年国民保险法案尝以司法权力授予许多

---

[45]　参考本书下文第十二章。

[46]　关于此点的大体，参考缪鸦（Muir）所著《贵族与官僚》一书，特别注意该书第1至94页。

[47]　参考1902年，《教育法案》，第七节。并参考下列成案：
(1) *R. v. Board of Education* (*Swansea Case*) (1910), 2 K. B. 167.
(2) *Board of Education v. Rice* (1911), A. C. 179.

行政人员；[48]1910年财政法案又尝以司法权力授予内地税务委员。[49]又如，最著名的巴力门法案通过于1911年，案中第三节即明白规定："任何证明书，一经众民院议长依据本法案签发；即为绝对地有效；此项证明书不任受审问于任何法院。"如此法令，倘若严格地诠释，足以庇护任一议长的舞文弄法。试设例明之。假使有一议长，或以党见，或以个人私利，签发一证明书，纵令明属欺诈，法院亦无从执法行刑。[50]本来自历史上观察，众民院一向对于法院的干涉及于根据院中命令以行事的人物，通常嫉视，因之，众民院尝经多次抗辩，特主张本院的威权应超越国法。平情论之，前此所有如此主张，对于该院本身，并非十分有利，亦不见得十分合理；至于此次特以法案剥夺法院应有的权利实属不合时势的需要。虽然，这种减损法治的威权的趋势，亦有由来，学者不可以不辨。按实言之，此项趋势所由来大半来自近代所有立法的意见实倾于伸张国家的威权。惟其如是，国家的役吏乃不能不经理许多公家事务；教育国民的事业之经营即是一例。至于法院，若以组织及性质论，实不适于办理如许繁琐的公家事务。诚以一个审判员的本务是在于依据法律的规矩以行事；无论如何，他万不能横加非直道于个人。是故在古谚中有一句久经滥用的话，即谓："与其有一宗故入，至使一个人无辜受累；宁可有十宗故出，至使十个罪犯得逃刑。"这一句话究竟能提醒

---

48 参考1911年《国民保险法案》，第六十六、六十七节及八十八节第一但书。大致可参阅戴雪所著，《法律与公意》（第二版），第41至43页。

49 参考1910年《财政法案》，第二节，第三项，又第三十三及九十六节。

50 倘若某议长既签发明知是不确实的证明书，本来巴力门尚有弹劾权在，未知该法案亦能庇护该议长使不至于受弹劾否？

我们以审判员的第一天职,即是:他不是只要惩罚罪恶;却是不要因惩罚罪恶而做了一件非直道的事。审判员的天职既是如此;事务员的天职又是如何?一个事务员,不管受佣于私家营业,或受佣于公家衙署,必须谨慎从事,务使他自己所掌理的事务,得以妥帖地处理。但他必不能尽职,如果他受了许多规则束缚。而且大凡官员做事,固须依据实证,但所得实证未必是十分确凿。所以一个上司,对于下属的过举(虽则此项过举未必出于有意,实则成于蠢拙),必从严惩戒,不稍宽假。在他方面,一个审判员的处境则异是:他所有对法的问题是多过于所有对人的问题。"所以酷刻的成案造成坏法律"已成民间谚语。综括说处务是一件事;构成司法判断又是一件事:两件事是不相雷同。因此之故,公家事务交托役吏办理愈多,裁决权力必须扩张的机会引诱愈大;于是,法院往往受遏抑,使不能亲理不适于依法律而下判决的事务。

其二对于审判员及法院的怀疑。倘若众民院既能设法排挤法院,使不能干涉该院所认为专属众民院的事端(这种承认的真实性自然是一个疑问),我们当不能怪责工匠阶级无所爱于司法判决。直白说,每个稍知自爱的个人,均能替自己,又替他所从来的阶级;一面想定,复一面期望能受一种直道的待遇,庶几不雷同于别人所受,又不雷同于别一阶级所受。换一句话说,个人所有主观的直道终不免超过法院所有客观的直道。征实言之,请试观工会(trade unions)的会员在执行该会的规约时所有行动。为了实施规约之故,他们的行动,虽则得到成功,但不免惹起公论的谴责,甚至弁髦国法。譬如,有一背信弃约的会员于此。自其他会员的眼光观察,此人只是一个无耻小人,徒贪私利,不顾大众所共立的规条。虽然,试自法律的视点观察,他尚能守法;他的行为尚不至蹂躏常法或法令所建立的任一条原理。于是,工会会众,虽则忿然不平,仍然知道,他在法律的眼前,决不是犯法的罪人;因之,他们觉得,法院必然加以庇护。顾以团体利益论,工会的威信必须保全,背信弃约者必须惩治,为之奈何?无已,法院的干涉必须反抗。于是,他们遂异想天开,而发明一个新名词,即所谓"和平的罢工纠察"是。其实,就名理观察,这个自相矛盾的名词,恰如所谓"和平的战争"及"非压迫的压迫"一般,都无成立与存在的理由。然而1906年《劳工争讼法案》在第四节中竟承认此类不合法理的行为;[51] 由是,这一件不合法理的行事便得法律保障。虽然,此不独工匠阶级为然也。是故每当法院更下判决,或当立法院通过法案,万一竟至反对社会中之一特殊部分的道德信念,法院必受酷评,立法院必受怨望。惟其如是,历史上反对法院或立法机关之举动实属数见不鲜。

其三,无法。从来道德与法律关系至深,是以就现代生人的记忆力所及,无论男女,当无一人不承认,破坏法律是一件不道德的行为。不过自古迄今,常有许多惯于犯法的人们生存于社会;此等现象诚属不幸。但无论如何,就是一个骗子,一个扒手,或一个窃贼,虽则他本人常时破坏了法律,然而我们决不能归结于一个断语,即谓:骗子、扒手与窃贼都要相信破坏法律是一件合于道德的行事。不料在最近三十年间,竟有一种新见解发生于英格兰及其他文明国家。这种新见解以为素来具有体面的人物之多数现在同齐抱一信念,并实行一原则,即谓:倘若违法者确能相信他的行事系用以达

---

51 参考《法律与公意》的导言,第44至46页。比较1913年《工会法案》,及同上书,"导言",第48页。

到一个正直及重要的目的，破坏法律不但是可许，而且是可敬。试征实言之。例如，教士阶级素为国人所钦仰，但每逢国法若与寺院法相抵触，他们决不恤投置国法，教士而外，则有顺受的抵抗者，若遇一种课税的用途不能赞同，他们即抗税不缴。又自种痘法律施行后，英国中即不乏明知故犯之徒，立意打消此类法律使归无效。复有从事于妇女选举运动者流，其行动更为猖獗；他们为了目的，不择手段；盖自以为手段纵是极劣，但尚有一个高贵目的，以作护符。由此观之，抱持这种新见解的人物决不限于任一阶级。

试问此项无法的现象果从何处发生？这是一个十分迷瞀的问题，不易解答，下文所讨论及思考不过是他的片面答复而已。

在英格兰中，倾向民治的政府经以选举权（虽则不全是至尊权力）授于公民；徒以法律的施行素本公允明确之故，许多公民遂不易觉悟一旦离弃法律主治的危险。加之，民治的情感（纵然民治的原理不是如此），正在极力要求法律须与公意相符合之际，竟有多数公民，不但违抗三数项法律，而且要怀疑国家在道德上有强制执行该数项法律的权利。于是，风气所趋，足使忠诚信仰民治者徘徊歧路，不知所向。无法之害，他固然深悉，但以公意的参差如此，他诚不知究竟法律应与哪一种公意相符，方可以消灭无法，[52] 譬如，有一民族于此，他的独立要求倘若见许，一个强大国家或不免因之崩溃，大多数人民的心理不免因之拂逆；倘若不许，在道德上实说不过去，英吉利人们即觉得十分为难。譬如，又有女权运动于此，英国妇女渴望取得选举的权利自是一件明显事实，而且在许多达人

---

52 参考卢儿勒（Lowell）所著，《公意与大众政治》，第三章。

的心目中，她们既如此热烈要求，此项自然权利不如索性给予全国妇女。然则，在两项例证中，又在其他例证中，往往有一种权利的主张，纵使在利害上或在常识上考虑，他们不能表同情，然而英吉利民治的信徒终觉难以拒绝此项要求。这种窘迫的情景实起自现代民治下之一个思想，即是，凡法律之反对大多数公民的深思熟虑者皆是不直。复由这个思想，遂不期然而产生一个信念于受虐于此类不直道的法律之下者的心中，他们以为在民主政治之下，凡是"非直道"（injustice），不论何种，皆可用武力抵抗。以我观察，我们到了今日，总应一致承认一件极明了的事实：即是，凡个人及阶级受治理于国家的强制力之下，本为文明社会的乐利及生存所系，决不能与一种信念，所谓服从公意是民主政治的惟一基本者，永远并行不悖。除民主政治而外，其次则有政党政治的错误发展，纵不能为无法的成因，亦可向无法暗中示意。诚以一个政党主治，必不能在长久期间常时符合民族的威权，或常时听受爱国心的役使。惟其如是，现代思想家所发言论往往暗藏一个论旨，即谓：民族的威权，或主权，甚至民族意志的概念，只是政治上或玄学上一种杜撰，智者弃之不屑道。诸如此类之议论具有危险性极大。幸而时以民族生死存亡所关之故，全体民众在这一国家中转得发生一种觉悟于脑际；即是，民族的威权究竟是一件政治的事实。又除上文所已论列无法的成因而外，我们受忠诚心理所驱使，不得不加提一个原因。这个原因实起于人民以武装革命而反抗残暴法律。此项无法的举动，忠实公民甚不愿张大其事，以夸示大众。但无论何人如果感觉灵敏，必不能不承认此类革命有时应为道德所许；倘使个中人物更有表同情于现代自由党及1688年的民党所互相授受的原理者在，他们当然十倍愿意作此项承认。惟其如是，此项承认即不免至于受人误解，即谓：任何人，倘若他果能自信受了非直道的虐待，而自己的行事又无私意，决不应以倡行革命故，致被谴责，或被处罚。

Ⅱ 今代官法与行政法[53]的比较。在最近30年间，尤其是20世纪初期之14年间，英格兰的官法，与法兰西的行政法颇形接近。申言之，今日的英格兰正在极力扩张国家役吏的责任及威权，或（沿用一个能干的作家的称谓）"官治"（bureaucracy），[54]因之，统驭官吏的法律渐次生长，而且此类法律所有彩色大足令人联想及于法兰西的行政法所有特性。按实考察，我们的内务役吏本未曾得到超越法院的管辖权之法律身份，但在某种例证中（最显著者便是在1911年国民保险法案下之一切问题），半司法的权力曾经给予关系政府极深的官吏。[55]而且自社会主义发展于英格兰以来，许多法案实受其感应而设立；因之，倘若我们要说，此类法律早经"官府化"（officialized），亦不是过当。更返而观察法兰西，他的行政法亦渐有"司法化"（judicialized）之倾向。诚以国务院（Conseild' État）本身即是法兰西国中之极大行政法院；此旨凡曾经读本书第七版者皆能洞悉。而且所有行政法院与司法法院的相互关系全赖平政法院（Conflict Court）[56]维持；此项制度的运用已久，亦已渐著成效。原来平政法院的组织实由国务院及大理院选出同数的审判员相与

---

53 参考本书下文第十二章，特别注意"论行政法与法律主治的比较"一节文字。并参阅《法律与公意》，"导言"，第32至53页。

54 参考缪鸦（Muir）所著，《贵族与官僚》。

55 参考《法律与公意》，"导言"，第39及43页。

56 平政法院的组织本书凡两次讨论；参考本书下文第十二章"论平政法院的设立"一段文字，及附录中之书后第十一则，"论平政法院的组织"。

构成。因此之故，倘若我们在此际还要说，所有国务院关于行政法的判决还未能近似司法判决，只是废话。就今日实际情形论，凡当国务院处分行政诉讼时，司法部长已不能任主席。[57]这样就是国务院逐渐司法化之明证。综览上文，我们可以由比较观而得一结论，即谓：最近30年间，当"官法"正在生长于英格兰，国务院所有司法的功能亦逐渐司法化。虽然，倘若任一英吉利人，竟因这句结论而作成一悬想，即以为行政法院或行政法曾经存在于英国，他未免犯了一种错误。本来法国人[58]近来尝极力设法使国务院在判决时成为正式司法机关，而且设法给予平政法院以极高威权。然而国务院中之国务员并不占居一种地位，能类似在英格兰中之高等法院的审判员，或能类似在法兰西中之寻常法院的审判员。他们在实际上极少被免职，但在理论上仍然可以随时罢免。而且司法部长在实际上虽则不常出席于平政法院，但在法律的理论上仍然是该院的主席。所以每当平政法院的审判员以同数分立可否两面之际，司法部长必亲自出席，而加入投票以决定某一问题。惟其如是，这种案件，大概为困难而又重要者，可谓俱归司法部长亲审，并由他决定。不过外国政论家，倘若不及仔细研究法兰西的司法制度，会要断定国务院或平政法院的判决真能超越阁部的意见。其实此项断定并不是十分正确。即以法兰西本国人而论，倘若有以国务院或平政法院究竟应否更加完全司法化为问，他们所有答案几乎言人人殊。于是，外国政论家闻之，只得愈滋疑惑而已。但无论如何，倘若专就国务

57　参考庞加莱（Poicaré）所著，《法兰西政治》（B.迈阿尔［B.Miall］翻成英语，由T.费希尔·昂温［T.Fisher Unwin］印行，于1913年出版），英译本第272页。

58　行政法在其他大陆国家（譬如，德意志）中其司法化程度究不若在法国者之高。

院及平政法院的组织观察，我们至少可以得一种暗示，即谓：虽则该两院所有判决未必大受感应于当代阁部，然而较之英吉利法院，他们究竟不免带有政治之臭味，复不免参加政府的意见。不宁惟是，我们还须常时记取一事，即是：在法兰西民国之下，一如在前代各种政体之下，大凡国家的役吏（fonctionnaires）一概具有一种威权，为在英格兰中之元首的仆役所不能有。[59] 更特别者便是实施刑法的诉讼程序在法兰西中完全受命于政府。不过国务院近年以来有一种尝试的成功，其结果足以提高该院的声誉，复足以惹起国人对于行政法的信仰。这种尝试的成功，实不外伸张及推行一条精义，即是：凡在实施法律时，个人不但可因有司息惰或溺职而受损害，而且可因适当要冲之故，所受损害远过邻人，国家皆应负责赔偿。[60] 此外更有一原理，在个中国务院的威权亦能积极伸展。这一原理是，凡一行为，在官吏做成之后，随被证明为非法，国务院可宣布之为无效。由此两义，我们可以作一结论，即谓：这种举动系将国家的责任尽量扩张，而扩张国家的责任实不啻为官吏新添一层保障；诚以倘若国家自愿对于官吏的过举肩负责任，任何人，受了损害，自然乐得舍弃直接犯罪的役吏（譬如，邮夫或警士）不予追究，转向国家索偿。

有一件重要事实，极与行政法的感召势力相关切，我们不可不

---

59 例如，出庭法案及其他同类法律，法国无有，同时在所谓"警政"之下，许多武断权力尚由警察运用；见杜归（Duguit）所著，《宪法专论》，第二册，第24至26页，又第33至45页。加之，在今代法国中，尚有多种行事，可以托词于奉行上官命令，而得到庇护。

60 参考本书下文第十二章"论行政法的优点"。

注意。譬如,在法学大师所著宪法专论中。[61] 法学者往往主唱一种新式的分权,称为"役务的分权"(décentralisation par service),其涵义似为给予独立权力于各部的役吏。例如,邮务的行政,依此项分权理论,亟应交付邮局所雇用人员共同担任。是故除受国家监视外,他们可以根据平日所有知识经验以治事;如有盈余,他们可以分润;如有因公贻误而至于害及个人,他们可以局中收入,如数赔偿。但在别一方面,以服务于国家而为官吏之故,他们即不应同盟罢工,以阻挠公务;倘若竟敢罢工,应受制止。这样解释就是所谓"役务的分权"之真谛。至于此项陈义所以采用"分权"的名词之故,未免令人难于索解。原来"分权"的称谓一向只用于地方与中央相对的权限,其指意分明殊异于现在此处的用法。而且该项陈义中之进行程序,以英国人的眼光观察,诚属复杂极致;但就中有一两点颇饶有教训的意味,至值得研究,这种所谓分权似乎是要把古代法兰西所有传统的一项信念催促复活。申言之,法兰西人民素来崇信行政的效实,今兹提出"役务的分权"为号召,无非因为法兰西国的思想家在一方面正在失望于代议政治,在他方面,特谋为行政上别辟一新蹊径,以图救济。纵使让一步说,这样倡导至少足以表示法国的知识阶级正在专攻一项问题,其性质不免令异国的思想家及制法人们闻而迷惑,至于不知所对。试即就一种役吏如铁道的执事人员立论,以资解证。譬如,铁道的员司仆役所执职务实为一国的兴衰所系,试问他们早经知晓以罢工为要请即有增薪的可能,究竟这种可能性有什么限度?读者骤闻此问,或不免联想及于题旨,以

---

61 参考杜归所著,《宪法专论》,第一册,第460至467页。

为这番审问法兰西行政法所有最近发展的工夫未免离题太远。虽然，我要陈明一句话，这种批评实是不妥当，因为考问行政法的现有状况确是本论应有的文章。申言之，这种考问足以表证三事。第一，他表证介于英格兰的官法与法兰西的行政法之间最近固然增加极轻微的类似性；然而尚有一件基本事实，决不能因为有了类似性而消灭无踪。这件基本事实是，行政法的思想究竟与法律主治的信念，尤其是寻常法院的至尊身份的信念，不相融洽。第二，他表证所有役务的分权一类之概念纵能实现；此类概念终不能和谐英格兰所珍视的法律主治所有思想。第三，他更表证现有时势正在严催法兰西，同时复严催英格兰，以答复一个严重问题；然而英吉利人们却未能想出一个满意的答案。这个严重问题是，内务役吏及其他人员忠诚地奉行所执役务，实为全国的盛衰所依赖；倘若他们竟利用自己所占地位，谋以罢工或其他政治运动，要挟国家，使不得不让步而给予他们以相当利益，这种行动究竟有什么限度？惟其如是，当此类问题一经提起，他正在要求解答，而我们却有志于解答而未能；然则我们即不妨借鉴外邦，而以法兰西所得经验为他山之助。故在英国方面当今正是内务的役吏，或［用缪鸦先生（Mr. Muir）的称谓］"官僚"（bureaucrats）的权力逐日增加之际，假使徒将官法的范围扩张，我们殊未能确实相信此项企图足以应付时势的要求。[62] 不过退一步着想，世变既日趋于复杂，政府的功能又日形复变，扩张官法的范围对于今日的情势实则不无裨补。而在法国方面，法兰西不但促成他的行政法院之最高机关（即国务院）之司法化，而且

---

62 试一考究1889年官吏秘密法案及1911年官吏秘密法案。

设法使该院渐次独立于当代政府的势力范围以外。此举在今日法兰西中已大著奇效。返而审视英国,寻常法院向来处于至尊地位,但以之审判内务役吏的罪过,我们殊未能十分相信此项法院是惟一最善机关。在如此场合之下,我们所应有的考虑是:假使能有别一司法机关,其审判员不但富有行政经验与深明法律,而且占有超然地位,果尔则以之实施官法,或能较现有高等法院中之任一分庭,更为得力。

(C) 宪典[63]

在本论中有三点值得注意。为便于讨论起见,我们尽可约之成三个问题,而逐一加以答复,如下文。

第一问题 最近30年间,宪典亦有极显著变革否?

答复 显著变革在宪典中诚然多有;但为眉目清醒起见,所有变革可以归纳于两纲,而且两纲必须被分外清楚。是故在第一纲领之下,则有许多新规例发生,但继续存在于宪典的范围中如故;而在第二纲领之下,则有许多典则,自1884年以来,渐次化法律,或与法律本身所有改变互相切实联络。[64]后者可以被称为"制定的典则"(enacted convention)。

关于第一类典则。此类典则发生,并不须牵动法律,即足以应付新时代的要求。试征引实例作证。在1868年,保守党时方当国,内阁于改选后大失败。地士烈理先生(Mr. Disraeli)不俟巴力门召集,即先辞内阁总理职。同样惯例被袭用于格兰斯顿(Gladstone),

---

63 参考本书下文第十四及十五章。
64 特别注意1911年,巴力门法案间接所生果效,详见本篇下文论第二类宪典。

时为1874年,既而又被袭用于地士烈理(在那时他已被晋爵为比根士斐勒爵主[Lord Beaconsfield]),时为1880年;末后再次被袭用于格兰斯顿,时为1886年。此类辞职行动概随大选举后之失败结果而发生,适与披勒(Peel)在1834年间所交下的先例相反对。当是时,披勒所领导的保守党已失败于大选举,但内阁不即时辞职;内阁辞职,实发生于巴力门集会以后,其原因为不得到民众院的信任。虽然,在这一次特殊际会中,披勒实能领导少数党于众民院,以抵抗多数党的压迫,不屈不挠;是以保守党虽受挫于大选举,但尚能支撑局面,不遽屈服于众民院,此皆为披勒之力。不宁惟是,披勒更能晓谕全国以一事;即是:虽则他本人与党中同志力拒宪法再有第二次大改革,然而他们皆以诚意接纳1832年巴力门改革法案;同时他们复不赞成一切反动政策,而设法给予全国以修明的行政。凡诸如此类之事实不但足以使披勒本人壮气,而且足以使选民谅解。此旨学者不可不知。至于新建立的典则盖别寓深意,学者更不可不察。申言之,这条典则直接地要迫促内阁在大选举失败后旋即辞职,间接地要承认选举团在政治是一个主权权力。[65]而且他的寓意有时还要转变一个大选举,使之化成一个判断,即谓:某政党在新选的巴力门应有任期中,应出而主持国政。不宁惟是,这条典则还要转变一个大选举,使之化成一个内阁总理的选举会,以指定某人应出而组阁。[66]卒之,自这条新典则成立而后,即有许多政治

---

65 注意法律主权及政治主权的区别,详见本书下文第一章,批评倭士丁的理论一节。

66 在1880年举行大选举之际,选民之表同情于自由党者,以为自由党一获大胜利之时,即为比节士斐勒辞职之时,又即为格兰斯顿组阁之时;此事他们实公言不讳。

的或宪法的变革随缘而至。譬如,政党领袖每以时会演讲于一选举区,用以发表政见;当时听众虽限于一隅,但所有功效直可传播于全国。此亦为一种新政治习惯,不但披特(Pitt)不及知,即披勒(Peel),罗素爵主(Lord John Russell)或巴麦士登(Palmerston)亦不及知。

在政治习惯或宪典中,更有一项变革,其结果并不至于牵动法律。不过该项新建立的政治习惯,虽则是重要,然尚少人与以相当注意。个中所有原因可分二端:其一为他的生成极缓;其二为他的意义极广泛无一定。但无论如何,此项习惯经有实际的存在。依此习惯,凡君主或君后不但对于人民的道德感情须有同感,而且须能替人民作喉舌,以发表此项感情。道德的感情为何?有如仁慈、博爱或爱国心是。顾此类同感的发生,只是近代所有事。按实言之,维多利亚后实为此项习惯的创始者,故她的行事实大有造于帝国政治不浅。若在维多利亚以前,佐治第三固然少有此项表示,即其二子相继登位,仍然不闻有此项表示。[67]惟当维多利亚主治时,这种习惯乃能确立,又自一经确立而后,这种习惯的用处日见推广,迄于今日,而用处益增多。在此际,惟有游移不定的陈词能施行这种关系重大而界说无定的政治事实。是以当合一王国发动第一次盛大的帝国战争之始,全国人心皆能忆及英国王是通帝国中之适当的与惟一的代表;此旨在当时自是十分重要,由此一念全国的同仇敌忾之心不觉油然发生。[68]

---

67 元首在巴力门开会时,例须致开会词,但在今日,此项开会词大抵为内阁代撰拟,于是,国人皆知该词所有旨意实际上只代表内阁对于巴力门的希望。因此之故,元首在今日必须别寻机会以发表他自己对于人民的喜乐及悲伤的同情心。

68 参考本篇下文注脚第107条。

政治典则的别一例证,可索取自众民院在1881年后所陆续建立的议事规则。此类议事规则均具有一定主旨,即是:凡遇院中之少数党欲以种种方法延宕某一宗草案的通过,此类规则皆得被应用以减削障碍;甚至有一草案受院中许多议员反对,此类规则,倘善于运用,亦能令该草案于较短期间迅速通过。试征实例,则有所谓"讨论终结""断头台的终结"及"袋鼠的终结"。凡诸如此类之策略,假使再有纪律森严的多数党以立于背后,大足以帮助历届政府建立许多法案。换言之,过去30年间,有了许多立法,倘若不采用此类策略,政府必不能使其通过于众民院。这是不可否认的事实。至于由此类策略而得到的结果,究竟在自由讨论方面着想,曾否以太高代价换取,此为别一问题,我们可以不必措议。在此地我们所愿提示的要旨,只是:这样议事规则,以严格论,不是法律;他们不过是众民院所承认的巴力门习例。[69]

关于第二类典则。第二类典则可称为"制定的典则",其指意是:一种政治的了解,由巴力门以法案承认,便接受了法律效力;[70]或竟在法律的变革之下而产生。此类典则[71]的最好例证,莫如在1911年巴力门法案所有间接发生的效实中[72]索取。

---

69 宪典与宪法的重要区别具详本书下文开宗明义章。

70 参考赋税的暂时征收法案,该案在1913年通过。

71 一个批评家可以反辩,即谓:典则既受法令规定,成为法律,在此际,此项典则已经不复是典则的本身,实已化成宪法的一部。这句话我并不否认,但已经化变的该项典则或不免有间接地牵动其他习例的作用。于是,当讨论宪典之际,即不妨就便提示已受化变的宪典在间接上所生效果。

72 1911年巴力门法案尚有直接效实,参考本篇上文论巴力门主权一纲领之下所有讨论。

(1)这宗巴力门法案,关及上下两院在立法事端上所有关系,渐趋于确立一宗成文的,或(较正确地说)一宗制定的宪法,恰与从前所有一宗不成文的,或(较正确地说)一宗非制定的宪法相反。[73]

(2)该法案对于一项御用特权,依之,凡遇一草案为贵族院的大多数反对而不能通过,元首得以增设贵族议员,以"压倒贵族院",大加限制(虽则未尝绝对废弃)。本来此项特权的运用在历史上,只实现一次,即遭逢于安娜后(Queen Anne)的治下之1712年。除此之外,更有两次可以实现而终不实现,即是:倘若贵族院决然拒绝1832年巴力门大改革草案的通过,威廉第四会要使用此项特权;倘若贵族院决然拒绝1911年巴力门法案的通过,佐治第五会要采取同样手段。在两次中之任一次,两届内阁所根据以陈请元首执行此项特权的理由,皆谓:除采用如此决绝手段外,英宪再不设有别一善法以迫令贵族院服从全国的意志。但自1911年巴力门法案成立以后,前此所持论据已失去权威。继自今,倘再有内阁以此举请求,英国王尽可回答,即谓:"倘若人民真正渴望实施这一宗刚受贵族院反对的草案,你尽可在两年内转变之为巴力门的法案,且不须得到贵族院的同意。"[74] 然则1911年巴力门法案,由上文所论观察,确能推翻1832年与1911年间之贵族议员的增设所立论根据。

(3)在该法案的运行之下,每届巴力门将来大抵均能寿世五年,

---

[73] 关于制定与非制定的宪法所有区别,参考本书下文开宗明义一章所讨论。特别注意1911年巴力门法案第一节第二及第三项,在其中财用草案得到一个法定的定义,同时一宗草案是否财用草案亦可依一定方式决定。

[74] 见巴力门法案,第七节。原文即谓:"巴力门每届任期所有最长期限在1715年七年巴力门法案之下,原定为七年,今后应改为五年。"

或不致中途解散。是故当研究该法案时，学者应谨记两三件事实。第一，自多数党方面观察，倘若他们知道本党已失却众望，他们必将尽力反对解散。是何以故？则以在大选举后，多数党或变成少数党之故。第二，凡是不当官的议员，依该法案，皆得受年俸五百金镑，如此厚俸必能歆动少数党中之议员，使不主张解散，因为五百金镑的年俸，由此可以不至受牺牲。第三，巴力门的解散本来在历史上，譬如，介于1688年光荣革命与1784年之间，绝未尝有以政治缘故解散巴力门；有之，惟以君主死去的缘故（现今已无此项习例），或以在七年巴力门法案下所有法定期限的缘故。是以在这96年中，民党中人（the Whigs），尤其是布雅克（Burke），极力否认君主具有得任意解散巴力门的权利；因之，1784年的解散至被指斥为"行刑的解散"（penal dissolution）。试将法国所有政治形势作比较的研究。在法兰西民国之下，议会可集会四年，但在这四年的期间，总统得以元老院的同意而随时解散议会。但在实际上，只有一次解散发生于过去37年间，因之，我们当可推断，这样单独一次的用法将来必使总统的解散特权变成绝响，无人再弹。依同理以观察英国的政治形势，我们似可预料，御用解散特权将至被弃置，不用于英格兰。虽然，倘若专就宪法的原理立论，贝吉（Bagehot）[7]对于解散权的运用，别具见解；学者亦不应忽视其论旨。申言之，内阁总理，当自信得到全国为后盾时，一面既能推翻一向拥护自己的众民院，一面又能直接请命于全国民众。此为解散权在宪法上之作用。

---

[7] 按，贝吉（Bagehot，读如"Bagut"，故时人有译之为白芝浩者）生于1826年，死于1877年，为英国著名经济学者及宪法学者。所著有《英吉利宪法》《物理与政治》及《伦巴第街》（*Lombard Street*），均极有名。

这种作用，依贝吉所论，就是英吉利宪法高出合众国宪法的处所。

(4)又在该法案的运行之下，众民院中之多数党足以反抗或践踏选民的意志，即是民族的意志。这是一件确定的实事，不容驳难。譬如，试以自治法案作解证。本来自治法案实为大多数选民所反对，又为爱尔兰中之一部的少数人民所深恶。两者皆是历史上不可否认的事迹。加之，依历史所记载，在前此30年间，贵族院以两次拒绝自治法案，复以两次得到选民的同情。即在第三次提出时，仍有多人主张声请国民公决，徒以众民院中之多数党不愿采纳之故，卒不见诸实行。此事亦是确凿不移。然则综合以观，任何人，倘若果能抛弃成见，当无不承认，现代英宪包藏一种可能性，即是：宪法之根本变更，纵使反对民族的意志，亦可由众民院中之多数党实行。

(5)这宗法案可以提高议长的身份，复变更议长一席的性格。原来众民院的议长一席极为重要，实为一院之主脑。虽则选出自一政党，向来任议长者常努力做成全院的代表及向导，而不做任何政党的领袖或仆役。这是众民院在历史上所有莫大光荣。故以性格论，凡议长之薄负时誉者莫不勉力保持一种司法的及超然的性格。关于这一层工夫，历代议长皆能大有成就，且远过于各国中之下院的议长。惟其如是，凡一议员，倘若曾经一度被选为议长，即可继续当选于各届议会；至于众民院中之多数党究将谁属；亦无关系。此系宪典中之一惯例，在今日几乎变成宪法中之一规则，必须遵守。譬如有一议长，本以自由党的大多数选出；迨至下届议会，纵使保守党占居多数党的地位，他仍然继续当选。譬如，又有一议长，本以保守党的大多数选出；迨至众民院改选之后，纵使全院的多数党为自由党，他的议长一席依旧保存。不过自1911年巴力门法案成立以来，议长的身份不免受了牵动。例如，在该法案的运行之下，凡草案必须依案中所规定的立法程序然后得通过者，议长在此际必须亲笔写成证明状，并署名字，即谓：所有法案中之一切规定均经切实遵照。如其不然：该草案即不能成立。因之，议长的威权不觉大增。此项威权的运用不但须取决于他的知识，而且须取决于他的良心。但无论如何，国人对于此项行动，必有赞成者，亦必有反对者。于是，关于议长能否忠实地发出证明状的一问题，必至意见分歧。然则众民院中之多数党，在此际，哪有不希望议长能与自党同怀抱一样意见之理？这一句话并不要说，议员诸公要戴一个棍徒为议长；他只要说，他们所期望于议长者，不是一个审判员，却是一个忠实的本党同志。由此观之，这宗巴力门法案实有害于议长向来所有司法的性格。试观合众国的国会。在该国会中，众议院的议长是一个有品行又有勇气的人，但他对于党的关系甚深，直可被视为众议院中之多数党的领袖。

第二问题 此类新宪典究有什么普通倾向？

答复 普通倾向有二端：其一倾于增加巴力门中之多数党（实则只是控制众民院的多数之政党，至于此项多数怎样集合成功可以不论）；其二倾于付托立法大权，甚至整个政府的权力，于内阁的掌握中。原来内阁在英格兰中是政治上之惟一工具，由之，众民院中之多数党得以运用他的权力；同时，内阁在英格兰中又是国家的惟一重要机关，他不但一味供多数党使用，而且能控制与指挥巴力门。惟其如是，英美两国中之著作名家，凡曾经用过一番苦工以分析英吉利政治制度的组织及功用者，同归结于一个坚决信念，即是：政党的体系，或（用亚美利坚称谓）这副机器，所有硬性与力量不但继续存在,而且逐代增加于英格兰。[75]

不宁惟是,一切政治的活动,在英格兰中,均倾向一种趋势,即是:政治舞台上之领袖人物各在巴力门中驾驭自己的政党机械。一个新内阁,在霎眼间可以成立,而且完全构成于巴力门中之多数党的党员。至于反对党的党魁则带领党中同志,努力奋斗,务求有出而当国入官之一日。简约说,政党的斗争,在英格兰中,一方有政府党,对方又有在野党,双方旗鼓相当,兵力悉敌,复各以"巴力门大家"居中策划及调度。至于选民只在名义上,可算至尊,因为他们可以在选举时促成政党的起落,随之即有政府的新陈代谢。然而在实际上我们当可以一语道破个中奥妙,即谓:自"五年巴力门制度"造成于1911年巴力门法案以后,不列颠选民团,除却选择某一政党或某一内阁总理以治理全国亘于五年的长久期间外,不能多做别的行事。一个内阁,倘若在巴力门中能固定地号令一个多数党,纵使此项多数的数量并不是极大,必可以运用政府的权力,而无多大阻碍。诚然,现代"巴力门分子"出头以致演说词于众民院者,其人数超过50年前。但正是因为有了如许雄辩的机会,每一个"巴力门分子",倘若在内阁中既无职守,在反对议席中又无领袖资格,只觉大杀威风。试一回溯巴麦士登的时代(Palmerstonian era)不时还有几个雄辩家不断地运用自己的威权于院内或院外;若在今日,

---

[75] 参考卢儿勒(Lowell),《英格兰的政治》,部乙,第二十四至三十七章;洛(Low),《英格兰的政治》,第一至第七章。缪鸦(Ramsay Muir)在他的官治论文(载于他的《贵族议员与官僚》,第1至94页)中,虽则提示在英宪下之权力有自内阁而落入吏役手中的趋势,在大体上仍表同意于上方两位作家所论。

此项特殊利益当不是非内阁阁员或非候补阁员所能享受。任何人，倘若他的政治记忆力能伸张及于克里米亚战役（the Crimean War），即在60年前事，将必能想起，丁兹如许艰危时代，政治家，有如鲁布克（Roebuck）、巴勒麦（Roundell Palmer）、柯伯丁（Cobden）、伯赖特（Bright）诸贤，不管在朝或在野，所发议论咸见重于当世。申言之，这类名言谠论，政府或反对党决不敢藐视。不幸立法事务在现代几乎尽归内阁所垄断；于是，任一巴力门中之私人分子，倘若未得到内阁维持及扶助，罕有机会以通过本己的提案。任一巴力门分子可在众民院演讲；但每逢内阁总理认定时机已到，他即能减削讨论某一宗草案的机会。本来这种讨论的自由原属巴力门政治的要件；然而在现代众民院中此项习例日见消沉。不宁惟是，甚至关于民族利害的问题，众民院有时亦无从取得确实答复。如此奇观，倘若从法律的视点观察，实不能适合于宪法。然而在1911年巴力门法案的运行之下，所有归于内阁掌握中之权力，在实际上可以做出任何事；但只有一例外，即不能替大众享有的政治效命是。这一点就是忧危所在。因此之故，宪法在今日或可以不必更动，但在至低限度中，我们亦不能不主张宪典的改革。虽然，犹有辩。学者须知所以使我们感觉危惧的理由决不是在于执政的太过强有力；反之软弱政府只足以产生恶政治。然则忧惧何在？在于执政者代表一党之处多，而向导全国之处少。方今世界大战正在开始，凡一人，若能平心静气，自然不欲在此际争辩一事：即谓，在如此存亡绝续之秋，全国对于民族独立的热念，尚不能转变政党支配下之政府，使之努力于保证民族的安全及荣誉。虽然，这件事实在此际固然是真切，但仍然不足以遮掩政党政治的趋势；即是，国家的政治大权，向来应属于民族者，现在常有交托党人之倾向。[76]

第三问题 宪典的责效力，依本书的专论所探讨，是在于宪典与法律主治所有切实联络中寻求；最近三十年间之经验，足为此说作解证否？[77]

答复 从最近三十年间所有经验观察，这条精义可以解释及证明于下文。迩来每届巴力门必通过叛变法案，与每年政府必召集巴力门于威士敏士惕（Westminster），由此两事，我们即可概见宪典的规则确被施行。至于此类规则所以能见其实行者之故，只有一简单理由；即是，倘若忽略了此类规则，所有守官奉职的人们个个将不免投于法网。试征实言之。譬如，叛变法案本是一宗年年通过的法案；假使该法案有一年不通过，军队的纪律既无法律根据，将必无

---

[76] 最近时有思想及行事出现，似乎足以减削政党体制的硬性。譬如，关于1913年三苗而勒爵士一案（In re Sir Stuart Samuel［1913］, A.C.514），即足证明，凡关于巴力门议员当选而出席议会的法律问题，在1833年司法委办会法案第四节之下，此项问题可以提交枢密院，即交由以著名律师而构成的该委办会处决。依此意见，我们更可推知，其他问题之涉及议员的品行者未必能由巴力门中之任一委办会秉公审问，实不如交付这一所最高法庭查究，较为妥善。譬如，以军事言，当吉青纳爵主（Lord Kitchener）就任陆军部长之始，他曾明白宣言，即谓：他的就职并非以党人资格而就职。他原来是一个军人，故此番就职，特要尽军人本分，以拥护民族的幸福及光荣。吉青纳发此言实不啻为军政上创立一先例。抑此岂特限于军政而已，其他各部政事何尝不应如是办理，譬如，再以外交言。倘若有一个天才的外交部长，历在自由党及保守阁中继续任职，此事于国有益，于私人的品行亦何伤。假使有一枢密院大臣于此，精于法律，复明于断事。倘使他长此以最高法吏之地位，为国家服务，复为历任内阁法律顾问；诚如是，国家实利赖之。万一内阁阁臣与这位大臣的政见实不相投，但该大臣并不因此而辞职；此事对于人民亦只有利而无害。综合以观，政党所有权力，亟应抑制，使之不至于有加无已，实为必要。

[77] 参考本书下文第十五章关于"宪典的责效力"之讨论。

从成立。譬如，国家的财用必有待于巴力门的批准；假使巴力门有一年不召集，许多种类的赋税，到了会计年度既经期满之后，必停止缴纳；纵有许多种类的赋税尚可依永久法案征收，但一经收入帝国的国库之后，政府亦必无从得到法律根据，而支用此类存款。不宁惟是，惯例所许可的行事，若使无法律根据；其结果仍足以陷政府于蹂躏宪典或破坏法律的危险。最近在1913年中，有一实际经验，至值得注意。先是，贵族院在1909年间，为着迫使政府解散众民院，特拒绝预算案的通过。本来以法律论，贵族议员的行为在那时纯然合于法理；但以事实论，他们的行为至足以发生许多窒碍。幸而新巴力门旋即召集，所以贵族院的拒绝预算案之通过尚可以勉强得一救济办法。于是，所得税一项，向来须赖巴力门每年以法案规定而征收者，在那几年间只能以众民院的决议，且于正式法案未成立之顷，提前征取。在此际，适有一聪明人，欲对于政府所采用征税的法律手续，加以一种打击。于是，当英格兰银行既从他的贮款中，提出若干，以代纳所得税之后，他特向法院起诉，要求照数交还。卒之，这一位豪胆的原告人得以照数恢复此项无法律根据的税收。综括说，布勒士先生（Mr. Gibson Bowles）在诉讼上所得胜利不但是个人的胜利，而且是法律主治的绝好表证。[78]

（D）30年间新宪思想的发展

新宪思想大别为四：(1)妇女选举权；(2)比例代表；(3)联邦主义；(4)复决权。

---

78 见下列一成案：*Bowles v. Bank of England*（1913），11 Ch 57。

两项概观

此类新思想的批评,以限于篇幅之故,将不能尽情发挥;故为便于讨论起见,请先论述两项概观。

第一概观 今代进步或文明国家的国民,在政治上所有新发明,比之在其他活动中之创造性,似乎较为短少。譬如,代议政治所以受今代思想家特加重视之故,大概有一半是由于此项政治,系属一种发明或发见,实为雅典或罗马公民所未尝知晓。[79] 不过在此地我们亦应有一句话声明,即谓:严格言之,实则无论代议政治罗马帝国主义,或任何政治的改制,俱不足以言发明或发见。诚以此类改制,若不是来自仿效的结果,他们就由于自然生长,不待人造,且不管人们采用任一方式,其主旨不是要使新理想有尝试机会,而在于应付目前的需要,及解决实际的困难。在英吉利历史中,新宪思想的纡徐发展,当以维多利亚时代(1837年至1901年)为最显著,又为最不可解。他本来是一个富有知识活动及事功的时代,他又是一个科学思想最发达时代,他更是一个历史的知识最长进时代,但他竟是一个政治或宪法最贫乏时代。这种矛盾现象入20世纪后,依然未改。惟其如是,在本篇导言中,凡我所称为新思想者并不是因为他们本身具有创造性,他们的新颖处只是在于过去14年间所惹起的新兴趣。

---

79 除却代议政治所有政治思想外,我们即谓今代所有政治观念,几乎无一不曾经亚理士多德研究及批评,亦非过当。虽然,我们尚须特别注意一事,即是:罗马帝国所建立的大规模行政制度,实为这位希腊哲人所未想及。

第二概观 此类新思想有一通病,即是:凡属良好法律,在建立之先,必然抱有一定目标,而勉力趋赴;此类新思想均不能注意及此。但这个概观尚须详细阐发。

在民治政体之下,凡有立法必须着意于求取两个终局。两个终局,虽则同属重要,但必须区别清楚。第一终局是良善法律的通过及维持。良善法律为何?即足以增进一国的幸福及安乐者是。这种法律在他们本身上自有可取,因之,在社会上最为需要;此旨当无待赘论。试征实例。譬如,倘若自由贸易,真能协助英吉利人民取得价廉而质美的食物,复不产生别种流弊,任何人必不出而抗议,即谓,五谷律的废除不是良善法律。倘若种牛痘真能排除天花痘的散布及传染,复不产生他种病害,全国公意(就是勒司特"Leicester"的公意亦包括在内)必异口同声,皆谓,强迫种牛痘的法律是一良善法律。第二终局是在于保证一事不使发生;这一事是:任一法律,倘若深受全国人民(譬如,英吉利人民)反对,即不应通过及维持于一国(譬如,英格兰)。这个终局凡在可能实现之所,皆应保持;此旨当为深思远虑者所承认。诚以一宗法律,倘若违犯全国人民的公意,倘若人人恨之入骨且无人愿意服从,必终归于无效,或竟不能作为法律看待。纵使在君主国中,君主的权力足可以不顾人民好恶而强行一种法律,但强行的流弊或者至于摧灭一宗良好法律所带的效实而尚有余毒。惟其如是,英吉利政府在印度中遂不能不容忍许多固有制度,如阶级制度之类,诚以此类制度虽则为英国的公意所不满,然实为印度的公意所赞许。依同理,英吉利政治家所以不愿禁止焚身殉夫的陋习之故亦可解明。综合以观,当可约成两义:其一,立法须合于事理(简说妥善);其二,立法须合于人情(简说中意,至少亦不可是不中意)。虽然,两者在立法的实际当中颇难常时得到,尤难同时达到同等程度。可惜,英吉利人们对于此旨甚少觉察。因此之故,我们不妨征引英吉利立法史中所遭逢的困难,以资解证。[80]譬如,1832年改革法案,就许多英吉利历史家及思想家的判断观察,不但是妥善的法律,而且在初立时也是中意的法律。当是时,王党对于该法案,所有反对力量,自然是极大,不可轻侮,但全国人民对于该法案的通过,表示热烈欢迎,亦是历史之不可磨灭的事实。譬如,1707年合一法案,就事后观察,自是法令档案中不可多得的最妥善的法律之一宗。他赐予英格兰及苏格兰的居民以无限乐利。他创建大不列颠,由是,遂授这个合一国家以强大权力,在一时代足以抗衡鲁意第十四(Louis XIV),又在他时代,足以抵御拿破仑。迨至1832年,全国正在热烈地运动宪法的改革,但不有一个人,不管他是民党、王党或急激党,要提议将合一法案撤废;由此一节,更足证明该法案的成功。然而在初立时,该法案并不受欢迎于苏格兰,即在英格兰中,选民亦未见得十分中意。譬如,1834年贫人法案的通过自是民党的最有爱国心的建树。他足以拯救各村区于危亡崩溃;他足以赐予实际的幸福于乡间工人。但该法案在初立时并不大受欢迎,而且深受乡间工人嫉视。譬如,1832年改革法案在最初成立时本极得人民的悦意,上文已经提示。讵料刚在通过后之两年,改革家正在希望长此大受欢迎之际,英吉利人民视之,淡然若忘。由此观之,立法所有妥善性,与人民的中意,未必互为因果;此旨一经解证之后,至易明白。试依据此旨以观察1914

---

80 参考布特列(J. R. M. Butler)所著,《大改革草案的通过》(出版于伦敦,Longmans. Green and Co., 1914)。在历史的叙论与探讨方面,此书洵称杰作。

年之宪法改革家或创制者,我们徒见新宪思想足以驱使他们着意于一点,即是:任何法律倘若要由巴力门通过,须要取得人民中意;至少在最低限度,不惹起人民的不中意。至于立法的别一终局,即是立法须是妥善的终局(换言之,立法须能增进实际的幸福于全国),他们绝不计及。于是,古代一种迷信所寄托于"民声即天声"的格言之中者,遂得复生于今日所谓科学时代。本来现代政治正在趋于民主化,这种坚信人民的聪明智慧的心理,虽系再生的信念,实与时代的背景适合;因之,他当然可以吸取新力量于现代社会,可无疑义。虽然,我们对于这一件事实窃有一种推测,即谓:此项迷信的新生命大抵生于功利主义的衰微。诚以在古代时坚信民声的心理,与"自然权利"的理论,深相结纳,而后者大为边沁(Bentham)与其门弟子抨击,卒被驳倒。[81] 因此之故,当功利学派的势力正在低降,我们自然不必怪异,坚信民声的心理卷土重来。不过一般人士,在此际,此免忘记一事,即是:自然权利的信条并不单独被难倒于边沁的同门;即在十八及十九世纪中,凡未尝表同情于功利主义者,仍然抨击及驳倒此项信条。

新宪思想的逐一批评[82]

(Ⅰ)妇女选举权 原来妇女应有选举巴力门议员的权利之一种

81　参考《法律与公意》第309及171、172页。

82　在本篇"导言"中,倘欲括举此类新宪思想的正辩及反辩所有辩理,不但在事实上为不可能,而且我的主旨,亦不欲做到此举。我所要做的事只是:将反对及赞成两方所有中心思想和盘托出。此旨并已在本篇上文两个概观处提示。

权利主张并不是新要求。当在18世纪之末叶,英国已有此项宣言,[83]不过尚未有显明及系统的运动。按实言之,这种运动可谓开始于1866年至1867年之间,当是时,弥勒(J.S.Mill)首先赞助此举于众民院。

讨论此题可分两层说法:其一探讨此项运动的成因;其二叙论正负两面的辩论要旨。[84]

成因 妇女选举权运动的一切成因可以括举如下文。自19世纪初期以来,即有许多妇女,终身不嫁,复能自食其力。加之,这班妇女,或以文字成名,或建树其他事业,渐有势力于合一王国。本来在合一王国中,全国人口若依性别计数,女子常多于男子;益以男子好移殖于各处殖民地之故,女子超过男子之数日见增加。惟在生计方面,凡有男女职员之处,女子所得工资常比男子所得者为少。此事至足以惹起注意。当是时,适有一种空想流行,即谓:工资可以立法权力增加。于是,政治问题遂由生计问题惹起,时人往往悬想巴力门选举权的缺乏为工资受减削的成因。更在政治方面,社会政策正在盛行,国家的活动因之日增,于是妇女所有利益即不免时受牵动。在此际:凡关于道德或宗教上之争端,选民尝不断地要求妇女的参加及合作。因此之故,女权运动大得到宗教家的同情,就中尤以英吉利教士为最热烈。他们盖深信妇女的政治权力会要增

---

[83] 参考沃斯通克拉夫特(Mary Wollstonecraft)所著,《妇女的权利之宣示》;该书出版于1792年,当是时法兰西大革命适于是时进行甚剧烈。所可异者,在此际,革命党人似乎不大注意于此事,罗兰夫人为一时女杰,亦未闻有替妇女争取选举权的举动。

[84] 将欲考察双方争论所有主要辩理,参考戴雪,《为妇女选举事各次致友人书》。

加英格兰寺院在政治上之威权。这种实际状况,以及其他状况之在读者的记忆中者,大足以促进妇女选举权的运动,而使其继长增高。

辩难主旨 关于妇女选举权所有辩难,可分两纲,每纲各可分正负面。倘在一纲领之下,正面与负面所持理由分别叙论,则辩难主旨自可以简明地表演出来。

第一正辩 每一国民,或(沿用普通演讲所有称谓)凡依合一王国的法律而纳税的一个人,皆应有权以投票选举议员。而每一英吉利妇人在合一王国的法律之下,均须纳税,因之,每一英吉利妇人即应得到选举权。

答辩 此种推理未免太过牵强。如果依此项理解以推进,辩者的言语必将归宿于一结论;即谓:凡民本政治,无论任何形式,总应以普通选举权的存在为基本。本来这种主张,依极端女权党人的意见观察,决不是过当,而由此推论以得到的结果亦不是荒诞无稽。但就许多稳健的英吉利男人及英吉利妇人的意见观察,在一方面,他们正在对于男子的普遍选举权制度之施行十分疑虑,在他方面,他们自然不能承认此项理解所得结果的真实性,即所谓全国男女,一经成年,便应有权以票选议员。倘若学者能分析事理,而至于深入精微,则反对论所有坚强论据他自能灼见。因之,他必然首先认明一要旨:即是,大凡许多民主政治的公式,譬如,所谓"纳税的责任附带选举代表的权利"一类公式,实为主张妇女选举权的正辩所依据。随后,他的答复便是,原来许多所谓民主政治的原理,或保守政治的原理,不外是一种口号,虽附有少量牵强凑成的事理,但混有多量谬见。继此,他还要提示一个真理,即谓,大凡以取得选举权力为一种权利的享受者只是幻想。按实言之,选举权却是效忠公家的一种义务,至于这种义务究竟应否给予英吉利妇女,或应否暂时保留,只可以他们的取得选民资格能否有所贡献于英格兰的幸福以为断。

第二正辩 性的别异不应被用为歧视国中男女的标准,于是,凡人不应身为女子,便不被许得到男子所已得的同样政治权利。况以实际经验观察,女子的能力并不亚于男子,而在一定事业中,女子有时还要胜过男子乎?此项辩理,倘若被约成一具体的问题,更是有力,所谓:以奈亭给尔(Florence Nightingale)女士[8]与她的御者比较,后者若是一个年纳屋租至于十镑的宅主,或是一个价值四十先令的业主,即得有权选举;而前者虽则是女子身,然实具有政治家所应有的品格,况复在实际上她所行事的成功实超越许多巴力门分子,她不但能以客观态度运用她的权力,而且能运用所有权力以造福于国家,卒之,她的选举权依然被否认;试问这种不平待遇是合理否?就这个问题所含辩理观察,我们当可以毫无疑虑而断定一语,即谓:许多妇女,许多选民,甚至许多议员,必然以为,这是不可驳倒的论据。

答辩 上文所含辩理是以两性在政治上应受平等待遇为根据。无论主唱者能自觉与否,此项主张实所以替女子要求巴力门及内阁的位置。不宁惟是,他还要替女子要求陪审员及审判员的资格。简约说,两性的别异,本是一件普遍的与基本的事实,主正论者却以为不足轻重。其实在过去三十年间,关于这一个论据的主张及反

---

[8] 按,奈亭给尔女士生于1820年,死于1910年。在1854年间欧洲方有克里米亚战役,病死甚多,女士亲身从军看护,并以首创军中看护事业负盛名。

驳，已有不少文章；我可以不必征引于此地，以涸读者。但有一事都是十分确实，即是所有反对妇女选举权的理解以全体论，至能契合事物的天理。在此际，主反对论者尽可重新提起布雅克（Burke）的名言，以结束本论。自然，妇女选举权运动，在布雅克发论时，本未发生，因之，他的议论原非针对女权党人而发表。但一经增加数字，这番议论即可为主反对论者张目。其言曰："凡在公私事务上向导我们的原理，本来不由人造，而陶成于万事万物的动力及原质。此类原理将必与日月同寿；虽远至民党、王党、司徒雅（Stuart）、伯伦瑞克（Brunswick）（著者按，甚至男性女权党，女性的女权党，及女权的反对党）等等同归于尽，而澌灭无遗，然而此类原理仍然存在。"[85]

（Ⅱ）比例代表[86]　在英格兰中所有主张比例代表的制度之议论概根据三个言陈。

第一言陈　众民院常时有一缺陷，即代表公意的实在性是。试征实例。譬如，选民对于妇女选举权所有意见，众民院往往不能切实代表。于是，俗语所谓"民族心理的照镜"，众民院即不能做到。

第二言陈　在此际，倘能采用比例代表的制度，以构成众民院全体，该院必较能忠实地反照民族的意志或选民的意志。

第三言陈　逐一真实存在于选民心意中之愿望，均应谨依比例数而宣泄于众民院。

85　参考《布雅克书札》，第一册，第332至333页。

86　参考堪弗梨（Humphreys）所著，《比例代表》；费希尔·威廉姆斯（Fisher Williams）所著，《比例代表与不列颠政治》；卢勒儿（Lowell）所著，《公意与大众政治》，第122至124页。

在三个言陈之中，第一、第二言陈均具有真理。试即以妇女选举权运动作解证。此项运动，以目前论，尽可以得到众民院的同意票之过半数，但未必可以受赞成于选民的全数之一半；此等事的遭逢极有可能性，复有或然性，无人敢于致疑。又以他一时期论，此项运动有时或可以取得选民的赞同，而过于半数，转不可以得到众民院的同意票之一半；此等事的遭逢并非绝对无有。其次，复就第二言陈所主张者着想，任何人，倘若能将所有关于比例代表的各种方案详细审察，必不欲否认就中有二三方案，足把现存众民院造成"民族心理的照镜"，由是，将来的众民院当比现在的众民院较能反映人民的意象。虽然，我对于第三言陈却不能无异议。申言之，我不相信在任何民本政治的制度之下，有一代表机关可以造成，庶几，于一顷刻间，便能正确地反照国内各阶级所有意见。

综合以观，我对于上文所述前二个陈议，在大体上既表同意，纵有一二事端，必须保留，然后可以相信其绝对正确，但在本篇导言中，亦可以不必深论。为着避免辩论上之累赘，我姑且承认其真实性。然而我对于比例代表的制度尚不能赞同，至于所以不赞同之故，只因怀疑第二言陈的涵义，即是：任何意见，凡已存在于选民间者，应依正比例，而表出之于众民院。

虽然，在未叙论我的反对论之前，尚有两个意思，向来混合于一个比例代表的要求之下，此时必须区别。两个意思中之一个是，在英格兰中，凡遇有一部人民，怀抱一种意见，此项意见应有发泄的机会于众民院（或用政治的俚语，众民院的议员应"代为出声"），譬如，自由党领袖亚士葵斯有言："倘若众民院真是民族心理的照镜"，则无论任一类意见，只要怀抱于君主的臣民之一部分，即能寻出议员为之代表。诚如是,是"即为众民的无上幸运"。[87] 对于这一条精义,任何人,凡尝受感动于陆克(Locke)、边沁及穆勒的教化者,自然觉察能即予以同意。诚以在任何国家中,尤其是在民本政治的国家中,人民的思想,纵是极恶劣或极蠢拙,全国立法机关亦应明白。试设一极端的例以作解证。假使某一国人民痛恨犹太人或犹太教,在此际,这种讨厌的偏见亟应有人在众民院为之主张,诚以明白庸俗的误解或能协助政府以实施正直的政治或妥善的行政。至少让一步说,暗昧必不能成为直道与善道的渊源。其他一个意思是,每一有力量的意见不但应该有人代表发言于众民院,而且更应该依照大选举时所得票数之正比例,以规定在院中代表此项意见的人数。是以这位显者,当在主唱每一意见应得闻达于众民院之际,于他处复发表如下言论:"我们所抱负的主要政策不但要将众民院造成人民的喉舌,而且要将众民院造成民族意志的照镜。"[88] 倘若比例代表的精义果以此旨传译,一个存心平允的人或不能不拒绝同意。因为此项论理未必是完全真实;他的缺陷又可以明白申叙,而构成下文反对论。

第三言陈的反对论

第一反对论　大凡大众选举的制度愈形复杂,政治权力愈以

---

[87]　见亚士葵斯在圣安鲁(St.Andrews)的演说,时为1906年2月19日,征引于费希尔·威廉姆斯(Fisher Williams)所著《比例代表与不列颠政治》,见该书第17页。

[88]　亚士葵斯在伯恩利(Burnley)的演说,时为1910年12月5日,征引于费希尔·威廉姆斯(Fisher Williams)所著《比例代表与不列颠政治》,亦见该书第17页。

多量交付选举的经纪,或"牵线的人们"(wire-pullers),此项果效固然足以增加政党的机器所有权力,但适足以降低他所有品格。不宁惟是,今代英格兰正在有一最大危险当前。此项危险即隐伏于政党的无限势力。贝吉有见于此,故老早提出反对。[89] 伯赖特(John Bright)有见于此,故指斥其失,不留余地。

第二反对论 众民院并不是一个辩论会。反之,众民院是一个集会,向为伟大的执政权力所寄托,不过寄托的方法是间接方法而已。所以凡关于任免大权与大政方针的批评,他应该极端注意,倘若为了辩论之故,我们尽可先退让一步,即时承认创制者的论旨所谓:"逐一有势力的意见应取得倾听的机缘于众民院。"但取得这种机缘并不是难事,只要院中有一人或至二人,每遇发言,必为一种特殊意见立论,便足。试征实例。譬如,妇女选举权运动即是一种特殊意见,其所有辩旨所以能闻达于众民院者,只缘穆勒(J.S.Mill)以代表威士敏士惕(Westminster)之资格,立于院中,为之尽力鼓吹。假使鼓吹此项运动的人物,不是穆勒,而是别人,果尔,则推理的能力及遣词的工夫自然不能抗衡穆勒。在此际,纵使有一百个议员,忠诚地代表个中所有辩旨;他们的成功亦必不能企及穆勒所成就,此理至为甚明。况且一群人物的组织,有如众民院者,实负有政治上之重大使命,因之,行动的统一,较之意见的别异,当更有极显功效。倘若不然,假使议员诸公昧于此旨,代表的意义或至执持太过。于是,内阁必受牵累;因为一个内阁而至于代表各方面的意见,其结果必至变成淆杂,内阁必不能行事。其实不独内阁不能;就是

---

[89] 参考贝吉所著,《英吉利宪法》,第148至159页。

特派委员会，其成立目的是在于代表巴力门出而咨询有众，假使会中人员竟以见解歧出者组成，恐未必能做成任何大事。譬如，1834年贫人法案的大成功，上文曾经提示，但大功所以卒能告成之故，是由于遵依专为对付此项改革而设立的委员会所审查报告的结果，然则这个委员会实尝有大功劳于全国。试问该委员会在组织时，竟以一种反对任何改革的人物加入，这种功效能收成于英格兰否耶？

第三反对论 原来比例代表的最要企图是在于意见的代表，而不在于人的代表。惟其如是，此项制度不但足以促进众民院的分化，至使许多政团存在于院中，而且足以酝酿一种政治上之狼狈为奸的举动如所谓"扛木"（log-rolling）者于院内。此类果效，若使实现，极有害于英格兰的巴力门政治。原来巴力门政治所以能成大功于英格兰之故，一半是由于两个互争雄长的政党继续存在，而且为数只限于两党。这两个政党，让我沿用两个古老却漂亮的名字，姑且称呼他们作王党（Tories）及民党（Whigs）[90]，倘若提挈大纲以立论，两党所有趋势实趋于反对方向。譬如，其一个侧重阀阅，因之，他常时维持社会中之富贵而又有高深教育的分子，使之继续主治；其他一个侧重数量，因之，他时常设法增加社会中之较贫的及较愚的分子所有政治权力。每一趋势所得效果有好，亦有坏。倘若，在此一顷刻间，我们暂时引用现代所有称呼，但姑且抛开褒贬的寓意，我们可以郑重提示一句，即谓：保守主义及自由主义各尝黾勉从公，而大有造于民本政治已经存在的国家。试即以英格兰为例。两个

---

90 "王党"与"民党"两名，自1689年以来，一向沿用至于今日，我故意选择这两个称谓，实所以避免1914年所有争端，庶几不与现代"保守党"与"自由党"相混。

主要政党的存在,而且这样政党只限于两个,实能促进英吉利宪法主义的发展;此旨已不容否认。不过在19世纪当中,英吉利公家生活亦常有别一种倾向,学者不可不知;这种倾向是,旁的政团,或政党,渐见发生,特于王党及民党之外,独树一帜,以蕲向一定变更。譬如,倭康臬勒(O'Connell)所领袖的撤废党,尤其是柯伯丁(Cobden)[91]所统率的自由贸易党,就是最显著的实例。此类党团各具宏愿,誓为一种信仰而奋斗,其所得果效通常较王党或民党专以求取职位为帜志者为大而且远。所以迟至1845年之顷,自由贸易者的举动,大足以扰乱英宪的进程。他们虽标举政纲,复努力为其政纲而奋斗;然而他们却在成功了劝服巴力门,使之采用己见之后,乃不准备自行组阁。如此行动大违政党的行径。于是,自由贸易者在实际上至足为英吉利政团示例;此类政团概为主唱一定意见、原则或理论而组织,复为强求巴力门采用该项意见、原则或理论而存在。最近60年间,此类政团的数目日见增加于众民院,这是留心观察政事者所能道。至于今日,则有所谓内阁党、合一党(大致与民党及王党相当)、爱尔兰国民党及工党。每一政党各有独立组织,复各有特殊政纲。除此之外,尚有许多小组织的存在:例如,主张禁酒的团体,提倡妇女选举权运动的协会,及撤废国立寺院会的会员。此项政情大足以推翻英吉利宪政的俗例。在如此场合之下,倘若还要输入比例代表的制度,政团在巴力门必然增加倍蓰,更无疑义。诚以主张比例者所有主旨,逐一俱要保证一事,即是:每一意

---

[91] 任一内阁总理,不论是王党或民党,倘能撤废五谷入口税,必得到柯伯丁的扶助。倭康臬勒的态度亦是如此,但他的地位是十分奇异。他积极参加英吉利政治,又是边沁的信徒,而且与民党携手之时为多。

见，凡正在存于选民的心头者，应该有一定数量的议员于众民院，其人数应与选民表同情于该项意见者成正比例。譬如，假使全国选民有 1/10 为反对种牛痘者，在代议制度的完善组织之下，即应取得 67 票于众民院。不过这 67 位反对种牛痘者同时或不免分属于保守党及自由党之下，于是，以种痘问题言，他们自是一致，但以其他问题言，他们即不免分异，在此际，他们所有情形，自与其他 67 位议员之纯以代表一个运动，有如撤废种痘运动而来者，所有情形，迥不相类。在第一种情形之下，每一个反对种牛痘者，会要感觉，在众多问题之中，尚有许多比种痘问题为较重；在第二种情形之下，所有一切反对种牛痘者既专为反对此项行事而来，他们必将以尽力要求撤废强制种痘的法律，为主要行动。然则综合以观，所谓政团的增加足以减损巴力门政治效力，尚是一种或然的推测；所谓比例代表足以促进结党营私有如"扛木"的举动几乎是可以表证的事实。将欲阐明此旨，莫如试设假例。首先，让我假设 67 位反对种牛痘的议员已经存在。其次，让我假设，他们所以被选之故，是因为他们反对种痘的决心，于是，自地位着想，又自志愿着想，他们都觉得运动撤废种痘法律，凡属同志，均应努力。但一经进行之后，他们自然见得现有的 67 票固然具有相当势力，然而尚不足以为所欲为。然则又将奈何？在此际，为着达到目的，他们必须求助于其他政团。本来关于爱尔兰自治问题，关于撤废国立寺院问题，又关于工党的进展及期求之问题，他们是比较的不注意，但以己力不足之故，当不能不出而联络。假使他们对于一切政团所抱政策均应承与以助力，他们当能同时要求各政团相助，通过一法案，即将种痘法律一概撤弃。盖从他们所有见解观察，此类法律不外造端于荒臬

(Jenner)[9]的幻想,故不足保持。诚如是,赞同撤废者必可以得到众民院中之大多数,而荒诞不经的言论反得以战胜民族的意志。危险孰甚?倘若学者不信竟有这样果效,让我重提一件久经忘记的事实,以资解证。大约距今40年前,曾有一冒名袭爵的人,其名字仅可尚被含糊念及,称为倭屯(Artbur Orton)。[10]然而此人在当日事发之际几乎名盖一世,而成为一个英雄。当定谳时,他被判罚坐14年或15年监狱;人心愤激,多为之抱不平。甚至在众民院中,有一议员,惟只有一议员,为其表明冤枉。倘在一个妥善组织的比例代表制度之下,再加入住户选举权的制度,他还可以取得20票。生在今日,谁敢谓20票尚不见重于政府党中之领袖,使之深相结纳?既得到这种助力,这位倭屯,纵使不能翻案,至少可以求取刑罚的略减,此项企图谁敢保其不实现?平情论之,此项实例只足以作为公众的轻举妄动之解证,但正是因为他是一种倾于极端的解证,我们转得用之以试验比例代表一制度在名理上所有真实性。自然,我对于该项制度不能指摘为毫无是处,我的辩旨只是,该项制度究竟含有极重大的几个缺陷,未免受人反对,同时,此类反对论至今犹未得到相当解答。[92]

---

[9] 按,荐臬(Edward Jenner)为发见种牛痘术之著名医士,生于1749年,死于1823年。

[10] 按,倭屯本为一屠夫,在1872年,以冒认蒂希伯恩(Tichborne)贵族家庭的长子之故,经过188日的审讯,耗费五万镑有余的金钱,卒被罚作14年苦工。

92 比例代表,在弥勒(J. S. Mill)生时,原称为少数党代表。此项名称的改革寓有深意。在1870年间,少数党代表的制度所以被提出要求,实因巴力门中不无少数知识分子,他们所有微音或致沉沦于多数党的喧哗,而无抗辩的能力。在1914年间,比例代表的制度所以被提出要求,实因大众所有一切不同的意见均索取闻达于巴力门的相当机会。前者是用来做抑制"德谟克拉西"的工具,后者是用来实现"德谟克拉西"的主旨。

(Ⅲ)联邦主义[93] 曩在1884年,联邦政治的特性及优点尚未得到英国的公众的注意。间有三数政治家,因议及母国与殖民地所有关系,不时觉得,自治殖民地,倘能采用联邦政制,总有许多好处。是以在1867年间,巴力门特以法案创造加拿大属邦,由之,英格兰在北美洲所有殖民地得以化成一个联邦国家。其实,当美国南北部战争之际,英国人目击北部的胜利即不免感有一种信念,即是:一个民主的及联邦的国家,因内部分裂及脱离而惹起内乱战争,必能取得最后胜利。然而迟至1884年,罕有望重一时的政治家,为着补救英宪的缺点,或为着统合在不列颠帝国下之星罗棋布的殖民地,特地主张联邦政体的实现。贝吉在其生时是(即在其死后仍是)最负盛名的英吉利宪法大家。他尝以英吉利宪法与合众国宪法,作比较研究。但比较之余,所得结果适足以发觉英宪所有优点,尽为美宪所无。梅因(Sir Henry Maine)在其生时,为当代最著名的作家,有时亦论及宪法问题。是以他的《大众政治》以1885年出版,梅因即于该书中称道美宪的硬性及保守性,不绝于口。顾作者绝未吐露一种意见(大约这种意见他未必赞同),即谓:合一王国,或不列颠帝国,倘若改行联邦制度,必大有利益。由此观之,联邦主义的性质,30年前,英吉利人民甚少研究。[94] 但此一事,恰如他事,在1914年所有情状,适与1884年所有者相反。是以流行于现代的思想,大抵具有一癖习,即以为逐一宪法问题,凡英吉利政治家所未

---

93 参考本书下文第三章,论"巴力门主权与联邦主义"。
94 参考本书下文第三章。联邦主义的讨论,在那时(1885年)实所以用来反勘巴力门主权的要旨,因为巴力门主权实能造成英格兰使之做了一个单一国家的最好例证。

能解答者，联邦主义可以相助解决。所以我们屡闻质问，即谓：为什么不将英格兰与所有殖民地切实联合，而造成一帝国联邦，使之，咸受治于一个真正的帝国巴力门？为什么不采用联邦政制以融和介于英格兰及爱尔兰两地间之感情，于是，凡属于合一王国的地方，有如，英格兰、苏格兰、爱尔兰、威尔斯以至海峡诸岛（the Channel Islands）、人岛（Isle of Man）等，皆将联立，而成为一个联邦国家？此类质问，实含有尊视联邦主义之旨趣，而构成宪法上之一新思想，至值得考察。因此之故，我特要在下文作两种研究：其一为关于联邦主义所有特性；其二为关于合英格兰[95]与其他五个自治殖民地而成帝国联邦之宪法，及关于授予自治权力于合一王国内之各部分以化变王国自身为一联邦国家之条议。

联邦政治的主要特性[96]

凡有两个以上的国家，想望联合，都不愿统一，联邦主义便是他们最自然的组织。试征实例。例如，合众国、英吉利联邦式的殖民地，瑞士联邦、德意志帝国，皆存有此项感情，故联邦政治各得相继成立。例如，当运动独立时，意大利的爱国志士均极排斥此制，故意大利虽能恢复故国，但不能成为联邦。更如，当合立王国时，瑞典及挪威合邦，以种族言，以宗教言，以言语言，又以利害关系言，

---

[95] 在帝国联邦主义的讨论中，以至在本书中各种讨论，我故意采用日常用语，常以"英格兰"一名代用"合一王国"。

[96] 仔细玩味本书下文第三章所叙论。而且更有一点，值得注意即是：第三章所有议论实在于格兰斯顿的爱尔兰自治草案未出世之前，即已印行。

本非互相殊异；徒以双方不能产出统一的念头，且不能发生政治上之联络的欲望之故，他们卒至分离而独立。细察此类实例，并较勘所有异同，学者自能洞见个中所关系。

其次，则有地理上之连接，亦为构成联邦国家的绝好机会，或竟成为必要的条件。

此外，又有个别国家各有近似平等的富力、人口及历史上之地位，纵不是构成联邦国家的必要条件，但有之，亦足以促进联邦及早成功。个中所具理由至易知晓。诚以联邦主义的基本思想便是：每一邦应取得近似平等的政治权利，依之，即足以维持个别的"限制独立"（倘若这个名词可以合用）。惟其如是，联邦政治遂成为所以实现此项基本思想的惟一工具。譬如，在合众国宪法之下，即有条文明白规定：元老院的议员每邦占二；虽则列邦中有纽约邦，人口极多，面积极大，地方极富，就中又有洛特岛（Rhode Island），人口极少，面积极小；两邦仍受平等待遇。关于此项规定，贝吉亦尝提示其弊端。然而此类布置实适合于所以构成联邦的情感，而不容有所偏倚。如其不然，假使联邦中之一邦在人口方面，富力方面，均要超过其他列邦所有权力，或假使这个"占优势的伙计"（dominant partner）（这是时下所有通俗称谓）竟至于在人口与富力方面，能跨越其他列邦的集合体所有权力，则整个联邦的本身必然受两种危险。是故在一方面，该"占优势的伙计"尽可以运用一种威权，几乎与联邦的平等性相冲突；而在他方面，倘若在联邦宪法之下，其他列邦所有一切政治权力竟足以抗衡该"占优势的伙计"所有，他邦尽可以结合起来，设法谋有所以增加这个最有势力的邦家，所有赋税或其他负担。

当联邦主义既告成功之际，单一制的政府即成为最后一步的进化。换言之，联邦主义可进为民族主义。这种变化确是联邦的政治试验所得结果。譬如，以合众国言，亚美利坚民族实潜藏于联邦制度中而形成。譬如，以瑞士联邦言，同样意义亦可适用。不过在两国中，后者实比前者为较难于化成民族的国家；按实言之，世界上再没有一个国家，还要比瑞士的民族性之演进，较难成功。在列邦中，种族相异，言语相异，及宗教亦相异。此类相异性，迟至19世纪中叶依然存在，但是1914年，几成陈迹。惟其如是，此类相异性不但阻遏划一泉币的使用，而且奖励任一邦家，为保护本邦的人民所有利益计，得以禁制他邦居民在工商业上之竞争。甚至在1847年，"罗马加特力教下之列邦联盟"（the Sonderbund）几要推翻瑞士的合一，瑞士的民族性，及瑞士的独立。而历代爱国志士未尝不欲将整个联邦化成单一制的国家，然而每有一次尝试，即有一次失败。卒之，他们在过去历史上只得视联邦政制为有可能性的存在于瑞士。迨至1847—1848年间发生各种政治运动，联邦军方能战胜加特力列邦联盟，又自该联盟失败，瑞士的政治乃有一新生命。而且此项胜仗竟得遭逢于法兰西君主国家的陷落之前，其事实为大幸。因为二月革命与其他运动相继发生，而这些运动复大足以吸引欧洲的注意，瑞士乃能依自己的志愿，以从容整理自己的内事。在此际，瑞士人民的爱国心及谦谨从事，甚能收取极大效果。卒之，瑞士以蕞尔小邦，亦能做成自己的命运之主人。自此以后，每有一步的进步，民族的结合，即多一番完成。

以联邦宪法与单一宪法比较，联邦有较弱的政府。这句言陈所具真实性在1884年间，罕有思想家加以反驳。迨至1914年，论调大变,甚至谓:联邦政治的本身比较单一政治,如英格兰或法兰西者,更为优胜。虽然,联邦政府的软弱性究属存在,而且此项存在并不是偶然。诚以凡属真正的联邦政治必以权力的分立为基本,于是政治家的功力,即须不断地用于求取列邦权力的均衡。本来我自己对于瑞士国务院,或(用英吉利称谓)内阁,运用如此复杂制度的成功,非常佩服;不过在任何地方,你都能看见瑞士政治常以列邦的均势为前提。譬如内阁阁员共有7人,每一人须来自别异的邦家。联邦议会集会于别恩(Berne);联邦法院却设立于浮德(Vaud)邦中之洛桑(Lausanne);联邦大学更建立于沮利克(Zurich)邦。然则综合此类习例以观察,瑞士内阁既受束缚极严若此,必无许多机会以吸引全国人才,以相与运用全国政治。倘若施用于英吉利或法兰西内阁,此项政制必难推行。

联邦主义,倘若运行于英吉利思想盛行的国家,必造成法律主义的优势。换言之,在此地常有一种服从寻常法院的愿力流行。试征实例。在世间各国中当无一事,再能比美国人尊敬合众国大理院的判决,较为可异,或(在客观的批评者之眼前)较为可嘉。就是对于本邦审判员的尊敬心,纵使当判决后政治感情因之大起纷扰,仍然为全邦人民所保有;此事亦为联邦中之任一邦内人民心理所有普遍特性。譬如,麻萨诸塞邦(State of Massachusetts)大理院或被人民请求,出而判断某一法案曾否依宪或违宪;此项判决,一经交下之后,必得普遍服从。在此际我们须郑重提示一件事实,即是:这种法律主义的优势,本为法律主治所倚赖,并不一致存在及推行于各国。譬如,以法国论,法国从未有一法院,敢于宣布立法机关所通过的法律为无效;譬如,又以比利时论,比利时国所有法院亦如之。即在英国，现代英吉利选民究竟对于判决之能激动政治感情者，能否绝对信从，尚是一个疑问。然而在逐一联邦制度之下，必须常有一组人员，能决定联邦宪法的规则是否遵从，这种条件至属重要，必非等闲事实可比。不过这一组人员究竟应为什么人物，尚待斟酌。倘若他们本已原是执政者，于是，诠释宪法的权力遂落于执政者之手，在此际法律或将为在朝的政党效死力，即不免发生极大危险。倘若他们是司法人员，而此项权力实交付于审判员之手，本来审判员素以执法为专业，他们的判决尽可以做到公正无私，不过在非联邦的国家中，倘若此项判决竟至抵触占优势的政党所有政纲，在势必然难以得到大家一律遵从。

最后，联邦主义实造成分化的忠诚心。诚以在联邦政体之下，有邦政府，复有联邦政府，于是，一个公民同时须效忠于两政府，甚至他有时竟觉察自己对于本邦的忠心，不免与对于整个联邦国家的忠心相冲突。这是联邦制度下最严重而又不易避免的弱点。是故在单一国家之下，英吉利人们、苏格兰人们及爱尔兰人们，当从军时，对于国旗，常可以表示一心一德。但在联邦国家之下，加特力列邦联盟的历史，及脱离战争的历史至足以表证一事，即是：当战事初起之际，瑞士国人民及美国人民之从军者，对于本邦，复对于联邦，大有吾谁适从之叹。将欲证实此说，试举一例。司各特将军（General Scott）及李将军（General Lee）同受训练于军中为军官；两人同是威几尼亚邦人民（Virginians）；两人自南北内乱战争初起，即各立志听从自己的良心主使；两人各占居一个忠勇军人所处最苦痛的地位；两人同成为联邦主义下所独有的双重国民本分的牺牲儿。卒之，司各特将军只得服从忠于合众国的冲动；李将军只得服从忠于本邦的情感。

在较量联邦政治的长短优劣时,有一事必须注意,即不可混联邦主义于民族主义是。从来真正的联邦政府,对于列邦所有民族独立,必须逐一否认。是故在合众国中,无一邦可成为独立的民族;同时,复无一邦(例如,纽约邦)取得地方的独立,有如,新西兰或其他任一属邦[97]所已取得。诚然,世间固有联邦中之一邦,亦能培植民族的流风遗俗,及养成民族的感情,有如,魁北克(Quebec)的居民者。他们在昔时原为法兰西人种;在今日仍保留本来面目,几乎应有尽有。然而他们必能效忠于不列颠帝国,此事自是确实。至于我们所以能断定此事之由,则以加拿大于帝国崩溃后,或将合并于合众国;在此际,法兰西人们即不免觉察,倘若魁北克变成合众国中之一邦,他们固有的民族性质当比在加拿大为一行省时,较难保持。本来许多英吉利人们同有一种想像,即以为民族的性质的存在,与政治组织煞有关系;其实不尽是如此。试观司各特(Sir Walter Scott)的成事。譬如倘有人谓司各特本人并未尝表同情于苏格兰所有民族主义的情感,只是憨话;但他的天才所以能风靡全欧者,大概是由于英苏合一的结果。虽然,实在的民族独立所有希望及努力无论与联邦国家所有实况,或与单一国家所有实况,均不能融洽无间。倘若明白此理,任何人将能知晓关于建立一联邦,以统合意大利于奥地利帝国之内,其用意本欲有所以消灭意大利人民的独立运动,但其结果只等于画饼充饥。至于联邦主义,虽则足以使列邦的结合更进一步,但就历史上所有经验观察,决不能被用为促

---

97 属邦的义解,上文经已详论。参看本篇上文注脚第21条。

进政治统一的工具。

联邦政治的特性与帝国联邦主义

近日常有一种主张,以创造大规模的联邦组织为事,此项组织包括合一王国(或用普通用语:英格兰)及五个自治殖民地。这种悬想盖显见英格兰与自治殖民地的一致行动之有利,自是受暗示于明了又重要的事实。譬如,近年以来,自帝国会议屡次举行,母国与殖民地间之好感益以增加;于是,凡有所以切实联络双方的逐一步骤具见高瞻远瞩。继自今,英国人民与英格兰外之帝国居民将必逐日更加明白这一件大事,即是:不列颠帝国的存在至足保障英格兰与殖民地,使之不受任何强国侵略。倘若只就内方秩序及安宁论,凡人民住居于帝国内任一地方者无一不享受和平的保护。更就国防立论,虽则后来未知如何,目前固甚愿望帝国内之逐一国家均能有相当贡献于国防经费。1914年,母国与殖民地共赋同仇,相图切实合作,这就是一个最好的示例。自此之后,千百万数的不列颠臣民当知所有物质利益,系从英格兰的帝国权力赐与,庶几对于帝国的忠诚及好感应能继长增高。任何人,倘若能基于一个信念,即是,以英格兰的权力而建立的帝国至能促进帝国内臣民的发达及乐利,必能觉察帝国的爱国心之进展而引以自豪。[98]虽然,诸如此类

---

[98] "虽然,我们所有这一个帝国,比之其他帝国,殆具有许多特性,使我们翘然独异。譬如,自外方观察,帝国所包含的国家,境界不相符合,壤土复不相毗连。天气不同,地质不同、人民不同、宗教信仰亦各不相同。即在自治殖民地中,今日各有代表在座,他们并不靠同文同种之故,得到互相结合的力量。然而我们具有一个帝国的政治

之论调,凡为最热心的帝国主义者所能提出的优点,我们的愿意逐一承认,但我们所能为者只以此事为限。除此事外,倘若能平心静气观察,我们殊不能不致疑于这种方案,即是:所谓不列颠帝国的联邦化一方案,应否成为母国与属邦的政治家共同操作的目标。专就为帝国(严格说,只是为英格兰与属邦)造成一宗联邦宪法着想,我们即有反对论发生。而且此项反对论可以一句话括示,即谓:崇信此类新奇联邦主义,在根本上只是一种幻想,而这种幻想,不但害及英格兰,而且害及不列颠帝国。试就上文所括示,再用两个批评,加以申说。

第一,为帝国造成一宗联邦宪法的企图,在目前不但有害于英格兰,而且有害于属邦,甚至累及不列颠帝国,使不易维持。这番制宪工夫所要求于不列颠与殖民的政治家者,是一番困难无比的工夫。试观合众国的历史。我们尽知当十三殖民地宣告独立之后,合众国的创造只是绝对的必要。我们须知他们究竟是殖民地,并不是

组织,依之,世界全体人类的1/3得以免于战争。因此之故,在如此殊异的民社之中,当必有不同的组织方法,不同的政治制度及思想存在,至无疑义。虽然,让我们姑舍其他部分不论,且先论及今日均派出代表的地方。在如许别异的外观与内容之中,究有什么共相,足以联络我们,使为一体? 以我观之,在自治的不列颠帝国内共有两事,为向来一切庞大的政治组织所未见。第一是法律的统治。无论在任何地方,倘有法院的御用状运行,武断威权立刻停止,人民的权利即有所保障。而法院始终其事,使人民的权利得以伸张而发生效实。第二是绝对,无牵制,与完全的地方自治,加入对于一个共主的忠诚,对于公共利益及主旨的合作。而且,除忠诚与合作之外,我还要再补加一事,即是一个公共信托,诚以不拘在印度,或在于直辖殖民地,或在于保护国,又或在于本国境内,在其中常含有许多分子,目前尚未得自治身份,甚至将来永远不能得到此项身份,因之,这种不幸分子的利益,必须顾视周全。"这是亚士蒌斯(the Right Hon.H. H. Asquith)在帝国会议开会时以议长资格发言的开会词。见《1911年帝国会议议事录》(Cd. 5745),第22页。

独立国家。如其不然，倘若强将十三个独立国家，化成一个联邦，纵使集合每一国家所能产生的最能干领袖竭尽最伟大政治家所有智虑，亦不易肩任此项艰巨。就是在同种族、同宗教又同历史的国家中，国家权利的存在已成事实，倘若必欲创造一个中央权力，以之安置于他们的头上；这两件事实的调解简直是不可能。何况不列颠帝国既以极复杂的分子构成，而每一国家所有居民又概为异族，其风俗及其文明俱造成于绝对不同的历史。加以帝国下之各个国家在地理上复不相接壤，反之，他们实以重洋而隔绝母国，更以大海而互相隔绝耶？任何人，凡一经了解上文所缕举的特殊情状，当可以得到一个断论，即谓：与其相信帝国的联邦化庶几可以实施，毋宁诧异联邦帝国主义者睡梦未醒，而惊叹他们的大胆。虽然，在此际必有人为之解释，更谓：所谓帝国联邦主义，纵就最热心此道者所作方案考察，并不要造成一宗宪法，在其中，合一王国所有属邦，所有直辖殖民地及印度，一概包容。按实言之。他们所抱主旨（学者必须时常谨记），只要将介于英格兰与五处殖民地之间所有关系化成联邦政治的方式而已。如此立论，固然可以解免所谓帝国联邦主义的困难，仍然不免惹起许多不能解答的问题。试举三数条以示例。新成立的联邦国家（包括英格兰及自治殖民地）对于印度究有什么关系？居于印度的臣民，以百万数计，能否服从这个新奇的统治者？如其不然，倘若英吉利巴力门与政府仍旧统治其余帝国下之各份，新联邦内之各邦能否与以同意？帝国的防御费能否尽由新联邦担负？如其不然，能否以新联邦的威权课税于印度及直辖殖民地，而保护新联邦的利益？其尤要者，介于英格兰与自治殖民地之间，大家所有亲善感情果已达于极高程度，足可切实联合否？倘若专就英格兰与参加帝国会议的国家所有本意观察，大家都愿望不列颠帝国十分强盛，能以全帝国所有富力杜绝强邻觊觎。但，由此一念，逐一属邦不惟不愿减少本邦的独立，而且极希望增加。惟其如是，试问各属邦（譬如，新西兰），虽则极愿效忠于帝国，能否甘心忍受帝国巴力门干涉本邦的内务，有如合众国国会之于纽约，或如加拿大属邦之于魁北克耶？倘若不甘心忍受，试问现存巴力门能否愿意化成帝国的巴力门，在其中合一王国及五所自治殖民地均有平等代表权利耶？探讨至此，我们更要惹起一条问题，为新联邦主义者所未尝措思。这条问题是：原有巴力门，自有史以来，即传授古代典俗，及在真际上常运用主权的权力，他们将用何法以处置之耶？在新联邦制度之下，原有巴力门能否做成联邦国会，在其中列邦皆有相当代表否？这一所联邦国会，对于英国人民，是否仍为英吉利巴力门，抑或除联邦国会外（即除英格兰原有的古老巴力门外），别设一所新巴力门以治英国耶？这一问题的本身实含有无限困难。倘若一加分析，他可以化成两三项审问，其满意答复虽理论家亦苦于搜索；纵使答案真能求得，他们适足以激动全英国及全帝国人民的疑虑，而徒滋纷扰。推原其故，皆由我们的联邦主义者，当在构造方案时，只能计及合一王国在联邦制度下所居地位，却未尝稍措意于一个小国，面积有限，但具有绝大势力，他的国号明明得到一个庄严伟大的名字，叫作英格兰者，究竟应占有什么地位于联邦。此项疏失岂不是知识上所有一种轻狂之例证欤？爱尔兰的南北部世代相仇，威尔斯所受宗教苦痛，苏格兰所时常要求该民族权利的承认，凡此种种问题无一个英国人加以藐视，逐一问题常受过度的注意。但是英格兰本身及英吉利的利益，徒以英吉利人们往往好以英格兰的伟大力与合一王国的发达等观之故,又好以此项伟大力齐视帝国的好政治之故,在这个时候,反遭忽视。我于是敢正告读者,即谓:这种忘记英格兰(英格兰,在此地的指意,是要指明这个国家,当巴力门未有法案以造出大不列颠或合一王国的名义之前,对内对外,俱以这一个英格兰名字行世的英格兰)的事实不但违背常识,而且违背直道,因之,恰如违反事物的天理的行事一般,任何企图必终无结果,[99] 读者须知我在本论所缕述的问题,逐一俱是十分复杂,而且我还要再补一句,目前决不是制定一宗新联邦及帝国的宪法之良辰。合一王国现有的巴力门及政府尽管做了许多错事,因之,他们该受责备。然而他们从未忘记(我们希望将来永远如是)一层要旨,即是:他们同受了"一个公共信托;诚以不拘在于印度,或在于直辖殖民地,或在于保护国,又或于本国境内,在其中常含有许多分子,目前尚未得到自治的身份,甚至将来永远不能得到此项身份;因之,这种不幸分子的利益必须顾视周全"。[100] 惟其如是,倘若此项重任竟由一个帝国巴力门(这个巴力门向不以偏袒存心,而且能在英格兰中保持所有不列颠臣民的政治权力,一律平等)的手中,而让渡于一个新造帝国国会,则居于母国以外之帝国的臣民,譬如印度的人民,必不能坐视,而不加反对。诚以这个

---

99 华德爵士(Sir Joseph Ward)是一个负盛名的殖民政治家,他同时是一个殖民地式帝国主义者。在他所起草的帝国议会方案中,他提议帝国巴力门当由合一王国中之各国,与各属邦共举代表组成。在此际,他似乎先设假定,即以为英吉利人们对于合一王国的分裂为四国一举,可无留难。这是要说,纵是一个英国内阁总理,他亦不愿以分裂各行省一事强令加拿大执行,华德爵士却希望英国人民能表同意于合一王国的分治,岂不可异。参考《1911年帝国会议议事录》(Cd. 5745),第59至61页。

100 见亚士葵斯的演说,参考本篇上文注脚第98条。

新造帝国国会，以事实上的要求之故，将必含有一部分属邦的代表；顾属邦本土以内的居民至今尚未能以平等公民权利一律待遇。果尔，则不列颠公民权的扩大思想转因此不能生实效[101]焉，是乌乎可？

第二，帝国的真正统一并不需要一宗新联邦宪法的构成，或任何新式宪法的制定。本来关心于不列颠帝国的光荣、伟大、强健与道德的统一，我自问并不让人。[102] 我是千百数的英国人之一个，始终赞成南非战役，因为此一役实为遏抑脱离及反叛的行为而战争。然而我究竟是不列颠宪法的一个学生，所以我对于该宪的态度，一如研究英吉利宪法的态度。因之，我的毫无思疑的信念便是，帝国宪法，须如英格兰的宪法，应令自由发展。[103] 惟其如是，介于英格兰与属邦之间所有关系，甚至介于英格兰与未经取得自治权利的殖民地之间所有关系，不须以立法的丰功伟业为之发展。此项关系应徐受风俗与典则的影响而逐渐生长。至于逐一帝国主义者所应留意之事，则有两个主旨，一如上文所提示。[104] 其一是帝国中之每一国家须分任国防经费。其二是介于英格兰与属邦之间应时常商量。在一方面英吉利纳税人们将不，又不应肩起全帝国的防守费用。而在他方面，属邦亦不能只负战时责任与担当战争的危险，而不预闻战事如何惹起，及战役如何告终。于帝国政治家，对于此项关系，渐得正确方向，且能依正确方向以前进。帝国会议的体系，[105] 与其

101　参考本篇上文注脚第 43 条。

102　参考《愚人的天国》，第 24 页。

103　这种坚决信念可由现代每日经过眼前的事实解证（1914 年 9 月，著者自记）。

104　语详本篇上文论"联邦政治的特性与帝国联邦主义的关系"一段。参考《愚人的天国》，第 25 页。

105　试一仔细考察帝国会议一制度的生成，极有意味。此项制度，自 1887 年以至

他交换意见的方法，必能酌定属地所应分任的国防经费之数量，又必能寻出善法，依之，殖民地对和战的政策所抱意见得以探知。简约说，我十分相信，将来三数年间必有一日，当大多数英国人民尚未觉察帝国的基础已得确立之际，帝国宪法早以善意及公道而成立与存在。我的持论所根据理由是，帝国宪法，可如英格兰的宪法，受成于巴力门的法令者甚少，基于风俗及典则而逐渐生长者至多。

联邦政治的特性与各地自治的关系

近人有主唱所谓"联邦解决法"者，揆其用意，似乎深信合一王国的全部，倘以不明定的联邦国体交换现行单一国体，必然大受裨益。这是新起的信念。其实英吉利政治家，迟至1880年之顷，尚全体相信一事，即是：英格兰与苏格兰的合一，在不列颠政治家的行动中，自是最善又最美的行动之一端，其结果使两国人民交受福利。倘若执此旨以审察新起的信念，究竟合一王国的联邦化能有利于任一国的居民否，自是一大疑问，此项信念，若自笃信合一制度者观察，甚难偿主唱所谓"联邦解决法"者之愿。[106] 欲明此旨，请

1911年，是由慢性的，最有希望的与最成功的发展得来。在1887年帝国会议第一次集议，系一种无目的复无方案的会议，至于1897年及1902年的会议则因有别种庆祝盛典而顺便举行。惟在1907年的会议则异是；这一次会议纯然为商量国是而召集。自此之后，帝国会议即以1907年的决议而得到一定组织，1911年的会议即依据此项决议而召集成立。

106　1914年爱尔兰政府法案略去自治的政策不提，系出于有意。此项法案的性格及效实，非经过数年后，不能表现出来。他所站立的地位迥殊从前一般同样重要的法案所站立。他或者永要不会见诸实行。其实在未实行之前，该法案的提案人已加以修正。在此际，亚勒士惕（Ulster）的新教徒方反对之甚力，于是遂有一种要约，即谓：非得当

先叙明该项信念的原委。本来一个客观的批评家,虽则不相信任一政治信条,但对于该信条的起因,尚能公平论述,而不至蔽于成见。

各地自治的信仰,以我观之,虽则未必造成于30年来争辩不休的爱尔兰自治的政策,但在至低限度,亦受促进于该项政策。原来不列颠自治者,在主张爱尔兰自治之际,常时渴望隐匿一要旨,即是:创造一个爱尔兰巴力门,又创造倚赖该巴力门以存在的爱尔兰内阁,并不至生出撤废大不列颠与爱尔兰合一的法案。于是,他们常喜引用一个含糊名义,即所谓"一齐自治",以求自解。本来在过去三五十年间,联邦主义诚能博取许多新名誉及信用:一则以合众国的物质文明的发达;二则以德意志帝国的军事活动的成功。但一就内容观察,前者是民主的及尚文的宪法;后者却是独裁的及尚武的宪法:于是,两者实背道而驰,此项背驰现象世间再不有别一组的两宗宪法可以相侔。加之,联邦政治,在不列颠的属邦中,似乎亦能合用。譬如,加拿大行之,已著奇效;澳大利亚行之,虽未成大功,亦未见失败。由是,英吉利人们遂不免有一倾向,即谓:联邦政体当可适用于新建的南非合邦。虽然,此类帝国下之联邦政治,以历史的发展言,又以实际状况言,绝不相似英吉利宪法,此旨可不费思量,即能索解。此外,复有一种思虑,即是:英吉利政治家对于大不列颠及爱尔兰所有关系,既遭遇如许重大困难,倒不

地居民同意,该法案必不实行于亚勒士惕。大不列颠的人民必将坚持此项要约的实践。自一个宪法学者观之,该法案具有可以批评之处,亦具有可以令人怪异之处,但以两者相较,后者的分量实较多于前者。倘若任一读者要明白我对于爱尔兰自治的见解,他可以翻阅《英格兰反对自治的理由》,该书以1887年出版,至于关及最后的自治草案,他可以翻阅《愚人的天国》,该书于1913年出版。

如卖弄政治上之一种戏法,改换整个合一王国,使之化成四部分的联邦国家。最后,更有一种思虑,虽则在推理上不是十分健全,然而在实际上仍盛行于国内,即谓:合一王国的联邦化,在帝国联邦主义的进展所有过程中,确是一种重要的步骤,必须经过。

综括以观,联邦主义在今代正是当行出色,由是,具有一种魔力,极足以诱致与颠倒思想家:恰如,在18世纪中,巴力门政治之于英格兰,及革命的民主主义之于法兰西,大足以驱策当代豪杰。因此之故,在此际,一个曾经探讨联邦政治所有特性的人,实不妨将个人对于"一齐自治"或"联邦解决法"所有见解及持论根据,切实分析及审察,依他的见解,所谓"一齐自治"的理论,或"联邦解决法"的理论,甚难嘉惠合一王国中之任何部分。

(1)在合一王国中,关于联邦主义的精神之存在,并不有丝毫踪迹可以追寻。譬如,英格兰本为王国中之最重要部分,在此间联邦主义的理想一向无闻。政客们,当便于自党的私利之际,固然时时称引及谈论此项制度,但在民众方面,我敢断定,绝少理会。在苏格兰中,时有不平之声,即谓,大不列颠本来包括英苏两国,但竟至常时被称为英格兰。在谈吐间,他们仿佛有一种印象,以为两国自合一后,所有自合一而得到的利益,苏格兰实未曾享受。任何人,倘若曾经考究不列颠政治生活的进程,尤其是社会生活的进程,必能灼见此项怨望至无根据。在约翰孙博士(Dr. Johnson)生时,种族的成见诚足使英苏两国人士互相疏远,但此项成见在今日概行消灭。试征实例。譬如,在巴力门中,若有英吉利议席出缺,苏国人可以补充;同样,英国人亦得补充苏籍议员的缺额。其实不特政治生活如是,即社会生活亦有同样倾向。重以汽机、电信及一切交通器具之发明,天涯相亲如比邻,于是,地方的殊风异俗渐次同化于民族生活。自然,此项变迁,一如其他变迁,仍有他的弱点。譬如,爱丁堡(Edinburgh)在昔时尝在大不列颠中或爱尔兰中为文化最发达之社会;至于今日,以交通便利之故,各处都市丛生,复互相竞胜;于是,爱丁堡已不能垄断文化事业。抚今追昔,令人感慨无限。譬如,李斐勒(Litchfield)及挪威(Norwich)在19世纪之初期,各能维持特殊的小文学会,盛极一时;安得此类雅集复见于今日耶?惟其如是,庞大国家的生成往往足以伤害小社会的个别生活。例如,以罗马民国及罗马帝国之大,反不能如希腊区区一小国,能产出哲学家、历史家及诗人,以协助人类的进步。即以希腊的成功而论,希腊的非常人才大抵产生于雅典一市集,而且陆续生长于一世纪之内;于是,希腊文明大抵为雅典的知识阶级的努力工作下之产品。苏格兰而外,复有爱尔兰对于合一王国,更为不满意。但倘若有人因此遂谓爱尔兰想望联邦,一如十三殖民地在组织合众国时所想望,又如加拿大属邦中之各行省的居民所想望,这一句断论只是假托之词。倭康枭勒(O'Connell)有一时期确倾向联邦主义,但不久即自悟前非,而归宿于撤废合一法案的主张。撤废合一法案的主张,入于他的党徒之手,再进而变成民族主义。倭康枭勒之后,复有巴枭勒(Parnell)出而带领爱尔兰国民党。任何人,倘尝读过他的传记,必不致疑于"爱尔兰自成一民族"的呼声,实能适合他的情感,及慰藉他的党徒所有心愿。不过在那时他们的欲望所趋方向,与其谓为趋于民族独立的主张,毋宁谓为趋于土地管有权革命的运动。

(2)合一王国的联邦化,若能成功,恐不免惹起二心的忠诚感情。此层论旨,上文经已阐发,我在此地不愿赘论,但任一灵敏的察观者,倘能口诵心维合众国的脱离战争历史及瑞士的加特力列邦同盟历史,或能推究奥国帝国中之各部分所以有互相疑二之由,与挪威所以尽力要与瑞典分立之故,自不至忘记联邦政治下所有的一个极严重问题。诚如是,所谓合一王国的联邦化足以促成帝国联邦主义的生长,我们更不能寻出此一过程的可能性所在。

(3)联邦主义的成立即为合一王国的解散,两者之中尤以后者为绝端反对英吉利宪法家所得于历史及天性的政策。自爱德华第一以来,历代政治家均继续工作,谋有所以完成这种政治的统一,其代表即为现在集会于威士敏士惕(Westminster)的巴力门所有绝对主权。因此之故,我们在此际必须谨记一事,即是:英格兰在各地自治既成之后,一如在各地自治未成之前,无论何时,一则基于利源,二则基于人口,必能继续成为通国中之占优势的伙计;同时,这个占优势的伙计即为主权所寄附,但此项成功并非由法令规定,却是由于事物的自然趋势所皈依。这一件事实既已确立,无论宪政的设施,或法律的假造,均不能丝毫更动。因之,现在集会于威士敏士惕的巴力门不但自认为主权的权力,而且要实地运用主权的权力。倘若加以阻止,使巴力门不能作如此主张与使用主权,此事的进行自是难乎其难。除所有一切困难外,一种不幸的与关系重大的反感还须添入。大不列颠的联邦化自逐一外国(不论他是一个与国,或一个敌国)的眼光观之,适足以证明英格兰以至不列颠帝国的权力之衰落。[107]

---

107 英格兰的宪法,若在形式上大加变更,譬如:废立宪王国而代以民国,不列颠之殖民地对于母国的忠诚必受牵动。试设一例,假设此项政治革命一概依据法律的程式以行事,不但君主的承认经已取得,而且佐治第五本人即被选为第一任总统,于是,

(Ⅳ)**复决权**[108] 原来复决权(referendum)一名原是外国的称谓,来自瑞士。30年前英吉利人们,虽则喜研究政治,但尚少了解个中所含义蕴。至于选民,则在20年前,还未熟闻此语。虽在今日,这个名词常见引用,然而不无误解。因此之故,在未入本论之前,该名词在本篇导言中之用法,与应用于英国政治的用法,必须叙明。复决权的指意,是在于表明一种原理,即是:凡草案,虽则已得众民院与贵族院[109]通过,亦不能遽成为巴力门的法案;申言之,此类草案尚须交付选民票决,必使得到选民中之参加投票者的大多数赞成后,方能成立。于是,复决权有时遂被释为"人民的否决权",此项释义不为无见。诚以该项释义至足以提醒我们一件事,即是:复决权的主要用法,是在于制止任一重要法案之未必受许可于选民者贸然成立。"否决"的称谓亦足以提醒我们一件事,即是:所有主张

巴力门乃通令加拿大或纽西兰移从前效忠于君主的肫诚,以效忠于总统。诚如是,谁能预决加拿大或纽西兰能服从命令,而且谁又能预决英格兰、苏格兰、爱尔兰及威尔斯的联邦,比之合一王国,可以得到殖民地的同样信仰,此类问题似是古怪,但确是重要。诚以君主在通帝国中能为帝国统一的惟一代表,而帝国巴力门不能,倘若一旦代之以他种制度,帝国下之各部分所有人心将必失所维系。

108 关于复决权参考下列书报:

(1)卢儿勒所著,《公意与大众政治》,部丙,第十一至十五章,特别注意第十二章与第十三章(此类研究中之最好的文章)。

(2)卢儿勒所著,《英格兰的政治》,第一册,第411页。

(3)戴雪所著,"复决权与复决权的批评",载于《评论季刊》(*Quarterly Review*),第四二三号,1910年4月出版。

(4)哈孙(Hobson)所著,《自由主义的恐慌》。

(5)洛(Low),《英格兰的政治》,导言,第17页。

(6)戴雪所著,"复决权应采用于英格兰否?"载于1890年之《当代评论》(*Contemporary Review*),与1894年之《国民评论》(*National Review*)。

109 若草案以充分理由,得依1911年巴力门法案而通于众民院,则虽不为贵族院所通过,亦可付人民复决。

采用复决权的人们,在实际上还有一种要求。要求何在?在于敦促选民于立法上实行运用英格兰的政治主权。原来英吉利元首(君主或君后)对于巴力门的立法,若是认为不当,即有权加以否决;这就是否决权的由来。当君后伊利萨伯(Queen Elizabeth)主治时,元首虽不复为全国的绝对主权者,然而仍然是主权权力(即巴力门)的最重要部分,所以每逢法案有被认为不善之处;伊利萨伯即加以否决,此项行为实能博取全国的同情。迄于今日,元首的否决权久已弃置不用,故主张改制者欲以选民的否决权代之,庶几立法权不至屡被滥用。[110]然则综合以观,复决权,或人民的否决权,在本篇导言中,实用以论及已通过于两院而未获元首批准的草案而已。以限于篇幅之故,本篇所论不能是十分详尽,但惟着眼于研究两端:其一,推求复决权所以被要求采用于英格兰的原因;其二,仔细审察关于采用此项制度的正负两面所有辩论名理。

成因 40年来巴力门政治渐见衰微。或(沿用他人的断语)暂时晦昧失明。[111]此项变化,在文明国家中,几成普遍现象。例如,在法兰西中之代议与民主的政治,在瑞士与在合众国中之联邦与民主的宪法,在德意志帝国中之军国主义与外观的巴力门主义,甚至在不列颠帝国中之君主与历史的宪法主义,均有藐视或侮慢代议机

---

110 读者在此处须注意一事,即是,复决权可为相异目的而应用,亦可以许多方式实行。譬如,凡遇有关于根本变革的草案(即以废弃王国为例),或关于巴力门大改革的草案,复决权在通过于两院之后即可采用。在如此情形之下,复决权的主旨是用以制止如此重大变更,可以不待得请于选民,便忽遽施行。复决权有时可以用于(一如澳大利亚民国所常用)防止立法的完全停顿。申言之,当一院已将某项草案迭次通过,他院仍接连拒绝,于是,选民即被请求出而复决。

111 比较戴雪所著,《法律与政治》(第二版),第440至443页。

关的倾向存在。这种状况,不论暂时或永久,大足以迷扰一般硕果仅存的宪法学者。原来他们以年纪较高之故,犹能及身亲见复明白记忆维多利亚代之中期所有情感,就中更有一信念盛行,即是:大凡仿效英吉利宪法的形式,最好采用该宪法的精神,至足以降福于任何文明国家的人民,使之,得享受秩序与进步无疆的福祉。将欲解明公意变迁的经过详情,在势,非写出一本专论,不但在篇幅上须长过本篇导言,而且在思想上还要比本篇所有者较为深刻,不能成功。不过就中有一两件事实,尚须提示,而一经提示之后,他们纵不能解决目前所有问题,至少可以暗示解决此类问题的门径。从来巴力门政治,在适当场合之下,尽能多向前面进行数步,以取得某种幸福,有如,人身自由,与意见的自由发表,得以流行国内。但巴力门政治的能力所能为者仅以此类秩序与进步的政象为限。此外,倘要灭除人间一切苦痛,或苦痛的全体之一半,不独巴力门政治不能做到,即有任何新式宪政,创作的或发见的,决不能成功。乌托邦所以引人入于失望者正是因为他究竟只是乌托邦。即以立宪政治本身而论,他的扩张本来足使人觉得兴高采烈,但所得结果仍不免流于失望。试一推究其故,大抵由于采用此类宪法的国家本不适于大众政治,仅以模仿形式的手段,勉强执行。更有进者,巴力门政治,经过继续演进之后,渐次呈露两种缺点,为欧洲的(至少英格兰的)自由党人或改制者在1832年至1848年之间所未疑及。迄于今日,我们渐能发见一要旨,即是:大众政治,在贤明领袖之下,尽可做成一副扫除积弊的良好机械;但关于新制度的创建,或新理想的实现,大众政治或要变成极坏的工具。加之,我们亦渐能觉察别一要旨,即是:政党政治,自许多宪法学者(就中不乏最贤明的宪法学者)观察,当然是英格兰的宪法之主要成分;但此项政治必不免产生党见,其结果或至造成腐化政治的工具;万一不然;其结果亦足以酿成一种奇异的却又公认的政治现象,即是国中常有一所以不公允的选举而组成的立法部,时时伪托民意。此项事实,在英格兰与合众国所有政治意见中实留有特殊印象。综括说,凡上文所列举种种思虑,集合起来,即足以解明复决权的要求之生成。其实复决权,以起源论,虽造端于瑞士,但以现状论,实已盛行于合众国中之列邦。

反对复决权的主要辨旨 在复决权的反对论中,有一主要辨旨,自许多英吉利人们观察,极是显明,又自公允存心者观察,极是确实。惟其如是,此一辨旨亟应先行提出及仔细审察,然后让读者考虑宪法上之改革,可有什么利益。反对论可以叙出如下:

在英格兰中,复决权的采用有一重大意义,即夺政治权力于智者手中而授予愚人是。试以具体方法说明本旨。譬如,众民院有议员670人,贵族院有议员600人有奇;[112]于是两院共有议员1270人许。此1270人所有智力与运用政治道德的经验,较之,在800万选民的大群中,随意凑足数目而得到的1270人,所有智力及经验,必然超出10倍。这一句断论的真实性当无人能否认;由之,遂得推进一步,即谓:以选民的威权代用两院的威权自然无异,以愚蒙代知识而主治。本来此项推理上尚可用各种形式表示,但无论如何表示,他总为一般反对复决权者所根据以发言。其尤奇者,此项推理竟在一方面为保守派的学者如梅因所采用,而在他方面又

---

112 严格说,贵族院现有议员638人。见《惠特克年鉴》(*Whitaker's Almanack*),(1914年本)第124页。

为革命党徒之欲实施社会主义的理想于英格兰者所援引(不过我们须补说一句,此项矛盾尽可有相当说明)。倘若先就梅因所见论之,复决权的施行转足以阻遏合理的变革。他以为"德谟克拉西"(democracy)的本身并不是有进步的政体,于是,发成警辟言论,至值得注意。梅因曰:"世间尝有一种痴想,即以为'德谟克拉西'是一个有进步的政体;这种痴想殆深藏于一特殊学派的心头。其实只是误解。……诚以英格兰在今日所以能蜚声海内外,英格兰在今日所以能成一富国,只为少数人之功。倘若400年来,早经存有极普遍的选举权,因之,遂存有极大选举团于国内,我敢于断言,英格兰必不有宗教的改革、朝代的变更、相异信仰的容忍,甚至正确的日历。于是,打谷的机器、汽力的织布机、多轴的纺纱机,以至蒸汽机,均要被禁绝不用。即在今代强种牛痘会要不能举行。惟其如是,我们即可概见大众的权力之确立实为根据科学的见解而立法之一大不幸的征兆。诚以此项立法的成功必须有两要件:其一是缜密的心思以求明白;其二是否认自己的精神以求服从。"[113]继此,更加切实推究,他以为"德谟克拉西",有如英格兰所现行,再加入复决权一制度,必令一切合理的改革受一重大之打击。[114]综括以观,复决权的实施,自梅因观察,是德谟克拉西的发展之最后一步,而梅因对于复决权所下批评实为德谟克拉西向来所未尝受过的重大攻击。至于革命党人,向来大概以主张民治自命,最近亦作反对复决权的议论,其立论根据却与梅因的著述相同。是以社会主义者尝告

---

113 见梅因所著,《大众政治》,第97至98页。
114 参考同上书,第96至97页。

诉我们,即谓:复决权将必逐步进展,而有大不利于自由党。[115]加之,他们还要质问我们一句,即谓:反对改革派的报纸宁不乘此机会而费尽心机,以设法欺蒙人民耶?诸如此类之辨旨,自社会主义者的眼光观察,至足为反对论张目。于是,全国人民,在他们的心目中,是太过愚蠢,必不胜任复决权的重托。纵使遇有人民在名义上有必须过问的问题发生,此项问题亦不应以明晰字句构成,使人民得灼见疑点或争端所在。政党机关,在此际,必须出而庖代,暗中施行必要的改革。诚以此类改革惟急激派或热心家可以明知,其他人民则不可使知之。如其不然,倘若人民竟能审知政府所行事,他们或诋之为革命,为籍没财产以充公。由此观之,保守党人所下攻击,与社会民主党人所下攻击,有时互相抵消,但两者俱含有同一真理的成分。复决权原来只是一种否决权。这种否决权,本来依上文所已申论,足以阻遏有益的改革,但在别一方面,我们须知,他亦可延搁或禁制凡属英格兰中之有教育的与无教育的意见所共同反对之更新。譬如,为妇女而要求的选举权,倘若以复决方法,交付选民公决,我恐怕未免终于否认。诚如是,妇女选举权运动或将有好几年停顿。简约说,凡属立法的否决权,无论在君主的手中,或在贵族院,或在众民院,或在800万选民的手中,必不免有时做好,复有时做坏。例如,他尽可禁止强种牛痘法律的实施及推广;他尽可不许将巴力门选举权给予英吉利妇女。例如,1914年爱尔兰法案,假使复决权在此案得以运用,也许不能通过。又如,五谷输入

---

115 参考"复决权与复决权的批评",载于1910年4月,《评论季刊》(Quarterly Review),第四二三号,第551至552页。

税,从前本有法案规定,但使人民有权复决,此案也许终不能成立。倘若执之以问途人,不论男女,你所得到的答案必然随法案而殊异:在某一例证及其他例证中,复决权处置极善;又在别例证其他例证中,复决权处置极不善。因此之故,所有关于复决权的反对论之批评只得归结于一句推证,即谓:人民的否决权,恰如任何否决权,有时被用甚当,复有时被用甚不当。不过持反对论者一闻此语,虽是平心静气,他不免答辩,即谓:依一般人所有推测,两院的仔细商量,比之选民对于一立法问题的复决,前者所能表示的立法智慧必然高出后者。虽然,此项答辩,若由持赞成论观察,只具有片面理由。申言之,一般人的推测诚然存在,但并不能生出多大反对力。试观1911年巴力门法案即给予巴力门的,或(简直是)众民院的,多数党,以无限威权。由是,贵族院所有智慧及经验,对于持久的立法,遂不能发生任何影响。由是,众民院中之多数党遂得受命于本党的利益而行动。专就此一点观察,假使复决权能被采用于英格兰,他必能增进选民的权力,而超然独立于政党利益以外。不过在此际我们必须谨记一事,即是:凡法律之未能得到众民院的同意者,复决权必无从实施。这是要说,复决权不能积极做任何事。至于在消极方面,它具有否决权的长处,亦具有否决权的短处。惟时至今日,政党一种器械所有权力渐伸张至于无限,只有复决权或能抑制其舞弊营私。复决权所以得人重视者是在于此一优点。

赞成复决权的主要辨旨 复决权是一种制度,倘若用之于英格兰,它的力量足以抑制拥有众民院的大多数之政党所有独裁主义。复决权又是一种制度,依之,英格兰中之政党政治所有重大弊端可以有减削希望。试先考察复决权所有力量。原来人民的否决权本是一种民有的制度，复以纯具否定性质之故，他可以成为极有保守性的制度。这件事实就是复决权的力量所隐伏。他是民有的制度，因为他在真际上要将某一问题请命及取决于人民。他是有保守性的制度，因为凡属大多数选民所愿意保存的法律或制度，他就可以主张不变革，而保证此项法律或制度的存在。反之，倘若某一制度已受大多数人民指摘，谓为不适用，该项制度，无论在复决权的运行之下，或在其他任一法制的运行之下，得以保全；这又是凡曾经研究现代英吉利社会情状者所深悉，无庸申说。综括以观，复决权究竟只是人民主权以否定方式而发表；而人民主权，凡在大众政治的体系之下，必能存在与运行，至无疑义。虽然，一种政治的施为，倘若仅能与政治信条有如"人民主权"者偶然适合，自深思远虑者视之，必无多大效力。申言之，任一政治的施为必须与当代盛行的思想契合，而且此类思想必须能保证合理的改革之实施，甚至有利人民的制度之安全存在。惟其如是，让我们随即继续上文，而讨论复决权究竟能否趋于减削政党制度的流弊。本来一国的立法机关原由人民选举代议士以组织成立，然而此项机关有时仍不免错误代表人民的意志。此事当可用瑞士或合众国的列邦所有实际经验而证明。其实错误代表的危险至属常有，纵使立法机关的议员纯以忠诚与公平竞争而选出，往往有之。譬如，在英格兰中，近代所有大选举实倾于成为对于某一个人或某一政党的选举，使之得以出而组阁，与主持国政。诚如是，党见在此际实足以跨越爱国心。加之，凡为复决权所未施行之地，政治争端之就决于选民者，年复一年，益形复化，又愈增纠纷。在如此场合之下，不但政治上之阴谋得以丛生，而且政治上之骗局亦得乘机羼入。因此之故，世界文明各国，有如上文所提示,渐失望于民选立法机关,甚至不复信任。因此之故,北美合众国中之具有公益心的公民特对于政党一副机械十分疑惧,甚至嫌恶之与诋谋之,不留余地。因此之故,混合组阁,扛木行为,以至其他同类的巴力门秘密行动大足以减削人民对于众民院所有道德上之信仰。惟其如是,许多英吉利人们相信:一国之中,凡有极大选举国,必须有政党为之运用,于是,百弊生焉,此为自然的结果;在此际,寻出相当善法,以减少弊病,实为必要。就中,最善之法,莫如给予选民以否决权力,以裁抑巴力门中之多数党的无限权力。不过此项权力,在运用时,尚须济以小心及明敏善断。这是一种代价,凡属忠实国民,若欲永远维持大众政治,必须交付。此外,复决权的采用亦足以促进知识的忠实性于民间,这种忠实性,在现代英宪的运行之下,几乎渐灭殆尽。诚以复决权在此际既能分离于选举权以外而独立,人民便有机会以分别处置两个完全不相同的问题:其一是某一宗法律(譬如,施行新关税改革的法律)应否通过及成立;其二是某甲先生或某乙先生应否被选任今后五年间之内阁总理。申言之,在复决权的施行之下,一个选民得以本自己的良心主张,决定某一项法律究应存在,或不应存在:在此际,他复不用徘徊瞻顾,而有投鼠忌器之惧;甚至某甲虽是极贤,徒以某项法律被反对之故,遂不继任,而某乙虽是极不肖,徒以他的政敌既不连任之故,便能受命为内阁总理。诚如是,英吉利内阁今后当可效法瑞士内阁的行事,即是:一个现任内阁,在大体上既得人民的扶助,即可放胆行事;纵使阁员中有一二次条议,在复决之后竟遭推翻,内阁的安全亦属无伤。这种结果,若自怀抱党见者观察,不免是近于讨厌。然而我在上文已明言之,复决权在今日所以得人重视者，是在于复决权所有一种倾向，即倾于改正至少减削政党政治的最劣复最显的弊病。

综览上文，我的主旨只要就英格兰着想，特在本篇导言中，提示读者以两端：其一是复决权的反对论中之最强有力的辨旨；其二是复决权的赞成论中之最强有力的辨旨。此外，尚有许多辩论，我还未能详举，抑我亦不暇详举。任何人，倘若真能满意于现行政党政治，必不喜见这种制度，依之，政党的体系下所产生的恶果，得以改正。反之，倘若此人真能觉察巴力门的失却信用深与政党的权力增加煞有关系，他必能与我怀相同见解，即是复决权，倘能斟酌运用，必能在英格兰中直接地抑制政党的势利行为，间接地再行催生人民对于巴力门政治的信仰心。原来巴力门政治，谅读者早已深悉，向为英吉利宪法史上之一大光荣。

综　　结

（1）巴力门主权在今代中仍为英吉利宪法学者所主张的基本大义。不幸，贵族院的威权已大受裁减，同时，众民院的威权（实则是众民院中之多数党的威权），亦日见增加。因为能操纵政党的机械之故，内阁遂能自由运用众民院在最近获取的一部分主权权力。内阁总理，倘若真有本事，遂一跃成为巴力门中之多数党的真际领袖。[116] 惟其如是，内阁与内阁总理所有权力的逐渐发展便是英吉利

116　参考卢儿勒所著，《英格兰的政治》，第十四至十七章，特别注意第一册，第441至447页；又《公意与大众政治》，部乙，第57至110页。

宪法在运行中之一大变革。此项大变革的成因有二端。其一端是设立于1867至1884年间之住户选举权;其二端是政党的体系渐成硬化。在如此场合之下,英格兰中遂有一政象生焉,而且这一政象在巴力门内外尚未能得到充分承认。这种政象是:现代内阁,在一个深明政党战争所有战术的领袖之下,能不顾民族的意志而处置国家大事。以此之故,美国学者卢儿勒(Lowell)在他的《英格兰的政治》中,特下一断语,即谓:政党政治并非偶然遭逢,亦非偶然腐化于英格兰;反之,他在最近数十年间已成为英吉利宪政的体系之基础。[117]倘若我们相信这一位最能干的批评家所下判断,而赞同他的见解,政党威权有了如此生长,殊令人不寒而栗。将欲证实巴力门政治在运行中之实际变迁最善之法莫如追溯60年前,即自1855年至1865年,所有成事,而观察巴麦士登(Palmerston)的政治生活。巴麦士登以1855年任内阁总理。他在1857年间最得人望,为历任总理所未能企及。偶以他故陡与当时混合内阁中之领袖龃龉,巴麦士登特请解散众民院;其选举结果,内阁总理大胜,扶助他的议员遂得构成众民院中之大多数。既而,他又不能控制自己,以至得罪了众民院中之多数党。于是,反对声浪胜于院外,而散布于选民队里。1858年,他自行辞职;1859年,众民院因受解散而改选;改选之后,胜利仍归于巴麦士登,他依然复职。自此之后,他时常保持选民的大多数之扶助,直至1865年死之日为止。此项政治举动,在巴麦士登当国时代,是十分自然,毫无勉强,但他们必不能再遭逢于1914年。简约说,巴麦士登,一如格兰斯顿,并不倚赖政党的

---

117 参考卢儿勒所著,《英格兰的政治》。

器械以获取政权。迨至1911年巴力门法案通过，政党政治的最后及最大胜利即已完成。

(2)在英格兰中甚至通不列颠帝国中，政党威势的增加，适与元首所有道德感化力的生长，两两平行。自维多利亚登位以迄今日，英格兰的君主具有道德威权的两个渊源，但在宪法作家中，可惜少人远瞩将来而注意及于此项威权的渊源。第一，君主，不管他是谁人，在通帝国中，是惟一人物，只有他一人能超然独立于政党以外。第二，在合一王国之外，君主是一个公认的、又惟一的帝国代表及中心人物。[118]

(3)法律主治在1884年间原为英吉利宪政所有两条大义之一，不幸这条大义渐见陵夷于19世纪末叶，入于20世纪的最初14年此项政象尤为显著。

(4)所有改进宪法的新思想正在进行；从改革家与创制者所有鹄的观察，他们均是被用以改进立法的境遇，务有所以收回已失的人心。至于所以改善立法的性质之道，尚未有具体方案计及。惟在这些方案中，凡鲁莽灭裂的立法未尝不可以间接地受遏抑而已。譬如，比例代表的制度有时可使一种意见，虽则包含不少真理，但仍然不见称述于众人者，亦得一机会以闻达于众民院。复决权的采用，据改制所有希望，庶几可以减削政党政治的弊害。虽然，自主张改制者所有主旨审问，我始终觉得此类改革只以企图立法得投契公意为职志。[119]

---

118 参考本篇上文在"第一类宪典"下关于君主与人民共休戚的影响之讨论。
119 参考本篇上文关于新宪思想之第二概观。

我结束本篇导言所探讨而括示四大端，我的主旨自然不外要求一事，即以激发感觉灵敏的及爱国的英国人民而惹起疑问是。一闻上方结论，每一个热心国事的国民必不禁自问：平民的宪法主义方今已建立复正盛行于英格兰，将来究有什么结果？他必然忆及一要旨，即是：悲观主义足以误引当代批评家入于歧路，殆与乐观主义等。他将能寻见一番训话，或预言，以1872年由一个宪法学者发出，尚能近似答复他的审问。当是时，即距今42年前，英吉利政治家正在睡梦未醒，这位宪法学者已感觉英宪中有可能性亦危机隐伏，特发危言，以警当世。试谛听贝吉的言论，如下文：

"在此际，我们的政治家不但有最大机会，而且有最大义务。他们必须指导投票者如何使用选举权，虽则不便明言所为何事，但暗中必须指导如故。为首的政治家，在一自由国家中，常有当机立断的机会。他们的举措足以规定人类的行为。有了一二次演讲，他们即可决定今后口所应道，与笔所应书。一经与政友会商，他们就可以规定自党的党纲，或（沿用美国人的称谓）政党宣言，依之，他们与党中同志即可从事于选举运动。是故政纲与政纲的比较研究，亦为世人对于政治家的评判所从出。一个寻常百姓必不能自行决定所应注意者究竟是什么问题，他所能为者只是判断一个已经提出的问题所有争点。换言之，他不能别择政治问题，他只能决定问题中之争端。惟其如是，抉取问题遂成为政治家的专责。当在别择之际，政治家必须特别注意，复须谨慎从事。倘若他们提起问题而至于激动下流社会；倘若他们提起问题，复至于误引下流社会，入于歧路；倘若他们提起问题，更至于使下流社会感觉该社会的利益不能契合国家的利益，或竟抵触国家的利益；他们的行事简直贻害不浅。本国的将来方有赖于仔细解决一种困难的试验,而他们竟至于设法使归无效。方今这些愚昧无识的人们才得亲问政治,适当问题所含的论旨之提示,甚是必要,然而他们竟至于暗示极坏的论旨。申言之,他们竟要暗示:一种题目以唤起穷人的联合而自成一阶级;一种题目以激动他们反对富者;一种题目以供给他们的讨论,讨论之余,复使他们一齐感觉,即是,现行法律实使他受苦,惟有重新规定新法律庶几足以解除苦痛,又是,政府拥有用不尽的财库,因之,所有需要的人们均得受赡养。倘若此次贫乏选举者所有第一次工作是用之以造成'贫人的天堂',恰如一般贫人所希望,而又自己相信可以将其造成,目前所有极大的政治试验必遭失败。诚如是,选举权的普遍授予不但为害于全国,而且为害于刚才领受选举权的个人。"[120]

这一番议论是发于一个天亶聪明的人,他本人已经死去,然而言犹在耳,殆如有生之年。究竟他的警告是否不需要,抑或他的浑含预言曾否已实现一部分,可否完全实现于将来,诸如此类之审问只好让读者以公平态度与深远思虑一一答复。不过要得完全答案,现在的时候尚是太早,此事的完成还要留待一个博学正心的历史学者,他在1950年间,或2000年间,将能综述英格兰中之民主政治的最后结果。虽然,一个作者正在著述于1914年,虽则太半盲于暗昧与当代的偏见(这是逐一批评家在评论本人所生时代所不能避免),他仍然不妨提醒读者以一要旨,即是,现代仍有现代的教训,正不逊于过去与将来。民族的危险原来是民族的伟大性的试验所。

---

120 见贝吉所著,《英吉利宪法》(第二版),"导言",第17至19页。

虽则和平是常时可贵，然而战争足以给予我们以极大教训，当不让于和平。方今世界大战正在开始：在那一方面，我们的敌人拥有最大又最有训练的军队，为今代世界所创见；在这一方面，我们的王国（实则是帝国）的全部一齐团结精神，相与同仇敌忾。这件事实的本身是十分严重，且将发生重大关系。英格兰与全不列颠帝国一齐执起干戈，以图自卫，幸而战胜，尚足以奠国家于磐石之安，不幸战败，所有富厚、安泰，以至政治的生存，均受危险。诚如是，英格兰，以普天臣民的热烈同情，自愿以战争的危险及苦痛，交换和平的幸福；而且这番战斗并非因为要扩大幅员或博取军事光荣，诚以这些事业及功绩她已有相当成就，其实这番战斗却是因为要强制执行国际直道的一条规则，与维持遵行人道的重大使命。这是一个极好征兆，要预报大众政治在将来欣然向荣，并要预报人类在刚德与正义的大道上进展。此类事实足以激起英格兰及法兰西的青年的一种观感，即是，现代青年就是天堂所在。此类事实不但足以慰藉老者，他们为了许多政治的醒觉与失望，几乎陷于绝望的境地，而且使老者喜极涕零，自庆依然健在，犹得及身亲见此日，当在民族生死存亡的关头，战旗一竖，万夫响应，无种族的界限，又无阶级的界限，大家一致齐集于民族的旗帜之下，相与抗拒一个已受军国主义洗礼的民族所有力量，幻想与傲慢夸大心理，无论牺牲到了什么程度，总要坚持到底，以求取及保证人道的、自由的与直道的最后胜利于全体的文明世界。

首章

全书纲领

宪法的真性质

第一节 古代人民的宪法观

曩在1791年,布雅克有言:"伟大的批评家尝教我们以一主要规则矣。……从来古代著作家或美术家,有如李非(Livy)及斐济勒(Virgil),又如拉斐勒(Raphael)及安者卢(Michael Angelo)者流,世间达人无不称仰;本来,以庸俗眼光观察,我们尽可从同。但此项举动即不为批评原理及规则所许。诚以依此项规则,凡遇我们真不能赞赏此辈伟大人物之时,慎勿遽逞臆解,务须仔细审问,必至真能明白何故欣赏及所欣赏者实为何事而后止。又依此项原理及规则,凡遇知识与鉴赏力真不能互相结合之际,与其相信他人尽是盲从,毋宁自怪鲁钝。这就是观察英格兰的宪法之一条绝好规则。原来英宪至为博大精微,学者应竭尽智力以求明白;万一竟有不能即时理懂之处,学者亦只应虚心研究与敬畏而不生二心。"[1]

又在1818年,哈廉(Hallam)亦谓:"凡无成见的察观者,倘若能数典不忘其祖,自然会要承认英格兰的继续兴盛为人类历史中之最佳妙现象。世间尽有许多土壤较腴美的地方得天独厚;然而以政

---

[1] 《布雅克文集》(1872年版),第114页。

治制度所能赋予的幸福论,英格兰所有者最为普遍,又以富厚、秩序与自由所有轧轹状况论,英吉利人民最善于调和,使得以融洽无间。此类优越利益并不来自本岛的天时,亦不来自本岛的地利,惟来自国内法律的精神。正是因为有了此项法律精神,英吉利民族所有独立自营与勤苦耐劳的特性得以养成。然则英格兰的宪法,自外国人之极有锐利眼光者观察,较之本国人自己观察,必然十分饶有兴趣;盖自有历史以来,强大民族之能建立自由政治者并非少见,不过在此类国中,若求其自古迄今,不但无丝毫腐化的象征,而且有自强不息的气魄者,当以英格兰为最特殊。"[2]

上文所引用两段文字系由两个齐名却又异世的名人写出;他们俱能代表先民所有一切敬畏本国制度的精神。在他们的心目中,英吉利宪章,恰如佐治第三所常持论,是"一个最善最美的人间造物。"[3] 在他们的心目中,英吉利宪章不纯是一项政制,可以比较世间所有庸俗政制,却是神秘而不可强以言语形容的政治功业,甚至自我们在少年时即熟闻一语,即谓:英宪"决不能以人力强为,只由自然生长"。而且他的生成并不是根据抽象理论而得到的结果,这种结果实产生于英吉利人们所有一种政治天性,依之,他们的远祖远宗,当尚在野蛮时代,得以建筑极坚固而又远大的制度。譬诸蜜蜂构巢,八面玲珑,极尽人工之巧;然而群蜂穷年矻矻,意匠天成,初未尝根据任何建筑原理,以作准规。因此之故,英吉利宪法自然难以摹仿、戏拟或伪造。既无诞生日期,复无创制人物可以指名,更无

---

[2] 哈廉所著,《中世纪》(第12版),第二册,第267页。英国人民生在18世纪末年者对于英宪具有尊敬的特殊感念。古勒士米斯(Goldsmith)所著,《世界国民》,最能道达当代人民所有情绪。参考原书第四信札。

[3] 参考斯丹何拍(Stanhope)所著,《披特传》,"附录",第10页。

一定文书，可以稽考原委。简约说，他毕竟是一种神物，无论本国人民或外国人民，万一竟有不能即时理会之处，论者亦只应加以敬畏，而不生二心。

第二节　今代人民的宪法观

现世人物，生于今日，其观察英吉利宪法，当然迥异于古代先民。按实言之，我们既不能学生在1791年之布雅克，信仰宪法，一如信仰宗教，不但自己对于宪章不敢有丝毫怀疑，而且他人即有倡言改制，亦受深恶痛绝。我们又不能学生在1818年之哈廉，因为在一方面既亲见英宪的盛况，在他方面，又目击外国改制的失败，特发出自形满足的言论。凡是英宪的学生，其所有本分，既不可信口雌黄，亦不可纯然敬畏，惟应博学与审问宪法的真相，凡是英宪的教师，其所有职务，既异于批评家所为，亦异于解嘲者所为，惟在于祛疑辨惑，与阐明法理。诚以自他的眼光观察，纵使英宪所有神秘性是十分有趣，至足以惹起研究的兴味，然而较之法兰西，比利时或合众国的宪法，英宪终不免欠缺简明性质，而不易印成专帙，由之人人可以传诵。惟其如是，所谓"不成文"宪法纵有许多好处，它的存在至足加重教授的困难。任何人，倘能把宪法解诂家，如乾德（Kent）[1]或士托梨

---

[1] 按，乾德（James Kent）生于1763年，死于1847年。生时，他历任纽约邦议会议员，哥伦比亚大学法学教授。纽约邦大理院审判员及审判长。所著有《宪法解诂》，士林传诵之，至今未衰。

士托梨（Joseph Story）生于1779年，死于1845年。生时，他历任马邦议会议员、联邦国会议员、联邦大理院审判员及哈佛大学法学教授。所著有《合众国联邦宪法解诂》，尤称杰作。

（Story）者流，[4] 所有地位，比较英宪的教师所有地位，自然于顷刻之间，明见个中底蕴。

<small>英宪的解诂特难</small>

是故每逢这一辈著名法家，以讲话方式，发表自己对于合众国宪法的解诂，他们至易知晓何者是他们应有的研究对象，及如何推阐此项对象的方法。诚以教授的科目既是一定，可以确定该科在国法中之适当位置，而且该法复被记载于一部公文之上，人人共见，甚至一望而知其为"合众国人民共同命令及设立的宪法"。该宪法所有条文，本来以名理论，诚不免缺乏完善布置，复不免缺乏正确意义；然而无论如何，本法究竟是联邦中之根本大法。不宁惟是，该法的制定所有程序适与寻常法律的制定所有者相殊，该法的修正所有方式复与寻常法律所有者迥异。因此之故，该法实能离异其他法律，而自成为独立的研究。他不但确定联邦政府所有立法、行政及司法的组织及功能，而且以预谋本身的将来改正之故，特间接地规定合众国的法律主权所寄附的至尊机关。惟其如是，不论士托梨或乾德，每逢被请疏解宪法，他们尽可以应付裕如。他们不但明知所疏解者为何物，而且明知所用以疏解者为何种方法。诚以此项方法即与寻常所用以解诂其他各种法律者相同。征实言之，则有文法的研究以明白条文中之字句所含意义，复有常法的知识，立法的过去经验，及司法判决的搜讨，以推究字里行间之法律精神。于是，解诂宪法的工作，在美国中，不外依据一定准规，以释明一定法律公文而已。此项工作，无论如何困难，究为一般律师所惯做，而且可用寻常日用方法做成。果尔，任何法家将优为此事，何况士托梨

---

4 《布雅克文集》（1872年版），第114页。

与乾德？本来此两人皆是世人所谓非常人物，但朴莱克斯顿本人及编纂其著作之一个编辑，何尝不是非常人物？顾美国法家，在注疏宪法时，所有成功，实远胜英国法家所有：是何以故？则以后者所占地位实逊于前者一筹故。所以英吉利法学者尽可将法令全书，彻头彻尾，浏览一遍，他不但不能寻出宪法的条文所在，而且不能执持一个标准，以区别宪法或根本法于寻常法律以外。诚以《宪法》一名，依我的记忆力所及，实未尝见用于朴莱克斯顿，因之，此项名词实不过成立于近代而已。惟其如是，在未做解诂工夫以前，英国法家尚须测定英宪的涵义及范围。[5]

第三节　英宪的涵义及范围何在

将欲确诂英宪的涵义与测定英宪的范围，解诂家在势必须求助于法学大师、法学史家或政治哲学者。因之，他的探讨工夫自然着眼于法经、法史及宪政习例。本来在经典、历史与习例的领域中，卓然自成一家言者所在多有；因之，欲寻向导并不是难事。譬如，论及法师则有朴莱克斯顿的专著；论及史家，则有哈廉或符礼门的名史；论及政治哲学者或政治思想家，则有贝吉或轩恩的探讨。从各个专家著作，这位解诂家当然可以获益不浅，不过以私见观察，

---

[5] 法国宪法专家布眉先生（Monsieur Boutmy）所著《宪法研究》独能提示此项要旨十分明澈。见原书（第二版）8页；又见英译本8页。布眉先生尝指出英吉利宪法的渊源共分四所，即是：其一为条约及准条约（例如，英格兰与苏格兰合一法案；与大不列颠及爱尔兰合一法案）；其二为常法；其三为君民约法（例如，人权请愿书）；其四为法令。这种分类或者不尽符英吉利作家所为，但至少可以提醒英宪在渊源上实有特异来源一要旨。

我不禁蒇然有所忧虑。是何以故？则以逐一专著，倘若不加仔细审察，至足以引人入于歧路故。申言之，在尝试工夫的进程中，倘若不能探得南针，以指示逐步方向，学者必然徘徊道左，且将迷惑于法律的幻象，历史的古董陈迹，与习例的繁文缛节而至不能自拔。推其结果所致，所谓"宪法"的领域问题只是"一团糟"。

让我们首先请教法师；在理，朴莱克斯顿[2]就是惟一向导。

1. 就法师的视点观察宪法不有真际存在

试在朴莱克斯顿先生的名著《英吉利法律解诂》考察，"宪法"的称谓绝未尝出现。惟关于宪法的实质，朴莱克斯顿并非毫不讨论：原书在人身的权利一纲之下，大概括举之无遗。试一翻阅原书，书中有一卷即以此类权利为题；该卷所讨论者，除他事外，概及巴力门、君主及其特权、主仆、夫妇与父母子女。如此布局自是十分奇异，复不能提示宪法的真相与界限。虽然，这一句偶评只是皮相之论，其实该卷文字包含许多关于本国政制的真诠。原书所有真际缺陷只是：当代法家均有一癖性，喜以陈旧不堪用的名义，衣被于翻新制度身上，尤好以往古诺尔曼征服时代威廉胜主所运用的一切威权，替立宪政体下之今代君主标榜。朴莱克斯顿于此亦有同嗜，且以混淆的语言思想引起及叙论宪法全体所有问题。

朴莱克斯顿曰："我们继此且将考究御用特权所含义蕴。原来此类特权实寄附于我们的统治共主本人身上，他拥有完全无缺与长生不朽的统治权能，与各种威权及权力，诸如此类之权力的运用即成为政府的执行部分。为着得到统一、神速与强有力的行动起

---

[2] 按，朴莱克斯顿（William Blackstone）生于1723年，死于1780年，为著名的英吉利法家与牛津大学法学教授。所著《英吉利法律解诂》出版于1765至1769年之间，为法学名著。

见，政府的执行部分，在不列颠宪政中，概统属于一人。如其不然；万一竟归于数人掌握，则一事的施行必须受命于几个意志。几个意志，倘若不能互相结合，必造成推诿与萎靡不振的现象。纵使此项现象，在勉强撮合之后，有时可以幸免，但国事变化纷纭，或至急不及待。因此之故，英格兰的君主不但是行政首长，而且是惟一行政首长；同理，罗马在大革命之后，尽取民国时代之执政所有权力一概纳于新皇帝手中；恰如格拉维拿（Gravina）所谓，在此一人身上，所有前此民国的政权之掌理于执政团者完全集中。"[6]

前段文字自是冠冕堂皇，读之令人兴奋。迨至斯梯芬（Stephen）[3]著作时，他的解诂沿用朴莱克斯顿之语，虽则略加节短，然大体尚无变更。顾自今日观察，此段文字不免犯了一失，即是，言过其实。诚以英吉利的执政，自朴莱克斯顿生时以迄现在，只由巴力门中之一委办会，名内阁者，主持。假使国中尚有一人，能在其手中握有国家大权。这个人不是君主本身，却是该委办会之主席，名曰内阁总理。不宁惟是，朴莱克斯顿对于御用特权所叙论亦不符当代所有实际政治。本来朴莱克斯顿生当佐治第三（George the Third）御宇之际，佐治第三固能运用特权，诚然较任何后来君主更有权力。然而试加考核，学者自能灼见朴莱克斯顿所言，未免过当。而且此旨亦非待至今日乃显然暴露；即当朴莱克斯顿以此类用语解诂元首的身份之顷，与朴莱克斯顿并世而生之闻人早经觉察，英国君主在实

---

6 见朴莱克斯顿所著，《英吉利法律解诂》，第一册，第250页。

[3] 按，斯梯芬（Henry John Stephen），生于1787年，死于1864年。所著有《英格兰的法律新解诂》，出版于1841年。

际政治中,不复占居如许强有力的地位。[7]将欲证实这一句评语,我们即不妨再征引朴莱克斯顿的言论,以资解证。其言曰:"英吉利君主,在处理内政时,实被视为直道的源泉,国内和平的保护人。……因此之故,惟有他自己本人,在全国中,能有权利以设立法院。诚以国宪虽则寄附君主以执行法律大权,然而躬自执法不但在事实上为不可能,而且在法制上亦为不便。于是,设立法院以资佐理,实为势所必至,由此遂得一结论,即谓:所有院中管辖权皆直接地或间接地来自元首;所有进行程序概以君主的名义举行,不但须盖有御玺,而且须执掌于他的役吏。"[8]读罢此段文字,我们不啻堕入五里雾中,不知所向,诚以此段议论只由杜撰,并非真际政治所有状况。以真际政治论,不管是君主或任何执政,无人能拥有设立法院的权利。假使明日出版的政府公报竟有一则新闻,宣布枢密院命令,别

---

[7] 下文一段文字自巴理(Paley)所著《道德哲学》,征引原书发刊于1785年,与朴莱克斯顿之书出版时期并不大相远。其言曰:"在不列颠宪法,一如在他国宪法,实际政治常与理论政治不相符合。本来理论与实际原相为因果,但后者常与前者异趣。试就理论观察,英国君主的身份常超于法外。是故法律虽尝通过于两院,君主可以废止之;凡人一为君主所喜,尽可得到封赠,而取得特许状,依之,两院中之一院所有代议士可以选出;至于臣属间所有禄位,君主更可以任意更调,毫无阻碍。所以外国觇国者常有疑问,即谓:此项权力,无论在运用时如何纡徐曲折,但就其结果推究,非专制而何?理论固如是矣,然在实际上则又是大相径庭。譬如,君主向来原有一种特权,可以运行于通国,惟传到今日,此项权力已成强弩之末,其势不可以穿缟。于是,代特权而兴者更有一种特殊恩典,虽不见承认于宪法,然以帝国富力大增之,故国内行政首长转得以运用之而大显神通。"(见原书第六册第七章)其实第七章所有全文至足注意。在此章中,我们可见巴理在当时至能明白当代英宪所有真相,远胜朴莱克斯顿。而且由此文,读者当知在1785年之际,建造巴力门选举市区(parliamentary boroughs)的权力依然在理论上被视为君主特权之一种。元首的权力自是甚大,然而他的实际力量所在只是在于特殊恩典(patronage)的运用。

[8] 见朴莱克斯顿所著,《英法解诂》,第一册,第267页。

设一所新控诉法院，但此项命令并无法案以为根据。果尔，我们尽可断定，即谓，全国人民必然狂怒不休。即此一端。我们并可概见以想像谈宪法，为害甚大，盖不但夸张元首的权力而已。诚以为谦恭与敬礼起见，论者对于元首的权力，纵有近于铺张扬厉之处，读者亦不难原谅。惟至用了非真际的言语，蔽塞读者的聪明，使之对于元首及政府的权力所有范围不能切实了解，此实流害甚巨。本来除却孩童之外，任何人必不至悬想君主高戴王冠，端坐于威士敏士惕中之殿上，时常替老百姓主理直道。然而国内竟有许多通人，矫枉过正，复不免怀抱一种意想，以为元首在今日并不参加政治，此则无异假造一种史事，即谓，爱德华第七并未尝在所谓"王庭"中听讼决狱。两者皆是不合于真际政治。所以今日最可怪的事便是：大多数英吉利人们对于元首所运用的权力——甚至内阁总理及其同僚所运用的权力——概以想像假定。朴莱克斯顿先生既倡之于前，其他作家复和之于后，遂使我们在研究英宪时，倘要求教于他们所有著作，诚不能自知此类虚浮词旨究竟曾否近似或符合事实。譬如，谓法院为君主所设立者固不是事实的真相，谓内阁阁员为元首所特任者亦不是事实的真际：两说皆是杜撰，不过对于事实的距离尚不免有远近的差别而已。是故一就事实推证，凡朴莱克斯顿与其他法家所指为元首的权力者，其中有若干确实属于政府，有若干并不属于元首或内阁。卒之，元首所有真正地位，以至政府所有真正权力，在朴莱克斯顿所著书之第一卷中，皆被一种浮词所掩匿；遂致读者虽终日展卷玩索，亦无从勾提玄要，而明见宪法的真性质。

　　以上所论，系就教于法家而得到的结果，其所有流弊为囿于法律形式而缺乏正确内容。兹请舍法家所论而观史家。

2. 就史家的视点观察古董杂陈

任何人，不管是教者或是学者，倘若迷惑于英宪的性质问题，尽可在历史的领域中遭逢不少著名宗师。[4]试征实言之，以言秉笔直书则有哈廉；以言博学多闻则有牛津主教；以言熟练巴力门的惯例则有梅爵士（Sir Thomas May）；以言常识丰富，以至析理入微，则有符礼门的名著《英吉利宪法的生长》。就中尤以《英吉利宪法的生长》为最负时誉。此时让我们即以此书为历史派的宪法主义之代表。任何学生，凡曾读是书者，皆能承认他的优点；譬如，叙事简明，推断正确，推陈出新，下笔有神，诸如此类之长处当为有目者尽见。然而就中却有一点至值得注意。符礼门先生在著作文坛中有一最擅长处，便是，虽有枯涩及艰窘题目，一经这位作家叙论，所有史事资料之玄要尽受披露。对于书中论断，读者若不赞成，便须否认。倘若否认，读者仍须翘示反对理由。因之，读者可以在不同意的词旨之中受教于作者不少。倘若赞成，读者仍不能一味盲从，且须寻出所以赞成其论旨的根据所在。惟其如是，我们当不妨取《英吉利宪法的生长》一书，以审视史家对于宪法所有意见。试问一个法学生，其造诣目的是在于学律，究竟能从这一部书得到何

----

[4] 按，哈廉（Henry Hallam）生于 1777 年，死于 1859 年，为英国著名史家。著作中之关于英吉利宪法者为《英格兰的宪政历史》，起于轩利第七代，迄于佐治第二代，以 1827 年出版。

牛津主教在英语为"Bishop of Oxford"，当时任此职为"William Stubbs"（译名士徒柏），书中所言即指此人。士徒柏本为牛津大学著名的历史教授，生平著作等身，就中有《英格兰的宪政历史》，仅叙论至于 1485 年，以受职于英格兰寺院，历任牛津主教等职而戛然中止。故戴雪云然。

梅爵士（Sir Thomas May）生于 1815 年，死于 1886 年。他的《英格兰宪政历史》，起于 1760 年，迄于 1860 年，系接续哈廉的名著而作成。

符礼门（Edward Augustus Freeman）生于 1823 年，死于 1892 年。他生平著作极富，就中有《英吉利宪法的生长》，戴雪至称道之不置。

事？兹将原书开端两章所罗列章中论题征引如下：

乌利（Uri）及亚片奢勒（Appenzell）的邦民大会；与英宪历史的关系；条顿族大家公有的政治要素；君主政治贵族政治及民主政治的要素之孕育；贵族、自由民及奴隶的三种阶级；奴隶制度的盛行；条顿制度在雅利安种人居处地方中之散布；荷马（Homer）诗史所明载；达西图（Tacitus）关于日耳曼民会的叙论；英吉利制度的继续性；英吉利民族性初成；英吉利人民征服不列颠后所携来之条顿制度；安居不列颠后所生效实；奴隶制度益盛行；伯爵与山野平民（earls and churls）；君权的生长；国君制度的性质；君权的责效力；族长（ealdormen）与国君在古时代所有区别。……英宪的逐渐生长；新造法律的罕用；先例的重要；现代立法常采用古义；古代国民会议的衰耗澌灭；贤人议会的创立；贤人议会继续于贵族院；诺尔曼征服后之议会；君主的召集权利；任职终身的贵族议员；众民院的起源；英吉利及法兰西国民会议的比较；两国历史的大致比较；造成时势的人物；孟弗的心门（Simon of Montfort）……爱德华第一（Edward the First）；英宪最后由他全成；后来变革的性质；英吉利立法院与大陆所有者殊异。

诸如此类之研究饶有趣味，复见宏通淹博，故就历史以观察英宪的生成，此类题目极是十分重要。然而倘就法律点视察，更就英宪的研究视察，所谓乌利的邦民大会，荷马诗史的考证，族长制度，贤人议会的组织，以至许多未提及的有趣味问题，在今日都成陈迹，不过是一种珍奇古董而已。我为此言，我并不要否认历史与法律间之相互关系。按实言之，与其受了缺乏历史观念的嫌疑，或竟陷于攻击历史方法所有普遍确凿性的过失，我宁愿被人指摘为异端或为邪说。所以本论的主旨不外是：大凡英宪在历史上之研究自然必须追溯英吉利制度的渊源，于是，考古学问在所必有。但此类考古学问，倘谓直接与现行宪法的规则有关，并谓应成为法律的研究，则又未必合于事理。让我们试对于贤人议会所已知的事实虚心审察，更对于所未知的事实辛勤考究。但我们必须随时记取两事：第一，考古学中之掌故主义并不就是法律；第二，一个通晓法律的律师所有本务并不是在于明白昨日及百年前过去的法律，更不是在于预知明日应有的法律，却是在于通晓今代所有现行于英格兰的法规，并须能道达深藏于规矩中之法理。因此之故，乌利的邦民大会的性质，或贤人议会的组织，自律师视之，只是一种掌故的学问。此类学问大足以助人了解历史上之英格兰的宪法，一如其所以助人了解历史上之合众国宪法者相等，但除此之外，别无实际裨益。

<small>从历史视点及从法律视点以观察宪法各具异解</small>　　合众国的名称一经提及，足以提醒我们对于宪政史家及宪法学者的分别。本来两项人物都要研究宪法，但研究范围各有相当领域。譬如史家所有本务是在于推究宪法所以生成的过程；因之，他深刻注意宪法的来源，且有时不免流于太过专一。至于现行宪法的规条，他只能间或涉及而已。又如，律师所有本务实以考究目前所有规程为事；而穷原竟委只是他的次要职分。将欲解证个中所有分别，试一比较美国史家与法家所占地位。譬如，北美合众国成立于1789年之合众国宪法，但为着明白联邦的成因，史家的探讨工夫决不能即从1789年开始。反之，他必须叙论殖民地时代间之历史，而考察英吉利制度。于是，探讨工夫所及，他或者不免要追溯贤人议会的组织，亦未可知。所可知者，关于乌利的邦民大会一类制度，他尽可以不必远溯而已。惟就别一方面观察，当法家讲解

合众国宪法之际，他尽可从该宪法本身讲起，而无庸作许多历史的研究工夫。徒以法律的渊源所系，讲师遂不能不注意及于联邦（the Confederation）时代之约章，又及于华盛顿（Washington）及哈密顿（Hamilton）对于联邦宪法的意见；甚而至于其他制宪人物，美国人通常所称为"国父"（the Fathers）者所有法律意见，他亦不能加以漠视。不宁惟是，将欲彻底明白该宪，则殖民地时代，在未分离于英格兰以前之概况，亦不可以不问。甚至常法的原理，及一切法律与直道的基本概念之从母国遗传得来者仍不可以不追溯。然而此不过为职务上之一种连带关系耳，以云合众国宪法的研究对象相去尚远。因之，美国法家的学问必不以能自限于讲解历史，至为明白。美国法家如是，英国法家何独不然？所以法家纵有时不能不追寻国内制度的发展，但他的态度仍与史家的态度相异。申言之，史家对于一切制度的起源凡为史乘记载所及者无不珍视，而加以仔细研究，至于后来及近代所有发展反遭忽略。自法家观之，此类举动未免失却均衡。试征实例。例如，符礼门先生，在其书中，考究上古及中古时代所有制度特详，近古时代所有者颇略，现代时代所有者更略。是以原书对于司徒雅朝代中及其后来之因革甚少叙述，所有叙论殆不过占书中篇幅 1/3。此外 2/3 的篇幅尽用于追溯制度的来源，由中古而及于上古。至于自所谓"光明革命"以迄今日，为时已逾 200 年，其间本有许多变革与生成；然而此类变革与生成似乎值不得这一位作家的注意。倘若进一步而求其故，则现代宪法所以甚少叙论之由并非起于缺乏知识，良以作者并不是浅学寡识者流。作者为此盖出于有心。按实言之，此事为历史学者的责任所在不得不尔。惟其如是，法家对于个中所有详略之点必不能从同。申言之，惟有英格兰的近代史最足以相助法家,使之能彻底了解现行宪法。士徒柏博士(Dr. Stubbs)本为英宪史学名家,可惜他的杰作《英格兰的宪政历史》,仅写至1485年,便以接受英格兰寺院的宠任之故,即戛然中止。然而假使他竟不接受寺院所贡献于牛津大学的此项荣宠,究竟在他的继续名著中我们将得到什么助益,此事尚有待于事实的证明。[5]是以在历史名家间,只有贾地纳先生(Mr. Gardiner)独能应付法家的需要。试观他的巨著《英格兰的历史》,独对于近代綦详,读者即能明白此旨。诚以近代史所载17世纪间之奋斗,例如,詹姆士与柯克(James and Coke)相互争执,倍根推尊特权的理论,以至查理士要将个人的意志代用英格兰的君主所有法律意志,一切事实均与实际法律息息相关。必须知晓此类事实,学者方能避免食古不化者所有一种幻想。幻想为何?其一以为今世所有宪政的自由系从采用开倒车的进步方法得来;因之,其二以为人类在文明上之向前一步不过是向祖宗成法上所有复古运动之进展一步。如此幻想不但背戾历史的实事,而且昧于法律的真象。良以世间所有一种法律想像,谓英国在撒克逊(Saxon)时代早已创立一种完善政治者,在历史上毫无根据;倘必欲将精微法理与律例"询问曾经参加爱德华(Edward)与哈卢(Harold)的选举之民众,及讯诘曾经赞助葛德歪恩(Godwine)复国之人物,究竟作如何感想",⁹这番稽考实不免枉费工夫。试设一喻。譬诸有人试将佐治第三(George the Third)强行分离纳税问题于选出代表问题以外之意义征求齐洛

---

[5] 按,关于士徒柏博士的生平及著作,与戴雪在书中所论的词旨,其解已详上文,见本章译者注解[4]第二段。

9 见符礼门所著,《英吉利宪法的生成》(第一版),第125页。

奇红种土人(Cherokee Indians)的评判意见,该部落土人必至瞠目相视,不知所云。在两种情形之下,虽则撒克逊人民与红种生时相异,但他们处境则同。申言之,他们对于问题所含题旨必无从索解。因之,必欲从之得到正确答案,事属必不可能。诚以我们的远祖远宗撒克逊人民,比较现代民众,固然有文野之分,即以之比较近古时代之柯克(Coke)与哈勒(Hale),仍然有文野之分。不过撒克逊人民,或能比红种土人较为可使人尊敬而已。文明人民或可具有法律上之想像力;野蛮人民必然无有。惟其如是,世人尝有构一虚想,以为法家所创的"法理假定"(legal fictions)大足以戕贼古宪所有简朴性质者,不但厚诬法家,而且过奖古代社会。其实此类法理假定,当法家用之于法院时,至能成为扶持直道与自由的武器。诚以世变无穷,律例有限,每遇原有法规不足以驭变故之际,法理假定大足以济其穷,而恢复与确立平等的与固定的法治。平等的与固定的法治者,英吉利文明之根本也。试征实例。例如,当詹姆士第一统治之际,英王尝欲亲临法院,躬听狱讼;柯克在那时方供职最高法院,独面折庭争,期期以为不可。[10] 是故以学理论,天下事理中之最浮夸、矫强,且无历史根据者莫过于此项争辩。然而以实际论,古今来所有政治学者之信言,政治家之信行,无一成就能媲美这一位士师的冒险所有成功。正惟有了他的倔强性格,又有了他的无理执拗,柯克才能成功建设一条大义,其结果足使英宪的根基永固。大义为何?即回溯古代已成之事,而诉请"成例"(precedent)是。最可异者,每逢国事在艰难危急之秋,此项诉请辄以时出现。吾友

---

10 参考《法律报告》,第十二册,第64页;又轩恩所著,《英格兰的政治》(第二版),第三章。

符礼门先生（Mr. Freeman）因之特提示此旨，谓为英国人民扩张国家的自由之妙法。本来明明是一创举，惟以英国人民行之，此举直等于旧事重提，而出于诉请古代遗下的权利之一形式。其实直截了当说来，诉请成例一举，当法吏用之于法院以造成判决时，确是一种司法的造法，所谓复古不过假借名义而已。诚如是，法律上之法式主义与历史上之古董主义，遂不期然而携手合作。惟读史者不及觉察，学习政治者复不及觉察，于是上文所谓因食古不化而得来的一种幻想遂以生成。其结果所至，学者实不免一误而再误。

3. 就政治理论家的视点观察所谓英宪只有宪典的研究

最后，让我们更就教于政治理论家。在政治理论家之中，贝吉与轩恩教授（Professor Hearn）足称翘楚。请先论贝吉。贝吉在今代思想家中最能阐发英吉利政治的奥义，使无余蕴。他的《英吉利宪法》不但富有创造力，而且饶有趣味，足以引人入胜。试以书中所有关于内阁政治的研究为证。著者描写内阁制度在巴力门政治中之真相，惟妙惟肖，且能道人所未道。于是，每逢展卷玩诵，读者不觉为之神往，几乎忘觉贝吉在此项研究中实为其第一人。申言之，贝吉对于英宪所含义蕴，不但择之极精，而且语之极详；正惟精详如是，尽人得以晓喻，无人更觉得尚有疑难，而有求解释之必要。其次请论轩恩教授。轩恩教授自是贝吉的先导。他的杰作《英格兰的政治》，对于英吉利制度，亦能独具只眼，别有理解。倘使著者不居于澳洲，而居于英国，复使著者不因设教于墨尔本大学（University of Melbourne）而著名，却因设教于英国中之任一大学而驰誉，他必然能受大众推崇，而被称为英宪学中之宗师。诚如是，学者对于轩恩，又对于贝吉，宜乎可以就之而问英宪。无奈一加考察，我们仍不免失望。本来在这两位作家所著书中，一如在符礼门先生所著书中，我们尽可闻所未闻，见所未见，并且所闻所见尽是珍奇可喜。不过若以法律学生的眼光绳之，所闻所见却不免离英宪的研究对象尚远。是何以故？则以贝吉与轩恩教授同以研究政治通例或典则为职志故。大凡政治通例或典则为类繁多，而且个中有许多问题极是重要，但无论如何重要，法院皆可以置之不理。试征实例，例如：一个立宪政治下之君主究有什么道德的感化力；一个内阁总理必具有什么理由，然后可以解散国会；在同一时间，贵族议员的名额，因特别事故，骤被增加设立，究竟足以为训否；内阁的公开质问何时何地可以举行——凡诸如此类之问题皆属于典俗的研究，而不属于法律。因此之故，假使有一内阁总理竟要增立五百贵族议员，高等法院中之衡平庭（the Chancery Division），虽则素来主持公道，必不因人吁请，而发出一道"禁格状"（an injunction）以图制止此项举动。假使该总理竟在被投不信任票之后，希图恋栈，不欲辞职，高等法院中之王庭（the King's Bench Division）虽则素以受理刑事诉讼为职掌，必不愿发出权力证明状（a quo warranto），将其传讯，使之缮具所以继续供职之理由。站在律师的地位观察，我以为此类问题非法院所应过问。审问个中是非得失，与筹商实际上之解决方案，当属诸两院议员。至于理论上之解决方案，则以此类问题已阑入政治学的领域之故，亦以留交政治理论家拟议为适宜。

抑有进者，即依政治哲学家所论，英宪的研究，以典则部分实能构成英宪的太半成分之故，特须侧重宪典，而且须特别注意此类典则所有风尚的与习惯的性质。果如所说，一个纯然站在律师的立场而观察英宪的法学者尚不能不有一疑问。这一疑问为何？即构成英宪的太半成分之宪典怎样可以发生效力。这个问题在英宪的

但政治理论的见解并不足以解明一疑点即是宪典怎样可以强制执行

研究中至为重要，本来不可以不答复。虽然，倘若专就政治理论的见解着想，该问题的答案必无从构成。申言之，假使有人要追究政治典则所以受严谨地遵循的缘故，[11] 政治理论家所持论据并不能满满答复。诚以此项论据不外一味归功于公意，或竟溯源于利害关系的念头，这种解释殊不足以解决个中难题。试思履行契约一事，凡属公意所在何尝不加赞许，凡为利害念头所至又何尝不兢兢戒惧？然而人间所有契约并不因之而加意履行。按实言之，倘使国家不设有法律以绳其后，毁约举动恐不免更有多次发生。遵行宪典一事何以异此？诚以典则既不是法律，将欲宪典推行有效，个中必须含有责效力在。惟其如是，仅用习俗的惯性（conventionalism），宪法的本质全体必不足以得到说明而毫无窒碍。

宪法究竟是法律否 由上文所已提示的疑点，英宪上之一个根本问题于是惹起。这个根本问题，倘若不能解答，学者对于英宪的研究且将如堕入五里雾中不知所向。所谓"宪法"（constitutional law）究是何物？"宪法"在真际上，果如各派学者所云，只能跨立于历史与习俗之十字路中间，而不足以严格地称为法律耶？因之，英宪的研究对于一个法律学教授，他的职掌本来是以学习与教导英格兰的法律为范围者，遂至不相联属耶？然则笃奎尔（Tocqueville）在观察英宪后所下之断语，即谓："英宪不有真际的存在"（ell néxiste point）[12]，果不幸而言中耶？果尔，法家将必十分愿意以卸脱英宪的研究责任。申言之，英宪的学问之一半既属于历史，即应由历史教授担任研究；其他一半又为用以解证英宪的生成之实例，属于习惯法部分，亦应拨

11　欲知其详，读者须参考本书部丙。
12　见《笃奎尔全集》，第一册，第166、167页。

归我的朋友"柯普士法学教授"（Corpus Professor of Jurisprudence）主讲，或竟拨归另一友人"齐奢勒国际法教授"（Chichele Professor of International Law）教习，亦未尝不可。所以然者，前一教席实为研究法律科学的特异部分或剩余部分而设立，后一讲席又为探讨国与国相交际之伦理而设立也。原来国际法虽具有法律的名称，然而实际上并不是法律，只是国际上之道德。而依本文所有假设，"宪法"亦是如此。然则齐奢勒教授既惯于讲授似法律而非法律的国际法，当不难兼领似法律而非法律的一种政治伦理之号称"宪法"者，自是意中事。

第四节　宪法名称的确诂

虽然，在未确实承认上文所有假设（即谓，宪法不是法律）为合于名理的理论之前，我们还要审问宪法的涵义，而先从事于正名。名义确定，然后再进一步而考究宪法的学问究竟能否适于法律的研究。

"宪法"一名，自其沿用于英格兰者着想，实包含所有直接地或间接地关连国家的主权权力的运用及支配之一切规则。[13] 因此之故，大凡诸类规则，或被用以界限主权权力的各个分子所有职务，或被用以规定各个分子间之相互关系，或被用以实测主权者或他的

英宪的涵义

13　参考荷兰（Holland）所著，《法学》（第十版），第138及139页；又同书第359至363页。巴理有言："国宪的意义包含下列各种规定：其一关于立法机关的构造与形式；其二关于立法机关的各部所有权利与功能；其三关于法院的构造、组织与管辖权。宪法原为公法之一部，但与其他各部仍然有别，即因宪法所讨论及规定者均为国中之根本大法。"（见巴理所著，《道德哲学》，第六册，第七章。）

各个分子所以运用此项威权之方式，俱包举于宪法之内。宪法的规则不但明示王位继承之顺序，确定元首的特权之运用，而且决定立法机关的构造与选举方式。不宁惟是，此类规则复约束及于阁臣全体的地位，及于他们的责任，又及于他们的行动所有范围。而且此类规则更从事于划明主权运行所至的疆界，与决定住于疆内之居民孰为臣仆或公民。在此际读者亟须注意文中所用字眼；须知此处所用之字眼是"规则"（rules）一名；不是"法律"（laws）一名。名字的运用在此际煞费斟酌，并非随意。至于我的用意所在，是在于唤起读者的注意及于一件实事。这件实事是：原来构成宪法的规则，倘若专就英格兰的宪法立论，实概括两套互相立异的原理与格言。

<small>1. 确是法律的规则——即宪法</small>

　　第一套规则，因为概受执行于法院之故，无论如何严格立论，总是法律。至于规则的形式，或为成文，或为非成文，或为巴力门法案，或来自习俗，或来自遗教，或来自判官所造的准规而被称为常法，殊可以不必拘泥。此类规则，综合起来，即成"宪法"（constitutional law）。为区别分明起见，可以综称之为"英宪的法律"（the law of the constitution）。

<small>2. 不是法律的规则——即宪典</small>

　　其他一套规则含有许多典故、谅解、习惯与通例。他们虽则可以约束主权权力的各个分子之行动，或阁臣之举措，或其他官吏之施为，然而不见执行于法院；因之，他们决不能成为法律。为区别分明起见，宪法的这一部分可特称"英宪的典则"（convention of the constitution）或称"宪德"（constitutional morality）。

　　换言之，"宪法"一名，当用于英格兰时，无论在公众方面，或在法律名家方面，均包含两种成分。其一成分可称为"英宪的法律"，自是一部严谨的法律。其他成分可称为"英宪的典则"，带有许多格言或通例，虽则可以约束元首、阁臣或其他人员的日常行为，然而严格观察，并不能成为法律。将欲明白双方对峙状况最好以实例解证。

英宪的法律可以下文所列举规则示范："君主不能做错事。"这一句格言，依法院所诠释，当解成两个意义。第一意义是：国法未尝规定任何诉讼程序，依之，任何人可以将英国君主起诉。试举一无稽之言示例。假如英王自己枪击内阁总理，弹贯脑际，在英格兰四境之内，将无一所法院受理此项讼案。第二意义是：无人能以元首的命令或长官的命令为托词，希图脱卸由自身做出的过举所惹起之法律责任。凡此两义，均由"君主不能做错事"一条规则产出。而且我们还要补说一句，这条规则当应用于两种场合上之时，均是法律，均是英宪的法律，但并不是成文法律。至于成文法律中之规则亦可举出一条以示范。譬如："在元首的权力中，无一权力能免除守法的责任"。此项免除守法权力的废止纯赖人权请愿书而存在，因之，这条规则便是成文法律。规则又谓："凡元首所做出的行为必须有人代负法律责任。"此义即是通常所谓阁臣负责。不过在外国中阁臣负责概明定于宪法，而以条文纪载；惟在英国，法律上之几条原理实互相作用，以构成此项要旨。分析言之，第一则有"君主不能做错事"一句格言；第二则因为凡遇君主所已做出的行为，倘若不依格式做成（譬如，由一个阁臣盖印，或副署，或与副署同类之签押），法院概不受理。第三则有一条精义因之成立，即谓：凡阁臣，在君主的行为未做出之前，既经盖印或副署，就是表明他的同意，[14] 故必须代负

<small>宪法举例</small>

14　比较轩恩所著，《英格兰的政治》（第二版），第四章。

行为上之一切法律责任。这条规则系用以规定君主与阁臣的相互关系，故应为英宪的一部分；同时，该规则实被执行于法院，故应为法律；反之，此项法律并无法令明定，故应为非成文法律。此外尚有多种权利，例如，人身自由应有的权利，公众集会的权利，及其他同类权利，虽则同是在一条律例或精义运行之下所产生的结果，然而均见承认于法院，故能构成英宪的法律的一部分。这条律例或精义为何？他就是：除却由国立各级法院依法讯明及判定为犯法（即犯刑事罪）外，无一人应受刑罚。

宪典举例　　英宪的典则又可以下列规则示范：

"英国王务须表同意于巴力门中之两院已通过的草案，或（用更正确称谓）不能'否决'（veto）[15] 这种草案。""贵族院不自行提出财用草案于巴力门。""当贵族院集合而构成一所控诉院时，凡贵族议员之无法律议员（law lord）的身份者不应出席。""凡阁臣，倘失去众民院信任，俱须辞职。""凡草案，在未通过于众民院之前，必须经过若干次读会。"诸如此类之格言，以性质论，宽猛不同；又以效力论，大小各异。[16] 因之，在一新宪法或成文宪法之下，其中有若

15　关于"否决"（veto）的意义，参考轩恩所著，《英格兰的政治》，第51页、60页、61页、63页、548页。又参考《英国百科全书》所载倭列里教授（Prof. Orelli）的"否决"论文。

16　在此类宪典中，有些格言未尝遭一次蹂躏，而且他们的不可侵犯性已为一般人所承认；有些格言并未取得此项效力，所得者只是曾受习俗的推崇而已。换言之，诸类规则的一部分不可以受人侵犯；倘若必加侵犯，和平与秩序的政治必至中断；但其他部分，若遭践踏，至多不过使当局受累，至于被谴或被舆论指摘。

此项区别所由来纯为直接地犯了宪典所生结果，与间接地抵触法律的程度高低，两者所有关系而决定。试作假设。假如，巴力门每年应依例召集至少一次；此为宪典所规定：但内阁竟悍然不顾，致使巴力门未经召集者多过一年。当此际，叛变法案以一年期满，不能再发生效力。于是，军中纪律必无根据以维持，或竟不依据法律而维持。两者

干条可以采用,而衣被以法律的形式;其中又有若干条不可。但在英宪之下,他们均具有一同点,即是:依法律的真谛观察,无一条可称为法律。诚以倘若有一条或全体横被蹂躏,法院将不过问。

同是规则,而有宪法与宪典的相异称谓。但称谓的相异,只为便于分别起见,决无轻重的歧视。倘若有人以为凡属宪典,都是藐小不堪,而且并无真际的存在;此项意见未免错误。任何教师均不愿将此意向听众暗示。其实在宪典中有许多规则,能与法律同重要,不过仍有许多规则较为轻微而已。即在法律方面何尝不自有比较的轻重之分别?抑有进者,我在此地所下工夫并不要将真假两事互勘;我的用意所在只要将英宪中之典则成分对峙法律成分。

在此际,学者必须注意一事,即是:法律与典则的区别不应混同成文法(或法令)与非成文法(或常法)的区别。试举实例以资解证。例如,人权请愿书,王位继承法案,两宗出庭法案,皆应称为成文法,因为在法令档案中此类法律可以翻阅。换言之,此类法律皆是"制定法"(statutory enactments)。以其内容皆关系国家的根本

<small>法律与典则的区别,不同成文法与非成文法的区别</small>

<small>之一均足使有司所行事,违犯宪法,而至于抵触法院的管辖权。在如此场合之下,宪典的违背不生革命,即生暴烈的反动。故此项影响所及至为严重。所以然者阁部不但直接地犯了宪典,而且间接地犯了宪法为之也。至于其他部分之宪典所有性质;较之年年召集巴力门的宪典所有者,轻重悬殊。因之,即有违犯,宪政上可不发生重大变化,譬如,凡一宗草案,依惯例,必须经过若干次读会,方能通过与成立。此条规则亦为一条确立的宪典。假使当代内阁竟不遵例行事,则所行事虽属直接地犯了宪典,间接地仍不至违犯法律,而与法院的权力起冲突。依此类推,凡一阁部,在一读会之后,即劝众民院通过某一宗法案(例如,停止出庭法案);又凡一阁部,在某一宗草案正在讨论之际,竟劝众民院改订本法应经过读会的次数。诸如此类的行为可以不至牵累内阁,使之至于犯法。惟当预算案已成立之后,又在叛变法案已通过之后,内阁竟以他项行事受众民院投了不信任票之故,敢于解散众民院,而觍然尸位至于累月:此项行动尽可以不理于人口,但其结果尚可以不至于破坏法律。欲知个中要义,学者须玩味本书下文部丙。</small>

之故，此类成文法均为英宪的法律。但英宪的法律亦有一部分至今仍为"非成文法"，这是要说，这部分的法律仍未经制定，因之，只为"非制定法"（not statutory enactments）而已。"非制定法"或"非成文法"，上文曾经列举，兹不再赘。自历史视点观察，尽有许多法律，从前本为非成文者，一经巴力门采之以立法，便为成文。例如，关于约束王位继承的法律本来早经规定于常法，而自1701年后，此项规定便成制定法或成文法矣。至于英宪的典则则大异是。本来典则未尝不可以书面记载，但绝未尝记载于档案，使人可以随时检阅。譬如，巴力门立法程序只是一种习用规例，即是典则之一类，不过此项程序不但写成条文，而且编印成帙，此即为最显著的例证。由此观之，成文法及非成文法的区别实未尝与宪法及宪典的区别互相符合。后一种区分在此际最须注意，因为此项区别的本身固属重要，而与本书的研究对象，即宪法，尤有密切关系。此外，读者还须记取一点，即是：此项区分不独存在于英国的宪法，而且存在于别国宪法之为成文或制定[17]者。试以合众国为证。本来在合众国中，总统及元老院的权力，以至选举总统的方式一概被规定于宪法。但除宪法的条文之外；尚有一种极严密的典则徐徐发生，且

---

17 典则成分在合众国宪法中所在多有，而且多过英国人意料所能及。关于此旨，参考威尔逊（Wilson）所著，《康格列纯那勒政治》（Congressional Government）；及蒲徕士（Bryce），《亚美利坚平民国家》（第三版），第三十四章与第三十五章。按实言之，我们虽谓美宪所有宪典成分之多，一如英宪所有，亦不为过当。但在亚美利坚制度之下，宪则与法律分界极明，过于英宪远甚。

即在现代法兰西民国宪法之下，宪典亦渐具极大感应力。试征实例。自有此类典则，宪法在条文中所给予总统的权力大受限制。参考沙董（Chardon）所著，《法兰西行政及行政人员》，第79至105页。

渐次与宪文的条文并行不悖。虽则此类典则的存在未得法院承认，然而他们在实用上直与法律同功用。譬如，自华盛顿谢绝连任三次总统而后，再无任何总统在二次连任后而继续被选。本来此项规则绝未尝记载于宪法，徒以公众赞同之故，虽有格兰将军（General Grant）之丰功伟绩，三次候补总统卒见失败。又如，依合众国宪法，民国的行政首长，即总统，本以复选制度而选出，此实为制宪者原有用意。分析言之，合众国选民，以分区选举方法，相与投票选出若干人，为选举总统的投票者，故直称之曰"选举人"（electors）。"选举人"既选定，然后更由"选举人"相与集合而投票，以选择总统。不料自宪法既公布而后，乃有一条宪典发生。这条宪典的意思是：一个选举人不可选择合众国总统。这是要说，他不能运用自由意思，与行使独立权力，以投票选出自己所愿意选举的人物。因之，所谓"选举人"的制度直成为票选某一总统候补人的工具。直截了当说，他们的人数只足以代表共和党或民主党的指名候补总统所应得票数而已。惟其如是，总统的选举人原有法律身份遂生一大变化，制宪者的一番心血遂尽付之流水，以至一去不回。自从这条典则确立之后，全国奉行惟谨，虽有肆无忌惮的政客，亦不敢自由运用原有法定的选择总统权力，而毁弃当选为选举人时所受某区选民之信托。试观海士先生（Mr. Hayes）与体勒奠先生（Mr. Tilden）竞选一事，即可概见合众国人民对于这条典则所有信仰之坚决。当是时，假使共和党的选举人中只有几个人能觉得自己尽有自由以票选民主党的候补总统，不独公家困难可以解免，就是公家危险亦可以减除不少。然而中途变节者竟无一人。于是，在亚美利加中，选举人原有选择总统的权力概为宪典剥夺无余，恰如在英格兰中，元首原有拒绝同意于两院通过的草案之权力亦受同样力量推翻净尽。由此观之,在成文宪法之下,一如在非成文宪法之下,所有宪法与宪典的区别均能存在。

第五节　宪法的研究范围测定

综览上文,读者当能灼见我对于宪法与宪典的区别诚不惮反复辩论。我为此事,因为此项区别实为宪法的研究的紧要着手工夫。这番工夫一经善用,则一切含混思想之隐伏于"宪法"的称谓之中者将被烛照无遗,于是,各种问题之与本书的研究对象有关者得以各归原位,而等候依次解答。诚如是,一个律师,当被命主讲席之际,将欲从英格兰的法律所有立足点,以教授或研究该项法律的一部分之称为"宪法"者,自不难真知灼见本题所有要旨与领域。

是故在分界既定之后,对于典则他可以不必过问。诚以此类典则常随世代而变异,甚至随年岁而变异。譬如,即以阁部的辞职问题示例。究竟一个阁部应在大选举失败的结果宣告之顷即自动辞职,或应待到巴力门召集以后,必至谴责的票决已得通过,然后辞职,这一问题在实际上诚属重要。但一言及答案,则盛行于今日的见解,较之30年前之见解,可以互相殊异,即较之将来10年后之见解仍可以大相径庭。在此际,何去何从,有时至难别择。将欲决之于成例耶?抑决之于宗匠耶?则罗素(Russell)、披勒(Peel)所有随感与行事是如此;比根士斐勒(Beaconsfield)与格兰斯顿(Gladstone)的随感与行事又是如彼。以云成例,双方殆有均衡重量;以云宗匠,双方皆是盖世勋名的政治家。然则此项答案至无一定，当可概见。况且典则的性质原来属于政治而不属于法律，因之，律师或法学教授实与之无涉，即不妨置之于不议不论之列。假使他有时仍然议论及之，则所有讨论范围必将以宪法与宪典间之相互关系与联络为限。

惟其如是，所以惟有对于英宪的法律，这位律师或法学教授必须着意探讨。他的本分是在于向英宪的各部分中寻出及提示孰为法律的规则（即受执行于法院之规则）。这一类特殊规定，一经专心博学审问，必然可以随时随地发见。列举言之，则有下列各类：其一用以测定元首的法律地位；其二用以测定阁臣的法律权利；其三用以测定贵族院的组织；其四用以测定众民院的组织；其五用以管理国立寺院；其六用以确立非国立寺院的法律身份；其七用以统驭军队——凡诸如此类以及其他百数十类之规则实构成宪法全体。他们都是真正的国法之一部，恰如合众国宪法的各款条文一齐构成合众国法律全体之一部。

简言之，英国法学教授有一重要任务，析之可得四层工夫：第一要勾提一切构成宪法的规则；第二要分类排比，使之各得其所；第三要一一为之作界，不使互相混淆；第四要于可能范围内阐明各类规则在名理上之相互系属。他应该阐发英格兰的"非成文宪法"（至少有一部分犹是"非成文宪法"），恰如士托梨及乾德对于合众国宪法的"成文法"所下工夫一般。此项工夫自然藏有许多困难处，但个中所有困难，较之英吉利法律中之别部分所有困难，虽则种类殊异，然而足以窘迫学者初无二致。诚如是，将欲研究英吉利宪法，你们务须博学许多制定法，务须博学许多常法（即判官所造的法律）。不宁惟是，你们还要探讨许多巴力门法案，许多法院所

<small>宪法恰如英吉利法律的别一部分，一般可用法律眼光审问及明辨</small>

交下的判决之成案，许多具有权威的法院随感，甚至许多从司法判决的精义推想出来之结论。而且在研究进行之际，学者对于通行习俗与法定权利的明辨工夫，有时极感困苦。凡此种种皆为试探与专攻宪法所必尝的苦工，盖与研究本国契约法、民事侵害法、地产法，事同一律。

虽然，宪法教师，在今日作英宪的研究，未尝无相当便利。最近三数年来，[18]宪法问题渐形重要，并招惹世人注意。问题既然惹起，对于问题的解决答案即不能不极力求出。譬如，19世纪中所发生讼案，屡次与柏辣拉夫（Bradlaugh）[19]的名字有关系者，至足给予本国公法以解疑析难的大好机会，恰似威勒克士（John Wilkes）的名字在18世纪间所有情事。是故由此类争讼，辩护法得以重行发见，渎神法得到翻新解释。刑事诉讼的性质人人周知。众民院与法院所有关系在今日可以用界说规定；宣誓所有庄严及法律性质世人尽晓，至少凡曾读法律报告者可以尽晓。同时，尚有许多争端，向与柏辣拉夫先生未尝发生关系者，亦如春笋暴发；在如此纷扰情形之下，许多新发生问题一齐集合于公共集会的权利之旗下，跃然欲动，呼之欲出。此项权利究竟曾明见于法律否？什么是运用此项权利的限制？什么是"非法集会"的正确定义？倘若依法集会而横受干涉，国民诚不得已，至以武力主张开会的权利，在此际用武的程度果以达到何处为限？当在什么限度内运用，自卫的权利可以受承

---

18 本书最初印行于1885年。自1885年后，司法判决及公众讨论所贡献于宪法问题者渐多。举例言之，则有关于公共集会的权利与戒严法等问题之答案。

19 此段文字写于1885年。关于柏辣拉夫的政治略历，参考《全国名人传记词典》增补之部，第一册，第248页。

认于英吉利宪法？凡诸如此类之问题，全体可以提出于法院，而且就中有一部分早经提出于法院。但无论已提出与未提出，他们都与本国公法的基本问题有关。因之，寻出解答方案在人民生活上至为重要。而在一切解答方案未尽寻出以前，英宪的研究至足以引人入胜，复惹起兴致不浅。虽然，在搜讨成案的工夫中，有一实事，必须明辨。此一实事为何？即搜讨范围不应尽限于著名成案是。本来以英宪的法律论，若向旧有成案搜寻，大凡在轰动一时与激起争论的讼端之中，随在可以发觉研究材料。但此亦不能以一概论。假使学者由此推究遂得一结论，以为宪法的原理尽从解决剧烈政争问题的判案得来；此实为不智之甚。按实言之，尽有不大相关联的案件，而仍然藏有宪理在者其数富以百计。譬如比列时巴力门一案（*the Parlement Belge*）[20]，或多马士对君后一案（*Thomas v. The Queen*）[21]，皆是此例。不宁惟是，甚至民间控诉一个警士之案，或诉及一个征收税吏之案，自表面视之，似乎无关轻重，但自内容视之，实则随在可以逼出宪法中之一个最重要精义，这是要说，无论警士，或税吏，或其他役吏，均不能于越权行事之后，托词奉行上官命令，希图卸责。此为英宪中之极重要精义之一条，学者不可以漠视。简言之，所谓英宪的真正法律自有渊源。渊源何自来？来自其他英格兰的法律所同出的地方。换一句话说，英宪的法律与其他英格兰的法律，虽有同样渊源，然而仍可以自成一种独立而又有趣味的研究。在此类渊源之中，我们务须从事搜讨适当材料，复勤加审订与整理。

---

20 见巴力门辩论汇录第四册，第129页；又第五册，第197页。比考：沃克诉贝尔德案（*Walker v. Baird*）一成案［(1892) A. C.］，第491及497页。

21 见《法律报告》（《后庭报告》，第十册，第31页）。

庶几英宪的研究，纵未经多次探险，亦得以徐徐测定新领域，而成法学中之特殊而又有系统的专门学问。本来此类学问的程途系属新辟，故一时尚未成为熟径。[22] 在此际，教者与学者当进行时，虽则有时曲径通幽，新奇可喜，然而道阻且长，或不免时时发出行路难的感叹。

此项险阻艰难固然令人生畏，但亦非毫无益处，益处何在？在于逼迫我们觅取向导。是故在迈步进前之际，将欲提防失路，沿途必须认清目标。目标为何？他们是向来浸淫灌注于英宪中之三条大义。于是这三条大义，在本书中，实为今后研究工夫之纲领。诚以纲领一经提挈，所有错综隐现于英宪中之问题，无论如何纷繁，均得以理董而求解答。分析言之，这三条大义可以揭櫫于下文。第一，巴力门用所立法案为工具，可以统治全国。故专就法律方面言，巴力门实处于至尊地位。倘若以学术用语提示，这就是"巴力门的主权"。[23] 第二，英吉利宪政纯然受法律精神所支配与弥漫，于是，在英格兰的四境以内，寻常法律以绝对的与普遍的现象运行于全国。倘若以学术用语提示，这就是"法律主治"。[24] 第三，宪典本来不是法律，而且应与宪法有别。本书所研究者原为英宪的法律，因之，英宪的典则在此地似可不必问及。徒以在英宪全体中，不但宪典多有，而且宪典能占居特异地位。将欲明白英宪的效实，除宪法的研究外，学者总不可不知宪法与宪典所有相互关系。惟其如是，

---

22 自从本段文字写成之后，安生爵士（Sir William Anson）的伟著《英宪的法律与惯例》旋即出版。自有此书，英吉利宪法的研究遂得以纲举目张。

23 参考本书下文部甲。

24 参考本书下文部乙。

宪法的真性质

我们于此必须揭示一条大义,即是:宪典必依赖宪法乃能责效。[25] 依此三条大义,以求推进,姑弗论将来探讨所得者成何结局,然而在研究进程中,学者对于此类大义下所蕴蓄的精理,必须下许多审问工夫、明辨工夫,以至比较及解证工夫。诚如是,学者将于英吉利宪法学问上早已能得到适当开端。[6]

---

25 参考本书下文部丙。

[6] 按,在此段文字,与上一段文字中,汉译本均比原本有出入处。诚以原文过于简约,读者或不易明白;译者特本著者所有原意,加以阐发,读者得之,庶几足以领会书中微言与大义。下面译文内容有比较原文为更冗长者,其动机仍侧重于达意而已。为着避免累赘起见,译者特提示这一旨趣于此地。

甲部

巴力门的主权

第一章 巴力门主权的性质

自法律视察点立论,英国政治制度所有主要特性就是巴力门的主权。因此之故,郑重提示与反复申明此一要旨实为吾书之开宗明义。

第一节 宗旨

于是在本章中,我的审问所及约为三事:其一,我要解明何为巴力门主权,并要昭示此项主权的存在是一件法律的事实,久经英吉利法律明确承认。其二,我要证实世间所盛传的法律制限之加于巴力门者无一有真际地存在于英国。其三,我要解答在讨论题义时所遇之疑问,即以辨明巴力门在不列颠宪法之下,实是一所绝对之主权立法机关。

第二节 何为巴力门主权

巴力门(Parliament)[1]一名当在法家口中流出(虽则寻常会话

---

[1] 按,巴力门一名,原来自"parler la ment"数字,汉译"说出心事",在寻常会话中概指贵族院及众民院。故云。

不是如此用法），实解作君主（the King），贵族院（House of Lords）与众民院（House of Commons）的合体。当三者合成一体时，他们常被称为"议会中之君主"（the King in the Parliament）。是为巴力门的本义。[1]

巴力门的本义既得，巴力门主权究为何物自可不烦言而索解，即是：具有上方界说的巴力门在英宪之下，可以造法，亦可以毁法。而且四境之内，无一人复无一团体能得到英格兰的法律之承认，使其有权利以撤回或弃置巴力门的立法。是为巴力门主权的原理所有真谛，不能增多亦不能减少。

至于法律的界说，为应付目前需要起见，可以暂时规定如下，即是：大凡国内所有规则，但得法院为之执行，便成法律。由此界说，巴力门主权的原理遂可以约举如下，即是：大凡巴力门所通过法案的全体或一部，无论用以造一新法，或用以毁一旧法，法院俱不敢不遵行。又由此界说，巴力门主权的原理更可以约举如下，即是：无一人复无一团体，在英宪之下，能建立规则以与巴力门的法案相反抗；万一竟相反抗，这种规则必不能得到法院的承认与遵行。综观以上两说，其旨趣从同，不过前说系从正面立论，而后说系从负面立论而已。

虽然，若徒就外表观察，巴力门主权的原理似非绝对正确。是何以故？则以如此重要原理尚有例外故。譬如，高等法院内之士师可以造成律例，解决争讼，因之有时竟不恤与巴力门所立法律冲消；诸如此类之律例，即是世间所通称"裁判官所造的法律"（judge-

---

[1] 比较朴莱克斯顿（Blackstone），《英吉利法律解诂》（Commentaries），第一册，第153页。

made law），英吉利法律实多有之。[2]此非巴力门主权的原理之显著例外而何？但法家对于此一疑问仍有相当解说，即是：法院固可以造法，然而此类法律所有责效力实以直接或间接自巴力门得来。更推类至尽言之，巴力门对于其所属之立法固可以明许，又可以默认。倘使两者均不得到，则所谓法律决不能具有责效力（sanctions）至无疑义。我在此时固不欲对于法院立法（judicial legislation）²一事详加讨论，今之言此不过欲藉此一例以疏证巴力门主权的原理之不谬。且谋有所以袪学者之疑惑而已。关于此原理所有要旨，我在下文仍将继续讨论。惟学者在此地有须复记者一事，即是：巴力门主权，无论由正面观察，或由负面观察，均为英国法律所承认的一大原则。

第一目　巴力门的无限立法威权

英国宪法名家朴莱克斯顿（Blackstone）[3]关于此题，尝在所著《英吉利法律解诂》中发挥尽致，在今日视之，其所持论已成经典。

---

[2] 按，裁判官所造的法律构成英美法系的重要成分，故戴雪有如此郑重提示。徒以此旨非题义所包含，著者遂不于此地详论，只将列举两书于注2，以供读者参考。惟该两书俱系英文本，译者恐有不便之感，请介绍下书：

滂恩著，雷沛鸿译（以后引用或简称雷译），《法学肄言》（商务印书馆版），第70至71页，及第2页。

2　关于裁判官所造的法律，读者可自下列两书得到较详明论。书名如下：

(1) Dicey：Law and Public Opinion in England，p.481.
(2) Pollock：Essays in Jurisprudence and Ethics，p.237.

[3] 按，朴莱克斯顿（Sir William Blackstone）生于1723年，死于1780年。为英国有名法家。1753年朴莱克斯顿始在牛津大学讲授英国法律，极负时誉；遂于1761年，以王党之推引，入政府为王室谘议。在1765至1769年间，他的演讲稿被编印行世，名为"Commentaries on the Laws of England"，《英吉利法律解诂》。此书传诵至今日，成为法学经典。

兹就原书选录一段如下文：

"巴力门的权力所至，诚有如柯克[4]（Sir Edward Coke）所云，不但是卓越，而且是绝对。惟其如是，他的管辖权当不能受制于何人何事。柯克爵士更为之赞曰：倘若你专就年代观察，他是一稀奇古物；倘若你专就地位观察，他是至尊无上；倘若你专就权限观察，他是无所不包含复载。[3] 故切实言之，巴力门对于一切法律可以创造，可以批准，可以扩张，可以收缩，可以裁减，可以撤回，可以再立，又可以诠释；至于此类法律所治理的事务，或关及宗教，或关及世俗，或关及内政，或关及陆军，或关及海军，或关及罪犯，则又皆可不必拘论。大凡每一国家必有一种独裁的大权，而此项大权又必有所寄附；其在本国，此项权力依宪法实附托于巴力门身上。因此之故，国内所有危害与委屈，钤制与救济，纵有为寻常法律所不能过问者，无一不受治于巴力门。他可以改造王位继承大典，一如在亨利第八与在威廉第三时代所尝为。他可以变更国教，一如各种事变在亨利第八及他的三王子时代所遭逢。他可以变革英格兰王国与巴力门本身的构造：前者尝见于合一法案，后者尝屡见于所谓三年巴力门及七年巴力门法案。简约说：凡天意所不能为之事，巴力门可以人力为之；因之，世人遂夸称巴力门为万能。这样称呼自是近于夸大，但在实际上言，凡巴力门所行事，世间再无别一威权

---

[4] 按，柯克生于1552年，死于1634年，为英吉利法律大师。少时入剑桥大学为学生，壮时历任公家律师、众民院议长、公共控诉院裁判长、王庭裁判长。柯克一生行事，极尚气节，这是他的人格与倍根（Francis Bacon）相异处。自1600年起，至死之日止，柯克站在法律方面、政治方面，均以拥护人民的自由而抗拒君权与寺院权力为事。所著有4部法经（Four Institutes），后世奉为圭臬。参考雷译《法学肄言》，第100页。

3 见柯克，第四法经，第36页。

第一章 巴力门主权的性质

能将此事毁灭。因此之故，巴力门的议员遂负一国的自由权利之重寄：如此重寄的胜任不独须依赖他们所有权能，而且须依赖他们所有诚信、刚毅与知识。所以吾国名人大藏长布儿来（The Great Lord Treasuser Burleigh）有一警语，久被称道。其言曰："除巴力门外无人能危害英格兰"。吾国法学名家哈勒（Sir Matthew Hale）亦尝以一语道破个中所有关系：谓巴力门既属全国最高与最尊法庭，国中所有机关再无一所能跨越他的管辖权以上；倘使于万分有一之中，竟有暴政莅临其上，国内人民在此时只得束手待毙，更无善法以图救济。裁判长孟德斯鸠[5]于此更为一预言，以断定巴力门的前程：他以为在前各国如罗马、斯巴达及加太基既已失却自由而归于沦亡；英格兰的宪法将来必不免同蹈前辙，至于失去自由，复至于澌灭。故一遇立法权力较行政权力更为腐化之日，即为英格兰的宪法澌灭之时。孟德斯鸠发为此言，其用意虽与哈勒及布儿来所有用意相同，然而以我观之，如此结论实不免出于仓皇急遽。"[4]

狄龙（De Lolme）[6]者精知英宪之外国政论家也，尝本观察所

---

[5] 按，孟德斯鸠（Baron de Montesquieu）生于1689年，死于1755年，为法国政治哲学家。18世纪中英国政治制度所以能著令名于海内外，大概是由于孟德斯鸠的抉择及鉴别力。孟氏生于波耳多（Bordeaux）左近之拉布雷德城堡（Château La Brède）；年长后任波耳多法院裁判长。1727年后，孟氏弃法律事业，漫游维也纳、威尼斯、罗马、瑞士、荷兰，及英国。凡在所至地方，孟氏均留心当地所有政治及社会制度；就中考究英国的自由制度最详。1748年，他的伟著《法律的精神》（De L'Esprit des Lois）出版，两年之内翻印至22次。是书经严复先生译汉书名"法意"，由商务印书馆出版。

4 原文引自朴莱克斯顿，《英吉利法律解诂》，第一册，第160及161页。关于巴力门主权说，参考一部较古书籍，《英格兰的平民政治》（De Republic Anglorum），第二卷，第一章，第148页。此书最初出版于1583年。著者是托马斯·史密斯（Thomas Smith），编校者是L.阿斯顿（L. Aston）。

[6] 按，狄龙（1740—1806），生于瑞士之日内瓦（Geneva），居于英国。狄龙尝著书评论英宪，英国政治家迪斯雷利（D'Israeli）因此称他为"英国的孟德斯鸠"。

得以作批评，而发出一句精警语。迄于今日，此语已流传世间几成乡谚。其言曰："除将男人变成女人，又将女人变成男人外，巴力门无一事不能为。这是英国法家所共同主张的基本原理。"

<small>巴力门主权的历史例证</small>

综观上文所征引，可见巴力门所有立法威权，究属何等尊严，本国与外国政论名家所言初无二致。继此请得征引历史，以求证此项立法威权的至尊性。

<small>例证（1）王位继承法案</small>

皇嗣的法统问题向来无一定解决方法，迨至王位继承法案通过以后，如许重大问题的措置遂得定实。此项法案已刊载于威廉第三代档案第十二及十三册第二章，依据此法英王实受巴力门拥戴而登大位。故在此际嗣君对于王位的继承权利只赖巴力门的一宗法案而决定。及今观之，英君即位前与巴力门所有关系，尽人皆晓，可以无须赘叙。但试一浏览历史至于二百年以往，读者当可概见巴力门得到今日所有地位，盖非偶然。譬如，安娜（Anne）代档案第六册第七章所登载，就中即有一条文制定特别规则以防止攘夺大位而遏抑乱萌。试一抄录于下：[7]

"任何人，或任何团体中之若干个人，敢有包藏祸心，主使地，或直接地，用文字或印刷品作下列各项之煽惑，均犯叛逆大罪。此项罪名一经法院依法定谳，即处死刑，并受籍没财产与褫夺权利，一如他种叛逆大罪所受刑罚。煽惑项目条列如下：[8]

---

[7] 按，下文为巴力门法案之一节条文。全节在原文中计有293字，并以一节为一语句。就文法论，他是一句极冗长的复叠句。若用直译法译成汉语，这一条文的法理决不可通。因此之故，译者特将原文分析，然后译意；译文务求词意显达，并不失法理的本义。

[8] 按，此法案（王位继承法案）的立法主旨有两大纲：第一大纲是要拒绝现任女王安尼的父亲詹姆士第二（James II）复位，及他的儿子自号为詹姆士第三（James III）

第一章　巴力门主权的性质

（1）主张及断定我们的现代君后（Our sovereign lady the Queen that now is）不应依法继承大业；

（2）主张及断定方今流亡在外而自命本已为大不列颠之伪王，或自号为英格兰之王而袭用詹姆士第三之名号，成自为苏格兰之王而袭用詹姆士第八之名号的伪王嗣，应有权利以统治全国；

（3）不遵历次巴力门的法案所规定，有如下列各案：

　　（a）当前王威廉与前后美梨（Queen Mary）初来英国即王位之第一年，巴力门曾在英国建立一法案，并正名为'宣布人民权利与自由及确定君主继统法案'；

　　（b）当前王威廉第三在位之第十二年，巴力门复在英国建立一法案，并定名为'再决限制君权及推广人民权利与自由法案'；

　　（c）又当最近期间，巴力门屡次为英格兰及苏格兰两国合一而设立之各项法案；

　　而且反敢主张及断定他人或其他几个人实应有权利以嗣续王位；[9]

（4）主张及断定君王们与君后们，虽得巴力门的助力与有巴力门的威权，却不能制定法律而发生效力以约束君主及他的王嗣所有

者继位，即所以避免今后再有旧教教徒为英王，同时要规定英国的嗣君限于梭非亚公主（Princesses Sophia）的血统，而且限于新教教徒；第二大纲是要继续历次宪法的斗争，反复申明及郑重保障人民的自由及权利。此两大纲领，若就寻常见解推究，区别极明，但若依英国历史的背景观察，两相混合。惟其如是，法案中所规定4种煽惑罪状遂将君位问题与民权问题并为一谈。惟其如是，该法案遂成为英宪的重要成分。参考格林（J. R. Green）所著，《英吉利人民历史》，第八卷，第三章，司徒雅朝代的末运。

[9]　按，第三项所列事虽多，但文义仍属一贯。故自"不遵历次巴力门的法案所规定"云云以至"而且反敢主张及断定他人或其他几个人实应有权利以嗣续王位"，应一口气读下。译文将各法案分段排列，实欲求眉目清醒，并无他意。

制限问题、嗣续问题及统治问题。[5]

例证（2）屡次合一法案

屡次订立之合一法案（就中一案尝为朴莱克斯顿所已提示），至足以表示巴力门运用主权权力之特殊彩色。但此旨既经朴莱克斯顿揭出，[10]此地尽可无须赘论。倘必欲于巴力门所立法案中，再求一代表者以解证题旨，我以为莫如用七年巴力门法案（the Septennial Act）。[6]诚以在理论方面，或在实际运用方面，七年巴力门法案均较任何法案为有代表巴力门的实在威权之价值。因此之故，在讨论该法案时，我对于当日制定此法所有情形及此法所具有性质，行将特别提示。

例证（3）七年巴力门法案

在1716年，巴力门的开会期限原定每三年须依法选举一次，此为1694年所规定，而依此法巴力门必须于1717年改选。当是时雅各党人（Jacobites）正在猖獗，选民表同情于该党者，不乏其人；倘使在那时竟行改选，不但内阁有倾倒之虞，国家亦有大乱之惧[11]。英王与内阁有见于此，特于开议之顷，陈请巴力门通过七年巴力门法案，将大选举期限由三年一次改为七年一次。由是当时现存的众

5　此节法案又见于安娜代档案第六册第四一章第一节，此法案现尚施行有效。

[10]　按，本文所谓"屡次合一法案"可分为两大宗：第一大宗为英格兰及苏格兰合一法案，主要法案通过于1706年，补充法案复有多次；第二大宗为英格兰与爱尔兰合一法案，主要法案通过于1800年，补充法案亦有多次。朴莱克斯顿之言曰："他（指巴力门）可以变革英格兰王国与巴力门本身的构造：前者尝见于合一法案，后者尝见于所谓三年巴力门及七年巴力门法案。"（语见上文引证）朴莱克斯顿在此处所提及之合一法案，系指第一宗法案而言。至于第二宗法案订立之际，朴莱克斯顿已不及见。故戴雪有此语。

6　1 George I. st. 2. c. 38.

[11]　按，七年巴力门法案的成立原因有两端：其一防止雅各党人恢复詹姆士第三的王位运动；其二继续民党（the Whigs）所持实施民权政策。参考格林所著，《英国人民历史》，第八卷，第四章，"汉奴弗王室"。

第一章 巴力门主权的性质

民院遂得延长会期多至四年。此项法案本由现有议会通过,即用之以续长议会本身的生命;较诸改订将来议会的会期由三年而变成七年的法案,其词气为更强有力。是何以故?则以此等举动正足以表明巴力门所有立法威权的至尊性故。世人漫不加察,乃斤斤然争辩其是非曲直。实则以当时政象观察,若云如是措施实为一时权宜之计不得不尔。于是,就政策言,其为允当,则又何待深论?至可异者,贤如哈廉(Hallam)与斯丹何拍爵主(Lord Stanhope),他们论事素称审慎精到,乃论及此项法案,两人均不能明白提示此一要旨。是以哈廉有言曰:"愚妄者流,对于此举,动辄以越权立法为巴力门疚病。其实越权一事就法律点观察,何足为巴力门疚病?有些人物知此类讥评在法律上为无根据,则又改变词锋,诋毁巴力门为滥用人民的信托,而至于破坏古来宪法章则。诸如此类之批评,皆是失当,适足以自形其暗昧。"至于哈廉的立论根据则有下方自述的理由。是以哈廉又曰:"三年巴力门的法律之成立为时仅过二十年。而在此二十年间,此法在实验上所得效果,已有事实证明,实属不良好。于是,此法遂不得不受修改或完全废止,恰与其他不良法律所受待遇相同。"[7]

哈廉之言如是,斯丹何拍爵主之观察又如何?其言有曰:"其实我们尽可……弃置不道这种庸愚意见,即是:所谓巴力门越权立法以自延其生命的意见。原来这种意见在当时受反对政党倡导,他们实用之为攻击现存政府的工具。嗣后此项工具尚时时有人运用于大庭广众之中,希图耸动众人。若就宪法大师所有著作观之,此

---

[7] 哈廉,《英国宪法史》,第三册,第236页(1872年版)。

说殊不值浪费笔墨,加以批评。"⁸

综观上文,两家所论不但失却他人攻击七年巴力门法案的目标,而且隐匿这一宗法案所有宪法重心。兹当逐一提示与阐明之。

七年选举法案的宪法重心

将欲明白此案被攻击的要点,莫如征引当日贵族院中之31个议员的抗议书所有言论。在此法案未成立之先,这些31个贵族议员相与联名发出宣言,以对于该草案而下抗议。就各种反对理由之中,抗议书特别注意于巴力门有负人民信托一事。故其言曰:"众民院,依法理,应由人民选出;迨经选定,他们就是真正的人民代表。倘若此时遽欲将法定开会期间延长,此项代表资格必至消失。因为过了法定期间之后,众民院议员不复是人民所选;他们如果仍继续开会,只是受权于巴力门,即与议员由巴力门自行选出无异。由是在人民方面,当代表人或由故意,或由无心,辜负如许重大寄托,他们即无从补救。"⁹ 玩味以上数语,即可得到对于七年巴力门法案的反对理论。故就持反对论者之立足点观之,此项法案所有奇怪特质不是在于改变法定的选举期限,亦不是在于撤废前此所有3年选举法案。¹⁰ 其实巴力门既能于1694年制定一宗法案,而规定众民院之任期为3年;自能再于1716年通过别一法案,再将原有任期改订而定为7年之久。如此改制本为巴力门的本分,至属平平无奇,尽可以不至于招惹物议。然而卒致招惹物议者实是在于一点,即是:现存巴力门以自己的威权伸张自己的存在时日。试一观察柏梨斯

8　马翁勋爵(Lord Mahon),《英格兰的历史》,第一册,第302页。
9　索罗尔德·罗杰斯(Thorold Rogers),《贵族院议员的抗议》,第一册,第218页。
10　载于威廉及美梨代档案第六册第六章。

理（Priestley）[11]之驳议所云："七年巴力门是一种法案，由之巴力门得以篡夺人民的权利。因为巴力门既不难用自己的威权以伸张自己的权力于七年，又何难用同样威权再加一倍而成为十四载？倘使推类至义之尽，巴力门竟自延长任期年数以至于无穷大而成为永久巴力门，一如存在1641年者所为，[12]亦非难事。"是说也，三十一贵族议员在抗议时亦言之。但辨正者竟视之为一种错误，并谓此种错误实由误解巴力门此举只是延长其固有任期所致。[12]此等答辩决不足以塞反对者之口。诚以柏梨斯理与其他反对者的论理所在只要反抗两点：其一，议员以3年的任期被选出，即要在这3年内，谨依宪法，完全做成人民的委员或代理者；其二，若非跨越宪法，他们决不能伸张所有权力至于超过当事人（即选民）所定委任期间。是故假令七年选举法案发生于合众国，此法必被视为违宪，决不能有法律效力。即就英格兰而论，现代巴力门决不肯为在朝政党打算，特通过一宗十年法案以延长内阁的运命。诚如是当日反对者指斥华勒播勒（Walpole）及其党徒[13]的行事尽有相当理由，而所谓此举为违背宪典（the understandings of the constitution）者，决不能视之

11　参看柏梨斯理，《政治论》（1771年版），第20页。

[12]　按，1641年的巴力门在历史上通常被称为长期巴力门（Long Parliament）。当是时，巴力门方与司徒雅王室争权，初时双方互有胜负，后来巴力门大胜，王室大败。巴力门（其实只是众民院）于是以法案废除君主的解散议会特权，并以法案规定巴力门至少每3年自行集会一次。参考格林所著，《英国人民历史》，第七卷，第九章，"内乱战争"；第十章，"军队与巴力门"；第十一章，"平民国家"。

12　哈廉，《宪法史》，第三册，第236页注脚（1872年本）。

[13]　按，华勒播勒名"Robert"，为英国极能干的政党领袖。自1715年起，至死之日1745年止，华氏领袖英国民党（the Whigs）以确立英国的立宪政治。英国的内阁制度及政党制度的成立，华氏贡献最大。参考摩梨（John Morley）所著，《华勒播勒传》（1889年版）。

为荒诞不经。原来巴力门此举实属前无古人，故为前时所未有之宪法习惯。然而巴力门所已为决不是违宪；反之，巴力门正欲依据宪法而运用其所有立法的至高权力。如果不明此旨，我们将不免轻视他向来所有立法的至尊性；如果轻视此项至尊性，我们将不能见及七年巴力门法案的宪法重心。实则此一法案正是一种实物的解证，即以证明巴力门本身，自法律观察点立论，决不是选民的代理人，亦不是选举团的委办会，反之，他在法律上是国家的主权立法的权力，于是，七年巴力门法案正是此项权力被运用后所产生的结果。

<small>巴力门对于私权的干涉</small>　以上所论，系就公权方面解证巴力门与法律上之万能。继此以往，让我们更就私权方面料量巴力门的地位。从来各项私权索为各文明国所重视，因之，常受法律特别保证。试征诸吾国法家柯克（Coke）的名著，即可概见巴力门所以待遇此类权利之态度。学者同时应注意一事，即是：柯克在其书中特别选择各项私权所受干涉，以为巴力门的威权写真。原文录出于后：

"但有许多例证，尚须列举。例如，明明是一个男子或一个妇人的女儿们或嗣子们，巴力门可以法案使他们跨越父母一世系而承继先祖所遗产业。"

"巴力门可判断婴孩或幼童使在法律上为成年人物。"

"一人死后，巴力门尚可判决此人犯叛逆大罪。"

"本属外国人，巴力门可许之入籍，并视之为土生籍民。方丈夫在外，一个由奸污而生的小孩，依法应为合例，巴力门却能使之在法律上成为私生子。"

"本属私生子，巴力门却能使之在法律上成为合例的儿女。又在未正式结婚之前而生的私生子，巴力门亦能使之在法律上成为合例的

第一章 巴力门主权的性质

儿女。而且巴力门为此事,而立法均依一定准规,决非糊涂了事。"[13]

柯克于选择例证时极有斟酌。诚以干涉公权虽可为绝对权力的示范,然终不能如干涉私权较能激动公愤。譬如,一个君主尽能推翻国宪而可以视若无事,但一遇牵动私人的财产权或契约权之事,他必然深思许久而后行。惟在巴力门则不然。为公共利益计,巴力门时有干涉私权之举。徒以行之频繁,如此干涉虽大有造于社会,然在今日已不能惹起注意。至于国人能由此类干涉而联想及于巴力门的至尊性者尤不多见。试一检阅议会档案,在个中几乎充满此类法令,或授私人以权利及利益,或课私人以义务及责任。譬如,巴力门所有为铁道公司而设立的法案,即为其显著例证。但使读者能浏览所谓"地方及私家法案"(local and private acts)而翻阅全册,此人必能洞悉个中所有关系,而见到巴力门在运用主权时所生功效。在法律立足点观察,这些法案,较之任何法案均占同样重要地位。他们处置各种问题,如铁道,如港口,如船坞,如私家地产,不一而足。除此之外,尚有许多法案以宣布不合式的婚姻为事;复有许多法案(从前甚多,现时渐少),均以允许离婚为旨趣。

除牵涉公权与牵涉私权两大类法案外,更有一大类向来常受漠视,实则极值得注意,是为赦免法案。

一宗赦免法案是巴力门的一宗议决案,他的主旨是在于使从前的法外行动得以依法处理;或在于使已负干犯法律的责任之个人得以依法救济。此类议决案,在1727至1828凡101年间,巴力门常以不断的惯性年年通过。由此类议决案凡不崇信英格兰的国教教

_{赦免法案}

---

13 柯克,《第四法经》(Fourth Institute),第36页。

徒,虽已接受市政府任命,然未尝依英格兰的寺院所有仪式向领受圣餐者,均不至受罪累。但关于此类法案之详细作用,我们行将于下文再次研究。[14] 此时所应谨记者只有一事,即是:如此议决案在前虽属不规则的立法,然处处足以实证巴力门的主权的权力之如何尊严浩大。

综括上文论旨,是为巴力门的主权从正面之观察。继此让我们再从负面以观察同样原则。

第二目　无竞争的立法权力

君主,巴力门的两院中之一院,选举区,以至法院,尝一次屡次再露头角;逐一机关各欲夺取独立的立法权力。其结果是,无一能如愿以偿。今试就历史所记载,一一审察如下文:

(1) 君主　立法威权最初原属于御前会议(King in the Council),嗣后巴力门成立,始有人民代表出而立法,然而御制法律,始则名敕,[15] 继有名诏,时时与之并行不悖。

敕与诏二者在古代同有法律力量,而且在1539年,巴力门且特许君主以诏诰立法。[16] 法文虽简,然至足注意。兹将原文悉录,以资研究。原文谓:"君主在此一时期内,或以御前会议全体,或以该会议的多数之协赞,得发布诏诰以规定刑法及罚则。所有此类法则均须尊视一如巴力门的法案,但此权不应被滥用以侵夺私人的承

14　参看下文第五章。

15　士徒柏(Stubbs),《宪法史》,第一册,第126至128页;又第二册,第245至247页。

16　士徒柏,《宪法史》,第二册,第一五章。

第一章 巴力门主权的性质

继、职位、自由、货物、牲畜及生命。自此之后,无论何人,如有胆敢干犯诏诰中任何条文,必依罚则加以罚锾,或依刑法处以徒刑。倘使犯者竟离本境,意图狡脱,应倍等治罪,视同叛逆。"[17]

此法案虽由巴力门授予,然实足以表示君主的立法威权达于最高程度之形况。正为有如此情况,该法案遂与历来英吉利法律旨趣不相投契,卒于爱德华第六主治时代被撤回。幸而有此次撤回,如其不然,这样法案的运行所至,将不知发生若何革命的效果。他至少总不免造成结果两端:第一,英吉利君主尽可变成专制的元首,且将与法兰西皇帝所有权力匹敌。第二,巴力门或须以法案规定法律上之两种区别:一为法律,议会的立法当之;二为法令,行政院的条教号令当之。此项区别常存在于大陆国家。诚以在此类国家中,立法部的法案通常限于制定原理,此外实赖有条例与规程,由行政院颁布,然后足以资应用;惟其如是,此项区别正有其特殊功能。但英国法律均无之,卒至巴力门在考虑一法时,须将该法所含详情逐一列成细则。英吉利法律所以有如此繁重条文者实由于此。迄于现代,巴力门实不胜其烦,乃往往于一法案中早为之所,常以条文授权于枢密院、法院或其他机关,使各能决定详细情形而豫筹实施办法;但如此处置实不过是一种拙劣的补偏救弊之方法而已。[18]

---

17 见亨利第八代档案,第三一册,第八章。

18 有人反对"拙劣的补偏救弊之方法"的批评,以为英国现行制度颇能蜚声海外,当不至于无实际用处若此。但自著者观之,这种批评的成立盖自有故。在英国制度之下,法案既力求详尽,实施此案的规程自然尽可不用。若使有时被用,亦惟在法案中条文实不便再加累赘之处为然。在外国制度,尤其是在法国制度之下,立法者当起草时,常时记着任何法律别有行政法令补充,法案的内容自然可以不必细叙;因之,法案的程式大可以力求简明。惟其如是,英国法律在体裁上必须举纲张目,钜细不遗。法国法律惟限于括举原理,不涉及施行细则。

假使英格兰行政院，能如法兰西行政院，[19]有权设立因实施法案中所有原理而起之细则，又使同时该院复能以敕，或以令，或以告示，将该细则颁布，使之与法律有同等功用，则英吉利法律的实质与形式或将能改进，亦未可知。由此一端观之，并参合他种例证观之，英国先民所最顾虑者为君主独裁，故设有对于君权的各种限制。此种举动就古代政情立论，未尝不是良策。然而传至今代境变情迁，昔日所恃以限君权者，在今日转变为一种束缚行政权力的拙计。诚以自从1593年诏诰立法的法案撤回而后，行政法令在往日所有法律效力几乎尽数消失，所未消失者只为常法（common law）在习惯上所传授。是以当撤回之顷，行政法令究竟尚有若何威权，一时仍未能确定。迨至1610年，法院[20]以抗议方式判定及设立一个现代原则，即是：所有御旨均无法律的力量，他们尽可劝告大众使之注意某法案；他们决不可自命为法律本身，规定在法案或常法以外之义务，使人民必履行。自此之后，诏敕立法之事甚少发生；惟在1766年，遮担爵主（Lord Chatham）曾试以政府法令禁止麦类输出国外，于是巴力门乃有一赦免法案（载在佐治第三代档案第七册第七章）以图补救。此次法案的追认实为巴力门处置御旨立法的尝试之最末一次。

故在今日，所有诏诰[21]在法律上之实在地位不能再以立法看待，

19　参看杜归（Duguit），《法兰西公法通论——宪法之部》，第140及141节。

20　参看柯克的意见，载于法院判决报告第十二册，第74页；又看贾地纳（Gardiner），《英国历史》，第二册，第104及105页。

21　古时，当英王的权力最盛之际，英王确是英格兰的统治者，故常时能以特权立法。今代虽则君权日衰，然在稀罕事例中，间或尚有此项立法出现。譬如说，君主即当某地方收入英国后，可以布告或枢密院的命令建立法律，以治理新地。此说在今日尚能

但可看作一种宣示执政意思的方式,例如,召集议会的布告,是为常法所遗下之惯例;如其不然,则可看作一种威权,特由巴力门所传授而以法案规定。

(2)巴力门中任一院之决议

两院分为贵族院与众民院,就中众民院尤为屡次不一次见于史乘,常欲将院中决议当作一种法律威权看待。此类举动本无根据,因之,必不能成功。是则可以无待深论。但法院对于众民院的决议究竟持如何态度,在仓卒间至难审定。_{巴力门中之两院}

虽然,个中有两要点,似曾决定。试列举之:

第一,所有决议,无论其属于贵族院,或属于众民院必不能视为法律。

此旨在斯托克狄勒对汉撒(*Stockdale v. Hansard*)[22]案中早经决

存在,而得到法院承认(见:*Campbell v. Hall*, Cowp. 204)。根据此说,英王尝一度以院令颁布法律于海峡群岛(Channel Islands),虽则此项立法的法律效力至今尚属疑问。参考摩雅枢密院档案第九册第184及262节。并比较斯梯芬(Stephen),《英格兰的法律新解诂》,第一册(第八版本),第100至102页。

甄琴士(Jenkyns)曰:"海峡群岛诚然自命能征服英国,而不至被征服于英国。他们诚然是诺曼地公国(The Dukedom of Normandy)在古时所有疆土之一部,至今日尚依然直辖于英国君主。因是之故,惟有在这些群岛中,巴力门的法案所有普遍统治权或至惹起怀疑。复依通常事例,每逢一法案要推行于这些群岛,该法案必然附入一节文字,授权于御前会议使发布命令以宣告此旨;同时并规定务先将此项命令在群岛政府中登记,以备稽考"(见:Sir H. Jenkyns: British Rule and Jurisdiction beyond the Seas, p. 37)。

然而从英宪的立足点观察,无论在海峡群岛中惹起什么怀疑,凡属英国律师,均能明见英国法院在执法时所有倾向,即是:凡遇巴力门通过法案,只须立意在该群岛中推行,此法案即可以推行有效;至于群岛政府曾予以登记,否则可置之不论。

此外,关于君主的权力在非自治殖民地中之运用,甄琴士别有详论。参看同上书,第95页。

22 *Stockdale v. Hansard*, 9 A. and E. 1.

定。此案的判决文的要点是：一件诽谤公文始终仍是诽谤公文；纵使在前众民院曾有印刷之命令，又使在后众民院复以决议声明此项印刷权为该院所有一种附带的功能，亦不能变更公文的性质。[23]

第二，每院对于自身所有行动可以自行制裁；任何人，如欲越俎代庖，必受侮慢本院之罪名，且须坐罪；即法院亦不能审问本院所有运用宪法的权力之方式而判决孰是孰非。

两个要点既同具坚强理由，复互相矛盾。因此之故，调和两者使不至于冲突，即是实际的困难。必不得已，惟有适用斯梯芬裁判长（Mr. Justice Stephen）所假设的类推所有推理。他的推理即以调和众民院的决议及最高法庭的判决为事。

斯梯芬曰："我不能谓众民院的决议是一种法院的最终判决，此项判决再不任受审判员的纠正。原来众民院并不是司法机关，但每逢他要将巴力门的法案条文适用于特种事件之际，依法理，他本有特权以裁决院中所有内务。于是，此项特权即无异将法院的判决权所有性质附着于众民院身上。因此之故，我们对于众民院的态度首先须要有一个预设，即是：众民院在造法程序中原负有极大部分的责任，诚如是，他谅必尽心于职务，并能奉公守法。倘若众民院的判断竟有不尽依法律之处，此等事亦不足怪。正如最高法庭中之审判员，他的判决足以最后决定一案的是非曲直，终不免有时错误。譬如，在刑事诉讼中，纵使陪审团交下酷刻定谳，法律亦未曾设有

23　除上列成案外，再看中写群刺史成案，载于：11, A. and E. 273。倘欲再求实例，学者当再读下列两案：

(1) *Burdett v. Abbot*, 14 East, 1, 111, 131.

(2) *Bradlaugh v. Gossett*, 12Q. B. D. 272.

何种救济。世间尽有格言谓无一错过不有救济办法，但这一句格言的指意并不应解作所有一切政治及道德的错过，法律均能救济。倘若时人不察，竟作如是解释，世间必无此等事实。试以假设明之：譬如倘有誓约未经盖章，或未经深虑，法律对于爽约之举动不能课责；又如毁谤他人的谰言，纵使受者至于身败名裂，法律无从过问；复如暴戾立法，纵使受者至于男人为臣，女为人妾，法律不能解救。最后，譬如，两国大战，纵使备极曲诈残忍，致受者有身死财亡的痛苦，法律不能代责令赔偿。所以这句格言的指意不过要提示法律的错过与法律的救济原来两相关连。为容易明白及解除误会起见，原文实应倒装：即是，'无法律的救济者必无法律的错过。'"[24]

<small>两院中之任一院所有决议的效力</small>

由是可得法律的立场如下：在此一方面，两院中之任一院可有充分权力以处置自己所有内务。正如一间法院，贵族院或众民院不独不任受他人侮蔑冒犯，而且能将犯者坐罪。试观中写郡刺史一案(*The Case of the Sheriff of Middlesex*),[25] 即足证明。按在此成案中，刺史以冒犯众民院故，被议长以逮捕差票监禁。但试一根究所谓冒犯之由来，人人皆知由于执行法院的命令：先是，后庭(Court of Queen's Bench)在斯托克狄勒对汉撒一案中判决原告得直，被告汉撒应受籍没印刷物业处分。此案即归刺史执行。而在受命之后，刺史遂不得不如言行事；讵料此项印刷品本属院中所有，因之，刺史遂得到侮蔑众民院之罪名。于是刺史遂不能不入狱。但入狱未几，

---

24 此为斯梯芬的法律意见，引自 "*Bradlaugh v. Gossett*" 一案，载于后庭判决案第十二册；特别注意第 271 及 285 页。

25 此案载于：11 A. and E. 213。

后庭即以出庭状[14]提之出狱；惟庭中推事又不便处理此案件，于是一同主张，声明法院不能审问刺史所冒犯者应为何罪。换言之，虽则法庭明知所谓冒犯实由执行本庭命令而起，然众民院既因处置院中内务而有此举，法庭即不能出而干预以维护本庭属吏。

然而在他一方面，两院中之任一院所有决议决不是法律。假设某甲受命于众民院，将某乙殴打，至于院外，但某乙所犯何事可以不管，而且此项命令并不须以差票记明冒犯众民院罪状。又假设某甲复尝受命将某项过犯处置，某乙因之受罚，但此类罚锾，倘由某乙自行出首，仍可依法恢复。于是，在刑事诉讼中，或在民事诉讼中，倘使某乙提起控告，某甲不能以众民院的决议辩护此类行为。[26] 读者如尚有怀疑，可参考载于维多利亚代档案第三及第四册第九章之法案，便得证例。此法案的成立是在于斯托克狄勒对汉撒的讼案发生以后，他的旨趣即欲用简易手续保护印行巴力门的文书之人物。至于此类文书的付印，我们必须记取，大抵根据两院中任一院之命令。由此一点，可见两院中任一院之命令并不能成立为法律。将欲保护承印人员使不至于受诽谤他人之罪，尚有待于巴力门专立的法案。更由此一法案，可见众民院"以整个立法机关的威权，然后足以维持前时对于斯托克狄勒对汉撒一案所有辩护的理由；同时又不欲以此项威权推翻后庭对于此案的判决。卒之，在效实上，

---

[14] 按，出庭状的原文是用拉丁语为名，即是："habeas corpus"，是一种命令状，英国法院用之以救人出狱。凡人不经法院逮捕，遽被拘留，英国法院均可出而干涉，其方法即为将此状送达拘留者，限定时期地点，令将被拘留的人的完全身体交出，并由法庭依法讯办。这项命令状是英吉利法律中之最有用的制度，千百年来英国人民曾受非法逮捕者多赖之以恢复自由。因之，此状遂得名"自由状"（writ of liberty）。

26　比较：*Attorney-General v. Bradlaugh*, 14Q. B. D.(C. A.) 667。

第一章 巴力门主权的性质

众民院不但承认后庭所下判案为正确，而且肯定这宗判案所根据以成立的原理。这个原理是：在整个立法机关中，无一部分能以本已固有特权，改变、停止或跨越已成的国法，或制止任何英吉利人民，使不得采取救济办法；或压抑任何英吉利人民，使不得运用或享受国法所规定的任一权利。"[27]

（3）选民的票决　在政治讨论中常有一种议论，其意谓人民的集团，既有权以选出代议士，即在英宪之下具有一种立法的威权。如此言语，并非毫无意义，读者读至下文自然明白。[28]此语可以提示选举集团的重要地位，即是选民所有愿望足以影响巴力门的行为。虽然，倘若有人因此遂以造法的法律资格衣被选民身上，如此见解自是大错。因为自英吉利法律立足点观察，他们未尝有如此地位。他们在法律上所有只是选举众民院议员的权利。他们既无权立法，亦无权废法。假使有人持论，以为某一法律既被选民反对，

27　此段引用语系从亚奴勒特（Arnould）所撰，殿民爵主的日记（*Memoir of Lord Denman*），第二册，第70页录出。原来在巴力门的特权或惯例之下，两院所有权利的外延极为广漠，因是极难确定。就中尤以众民院所有更无限制，此类特权的运行几乎超越寻常法律。虽然，下列数点似乎已有定论。

（1）两院之一可以自行惩治冒犯本院的罪状。法院对于此类处罚条件视同定谳，必不欲追问事实以审查某一人被罚究竟合法理否。因此之故，任一院能以卫护本院的尊严之故，置犯者于狱中。

（2）贵族院有权置人于狱至于闭会以后（见梅［May］所著，《巴力门的事例》，第91及92页，第101版本），但众民院不能为此事。倘使犯人入狱，过于长久，此案大抵以原案暂时搁置而被开释。加之，此人尚可向法院请求出庭状，以图出狱（见同上书，第三章）。

（3）诽谤两院之任一院或议员（但以属于公务性质为限），通常被视作一种冒犯（见同上书）。

（4）两院中之议员，在会场中应有发言的完全自由（见同上书）。

28　见本章下文第三节"论政治主权"。

即可作为无效,如此办理必不能得到法院承认。是何以故?则以选民的意见可以依法由巴力门代表,但只能由巴力门代表故。然而我们在此处必须补足一句,即是:英吉利法律所规定并不是代议政治的必要条件。试观瑞士政治,即不相同。按瑞士宪法[29]非先得成年国民的全体票决,并经多数赞同,联邦宪法不能有修正案。即在寻常法律,当联邦议会既讨论通过之后,国民以法定数目签名请求,便可将该法律付总投票取决。假使总投票结果得多数反对,该法即被取回。[30]

(4)法院 英吉利法律的极大部分为判官所造。任何人果欲明白法院立法的性质及外延,普洛克(Pollock)所著《成案法律的科学》,[31]最值得玩味。惟这个题目太大,我们不能于此处详加讨论。[15]在此间所应注意者惟有一事,即是:英国审判员当判案时最重先例,而所谓先例实自成案中之原理得来,行之既久,此类先例渐构成折狱的规则;在实际上即是法律。骤观之下,法院立法似乎与巴力门的至尊性相冲突,但其实不然。英吉利审判员不能复不愿运用何种权力以废弃议案;而巴力门的法案可以随时摧翻判例。简括说:法院立法是一种从属立法,以巴力门的同意而存在,复常受巴力门监督。

---

29 见瑞士联邦宪法,第一一八至一二一节。参考亚当士(Adams)所著,《瑞士联邦论》,第六章。

30 见瑞士联邦宪法,第八十九节。

31 "成案法律的科学"(the Science of Case Law),载于普洛克所著,《法学及伦理学的论文集》,自为一章。此外,戴雪所著,《英国中之法律及公意》,第361及483页(第二版),亦可参考。

[15] 按,成案法的重要诚如著者所论,读者如欲得中文书籍之论及此类法律者,可参考雷译《法学肄言》第十一节第五目,"论先例及成案法"。

第一章 巴力门主权的性质

第三节 巴力门主权说释疑

倭士丁(Austin)与荷兰教授(Professor Holland)各在所著书中[32]详示历来所有限制主权的理论之难于成立。在此刻我们当无暇详问此类困难。同时,我们亦无须审问二氏所持论合理与否,即是:在一国宪法中终须有一人或一团体足以造法,不足以废法;由是,遂以构成国内的至尊权力。我们现在所有事是要更进一步,解证在英吉利宪法之下,巴力门实系此项主权权力,从而审问世间所有各种限制巴力门主权的理论是否合理,由是即以指出无一限制可为英吉利法律所容许。

<small>巴力门立法主权果有何限制</small>

陈议的限制共有三端:[33]

第一,巴力门的法案,有些人提议,是不能有效,假使他们竟抵触道德所有原理,或国际法所有原则。有些人更进一步主张,谓巴力门不能造成与私家道德或公家道德相矛盾的法律。例如朴莱克斯顿(Blackstone)尝不惮词费,反复申言:"自然法律[16]是于人

<small>以道德的法律为限制</small>

---

32 见倭士丁,《法学》,第一册,第270至274页(第四版);及荷兰,《法学》,第47至52页;又第359至363页(第十版)。又主权的性质,雷士(Lewis)论之甚简而明,见他的《政治术语的用处及滥用处》,第37至53页。三家所论大抵相同;欲见异议可阅蒲徕士(Bryce),《历史及法学的研究》,第二册,第9论文,"论遵从",及第10论文,"论主权的性质"。

33 三说之外还有一个限制,从前曾屡被陈议,且散见于柯克的法律意见,载"法院判决报告"第十二册,第76页,及轩恩教授(Professor Hearn)的政治意见,载于《英国政治》,第48及49页(第二版)。此说谓历来习俗相沿都以为巴力门的法案不能跨越常法的原理。在最初时,此说颇有势力。见梅因所著,《制度的初年历史》,但始终未得到法院的赞同,故在今日已成废话。参考殖民地法律效力法案(1865年),载于维多利亚代档案,第二十八及二十九册,第六十三章。

类有生以俱来,为天帝所授,故当驾越任何法律之上。他可以约束全世界,故无空间性;他又可以支配古今,故无时间性。倘若人造法律竟与之相违反,无一可生效力。他们所以能生效力,只因间接地或直接地,他们曾从自然法律造端。"[34] 更有许多今代裁判官发表较坚强意见,意谓自国际法立论,倘有法案越轨,法院尽可拒绝不与执行。[35] 虽然,朴莱克斯顿的言论与裁判官于判案时所有随感,[17] 我们必须谨慎采用,决不能以词害意。所谓法院可以因卫护道德之故弃置巴力门的法案,自是一种理论,但只是一种无法律根据的理论。大凡含有这类口气的论议,在实际上,不过要表示一要旨,即是:当适用法案时法院必须先试寻巴力门用意所在,裁判员在此际只得预先设定巴力门未尝立心干犯道德的规矩,或国际法的原理;法案的指意既得,裁判员更在可能限度内诠译法案的意思,务使国法与私家道德及国际道德互相符合。[36] 倘有律师不明此旨,竟敢在法庭指斥某一法案为非法,而其立论即以巴力门立此法时实属越权

---

[16] 按,自然法律在英语为"law of nature",来自拉丁语"jus naturale",素无一定界说。但依法家的普通解释,他是一种规则,审判员自理性中紬绎得来;他有时可参合适用以判断人的行为究竟合法与否。参考雷译《法学肄言》,第26页。

34　朴莱克斯顿,《英吉利法律解诂》,第一册,第40页。参考轩恩,《英国政治》,第48及49页(第二版)。

35　此为衡平法院裁判长葛顿(Cotton)的法律意见,对于诉讼人柏连(Blain)的单方请求而发。见:Exparte Blain, 12 Ch. D. (C. A.) 522, 531。

[17] 按,随感一名,自拉丁语"*obiter dictum*"译出,为法院在判案时所附带发表的一种意见。滂恩(Roscoe Pound)曰:"判词所言有问或出于偶然,实与本案无关系者谓之随感。随感不应见重,故不必遵用。"见雷译《法学肄言》,第99页。

36　见卡胡恩诉布鲁克斯(*Colquhoun v. Brooks*)一案,载后庭判决案第十二册,第52页。学者可将爱佘爵士(Lord Esher)在原案第57及58页所发的语言,与裁判长弗来(Fry, L.J.)在原案第61及62页所宣布判案相比对。

第一章 巴力门主权的性质

为根据,当代裁判员必将无一人愿闻此说。所以然者,因立于这种事实的背后还有一原理,即是:英国法院时时感觉一宗法案,虽被攻击为恶法,然在理论上仍是法律,因之,即应受法院遵从。

第二,有几种原则,[37]时闻论者提及,倘依如此论调的推理,巴力门几乎有不能问及特权之势。诚如是,巴力门的立法主权且不免被特权所限。试审问此议。 以特权为限制

在司徒雅(the Stuarts)朝代,流行一个原则,不但为君主所倡导,而且为法家与政治家所附和。前者如詹姆士第一(James I);后者如倍根(Francis Bacon)皆是。[38]他们本先立意增加君权;因以为在特权一名(the name of the prerogative)之下,君主拥有一至大又至无尽的源泉,为权力与权利所从出;复以为这种特权是优越于寻常法律。在这个原则之外,复加入一种演绎,即是:君主既能延搁各种法案的运行,又能弛纵他们及于个人的威力。由此不难引起一种观感,即以为特权一物当非巴力门的法案所能企及。虽然,以为前代的政治争端,其事实已成陈迹,我们在此时无庸重提旧事。[18]

---

37 见士徒柏(Stubbs),《宪法史》,第二册,第239、486及513至515页。

38 贾地纳(Gardiner),《历史》,第三册,第1至5页。关于倍根对于特权的意见,埃德温·A.阿博特(Edwin A.Abott)所著,《倍根传》可以参考。见该书第140、260及279页。

[18] 按,1612年11月10日,星期日早晨,英王詹姆士第一(James I)召集法院长官及总主教开会议于王宫。会中,总主教极力敷陈君主所有特权的重要,而且君主又为直道的源泉。至于法院审判员不过受君主委托而司理狱讼。万一于必要时,听讼一事英王可以躬亲,初不必经过法官。总主教于是更引圣经的言语,以证明此类君主的特权实由神授。总主教言毕,柯克(Coke)代表法院全体同僚发言,依英格兰的法律,所有讼案均应由法院依国法或国俗判决,君主本人不能单独折狱。此说,英王闻之,不以为然。因曰:"我一向以为法律是从理性得来。裁判官是人;我亦是人;裁判官有理性,我亦有理性。他们既能判案;我为什么不能判案?"柯克答辩,谓:理性诚然是人人

此时所有急须着意的事理是，虽则几种权力——例如缔约权——依法律仍在君主的手中，实际上已归内阁掌握。然而在今代英国再无一法学者会要主张此类权力，或任御用威权，不能受巴力门以法案约束或废置。换言之，英国法吏决不能指斥某一法案为非法。纵使该法案要规定缔结条约的方式，或要申明两院对于所有条约的同意权。[39]

<small>以前属巴力门的法案为限制</small>

第三，复有一种议论，意谓法律一经巴力门建立，即不受后来者更易，由是，现存巴力门的立法权力似乎不能不被限于他的前身所立法案。[40]

<small>各种合一法案</small>

自历史观察，历届巴力门亦曾屡次尝试，欲以成法束缚后来者

所有，但英王未必谙习英国的法律。而依顷间所言，折狱必须依国法及国俗。况且民间争讼往往牵涉生命财产，关系重大，于是不学无术的人物决不能胜此重任。最后，柯克复引法学大师伯拉登（Bracton）所言，以声明君主虽在国内为至尊，然仍须受治于上帝及法律。詹姆士第一卒无以难，遂藉他故免柯克职。然此次免职并不足以塞柯克之口，而且此项争端转因柯克的免职而愈烈。于是英国历史在17世纪中遂有大革命，复有查理士第一（Charles I）的杀身之祸。戴雪所论盖指此节事实。

39　但依巴力门的惯例，凡草案之涉及君主的特权或利益者，在未提出以前，须得君主同意。如此惯例可用之以与今代律师所持法理相比较。

40　这个原则倍根在昔时已知其为不合。倍根尝谓："这个主要法律具有奇特性质，不但多直道而少法理，而且多豪气而少小心。依此法，凡曾执干戈以捍卫英王于患难中者以后皆得免弹劾。倘有法院欲以判决，或有巴力门欲以法案，判定他们有罪，这些定谳均作无效。……但以事实观察，此类先事预防的举动欲仗巴力门的前案以限制他的后身所有举动皆成幻象。诚以一个至尊权力不能画地自限，而本来具有流动性质的事物复不能勉强确定。此正如生人在世，他不能在遗嘱中自行声明以后不许自己废弃此遗嘱而再立新遗嘱。在昔亨利第八主治时，尝恐一朝物故，而王嗣尚幼，于是特立一法案声明一事，即是：凡法案在君主未成年时期通过者，若非至君主长成后亲盖御玺，不能有效。迨爱德华第六即位之始，第一法案的成立即以撤废该法案为事；当是时，爱德华第六仍未成年也。由此可见此类预定法案之无用？而事物之不定实者反得以适应世变。"见《倍根全集》，第159及160页。

第一章　巴力门主权的性质

的身手；此类事实数数遭逢，并非罕有。然而自始至终，无一尝试能成功；此又不可不知。在此类法案之中，最可注意者莫如两种法案：其一，是缔结英苏合一条约的法案；[41] 其他是缔结英爱合一条约的法案。[42] 故自当时立法者的用意立论，法案中之一部至属重要，因之，所生效力至属伟大。于是，他们总不应与寻常立法齐观。但自后起事实考证，读史者随在可发见历来所有此类尝试终归失败。即以英苏合一法案而论，此法案不但明定所有苏格兰大学的教授均须自认自承及自署名于信仰的昭告文上，并即以此项信仰为个人终身信仰，而且注明于法文内谓此项条文将永世为两国结合的基本条件。[43] 但在1853年自苏格兰大学法案成立，[44] 此一条文即被撤回。于是，大学教授不再以署名于昭告文上为必要。不宁惟是，试考安娜（Anne）代档案第十册第十二章之法案，[45] 学者更见法文中有恢复非寺院僧侣亦得参与院务之规定，此项条文明明侵犯合一条约所有条件。但巴力门在立法时均可以不必顾及。复以英爱合一法案而论，这宗法案的蝉蜕尤足以证明法案的不变性，在历史中实是若有若无。法案第五条明载："合一法案的第五条应是，从今以后，英格兰及爱尔兰的寺院皆为国立，而且两寺合一，同为新教圣公会，定名英格兰及爱尔兰的合一寺院。所有他的教旨、教规、瞻礼与治事，将来永远从同于英格兰寺院。合一寺院的继续与保持将来永远成

41　与苏格兰合一法案通过于1706年，载于安娜代档案，第六册，第十一章。

42　与爱尔兰合一法案通过于1800年，载于佐治第三代档案，第三九及四〇册，第六十七章。

43　见安娜代档案，第六册，第十一章，第二十五节。

44　见维多利亚代档案，第十六及十七册，第八十九章，第一款。

45　比较英尼斯（Innes）所著，《苏格兰国中之教规》，第118至121页。

为两国合一的主要及基本条件。"

由法文所有词句观察,当时立法者用意所在自可概见,即是:此法案实具有永久条约的性质,将以久要不忘为事。然而为时仅逾五十年,此项条件尽受变易,凡曾读爱尔兰寺院法案之在1869年通过者皆能一目了然,故可以不待深论。[19]

<small>殖民地赋税法案</small>

合一法案而外,尚有一法案,自历史的立足点观察,至足研究。我们一览其条文,即不禁得一感想,初以为法文中所有条件终不至被弃置,及所有法意当不至被违犯。这宗法案就是1778年所通过的殖民地赋税法案。[46]关于征税的限制,法文载明:巴力门将来,"除为保护商业起见而征税外,不再课任何税项于北亚美利加及西印度殖民地。此类税既在某一殖民地征收,即应在该殖民地使用。而且征收数目与征收方法,须与当地所有立法机关所颁行者不能立异。"[47]

试将本案法文与1776年所通过亚美利坚法案[48]的法文相比对,学者自见本案法文的意义较为明白坚决。诚以亚美利坚法案的成立先于本案前两年,且在北美十三殖民地未独立之前。故该法案的

---

[19] 按,在两大宗合一法案中,英、爱合一法案最不妥善,故在最近120年间变易最大。1869年的爱尔兰寺院法案不过是英国政治所有爱尔兰问题(Irish questions)中之劈头第一问题耳。先是,英格兰与爱尔兰素不和睦,前者以利诱,以力取,卒于1807年成功建立合一王国。但两国历史不相同,种族不相同,宗教复不相同。合一法案均不顾及、强欲以英吉利民族的意志支配爱尔兰民族的意志。故合一才及50年而宗教问题即须改正。当是时英国政治家格兰斯顿(Gladstone)主国政,发见此项困难最早,特于1869年建立此法案。该案以撤废国教为事,务使新教不能肆虐于爱尔兰,而爱尔兰人民得恢复信仰旧教的自由。

46 见佐治第三代档案,第十八册,第十二章。
47 见佐治第三代档案,第十八册,第十二章,第一款。
48 见佐治第三代档案,第六册,第十二章。

第一章　巴力门主权的性质

用意只以撤回前时所有印花税法案为事。此外关于巴力门在殖民地之征税权当是时母国政府尚未愿放弃，故此法案所有条文仔细避免，盖不欲惹起此项争端。于是，及今读之，亚美利坚法案原文所有意义至为浑蓄游移；殖民地赋税法案适与之绝相反对。个中所有互相反对的缘由已成历史上之陈迹[20]，我们可以无须赘叙。惟有一事，实为题旨所系，故必须唤起读者注意。此事复包含两端：其一，自政策及国家大计立论，1778年殖民地赋税法案，无论如何，总不应废弃，复不应再立任何法案使与该案相抵触；其二，自英吉利宪法立论，倘若后起巴力门真欲撤回该案，或欲改正该案，任一届巴力门俱优为之，决不至惹起法律上之困难。约言之，此法案所有词意，虽极坚决，仍不足以限制巴力门的行动。假使巴力门在明日间竟课一新税于纽西兰或加拿大属邦，这一宗课新税的法案并非违法。所以一个极有斟酌的作家有言："任一巴力门不能在一法案中，制定条文，以约束后起者将来所有决断；复不能由此类钤制，使后起者失去行为的自由。为应付公共幸福的需要起见，巴力门有

---

[20]　按，1776年法案与1778年法案所以立异的缘故，纯因历史的背景不同所致。前项法案只以撤回印花税法案(the Stamp Act)为事，戴雪已经提示。但再进一步追溯往事，读者自见印花税法案所以通过，实由巴力门在当时所抱持政策使然。巴力门以连年因亚美利坚殖民地而用兵，以致国债增高，亟欲取偿于该殖民地。故于1765年通过印花税法案，以征税于十三殖民地。殖民地人民群谋反抗，遂有印花税大会，一面宣布自行征税的权利，一面抵制英国货物。巴力门初时尚不为之动，其后卒以众怒难犯，遂于1776年以法案撤回印花税法案。但巴力门当时尚未悔祸，故仍欲保持征税于殖民地的大权。此为前项法案所有的历史背景。

迨至印花税虽已撤废，然而尚不足以服殖民地内民心，十三殖民地人民卒以是年宣布独立，公然背叛母国。苦战两年，英国不独不能压服独立义师，而且时遭战败。巴力门不得已，思有所以收回已去的人心，遂毅然自行放弃征税权。故有1778年法案。此又为后项法案所有的历史背景。

时必须建立新法；以此之故，立法主权决不能为旧章所限。"⁴⁹

49　见多特（Todd）所著"不列颠殖民地中之巴力门政治"，第192页。学者于此或不免生怪，且要问何以巴力门虽尝屡次试立百年不变之大法而卒无一项成功？如此怪异自是意中所有事，如此寻问亦未为无益。

这个问题可分两方面考察：其一是名理的；其二是历史的。

第一，先由名理考察。一个主权者，当主权的性质尚能保存而未至消失时，决不能以特种立法自限固有权力。原来立法者既属巴力门自身；撤回该法者虽系后任，或系现任，然仍属巴力门自身。巴力门既能立一法于前，何以不能自毁该法于后？至于"限制的主权"（Limited sovereignty）一语，若用以称呼巴力门，在名词上原属一件矛盾事实，依名理实不能成立。徒以他的用法是十分方便，故屡次被征引。其实他的指意，若就严格观察，只是用以提示，一个君主在向时本曾做过一个真正的主权者，或独裁元首，而在今日，虽在名义上仍然拥有此名，然在实际上乃变成某一个国家中之至尊权力的一部分。这是要说，"限制的主权"恰是今日立宪国家中之君主所有地位。

虽然，兹有一点务请读者注意。此点是：限制主权的不可能性并不在名理上包含禅让主权的不可能性。这一点极值得仔细察观，因为近来屡有一个笃死见解出现，他以为主权者，例如巴力门，不能弃置主权于别项机关。这个见解殊不明白巴力门所有实在地位。世间无论哪一个专制君主，譬如俄罗斯之萨，何尝不禅位于人？萨犹如此，何况巴力门？倘以主权的不可限制为根据，竟推断主权不可禅让，这是将两个相异的意思混为一谈，不可不辨，按实言之，一个主权者尽能将所有权力禅让，不过禅让之法只能出于两途而已：第一，他可以自行收束。即以巴力门而论，巴力门尽可以法律解散自身，但又不替后继者的召集作法律的准备，于是前者既去，后者又无从产出（此旨见蒲徕士所著，《美国平民政治》，第一册（第三版本），第242页，脚注一）。在历史上英国有一件极类似的事实，当1653年，露骨巴力门（the Barebones Parliament）自行解散，并辞让所有主治权力于克林威尔。第二，他可以移交统治威权于一人或一团体。例如：在1539年，巴力门以法案规定，准英君以诏诰立法（译者按，本章第二节第二目经引此事，以解证巴力门主权之无敌），此为主权可以让渡于一人之明证。至于主权授于一团体的事例，历史上亦有一成事，惟人多忽视之而已。当英格兰与苏格兰合一时，两国的巴力门各以所有主治权力移交于一新团体，即是，大不列颠的巴力门。这一个巴力门，正是因为他已经受取两国的立法部所有威权，随即变成大不列颠王国之主治权力。这个权力一经成立，又随即有权可以变易或撤废合一法案（the Act of Union）；虽则此举或大违双方立约人物所有愿望亦不能顾及。倘若不然，假使合一法案尚容许英格兰的及苏格兰的巴力门继续存在，专留之以为于必要时改易合一法案之用，同时复使合一法案又授权于大不列颠的巴力门，俾能任意立法，但以不侵犯合一法案为限。由是，合一法案会要变成根本大法而不任受大不列颠的巴力门变更；复由是，大不列颠的巴力门自然不是一个主权的立法机关，却是一个从属的立法机关而已。至于主权的立法主机关乃

第一章 巴力门主权的性质

综观上文，巴力门主权是一件无疑的法律事实。

无论自正面观察或自反面观察，他是面面完好，仿佛古语所称："金瓯无缺"。无论什么事件，只要得巴力门认为适当，俱可以依法成为立法的绝好题目。原来在英吉利宪法之下，无一力量能与巴力门的立法主权相抗争。

世间所谓法律的制限，无一能保有真际的存在；无一能从议会档案，或从法院的日用惯例，得到切实证据。因此之故，无一能钤制巴力门的绝对威权。

然则此一原则——巴力门的立法至尊性之原则——正是宪法的惟一柱石。徒以困难丛集之故，此一笃要义理尚未得人人接纳。惟其如是，我们继此请将所有当前的一切困难，逐一胪列，复逐一审问。

有两个：即是英格兰及苏格兰的巴力门。两国的政治家在当日诚能见及此旨，所以他们特建立这个新巴力门，用之以统治合一王国。在如此巴力门之下，他的主权是独尊，其他一切制限之足以使巴力门由此遂不能成为最高主权者皆不许存在。

第二，再由历史考察。巴力门所以不能成功设立永远不变的法律的缘由(换言之，巴力门所以常时能保持至尊立法部的性质的缘由)，是纯由英吉利宪法在历史上之奇特发展所致。盖自诺尔曼征服英国以来，英国即受治于一个绝对的立法者。这个立法者起初原是元首，而宪法在发展中所有奇特过程即为元首的立法威权未尝稍有减少，惟屡被禅让。故最初元首独裁，既而有御前会议，中间元首咨商两院，最后元首乃服从两院。其结果，巴力门(依通行术语，应为巴力门中之君主)，遂永远成为一个至尊立法部。

宪法在发展的进程中，学者应注意英国历史所示一件异例，即是：当英吉利政治改革人物推翻旧有秩序时，他们曾造一成文宪法，似乎在许多方面都是合众国的宪法主义之先驱。是故在1653年之政府典章(the Instrument of Government)之下，克林威尔确定几项根本法，务使巴力门不能过问。就中有一项至值得注意，即是：1653年之宪法安置行政院于立法监督之外。依该宪法，民国的监护人(the Protector)所占地位恰与美国总统及德国皇帝相等。参考哈里森(Harrison)著，《克林威尔传》，第194至203页。

西域克教授(Professor Sidgwick)在他的《政治学纲要》中讨论主权，与我的见解极不相同。但是书立论不但有根据，而且有兴味。学者可参考原书第三十一章"主权及秩序"。

第四节　为巴力门主权的原则解除困难

所谓困难者为何？其一是理论上之困难；其二是事实上之困难。有此两难作梗，巴力门主权的大义遂不易确立，而得到多人的翕然信从。

<small>来自倭士丁的理论是为第一困难</small>

自理论方面观察，巴力门主权的论旨似乎只是要将倭士丁的主权理论应用于不列颠宪法本身。但一经比较，学者将不免发觉一件难事，即是：倭士丁对于不列颠宪法下之主权所在自有一结论。此结论适与本讲所采用其他法律大师之说相违反。诚以若依后者所主张，主权实寄附于"巴力门"（Parliament），即君主、贵族院，及众民院的集合体；若依前者所主张，[50] 主权却寄附于君主、贵族院，及众民院或选民。

<small>来自实行时所有缺陷是为第二困难</small>

自常识方面观察，人人皆知巴力门的主权所有权力，无论法律学者作何论调，决非绝对无限。君主、贵族院及众民院纵能合成一体，亦不能具有一种万能力量。复有许多法案，纵非极不聪明，又非十分暴戾，巴力门不但不愿，而且不能建立。由此观之，倘若巴力门主权的原则竟混入无限权力的德性，此项论议只是法律的假说，决非实；纵使实在，亦不值得我们在此地极力称道。

上文所胪列两种困难皆是真实，又合于情理。继此，我们且把他们逐一审问。

50　参看倭士丁所著，《法学》，第一册（第四版本），第 251 至 255 页。关于合众国宪法下之主权团体，倭士丁并有特殊见解，他的说话可资比较。参看倭士丁，《法学》，第一册（第四版本），第 268 页。

第一章 巴力门主权的性质

试先审察倭士丁的主权理论与不列颠宪法的关系。原来"萨威棱体"(sovereignty)或主权一物,就倭士丁所有法律概念言之,系观察不列颠法律后所得的概括论断;此正如他所有经济概念实不外自调查不列颠商业状况而构成。在英国中,我们常习见一个至尊的立法机关,即是:他既能造法,又能毁法;而且他不受制于何种法律。故自法律观察点立论,如此形容恰与法家通常所谓主权者的真相,惟妙惟肖。于是,绝对的主权理论,因吻合英吉利宪法历史所有特殊情状之故,最能迎合英国法家所有心理。准此以谈,可见在一方面,法家所谓巴力门的主权,实自法律科学的抽象理论演绎出来;而在他方面,倭士丁的主权理论又由英国巴力门的地位暗示而得到。

倭士丁的理论批评

但"萨威棱体"("sovereignty",汉译"主权")一名字,原有两种意义,读者不可不知。其一只用于法律的概念,指不受任何国法所限制的立法权力。这种指意倭士丁有时采用,[51]但可惜他并不常时专用。当此名被使用于这种意义时,这种主权权力,在英吉利宪法之下,明明是巴力门。其二并可引申于政治的概念。譬如,在今代国家中有一团体焉,他的意志常为全国人民所遵从,这种团体即是国中"政治的"主权者。[52]试以大不列颠为例:他的选民与君主及

---

51 比较倭士丁,《法学》,第一册(第四版本),第268页。
52 宪法的作用之利钝可依政治主权的意志见于实行之迟速而定。让我们试以此旨为标准而比较英、美、瑞士三国宪法。在此三国中,国民(或较严格地说,选民),是政治主权者。但一至实行时候,合众国人民,以修宪手续太过繁重之故,行动甚慢。故除南北战争所遭逢外,联邦宪法自成立至今百数十年间绝少重大变革,瑞士的联邦宪法所有条文关于修正宪法的规定较为弛纵,因之,自1848年以来,该宪已几经变易。虽然,若自一方面观察,现行宪法之修改于1874年者固可视同一崭新宪法,但若自他方面观察,此宪实未尝在根本上差异于1848年宪法。至于英国,以现势论,英吉利人民能迅

贵族院（严格言之，君主及贵族院不必加入），实为此项主权所寄附的团体。他们的意志在国中为最尊，足以指挥政府，如意所之。故自英宪言之，宪法常有所准备以宣扬选民的意志，务使此项意志在最后期间常为国中之最大及最高势力。虽然，如此说法，只可谓为政治的事实，决非法律的事实。是何以故？则以法院执法必不理会选民的意志故。当审判员折狱时，除巴力门已将民意立成法案外，他们不管何者是选民的意志。至于希旨奉承，竟以不合民意而废置现行法案一举，尤非审判员所愿为。综合以观，主权的政治意义与他的法律意义本属一样重要，有时前者且应比后者为较重。但两种意义，虽然关联至切，然而实是完全差异。不幸倭士丁在他的书中，竟有时将两者混用。

倭士丁曰："当采用少数宪法名家的术语时，我通常设定，现存巴力门能拥有主权。换言之，我通常设定，君主、贵族院爵主及众民院议员构成三位一体：他们是至尊，即是主权者。但正确说来，众民院的议员不过是选民所举出的委办。以此之故，我国主权实常时寄附于君主、贵族议员，及众民院的选举团。惟其如是，近代政治遂有委托（delegation）及代表（representation）两名词，其为用实互相表里。前者表示此方所信托的权利；后者表示彼方所代办的义务。双方所处地位至为分明，不能混乱。倘谓一般人民尝假权于众民院议员，使弃让本已分内所有主权于君主及贵族，是无异谓委托人假权

速改变宪法中之任一部。在理论上言，任何法律俱不能限制巴力门的行动；复就实事推究，任何改革只要得众民院允准，无不现实；万一众民院被解散，亦只要得新选举后成立之众民院允准，此项改革仍可实施。因此之故，世间所谓英国政治较美国政治或瑞士政治为近于民治政体一语，虽属不正确，然实含有几分真理，即是：以实行选民大多数的迫切愿望论，在英国实易见效过于在美国或瑞士国中之政治。

于代表人，使自行摧毁他们所负使命。此岂非荒诞至极耶？"[53]

由上方引用文观察，倭士丁盖自承他的论理与一般研究英宪的作家不能一致。其实就历史观察，他的论理复不能与七年巴力门法案所有法理相和谐。因是之故，英吉利审判员从不肯苟同"委办人"之说，[54]以为巴力门曾受选民的委托而成立及存在。法院只知自法律立足点观察，巴力门简直是一国中之主治权力。至于倭士丁所谓不正确的设定恰好叙明一件法律的事实；这件事实正是我们的立法及司法系统的基本。虽然，我们同时亦不应忽视选民所占地位；因为自政治立足点观察，选民的意志在现代英吉利宪法之下，必然终归胜利。诚如是，我们虽谓选民是主权权力的最重要部分，亦无不可。准此以谈，倭士丁的议论，对于"法律的"主权（legal sovereignty），诚不免有误；惟对于"政治的"主权（political sovereignty），则是允当。巴力门及选民所占地位既然不同，我们自应分别立论。是以选民在政治的主权中虽是最有势力的部分，然而法律的主权，除巴力门外，更无别物足以充当。

但或谓倭士丁对于法律的主权所有见解，自律师的观察点立论，诚属谬误，然而此等谬误盖有可以原谅之处。良以倭士丁于此有一感觉（其实无论何人，只要不为虚名所震慑，他尽可以有同一感觉），即是：巴力门并不是一个万能的物体，上文既经提示。[55]因之，他的权力，在行使时，受许多方面的钤制，此亦尽人皆知。不过倭

53　倭士丁，《法学》，第一册（第四版本），第253页。

54　巴力门不是选民的委办会一层，倭士丁亦承认。但此层一经承认，则巴力门不是主权者一语决难成立。参考倭士丁，《法学》，第一册（第四版本），第252及253页。

55　见上文所论"实际制限的存在"。

士于对于此类限制，未能择言，遂有众民院议员是选民的委托人之说。平心论之，委托人的比拟固然不合于法律的事实，但巴力门在实行时所遇制限正多，故亦不能否认。

虽然，这种议论实已牵入我们在上文所举第二种困难，即是：巴力门的权力所受实际制限常与巴力门主权并存。

<small>实际制限的存在</small>

主权者，无论为何人，或何团体，当运用权力时，必被约束于两种制限：其一属于外部；其他属于内部。这两种实际制限的存在尤以当巴力门主治时为最显而易见。

<small>外部制限</small>

主权者的实在权力自然是十分猛烈不易抵抗，但使不善用之，他的臣民，或全体，或大部分，必至互相携贰，而不愿守法。如此结果纵非必然的事实，至少亦具有可能性。这就是外部制限。

此类制限，虽处极端专制政体之下，亦能存在。试观古代罗马皇帝，18世纪的法兰西君主，或19世纪的俄罗斯之"萨"（czar）；每人都在法律上是一个"萨威棱"（"sovereign"，汉译"主权者"）。他有绝对的立法威权。任何法律，一经钦定，即生效力；国内再无别种权力可以废置该法。而且他的意志大抵为全体臣民所服从；信赏必罚，令出惟行（读者注意，上文所论皆是法律的主权所有特性；惟此语所论实已阑入政治的主权的范围）。然而当法律既定之后，此辈专制君主亦不能任意将其变更。此为专制的自然结果，休谟早已提示之。休谟（Hume）以为一国之中常有治人者，亦有治于人者：治于人者常为国中最有势力的阶级，故治人者无论如何凶恶，终须依赖好感，以维持现有地位。所以他说："人间事务，自哲学家的客观观察，无一能如治人者与被治者所有关系之奇特。前者本居少数；后者本居多数；但前者当运用统治权时，绝不因人多而感觉困难；而且后者对于执政人物默然驯服，殆谢绝一切喜怒爱憎。然而一寻问个中奥妙，学者却发现一国所有势力全在于被治方面。政府中人了无所有，惟赖好感以扶助自己。由此可得到政治的一句格言，即是：惟有在好感上，政府得以建筑。这句格言实可适用于任何政府，最自由者及最平等者固应是如此，最专制者及最军阀化者亦应是如此。譬如，埃及的苏丹，或如，罗马的皇帝，平时尽可驱使善良百姓，如牛如马，他们的情感好恶都可不顾。但无论如何，他至少须以人道待遇他的武士或卫队，务有所以得到他们的好感。"[56]

这是要说，纵使专制魔皇在位，他必须得到国内臣民，或一部分臣民的愿意服从，然后足以发号施令。此为历史所有彰明较著的事实。试征引实例言之。譬如，历代罗马皇帝，对于罗马帝国的基本制度，本不能有所变更。但君士但丁（Constantine）所以举行宗教革命而成功者，实因多数臣属与此举以同情。若在埃及，历世苏丹即不能变革国内回教。鲁意十四世（Louis XIV）在其盛时，能撤回有了百年历史的南堤法令[21]以压抑新教。当是时，假使鲁意十四世竟不为此事反欲将新教立为国教，我们敢断其不能成功。依同理，詹姆士第二（James II）虽尝欲恢复旧教的地位于英国，然而以反抗舆情之故，卒不成功。综括以观，一国元首，无论如何暴戾，如何专横，倘欲在国内有大改革，而能成功，民意必须顾忌。其实

---

56 《休谟论文集》，第一论文（1875年版），第109及110页。

[21] 按，南堤法令（Édit de Notes）为法国君主亨利四世（Henri IV）所颁布，时在1598年。此法令的主旨是要给予新教徒以信仰自由。迨到1685年鲁意十四世将该法令撤回。他的用意是要顺从法国大多数人民（即旧教教徒）的宗教感情，而思有所以压服占国民少数的新教教徒。故戴雪有此等议论。

不但大改革为然，即小变亦须是如此。譬如，1871年之法兰西国民会议在当时实主治法国[22]。大多数议员本属王党，故随时准备着恢复布奔（Bourbons）朝代，然而他们却不曾准备重挂布奔王室所用白旗。至于法国军队对复辟问题原无异议，惟据老于军务者所预料，他们必不能容许向来反革命的白旗飞扬于帐上。是以国民会议主席兼总司令麦马荒（McMahon）在当日曾宣言：假使白旗一竖，"来福枪队（les chassepots）就要不待军令，开枪射击"。由此观之，法律主权的运用正有限制。专制政体如是，宪法会议如是，巴力门的真正主权更要是如是。大众反抗的可能性在此可以钤制主权，使不能恣肆。是故巴力门尽可建立圣公会于苏格兰，并定之为国教；巴力门尽可课新税于殖民地；巴力门又尽可改变王室的继承顺序，或竟废弃君主政体，而不至惹起违法问题。然而人人皆知巴力门在现代世界所有政情之下，必不敢作如此举动。是何以故？则以如此举动足以激起公愤，必非现存巴力门的权力所能担当故。还不止此，尚有许多政事，古代巴力门至优为之，今代巴力门再不敢尝试者。譬如，巴力门在今日决不肯延长众民院的任期。又譬如，巴力门即欲削夺普通民众已得到的选举权，他必不能不再三思虑而后举行。在合一王国内，尽有少数热心于宗教问题的人物，能尽情斥责"旧教徒解放法案"，指为不合事理，又能太息痛恨"爱尔兰国教的

---

[22] 按，1871年国民会议成立于普法战争之后。当时普胜法败，巴黎被围，拿破仑第三被虏，国内无主，国民会议遂成为法国主治者。自成立后，国民会议尝批准弗兰克福条约（Le Traité de Frankfort）；更换西耶总统（Le Président Thiers），而易以具有兵权又热心于王党的麦马荒。1873年国民会议更欲直接地立尚波（Comte de Chambord）为法兰西皇帝，不幸失败。于是1875年的民国宪法乃得通过，然该宪实仅以一票的多数而通过。故戴雪作如此观察。

第一章 巴力门主权的性质

废止法案"之成立,谓为不合教规。然而这些人物决不能愿望巴力门在今日尚敢撤回1829年法案或1869年法案;其实不但不能愿望,即欲梦见亦不可得。诚以这种反动的立法必非现代巴力门所能实现。综观上文所列举证例,足见巴力门主权,在理论上虽是无限,在实际上却受约束于种种外部制限。

主权的运用,不但受约束于外部制限而已,亦受约束于内部制限。内部制限起于主权权力的本质。故虽在独裁制度之下,君主亦不能任意行事。他的行为既须受裁成于本人所有品性,而个人的品性又受陶镕于当时及当地所有道德感情。譬如,苏丹对于回教,不能变革,上文曾经提示。倘若更进一步,假设他能为此事,他的心里亦不愿进行改教。何则?苏丹不但是埃及国中之政治首长,同时亦是回教世界之教主;身为教主而自倡改教,人情常以为难。世人不察此旨,对于一切时事,遂不免枉存奢望。譬如,问罗马教皇何以不提倡这一种改革?又何以不提倡那一种改革?其实,倘就素养观察,罗马教皇与革命党人是截然两种人物。要是有革命的意志,此人就不能变成教皇;要是处在教皇的地位,此人决不愿再为革命党徒。鲁意十四世(Louis XIV)在势固不能建立新教为国教,上文亦经提示。但此事是何事?鲁意十四世安肯为之?在如此矛盾情状之下,我们与其假想鲁意十四世愿意推行新教于法国,毋宁假想他的生平气概绝不有大君(Grand Monarque)的气象。由此以观,内部制限所以约束主权的运行者定与外部制限有同等功用。不但君主政治的主权要受钤制,即巴力门政治的主权亦受钤制。或者,在巴力门政治之下,主权所受内部制限恐是更大。试专就课税于殖民地一事而论,巴力门在今日固不能冒昧从事,然而尤不愿冒昧从

内部制限

事。是何以故？则以18世纪的历史所遗下教训具在目前故[23]。

主权所有外部及内部的制限果具何种效实，斯梯芬（Leslie Stephen）在所著《伦理的科学》书中，当讨论法律与风习所有关系时，言之极精。斯梯芬曰："法律学者，每逢论及这个立法部，辄视之俨同万能。此语至易起误会，不可不辨。倘若专就法律的事实着想，他可以随所好而造法；而且法律一经他制定，即成国内人民所有行事的准规。诚如是，他自然是万能。但试自科学观察点立论，这个立法部的权力实被限制极严。制限有两端：一自内来，一自外至。原来立法部只是社会的实际情状下之产物，于是大凡所有造成现存社会以力量均足以驱使立法部，使供奔走。故有内部制限。至于制法者虽是立法部，守法者却是人民。于是立法的权力大小不能不视守法程度高低为转移。故有外部制限。假使一个立法部规定，凡有绿眼睛的婴孩应被杀尽，于是，就法律的事实言，此类婴孩的保存自然是违法。然而立法者若非尽狂，此法必不能通过；守法者若非尽童骏，此法必不能生效。"[57]

<small>内部及外部的制限不必尽相符合</small>

自上文所论综观，主权所受制限既有内部，又有外部，但学者不能因此遂谓两者所有外延常相符合。是何以故？则以外延的界限各不能确定故。譬如，一个主治者往往好为在事势上所不能为之事，由此即可见内部制限未尝有定。至于外部制限的边际更为渺茫，是以反抗的起点最难测定。譬如，一国臣民，虽则平日素称服从；然而服从果到什么程度为止？过了什么程度之后，便生反抗？

---

[23] 按，本文所谓"18世纪历史的所遗下教训"即指1776年亚美利坚十三殖民地独立事。详见上文。

57 斯梯芬（Leslie Stephen），《伦理的科学》，第143页。

第一章 巴力门主权的性质

如此复习问题自然不易解答,但答案的寻求,无论在任何方面观察,均属值得。试设例明之。假使帝国议会竟以法案废置苏格兰旧有法院,复将苏格兰的法律尽量同化于英吉利法律,此类举动自然是太过鲁莽,将不免惹起公众愤怒。但苏格兰的人民果因此愤怒至什么程度?倘若愤怒不已,他们或不能不反抗,但反抗又至什么程度?无人能知之,亦无人能预言之。惟其如是,历史上遂不免有内乱战争。试引事实证之。尝读合众国历史者当知南北战争实因放奴而起。但在南方脱离联邦以前,合众国的主权权力尝屡次欲以法律解放黑奴,卒不能实行。结果只有出于一战。但自北胜南败而后,这个主权权力不但废畜奴制度,而且授黑人以选举权。在此际合众国人民恬然视之,复不闻再有如何反抗。

准此以谈,主权的内部制限与外部制限所有外延,当两者不能一致时,至足以发生政治的危险。将欲解免此类危险,代议政治遂负一重要使命,及占居一奇特地位。试分析言之:原来这种政治的主旨及效实即图有以介绍两种制限的外延,使互相符合,至少使不生极端差异。弗列特大帝(Frederick the Great)者,普鲁士之英主也,素称励精图治。所以当其生时,他尽有多次革新,适与他的臣民所有愿望相反。当拿破仑第三主治法兰西时,他厉行贸易自由政策,虽与代表民意的立法机关相龃龉亦不顾忌。差幸在此两例证中,无一元首在实际上逾越外部制限所有疆界。然而以雄才大略如两人,万一竟有越界行政之举,亦不足异,由是,必不难各惹起普法人民的反抗。此即为外部制限与内部制限互相差异时所起之困难。就英吉利历史观之,这种差异的存在实开始于詹姆士第一主治初年,而告终于1688年光荣大革命。当是时,在一方面有代表神

代议政治能求取外部及内部制限的一致

权以主治之君主；在他方面有代表民意以争权之巴力门。前者代表内部制限，后者代表外部制限。两者所有外延不但不互相符合，而且互相差异极大。革命而后，英国人民渐寻见一救济方法，即是：取君主固有权力交与众民院，使君主不能再有实权；同时又以内阁代居君主的统治地位，务使他们所有意志能与民意的代表机关（即众民院）、所有意志适相符合。换言之，自从代议政制成立，主治者的意志与国民的意志历来所有差异概被消灭。故在今日，大凡巴力门不能代表人民则已，倘若果能代表，国内必无外部及内部制限的差异问题发生。纵使发生，他们不久即消沉不见。大概言之，巴力门中之众民院所有愿望，在长久时期间，必不立异于英国民众所有，至少总不反对选民所有。是何以故？则以能构成众民院的大多数者必能代表全国人民的大多数故。由此可见肫诚可靠的代议政治有一效实，即制止主治者与被治者所有愿望相轧轹是。至于制止后所得结果，究竟为善为恶，自然不能以一概论。圣君明主往往站在时代前头，以提倡违反公意的改革，古代历史不乏实例。即以巴力门而论，巴力门有时亦能如圣君明主所有行事，以谋根本改造。虽则巴力门以服从多数为主治原则，故此类举动不能多见，然亦不能谓为绝无仅有。[58] 果能为此，内部及外部制限的差异之存在适足以造福生民，而泯灭差异适足以阻碍进步。但此旨不关本题，故可以不必深论。此时所应郑重提示者只有一事，即是：代议政治的主要活运动是要求取两种加于主权的制限所有外延之相等。此旨用以解证英吉利众民院的功能尤为贴切。

---

58 比较戴雪，《英国中之法律与公意》，第4及5页。

第一章 巴力门主权的性质

是以布雅克(Burke)[24]有言:"众民院在最初创立时并不是常在机关。当有事时,代表群集以宣达民隐;当无事时,会议解散,代表复归民间。只就这种情景论,众民院与中央政府所有关系无异于陪审委员团与地方政府所有关系。入官时期既少且暂,归田时期转多且长。众民院议员,当议政时,自应常有国民的境遇存于心目中。国民的利害问题不但较君主固有威权为重,而且更较众民院暂有威权为重。由是,国民的利益遂超出于一切政治计较之上。是故众民院虽与贵族同构成全国立法机关,然前者终较后者为接近民众。因之,后者视人民所有利害遂不能如前者一样关切。"

"倘若将来因时世迁移与境遇改易,在势众民院的内部或外形当不能无所变革。但无论如何变革,这个本质总应设法保存。将欲保存这个本质,众民院,任在何时何地,必须背负替人民效命的徽章。假使众民院因此遂沾染人民的发狂流行病,至于遇事风生,固是不幸。但如其不然,假使众民院竟与民众隔绝,尽置院门以外之舆情公意于不理会,尤是不幸。前者虽失之太过,然而仍能表示众民院与选民区域所有亲属渊源。后者不但失之不及,而且足使众民院自此以后徒负众民院的名义而缺乏众民院的实际"[59]。

---

[24] 按,布雅克名"Edmund",生于1729年,死于1797年,为英国有数的雄辩家及政治思想者。他的全集在政治著作中已成经典。参考摩梨(John Morley)所著,《布雅克传》。

59 《布雅克全集》,第二册(1808年版),第287及288页。关于巴力门主权论旨,读者如欲得更详尽的研究,看本书附录,书后第三则,巴力门制度下之行政院与非巴力门制度下之行政院的区别。

第二章 巴力门与非主权的造法机关

第一节 章旨

在前章中我尝纵论巴力门主权的性质,在本章内我更要用比较方法——即以非主权的造法机关所具特质反比主权巴力门所有特殊彩色——以求解证而申明前论。

第二节 主权的巴力门所有特性

大不列颠的巴力门为全国的法律主权所寄附,前章已经阐明。由是所谓巴力门主权的特性本可细绎名词而索得其意义。但此层工夫英国人最易漠视,因为他们习用英宪既久,漫不加察,遂以为大凡立法机关均具至尊性,而不知立法机关有至尊者,亦有寻常者,两者不容相混。关于此旨外国学者的察观实较英国人为清晰。譬如,狄龙(De Lolme)、格乃士(Gneist)与笃奎尔(Tocquevelle)诸人[1]实能抽示议会的主权一事在英宪中之特殊地位,并能一见即认

---

[1] 按,狄龙,名"Jean Louis",生于1740年,终于1806年,为日内瓦(Geneva)著名律师。自1769年,他来英国居住凡6年,因之,得考察英国政治甚详。1771年,

识其影响所及于一切制度者至大且远。

笃奎尔曰:"英国巴力门有特权以变更宪法;因之,宪法时常改变,几无实际的存在。于是巴力门遂成制宪机关,同时亦为立法机关。"[1]

此语所用名词,若以名学相绳,有欠斟酌处。但所谓巴力门同一时可为制宪及立法机关,至能表示一原则,即是:巴力门实能变更任何法律。既为立法(legislative)会议,他即能造通常法律;又为"制宪"(constituent)会议,他更能造法用以移动宪法的根基。由此陈义可得三种结果:

第一,在英国中,无一法不任受巴力门变革;换言之,基本法或宪法可被议会修改,一如通常法律,其组织与手续均同。

举例为证:改良"众民院"(the House of Commons)草案,废除贵族院草案,建立伦敦市区草案,及设有人冒充牧师为人证婚,今以法律承认此项婚约有效的草案,凡此种种草案均可由议会提

他用法文著《英国宪法》,对于英宪备极赞美。迨至1775年英文译本出版,当是时,原书已出至第十版。

格乃士,名"Heinrich Rudolf Hermann Friedrich von",以1816年生于柏林,为德国著名法家。当其时,格乃士历任高等法院推事,普鲁士下议院议员,帝国会会议员及柏林大学法学教授。所著有:Adel und Ritterschaft in England(1853);Das heutige englische Verfassungs-und Verwaltungsrecht(1857—1863),比较研究英吉利与日耳曼所有法律及政治。此外复有《英国宪法史》以1869年出版;及《英国巴力门制度在千年间之演进》以1886年出版。此两书均有英译本,号称名著。格乃士死于1895年。

笃奎尔,名"Alexis de"法国人,生于1805年,死于1859年。1831年,受命往美国公干,他因于1835年著"De la Démocratie Amerique"一书,大受欢迎;至1868年是书已翻印15次。当是书出版之年,他出游英国,与自由党人甚相得。至1839年笃奎尔乃返法国。他的全集在其死后1年出世,书中评论英国制度多有精到语。

[1]《笃奎尔全集》(Euvres Complètes),第166及167页。

出，均可以同样方法通过。通过后他们仍可一样齐观，毫无轩轾，因为此中无一不是巴力门的法案，可立可废，但除巴力门外更无他项权力可废除此项法案。

第二，在英国宪法下，不有宪法与寻常法的区别。因此之故，笃奎尔当评论巴力门时所用以提示英国造法机关的类别之术语，转觉无谓。换言之，他所谓"立法"机关只可以造寻常法律；而他所谓"制宪"机关不但可以造寻常法律，而且可以修改宪法。此两个明白分别的功能及组织殊不适用于巴力门所占地位。此类称谓实从外国的政治用语假借得来。

<small>议会主权与不成文宪法的关系</small>

此项区别的缺乏正与成文宪法的不存在于英国具有密切关系。笃奎尔对于此点，其所见与其他作者相同，似乎均欲翘举不成文的事实为英宪的主要成分；故曰："英宪既无成文，变更自易；即有变更，谁能证实？"[2] 此项察观不免有误，而且实为法国学者的通病；惟以笃奎尔之精细亦不能免，至为可惜！他以为宪法的形式足以影响宪法的实质，故有此语，而不自知已犯倒果为因之病。实则与其谓宪法因不成文而易变，毋宁谓宪法因能随时为巴力门所变更故无成文的必要，较为近理。大凡国家欲得一不可变的宪法，或极难变的宪法，其主要方法实为将此项永久性或超越性（permanence or immutability）的法律著为功令，并以其条文公布全国，咸使闻知。惟在一切法律齐观之国，各种法律，无论大小，皆同一易变，或同一难变；宪法自然不有成文的需要，甚至在诸种法律之中寻出一类法律，而称之为"宪法"亦可以不必。是以在英国法中宪法既无特

---

2 《笃奎尔全集》，第312页。

殊称谓,且不一一著成法令,而依法公布。此中盖有一主要理由,即是:凡一法律,无论如何重要,尽可被修改,或被通过,其手续与一般寻常法律无异。但使有人因此遂以为英国宪法不能以文字记载,又或是不能被编成法典,此种推理仍为谬误。试以比利时宪法为证:比国宪法实模仿英国宪法而制定,故与英国宪法最为相近。比宪既属成文,依同理,英宪亦可由巴力门重加编纂,使成法典,而不至与原宪有丝毫差别。此时所需之条件只是:英国议会必须依旧有权——读者注意,比国议会无此——以变更或撤消宪法的任何条文。

第三,在不列颠帝国内,除议会本身外,任何人,或任何团体,无论行政的、立法的、司法的,俱无权以宣告巴力门的法案为无效。法案既经巴力门议定,惟巴力门能撤消之,在未撤消以前,无人能指斥其为违宪,或以他故,而将其废止。

综括说,巴力门主权共有三个特征:第一,这个立法机关得随意变易任何法律,基本法或寻常法俱依通常手续;第二,宪法与普通法无分别;第三,除巴力门本身外,国内无第二机关,司法或其他,能宣告其所定法案,谓为非宪或无效。

凡此三特征皆足为吾友蒲徕士(Bryce)所称英国宪法的"软性" 英国宪法的软性(flexibility)作佐证。宪法中任一部分可以扩大,可以缩小,可以修改,又可以废除,毫无困难。此真为软性宪法之最著者。如此宪法正与"硬"(rigid)宪法(仍用蒲徕士君所造术语)相反。[3] 然则何谓硬宪法?硬宪法者,宪法的全部或一部非依立法程序的非常方法不

---

3 参看蒲徕士,《历史与法学之研究》(*Studies in History and Jurisprudence*),第三论文,"论软宪法及硬宪法"。

能变更之谓也。

第三节　非主权造法机关之特性

主权巴力门的德性（attributes）既得，此时欲知无主权的造法机关之特性（characteristics）自属不难。学者试就前者的反面推解，即可求得后者的标志，亦可称为立法的从属机关之标志。

准上文类推，非主权的造法机关亦具三种特性：第一，有支配此项机关的组织法存在。此法必须遵守，且不能自行变更。因之，第二，有根本大法与寻常法的区别。遂得，第三，有一人或一团体的存在，或为司法，或为其他；此人或此团体能判断此类机关所立的条例是否合宪。

设有造法机关，无论何地，只使上项标志能继续存在，学者即可由此断定其为非主权立法机关。

<small>"选法"机关的意义</small>　何谓"造法"机关（law-making body）？此数字的用法必须审察。故就字面观察，其词为单数；然而就语意立论，其义实为一个汇名。如此汇名实被用以包举两目：（1）市立各种机关，例如，铁道公司、教育局、市议会之类；数者本具有限制的造法权，但通常无立法机关（legislatures）之称谓；（2）国家或属地的机关，例如，英国自治殖民地的议会，法国的或比国的议会之类，两类机关通常被称为立法机关，然而在实际上均不为主权所寄附。[4]

---

[4]　著者以造法机关一名统举两类立法团体，人多反对。持反对论者所根据理由有三。兹列举而答辩之，如下：

第一，或谓如此统举为拟于不伦；其意盖指文中不应将重要的又高贵的比利时议会

第二章 巴力门与非主权的造法机关

至于作者所以用此一名词以统举如许复杂性质的造法机关，亦非无故。诚以有许多造法机关，若用外国语所有政治术语表示，实是"立法的"(legislative)，而非"制宪的"(constituent)。故以严

与一所英国教育局并举。持此论者是由于误解题旨。两个团体，有大小尊卑之差，谁人不知？倘若知之而犹不察，此举诚可非议。但两个团体究有共相，任何人亦不能否认。倘若将此类共相提示，使学者注意及之；如此作为，我诚不自知其有可以非议者何在。若必欲非议，则寻出文中所翘举的共相究竟是实在与否，是为论者所有事。试问论者能提示其不实在否？人固与鼠异；然而一味执持他们所有异点决不能否认他们所有一共相，即是：人与鼠同是脊椎动物。

第二，或申明英国法团虽有权力，然只能小心运用。万一用之不合于理，其行为决难有效。若在英国自治殖民地，其议会所立之法则有极大效力，而且大于法团的规条所有者远甚。

如此持论实无异于承认共相的存在，所有立异者不过是程度之差。本来法团所立之法未必尽合于理，纵有一条规则不合于理，这一规则未必即是无效。但此时姑让一步说，且承认凡属法团的规条均有如此限制。但如此让步，并不因此波及于规条的效果。规条依然具有法律的性质如故。倘将反对理论推究，其所得结论只是：非主权的立法机关之权力可以被约束于有差等的限制。如此结论，无人能争辩，著者不须争辩。

第三，或又申明法团的规条并不是法律，因为此类规条只能适用于某种人物，譬如，铁道公司的规条仅能使乘客尊视是矣。至于殖民地立法部所立法律则能使一般人物之在其治下者同受限制。换言之，除当地法律足以必须常时遵守外，一个人惟当使用铁道时即受治于此铁道公司所立规则，不若新西兰议会所立普通法律构成殖民地内之普通法律。

此一反对论似乎持之有理，但并不能显出文中所谓两者在地位上所有相似点之不是实在。以两者的地位论，所立法律同适用于有限的某一类人物，而且均可被高级立法机关的法律压倒。即以新西兰为证：新西兰虽为英国殖民地，然而与完全独立国几乎无异。但其地居民仍首先受治于帝国法律，其次乃受治于殖民地法律。倘使法团的规条为巴力门所亲制，此类规条谁亦不能否认其为法律。今则此类规条虽为法团所自制，然如此立法权实已先受之于巴力门，故制法机关虽变，条文的性质未变。诚如是，论者乌能谓此条文为非法律耶？更换一例，试以一郡议会代用一铁道公司，我的论旨愈见明了，假设郡议会，依巴力门所赋予权力，立一新法，以禁止居民在星期日间用音乐列队巡行，所有居民必须遵守。万一仍有人敢执其非法律者则请再加以考察。譬如，此规条为巴力门所亲制，其为法律可不待辩。然使巴力门不亲制此法，而令郡议会代为之，此类规条所以不能被视为法律者安在？敢问！

格言之，是皆不配称主权的立法机关（sovereign legislature）。惟其如是，倘必欲就如许错杂事实，得到极明显的法律意思，其最善之方法莫如先将英国所有法团，如铁道公司之类（此类法团虽有立法权力，然而是不过受人所付托而立法，因之，当然要受上级立法机关的约束），加以分析。事实的分析既尽，法律的意思自明。

诚如是，分析工夫至为必要。然而在未行此项分析之前，必须依名理将所欲论列的事实，分别归类，庶几法律思想可以不至淆乱。是以在下文中，一切从属机关，如法团（corporations），如印度参议会（the Council of India）归于一类；一切独立国家的立法机关，因不有制宪特权，即成为非主权的巴力门，又归于一类。

此外尚有一种非主权的立法机关，存在于较复杂的政体（即联邦政治）之下，不能在此地讨论。故继此当别设一章研究。

第四节　从属的造法机关

第一目　法团（Corporations）

在从属的造法机关中，此时首欲讨论者，是为法团；而在各法团中欲择一代表者以资研究，莫如取英国的任一铁道公司。此项团体，严格言之，实为一个造法之社团，因为在相当范围内，他可以造出法律（称为规则，"by-laws"）以约束行客。规则所在，犯者有罚，且得请求法院执行其罚则。故在英国内，任何行客，倘欲自牛津（Oxford）乘车至拔丁敦（Paddington），则必须遵守大西铁道公司（The Great Western Railway Company）所订定的规则；万一故意违犯，必至自己受累。此则人人所知，无待赘说。由此可见铁道公司实能在相当范围内造法。[5]

虽然，英国铁道公司固然是一个造法机关，但只是一个非主权的造法机关，此亦不可不知。因之，其所有立法权力到处均带有从属的标志。

第一，任何铁道公司必须遵奉国家法律，就中对于巴力门所通过以设立本公司的法案，奉行尤谨，复不能自行变更。此理至明，不须申论。

第二，就与铁道公司有关的诸种法律考察，根本法与寻常法的区别甚著。故其中有根本法，譬如，创造铁道公司的组织法，为巴力门的法案，公司对于此法，一字一行不能窜改；其中又有寻常法，专为公司根据法案自定，亦可为公司自行修正。此即为宪法与普通法相异的缩影。用宪法的术语表示，公司不是制宪会议，故不能自定宪法；公司在一定制限内却是立法会议，故有权编订普通法。而此类制限实为公司所受于巴力门的宪法所规定。

第三，法院对于公司的规则，不特有权利以宣布，且有义务以宣布其法律效力(validity)。法律效力或谓之宪德(constitutionality)。(此用政治术语表示)惟有一层学者必须特别注意，即是：凡宣布无效(to declare void)，或直接地废去公司的规则，并不是法院的自动行为。法院的职务只是听讼；必俟讼案发生，法院对于公司的规则乃有机缘问及。然一经问及，某一规则是否合

---

[5] 细看公司条例汇合法案。该法案在1848年通过，载于维多利亚朝代档案第八、第九册，第二十章，一〇三节，又自一〇八至一一一节。此法案常为设立某一公司的特别法案所根据，故其条文实构成铁道公司的组织法之一部。

法的问题遂起;而法吏的判断之结果即定实此一规则的运命。至于违法或合法的判决则以巴力门创造此公司时所通过的法案为根据。假使此规则超越法案所规定的范围,即是违法;假使未尝超越,即是合法。故判决虽是审判员的意见,然仍有客观的标准在。学者于此应用心审察英国法吏在听讼时所以得到一定判决之程式,此项审察工夫实为重要。良以苟能通达此点,学者即可由这一宗特殊例案的判决原则,而得到英国或美国法院决定非主权的造法机关所通过法律是否合宪的正确方法。

试引一实例为证:伦敦及西北铁道公司(The London and North-Western Railway Company)订定行客乘车规则,内有一条明载:"如无本公司相当职员的允许,行客不能越级乘车。如有越级行为,除犯者出于无心,并非有意行诈外,任何人均被科以四十先令以下之罚金,并责令补缴自第一站起计之越级车费。"有某甲者意图取巧,本持有二等车票,而故意入坐头等车。事被发觉,伦敦及西北铁路公司按照规则处罚某甲十先令,并补收头等车票之价值。某甲不服,特向法院起诉。法院判决此案,决定此条规则违背维多利亚朝代法案第八册第二十章第一百零三节所规定,又违背该公司组织法所许可条件,应作无效。因之,某甲不应受罚。

试再引一实例为证:东南铁路公司(South-Eastern Railway Company)在乘车规则内亦有一条,限乘客当被稽查时须将车票交验。倘行客不买车票,或有票而不交出,应令补缴自第一车站至旅行终点之车费。某甲本无意行诈,徒以于转车时不交车票使公司职员查验之故,东南铁路公司按照该公司自定规则,勒令某甲如数交费。案经王庭(Queen's Bench Division)提审,尽反所为,谓其处罚为谬误。其理由仍根据巴力门所通过之组织该公司法案,按之条文,巴力门并不许其有此权,故作无效。[6]

综观此项例证,及相类判案,在个中法院常对于从属立法机关(即一铁道公司或一教育局),所颁布的处罚规则,因判决讼案故,有时不得不议及他们的法律效力。诚如是,学者或且不免归纳法院的判决方法而得一结论,谓法院要宣布此类规则为有效或无效。但其实不尽是如此。法吏所要决定的并不是某条规则应作无效,因为撤消或否认铁道公司的规程不是法院的职务。不过在一诉讼程序中将欲发还某甲的罚款,法院自不能置此条规则于不问,因为处罚某甲即以之为根据。然则问及他的决律效力,以至宣布无效,此类举动均为折狱而发也明甚。讨论至此,学者将谓否决一条规则与根据某条规则的无效而决狱,似乎这种区别无多意义。其实不然。只就一件讼案着想,究竟某甲是否违法,因之应否受罚,上项区别必不可无,而且并非不关紧要。更就法律本身着想,法院有时尚须直接地考虑法律之宪德问题,例如,枢密院(Privy Council)因处理自治殖民地法律争端,在势必须审问其立法是否合于英宪;此乃为屡见不鲜之事实。于是在此际上项区别尤为特别重要。但此是后话,因为如此区别的重大意义,将来依题目寻求,愈推愈广,愈进愈深,必至豁然毕露。读者在目前所需,只要将此项区别的性质认清,便足。是故当法院判决某一讼案时,有时须先从考究某条规则是否有效着手,此等行事与单纯地可决或否决该规则大有差别。

6　此两例案分阅下文所示:
(1) 戴生(Dyson)对伦敦及西北铁道公司,见王庭判决案,第七卷,第32页;
(2) 孙爹士(Saunders)对东南铁道公司,载王庭判决案,第五卷,第456页。

第二目　印度参议会

印度参议会具有甚大立法权力,能为总督立法以治印度。就名义论,参议会若用法律上术语表白,实为"总督参加的参议会"(Governor General in Council),因之能通过极重要的法律,一如不列颠议会所通过之重要。然而此类威权并非自有,实来自帝国议会的法案。换言之,参议会实须附属及依赖不列颠帝国议会以得到立法权,正与伦敦及西北铁道公司相同。[7]

故就实际论,总督及其参议会的立法权均自巴力门的议案得来。此类议案可以称为印度的宪法。在此类议案之下印度参议会得有所依据而活动。即此一事,已足证明其地位在法律上只是一个非主权的立法机关。此点最足注意。不宁惟是,印度参议会,或称总督参加的参议会,所立之法律或规程随时可由英王否决。但此项事实系独立于前项事实之外,而不相连属,然而学者亦不可不注意及之。兹为征实起见,更将印度参议会在立法所处之从属地位所有标志逐一记出如下文。[8]

第一,参议会被许多法令所束缚。此类法令印度立法机关不能

---

[7]　参看依勒比(Ilbert),《印度政治》,第199至216页。又参看《议会法案通考》(*Digest of Statutory Enactment*),第六○至六十九节。

[8]　参看1883年印度政治法案,载于威廉第四代档案第三、第四册,第八十五章,第四十五至四十八节,又第五十一节,又第五十二节。再看1861年,印度参议会法案,载于维多利亚代档案,第二十八至第二十九册,第十七章。

印度参议会又受权于巴力门各种法案:(1)维多利亚代档案第二十四及二十五册,第六十七章;(2)同代第二十八及二十九册,第十七章;(3)同代第三十二及三十三卷,第九十八章;得立法以治理居住于印度以外之人物。

变更；惟帝国议会(the Imperial Parliament)能有权修正。

第二，根据此类法令，参议会得到在印度立法的权威，因之他们对于印度立法机关实成为根本大法；而对于其他法律，遂居于优越地位。加以此类根本大法含有许多明白限制，使参议会知所避就。例如，总督参加的参议会不能造出损害巴力门的权威之法律，侵犯英国的成文或不成文之法律，伤残英王在印度的主权之法律。[9]

第三，在印度中之法院（或在不列颠帝国中任何部分），当有机缘时，可以裁判印度法律的宪德或效力。

法院当处置印度参议会所通过的法案时，其所持态度，正与王庭(King's Bench Division)所以处置铁道公司的规程同出一辙。申言之，法院对于此类法案，绝不自动地发表一公文加以否决或撤消，或作为无效。但当民刑讼案发生，任一方的权利或责任以受治于印度法律而被牵累；法院于是为折疑决狱起见，遂不能不先审问与讼案有关的法案，究竟是否合法。如是行为对于此一特殊法案所生之影响，盖与法院直接地裁决该法案的效力，自然有同样效果。试设某甲被人控告以破坏印度法律之罪，而破坏的事实又经确立，法院在此时惟有法律问题亟待解决。在如此诉讼程序中，印度法院为据法折狱起见，尚须穷源溯流，先问此项法案的成立是否越权。倘使审问之后，法院觉得他并不越权（即依宪），于是，该法案必被维持，某甲必被依法处罚。此正与英国法院维持铁道公司的规程之办法无差别。倘使审问之后，法院觉得他是违法，于是，以该法案的违宪为词，某甲的权利必被拥护。此又与英国法院推翻铁道公

9　参看维多利亚代档案，第二十四及二十五册，第六十七章，第二十二节。

司的罚则之办法将无同。试引实例为证：在各例案中；皇后对布拉(*Empress v. Burah*)的一成案[10]为最有意味。此案的详情不关轻重，无用赘述，但有极可注意者一事，必须提示：先是，印度高等法院对于参议会所通过一特殊议案，谓为越权（即逾越帝国议会所赋予该会之权限），作为无效。根据此项判断，法院乃进一步而受理两囚徒的控诉；如其不然，法院对于此项控诉即无权受理。卒之，此案相持不下，复上诉于枢密院(Privy Council)以取决。讵料枢密院的判决[11]更出人意外：其一方面，该法案被维持，作为有效，因为参议会立此法时未尝越权；其他方面，印度高等法院对于参议会的立法，动辄以宪法相绳，枢密院不加非议。由此以观，印度法院对于参议会所立法律之关系，与英国法院对于帝国议会所立法律之关系，迥不相侔。一个印度法院可被请出而宣示其法律意见，谓总督的某条法令可以不必遵守，因为该法令实不合法，故作无效。若在英国的法院，审判员从来不批评、亦不能批评巴力门的法案，谓为非宪，而不为之执行。简言之，即此一点，我们可得两个立法权力的区别：其一是有主权的；其一是无主权的。[12]

第三目 自治殖民地

在英吉利殖民地之中，有所谓自治殖民地者焉：个中不但有代议士以立法，而且有直接地对于该代议机关而负责任之政府。此类殖民地之最著莫如新西兰属帮。为讨论明白起见，本文所论大概即

10　参看《印度法律通志》，第三册（《卡尔古塔丛刊》[*Calcutta Series*]），第63页。

11　*Reg v. Burah*, 3 App. Cas. 889.

12　*Empress v. Burah and Book Singh*. 细看《印度法律通志》，第三册，第63页，及第86至89页。

第二章 巴力门与非主权的造法机关

限于新西兰。

纽西兰属邦的巴力门，在其国中，运用普通主治的权力，在许多方面观察，甚似母国议会。他能造法又能毁法；他能建立内阁又能罢免内阁；他能控制纽西兰政府的大政方针，又能在实际政治中行使本会意志，一如母国议会之所为。倘使觇国者只就日常政务观察，或且得一结论，以为新西兰议会在本有职权内具有极大势力，似乎不下于英国议会。在两相比较之下，当行使立法职权时，纽西兰议会自然不免多受限制，例如，法案成立须得总督的同意，甚而至于须得皇帝的明白或缄默许可。然而两者所加限制几乎不成问题，因为在事实上此项同意及许可固时常得到。而且英王对于众民院所通过的议案亦保有否决权力，然而此项权力被弃置不用久矣。是故同意权与否决权恰相类似（自然，两事相比并非绝对相等），盖有权而不用与无权等耳。[13]

<small>殖民地议会所运用的权力</small>

虽然，上文观察只是皮相。倘加深究，学者自见两个立法机关的权力并不相齐，而该属邦议会（包括其他殖民地立法部），究竟是一种非主权的立法机关，复带有许多下级的立法机关之特殊标志。试征实言之：第一，属邦议会的行动常被一种法律束缚，而这种法律不任该议会变更，只有帝国议会可以变更；第二，纽西兰法案虽可常

---

[13] 殖民地立法部通常不有威权以越境立法，因之成为一种天然限制。于是帝国立法之适用于殖民地者遂应需要而发生。但在许多成例中，帝国法案许可殖民地议会以扩充的立法权；有时复使其造出境土以外之法以处理特种事件（例如，1894年商船法案，第四百七十八节、七百三十五节及七百三十六节）有时复规定殖民地议会所立一宗法案可以施行于不列颠帝国（比较：Jenkyns, British Rule and Jurisdiction beyond the Seas, p.70）。

得皇帝同意，然仍受该地法院或他处属邦法院的拘束。申言之：法院可以该法案与帝国议会的法律相抵触为词，宣布该法案失效，于是纽西兰议会只得俯首无词，因为帝国法律不是他所能过问。[14]

由此综观，殖民地议会当运用立法权时所处地位至易明白。学者只须能认识帝国法律与殖民地法律的正确关系便不难索解。但为明白殖民地法律的权力有限起见，又为解明议会的主权无限起见，此旨尚须深究。

关于保障殖民地立法的独立之宪章是为殖民地法律效力法案，该案在1865年通过（*Colonial Validity Act*, 1865）。[15] 自从此法案通过以后，殖民地的立法部之权限不但得以永远确定，而且得以扩充。法案全文，以限于篇幅之故不能尽录。然而其主要条文实含有重大意义，是不可以不征引。试观下文：

"第二节，任一殖民地法律，如有在任何方面，相与巴力门赋权于殖民地的法案相抵触，或相与由此类法案而产生的命令、条例相抵触，或相与由此类法案而得到效力的命令、条例相抵触，不但须服从该法案、命令，或条例的意旨，而且须就相抵触的程度所及，视为绝对无效（absolutely void）或不行（inoperative）。"

14　除此之外，复须注意逾越属邦立法部所得的权限一节。许多殖民地法案之欲应用于领土以外者大抵被判无效。詹金斯（Jenkyns）曰："在1879年纽西兰大理院判决当地所有外国刑事犯逮捕法案为越权。先是，1863年间纽西兰议会通过法案命令将所有在其他殖民地之曾犯刑事案件者驱逐出境。将欲履行此法令，在公海上拘留犯人之事遂不可免。大理院因之遂判此法案为越权，实坐该议会只有权在领土内立法以维持和平、秩序及好政治之故。"见同上书，第70页。

15　载于维多利亚代档案，第二十八及二十九册，第六十三章。詹金斯对于此事尝加讨论；见同上书，第71及72页。

第二章　巴力门与非主权的造法机关

"第三节，除非实与巴力门所有法案、命令、规程的条文相抵触，一如上文所述，所有殖民地法律，不能徒以抵触英国法律为理由，被视为无效或不行。"

"第四节，凡殖民地法律曾经总督同意或合作而通过者，或在通过之后仍取得他的同意或合作以得成立者，非至殖民部长（colonial secretary）以正式公文指明该项法律，直接地训令取消，不能视为无效及不行。倘有惟一理由只根据英皇后或她的代表者，曾以训令与该总督论及该项法律，但该项训令并不是刻板文书的公文，或又不是令行该总督使合作通过或同意于保持殖民地的和平秩序及好政府诸如此类之法律的公文，如是，该项法律当然继续有效。万一纵有刻板文书的公文或上文所称令行该总督的特种公文送达殖民地，然而在此两类公文中，英国政府的训令，对于该项法律，不过偶然论及，即亦不足为凭。"

"第五节，每一殖民地立法部可有，或应视为常时可有充分权力于自己的管辖权限内，设立法庭，以至改造或废除法庭，及制作律例以供司法之用。又每一代议的立法部，于自己的管辖权限内，得有，或应视为常时得有充分权力以规定该立法部的本身组织、功能与立法程序。但所有立法部，当纵事于造法时，必须遵照帝国议会的法案，英国政府的训令、命令，以至现行殖民律所规定之立法的方法及程式，然后此项殖民地法律方能发生效力。"[2]

---

[2]　按，殖民地法律效力法案为本书所称引者共有第二、第三、第四，及第五节，其中以第四节的文义最为复杂，又最难索解。译者初时原欲将其条文直译，以至易稿凡四次，仍不能当意。其后卒以直译所得的字句不但不能使文义明晰，而且转滋混淆，故改作意译。译完，复取两种译稿互勘，自知在词意间彼此大有出入，但一以原文与两者比对，则见后者实较前者能达意。于是最后乃决定采用后者。译事之难，于此可见一斑。

殖民地法律效力法案,在英国殖民法律中,甚为重要,固不待言。惟以论者的观察点不同,于是或视之太重,或又视之太轻。太过重视之处何在?在于视之为创举。其实远在1865年前,即在该法案未成立以前,法案内之原理有多少部分早被承认,而被用以保证殖民地法律的效力。不过此类原理在1865年以前,虽已存在,然而主持殖民事务者尚可以熟视无睹,而作为若有若无。如此便是轻视之处所在。但自有该法案,不独所有从前未经确诂之原理,今日均被收罗整理,复著之成令典。就中有许多受人怀疑部分,亦成定案。[16]均有立法的威权。无论如何,殖民地立法权限依此法案可以确定。

是以殖民地立法,自此之后,但求取得需要的同意,纵使明明与英国常法[3]冲突,亦生效力。

设有一宗纽西兰法案将以变更常法固有的财产传授规则,将以付与总督以权威使得禁止集会,或又将以废除陪审制度。此项立法不特是无益,且为不直。在势似不能存在。然而以法理论,此法究为有效的法律,而且在不列颠帝国中无一法院敢不承认其施行效力。[17]

更就其他一方面观察,属邦议会不能造出任何法律,以与帝国议会专为纽西兰而立的任一法案相抵触,或与此类法案的任一部分

---

16 在1865年以前,英国中之公意似以为凡法律之与英国法律的原理相违者皆是违法。于是,殖民地法律时时被作无效,皆以是理为原则。

[3] 按,常法一名在英语为"common law",通常有三种解法,其义详见雷沛鸿译《法学肄言》书中第二章。

17 但有一前提在,即是:这种法案是不与帝国法案之应用于该殖民地者相抵触(比较: *Robinson v. Reynolds*, Macassey's N. Z. Rep., p. 562)。

相抵触；有一于此，此法当然无效。

试设假例：假如帝国议会通过一法案，规定某项罪犯，当以一种特殊方式裁判。诚如是，无论若何属邦法律不能再与之相违背。倘使殖民地议会另定不相同的审判方法，此类法律不能作为有效。依同理假设新西兰以法案许可奴婢买卖，必然无效，因为此法与1828年之禁止属地奴婢买卖法案相违反。又依同理，假设属邦议会以法案撤回1894年之商船业法案中关于殖民地所应遵守的条文，其结果只是无效。最后更依同理，可推知帝国议会昔尝通过英国破产法（English Bankruptcy Act），规定在不列颠帝国中清还债务的办法，所有殖民地亦应一律遵守。假使纽西兰议会以法案变更其条文从而剥夺债务人减免债务权利，此类法案不能通行。简约说，所有帝国法律，如为应用于殖民地而设立，不能任殖民地法律蹂躏。至于此类法律的用意，或由明文宣示，或由文义解释得来，却是不关轻重。由此可得一结论：凡帝国法律一经确定其用意所在系为殖民地而设，随而任何殖民地的议案不能与此项法律相冲突；倘有冲突，此议案便是无效与违宪。[18]

是故纽西兰法院，以至在帝国中其他殖民地之法院，随时可被请求出而决断纽西兰法律之效力及宪德。倘使该法果然与帝国法律之应用于纽西兰者相矛盾，通帝国中无一法院能准于施行。此为帝国会议运用立法主权之自然结果。故在上文假设诸例中，读者自见属邦议会命令其地法吏作一种行为；帝国议会又命令他们作反对

殖民地立法院之法案可被宣告无效

---

[18] 在太零（Tarring）所著统治殖民地之法律一书，由第232至247页中，帝国法律之为一般殖民地而设者均被列出。除得帝国议会以特别法案准许外，殖民地立法再不能与之相抵触。

举动。以两个命令相比较，法院只得遵从后者而违背前者。如此作用实为巴力门主权的真谛。是故每逢殖民地立法有抵触帝国议会所通过法案的条文之嫌疑，法院在迟早间，必因受理讼案，须将该项立法审问而决定其所有宪德与法律效力。[19]

殖民地议会可为制宪机关，又可为立法机关

在1852年帝国议会始制定纽西兰宪法法案(New Zealand Constitution Act, 1852，载于维多利亚代档案十五及十六册第七十二章)，以后尚有几次修正案。综合原案及修正案是为纽西兰宪法的渊源。骤观之余，学者或且因此连带想及纽西兰议会的地位，以为该议会必然具有属下的标志。属下的标志何解？此义含有立法机关对于变易根本大法之无能力，或（其实只是一样事）又含有寻常法与根本法的区别，前者可变而后者不可。然而细加审察，学者自知此项联想之谬误。试观殖民地法律效力法案第五节（上文已征引），又观纽西兰宪法法案及其修正案，在两相比较之余，学者自见纽西兰议会实有权以修改该宪法所有条文；此项修改宪法的权力，因为受之自帝国法律，自然不至与帝国议会的立法主权相冲突。[20] 然则由此类事实观察，纽西兰议会，与其他殖民地立法院，以地位论，固是一种从属机关。但以权能论，他们不但是立法会议，

19　参考下列判决案：

(1) *Powell v. Apollo Candle Co.*, 10 App. Cas. 282.

(2) *Hodge v. The Queen*, 9 App. Cas. 117.

20　有些自治殖民地，例如维多利亚(Victoria)的宪法特别规定，凡法案之用以变更宪法条文者，其进行程序，须与寻常法律所有者相异。如此规定是区别根本法于其他法律以外的表示。比较维多利亚代档案第十八及十九册第五十五章第六十节，但在事实观察，此条宪法并不见严谨地履行。参看詹克斯(Jenks)，《维多利亚的政治》，第247至249页。

第二章　巴力门与非主权的造法机关

而且是制宪会议。何以称为从属机关？[21]因为帝国议会的立法足以约束其权力。又何以称为制宪会议？因为新西兰的宪法条文可任其修改。关于后者共有几个观察点值得注意：

第一点，我们于此得一确证，即是：介于宪法的成文性与宪法的不可变更性（immutability）之间不必有连带关系。例如，新西兰宪法是以书面记载的今文；又是一件帝国议会的议决案。然而该宪法所有条文不独可被产生他的巴力门随时更易，而且所有更易只依寻常立法手续进行。此两种事实似是十分明了，但著名作家尚不免有混为一体的倾向。换言之，这班作家所有议论似欲暗示一论点，即是：法律一经成文，其所有性质随之固定；由是他们还要引人注意于法律的成文性与他的不可变易性之息息相关。第二点之观察则为帝国议会以制宪权授与殖民地议会，如此容易，足见根本法与非根本法的区别在英人的心目中不是十分重要。然而此项区别，除英宪外，不独表现于欧洲大陆的宪法，而且概见于美洲各国的宪法。个中奥妙若必欲加以解释，学者必须先明白英国人的习惯，即是：英人久已受治于主权的巴力门之下，习见宪法的更易，一如其他法

21　凡一自治殖民地，例如，纽西兰，依通例言，大抵有权以更改当地宪法。但此项权力的范围与其运用的方式随宪法而变异。譬如，纽西兰议会几乎可以尽数变更纽西兰宪法；而且变更之法，一依寻常立法程序。譬如，加拿大议会适与之相反，即不能改变任何宪法条文。至于澳大利亚议会处于一奇异的地位。他可以依宪法所规定，用寻常立法程序而变易该宪法之第六十五及六十七节，但他不能用同样程序而变易该宪法中之他项条文。倘使两院协定，或使人民票决，其进行一如宪法第一百二十八节所规定，宪法中除第六十五及六十七两节以外之条文俱可受废弃或修改。在此际有一要点必须记取，即是：帝国议会常设法使殖民地能如愿以偿。是故即就加拿大所有情形而论，所谓加拿大议会不能修改其宪法，只是外貌如此，并不是实在。倘使加拿大人民果欲得一宪法的修正案，帝国议会必有所以慰他们的愿望。

律的更易。两者进行均取同样手续毫无差别。故当英国政治家授代议政治的制度于殖民地时，他们就自然而然地授该殖民地立法部以一切立法大权，无论宪法的或非宪法的事同一律。不过在法意中必含有一条件，即是：凡殖民地不能滥用此权以损害帝国议会的至尊性。是以在法律许可的范围内他们是主权的机关；惟对于帝国议会，他们所有行为自由，因处于从属地位之故，至为有限。

<small>帝国与殖民地立法的冲突如何解免</small>

由此遂惹起一问题，即是：如此多量的自由既经让与殖民地，如纽西兰等；究竟此项殖民地所得自由如何在法律上与帝国主权相调解？

此项质问虽略出本题范围之外，然未尝毫不相涉，所以值得答复。而且他的答案并不难得到，倘使我们常时记取问题的真正困难所在。

问题的困难所在，并不是用何方法帝国政府可以常时屈服此类殖民地；或用何方法帝国政府可以常时保持英国统治权。此为政治问题，非本书所欲研究。

换言之，本题的困难所在，纯属于律法性质。即是：设使法律应厉行于不列颠帝国全境，殖民地立法的自由如何可与巴力门的立法主权并行不悖？两个立法权力如何能制止互相蚕食。

谁亦不能谓这种考问可以不须有。倘使他时常记着，在联邦政治如美国或加拿大属邦中，法院常忙于测定两个立法权力的界线，其一属于中央，其他属于各邦。

<small>解免冲突的方法：(1)英国巴力门的至尊性</small>

更有一语声明虽则似属无谓，然而实具有真理，就是：这个公认的巴力门的至尊性实为授与殖民地立法部以极大立法权力的一个源泉。

第二章　巴力门与非主权的造法机关

殖民地宪法直接地或间接地依赖帝国法案而得到权力。故就法律上观察，巴力门能废除任一殖民地现行宪法，又能随时代所有殖民地立法；因之，可随时撤回或驾越任何殖民地固有法律使成无效。此类法律的行为，任何律师亦不能提出法律问题相诘难。更就事实上观察，巴力门实屡次设立关于治理殖民地之普通法律；从而一般法院早有一致主张，即是，凡帝国法律要应用于任何地方，即可约束该地。英国法院如是，殖民地法院亦莫不如是。后者并不存地方成见而稍逊于前者。[22] 此一原理既得普遍承认，自不用确定或制限殖民地立法的范围。倘使纽西兰议会有一宗法案触犯帝国法律，其结果只是无效；倘使纽西兰议会的一宗法案，虽则不至与现行帝国法律冲突，但不免有害于帝国的利益而不应通过，帝国议会在此时尽可另立一案，使该案归于无效。

虽然，此法甚少用及。因为巴力门，如欲统驭殖民地立法，尚有一较简便之方法可用，即是，关于殖民地法案，元首的"否决权"（the Crown's veto）尚在。此权亟须解释。（2）否决权

从来英国议会的法案，英王一向保有拒绝同意之权；徒以不用已久，此权几成废物，[23] 惟对于殖民地议会所通过之法案，皇帝尚随

22　参看多特（Todd），《巴力门的政治》，第168至192页。

23　谓否决权为几成废物（practically obsolete）一语，常被诘难（参看轩恩［Hearn］所著书，《英国政治》，第二版本，第63页）。但著者敢信其用法为正确。自汉奴费王室（House of Hanover）登极以来，历代英王对于公家议案未尝有一次否决。当伏克士（Fox）提出印度议案于众民院复得通过后，佐治第三本欲制止此议案的实施，但仍不愿使用否决权以废除之。于是，佐治第三特使贵族院不将此案通过。此即为否决权在百年前已被弃置之铁证。但谓之为几成废物并非谓其绝对地不能再用。关于否决权一题目，与所有各种涵义，读者应仔细玩味倭列里教授（Prof. Oreli of Zurich）的论文（载于

时否决。于是，在实际上，虽则不是名义上，帝国议会实有权以干涉殖民地的立法上之独立，而此权复屡次不一次见用。

<small>否决权如何运用</small>

此权的运用可有两个方式：第一，某殖民地的总督（譬如，即用纽西兰为例），可以当一法案通过于殖民地议会后，拒绝同意。在如此情形下，该法案即归无用，其结果与殖民地参议会不通过一议案相同，或与英国议会的法案竟遭英王运用久废不用的特权以否决该案相同。万一总督不愿即时运用否决权，他尚可以将此法案保留，俟英王自行裁决。于是，该法案非至得到皇帝的同意后，不能施行。在此际，皇帝的同意只是内阁的同意，而所谓内阁不过是巴力门的委员会，故最后的同意仍属于帝国议会。[24]

《英国百科全书》，第九版本，第十四卷，第208页；此文即以"否决"为题)。

御用否决权的历史可解证一事，即是：御用特权，虽是几成废物，然倘能予以保存，则大有用处。譬如，否决权本身虽久已不见用于英国本国，但一转变间，此项权力大可以调节母国与殖民地所有关系。倘使当时竟以法案将其废除，则今日自治殖民地，如纽西兰之议会的立法必难于处置。换言之，倘于废除之后，又欲再造一巴力门的否决权以对付殖民地立法，事必成为至难。惟因尚有这一种否决权存在，不列颠帝国的联邦政治乃成。

24 凡否决的权力，当运用时常有一定方式：殖民部为此曾制定及颁行"规则与约章"以资遵守。兹节录之，如下文：——规则与约章

第三章

第一节 立法院及议会

48. 在每一殖民地中，总督有权以给予或不给予同意于当地立法机关之法律。非俟此项同意得到，该法律不能发生效力。

49. 法律有时于通过之顷，加入悬书；在此际，该法纵得到总督的同意亦不能有效。该法的效力当发生于受皇帝裁可以后。但在别一时，帝国议会特命总督对于某项法律不可表示意见，惟留之以待皇帝裁可。

50. 每一法律在已得总督的同意之后（有悬书者除外）即发生效力，或在该法自定有效时间一到，即可发生效力。但皇帝仍保有不许该法实施之权；倘一经皇帝运用此权……该法自此项公文印行于殖民地之日起即被停止有效。

51. 在设有代表议会之殖民地，皇帝对于任何法律的否决，或对于被保留的法律的

第二，皇帝直接行使此权。当议案通过于殖民地议会后，总督以代表皇帝资格特予同意。于是此议案遂得施行于纽西兰。但在一定时期内，皇帝尚可运用其所有特权以撤消该议案。多特（Todd）有言：

可决。均以立法院的命令发布。至于有悬书的法案，非由悬书明白规定，或由殖民宪法明白设置，可以不用此项命令发布可决或否决。

52. 在直辖殖民地（crown colonies）中，当地法律的可决或否决均以电报发布而不以院的命令发布。

53. 法律有时被规定时效的限制，于是在规定的时间已过之后，非得皇帝特许，该法律不能继续有效。但此举是变例。

54. 在设有代表议会之殖民地，法律之以皇帝的意旨而制定者，或由总督代表御旨而制定者；或由总督自行制定而无保留条件，惟已得立法院及立法会议的赞同者，均成为法案。在不设有代表议会之殖民地，法律之以总督的意旨而制定，又得立法院（在不列颠基亚那［Guiana］，此院为资政院）的赞同者，均成为法令。

由上文考察，可见否决权可以两种方法运用：第一，总督不予某法以同意；第二，虽在总督予同意以后，皇帝不许可该法实施。加之，在法律通过以后，总督可保留此法以待皇帝考虑；或当法律通过之顷，法案本身设有悬书，将该法暂时搁起以俟皇帝批准。于是综括上文，否决权的运用共有四个程式，如下：

（1）总督拒绝同意。

（2）草案被保留以待皇帝考虑；其结果分两种：①以受皇帝否决而作废；②无论可决否决亦以命令不能依期在规定时间内送到而作罢。

（3）草案自身设有悬书以阻止其在通过后之实行，而随后又不能得皇帝的可决。

（4）在法案通过于议会予取得总督同意以后，皇帝批驳此法案。

读者于此，应审察前三事与最后一事之异点。前三事足以使一宗被通过后的法案始终不能运行于殖民地。最后一事足以使一宗正在运行于殖民地之法案，自批驳公布之日起，即失效力。此项批驳，如果要适用于多过一所以上之殖民地，必须在两年以内用宪法法案，或刻板公文正式发表。参看1867年，不列颠北亚美利加法案第五十六节。比较1842年澳大利亚宪法（见维多利亚代档案，第五、第六册，第七十六章），第三十二及三十三节；1850年澳大利亚宪法，见维多利亚代档案，第十三及十四册，第九十五章；及1855年维多利亚宪法（见维多利亚代档案，第十八及十九册，第五十五章），第三节。

根据澳洲民国宪法所规定，英王对于一宗法案之得到总督的同意后，一年以内者尚可加以批驳使之无效（见澳大利亚的民国宪法法案，第五十九节）。

"虽则总督代表英皇,可有权与所有议案以同意,但此案并不因此遂得最后决定,因为皇帝自身尚可予以第二次否决。本来一切议案,经总督同意后,即成法律;除非条文中附有保留条文而留待英皇的批准,方有例外。但无论如何总督必须照例送呈议案一份于殖民部大臣,而在通过后两年之中皇帝尚可不许该案通行。"[25]

由此观之,每一殖民地立法均受帝国政府的支配,因之,无一议案,倘经英国内阁认为与帝国利益冲突,可以推行无碍。在实际上常有多次议案,或因文字,或因法意,曾与帝国法律相抵触,卒被否决。试列举数例作证:昔在1868年,加拿大有减少总督年俸之举,不得英王批准[26]。在1872年,加拿大版权法案,因案中有一部分与帝国法律冲突,亦不得英王批准。次年复为一宗法案,以违反不列颠的北亚美利加法案之故,遂被驳回。其后五年,又有商船法案[27]亦以同理被否决。不列颠的北亚美利加法案者,帝国议会所议定之加拿大宪法也,今竟有殖民地法案与之相反,其为无效宜矣。然此不特加拿大为然也,澳大利亚民国与纽西兰等地亦屡受同样待遇。其在澳洲,则有屡次限制中国移民法案。[28] 其在各殖民地之立法会,则有允许妻子因丈夫犯奸而离婚法案;又有承认丈夫与亡妻的姊妹结婚或妻子与亡夫的兄弟结婚法案(此指帝国议会未通过亡

---

25 多特,《不列颠殖民地中之议会政治》,第137页。
26 同上书,第144页。
27 同上书,第147及150页。
28 提及澳洲禁止华人移殖一事,有人告我以如此法案屡被否决之经过。依帝国法律凡属移民议案须留予皇帝考虑;但关于此案,皇帝的可决始终不见发生,遂致不能实施。

妻的姊妹联婚法案以前之情形而言。该案在1907年通过，载于爱德华第七代档案第七册第七章)。此类法案，不拘大小轻重，在前后数年间，英皇一一予以否决。虽则此项否决不尽与殖民地所为意志相合，亦所不顾。

综观上文所论，可得答案，即是：巴力门至尊性之完全承认可省去殖民地立法权的限制手续；同时，母国政府，事实上代表巴力门，具有否决权的权力，用之可以防止殖民地法律与帝国法律的冲突。除此之外，须再加一事，即是：帝国缔约，在法律上可以约束殖民地；至于"缔约权"（treaty-making power，此系用美国宪法的术语），本属于英国君主，因之，母国政府得用之以实现巴力门的意思（较严谨地说，应是众民院的意思）；而除帝国议会以法案特许外，无一殖民地能有权以与外国订立条约。[29]

但有两点，必须注意：其一，自治殖民地的立法部，对于帝国所缔条约，可以自由决定殖民地应否再以法律维持该条约使之施行有效；其二，在实行之际，有时不免发生困难以执行条约的一定条件于殖民地，例如，引渡刑事犯一节，有时或为殖民地所不愿。虽然，此系小节，无关宏旨，而对于上述法律的两原理（即殖民地须受约束于帝国条约及除特许外，殖民地不能与外国订约），不能有所牵动。

将欲对于英国控制殖民地立法的性质及程度有所领会，我们必须谨记着两点：第一，在政策上言，帝国政府对于殖民地内部行动，

不干涉内治的帝国政策

---

29 多特,《不列颠殖民地中之议会政治》，第192至218页。

立法的，[30]或其他，[31]有不欲多所干涉的倾向；第二，殖民地法律，如上文所述，纵使英皇已予同意，但仍不能随意抵触应用于该殖民地的帝国法案；如有抵触，仍属无效。将第一点与第二点相结合，其结果足使帝国议会对于殖民地立法的侵蚀，殖民地议会对于帝国立法的冒犯，甚少遭逢。[32]

第四目 外国非主权的立法部（Foreign Non-sovereign Legislature）

根据上节所论，加以类推，我们自容易明白，殖民地中即如加拿大属邦，澳洲民国（Australian Commonwealth），虽则与独立国家无异，然而各地所有议会依然不是主权的立法部。此理不难索

---

30 例如，纽西兰在1900年通过一法案，承认妇人与亡夫的兄弟结婚为合法；又在1901年通过一法案，限制移民入境，均被允许。南非洲脱兰斯哇立法院于1907年，亦通过限制移民法案，仍然获准。由最后一例，可见母国政府对于殖民地立法权并不限制严谨。当时管理印度事务部长摩梨（Morley）即"表示私人不慊之意，谓此法案的内容实不能与其他自治殖民地所有同类之案齐视，……脱兰斯哇所立之法案第二节第四款插入一条法理为向来限制移民法案所未有。诚以此款……将来必至拒绝许多不列颠臣民入境；且有更甚于其他殖民地。依他处所有法案，凡属英国属地人民，倘有相当教育资格，即可入境；但依此案，凡属英国属地人民，即有相当教育资格，尚不免为种族之见所限。譬如，亚细亚洲中之英国臣民；纵使已在欧州任一大学毕业，亦不能依法入居脱兰斯哇（Transvaal）境内。宁非一大恨事！"参看巴力门议事录，第三八八七册，关于限制亚细亚人民移殖之商权，第52及53页。比较原书，第31及32页。参看本书导言关于巴力门的主权论之收场语。

31 除政治条约如海牙公约之外，帝国议会近今已不欲以通常结约的条文限制殖民地。于是，每逢缔结新约，约中常插入一款，声明殖民地，如属自愿，可受该条约的束缚。

32 凡殖民地政府，对于殖民地法院的判决若不谓然时，可以请求枢密院再判。此为系属殖民地于母国之又一关键。但在最近期间，又有帝国议会所立法案与殖民地所立者因商船事而时有抵触。

解，因为英国的主权巴力门实立法以治不列颠帝国，复常时隐立于背后；又因为这些殖民地，无论政治或法律行动在实际上所得自由如何大，对外不能发生条约的关系，于是一个属国的议会当然不能自成为主权的机关。至于一个独立国家的立法机关，亦属于无主权者，则为英国人所较难了解。因为以政治习惯言，英国政治思想久已建筑于巴力门的万能（parliamentary omnipotence）之上。由此类推，则所谓代表独立国家的议会应为主权的立法机关，方为合理。而今不然，如许情况在英国人观之，只能作为例外，或以为异物。但就事实立论，无论何人，试一考察各国宪法，自见许多议会实不是制宪机关。将欲测定一个外国立法部的真正地位，我们必须审察该国的宪法，又须决定他是否附带各项从属的标志。如此考究得来的结果所宣示实足令人惊异：因为在许多例证中，或在大多数例证中，所有外国立法部就表面观察，似是主权的议会；而就内容观察，实是非主权的立法机关。

试观法国，在过去一百三十年中，法国尝试验十二个宪法。[33] 在十二个宪法之下，政体屡更。然而他们于殊异政象中常保持同一共相。他们大概以承认一个主要的区别为基础，即宪法或"根本"（fundamental）法与"寻常"（ordinary）法的区别：前者不能变更，即有变更亦必甚难；后者不特可以变更，且可以寻常立法手续而变更。因此之故，法国所有议会，依他的历次宪法所规定，不能成为主权的立法机关。

腓立的立宪君主政治，至少在表面观察，是以英国的制度为模

<small>腓立的立宪君主政治</small>

33　德蒙比内斯（Demombynes）所著，《欧罗巴各国宪法》，第二册（第二版，第1至5页。参考附录，书后第一则，法国宪法的硬性）。

型。在1830年的宪法中,无只字限制君主及两院的立法权力;于是,就英人的经验所及,自然可以得一结论,谓在倭理安朝代(the Orleans dynasty)中,议会实得有主权。但此项见解不能为法国的公法学者所接纳。笃奎尔有言:"这个宪法的不可变更性是法国的法律之必然结果。……因为上议院,下议院及君主均从宪法得来威权,而集合三方面权力尚不能变易此法的一条文。他们既赖法律赋予权力而统治,出于法律范围外他们即无所有。诚如是,他们将何所凭依以变易宪法的条文?故个中取舍自易分晓。若非宪法可以独立地存在,使他们可以仗法律威权而主治;则是,他们卒能将宪法变更,使之不能存在,以至两败俱伤,同归于尽。是以摧灭宪法,即无异自行摧灭。此项归宿为1830年宪法推行所必至;较之1814年宪法殆有过之无不及。是故依前者,君主特权超于宪法之上;然而依后者,君主特权为宪法所产出,因之必赖宪法以存在。于是宪法有一部分即与君主一家同命运。甚而至于宪法的全部亦取得不变性,因为宪法中无修改的便利。但如此论断用之英宪即不可通。因该宪法既不成文,谁能判定其何时变易?"[34]

笃奎尔的理解[35]或不足以折服英人,但他的弱点正是我们所有论题的一个坚强证据,即是:巴力门主权不是法国宪法的固有部分。因之,英人所朝夕饫闻的巴力门主权一事正与外国政治家、立法家

---

34 笃奎尔(A. de Tocqueville),《美国平民政治》,第二册(英译本),"附录",第322及323页(全集第一册,第311页)。

35 笃奎尔的意见未免太过执滞。试读杜归(Duguit),《法国宪法通论》,第一百四十九节,第1090页,便明。其实当时所有宪法第二十三条,本来用以规定贵族院议员的委任,嗣后卒被以寻常立法程序修改。参看1831年12月29日法律,见耶里(Hélie),《法国宪法》,第1006页。

所坚持的宪法及普通法的区别一事相反对。

1848年的民国即明白地承认此项区别；他的宪法，以1848年11月4日公布，无一条文可用寻常立法手续修改。每一立法会议得开会3年。惟至最后1年，议会得以3/4的多数（惟不得再少过3/4）通过，而成功组织制宪会议，然后可以修改宪法。这个制宪及主权会议与寻常非主权的立法部，在人数上与其他方面均有差别。1848年的民国

法兰西民国的国民会议（National Assembly）所有威权与英国巴力门相等。至于法国的众议院与英国的众民院相较，关于阁部的任命、政府的控制，两者不相上下，而且法国总统，甚至理论的否决权，亦不能有。然而法国议会并不因享有此项优越权利而成为主权的立法机关，却依然为宪法的条文所束缚。英国巴力门决非如此。换言之，法国宪法或"根本法"的条文与普通法律处于不同地位。依宪法第八条所载，所有宪法各条文如有变更，必须遵照下列条件：现代民国

"8. 凡参议院与众议院，在分别会议中，各得大多数同意之决议，两院即有权咨请总统，或自动的，宣布修改宪法。自是之后，议会当根据此项决议，相与集合，组织国民会议，以从事于修改。修改宪法，无论全部或一部分，当决议时须以组成国民会议全体议员之大多数，方得通过。"36

---

36 参考杜归与孟尼耶（Duguit et Monnier）大革命后之法国宪法，三十二条及第321页。英吉利宪法主义与法兰西宪法主义之区别，因两国宪法大师对于法国两院当联合开会时，是否有权修改法国宪法一问题，抱持别异见解，遂得到一个极显著的例证。故自英国学者观之，该宪第八条既已明载，即凡当两院联合开会以构成国民会议，他们总应有权依条文所规定以实行修宪。诚如是，此举之合法当无待深论。于是在法国学者中，因根据本条所规定，附和此议者固不乏人（参考杜归［Duguit］，《法国宪法通论》，

此由观之，民国的最高立法权不是寄托于平时的两院，惟寄托于"国民会议"（National Assembly）。国民会议以众议院、参议院合组成之。

<small>软宪法及硬宪法的区别</small>

简言之，法国历次宪法，在此一节系大陆政治的代表者，[37]实显示宪法中之一特性，是名"硬性"（rigidity）。较之英国宪法具有伸张性（expansiveness）或软性（flexibility）者大不相同。[38]

将欲为了解英国宪法起见，学者不可不先将"软性"及"硬性"的区别仔细研究。

一部软性的宪法是：在如此界说之下，所有法律可以依法变更，并不甚难，以云变更法律的机关，固属同一；以云立法手续亦无差别。征诸我国所有宪法，他的软性包举二事：其一，君主与两院有权以改变或废除任何法律；其二，他们可变更极重大的法律（譬如，改易王位继承法案，撤消英格兰与苏格兰，或英格兰与爱尔兰

第一百五十一节，莫罗[Moreau]，《宪法本义》，巴黎，1892年版本，第149页）；但多数著名法家却批评这一见解是错误。他们以为宪法虽有第八条所规定，但宪法的最后修正权仍属于法国国民全体。因此之故，任一宪法条文的修正案，若不得到选民总投票的可决，终不免缺乏道德效力。学者如欲明白两方所有论据，可阅下列诸书。譬如，杜归，《宪法总论》，第一百五十一节；巴尔和罗比凯（Bard et Robiquet）1875年之《法国宪法》（第二版），第374至390页；又如埃斯曼（Esmein），《宪法学》（第四版），第907页；博尔若（Borgeaud），《立宪与修宪》，第303至307页。前者代表正面；后者代表反面。

37　比利时宪法，无论关于此一点的研究，或关于其他各点的研究，至足注意。虽则模仿英宪而制成，比宪却不采入巴力门主权的原理。比利时议会，依通例，不能更改宪法一字。他只是立法会议，决不是制宪会议。他可以通告全国，谓宪法某条有修改的必要；但此事一经通告，他即时须自行解散（après cette declaration les deux chambres sont desolutes de plein droit）。新议会之以这一问题而选出者，在集合后，方能有权以修改经指定的条文（参看《比利时宪法》，第一百三十一及七十一节）。

38　参考附录书后第一则，论法国宪法的硬性。

合一法案），恰同变更轻小的法律（譬如，通过一法案使某公司有自牛津至伦敦的铁道敷设权），均依同一程式，并无繁简之别。但有一部分法律所以被称"宪法"者，并非因为该法较为神秘，或较难更改，只是因其所有法律问题牵涉国家的根本制度而已。在英国实际政治上，"宪"字的意义至属笼统，因之"一部宪法或法案"（a constitutional law or enactment）的名词，应用在英国议案中，甚少谨严解释。

一部硬性的宪法是：在如此界说之下，某部分法律之被称宪法或根本法者不能与普通法律以同一手续变更。征诸法国或比国的宪法，他的硬性概举一事，即是：比国或法国的议会，当平常行使立法职权时，无权以议及宪法。在硬性的宪法之下，"宪"（constitutional）字当应用于法律时实具有一定意义。他用以解释二部特殊的法律，具列条文；该法律一经编订公布之后，不能如寻常法律易于修改，复不能以普通立法手续进行改订。此类条文，依通例，虽则非定例，大概包括国家的根本大法。然而学者必不可因此遂谓凡具列于宪法中者均属重要。例如，法国议会须在凡尔赛（Versailles）开会一节尝具载于法兰西民国宪法。如此事实，无论作如何解释，决不为国本所关；读者至易晓此理。然而议会每年开会地点所以卒成为宪法问题者，只因宪法有条文明载之故。[39]

英吉利宪法的软性与外国宪法的硬性，一经反比，可以引起两

---

[39] "硬"（rigid）与"软"（flexible）两称谓，最初原为吾友蒲徕士先生所倡说，当用于本书中，有须申明者一点，即是：两字毫不寓有褒贬的意思。古今作家，对于英宪的软性或扩张性及美宪的硬性或超越性，尽多有所偏好或偏恶，其褒贬即不免在语意间发表。但本书实不愿与闻此事。著者在目前所有愿力只要将硬性宪法与软性宪法为读者明白解释。至于两者所有优劣长短，著者在本书中不参末议。

个极有兴味的疑问。兹当分段提示之如下：

<small>硬性与永久性相因而至否</small>

第一，宪法的硬性能连带取得宪法的永久性否？因之，能给与国家的根本制度以不变性否？将欲答此疑问，历史上所有经验不足以供给肯定或否定的确凿例证。世间各国固有将某种法律或根本制度特别加以规定，使超越政治争论的范围以外者；如此行为足以遏止革新的过程一如英人所经历。故在一方面，英国在60年间[4]渐次改变固有政体；而在他方面，比国宪法在半世纪中屹立不变，至少在形式上无极大变更。又美国宪法在100余年中并无何种剧变，可比英宪自佐治第三（George the Third）死后所遭逢。[40]虽然，宪法的硬性，由其他例证所示，可以促成革命。试观法国，他的十二次宪法均属硬性，而一次宪法主治不过10年；且每次改革大抵经过暴动。譬如，腓立的君主立宪政治即不免暴露此一弱点。试按笃奎尔所提示，国内实无一权力的存在，可以修改宪法；卒之，施行7年，该宪法沦亡。更有一显著的例证——其实同样例证尚多，可自法国革命史寻出——宪法的不变性足以成为政变的原因或口实。试观1851年之政变：[5]事实上固是拿破仑第三成功重握政

---

[4] 按，英国在19世纪间有三次巴力门大改革法案：第一次法案在1832年通过，选举权由是得普及于中等阶级。第二次法案在1867年通过，选举权由是普于都市工人。第三次法案在1880年通过，选举权由是，除妇女外，几普及于全国。自有此三大法案，英国政体遂由贵族政治而变成平民政治。故戴雪在书中有此言。参考G. M. 特里维廉（G. M. Trevelyan），《19世纪之不列颠历史》。

40 合众国宪法，自成立以来，在表面上固无大变异，然在实际上已有许多更易，此则至无疑义。不过此类更易的事变，出于正式修改条文者少，而出于从广义以诠释宪理者多。此又不可不知者也。

[5] 按，1851年之政变，在法国史中实为一种政治革命，由此拿破仑第三遂得以推翻民主政制，复建立法兰西帝国。故戴雪在书中有如此评论。

权；名义上却是当法国人民欲重选原任总统之际，宪法中梗以致民意无从实现。故欲得总统重选，必须修改宪法；而欲得宪法修正，依宪法条文须有两院议员 3/4 的多数决议。不幸实际上法律不能解决，只得诉诸武力。于是有 12 月 2 日之役。倘使当日民国议会（Republican Assembly）是主权的议会，宪法自易于修改，拿破仑第三或将无从藉口。乃今观之，拿破仑为此固别有用心，然其措词不可谓非正大。

宪法的不变性包藏危险，即就法国 1848 年的宪法观察，已可概见。读者慎勿视之为偶然事实，须知此类危险实起于硬性宪法所固有的缺点。大凡有一种努力，使法律造成不变性，即无异于有一种尝试以从事于阻挠主权的力量使不能自由运用。最后结果足使法律的文字与国家内最高权的意志相冲突。试就上例观察，法国选民的大多数，依宪法言，实是法国的主权者，徒以条文所规定，至使大多数选民所欲选之人不能合法被再选。于是此条规则推行所至，足使国法与选民的意见相反，而得到法律的文字反对主权者意志之结果。此实为一般硬性宪法所必有之倾向。至于软性宪法则可免此病。倘若学者既知法国宪法的硬性尝惹起革命，当知英国宪法的软性亦尝至少一次拯救英国制度于沦亡。当 1832 年英国人民极少运动改造巴力门之际，若非巴力门自身能运用最高主权的力量，实行政治革命于法律改良之中，全国人民必诉诸武力以求解决。今日景过情迁，学者当不为成见所蔽，必能默诵历史而了然于此事之因果。[6]

---

[6] 按，在 1832 年以前，英国所有政治纯属寡头政体。在一方面，贵族阶级垄断政权，贿赂公行；在他方面，中等阶级乘产业革命的进展而崛起，力争选举权利。当是时，人心骚动，社会不宁。倘使巴力门大改革案最后不能通过，英国的政治革命必不可免。

简言之，宪法的硬性倾向于防阻渐次更新，正因其遏止变易。故在不顺适的情势之下，足以促成革命。

<small>违宪的立法用何法防闲</small>

第二，在硬性宪法之下，用何方法以对付违宪的立法？

答复此问题有一普通答案（读者注意，若就受治于主权的巴力门之英国而论，此答案不能适用），即是：有两种方法各尝被制宪者采用，均能救济违宪的立法，使成不可能，或成不行。

其一方法，倚重政治或道德以收实效。故在道德方面，制宪人物可利用人民所有公意的力量以控制立法部。又在政治方面，他们复可造出政治的均衡力量以防闲违宪的法律。诸如此类之方法均可称为道德的责效，而归宿于公众情感。

其二方法，授威权于一人或一团体（以法院为较善），使有权裁判议会的法案；倘若该法案抵触宪法的文字或精神，竟可作为无效。此法不以预先制止不合法的立法为事，惟在法律既成之后，图谋救济，使不至于为害。此权的运用以法院为中枢，而寄附于法官诠释功能之上。

上文所述两法为各国宪法家所用以防止违宪的立法，盖所以保持宪法的硬性。但两法在实施时至为繁赜，不易明白，尚有待于解证。解证之法莫善于比较历来各国宪法学者对于立法部所抱持之政策。

<small>大陆宪法家的防闲方法</small>

法国的制宪者及其大陆从者常时侧重于根本法与寻常法之区别，一如前文所述。由此区别大陆宪法家更组织及建立一个立法会

故戴雪在书中特有此项提示。参考：*Life of Lord Grey*（by George Grey），*Life of Place*（by Graham Wallas）两书，则对于当时在朝方面与在野方面所有改革运动，读者均可窥见一斑，而是时所有政象为如何危险，亦可洞见。

议,使之只具有立法权而无制宪权。而法国政治家为此之故更造出各类方法,以规范寻常立法机关,务使不能逾越。其进行方式前后颇呈一致之象。譬如:立法院的权力之限制宪法则一一载明;表示立法的途辙之各种法则,宪法亦逐条具列。至于宪法的修正则超出寻常立法的职务范围之外,非立法会议所能胜任。只有"制宪会议"可有权以修改宪法。惟其如是,制宪会议须以特别方法组织,复须在特别条件之下产生。法兰西政治家已及早准备此项会议的创造法律毫不罣漏。约言之,凡所以约束立法机关使不能侵犯宪法者应有尽有。然而约束之力量只赖有公意[41]或政治判断,务使议会知所避就。此外未尝设有何种机关以撤回违宪的法案,或宣告此项法案无效。

此类法兰西立宪主义的特性在最初三次宪法中十分显著。是故 1791 年的君主宪法,1793 年的民主宪法,1795 年的主政宪法,在异象纷呈之下,显露两个共相:[42] 第一,立法院权力严受限制。譬

^{法国革命的宪法}

---

41 "所有政府机关之受成于宪法者,无论其为全体或一部,均不能有权以修改宪法。若必欲修改宪法,则惟有按照宪法第七章所规定,依一定程序前进,方能有效。"

国民会议(L'Assembiée Nationale)实以宪法寄托立法部,执政与法官,而深信他们的忠诚为可靠。此外复倚重老成人的警视,青年国民的爱国心,与一般人民的忠肝义胆,均能卫护宪法。1791 宪法第七章,第八条;见杜归与孟尼耶(Duguit et Monnier)所著,《1789 年后之法国宪法》,第 34 页。

由此可见国民会议对于 1791 年宪法,盖以维护宪法之责,望诸全国人民。除此之外,再无较实际的规定。文中固尝提及法官之名,或者将因此揣测,以为其用意盖在于希望法院出而干涉违宪的立法;但如其实为未必有之事。又在民国八年的宪法之下,元老院固有权以否决违宪的法律;但此权的实际运用,若以英国通用术语表之,实是草案的打消,而不是法案的否决。参看八年宪法第二章,第二十六及二十八节,耶里(Hélie),《法国宪法》,第 579 页。

42 参看附录书后第一则,论法国宪法的硬性。

如，在主政时代，主政宪法有三百七十七条；无一条可任立法院变易。但制宪会议的组织条文又甚为严密；若欲依法召集，非有九年的光阴不能办。[43] 第二，违宪的法律不设有善后办法。此项缺乏大概由于制宪者不能察及一事，即是：议会立法虽未必公然与宪法抵触，但不免或有违宪的嫌疑；因之，解释嫌疑，须有公断机关。

现行民国宪法时至今日，革命时期各次宪法的特性依旧流传。故在现代法兰西民国中，尚有若干种法律（虽则为数无多），为议会所不能更改。最重要者则有所谓"国会"（Congress）[44]，于集会时能有权以增加根本法的数目；由是，议会权力自然须受减削。至于裁判法案的效力机关仍然缺乏如故。复就实际经验观察，任何人，苟能注意及于法国司法界的传统思想与法人对于事实政府的立法之重视，必能相信；凡法案被议会通过，受总统公布，又经法律公报刊登，法院决不敢非议疑难，只有尊之为有效而已。

宪法的条文是"法律"否于是一怪异结果遂得发生。质直言之，所有在法兰西宪法内限制议会的立法权力之条文皆不足视为法律。是何以故？因为在最后一着，此类限制如受违犯，法院只袖手旁观故。由是严格地观察，此项条文只具有政治道德的性质，而不有多大责效力。如曰有之，则不过因宪法具载之与公意扶助之而已。此固为法国宪法的真相，亦为大陆各国宪法的真相。例如，比利时宪法所以限制议会的立法权实不亚于法国。但对于违宪的法律之处置一层究竟比国宪法家

---

43 法国宪法（1795 年所定），第十三章，第三百三十八节。Hélie, Les Constitutions de la France, p. 469.

44 "Congress"（国会）一名为法国著作家所屡用，但未尝见于法国宪法。就著者所知立论，似仍以"L'Assemblée Nationale"之名为正当。

曾否有所准备,使侵害权利(例如言论自由的权利)之法律不能运行,尚属疑问。比国法家在理论上固尝主张,凡违反宪法条文的法案应受法院宣布无效。但就历史观察,自独立以后,比国法院未尝有此类举动。或者于此尽可代为解释,因谓:此事由于比利时议会实能尊重宪法的条文所致,而同时又由于人权的正式宣示足以发生特殊效力所致。或人所言究竟符合于事理否,此时可以不必深究。但即此一节事实已足使人明白比国宪法所加于议会的限制之真相,即是:此类限制,在比宪中一如在法宪中,同以道德的或政治的公意维持,因之,他们只可被视为宪典,而不可被视为宪法。

综观上文,所有大陆政治家对于议会的态度似难索解。他们既深惧议会的威权无限制,又不愿设法以制止议会的越权。此种矛盾的解释只能在大革命时代所有政治心理中寻求。法国制宪人物当是时大抵受时代影响而发生双重感念:其一,过信人权宣言以为其力足以控制议会;其二,妒忌法官不愿其干涉政治。[45] 在下文中我们将见,即在今代,法国的公法依然带有第一项信念的彩色;同时法国人民依然受第二项妒念的影响而不愿令法院侵入政治范围。[46]

合众国宪法的起草人,与并世而生的法国政治家,同抱有限制立法权力的愿望;不过前者所有恐惧心比后者所有尤为急切(理由详见下章)。同时美国政治家,一如法国政治家,深信人权宣言的发布具有特殊势力。然而前者用力所在较之后者用力所在,不同方向。后者极力注意于防止立法院之将来越权,前者却极力注意于越

美国制宪人物的防闲方法

---

45 《笃奎尔全集》,第一册,第167及168页。
46 参考第十二章。

权立法后的救济。其结果，美国制宪人物发明一新工具以中止违宪的立法之流弊。此一新工具实为法院。在此项新工具运用之下，凡遇议决的法案侵犯合众国宪法，逐一审判员均有审讯该法案的法律效力之义务。倘使违宪有据，此项立法即归无效。由是，所有限制议会越权立法的宪法条文均取得法律的德性，而成为纯正法律。因为有法院以立于宪法之背后，如有违犯必受干涉。然则宪法之监护人实为法院。如此政制，用以防止违宪的立法至有效力，在法律史中实为一大发明。

第三章　巴力门主权与联邦主义

第一节　章旨

本章论题仍属一种比较研究，惟其比较资料则为别一种政制，名曰联邦主义（federalism）。申言之，此章内容系以存在于现代文明国中如美国者之联邦政治，比较英吉利巴力门主权，而解证其所有特性。[1]

第二节　欲明白联邦主义莫如研究美国宪法

本来在现代文明国家之中，除美国外，尚有瑞士联邦，加拿大属邦，及德意志帝国；[1]数国均施行联邦政体，[2]复值得个别研究。

1　关于美国联邦主义之题义，读者应参考蒲徕士的《美国平民政治》；关于本章所述，读者应精读其第一册第一卷。

［1］　按，此书最初出版时为1885年，最后修正出版时为1915年。而德意志联邦最初成立于1871年，是为德意志帝国；欧洲大战而后，乃改建民国。德意志民国宪法颁布于1919年8月11日；该宪法实出现于此书最后修正出版时期之后四年。故此书所称之德意志宪法皆为其帝国时代之宪法。

2　到了现在（即在1908年）澳大利亚民国（The Commonwealth of Australia）必须

但为解证本题起见,与其就各国制度分别征引,不如专一注意于北美合众国。理由有二端:第一,就联邦主义的本身观察,美国现行政制最能代表一种极发展的联邦政治。因之,所有联邦的特殊彩色最易标举;就中如用法院约束立法部的制度尤能完全发展。至于瑞士联邦[3]与加拿大属邦大抵袭用美国制度,复未能尽善;而德意志帝国的宪法,又以历史上之关系,纷呈变态,故不足以代表此项政制。第二,美国宪法与英国制度之关系至有研究的价值。试就形式的殊异观察:一则采用分配权力的原理,以建立联邦政治;一则厚集权力于议会,以造成主权的巴力门制度。两者似相与背道而驰。但一就制度的精神观察,一切美国制度本由英国移植;故此时成为伟然大观的美国制度实渊源于古代英国的政治及法律思想。故两者之相异当不如其形式所表示者之甚。简言之,英国在今日所有国体原以一基本原理造成;此一原理,若用外来的但又极方便的术语表示,名曰:"单一主义"(unitarianism)。在单一主义的国体之下,有一个中央权力,常时惯熟地运用至尊的立法威权,此项中央权力在英国则为巴力门。至于美国今日的政治亦只由一基本原理形成;此一原理则为行政、立法及司法的权限之划分,复将此类有限制的权能逐一分配于三个平行而又独立的机关。此旨实为联邦主义的国

加入。参看附录中之书后第九则澳大利亚联邦主义。

再参看南非法案载于1909年档案,爱德华第七代第九册第九章。

3 瑞士联邦主义极值得注意,近人已渐知之。瑞士民国所有特殊彩色是:她是一个胜诚的及自然的平民政治;但她的平民政治,不以盎格鲁-撒克逊的,却以大陆的自由及政治思想为基础。

澳大利亚民国的宪法含有一精义,系由瑞士联邦主义所暗示。参看附录中之书后第九则。

体所必需；著者在下文中行将屡次复不一次申言之，然则由此项比较，两个政治所有反对政象固可明见，而由此政象所产之结果更觉可异。诚以除有一基本原理不相同外，在大西洋两岸之两国所有制度实根据同一渊源而发展。所谓同一渊源者何？即是：同一法律思想，同一直道的见解，及同一个人的权利与政府或国家的权利之所有关系。

将欲洞察联邦主义的性质及联邦宪法所以别异于英国的巴力门宪法者何在，学者必须考察三事：其一，联邦存在的必要条件及其建国宗旨；其二，联邦国家的主要特性；其三，联邦主义的某种特性之由其固有性质产生而适足以别异于主权的巴力门者。

第三节　联邦主义的存在条件及其建国宗旨

第一目　存在条件

凡联邦国家的成立必须先具有两主要条件：[4] 其一属于政治组

4　关于美国联邦政治之建立看下列诸书：

(1) Story : *Commentaries on the Constitution of the United States* (4th ed) ;

(2) Bryce : *American Commonwealth*

关于加拿大属邦之建立，看下列法案及书籍：

(1) *The British North America Act*, 1867, 30 Vict, c.3 ;

(2) Bourinot : *Parliamentary Procedure and Practice in the Dominion of Canada.*

关于瑞士联邦政治之建立，看下列公文及书籍：

(1) *Constitution Federale de la Confederation Suisse du 29 mai* 1874 ;

(2) Blumer : *Handbuch des Schweizerischen Bundesstaatsrechtes* ;

(3) Lowell : *Governments and Parties in Continental Europe II*, Chaps.11-13 ;

(4) Sir F. O. Adam : *Swiss Confederation* ;

织；其他属于民众所有心理。

在第一主要条件中，所谓政治组织应为列国的团体，例如，瑞士的州郡（cantons），或加拿大的行省（provinces），或美洲的殖民地（colonies of America）。而在此类列国的团体中，或以地理，或以历史，或以血统以至其他，彼此常有关联与系属；更由此类关联与系属，居民常得到一个好印象，以为彼此在迟早间可以合成为同一民族。倘使求诸实际经验，更有许多地方，在其始或以攻守同盟，或以共戴一尊，而后来至于互相要约以成立联邦国家者。然使有人因此遂谓如此联络实为构成联邦要件，是则不免言之过当。但无论如何，凡在联邦主义兴盛之处，其先常有一种泛系的结合；是则至属确凿。

在第二条件中，所谓民众所有心理，应是一种感念的特殊情形常存在于列国内之人心；此项心理对于联邦制度的建立实为绝对的需要。民众在当时所有之感念，一方面渴望合一（union）；一方面复厌闻统一（unity）。夫如是，联邦制度乃有成功的希望。假使他们无合一的想望，列国自然不有联邦的基础。试征诸历史。譬如，当平民国家主治之下，倘使有人主张英国应与合众省联合[2]。如此

---

(5) 附录，书后第八则，论瑞士联邦主义。

关于澳大利亚民国，除宪法外，读者应参考下列书籍：

(1) Quick and Garran : *Annotated Constitution of the Australia Commonwealth* ;
(2) Moore : *The Commonwealth of Australia* ;
(3) Bryce : *Studies in History and Jurisprudence I Essay* 8 ;
(4) 附录，书后第九则，论澳大利亚联邦主义。

[2] 按，"平民国家"（the Commonwealth）建立于克林威尔（Oliver Cromwell）当国时代，自1649年起，至1660年止。"合众省"（the United Provinces）即是荷兰的前身。其始合众省本属于奥国；迨至1648年，威士发利亚和约（Peace of Westphalia）成，

陈议并不有人民的同意；因之，此类联合尽可寄托于政客的梦想中，决不能见诸实行。假使他们竟怀抱统一的志愿，列国当然不能以构成联邦自限。诚以一受此项志愿驱使，列国国内人民必俟取得单一国的宪法然后快心。试再征诸历史。譬如，在18世纪初年英格兰与苏格兰方宣布统一两国，又在19世纪中期意大利各邦方努力于民族的一统；[3]当是时，国中所有公共利益的感觉，或民族感情，发为力量，至大至刚，决不容许依违于联合与分离两者间之联邦制度实现。简言之，关于构成联邦政治的情感，其必要条件是：人民受各种动机驱使，甚欲联合各地方成为一国；但同时仍不愿一概抹杀各邦的个体存在。更进一步解释，联邦政府决不至于成立，除非人民亲爱本邦甚于亲爱公共政府。如此情感在18世纪中最后25年实存在于美国，在19世纪前半期实存于瑞士。故在1787年一个威几尼亚人（a Virginian）或麻萨诸塞（Massachusetts）的公民尽忠于本邦过于合众国。又在1848年吕先（Lucerne）的人民依恋本邦过于瑞士联邦；同样，别恩（Berne）及沮利克（Zurich）的百姓亦有同感。由此综观，可见当创造联邦时，人民常有两种心理：一则渴望民族一统；一则仍愿各邦独立。两者似乎必不能相容，万不获已联邦主义遂应运而生。故调和两者使不至于各走极端，即是此项主义所以成立的宗旨。

始得独立。自其独立后，合众省常与英王查理士第二的复辟问题有关系。因之，平民国家与合众省在当时彼此交恶。

[3] 按，此书于第七版（1908年）以前，在英格兰及苏格兰的合一之后，复征引英格兰与爱尔兰的合一，以解证题旨。其后事体变异，英格兰与爱尔兰之合一顿改旧观；故著者特以意大利之统一代用原文。

第二目　建国宗旨

惟其如是,联邦主义仿佛是一种政治机括,其目的在于调和民族统一及列邦独立的政治心理。由此目的,联邦主义的主要性质遂以造成。将欲使全国的主权所有名分与各邦的主权所有名分能并行而不相悖。联邦主义所应用的惟一方法只是在于制定一种宪法,以详明划开主权的寻常权力,[5] 而又仔细把这些权力分与公共的和个别的政府。此类分画的详情自然随联邦宪法而略有出入,但所根据以划清权限的原理皆属一致。是故凡事务之有公共性质而为全国所公有者应拨归联邦政府处理,其余尽留归各邦政府自行主持。基此原理,合众国宪法的弁言遂宣言曰:"兹为构成更强固的联合团体建立直道、保持境内和平、准备自卫、促进普通幸福、求取本身及子孙的自由起见,我们合众国的人民,特命定与制成合众国宪法。"第十次修正案更加明白规定:"凡未经宪法寄托于国会的权力,又未经宪法禁止各邦运用的权力,尽属于列邦或人民。"此两句语言重见于瑞士的宪法,[6] 虽则字面略有变易,然而两部宪法的用意实不外欲以宣示联邦主义的宗旨及联邦主义的中心思想。

第四节　联邦主义的主要特性

根据上方所述意旨,即是,在同一宪法之下,不但全国与各邦的权力可以分划,而且民族的统一与各邦的独立亦可以由此调剂,

---

[5] 参看附录,书后第二则,论联邦国家中之分权。
[6] 见瑞士宪法,弁言及第三节。

遂产生联邦主义的三个特性。缕析言之：则有(1)宪法的至尊性；(2)分配有限制的权力于同等而又独立的各个机关；(3)法院诠释宪法的威权。

第一目　宪法的至尊性

凡联邦政府须赖宪法而得到生存，恰如一个法团须向创造他的法律取得生活源泉。因之，逐一权力，行政的、立法的、司法的，无论属于全国，或属于各邦，必须受命于宪法。所有个人及机关，不必问其为总统、国会、总督，或邦会，俱不能运用与宪法条文相抵触的任何权力。这条宪法至尊的原则，虽则在美国内尽人皆悉，甚为英人所不解。在英国中纵有老练法家亦不能详究这条原则的运行所得结果。是何以故？则以个中具有实际的困难故。原来在英国宪法之下，巴力门本属至尊；若谓宪法本身却能构成全国的至尊法律（此为联邦主义的要旨），英宪决无此项原理。[7]是故在英国法律中尽有根本法[8]或宪法的称谓；此不过是因为某类法律牵涉的重要原理（譬如，王嗣继承法，或英格兰与苏格兰合一案条约），而为许多制度所从出。但无论如何，任何法律亦不配称为至尊，因之，更无一法律可被用为试验他类法律之根据。试翻阅巴力门议事录，就中尽有重大法案如关于英苏合一条约者然；又有极轻微法案，如1878年所订牙医法律者然。比较言之，前者不许人任意修改；后者

7　见合众国宪法第六节第二款。
8　"英格兰的基本法律"之称谓，在查理士第一时代，因英国人民与英君抗争船税之故，屡次征引，始见流行。此项争论发生于1635年。参看贾地纳（Gardiner），《英国历史》，第八卷，第84及85页。

可以随时由巴力门撤回。但两者相较，以法律地位言，前者不能驾越后者，犹如后者不能超过前者。两者之中无一可称至尊，彼此俱受命于巴力门，彼此均可由巴力门依法修改。假使牙医法律的条文竟与"合一法案"相抵触，由是后者有一部分法文竟至作废。当是时，虽以"合一法案"的关系重大，然而必无法院胆敢主持公道，谓牙医法律当归于无效，或成违宪。诚以英国宪法有一基本信条，即是绝对的立法主权，或"巴力门中之君主"（King in the Parliament）的独裁主义；而此项信条的存在，实与能控制一切权力的一部宪法之存在不能相容。[9]

_{结果（1）}　宪法的至尊性产生三种效果：第一种就是成文宪法。
_{成文宪法}

原来联邦国家所有基础实是一部极复杂的契约。将欲使各个独立的政治团体能降心以相从，所有联合条件必须从长计议，而且彼此同意。倘不如是，联邦政治必无从实现。是故此项契约包含许多节目，而成为一部约书（a compact）。倘使当时只以口头商订，后来必多误会。因此之故，条约中所有节目必须用书面记载，遂有成文的宪法。在此际，宪法不但是成文的，而且须是简明正确，方不至或启疑窦，而肇争端。[10]试观美国南北战争（the War of Secession），即其明证。著者诚不料以美国开国元勋之贤明，尚遗合众国宪法以一大缺憾，宁不可惜！

9　比较乾德（Kent），《宪法解诂》，第一卷，第447至449页。

10　以情理测度，联邦宪法尽可依习惯法而生长，而列邦所有要约因之未尝以文书记载。譬如，即以亚矢安联盟（The Achæan League）而论，谁敢断言此项联盟亦尝有约书，如今世所谓成文宪法者？不过就今代政情观察，倘谓联邦国家的成立，可以无需何种公文以规定联邦政府与列邦的权利义务，此事纵非实际的不可能，亦是几乎不可能。

第三章 巴力门主权与联邦主义

第二种结果之由宪法的至尊性产出者，就是此项宪法须为我在上文所称述的"硬性"宪法，[11] 或缺乏扩大性的宪法。

结果（2）
硬性宪法

在此项宪法运行之下，所有立法机关，中央的或地方的，既赖宪法而存在，即不应有修改宪法之权。于是该宪法须为不可变易的法律；至少，倘使再让一步说，修改此类宪法的机关应超越寻常立法会议。

尝有三数法家明示一条制宪的重要原则，即是：凡一国家必须有一人或一团体，在法律地位中，能变易任一制度。然而美国制宪者所有行事适与此原则相反；当制宪时，他们故意蔑视此理，不设有修改宪法的个人及团体。论者不察，或且谓这番遗漏为不可解。[12] 其实如此遗漏，就这班建国人物的地位着想，并非不近情理。因为防御联邦政府蚕食各邦的权利本属各邦议定约书的一件要旨；而欲实现此要旨，宪法的根基只能取得不变性。试观合众国宪法第五条，即可窥见此项意旨的一斑。况且所谓联邦宪法务须含有一种最高权力以为修正宪法的预备之问题纯属玄虚想像，诚以在现代联邦政府之下，联邦宪法概具备自行改善的方法，[13] 更无须外力参加。况以此项至尊立法权概然授予隶属宪法的寻常立法部，自建立联邦国

11　参看第二章所论宪法的软性及硬性。

12　凡美国著名法家，其法律意见常被称述者，均谓在合众国宪法之下，未尝有一人或一团体，能拥有法律主权，一如倭士丁（Austin）所云。此种意见实属持之有故。试比较合众国宪法第五条自见。即在德意志帝国宪法中，亦有几种权利曾被保留予某邦者，如欲将此类权利撤回，自非取得该邦同意不可（见帝国宪法，第七十八节）。所以然者，一部联邦宪法实含有条约的性质；条约既由双方协定，当不能由一方自行撤回。然则美国制宪者在宪法中除列邦同意外，不愿加入任何自动地修正宪法的方法盖以此故。

13　参看南非法案（1909），第一百五十二节。

家的人物观之,此举殊非所以维持联邦政制的安全策略。[14] 试一分析研究。譬如合众国国会能依法以变易宪法的条文,纽约邦及麻萨诸塞邦不难因此失去宪法对于他们所有独立权利的保障,复因此变成苏格兰对于主权的巴力门所占地位。诚如是,合众国当不复是联邦国家,简直是单一制的民国。譬如,更就他方面设想,南卡罗来拿邦的议会可以自己的意志修改合众国宪法,所谓中央政府的权力,自法律立足点观察,会当变成一种幻象,而且现存的合众国,又自实在地位观察,不免低降至于成为一类国际联盟。以是之故,合众国宪法的修正权特被安置于宪法本身以外。抑为目前讨论便利起见,即谓合众国的主权实寄附于同时隶属联邦的各邦政府之集合体而同时又能代表全数 3/4 的代表团,此语不能指为非正确。[15] 由此事实遂生可异的效果。这是要说,凡在联邦政制之下,一如在单一政制之下,常有主权的权力存在,然而有一异点,即是:联邦制

---

14 在德意志帝国宪法之下,帝国议会能修正宪法。但尚有联邦会议("Bundesrath",即列邦代表会议),在足以保证邦权。依通例,凡修正条文有十四票不赞成者不能实行。列邦之中,如普鲁士直可以否决任何修正案,因其所出代表之人数为 17,虽单独行动已优为之。此外各邦亦可以互相连结而达到其目的。是故凡在联邦制度下之国民,其所有爱国心与爱邦心,究竟孰为较强,孰为较弱,概可由谁是修正宪法的主人而测定。参看附录,书后第二则,论联邦国家之分权。

15 合众国宪法第五条译出如下文:

"当两院议员以 2/3 之多数,认定修正之举为必要,国会可以提议将本宪法修改;或当列邦以 2/3 之多数的立法会作如是请求,国会可召集修正草案之起草会议。而在此两种情形中,凡当此项草案,一经在列邦中 3/4 的立法会裁可,或经在制宪会议中 3/4 的代表裁可,即成为本宪法之一部分,其所有文义及意旨皆为有效。至于裁可方法之两种可由国会择用其一。但在 1808 年举行之修正案不得牵动本宪法第一条第九节中之第一款及第四款所载;又无一邦,如不得其同意,可被夺去该邦在元老院中之同等代表权。"

比较:Austin Ⅰ p.278;Bryce:American Commonwealth, Chap. 32(论宪法的修正案)。

度下的主权,不如英国的巴力门,能做一个常醒的立法主人。反之,他是一个好睡的统治者。即以美国为证,他百年一觉:倘使不至于受扰不堪,他可以大睡不醒。在近代150年间,尝有南北大战的轰雷,致将好梦惊醒,使这个主权者不能不起,又不能不行使他的权力。过此之后,一睡不起如故。在事实上观察,恐非再有第二次革命,将不能使其再醒,又不能使其再有所活动。然则就实际言之,主治者熟睡多年,即与主治者未尝存在无异。因之,联邦宪法虽有变更的可能性,然以主治者时时熟睡之故,实等于不可变更。[16]

第三种结果之由宪法的至尊性产出者就是:大凡生存于联邦宪法下之立法会议概成为一个从属的立法机关。[17] 此项机关所立法律只可当作一类规条(by-laws)看待。他们可以发生效力,亦可以被作无效,一视立法性质曾否逾越联邦宪法所授予的权限而定。

<small>结果(3)每一立法部在联邦宪法之下只是一个从属的立法机关</small>

本来由上述理论推究,在比较解证中,或不免成为一种论调,即是:虽以合众国国会之尊严亦不免降格以与一间英国铁道公司为伍。如是比拟似属不伦不类。[18] 然而以名理考究,此项比拟实属正确。请毕吾说:譬如在法律权限内,国会可以立法约束合众国人民;同理,大东铁道公司亦可以立法约束英国行客。法律虽已通过于国会,假使越权,该法终归无效;同理,条例虽已由大东公司颁布,假

---

16 1913年合众国宪法第十七次修正案通过。自有此修正案,合众国元老院议员,向来本由列邦议会选举者,改由人民直接选举。如此重大变更合众国宪法竟能措置裕如,若无足重轻。是可异也。

17 这是合众国所有情形,但其他联邦不尽是如此。譬如,在德意志帝国中,联邦立法会在职务方面本来代表主权力,但在组织方面,该会中之一机关,即联邦会议,有如许周密布置,列邦权利即得以宪法的条文保障。

18 参看本书第二章注4。

使越权,该条例亦不能成立。法律经国会通过后,被称国会的"法案";法律由公司颁布后,被视为公司的"规条"。前者越权,便成"违宪"(unconstitutional);后者越权,虽不被称"违宪",然必被作"无效"(invalid)。名字不同,事理酷肖。是故合众国国会的法案或纽约邦,或麻萨诸塞邦议会的法案,在根底上观察,单纯地不过是一种规条,因为任何法案均赖不越合众国宪法所规定的范围方能有效。至于大东铁道公司处分乘客之不买票而科乘者以罚金之规条亦是法律,但究竟能发生法律效力与否,则视该罚则曾否越权而定。换言之,巴力门法案之用以规定该公司权限者就是该公司的宪法。倘使该公司越权立法,该法便是"违宪";倘使竟受告发又受肯定的判决,该法案便是"无效"。由此综观,可见合众国国会与英国铁道公司,在实际上,同为从属的立法机关,此义是十分精当。假使以该国会与该公司齐观,使同立于一方面,更取出英国的主权议会使独立于他方面,然后将双方比较;将见双方所有权威相关甚远。然而相差之点不是程度,却是种类。[19]

第二目 权力的分配(Distribution of Powers)

联邦主义的第二主要特性是:将有限制的权力分配于同等而又独立的各个机关。原来联邦国家之所以建立,实欲将公共政府与各邦所有权限划清,是曰威权的分划(division of authority)。不过因

---

19 关于市立法团所立规条及其法律效力问题,参考下列判决案及书籍:
Johnson v. Mayor of Croydon, 16Q. B, D. 708;
Reg. v. Powell, 51 L. T. 92;
Munro v. Watson, 51 L. T. 366.
Bryce: *American Commonwealth I*, pp. 244. 245.

第三章 巴力门主权与联邦主义

公共政府多有一分威权,各邦政府即多受一分限制;又因人民在未立联邦之前早已深惧公共政府的蚕食举动,于是在威权的分划中宪法遂注目于中央所有权力,而公共政府的活动范围特受明白规定。试以合众国宪法为证:合众国宪法不特将联邦政府所有权力明白列举,而且将此类权力分别寄托于行政、司法与立法的机关。至于各邦所有权限,在宪法上,仅以概括方法包举,其要旨是:大凡权力之"未被宪法授予合众国者,或未被宪法禁止邦政府运用者一概保留,该项权力仍归列邦或人民全体掌管。"[20]

上文所述是分划权力所应有分量,这种分划又是联邦宪法的要旨。徒以权力的规定与限制之原理适与联邦主义所有精神相互投契,于是分权的事实往往跨越宪法的名理所许可。譬如,宪法授予合众国以一定威权,但这些威权又未尝集中于一机关或一人身上。于是总统自有一定量的权利;这些权利决不许国会或法院侵蚀。国会具有多所限制的立法权力(实则是十分被限制的立法权力,因为宪法明明规定其立法范围,特以十八款为限)。然而在相当范围内,国会实能独立于总统与联邦法院的掌握之外。同样,法院亦有本已

<small>权力的分划在事实上逾越必要的限制</small>

---

20 原文见合众国宪法,第十条。瑞士联邦宪法第三条具有同一意义,可以参考。又加拿大属邦之宪法可资比较,见1876年不列颠的北亚美利加法案,第九十一及九十二款。

合众国宪法与加拿大宪法有一相异点存在。前者将所有不明白授予联邦政府的权力概为列邦保留,后者将所有未经明白交付行省之权力一权授予属邦政府。瑞士宪法则从合众国宪法。

澳大利亚民国的宪法亦模仿合众国。是以他的宪法授予民国巴力门的权力虽大,然而逐一权力被明白规定;至于宪法为列邦巴力门保留之权力则无限制。看民国法案第五十一及五十二节,以至第一百零七节。再看附录书后第二则。论联邦国家中之分权;又第九则,论澳大利亚联邦主义。

名分下之权力,不与他人相混。他们不但与总统及国会平行,而且其所有威权,以直接地得自宪法之故,不任行政部或立法部侵犯。不但如是,大凡国家之依联邦制度而相与联合者,在个中原有若干司法或行政的原理务须施行于联邦全体及各邦个体。然而此类原理,就性质言,本与宪法不相连属。徒以联邦宪法的本身具有硬性之故,立法者常于宪法所应有条文之外,好作为许多诫约,使其与宪法同受一样尊视。由是,对于联邦或各邦所有权力之额外禁戒不断地发生。试观合众国宪法。这部宪法禁止国会[21]与各邦[22]议决褫夺公权草案,或追诉既往事实草案,或赠予爵位,又或征收在联邦内由此邦通过彼邦的物产税。[23]加之,该宪法限令各邦人民对于他邦的立法部所有法案及法院所有判例必须信服,阻止任一邦通过法案以减轻契约原有责任,[24]防止各邦自行缔约结盟或相与组合。此外,此宪法尚有条文申明:凡直道的基本原理、贸易的自由,以至个人的财产权利,通国务须尊视。最后,他又保证人民的收藏及挟带武器权利与两院议员非有本院全体 2/3 的同意不能被除名的权利。诸如此类的原理本无与于国家根本大计,因之,即亦可以不必阑入宪法范围,然而合众国宪法则一一将之具载。其实此不但合众国宪法为然,其他联邦宪法殆有过之而无不及。是以在他种联邦宪法的条文之中,通常可以发见许多细碎规条,无关宏旨。彼瑞士宪法满载"保证的"(guaranteed)权利即其一例。

21　合众国宪法,第一条,第九节。
22　合众国宪法,第一条,第十节。
23　合众国宪法,第一条,第九节。
24　合众国宪法,第一条,第十节。

分划权力的原理不独支配联邦宪法的精神而已,而且浸淫于联邦内所有各邦宪法之中。是故自英国批评家的眼光观察,在合众国内更无别物能如列邦宪法之足以解证联邦主义与限制权力两事所有关系之密切。在此项邦宪法之下,无一邦议会能掌握联邦宪法所授予"邦的主权"(state sovereignty)所有一切权力。换言之,逐一邦议会受治于各该邦宪法。[25] 譬如,纽约邦或麻萨诸塞邦的寻常立法部不能变易本邦宪法,正与任一邦议会不能变易合众国宪法相等。关于此项重要问题,虽则在此间不能详细讨论,然而我们尽可简约地提示一要点,即是:所有邦政府皆以联邦政府为模型,又所有邦宪法不但仿效联邦宪法,而且仿行之至于太过。例如,各邦宪法对于任何规则,只须本邦人民认为重要,皆有衣被之以宪法的不变性之倾向,是即为效法联邦宪法的精神至于过当之明证。试观伊利奈邦(Illinois)的宪法;除根本大法外,该宪法还要编入关于升降机工人的管理规则。[26]

虽然,因果循环,至难究诘。倘谓联邦政府为因,各邦政府为果,因之各邦宪法皆以模仿合众国宪法造成,此事,若就上文观察,自是正确。同时,倘谓各殖民地政府为因,联邦政府为果,因之,起源于邦宪法的重要事理亦尝被联邦宪法抄袭,此语,若就下文观察,仍未为适当。试以联邦法院一种制度为证:联邦法院在合众国

---

25 澳大利亚宪法适与美宪相反,即是:授列邦巴力门以无限制的权力。见澳大利亚法案,第一百零六及一百零七节。此中所有关系是由法律渊源不同所致。在澳洲宪法方面,制宪人物,当开创各邦时,受议会主权的习惯所影响;正犹在美国方面,制宪人物,当处置邦宪时,受联邦主义的精神所感化。

26 见闵恩对伊利奈案(*Munn v. Illinois*),载于:4 Otto. 113。

的制度中显呈异彩,最足为联邦制度生色,然而此项制度实非美国制宪者所创造,他们所为实受邦宪法的暗示。故就历史考究,现代联邦法院对于合众国宪法之相互关系,早在1789年以前,尝于列邦法院与列邦立法部所有关系中[27]示范而具有成例。

<small>权力的分划足以区别联邦制度及单一制度</small>

联邦主义倾向于限制政府所有活动及分授国家权力于数个机关一节,至足注意。因为以此类倾向为标准,联邦政制如合众国或瑞士所有,及单一政制如英格兰或俄罗斯所有,均可鉴别。从来论政者对于英国宪法,亦尝有人称其具有均衡权力及分划权力的精神。但如此论调,当应用于英国制度时,含有特殊意义,与应用于美国制度者不同。是故在英国中,一切国家权力俱集中于帝国议会;一切政府权力,依法律,皆受命于议会的独裁主义。譬如世所谓审判员独立,通常不过用以指示他的任职终身,于是在施行职权时,法院可不受君主或内阁所支配,但法院决不敢因此自负,遂欲抗衡议会。议会对于法院所有职权随时可以修改,如此修改,在英国宪法观察,复不至惹起违宪问题。若在美国则异是。联邦法院与总统或国会本为敌体,倘非以革命手段,总统或国会不能削夺其所有任何权力。又譬如,行政部及立法部在英国中诚然是两个奇异团体,但此间所谓别异,仍与美国的总统分离于独立的国会以外者迥

---

27 欧洲政论家,对于亚美利加的联邦主义之评论,诚有如一个法国宪法名家所云,大概甚少注意于列邦宪法之运行,及蔑视列邦议会所有行为之重要。见:Boutiny:Études de Droit Constitutionnel(2 nd ed.), pp.103-111。

蒲徕士曰:"有人恒言,凡联邦宪法的条文之推行顺利者几乎无一不由列邦宪法得到法律渊源;其他条文,因缺乏先例之故,始由制宪者自造,其所得结果无一不坏。"见《美国平民政治》(第三版),第35页。蒲徕士先生之书的佳处是在于能提示联邦宪法所取材于列邦宪法者为何事,又其所受感化的范围为如何广漠。此事虽曾研究美国宪法者亦多未能见及。

然不同。在英国制度之下，众民院常时干预行政事务，于是，内阁不但不能独立，而且遇事须奉承其意旨。倘于新选众民院召集之后，竟一次遭其谴责，现代内阁无不准备于一星期以内共同辞职。若在美国亦异是。虽在两院均以敌党居大多数之际，总统可以无所顾忌，而照常处理政务。约言之，单一主义只是将国家所有权力集中于一个主权者的掌握之内，至于这个主权者究竟是巴力门，或是萨（czar），可以不必深论。联邦主义只是将国家所有力量分配于几个并立的机关，每个机关不但由宪法造成，而且受宪法拘束。

第三目　法院的威权

大凡一国有硬性宪法的存在，宪法条文当然不能任寻常立法机关修改。在此际国内时遇一困难问题，即如何乃可以卫护宪法，使不至受寻常立法抵触而消失其效力是。根据前章所考究，法国与比国均属硬性宪法的国家；但两国政治家对于此项困难实未尝设立一种机关以求解决。由此事实可得一个断案，即是：法国或比国的政治家殆深信尊视宪法一事尽可以道德或政治所有责效（sanctions）为保证，因之，限制议会的权力各项举动只可作为政治上行动所有箴规，而不必视之如同法律。是故在过去60年间，未尝有一比国审判员宣布某宗法案为违宪。至于法国国内之法院对于法案的态度，上文已经叙及，尤为明了。大凡法律曾经两院通过，复经法律公报登载，又复得政府力量扶助，无论如何违宪，无一法院尚敢判决此项法律无效。意者，法国政治家于此诚鳃鳃过虑，一如笃奎尔所云，以为法院干政，其流弊殆甚于议会违宪。诚如是，在法兰西与比利时两国中，法院当无何等威权之可言。然而是亦不足怪。法比两国本属单一主义的国家,而受治于单一性的宪法之下。在如此际会中,立法部应为一国主权所寄附,而造成全国最高权力的机关。但依上章考究所得,法比两国的立法部却不是如此,在实际上他们只是非主权的立法机关。简言之,同在单一性的宪法之下,法比两国的立法部带有非主权的性质只是偶然,决非通例。至若在联邦宪法之下,立法部所有性质适与之相反。在此际,宪法的至尊性实为联邦的存在之必要条件,而北美合众国的建国元勋之极大功业所在,即为创设一种方案,使宪法在事实方面,一如在名义方面,确能成为四境内至尊法律。为实现此旨起见,此辈建国元勋特坚决地贯彻主张一个极显著的原理,同时并创造一种机构,使之执行此原理以求实效。

<small>法院的威权如何发动</small>　　所谓一个极显著的原理为何?欲得正确答案请观合众国宪法。在法文第六条,合众国宪法尝明白宣示如下:"本宪法,及为实施本宪法而造成之合众国法律,……为全国至尊法律。所有各邦审判员必须受其约束;在各邦宪法中或法律中虽有任何事理与之相反亦可不顾。"[28] 似此剀切告示当不容有所误认。纽约邦平衡法院院长乾德(Chancellor Kent)者美国著名公法学家也,又从而为之解释曰:"国会每一法案,与邦议会每一法案,以至任何邦宪法每一部分,倘与合众国宪法相抵触时,均须作为无效。此为美国宪法学之原理,既明且晰。"[29] 因是之故,每一审判员,不论其为联邦法吏或各邦法吏,负有极重大义务。这是要说,凡遇国会或任何邦议会的法案之与联邦宪法相违反者,该审判务须判决此项法律之无效。在此际,美国

28　见合众国宪法,第六条。
29　乾德,《宪法解诂》,第一册,第314页;又参照同书(第十二版),第449页。

审判员所处地位，正与英国审判员被请求裁判大东铁道公司或其他铁道公司所造规条的法律效力时无大差别。前者，当下判决时，必须谨依联邦宪法的字义及语气，恰如后者，当下判决时，必须笃守与该讼案有关的逐一巴力门法案。两者所依据之标准虽是不同，但所运用之方法初无二致。

原理既定，此后尚有一重大问题，即是：如何可以保证这个原理的实践。倘使将此事付托于联邦政府属下之法吏，则恐其利用此宪以左袒公共政府；倘使将此事付托于邦政府属下之法吏，又恐其利用此宪以左袒各邦。有一于此，即不免有一危险。又将奈何？于是在1789年9月24日，国会乃通司法制度法案思有所以救济其穷。自有此法案，不但联邦法院自成一系统，而且大理院的机关亦得依法组织。宪法的至尊性由大理院的设立而保持

然则大理院又为何物？大理院在宪法中占什么地位？为析理明白起见，此两问题须即时解答。查合众国宪法，法院的存在原自宪法中得来，与总统国会立于平等地位，他的审判事（所有在各级法院之审判员均享同等待遇），任职终身，非有渎职行为不能免职。而且俸给经以法律规定，当本人在职时，此职应支数目不能被分毫减少。[30] 大理院立于联邦司法制度之上而为其领袖。除华盛顿京城外，各邦均没有联邦法院，故联邦司法制度实自成一系统，不与各邦司法制度相混。因之，联邦法院可自己执行其命令于各邦，而不需各邦官吏相助。大理院，以职权论，虽亦有初审管辖权，然而此项管辖权是不甚重要。大理院本身实以具有上诉管辖权而见重。大理院的性质及行为

---

30 合众国宪法，第三条，第一、第二节。

凡上诉案之牵涉宪法性质者,他不但有最后的诠释宪法权,而且有最后的审判权。至于这宗讼案,或由下级联邦法院初审或由各级邦法院初审,可不拘泥,大理院在合众国四境之内随在有权可以将此案复审。以是之故,凡遇国会立法或邦议会(例如纽约邦议会)立法是否合于合众国宪法的问题发生,该院不但有权以审问此项法律的法律效力,而且有此种审问的最后决定权。然则大理院所处之地位如何重要,已可想见。将欲对于其实在地位更加明白,我们还须在心上记着一事,即是:在合众国内之法院,以组织论,分作两系,而任一系中之法庭以职务论,可以接受初审。是故,在此一方面,下级联邦法院自合众国宪法而得到法律的威权;复在他方面,各级邦法院(譬如纽约邦或麻萨诸塞邦所有),被创造于各该邦宪法,又生存于他的统治之下。虽则联邦法院的管辖权应以问题之涉及合众国宪法或联邦法律者为限,然而此项管辖权的领域亦可因两造当事人的身份而扩张。虽则有许多讼案为列邦法院所不能过问,然而此类法院在实际上往往受理应归联邦法院承审之诉讼,因之,列邦法院常时须问及国会所立法律或邦议会所立法律曾否违宪。准此以谈,联邦法院与列邦法院的初审管辖权,在许多地方,适相连合。彼大理院原为联邦司法制度中之最高审判机关,故对于下级联邦法院,大理院应为控诉法庭,至无疑义。惟以在各邦司法制度中,各邦仍自设有大理院。而联邦大理院,在牵涉合众国宪法问题的诉讼案件,竟可复审各邦大理院(譬如纽约邦)之判决,而为其控诉法庭。此点必须注意。为是之故,合众国国会特于1789年9月24日制定司法制度法案,并于同案中规定此类特殊判决案的上诉权利。此项规定载于该法案第二十五节,法文有曰:"在各邦之中,公道的或法律的最高法院所下最后判决案,倘因法律争点而有不服,可以上诉于合众国大理院,但此类上诉案件必须具备下列条件之一:(1)由条约,或由联邦法案,或由运用联邦政治的威权而发生之法律效力问题,曾经邦立法院审问而得到无效的判决者;(2)由运用本邦所有政治的威权而惹起违反合众国宪法、条约或联邦法院之法律效力问题,曾经邦立法院审问而得到有效的判决者;(3)由解释合众国宪法、条约、法案或临时委用公文所有字句而发生之法律效力问题,曾经邦立法院审判,而其判决案对于上列各种威权所授受的职位、权利、特别利益,或解除役务,加以否认者。"[31] 倘将法文中所有法律专用言辞略去,该案的用意可以日常用语表出之如下文:某一讼案的诉讼人,在某邦最高法院(假设是纽约)中,常欲以合众国宪法,或由此法而造成的法律,所有某一条文为控诉或自辩的根据,盖常自立于一种地位,即是:倘使判决案于自己有利,自然不再有何种上诉的举动,倘使判决案于自己有害,他还可以向合众国大理院上诉。诚如是,任一律师可以一望而知本法的用意所在,即在于奖勉各邦法院同以联邦宪法的监护人自任。以是因缘,合众国大理院当然成为涉及宪法争端之最后公断人,此理又可以不言而喻。

由此观之,在合众国内,每一法院可有权以判决及宣布任何立法的宪法,与在宪法下之各种机关所有任何权利。而大理院对于此类判决,实操最后的审问权。倘使有人于此尚本立法贵严行法贵恕之旨,以为此种权力当不常见用,如此想像是十分谬误。其实,美国法院使用此项权力,已属司空见惯,是以美国人民视之,恬不为

---

[31] 乾德,《宪法解诂》,第一册,第296及300页。

怪。其结果恰与英国王庭断定一铁道公司的规条无效相等。但此不过就人民对于此类举动的态度言之耳,若就判决案的性质着想,美国法院的行事实关系重大。征实说,例如,国会可有权给与联邦债务以优先权;[32] 能依法建立银行;[33] 有起新税及征收赋税权力,除依宪法所提示税则划一的原理外,不受何方禁格。凡此种种问题,若就合众国历史观察,对于联邦政府的发展煞有关系,皆以法院的一言而决定。不但如是,他们又尝决定国会对于民军应有什么权力,与谁人可有权以统率各邦民军;[34] 他们复尝决定,合众国国会当南北战争时发行纸币,此举是合于宪法,因之有效。[35] 又不但如是,每当规定合众国的威权应用于某项事体时,法院常设法以管束各邦的权力,不止周到而且严厉。譬如,逐一追诉既往的法律,逐一征收邻邦物产过境税的条例,以至所有损害契约上履行义务的法案,虽得任一邦议会通过,常时被法院判决作为无效。由此综观,大凡直道的主张,贸易自由的存在于内部,与财产权利的普遍重视,概赖法院的威权保证。近顷更有一判决案足以表示法院尊重私有财产权的倾向,由此案可知凡遇此类财产的收用若有与公众利益不相吻合之处,法院的判决大抵赞成邦议会之以法律禁止其收用。[36]

32　乾德,《宪法解诂》,第一册,第 244 至 266 页。

33　乾德,《宪法解诂》,第一册,第 248 页。

34　乾德,《宪法解诂》,第一册,第 262 页。

35　士托梨(Story),《宪法解诂》(第四版),第二册,第一一一六节及第一一一七节。又参考下列判决案:

(1) *Hepburn v. Greswold*, 8 Wallace, 603, Dec. 1869;

(2) *Knox v. Lee 12 Wallace*, 457。

36　即闵恩对伊利奈一案,载于:4 Otto, Rep. 113。关于此旨,学者应读马撒尔(Marshall J. C.)的联邦宪法论文集,而玩味他的法律意见。

但自大陆政论家观之,法院不但能运用此类诠释宪法的威权务使国内各个机关不至轶出规范,而且能运用其权力如此暇逸又如此整齐,实令人大惑不解。欲祛此惑,只得用一个事实说明,即是:合众国所有法吏纯以审判员资格,行使司法的职权,而因之以控制宪法的行为。在如此际会中他们所为,并非别事,只是要将呈在眼前的讼案依法裁决,准此以谈,倘使或谓大理院的判决系宣布国会的法案无效,此语于事实容有未合。试翻阅此类判案,法院何曾有一次直接地批评某一法案之无当耶?法院的行事只要在一件诉讼中,测定某甲与某乙两造究竟谁曲谁直而已。但在此类测定的进程中,法院或须决断某一法案为不足依据。是何以故?则以国会在通过此法案时早已越权故。[37]

倘若有人竟以此类明辨为无谓,此人实未足与言政治。彼为此说者适以自形其愚昧而已。至若大陆批评家,如笃奎尔一流人物,本来极能领会联邦的开国元勋所有智慧,但又不免言之过当。前者之失盖在于不能明白法院之善于运用威权,后者之失又在于太过迷信制宪者之创作力。因之,两种过与不及的见解虽有不同,而其不能知晓合众国建国人物的真正成绩则是一致。切实言之,此辈人物不但能将由英国传来的法律思想运用于新民国所有新景况,而且当运用之际,能以非常高妙的手段出之,遂使旧有理想卒能适应新事变。如此运用实为他们的成功所在。故自熟谙英国诉讼程序者观之,倘有讼案当前,而不任法院裁判,反使其问及他事,此等举动真是不可思议。又自久居于殖民地者观之,他们本习见殖民地受治

合众国建国人物的真正成绩何在

---

37 参看第二章,论法团的立法。

于一宪章；又深知此宪章足以拘束当地所有法律（因此类法律可有效力与否，须经枢密院［Privy Council］依宪章而决定）。于是他们对于赋权于法院，使其在审判案件的进程中能判决受成于宪法的议会之法案是否合法一事，当无所用其惊讶。是以凡为法国法学家视之而以为不可解者，一入英国法律学者之目中，似无一事无来历。譬如，制宪者所以待遇国会的法案之方法实不外自模仿英国法院所以待遇公司的规条者得来；又如，当起草大理院组织法时，制宪者或已先有枢密院的职权存于心上。其尤明白确实者则有近在目前的各种判决例案。在各种判决例案中，邦立法院对于邦议会所立法案之违反邦宪法者，在判案时，常寻出其不合宪法之处，因宣告其为无效。此类宣告法律违宪的成案之最早者开始于1786年，出现于洛特岛（Rhode Island）。当是时，洛特岛尚遵行查理士第二所颁布之宪章，[4]其实迟至1842年，此宪章依然继续存在。其次则有北卡罗来那邦（North Carolina）法院步武，是为1787年；[38]再次又有威几尼亚邦法院继起，是为1788年。[39]凡此三年中之成案皆发生于各邦，而且发生于联邦宪法未成立以前。迨至1789年联邦宪法始被采用，而马坚莱对麦迪孙一案，即大理院判决涉及宪德问题之第一案，旋于1803年决定。[40]

---

［4］按，洛特岛现为合众国所有四十八邦之一。当联邦政治未成立时，洛特岛即为英国之殖民地，由查理士第二代授予宪章，以资遵守。该宪章在殖民地宪法中颇有特殊彩色，比亚（Charles Beard）之"美国政治学文选"有载，可以参考。

38 Martin, 421.

39 I Va Cas, 198.

40 此判案载于克兰徐（Cranch），第一册，第137页。关于列邦法院判决邦议会立法的违宪事实，与其他评判，亡友哈佛大学教授写耶（Thayer）所以助我者不浅；特附志于此。

虽然，这班美国大政治家于此际未尝无所贡献，他们初不以袭用英国法律的概念为能事。第一，他们能推陈出新，使旧思想得到新发展。第二，他们能制成一部宪法务使此法严格地成为"合众国内至尊法律"，由是遂能创造现代联邦主义。此为世界历史上前无古人之创举，自此之后，联邦主义的主要特性——宪法的至尊性——权力的分配——法律的威权——重见叠出于每一真正的联邦国家（其中自然互有出入，但大体毫无变异）。

第五节　此类主要特性与其他联邦国家

第一目　试以加拿大属邦为证

真正的联邦国家，除北美合众国外，尚有加拿大属邦（the Canadian Dominion）与瑞士联邦（the Swiss Confederation）。此时且先研究前者：前者的根本大法就是不列颠的北亚美利加法案，其通过时期为1867年。该法案的序文含有一点不正确的外交文章，是不可以不辨。序文开首申明所以制定宪法之缘由，谓加拿大各行省渴望统一，故"以一部宪法能在原理上与合一王国（the United Kingdom）所有者相似"为要求。如此说法决不足以表明这宗法案的精神。倘若本案序文果欲将全文所有真相道达，法文中每一"王国"（Kingdom）的名字均须代入"国家"（States）的名字，庶几法文中每一"合一王国"的意义可以解作"合众国"。诚以加拿大属邦的宪法，由其所有要旨观察，实非以英国宪法为楷模，却是以美国宪法为法则。此语，加拿大政论名家闻之，辄被否认，然而我不能相信其所持理由为正当。[41] 倘使徒就两方所有制度比较,加拿大与北美合众国自不免有许多相异处。但试一考究不列颠的北亚美利加法案的条文,学者自然寻见加拿大宪法与合众国宪法所有密切关系。申言之,不但在文字上前者的起草人,当制宪时,盖常有一部美国宪法在于目前,而且在实际上,假设其为一独立国,加拿大必将受治于类似后者的宪法,而变成一个联邦国家无疑。是以该宪法实为全国内至尊法律,不任受(除非在极狭范围以内一如1867年法案所许可)属邦议会[42]或各省议会[43]变易。必欲变易,将有赖于不列颠的巴力门[44]之主权势力。学者根据此语,或不免得到一种联想,遂以为如此情形实由加拿大属邦现有政治地位造成。其实不然。试观诸新西兰,在政治地位上新西兰何尝不与加拿大同为属国?然而新西兰能以英王的同意修改殖民地宪法,惟加拿大不能。由此可见加拿大宪法不但是在四境内之根本大法,而且是有超越性的根本大法。一言以蔽之,可曰:是为宪法的至尊性。

---

41 加拿大宪法究竟属于单一主义或联邦主义,一视观察点如何而定。倘若自该宪法的联邦性质观察,我们只得视之为合众国宪法的副本。我在此书中即采用此意见。因之,我的原有主张所谓加拿大政制系模仿美国而成,不为无故。倘若专就行政院的组织比较,我们自见加拿大所采用者是英国的内阁制,而非美国的总统制。此说为熟习加拿大制度的朋友所开示,而此项观察点即为加拿大政论名家所采用。是以不列颠的北美法案乃有如此称谓。其持论虽与我的主张不同,然不能谓为无见地。因之之故,著者特于本书改订时略将原文之牵涉此旨者酌量修正,以示敬佩异我的主张之微意。

42 但当属邦议会与一行省立法会合作时,依本法所规定,他们得为有限制的修正。见不列颠的北美法案第九四节。

43 行省立法会,依本法所规定,得修正行省宪法,但该宪法的条文之关于副总督的职务者不能更动。见同上案第九十二节。

44 参考1875年加拿大巴力门法案,学者当可见帝国议案,对于加拿大宪法,有修正的绝对权力。

更就权力的分配观之。虽则加拿大宪法所授予属邦政府及议会者远胜各行省所有权力，而且较诸合众国宪法所授予联邦政府者尤为众多，然而分权的精神实弥漫于全部宪法之中。一加审察，学者当不难寻见。属邦政府系以各个独立而又平行的机关构成，而此类机关复各具有均衡势力。[45] 其最可注意者是宪法所授于属邦政府的威权，[46] 使之有权以取消各省议会的法案。[47]

此权的赋予，自创制者观之，或可发生极大效力，苟能如是，法院可以不至被用为宪法的舌人。其实，稽诸史乘，这班创制人物亦曾有一种信念，以为"如此精细地规定各个立法机关所有权限当可以解除中央与地方政府在行使职权时所有冲突"。[48] 讵料事势所趋竟使创制者所有希望因误会联邦主义的性质而尽成泡影。于是加拿大法案，无论为属邦议会所立，或为行省议会所立，重劳帝国枢密院内之司法委办会审问，其结果此类判决案至于盈册两大帙。在此际，这一个司法委办会的行为恰与合众国大理院相类，即同以审问议会立法的宪德为事。卒之，在加拿大属邦中，一如在合众国中，法院诠释宪法之责遂不能旁贷。

第二目　试以瑞士联邦为证

在瑞士联邦中，虽有特种别异处多点存在，然而联邦主义的主要特性仍然重见叠出，一如大西洋彼岸之合众国。例如，联邦宪法

45　不列颠的北亚美利加法案，第九十一、九十二节。
46　不列颠的北亚美利加法案，第五十六及九十节。
47　见布利挪（Bourinot）所著，《加拿大议会法程》，第76页。
48　见同上书，第694页。

是国内至尊法律，不任受联邦议会或州郡议会变易。又如，宪法以条文分配国家权力于联邦政府及州郡政府，复以条文规定在其统治下之各项机关所有权限。在瑞士国中，恰如在美国中，公共政府具有三种器官：一联邦立法会、一联邦行政院（Bundesrath）；及一联邦法院（Bundesgericht）。

上文所谓特种别异处多点实为瑞士的联邦主义所有特殊彩色，可惜限于题旨，本章不能将其一一提示。但为阐明题旨中应有文义起见，瑞士宪法所以别异于合众国宪法者有两要点，此时必须记取：第一，瑞士宪法，对于司法与行政的权力分界，未尝分划清楚。于是，行政院在所谓"行政法"（administrative law）之下，运用许多具有司法性质的功能。[49] 例如，迟至1893年，凡涉及宗教团体的权利问题[50]均归行政院裁判。万一行政院之管辖权，竟与联邦法院所有者冲突，联邦会议实为两造的公判人。加之联邦法院的审判员实由联邦会议选出，但一经选出之后，他们辄耗所有时间之大半于公法（Staatsrecht）问题。干练的政治家如杜斯博士（Dr. Dubs）尚以该院竟有私法的管辖权为戚。[51] 不但如是。联邦法院复不能执行自己的判决，惟赖行政院代为执行。即此一点，依英国宪法的准规观察，瑞士政治家之失败，适以昭示美国政治家分划司法与行政之成功。

49　参看下列公文及书籍：
（1）联邦宪法，第一百一十三条；
（2）1874年6月27日修正案，第五十九条；
（3）杜斯，《瑞士联邦之公法》（第二版），第二册，第90页。

50　但自1893年后，此项判决权已归联邦法院。参考杜斯，《瑞士联邦之公法》，第二册，第92至95页；及卢儿勒（Lowell），《大陆政治与政党》，第二册，第217、218页。

51　联邦宪法，第一百一十三条；及杜斯，第二册，第92至95页。

而此项失败,正构成瑞士宪法全体中之一点瑕疵。第二,这部宪法,对于司法与立法的关系,未尝侪法院于联邦会议之列。故凡联邦会议所立法律,法院不能审问此类法律的宪德。[52] 由此事实,或且谓联邦会议是(不同合众国国会)一个主权机关,但真际不是如此。凡在宪法的至尊性之下,联邦会议决不被许在如此高位。不过联邦法院所以仍不议及法律问题者实别有理由在。考其内容,宪法本身几乎尽将立法部侵蚀之可能性预先遏止。惟其自卫森严如是,法院的监护自可以不必用。试观凡有宪法修正案,非得瑞士公民之大多数与州郡之太半赞成不能有效;又凡属联邦会议之立法,若经选民投票多数反对,即可撤回。然则在名义方面观察,瑞士议会所有威权远胜于合众国国会,正是因为在实际方面观察,瑞士立法机关确是较弱于美国。诚以在两国所有寻常立法会之后,常有立法的主权监督;惟关于此项主权之行使,瑞士所有实较美国所有为易于发动。由此观之,当主权有力量以行其志时,他自然能设法以维持应有权利;当主权不好动作以行其志时,法院自然要成为主权者的意志之监护人。

第六节 联邦政制与巴力门主权之比较

联邦主义的特性,上文已就合众国,加拿大属邦及瑞士联邦的实例详加解证。继此,联邦政制与巴力门主权的政制当可以互相比较。比较之余,长短互见,利害错杂,其所得结果不止足以暗示具

---

52 联邦宪法,第一百一十三条;及杜斯,第二册,第92至95页。

有法律意味的结论而已。兹请条分而缕析之,如下文。

第一目 联邦主义的软弱性

联邦政府果何物乎？是不过一软弱无能之政府而已。[53]

在联邦政制之下,国家所有权力既被分配于几个同等机关,就中自无一机关足与单一宪法之元首匹敌,而具有同量的权力。加之,阻遏与均衡（checks and balances）的法制运行于国内,又足使公共政府及邦政府相持不下。具此两因,联邦国家,倘使与同等的单一国家相遇,必至示弱于人。此不独为理论所昭示,而且为事实所明告。试征诸合众国与瑞士联邦。合众国外交素称软弱,幸以无强邻环伺之故,尚可以无需外交政策。[54] 至于瑞士所有环境则反是。蕞尔小国,介于列强之间,有时且遭陵迫。在势,联邦组织本不足以御外侮。如天之幸,尚有与宪法不相干之各种情况使其足以图存。但一种相互嫉忌心事之由联邦政制发生者至今未泯,于是此种情事大足以损弱瑞士民国。试举一例,譬如：每一行政院委员会依

---

[53] 联邦政府的孱弱有两原因：其一,在中央与地方政府间有权力的分划；其二,在中央政府内之机关（例如总统与元老院）中有权力的分配。第一原因生成于联邦制度之内；第二原因不过偶然存在。在一部联邦宪法之下,公共政府所有权力固可集中于一人或一团体。但如此布置,公共政府因之变强,必至惹起列邦的畏惧及怀疑心理。故此制必无成立之希望。

联邦政府当解作弱政府一语用时应有限制。世间固有少数列国惟有用联邦制度乃能联合者。联邦的相互维系固属宽泛,但以彼此同心之故,有时乃成为在事势中所许可之最强固的结合。

哈勒斐惕民国（The Helvetic Republic）的失败,足以昭示用力压服独立国家,使之同构成政治的统一之无效。

[54] 就合众国近日经验观之,此语用在1908年（即此书第七版之年）,不如用在1885年（即此书初版之年）之较为确当。

法须隶属于不相同之州郡。[55] 而由此规则，纵有长才的政治家或至不能入选，因之，大足以减杀政府的力量。此事若发现于英国，假设每一阁员须来自不相同地方的郡县，英人视之必以为大谬。然如此谬点竟可以流传于瑞士，且国内政客视之为必要条件。即此一例已可见公务的效实之受累于联邦宪法者甚多。差幸每多一次修正，宪法即多一次增加公共政府所有威权，而减少州郡政府所有。故在今日，瑞士实受治于一种平民的联邦政体而渐次趋向于单一政体。推求其成因盖有多种，其最要者即来自国民所有愿望，期有所以遏止强邻的野心。除此之外，尚有别种境况足以促进此类成因之发展，然而此类境况，对于题旨殊属不关重要，可以略而不论。

联邦主义，因其既分划各机关的权力，又限定此类权力运行之所至，大足以阻碍政府的各种活动。惟其如是，凡私人所能为之事，任一联邦政府均难过问。此或为联邦政府的优点，然而此项优点，实不易得到现代主张民权政治的人物之同情。此辈平民政治家，在一方面既提倡人民主治；在他方面，又极力伸张政府原有权限。如此思想原属矛盾，然而两者竟并存于瑞士联邦。此与在英国中所现有公众意见恰相类似，他们既反对放任政策，同时偏又赞成联邦主义，仍旧贯与改新制两事，在政制中，原来两不相容，然而两思想有时竟可以并行不悖。

第二目 联邦主义的保守性

联邦主义有一趋势，此项趋势实倾于政治的保守性。

政治的保守性何自生？生于联邦宪法的运行。大凡联邦宪法，

55　瑞士联邦宪法，第九十六条。

依上文所述,不但是成文,而且是硬性。这是要说,此项宪法概不任受寻常立法会变易。于是,联邦国家中所有制度的硬性深印于人民脑际,他们由此遂联想及于宪法条文,而附会之以超越性或神秘性。试一纵观美国政治学者即可望见美国人民所有宪法的想像,大抵类是。其始宪法的难变足以造成保守的普遍情感;既而国民的保守性又足以倍增宪法的反抗精神。是故贵族院虽生存于英国凡千余年,上议院虽设立于美国仅百数十载;然而改变或废除贵族院,实比略变上议院所有组织较为容易。[56]加之,凡一部联邦宪法必罗列若干具有普通性的原理,而此类原理,自从被载于宪法后,大足以感应全国人民所有视听,而惹起信仰;于是,凡在宪法中之原理,事实上皆不易移动。譬如,立法部不应立法以减轻契约的履行义务一原理,在美国中,久已成普遍通行的法律意见。将欲明了其保守力之大小如何,学者试就下文的假设推想,当可得其梗概。假使此类原理,有一于此,足以约束英国法院,则爱尔兰土地法案将成违宪以至无效;而1869年之爱尔兰寺院法案,至少有一大部分,在法律上俱成废纸。甚而至于大学教育的改良法案,巴力门亦难以议及。由此观之,美国宪法所载之原理本至为繁多,然即就其中所有而采用一则于英国,则一切近年来巴力门的改革功效皆将被遏抑而至于停顿不前。

第三目 联邦主义的法律精神

最后,联邦主义实与法律主义无异。何谓法律主义?分析言

---

56 但学者须注意1913年第十七次修正案,前已言之。

之，则有法院在宪法上之优越地位，又有法律精神之弥漫全国。

在一联邦如合众国者之中，法院成为联邦宪法运行于国中之枢纽，此理最为明白易晓。试思一国主权寄附于一团体之中，而此一团体又绝少活动，只有隐然存在；又试思全国所有立法机关仅处于从属地位，于是所立法律又只可作为规条看待；复试思所有行政部分的权力一一受宪法制限；最后试思以一国之大只有审判员负有为宪法作舌人之责任。然则在如此情形之下，法院又将何所为？不消说，他们务须测定行政与立法所有威权之界限；关于法律的宪德问题，他们不下判决则已，一下判决，便成定谳。以是之故，法庭中之士师不但是联邦宪法的监护人，而且在那一顷刻间简直是联邦宪法的主人。[57]

---

[57] "宪法的主人"之一称谓尝受人批评为过当（见西域克［Sidgwick］所著，《政治学纲要》，第616页）。其实不然。大理院的行为，诚如吾友西域克先生所言，常受限制：第一，审判员可受越权的弹劾；第二，有扰乱秩序的恐惧。除两者外，尚有一种制限可以加入，即是：增加审判员的人数以反抗原有人员的法律意见。本来大理院的判决，以先例（Precedent）的效力言，尚不如英国贵族院（the House of Lords）之有效。但使大理院果欲宣布一种法律意见以与在朝政党相违反，则在朝政党尽可加入与本党政见相同之人物于大理院，以改变其法律行为（参看戴维士［Davis］，《美国宪法论》，第52至54页）。由此观之，大理院实不足配称合众国的主权者，至无疑义。此旨我未尝不知；然而我依然感觉我的前言之不谬，即是：每逢讼案当前，法院徐徐发布一种判断，尽可以决定宪法的前程。譬如，即以司各特一案（the Dred Scott Case）而论，此案的判决，尤其当判决时法院所发布的法律意见，至足以影响于畜奴及放奴两方之诠释宪法的方法，是其明证。故谓法院为"宪法的主人"，我的意思只欲提示此旨，但并不欲暗示法院所运用者为革命的权力。至于所谓法院因有惹起暴动的恐惧，遂不敢直下判决，而不得不出于妥协。是诚有之。但此等限制，虽专制君主，亦须顺受。而且我的用意并不欲声明大理院能运用君主所不能运用的权力。最后，尚有须注意者一事，即是：如果法院要判决国会的威权在宪法上所受限制，他的法律意见未必不受美国公民的赞同。换言之，凡当法院所有宪法问题的意见，万一与总统或国会所主张者有不同之际，法院常得到大多数的公众扶助。

要征诸现代瑞士的历史。譬如，1848年之政治家，就他们当制宪时所有深意推测，原不愿见瑞士的联邦法院能独揽威权，于是费尽心机，谋有所以减杀其权力使不能如合众国法院之坐大。就中寻出一最实际的办法，即是，随以诠释宪法大权授予联邦议会，务有所以造成该议会的势力，使之得到控诉法院的地位。徒以事务的要求有如是迫切，无可奈何，瑞士政治家卒须屏除成见，于是在1874年，当修正宪法时，联邦法院的威权特被扩大。由这一段历史的反证，联邦主义与司法至尊的原则之具有密切关系愈可灼见。

危险之由法院占居如此高位而来者　　此项密切关系，在实际政治中，为不可逃避之事实。由是一特别危险生焉。危险为何？即凡在联邦制度运行之下，时有司法机关不能担当呵护宪法的责任之忧虑是矣。试观诸合众国。联邦法院之组织不为不庄严伟大，其威权不为不浩瀚精深。故此一制度之建立当可谓穷极人间智巧。不宁惟是，合众国宪法的监护人，依上文所述，不但由联邦大理院担任，而且由国内所有法院，联邦的或各邦的，共同负荷。然而就过去历史观察，虽以大理院之尊严亦不免时受溺职之讥评，此固无庸隐讳。试考大理院所有判决案，或在近代所有判决案中，即以闵恩对伊利奈（Munn v. Illinois）一案为例，学者自见此类失败盖非罕有。诚以人类是有感情的动物，其所有思想常不免被感情牵累。审判员亦犹是人也，何能独外？纵使职务所关，审判员须以忠诚自矢，而成为世间最信实的人物，但无论如何，每逢讼案中带有政治性质之际，法吏终不能不顾及当时所有政治感情与实际的理解。即此一念之差，法院便失却本己所有道德威权，至于损弱人间信仰。诚如是，其所下判决案虽有政治的理由可为解释（即政策所关不能不有如是判决之谓），然一经道破，此举大足以

第三章 巴力门主权与联邦主义

惹起怀疑与激动公愤。为是之故,美国政论家亦尝不满意于大理院所为,遂谓之为太过示弱。故征诸历史,每逢其所有威权竟与各邦的威权冲突,大理院自其最初成立时,即无能为役,万一其所下判决竟不能取得行政院的扶助,大理院于此更觉进退维谷。如此批评实洞中窍要。是以查克孙总统(President Jackson)尝曰:"约翰·马撒尔(John Marshall)既已发布他的判案,如果他能够自己执行,此时且让他一试。"[58] 自此语出,查克孙固不愿自食其言,因之,马撒尔即亦无从执行其判决。其结果,此一判案卒不能见诸实行。

虽然,查克孙与马撒尔相持之时代,尤是在此事发生以前之时代,均属于美国平民政治的初期。在此时期中,联合政府之不振,诚无可讳。但时至今日,倘使有人仍执古代批评以为今代法院诟病,是则言之过当又不可不审察。[59] 况复恒人之情又常易误认司法的审慎周详为软懦无能力乎。是故外邦觇国者流,对于此类批评的适用不可不谨。须知在一联邦国家中,所有促成大理院的建立之各种力量,同时实足以供给绝大权力于大理院。所谓各种力量者为何?其一为尊视联邦宪法的愿力,其二为维持各邦固有利益的行为。将欲维持各邦固有利益,则联邦宪法必不可以不尊视。是何以故?则以联邦宪法之存在足以保证邦权故。更进一步,将欲尊视联邦宪法,则大理院及其同类制度的判断必不可以不遵从。是何以

---

58 参看苏臬(W. G. Sumner)所著的《查克孙传》(印于"美国政治家丛书"中),第182页。

59 参考:Davis: American Constitutions; the Relations of the Three Departments as adjusted by a Century。戴维士在《美国宪法论》一书中,反复申言合众国法院及列邦法院的权力,自联邦成立以后,已逐渐增加。见原书,第55至57页。

故？则以大理院及其同类制度之成立实所以呵护联邦宪法故。然则由此类驳难推究，可以得一假定，即是：合众国人民，如其必欲永远保有联邦的均衡制度，自然须强迫中央政府，务使之实行法院的判决，似此假定实与现代美国政情不相刺谬。故论者乃有美国人民久已忘情于各邦固有的权利之说。此说究属真实与否，当非英国政论家所能决定。但所有批评法院的功能之人物，如果能常时记着联邦主义与法院的尊严地位之相互关系，自然对于此类制度甚少下一贬语。是故当合众国永远为联邦政体时，合众国法院必常时做一个极有威权的机关。惟在单一政体的民国中联邦法院乃无相当地位。

危险之由法院的尊严地位而来者尚有一事，即是：司法机关的裁判既足以控制政府的行为，但审判员的任命却不由司法机关自行主持，倘使行政院为自便其私计，必至于引用与自己政见相同之人物。试征诸合众国历史：当柏连先生（Mr. Blaine）运动选举时，尝有人反对其当选为总统，其所恃理由即为：下届总统得提议任命4人为大理院推事，假使柏连当选，一个与铁道公司有关的政客尽可任用其私党补此缺。由是不但大理院受其操纵，而且法律亦受其使用。苟能如是，铁道公司当受益无既。此类诽语未必是确当，或且绝非事实。然而有一事至少足以证明在当时法官由行政院任命之流弊甚大，此事即是：共和党人于斯时亦为民主党人张目，谓民主党人自今以后不应再被屏斥于法院以外。为此说者原非有所偏爱于民主党人，徒以反对枉法营私之故，此语乃不期出诸共和党人之口。由此故事，学者当不难得一结论，即是：在实际政治中以法院作宪法的公断人，较诸用立法会以为之者，不免多有遗憾。

<small>在法律精神不贯注之处联邦主义不能实现</small>

上文分析法律主义的要素为二端：其一是法院的尊严地位；其

二是国民的守法精神。第一要素之内容及所有利害已经博议,第二要素当依次讨论。联邦制度既不能无所谓而发生,又不能无所依倚而发达。然则其所依倚者又为何物?答此问题即所以解证法律主义的第二要素。切实言之,非有法律精神所满布的民社,在其中人民——能奉公守法,联邦制度必不能大行。何以见之?原来在联邦主义之下,诉讼实被用以代立法,是以惟有畏法的人民始能尊视法庭折狱的判案,而视之等于议会的法案。彼合众国所以能施行联邦主义而成大功者,良由全国人民早已浸淫于法律思想。惟因其法律主义最盛行,故其联邦主义最日起有功。宪法问题之由于邦宪法或联邦宪法的条文而惹起者几于无日不有。法院于此际实忙于应付,几于日不暇给。因此之故,这些公民饱经训练遂不期然而尽变成宪法专家的民众。大凡激发民众感情的要政,例如,中国人移殖于美国的问题,皆由司法机关决定,此类判决人民——服从更无违言。此项服从的精神实自常法(the common law)的基本概念遗传于合众国国民。常法者世间最有法度的法律系统之法律也(the most legal system of law)。在昔笃奎尔亦尝深明此义,并尝比较合众国与瑞士人民之守法行义的程度,而致慨于后者之不能及前者。[60] 及今观之,复参考过去60年事变,如此批评实未免轻视瑞士人民之奉法能力。但瑞士人民所奉之国法不但承认行政院具有极大裁决权力,而且未曾完全划分审判员所有职务于政府所有者之外。因之,瑞士制度即不免有所失败,而其失败所在,恰为论者意料所及,即是:法院的完整威权本为完全发展的联邦制度所必需,然而瑞士

---

60 参看第四章,引用笃奎尔原语。

联邦尚未能保持此项威权于法院。是则美中之不足也。虽然，瑞士人民纵不能如美国人民之尊重法院的判决，究不失为世间敬视法律的一个民族。实则除美国外，各国国内一般民众之能如瑞士民众所为者恐不多觏。是故无论何国，凡其国民对于法院断案，纵有错误，亦能安受之而认为无上判决者，乃配为联邦政体下之国家。不然，则否。[61]

---

61 参看附录，书后第八则，论瑞士联邦主义。

乙部

法律主治

第四章 法律主治的体用

第一节 引论

自诺尔曼征服[1]以来，英格兰的政治制度呈露两件异彩，他们的存在与运行足以使英国所有制度别异于他国所有。

两件异彩中之第一件是：中央政府在通国之中居于至尊地位。当民族历史初期，这种国家的威权集中于君主一人的身上，因此之故，元首所有权力实足以代表国家所有。英王在此时不但是保安的靠山，而且是法律的渊源。所以当时法院有一格言：[2]"一切权能都寄附于他的身上，而且从他一人自身发轫。"¹这句格言，从造端时说起，原来根据一件现成的及无疑的事实而发出。如今，时移势易，

---

[1] 按，诺尔曼征服（The Norman Conquest）开始于 1066 年，自此之后凡 150 年间，英格兰常受外族宰治。但正因在外族宰治之下，复因在威康征服者（William the Conqueror）领导之下，封建制度虽得盛行又确立于西方欧罗巴，终不能存在于英格兰。在英国中，以中央政府甚强有力之故，贵族不能恣肆，君国根基遂日见巩固。参考格林（Green），《英吉利人民历史》，第一册，卷一，第四章"封建制度与君国"。

[2] 按，此格言系诺尔曼的法文（Norman-French）写成，兹录原文如下：
"tout fuit in luy et vient de lui al commencement."

1 见年鉴第二十四册，在爱德华第三时代报告。格乃士在他的《英吉利行政法》（Englische Verwaltungsrecht），第一册，第 454 页，引用此语。

王室固有的至尊权力已经禅让于巴力门,而变成巴力门的主权。巴力门的主权是本书所有主题之一;[2] 惟上文早已阐发题义而无余蕴,是以在此章无庸深论。

法律主治　　两件异彩中之第二件与第一件甚相关切;他是法律的至尊性,或称法律主治。这是我们的政治所有怪异性质:法院有一条老规矩(old law)最能将此项性质表白清楚:即是,这种法律是最贵国宝,为君主所有,全国人民以至君主本身都须要受治于法。倘使法律不能为政,以至全国无法律;必至全国无君主,复无任何遗产之可言。[3]

这个法律的至尊性,倘自别的视点观察,是个人权利的一种保证,为英宪所授予。他是英宪所有第二异彩,因之,他的奥义即为本书部乙中所欲探讨。

外国政论家的见解　　外人之觇国者,对于此项英吉利政情,深滋怪异,复不觉感慨系之。于是政论名家,如福尔泰(Voltaire),狄龙(De Lolme),笃奎尔或格乃士(Gneist)一流,[3] 虽则均属外产,然而他们所有观感英吉利政治制度的印象,实较任何英国本国人为深刻。依他们的观

2　见本书部甲各章所论。

3　见年鉴第十九册,在轩利第六时代报告。格乃士在《英吉利行政法》(*Englische Verwaltungsrecht*),第一册,第455页,引用此语。

[3]　按,狄龙,笃奎尔及格乃士与英吉利制度之一段姻缘,上章已经解明,惟有福尔泰的行事尚待叙述。福尔泰以1694年生,以1778年死;生死皆在巴黎。年9岁,入鲁意勒格兰德学院(Collège Louis-le-Grand),17岁离校,福尔泰以能文著名。1716年福氏以文字因缘获罪摄政倭理安公爵(Duc d'Orléans),始则被逐,继则被押于狱中,出狱之后,他仍继续文字生涯,数年间,文名愈噪,不幸又以得罪当时贵人罗昂-夏博武士(Chevalier de Rohan-Chabot)之故,初次受鞭挞,再次仍受囚入狱。最后,福尔泰卒须声明自愿离开法国,乃得恢复自由。自1726年起,此不幸的诗人遂入居英国。关于他的生平以古斯塔夫·德努瓦勒泰(Gustave Desnoiresterres)所著为最详,书分八册;以摩梨(Morley)所著为最简明,较便参考。

察,英格兰是一个国家,有独与其他国家立异的一点:就是法律主治。法律精神与英国人的习惯,两相结合,牢不可破。因此之故,他们关于此一异点最多感触。就所有上列诸人之中,莫如笃奎尔最能道达这种惊讶,或叹美的情绪。笃奎尔尝就守法精神一要旨,取1836年之瑞士,与1836年之英格兰,相互对勘,而得到下文的结论。

笃奎尔曰:"我在此颇不欲以合众国比瑞士;[4]惟欲以英格兰与之相比。倘若你要考察瑞士与英格兰时,或则纵使偶尔行过两国时,你终要自然而然也感觉到两国间所有相互异点。两相比较之余,我们尽可概括地下一断语,即是:英格兰到底是比这个希靳弗惕民国(The Helvetic Republic)[4]更富有平民政治的精神。这一点差异,随处可在两国制度中寻见,尤可在他们的风习(moeurs)中寻见。

笃奎尔察观英格兰与瑞士后之评论

(1)在几乎全数的瑞士州郡中,报纸的言论自由,只是一件最近才有的事。

(2)又在几乎全数的州郡中,个人的自由并不被充分保证,因之一个人可受行政处分,而至于被逮及被押狱中,无须经过许多法律手续。

(3)大概言之,瑞士法院不有完全独立的地位。

(4)在全数州郡中,以陪审制度折狱,至今未有。

(5)在几处州郡中,他们的居民在38年前丝毫不有政治权利。

---

4 读者须知笃奎尔所下评语是在1836年发出,当是时瑞士联邦宪法尚未创造,故所有政象迥异1848年以后所有。由是,评语所指摘者有许多已不适用于1902年之瑞士(译者按,本书系在1902年翻版第六次,戴雪即是年加入这条注脚,故云。其实,我可以代补一句:当云在此类评语中有许多批评更不适合于1902年以后之瑞士所有政情)。

[4] 按,希靳弗惕民国尝建立于今之瑞士,自1798年起,至1814年止,为法国所建立。而希勒弗惕(Helvetic)之名在罗马时代已有。在故典用语中,即指今代瑞士。

征实言之：鸦皋（Aargau），苏皋（Thurgau），惕星（Tessin）、浮德（Vaud）的全部，及沮利克（Zurich），比恩（Berne）的一部，皆属此类。

上方所得结论，用以批评瑞士风习，较之批评制度更见真实。

（1）在许多瑞士州郡中，大多数国民对于自治十分无兴味，因之，并未有这种习惯。倘若国家有变乱发生，他们尽管尽心经营私事，绝少留心公务。至于英吉利人民则异是：他们尽瘁国事，绝不以私害公。

（2）瑞士报纸，以新得自由之故，往往好滥用此项权利。故以瑞士新闻报与英吉利新闻报相比较，前者常倾向革命论调，后者尚属实际而切当时势。

（3）瑞士人似乎仍视集会结社为一种革命的工具，此类倾向正与法国人无异。他们还不能及英国人民专以集会结社为一种极缓却又极稳妥的政治改革的方法。原来集会结社不但是一种技能，而且是一种国民应有权利，瑞士人民似尚未认清此旨。

（4）就爱直道一端论，瑞士人民远不及英吉利人民。瑞士的法院在政治措施中不能置喙，而且不能以法律意见引导舆论。以法律意见领导政治行动与爱直道两事，原来是自由人民的最显特性。

（5）最后，瑞士人民究竟尚缺乏几种政治习惯，即是：尊重直道、爱好法律与不黩武力。数事皆自由人民所以能存在的要素，最显著于英国。

继此我当以数语综括前论。

无论何人，倘若曾在合众国游观，必不能自禁其为一件事实所感动，即是：以自由的精神能固结亚美利坚人民的习惯若是，复以他们又能笃嗜自由若是，合众国的国体只好是民主国家。同样以英吉利人民所有政治习尚论之，倘谓英国的政体，除却自由政府外，竟可成为专制政体或其他政体者，实不符于事理。至于瑞士则异是。假使现有民主制度竟被暴力摧残，瑞士人民，或不免于短期间变故之后，习视自由的失去为常事。故以三国所有政情互勘，英美两国所有自由在人民的风习中实较在法律中为盛，瑞士所有，适与英美两国相反。[5]

综观笃奎尔所批评，就中有两要旨，恰与法律主治的题义十分关切：第一，他的议论足以提示法治是英吉利制度所有显著特性。第二，这种议论足以指点英吉利民族的一个品性实在可以注意，然而极难以言语形容。笃奎尔在观察中盖遇有一难题焉，他明明认识一件异彩的存在；但仍不能区别这件异彩于他种政治心理以外。所以他不免有时竟使这异彩与自治的习惯、秩序的爱好、直道的尊敬，及法律的倾向等事互相混淆。本来诸如此类之政治心理原互相联属，然而他们决不是同一事实。倘若竟将彼此互相印证，混为一谈，则又不免陷于不正确之病。虽然，笃奎尔评衡政治，素称精细，但仍不免有此失，至为可惜。况旁观者清，当局者迷，我们自己于此必知所自儆。是以通常我们论及英国，我们辄谓英吉利人民尚法治，或谓英吉利宪法具有法律的至尊性。此类用语，在发言者自观，虽则含蓄真际的义理，然而在他人闻之，只觉广泛无稽。然则将欲领会法律主治或法律的至尊性，或法律的优势（rule, supremacy or predominance of law）等术语所包含奥义，我们必不可不先确定此类术语所有真谛，至为明白易见。

笃奎尔的言论与法律主治的意义之关系

---

[5] 参看《笃奎尔全集》，第八册，第455至457页。

第二节　法律主治的三个指意

每逢本书论及法律的至尊性，或法律主治，是英吉利宪法的一个主要特性，我们通常概括三个分明而又联立的概念。兹当分别提示之。

第一目　武断权力的不存在

第一，概念指明凡人民不能无故受罚，或被法律处分，以致身体或货财受累。有一于此，除非普通法院曾依普通法律手续，讯明此人实已破坏法律不可。用在如此指意时，法律主治与下文所陈一个政制刚相反。这个相反的政制是：在政府中有一人或数人能运用极武断又极强夺的制限权力。

<small>今代英格兰与今代大陆国家互勘</small>　今代英吉利人骤闻此语，会须惊讶，以为"法律主治"（依本文所用指意）何事？那能令英吉利制度专美？倘自今日政情观之，凡在文明而又有秩序的国家内，这种政治几成普通惯习，似乎非英国所专有。虽然今代欧洲大陆已尽被文明国家所占居，此类政象复不能谓为完全缺乏于大陆；但即就现况观察，我们仍敢相信，用在这种狭义的"法律主治"一事，实是英格兰所有别相。否则再推广言之，我们只可说这种别相惟附丽于一切国家之曾传授英吉利传统思想者如合众国之类。此外国家之散布于欧罗巴大陆者，行政院概具有大权，远过英国行政院所有。譬如，关及逮捕、羁押以至驱逐出境等处分，大陆各国行政院实能运用极大的裁夺威权，英国行政院必不能企及。试一考察欧罗巴政治，英国读者必不禁得到一种感

第四章 法律主治的体用

想,即是:大凡行政院能以裁决权能(discretion)[5]执法,就中即不免有许多武断性(arbitrariness)[6]而在一民主国中,一如在君主国中,行政院若有法律上之裁决威权,人民必至受不健全的法律自由之累。

然而此固未可以概论。倘使我们专就20世纪的欧洲观察,我们似须让步。这是要说,在几乎全数的大陆国家内,法治渐能确立,仿佛英国。在此际假使个人不要牵入政治或只要能遵守法律,此人可以无须畏惧政府,个人的自由不至受害。诚如是,我们推理所及,必至遇一件难事,即是:法律主治既成普遍现象若此,然则一般外国政论家必欲以武断权力的不存在为英宪的主要特性者何故?⁶

18世纪英格兰与18世纪大陆国家互勘

虽然,此非真难事也。假使我们能回顾百年以前情事,至于英宪最初被批评又被颂扬之际,这种迷瞀必可以涣然冰释。当在18世纪中,许多大陆政府本不是暴虐,然而在任一国中,无一个人能安居于武断权力以外。惟有英国在此际能卓然有所树立。试一考究他的特长所在,读者自见此项特长不是在于善政,复不是在于宽

---

[5] 按,裁决权能在法律上为一专用名词。当应用于司法时,此名用以指裁判官当折狱之际不依法律的条文,而依本人的判断力以分别曲直。当应用于行政时,此名用以指官吏判断某项行为之是非,纯以己意行之,而不复受裁成于法律。两者均有许多流弊。关于前者所有流弊,参考雷译《法学肄言》,第23页;关于后者所有流弊,本书反复言之至再至三。

[6] 按,武断性在此地亦用如法律上之专名,其指意在于解明行政或司法人员所有不依法律规定之行事。

6 孟德斯鸠曰:"自由是个人在法律所许可的范围中任意行事之权利。倘若一个公民竟能作法外行动,他就不能再有自由,因为既无法律以为界限,他人尽可效尤而任意行动,于是他的自由反被剥夺。"见《法意》,卷十一,第三章。又曰:"在现代中惟有一个民族,以宪法直接处理之故,能有政治自由。见上书,第五章。"这个民族就是英吉利民族。

政,却是在于政制中之法律性。故当福尔泰离去法兰西而游英格兰时,他所有最强大的情感是:他适才舍弃一个专制国家,复正在行入一所地方;这所地方所有法律尽管是严刻,然而当地人民只受治于法律,而不受治于人情好恶(caprice)[7]。福尔泰者法国文学家也,不但他的文学恰足以代表他的时代,而且他的感情亦足以代表他的时代。于是他尽有充分理由以抉出双方所有差异。试再就个人的身世所遭逢考之:在1717年福尔泰曾因一首诗之故,被发放于巴斯体耶狱中,不但福尔泰未曾写这首诗,而且他不知作者谁氏,复不表同情于诗中所表情感。但一被诬陷,福尔泰纵有口舌亦不能自辩。尤可异者,当时摄政处分此案实等于戏弄他人毫不经意。摄政谓此首讽刺诗既以"我未曾见"为题,他的作者即应受命入狱,庶几这个诗人"得见前此所未见"。于是福尔泰遂不能不入狱矣。又在1725年,福尔泰赴一位公爵之宴,饮食之际,福氏忽被强奴迫令离席,复被鞭挞于这位公爵之前。当是时,福尔泰的文名鹊起,在国内已有文豪之称,但不能取得一机会,以求申雪。后来因为他自不量力,尚以此次受辱为言,卒须重游巴斯体耶一次。诚然,这次是他入狱的最后一次,但终此一生,他常时与武断权力相冲突,复相抗衡。因此,他的生命屡濒于险。[8] 幸而他的文名、他的声耳、他的机变,与最后他的财富,尚能拯救这位诗人,使受罚不过于暂时

---

[7] 个人所有遭际既令福尔泰不能不作避地之计,故随所至之地,福尔泰极留意于当地制度。每遇武断权力不能施行之处,福氏常流连不忍去,备极爱慕。在英国时,尝自言曰:"在此地思想极自由,不受限制。"英国人民在国境内尽可以昂首阔步,不用顾虑他人敢毁伤他的一根头发,更不至忧惧皇帝以御旨逮捕放逐或无辜监禁。外人之来居者不但可以呼吸自由空气,而且能与本国人民同受安全保护。见德努瓦勒泰(Desnoiresterres)所著,《福尔泰传》(*Voltaire*),第一册,第365页。

[8] 见同上书,第344至364页。

入狱。然则法国在当日所有政治,盖一味专尚武断若此。至于英国所有则何如?任何人倘欲灼见法律的至尊性在18世纪中之英格兰是怎样稀罕的一个政治现象,让他自读摩梨所著狄爹裸传[7]。按本传,法国在那时只有一部百科全书[8]尚须费22年之磨折,方得完全出版问世,一般著名文学家由之方能得一机会以发泄积愫。即此一端,无论就抗争的困难着想,或就抗争的成功着想,俱可概见法兰西政府所有武断权力之大。

鲁意十五世(Louis the Fifteenth)在法兰西皇室中原属暴主,所以百科全书厄于御用特权,难于出版,当不足怪。不过此类跨越法律的皇家举动初不限于鲁意十五世,因为他只是法兰西行政系统的产儿。试观在鲁意十五世之后登位者实为鲁意十六世,其为人本非暴戾,然而武断权力仍时时运用如故。由此可见武断权力与法国政制原来两相系属,不可分离。惟其如是,倘若有人假设一类事实,谓法律主治早存在于1789年前之法兰西君主国家,如此设想只是谬误。读史者不尝见爹雍武士(Chevalier d'Éon)之待遇[9]乎?这人所受待遇的愚骏,屈辱及神秘发生于百年以往,恰如冒名欺骗以

---

[7] 按,狄爹裸(Diderot)为法国著名思想家、批评家及艺术家。1746年,狄爹裸始主持百科全书之编辑事务,中间历22年,历尽困厄艰难,未尝稍馁以底于成。摩梨所著狄爹裸传凡二巨册,可以参考。

[8] 按,历史上有名之18世纪百科全书,为狄爹裸及打兰别(D'Alembert)所编纂,法语名:L'Eneyelopédie on Dictionnaire raisonne des Science, des Arts, et des Métiers。是书开始于1751年,完成于1771年。当时法国知名之士,如福尔泰、卢梭、孟德斯鸠、堵哥(Turgot)等均分任编撰。

[9] 按,爹雍尝受命于鲁意十五世,出使俄奥诸国。当在俄国时,爹雍尝被召入宫中,改穿女服,为俄罗斯女皇特侍读。1774年,法王新死,爹雍时已被遣往伦敦为驻英国大使,因受新政府疑为间谍之故,忽被召归国。爹雍既到巴黎,行将受罪,卒以爹雍须改御女装于大庭公众中为求赦之条件,法国新王鲁意十六世遂予免究。故云。

要索权利之举动发生于今日，足以耸动他人视听而作谈资。此类事实，自今日观之，至不足道，复不值追忆。但我们于此有必不能忘记者一节：即是，在 1778 年，即当约翰孙（Johnson），亚当·斯密（Adam Smith），稷本（Gibbon），考别（Cowper），布雅克（Burke）及曼斯斐尔（Mansfield）等生存之日，即当亚美利坚独立战争尚在进行之时，又即当全国会议（The States General）开会前 11 年之期间，竟有一名武士及一个有名外交家，不知所犯何罪，不经审讯，复不经定谳，竟遭疑忌复受奇辱，而此类罚则与奇辱，虽在东方专制主义国家亦不敢创制及施行。[9]

虽然，读者慎毋因此一节，遂遽然想像在 18 世纪中法国政府当比其他大陆国家之政府，较为武断。设此假想只是误会大陆的政情。按实言之，法律与公意，在法国中，以视在西班牙中，在意大利小邦中，或在日耳曼市府国家中，尚能比较地见重。至于专制政体之弊害所有已经存在于法国者不特并行于上列各邦，而且为害更烈。正以太过刻毒之故，上列各邦之苛政，笔不胜书，口不能尽道，于是世人视听乃撇却上列各邦而移向法国。是故法兰西君主的权力，比诸散处欧洲二十许小霸王的蔑法行动，反受极严厉讥弹者，并非因为前者较后者为更暴虐，实因自世界眼光观察，一则以法兰西民族在 18 世纪之进步论，亟应取得大量自由；二则以传统思想论，法兰西自古素为专制政治之中心。惟是，巴斯体耶的陷落遂博得全

---

[9] 读者须知法国即在全国参政会议既开之后，法王尚不愿意完全抛弃以御旨逮捕或放逐人民的特权。此特权名为御用逮捕状（lettre de cachet），参考当时所发布的公文：Declaration des Intentions du Roi（君主意旨的宣示第十五条，载于普劳德［Plouard］，《法兰西宪法》，第 10 页）。

欧之同情。实则当那一堡垒被攻破时，在内因犯不及10人，而在英国牢狱，负责囚徒之奄奄待毙者不下百数。顾英人在当日为感情所蔽，遂不能分别审察。乍见之际，他们庆贺法国革命成功的狂热，实为生在20世纪的英人所不能了解。但试详细玩味，则这种同情弥漫于文明世界间，横极东西，纵尽南北，自有缘故。巴斯体耶非他物："他只是毫无法纪的权力之一种象征。所以他的陷落当足以惹起欧洲人士的感触，（而且此项感触至属确当），以为这种捷报，实所以报知其他大陆国家，谓向来存于英国中之法律主治，行将代武断权力而兴起。"[10]

第二目　普通法律与普通法院居优势

第二概念指明，[11] 在英格兰四境内，不但无一人在法律之上，而且每一人，不论为贵为贱，为富为贫，须受命于国内所有普通法律，并须安居于普通法院的管辖权之治下。

法律平等的意思，（这种意思，换一句话说，包含凡人皆受治于普通法律，而普通法律复执行于普通法院），被推行于英国中，盖已达于极大限度。所有在职官吏，自内阁总理以至巡士或征税差役，

10　如欲明白当时英吉利人民对于法兰西人民处在奴隶地位所怀情感，参考古勒士米斯（Goldsmith），《世界国民》，第四封通信。如欲分勘英吉利贵族费列爵主（Lord Ferrers）之所以得死刑之由，纯与法兰西贵族因与君主有戚谊而免死之事实相反对，参考同上书第37封信。又如欲明白欧罗巴全洲在此时所有感念，参考《笃奎尔全集》，第八册，第57至72页。法律主治的意思在此际并同时含有即使君主或官吏犯法亦与庶民同罪，必无幸免。试观权利草案（Bill of Rights）序言第一则便明。参考士徒柏（Stubbs），《宪章选录》（第二版），第523页。又比较下列两成案：

(1) *Miller v. Knox*, 6 Scott, 1；

(2) *Attorney-General v. Kissane*, 32.L. R. Jr. 220.

11　第一指意上文已论及，见本章第二节第二目。

倘若违法，一律与庶民同罪。故当他们以个人资格行事而犯罪时，法院固然无所宽假；纵使他们不以私人资格犯罪，惟因执行公务而至于越权，法院仍责令赔偿损失。诸如此类之案件司法公报至多刊载。故有一殖民地总督，[12]一内阁部长，[13]陆军将士[14]以至一切属吏，虽则执行上司命令，然而必不能越权行事。倘若所行之事有为法律所不许，这个官吏，须自己负责任，一如私人或非官吏须对于自己行为负责任。诚然，兵士，[15]或国立寺院僧侣的法律地位，在英国一如在他国，与寻常百姓的法律地位颇异，即是，前两者除受治于普通法律外，复各被管辖于一种特殊法律，这种特殊法律实未尝治理普通人民。因此之故，他们在某种特例中须求平反于不同普通法院的一种裁判所。这是要说，官吏有时在一定范围中受治于所谓"官法"（official law）。[16]虽然，这件事实并不矛盾上列原则。（即是，凡人在英国内皆受命于本国普通法律）。诚以一个兵士，或一个僧侣，纵使因地位关系至于负荷寻常百姓所不负荷之法律责任，但并不以此之故便能抛弃普通国民的本分。

_{英格兰与法兰西互勘}　就一个英吉利人的眼光观察，他自然不免有一想像，以为法律主治（依本文所用指意），只是任一文明社会通有的习尚。然而这种

12　殖民地总督一度越权即须负责，可以下列成案解证：
(1) *Mostyn v. Fabregas*, Cowp. 161；
(2) *Musgrave v. Pulido*, 5 App. Cas. 102；
(3) *Governor Wall's Case*, 28 St. Jr. 51.

13　内阁部长一度越权即须负责，可以下列成案解证：
Entick v. Corrington, 19St. Jr. 1030.

14　陆军将士一度越权即须负责，可以下列成案解证：
Phillips v. Eyre, L. R. 4 Q. B. 225.

15　兵士在法律上所居地位，下文第八章、第九章行将详论。

16　法律主治与外国所有行政法极相反对，阅读下文第十二章自明。

假设实属谬误。大概言之，欧洲在18世纪以前，贵族、僧侣以至他种人物均能藐视法律；至18世纪之末，欧陆民族之大多数渐能脱离这一时期而演进。若以英格兰而论，贵族僧侣的无法时期，早于16世纪之末，经人民以流血解脱。但严格言之，虽在今时大陆国家中，若云，人人受治于同一法律，或云，法院在通国中为至尊，此节未见得可以完全证实。试以法兰西为实例。在法兰西中官吏——在此名词之下，所有服务于国家内之各种机关的人物应尽数包含——当在职时，于一定范围内，不但被撇开于普通法律以外，超越于普通法院的管辖权之上，而且有几时受治于官家所执行之官法。如此论断，骤闻之，未免惊人；细察之，却是丝毫不谬。

第三目 宪法的通则形成于普通法院的判决

第一、第二概念既明，尚余第三概念必须探讨。法律主治，或法律精神的优势，用在第三概念时，亦可称为英吉利制度的专有德性。在此际，我们尽可断定英宪是完全被法律精神的优势浸淫弥漫。我们要下这一断语，自有确凿根据，即是：英宪的通常原理（譬如，即以人身自由的权利或公众集会的权利为例）的成立缘由起于司法判决，而司法判决又起于民间讼狱，因牵涉私人权利而发生。[17]

---

17 宪法的原理在英国中为法院判决之结果，可以下列成案解证：
(1) *Calvin's Case*, 7Coke, Rep. 1；
(2) *Campbell v. Hall*, Cowp. 204；
(3) *Wilkes v. Wood*, 19St. Jr. 1153；
(4) *Mostyn v. Fabregas*, Cowp. 161.
此外巴力门的法律宣言，如权利请求（The Petition of Right）及权利草案与法院判决有连带关系。

可是，在多数外国宪章之下，个人权利的保证只能形成（至少在外表上是如此）于宪章的通常原理。

这个法律主治的指意至足以解明时论所暗示一件事实（至少是他的一部分），即是日常所谓"英宪未尝被造出，只自然生长"。这句话未免误人。倘若拘牵文义以求之，此项随感实不合于名理。是故穆勒（Mill）有言："政治制度（无论发言人在命意遣词时怎样不理会）是人工所造，他们须靠人类意志而产生，而存在。人们并不于夏天睡醒之后就看见这些制度涌起。况且他们并不是如树木一般，可以于一次栽植之后，虽当人们酣睡时，即在夜间生长。是故他们的存在，无论在那一时期，纯赖人类的愿力：人类要他们怎样；他们便成[18]怎样。"

虽然，论理本应是如此，但我们须留意一句定训，即是：政体的生成与人民的生活煞有密切关系，以彼此关系如是密切，我们如必欲待遇政治制度，以人类愿力下之一类产品，似乎甚难。所以这句定训，虽是略近游移，到底能将一件事实提示。这件事实为何？就是许多政制，在其中英宪就为一显例，并不曾被人们以一口气造出，而且远非一次立法（依通常意义解释）所制定；反之，他们却是千百年来法院替私人权利力争而得到的结果。简约说：英宪只是一宗裁判官造成的宪章。在表面他附带着裁判官造成的法律许多善良或恶劣彩色。

_{英宪与外宪互勘} 因是之故，英格兰的宪法呈露许多异彩，确与外国宪法立异。试一一晓示之如下文：

---

18 见弥勒，《代议政治》，第4页。

第一，在英宪中我们不见有各种权利的宣言或定义；在外宪中，外国宪法家都视之等于金科玉律。而且这样原理，当研究英宪时你可以发现，实是在法院判决之下确立的准规。这些准规是从审判员的判案或随感中取材，或从巴力门因为应付及解免人间冤苦而建立的法案（在此际巴力门尽可视同高等法院，他的意见并可视同法律意见）中提要，随之以造成概断或通则。再用别的方式表示可得个人权利与宪法相互关系一节。英宪与外宪不同：在外国如比利时者之国中，宪法是立法行动的结果；而在英格兰之中，宪法本身是以法律的判决为根据。世上尽有许多国家，他们的宪法是一件慎思而发出的立法行为，比利时即是一个好榜样。是故就比宪而论，你可以真实地断定，谓个人对于人身自由的权利是从宪法产出，或被宪法保障。若在英国则不然。个人对于人身的自由权利所以成为宪法之一部者，只因为此类权利曾经法院以判决拥护之故，同时复因为出庭法案[10]整个的承认与推行之故。倘若名学的法式可被用以解答法律问题，比宪与英宪所有差别可以名理陈述之如下文：就是在比利时中，个人权利是从宪法的原理演绎出来之结论；在英格兰中所谓宪法原理是由法院涉及每个人所有权利的判决案归纳得到之通则。

这种别异自然是不过一种形式上的区别。若就实际上立论，倘若自由在比利时中，一如在英格兰中，只得到同样安全，则保证个人权利的主力或为宪法，或为四境内之普通法律，殊可以不必拘泥。

---

[10] 按，出庭法案，在英语称为"The Habeas Corpus Acts"。为巴力门所通过之两宗法案：其一用以确定凡人受刑事控诉而入狱后所请求之出庭状权利，其二用以确定凡人受刑事以外的控诉而入狱后所请求之出庭状权利。详见下文第五章第三节第二回。

虽然,有一问题于此,我们必须注意。这个问题是:人身自由的权利或信仰自由的权利,究竟是否安全,必赖一个考究所得答案以为判断标准。这个考究的主旨是要问明制宪人物在制宪时所有着手工夫。至于答案可有两种:其一,制宪者可从权利的宣言或界说开首;其二,制宪者又可从所以卫护或强行权利的方法起始。两种着手工夫互异,他们所收效果随即不同。试观外国制宪所为,他们大概自权利宣言着手。但试进一步而推求其故,此举之成立,一则因为时势激荡与要求,二则因为制宪者自己感觉,以为如此行动确是立法者所有本分。不幸外国宪法家只见其一,未见其二,所以他们徒劳心焦虑以规定权利,却不能留意于补救方法的筹备,使此类权利于宣告之后得以见诸实行。此等不幸事实凡有历史知识者谅能灼见。试以实例作证。例如:1791年宪法即檄告全国以良心自由、出版自由、集会权利及官吏责任。[19]但试一按之实事,从来个人权利之常被蹂躏一若宪法未尝存在者,稽之历史记录所及,当以法兰西大革命时所遭逢为最惨酷。又如,即就今日情势而论,倘谓个人权利在法兰西民国之下,卫护周至,可以平比英吉利君国,任一旁观者骤闻此语,亦要怀疑。是何以故?则以法兰西民国实未设备权利受损害后之救济方法故。英国则大异是。故在他一方面,权利本身与强行权利的方法在英宪中常有不可分离的相互联属。所以古语称道,在有法律之地即有救济办法存在,[11]如此准备至关重要,

---

19 参考下列两书:
(1)普劳德(Plouard),《法兰西宪法》,第14至16页。
(2)杜归与孟尼耶(Duguit et Monnier),《法兰西宪法》(第二版),第4至5页。
[11] 按,此语以拉丁语写成,其原文为"ubi jus ibi remedium",故得汉译如上文。

非仅同一种同义异字的言陈已也。试专就宪法运行方面着想，我们可以发见英吉利人民务求实际的倾向。当他们逐渐构成一套极复杂的法律与制度而称之为宪章之际，他们实努力于筹备所以实行某一种权利之策略。换言之，他们注意于救济侵权行为的损害，胜似宣示人的权利或英吉利人们的权利。譬如，出庭法案并不宣示何种原理，或规定何种权利，但此类法案的效实，在实用方面可当保证个人自由的宪法条文一百条。讨论至此，学者幸勿遽作假设，以为权利与救济方法的联属赖有弥漫于英吉利制度的法律精神方能成功。因之，此类联属遂与成文宪法的存在不相容，尤其与宣布人权的宪法不相容。试征实例：譬如合众国宪法与各邦宪法同是成文，又同含有权利的宣言。[20] 但美国政治家却具有超越平凡的政治技能以筹谋所以救济侵权行为之善法。同时，法律主治又为合众国政制所有一个特殊彩色，无殊英国。

20　或者谓在英美两国公文中，权利请求，权利草案，以及权利宣言，同以宣布自由大义为事。此类公文极类似外国制宪者所常称道的人权宣言，尤其类似1789年法兰西大革命所檄告之个人及公民之权利宣言（Declaration des Droits de l'Homme et du Citoyen）。以文字论，两类公文固然极相类似；但以法意论，两类公文的相似点实不如双方彼此的互异点较足令人注意。试观权利请求及权利草案之用意，与其称之为对于人权的宣告，毋宁称之为对于君主特权或积威的否认。而且否认之余，两种著名公文均用一种司法判决的方法判定君权的滥用均作无效。是以在几及全数的条文中无一不要把假借特权以肆虐的行政加以否决。至于合众国宪法所载各项宣言甚类似大陆宪法所宣告之个人权利及自由，是诚无疑。他们同是18世纪盛行的学说下之产物，故有如此类似点。但试一就法律用意考察，美宪的宣言仍以控制国会的行动为职志，酷似英宪所抱目的。盖英格兰的人民在17世纪时所患者为君权太大，故有以议案否决特权的肆虐之举动；北美殖民地人民在18世纪所苦者为巴力门专政，故有以宪法条文束缚立法机关的立法之行为。然则英美两宪的用意只是一样；惟大陆宪法则大异。大陆宪法的用意只在于以此项宣言希图作一种对于人权的普遍保证。

不宁惟是，这种事实，即是，在多数外国中，个人的权利（譬如对于人身自由的权利）靠该国宪法以存在，而在英格兰中，此类权利本先由法院替个人争得，然后由宪法以通则作概括地申明，更有一重要效果。是故权利可以宪法保证者，即可以法律暂时停止效力，此事在外国中常时惯见。即当在运行时，他们亦与普通法律不同途径，于是乃生法外有法之嫌。试以比利时所有情状作解证：譬如比利时制宪人物特于宪法中作人权宣言声明个人自由受确实保证，即不啻暴露他们对于个人权利的观察点大异于英吉利诸家所有观察点。原来同是权利，我们甚难以指出某项权利应比他项权利较受制宪者另以青眼看待。例如人民不受非法逮捕的自由及享用自己所有财产的权利；又如意见可以任意发表的权利，惟至于诽谤有据乃负赔偿责任；又惟至于煽乱或渎神证实乃受刑法处分。诸如此类之权利，自英吉利人们视之，似乎同建筑在一个基础之上，就是，同在普通法律之上。假如要说"宪法保证"某项权利过于他项，自英吉利人们闻之，直是一句非人情或无意识的说话。但在比利时宪法中这些字句却有一定指意。他们的指意含有除非以非常立法手续变更宪法，政府无从以法律侵害个人自由。虽然，此节指意尚非我们目前所有急须解决之问题。目前所应注意者只有一点，即是：在个人权利受宪法特别保证之地，此际即有一个法律意思流露，复表示此类权利可被停止或被弃置。反之，在个人权利本以附着国内寻常法律之故而构成宪法本体之地，此类权利与国内寻常法律相终始。自非以革命手段，摧翻国内所有制度与风习，此类权利必不任受破灭。由此观之，此类权利，以性质论，两地从同；而以地位论，高下悬绝。诚然，英国所谓"出庭法案的停止效力"颇近似外国所谓"宪法保证的停止效力"。但前者究竟与后者有分别。其实通常所谓以议案停止出庭法案一种举动,并不如公众所解释之严厉,这种举动不过能搁置所以保护个人自由的一件特殊救济办法而已。是故出庭法案纵被暂时弃置,英吉利人们仍能享用国民的权利如旧。是何以故?则以英吉利宪法本建筑于法律主治的大义之上,此大义苟不废弃,宪法下之权利必能永存故。如谓法律主治的大义竟可废弃,此等现象惟可出现于大革命。

第四目　综括上文法律主治的意义

由此观之,法律主治实构成英宪的基本原理,共含三个指意。换言之,法律主治可由三处观察点审视。

第一指意解作国法的至尊适与武断权力相违反。四境之内,大凡一切独裁、特权,以至宽大的裁夺威权,均被摒除。英吉利人民受法律治理,惟独受法律治理。一人犯法,此人即被法律惩戒;但除法律之外,再无别物可将此人治罪。

第二指意解作人民在法律前之平等。换言之,四境之内,大凡一切阶级均受命于普通法律,而普通法律复在普通法院执行。当法律主治用在此项指意时,凡一切意思之含有官吏可不受治于普通法律及普通法院者皆被摒除。因此之故,在英格兰中无一物可符合法国所谓"行政法"(droit administratif)或"平政院"(tribunaux administratifs)。[21] 诚以行政法有立于法律背后者一个观念,这个观念是:凡事涉政府,或案关公家仆役,应由具有多少官家性质的机

21　参看下文第十二章。

关处理，惟其如是，英格兰的法律对于此项意思盖未尝前闻，他的传统思想与风习复与此项意思绝端反对。

第三指意表示一个公式，用之以解证一件法律事实。这件法律事实是：凡宪章所有规则，在外国中，皆构成宪法条文的各部分，而在英格兰中，不但不是个人权利的渊源，而且只是由法院规定与执行个人权利后所产生之效果。申言之：英吉利法院及巴力门常用法律行为，以测定元首及公仆所有地位，即以保障个人权利。由是归纳此类法律行为便得私法的各个原理，综合此类原理便得英宪的重要成分。然则宪法在英国中只是普通法律运行于四境内所生结果。

第三节　法律主治在发展进程中所生影响

关于法律主治的本体，本章于上文既已详论。继此我们必须寻求这条大义在应用上所生之效力。如其不然，上文所已探讨将成空论，因之，我们所得至属有限。倘若我们真要明白此一原理在各方面之发展有何意义，我们必须勉励在所有宪法条款中追寻他的影响所至。最善之法莫如仔细考察英格兰的法律用何方式以处理下文论题，即是：个人对于人身自由的权利，[22] 对于讨论自由的权利，[23] 公众集会的权利，[24] 戒严法的用处，[25] 军队的权利及义务，[26] 公家岁入的

22　见下文第五章。
23　见下文第六章。
24　见下文第七章。
25　见下文第八章。
26　见下文第九章。

征收及支付,[27] 及阁员的责任。[28] 此外,存在于英格兰中之法律主治的本体当以存在于大陆国之中"droit administratif",或行政法,反证而益显。[29] 这些论题我们当依次探讨兼论列于下文。

虽然,在未涉入各论题之前,让读者先记取本书所有旨趣。原来这部书中之部乙的用意并不要对于出庭法案,或其他保护人民自由的议决案,供给读者以精审详明报告;但只要开示宪法所有大纲,一如上文所条分缕析(不妨用假借法称之为"these 'articles'",即这些宪法条文),不但皆是,而且足以解证国法在通英吉利制度中之至尊性。[30] 倘若将来竟有编纂宪法之一日,我在本文所提出的论题,就中逐一题目会须列入宪法法典中成为专节。其实在这些题目中,曾有多条今已具列于外国的成文宪法,最显著者就是比利时宪法。比利时宪法,上文曾经提及,最能将英吉利立宪主义的纲领综括条列。因此之故,研究英宪最便之法,莫如摘取比利时宪法(如必要时采及他国宪法)的条文之与本题有关者(例如个人对于人身自由所应有权利),仔细参详,以寻出条文的字里行间所含原理,到底已得英宪承认至于什么程度?倘若承认的程度既经测定,我们还

27　见下文第十章。
28　见下文第十一章。
29　见下文第十二章。
30　平等法律的主治,在英格兰中今日忽陷于危机。试观普洛克(Sir F. Pollock)所言即可概见。普洛克曰:"在1906年所通过劳资争执法案(The Trade Disputes Act)中巴力门给予资方与劳方各以结社自谋之权利,甚至代双方之一奔走的人物亦有同样权利。自此之后,英国人民因资方或劳方利益而结合者均可免以法律议处。此为非常超越法外的权利,至有害于法律平等的原则。法律科学对于此类政治试验的施行甚不愿与闻而多有非议,是以我们只得希望殖民地中之法院,能于所有管辖权内,继续母国法院未竟之志,以努力造成法律平等的坦途而已。" Pollock, *Law of Torts*, (8th ed.) P. V.

要更进一步寻出英国法院所以维持及强行此项权利之方法。综合此两事以进行研究,英宪所有大义必可以豁然贯通。从来英吉利宪法所以不大昭彰者只由我们甚少取之与他宪互勘。在此处一如在他处,将欲认识英宪,比较研究实属必要。

第五章　人身自由所应有权利

第一节　英宪与比宪互勘

第一目　人身自由在比宪下之保持

比利时宪法第七条确立原理几则于国内，这几则原理都自英吉利宪法撮取，然后写成文章。因是之故，该条文所有文字大足以替英宪写生。兹当先征引原文如下：[1]

"Art.7 La liberté individuelle est garantie."

"Nul ne peut être poussuivi que daus les cas prévus par la loi, et dans la forme quélle preserit."

"Hors le cas de flagrant délit nul ne peut "être arrêté quen vertu de l'ordonnance motivée du juge, qui doit être signifiée au

---

[1] 按，比利时宪法公布于1831年，修正于1893年，本文所引者为宪法第七条。汉译如下：
　　第七条　人身自由应受保证。
　　"非依法律所规定，及遵法律格式，任何人不受任何惩戒。"
　　"除现行犯外，任何人，非有自裁判官发出的命令，不受逮捕。此项命令必须于逮捕时，或至少于24小时内宣示。"

moment de l'arrestation, ou au plus tard dans les vingt-quatre heures." [1]

第二目　英格兰所以保护人身自由之方法

综观上文，学者当可见人身自由在比国中实保持于宪法。然则英国所以保持此类权利者又恃何法？此旨亟须提示。按实言之，英吉利人们能享用人身自由，并不倚赖宪法，复不造端于公文所写成条文中之涵义。试即专就公文论：譬如，在英国历代档案中，有所谓大宪章（Magna Charta）者本以条文写成；就中有一条，即第三十九条，酷似比宪第七条之内容。兹为对勘便利起见，更录原文如下：[2]

"*Nullus liber homo capeatur, vel imprisonetur, aut dissaisiatur aut utlagetur, aut exuletur aut aliquo modo destruatur nec super eum ibimus, nec super eum ibimus, nec super eum mittemus, nisi per legale judicium parium suorum vel per legem terrae.*" [2]

这条文字应与权利请愿的宣言书并读，由是比利时宪法的渊源之所由来自然更显而易见。

虽然，这两种法令（此时姑名之为法令）究与比宪第七条有一

1　比利时宪法第七条。

[2]　按，大宪章公布于1215年，重布于1216年、1217年及1218年。本书所征引第三十九条原文汉译如下：

"除非依据裁判官合法判断，或国内法律，无一自由人应被捕捉，监禁，甚至褫夺管业、自由权利或自由惯例；或出居于法律保护之外；或放逐于他国；或诸如此类之摧残践踏。而且我们，若无法律依据，决不将任一自由人开堂审讯，或将他判定罪状。"

2　参看士徒柏（Stubbs），《大宪章》（第二版），第301页。

基本异点：即是，前者只用以记录早经存在于国中之一类权利，后者却用以赋予这类权利于人民。而且依上文所已指示，"保证"（guaranteed）一名词至可玩味，他实能暗示一个观念。这个观念是：人身自由是一种特别利益，比利时政府特以超越寻常法律的宪法替比利时人民担保。果尔这种意思恰与英吉利人民的思路异趋，因为人身自由，以英吉利人们的眼光观之，人人应有，决不可视为一种特别利益。申言之：此类权利既为人人所应有，他只是寻常法律推行之下所成结晶品，又是寻常法院保护之下所得产物。准此以谈，我们当可适用一个通则于一特殊事件中。而知所谓人身自由的权利不是宪法的结果却是宪法的根源。

第二节 意义及救济方法的探讨

根据上节互勘两宪所得结论，学者当知凡在宪章中告示个人对于人身自由所有权利，或任一种权利者，不但仅能与此类权利以极轻保证，而且适足以表白他们，不过有名义的存在而已。倘若继此项探讨，而欲深求当此类权利在实际上果能构成宪法本身的成分时，究竟他们所有效力是如何远大，学者必须做两事：第一，他必须考虑权利的意义是什么？第二，他必须寻求所以强制执行权利的方法何在？两者之中，后者比前者尤为重要。

第一目 人身自由所有权利的意义

在英格兰中，个人对于人身自由所有权利在本体上解作：一人的权利，非依据法律，不能屈于逮捕监禁或任何淫威严刑之下。任何人，无贵无贱，无贫无富，若不幸受身体发肤的屈辱，在英国中除有两个理由外，概可视为非法。这两个理由，大概言之是：其一，因为此人已被告发，必须被传到法庭受讯；其二，因为他已被判为有罪，必须受罚。由此观之，人身自由尽可以严守一条原理而保持，这条原理即要郑重申明，非率循法律行径，又非有合法命令或威权，[3] 凡人不任受逮捕或监禁。然而英吉利人民尚以为未足，他们还要寻出事后补救的方法。这一类补救方法比前项原理更有效力，他们实即成为这原理的强制执行之机括。假使无此机括，原理纵不成为空言，亦未必能见功立效如是周到。这件机括分为两端：其一，如受非法逮捕或监禁，此人可用检举或起诉方法以图解救；其二，如受非法监禁，此人更可用出庭状（writ of habeas corpus）出厄。让我们继此逐一审察两类救济方法所有通常性质。

第二目　逮捕的伸雪

倘若我们要用"伸雪"（redress）一名于广义中，我们当说凡人猥受枉屈，可以设法使欺凌者受罚，或设法使本人得到受枉屈后所遭损失的赔偿。如是救济行为都是伸雪。

在英格兰中，无论何人，如果他的人身自由曾受非法干涉，均可用两法之一以图伸冤。[4] 试设一例：譬如，某甲毫无法律根据扑某

3　关于逮捕一层，参考斯梯芬（Stephen），《英格兰的法律新解诂》（*Commentaries*），第四册（第十四版），第 303 至 312 页。

4　除本文所举两法之外，尚有一法，由之，人身自由或其他权利可以保全。此法是：为保全或主张自己的权利起见，一个人得用武力以反抗行恶者，纵使伤人亦可以不负法律责任。在英吉利法律中，此法通常称为"自卫"，其实正确言之应称为，"用个人自有力量以主张法律权利"。他的界限至难确定，几成为英吉利法律中一件最奥妙问题。参考本书附录中之书后第四则"论自卫权利"。

辛于地上，加以羞辱，或竟敢禁锢他以剥夺他的自由，于是，无论时间久暂，久至数日，暂至5分钟，某辛随时有两路可行。他可以无辜受辱起诉，使某甲抵罪；他又可以横被侵害起诉，使某甲依陪审的公断而赔偿损失。试征引历史。假使福尔泰当1725年时，不居于巴黎，而居于伦敦；复不受法国贵族而受英国贵族戮辱。他必然可以得到昭雪，初不必倚赖朋友协助及内阁垂青。倘要昭雪，他只须遵行两条法律的坦途之一：譬如，他可以依诉讼程序，提出全体控告，使戮辱他的人们——受讯如刑事犯；他又可以，如果他自己不惮其烦，分头起诉，使各人受相当罚则。例如：主使鞭挞他的一个贵介公子，实行鞭挞他的几个仆役，投他于囹圄中的警察，以至看守他于牢狱的狱吏，均将不免于罪。在此际，尚有一点必须注意，即是，福尔泰如果要用侵害行为的罪状起诉，这种罪状可以控告任何人。其实，许多殖民地总督、内阁部长、大官小吏，以至用军法裁判而审讯不应受军法拘束之人物的官员，均可以被告发而且曾经屡次不一次被人实行告发。惟其如是，我们在此际更能邂逅法律主治中之一义解，而得到此义解的另一充分证据。倘使福尔泰果被侵害于英格兰，无一仇人能以履行职务，或以奉上官命令为辞，卸脱责任。[5] 而且在他的仇人中，无一能自谓所犯之罪，可被特别看待，将归特别法庭裁判。申言之，福尔泰当能在英格兰四境之中，提取所有仇家，即狱官亦在其内，使人人到寻常法院受讯。在此类法院中，将无一审判员或陪审员竟至想起某一人系奉上官命令行事，其犯法为可原谅。

5　对勘《法兰西刑律》，第114条。

不宁惟是,英国判官在这种案件中,或其他案件中,常坚持两则原理以治狱而不肯丝毫退让,我们在未结本目所论之前,必须提示。这两则原理实浸淫于宪法全体之中,以造成英宪的骨干。是故法院常尊视此类原理,即所以维护国法的至尊性;又即所以裁抑元首的武断权力。两则原理为何?第一,凡人负罪,他必须自肩起本人在共同犯事中所有责任。换言之,倘若他的行为不合法,他必能以遵从命令行事自解。再以福尔泰之事解明之,倘若福尔泰被逮捕于英格兰境内,他尽可以索取一切参加此事的人物。逐一人课以相当责任。此为个别负责的大义。自有个别负责的大义,遂确立英吉利寻常法律中之一大信条。此一大信条为何?即虽有君命,官吏亦不能以此自解而希图卸脱犯法之罪恶是。又自有个别负责的大义,内阁负责的大义遂得确立宪法上之基础。

第二,权利受侵害的诉讼无论为大为小,法院必然受理,必然设法补救。譬如,福尔泰横遭殴打,复被禁锢一事,自英吉利法律视之,自是一件极严重的罪过。在理,法院必不能搁置不问,此则尽人所知。然而倘使有人谓法院只问大事,不问小事,一如寻常百姓所鳃鳃过虑,此种假想只是谬误。在一百案件之中,至少有九十九件牵涉极细碎侵害行为。譬如,一个恶少年饱他人以老拳,或警察不以法律根据捕人;或小学校长禁闭学生,不许归家,至于逾限半小时之久;[6]诸如此类之案件法院均不忽视。简约说:倘若某辛无法律依据,干涉某甲的个人自由,无论干涉的程度如何轻微,

---

6 参考高等法院后庭判决案,其引用典籍如下:
Hunter v. Johnson. 13Q. B. D. 225.

犯者必受法院所有诉讼秩序处理；同时，倘若受者能取得陪审员的同情，他还可以收受对于此次所遇损失的极优厚赔偿。由此观之，英格兰的法律保护个人对于人身自由的权利及其他权利，无微不至；而且对于权利的侵害，大的小的，均给予同样救济（自然，我的意思并不要说同样罚则）。此类事实素为英吉利人民所习见，故轻重犯法一律重视的大义，往往不能察觉，但著者敢谓在我们的法律系统中，这条大义维持法律的威权之功实为极大，其他大义能与平等论功者盖属罕有。惟其如是，英格兰的法律殆不知世间尚有何事，可视为例外罪恶，因之，须受非常法庭裁判。[7]

虽然，一人于枉被禁锢后得设法报复，使压迫者须以罪人资格出庭受讯，或得提起诉讼，使压迫者赔偿损失，如此办法尚未充分地拥护人身自由。譬如，某辛既已押某甲于牢中，在此际，某甲虽明知待自己恢复自由之后，必能依法对待某辛。然而至少以目前论，如此希望实无补益，并且非某甲所急需。他所急需只是：如何进行乃可以恢复自由。在未能恢复自由之前，他不能希望便将此仇报复。譬如，当福尔泰被禁锢于巴斯体耶时，纵使他晓得于出狱后当能向仇人取偿，此项知识究竟有何益处？其实此项知识不但无多大裨益，而且反招致损害。诚以取仇人而甘心一举，如果法律明定，在事实上即有可能性。这种可能性一经识破，转足使仇者预为之计，因之，福尔泰或将被监禁终身。由此观之，除非在干涉个人的法律自由所有罚则之外，法律再没有适当保证，使受禁者得以恢复

---

[7] 适与英吉利法律反对者则有各种非常救济方法，古代法兰西王室用之以处罚极有势力的刑事犯。欲明此旨，参考：Fléchier, *Mémoires sur les Grand-Jours tenues à Clermont en* 1665-66。

自由,人身自由即不能得到安全。惟其如是,出庭状与出庭法案遂应运而发生。两类制度皆是人身自由的适当保证。

第三节　出庭状

以题旨论之,出庭状(Writ of Habeas Corpus)[8]的历史及同类立法的详情,非此次演讲所有范围。将欲得到出庭状与出庭法案的详情,[3]你尽可以向普通法律教科书中寻求。至于本讲主旨是纯然要阐明英格兰的法律所以拥护人身自由之方式,其他非所过问。因此之故,我行将论列如下几点:第一,出庭状的性质;第二,立法上所谓出庭法案(Habeas Corpus Act)的效用;第三,平常所谓(其实不十分正确)出庭法案的停止所生效用;第四,停止出庭法案的运行之任何法案与一宗赦免法案所有关系。四者之中,逐一关涉英宪

8　关于出庭状的探讨,参考下列典籍:

(1)斯梯芬(Stephen),《英格兰的法律新解诂》(第十四版),第三册,第697至701页;

(2)查理士第一代档案,第十六册,第十章;

(3)查理士第二代档案,第三十一册,第二章;

(4)佐治第三代档案,第五十六册,第一百章;

(5)服西斯(Forsyth),《法律意见》,第436至452页,又第481页。

[3]　按,关于出庭状与出庭法法案两类制度之历史及内容,赫特(Hurd)有专论研究,其题目即为"出庭"(habeas corpus)。出庭状为在英美法系下之常法法院所有诸大法律命令状之一种。至其起源始于何时,则以代远年湮之故,史家不能考出。当初次被用时,出庭状本适用于私家禁锢,嗣后入轩利第七之世(1485—1509),此状乃被用以解脱王家之非法拘押。在17世纪前半期司徒雅王室(the Stuarts)滥用威权以逮捕无辜,为拥护人身自由起见,法院乃屡用之以反王室所为。自此以后,出庭状遂被珍视为宪法上之一种重要法律工具。巴力门于是在1679年有第一次出庭法案,复在1816年有第六次法案之建立。

的法律甚切。

第一目 出庭状的性质

以常理论之,法律公文极足以解证法律原理。因此之故,将欲阐明出庭状的性质,我们应先征引实例,然后仔细审察状中所有涵义。实例如下:[4]

"*Victoria, by the Grace of God, of the United Kingdom of*

---

[4] 按,此系出庭状的实例之一。有卡勒斯·威尔逊(Carus Wilson)者于1845年,即英后维多利亚在位之第8年,被监禁于者西岛。他的律师特为之向高等法院之后庭(the Queen's Bench)请求出庭状。后庭允其请,遂由裁判长罗宾森(Robinson)签发此状,令行该岛长官及监狱官,限期将囚人并回文带交后庭审讯。依常例,凡请求出庭状,囚人本已概须签名于诉词,在其中并须陈述被禁锢之经过事实地点。假使囚人自知所以被逮的缘由,并得夹叙缘由,不然则否。万一囚人因已失去自由,无从自达于外,则请求事可由律师代办,或竟由亲友代谋。法院于接受请求后,通常须即予受理。如不受理,自非法院经已审明此人的逮捕确系合法不可。因此之故,每逢出庭状签发时,法院必要求被告呈明所以押禁原告之理由。被告自接到命令状后必须如命行事,否则将被以藐视法庭治罪。囚人既到,法院须即依简易法律程序,审讯此事发生的原委;听察双方辩驳,采集证据。倘若此人以无故被囚,他即刻被放;倘若被囚有故但不合法律手续,他可以交保候讯。

兹将状文译汉于下:——
奉天承运,护教使者,大不列颠及爱尔兰王后,维多利亚诏谕,
令 J. K.,者西监狱狱吏;又令 J. C.,者西岛执行长官;并致敬意。查有 C. C. W. 被逮入狱,现由该官吏等看管,此案亟须提讯。为此令行该官吏等,务于1月18日以前,将原人本身交出,并将其被囚时日与缘故及主使何人,逐一申送于威士敏士惕(Westminster)法院所在地。届期本法院将开堂鞫讯全部或分部事实,判断曲直,分别处理。其各禀遵毋违。公证人,殿民勋爵(Lord Denman)署名,于威士敏士惕。
今上在位第8年,12月23日,
法院奉令证发,
"Robinson"(署名)
当事人 C. C. W.   请求 R. W. R.(署名)
律师 W. A. L.   事务所,7Gray's Inn Square,伦敦市。

Great Britain and Ireland Queen, Defender of the Faith."

"To J.K.Keeper of our Goal of Jersey, in the Island of Jersey, and to J.C.Viscount of said Island, greeting.We command you that you have the body of C.C.W.detained in our prison under your custody, as it is said, together with the day and cause of his being taken and detained, by whatsoever name he may be called or known, in our court before us, at Westminster, on the 18th day of January next, to undergo and receive all and singular such matters and things which our said court shall then and there consider of him in this behalf, and have then this writ.Witness Thomas Lord Denman, at Westminster, the 23rd day of December in the year of our reign."

By the Court,

Robinson[9]

At the instance of C.C.W.

"R.M.R."

W.A.L., 7 Gray's Inn Square, London,

Attorney for the said C.C.W.

这件公文具有露布[5]的性质。他是一种命令,因有人特别要求,特由后庭(The Court of Queen's Bench)发出。他要命令两个

---

9 此状系自高等法院后庭之判决中引用,其标题为"Carus Wilson's Case, 7 Q.B.984, 988"。在这宗特别案件中,出庭状限定狱吏在某一日交出囚人于法庭。这不是通例。依通例,出庭状概勒令狱吏于接状后即刻交出。

[5] 按,此处系采取"上马杀贼,下马草露布"一语中所有"露布"一义以翻译英语"letters patent"的字义。原来英语所谓"letters patent"指一种文书,自王室发出。书面盖以御玺,书中载明国家或王室给予私人以一种特别利益,或产业,或威权。当送出时,此项文书常不被缄封,等于檄告,使大众周知,故译"露布"。

官员速将曾被他们禁锢的一个囚人限期交出于法院。如何交出？当交出时此人必须为完好无恙，于是此状遂得"habeas corpus"（汉译：你带交他的全身）之名。何故须交出？因为法院要根究此人所以被逮捕及拘留之缘由，于是，法院遂得极好机会，依据法律，以平反此案。然则综括这种处务的经过顺序，可分三层：其始，法院能以出庭状提取被押狱中之囚人；其次，法院从此要寻求此人因何被押；再次，若属无因，此人即被释放；最后，纵使有因，此人亦不应久羁囹圄，必须依法裁判。

出庭状可因囚人自己请求，或因他人代请而发出。假使囚人已失去自由不能自动：于是，任何人，如果相信此事为冤抑，尽可挺身代办，出庭状仍能送达。发出机关通例为高等法院，但在假期，可为该法院中之任一裁判员。在未发出此状之前，法院或法官须令请求者宣誓，必俟审明囚人实无辜被陷，然后执行。准此以谈，学者必不能谓此状的发出纯系顺乎自然之事，因为非法拘禁的理由必须确实存在。然而此状的发出直可视为法律上当然之事，因为倘有人能证明被囚者确系无故褫夺自由，法院必愿意拯救。此状可以送达任何人，不拘此人是平民或官吏。送达之后，受者必须遵命，否则以藐视法庭依简略手续治罪，[10] 或婴重罚。[11]

再以简要语表明之，出庭状的性质当含下列要素：高等法院具有使用出庭状的权力，务使已被拘禁之人带来法院。由是，法院更

---

10 此种例案见：*Rex v. Winton*，5 T.R.89。学者可取上案与佐治第三代档案，第五十六册，第一百章，第二节参订。又科纳（Corner）在所著书 "Practice of the Crown Side of the Court of Queen's Bench's Bench" 中讨论藐视法庭之罚则甚为详明，学者可以参考。

11 查理士第二代档案，第三十一册，第二章，第四节。

进而审问此人果因何故而受拘禁；倘若问明无辜，法院可立将原人开脱，使得恢复自由。不宁惟是，此项权力是一种工具，法院为拥护人权计，常时愿意任用。倘若在英格兰四境之内，有人以权利被侵害闻，法院必出头干涉；倘法院一出头干涉，人间冤屈必得申雪。

第二目　出庭法案（The Habeas Corpus Act）

使用出庭状的权利之存在于常法（common law）中，远在巴力门通过著名的出庭法案之前。此类法案第一次通过于1679年，即载在查理士第二（Charles II）代档案，第三十一册，第二章。至于第二次法案实通过于1816年，并载在佐治第三代档案，第五十六册，第一百章。前者遭逢于光荣大革命（The Glorious Revolution）前十年，后者之遭逢距今日尤近。然而两者皆被看作英吉利人所以能享受人身自由的法律根基。骤闻之下，你或者不能释然于心。其实不然。试就历史考察，在1679年以前，出庭状未尝不见用，但以故障尚存，虽被用而未著大效。于是此项法案重烦巴力门两次通过，其用意即欲破除一切故障。故障为何？其一，在判官方面，出庭状应发出而不发出，因人应释放而不释放。其二，即在狱吏或其他人物方面，人身自由的权利亦常被他们托词侵害。巴力门不得已遂立两宗出庭法案，各有专司。征实言之，在查理士第二主治时通过者用以应付因刑事而被拘之人物；在佐治第三主治时通过者用以拥护因刑事以外之拘禁而失去自由之囚人。[12]

试将两种法案分别讨论，而观察其所有功效。

_{第一次通过的出庭法案}　因刑事控诉之故，一人被置于狱中，倘若此人被逮捕入狱时并

12　除本文所引典籍外，参看查理士第一代档案，第十章，第六节。

无法律命令，他即有权利请求恢复自由。反之倘若此次被押已有法律根据，因之，他所以被拘留于狱中，除候讯外，别无他意。在此际，他的地位因所被告发之罪状的性质而变异。譬如，他所受控的罪名为恶行轻罪（misdemeanours），大概言之，[13]只须有人担保其随传随到以听候定谳，（或依惯用名词）谓之交保候讯，他即有权可以得到自由。倘若他所被控的为杀害重罪（felonies），或为叛逆大罪，一经逮捕，他不能以何种保证求外出。在此际，他所有权利仅为要求速讯。是故综览本法案用意，法院若对于下列二事有一不为，出庭状的效力便被减削。其一，法院不仔细审察逮捕这个囚人的法律命令曾否合法；或当拘留的不合法经已证实，法院又不即时还他以自由。其二，又当拘留的合法经已决定，法院不分别办理，或令交保候讯，或令从速出法庭受裁判。

凡以上所列诸种缺陷，本宗法案均一一注意及之。故当个人被刑事告发而至于受拘留之际，本宗法案站在一方面，法律主治站在他方面，于是双方合作，法律遂发生效力，大致如下：每逢囚人受命出庭，狱吏必须将此人交出，同时并须将他所以被拘禁的真际理由写明。倘若理由是不充实，囚人即须被放。纵使充实，法院亦当分别处理此案。假使此案为轻罪的性质，囚人尽可极力要求交保候讯；假使此案为重罪或为大罪的性质，他仍可极力要求速讯。速讯的界说又是如何？法院在最近期间有第一次裁判，他即有权要求在这次受审问。在此时，除却代表国家方面出而证明他确系有罪的证

---

13 参考斯梯芬（Stephen）所著，《刑事诉讼汇编》，第二百七十六条，注1，及第一百三十六条（原书89页）注1。比较1848年通过的公诉罪法案（the Indicable Offences Act, 1848），载于维多利亚代档案，第十一及十二册，第四十二章，第二十三节。

人不能出庭外，法院不能不应允此项要求。但当第一次审期已届，而不能开审，此人即可要求交保出狱。倘若第二次审期已定，而仍不能开审，此人即可要求不用交保归家。综括说，法律运行的结果是：当出庭法案存在时，任何人，虽受刑事告发被置于狱，然决不能受长期间禁锢。是何以故！则以此人可依法要求交保出狱或从速受讯故。

<small>第二次通过的出庭法案</small>　　至于不在刑事范围中之拘留，囚人在此际所急需者只有二端：一则要决定此次拘留究竟曾否合法；二则要即刻恢复自由，倘使此次拘留是不合法。如此办理，正是出庭状本身所有事。是故即在1816年以前，依常法惯例，无论何时，每逢英吉利人或外国人以无故被拘禁来告，法院必然发出此状，令狱中人速被献出；倘若确系无故，此人即得释放。譬如，倘若一个孩童被强迫离开父母，[14]倘若一个成人被误认为颠狂而受看管，倘若一个女尼被禁止离庵还俗——倘若，简约说，任何男人、任何女子、任何幼童，被褫夺自由，

14　孩童被强迫离开父母时，出庭状可以即时拯拔，共有两成案可以参考。标题及典籍如下：

(1) *The Queen v. Nash*, 10Q. B. D.(C. A.) 454.

(2) Re Agar-Ellis, 24Ch. D.(C. A.) 317.

欲得出庭法案的效力最近例证，可看下列成案：

(1) *Barnado. v. Ford.*(1892) A. C. 326.

(2) *Barnardo v. McHugh*(1891) A. C. 388.

(3) *Reg. v. Jackson*(1891) 1 Q. B.(C. A.) 671.

(4) *Cox v. Hakes*, (15) App. Cas. 506.

(5) *Reg. v. Barnardo*. 24Q. B. D.(C. A.) 283：and 23 Q. B. D.(C. A.) 305.

又衡平法院（Court of Chancery）对于保护儿童一节，具有特权，可以必倚赖出庭法案之力。见：*Reg. v. Gyngall*(1893) 2Q. B.(C. A.) 232。

同时因保护儿童之故，此类案件可在枢密院上诉。参考：*Att Gen. for Hongkong v. Kwok-A-Sing*(1373) L. R. 5P. C. 179。

羌无故实（或表面上似是如此），法院必然发出出庭状于压迫者，使将被压迫人交与法院。倘若无端被禁抑，此人必得恢复完全自由。其后到了1816年，巴力门更制定第二次出庭法案，思有所以应用待遇受刑事拘留案件于非刑事拘留案件中，于是，出庭状的功效用于非刑事者一如用于刑事者同为有力。[15]

因此之故，卫护人身自由的保证，在今日英格兰中，简直是十分完密，而且严密的程度竟可谓为竭法律之能事。享用人身自由的权利是绝对承认。此项权利的侵害足使犯者入狱或受罚金。无论何人，纵使被以刑事检举入狱，倘若尚有一人自报奋勇，仗义执言，所受检举必被查诘。倘若查诘之后，所受检举者为不实，他可以自行断定，必得恢复自由。让我们再引用前次所举历史事实以求解证：假设福尔泰所身受者不发生于巴黎，而发生于伦敦，不用说，他必然可以在极短促时间恢复自由。至于进行程序在1726年时所有法律手续，自然不能如佐治第三主治时所有之完备。然而即在那时，他的友朋中之任一人总可运用法律以图拯救。至少在1726年欲以出庭状拯救福尔泰于厄难，比之在1772年实际上即以该状尝提取琐麦写体（James Sommersett）于舟上，[16] 必能同一容易。琐麦写体者詹美加（Jamaica）殖民地中之一奴也，被铁锁系于船上，船

---

15 按实言之，1816年出庭法案所能改善以便利出庭状之实施者至属有限。因为英吉利判官在1816年以前早将1679年出庭法案的法律精神推广到一切非法的禁锢案件中，无一件不以出庭状勒令即刻从命。纵使有些案件不能以1679年的法案条文以发状，但判官仍可根据法院所有常法威权为之。参看朴莱克斯顿（Blackstone），《英吉利法律解诂》，第三册，第138页。

16 此为王庭（King's Bench）之判决案，宣告奴隶制度早已不存在于英格兰。其参考典籍及标题如下：Sommersett's Case 20 St. Tr. 1。

将启碇离泰晤士河矣,法院卒以出庭状恢复他的自由。

古今来出庭状的全部历史至足以解证一种倾向,即是:在英宪之下,法律的全副精神注意救济方法。这是要说,法律务须有一定方式进行,然后法律下之权利方见尊重,然后名义上的权利可化成实在权利。所以前后出庭法案不过是关于诉讼程序的法案,一同着眼于改进法律工具,庶几人身自由应有权利得以强制执行。两宗法案的建立同由律师主动;凡立法之由律师主动者,大抵以应付实在的及经验的困难为事。是以这两家法案实相辅而行,两者缺一不可。如或不然,则查理士第二主治时所通过之出庭法案不但是不完全而且是有限制。英吉利人们于此尝忍耐以待,[6]几及百五十年(自1679至1816年),然后自监狱中恢复人身自由的法律手续臻于完备。

这个律师式的处理基本权利方法,无论尚有几何缺陷,至少具有一极大优点,即具有实行的可能性是。从来政府以一纸公文宣布人身自由应有权利的存在,并非难事。最难之事是在如何能见诸实行。倘若不能实行,此类宣布所得无几。至于两宗出庭法案则异是,因为他们所致力处适中肯綮。因此之故,他们不但能达到自定目标,而且能建树大功,为空言宣布人权者所不能几及。更进一步,我们尚可申言,这两宗法案不但比外国宪法所有人权宣言为更重

---

[6] 按,当第一次出庭法案通过于巴力门之顷,英国法家颂扬不绝口,甚至声称该法案能芟除一切政治压迫的本根。但此法案运行的范围只限于刑事案件,于是刑事以外之案件所需救济只能适用常法所有惯例。在1757年,以有人致疑于法院得以出庭状处理刑事外之案件之故,贵族院乃建议以法案规定法院的管辖权,使得如法处分一切案件。但曼斯斐尔(Manfield)在当时方任总检察长,首先反对,以为无庸更张,此议案遂作废。自此之后,保障刑事以外之出庭权利的法案,又经60年期间之停顿,至1816年乃得通过。故戴雪有此说。

第五章 人身自由所应有权利

要，而且比同是裁判官所造的法律又是律师式的法律公文，[7]如权利请愿及权利草案者，亦为更可宝贵。[17]

虽然，两宗出庭法案足以保持人民的自由一节，论政者类能见及；因之，常加称道。他们所未能见及而又至值得注意者，却是出庭状本身受两宗法案推挽之后所有效实。申言之，出庭状的效力推行所至足以决定所有司法机关对于行政院之相互关系。试观法院既有威权以强制执行此状，即不啻有权力以释放在该院心目中以为无故被禁锢之人物，因之，法院实能遏制君主或官吏滥用刑罚，以妨害法律主治。由此综观，学者可见裁判官在实际上，虽则不是名义上，负监察行政的权责；每遇行政处分不依照法律的条文时，法院尽可加之以否决。况且此项否决权力并非久被废弃不用，实则时常被法院用及。因此之故，这样屡次运用至有极大效果。试举一二例证，我们即可表示"司法机关"（即"judiciary"此系沿用亚美利坚主义的术语），以出庭状为工具，大足以控制行政机关的行动。

（出庭状的效力决定司法与行政的关系）

---

[7] 按，权利请愿（Petition of Rights）为巴力门对于人民各种自由的一种宣告。先是，英吉利君主查理士第一以财用困乏强迫借债尚不敷岁费，不得已，召集巴力门开会使以法案给予新税。巴力门即乘机要求各种自由权利，查理士第一允之；英国遂于1728年有所谓"权利请愿"之宣告。在"权利请愿"中英王允许以下数事，即是：其一，未得巴力门承认之先，不起新税；其二，不驻兵于私人住宅；其三，在平时不颁布戒严法律；其四，不施行非法逮捕及监禁。

权利草案（Bill of Rights，或译"权利法典"）以1689年发布。当是时旧君亡命，新君未入国即位，巴力门乃以两院同意设立此草案，以建议于新君。草案郑重声明今后居王位者必须奉英格兰的国教；否认君主有自动停止法律效力权，及不受命于巴力门而起新税以至征调常备军权；主张巴力门中之众民院应有选举自由及言论自由，要求巴力门自行集会及人民陪审权利。

17 1804年之帝国宪法，在拿破仑第一统治之下通过，特于该宪第六十至第六十三条规定，在元老院中组织一委办会，使有权规定所以遏制政府的非法逮捕。关于此旨该宪可与英宪互勘，以资比较。看普劳德（Plouard），《法兰西宪法》，第161页。

在1839年加拿大有叛党,已被判决为有罪,并受流刑。他们沿途受军警监视,将离利物浦(Liverpool)而往万狄门地(Van Diemen's Land)。曾当时表同情于叛党者起而诘问判决案曾否合法;高等法院中之国课院,[8]遂以出庭状截留这一辈流徒。案经复审,法院最后判定,他们的禁锢合法。当是时,倘使高等法院竟持异见,他们即可以恢复自由,无疑。[18]在1859年,有一英国官吏在印度服务,被以屠戮无辜定监禁四年罪。随后,此人旋被押送来英国禁锢。徒以押送的命令不合规则之故,此人遂被高等法院之王庭以出庭状提讯,旋即以不合规则中所有一要点释放。[19]不宁惟是,试再取一宗极与行政权力有关的判决为例。此宗判决案为何?即裁判员以判决案维持行政院强征民船水手以充海军之行为是。从来法院以出庭状提讯此类被强迫当兵之囚犯,已不止一次,而当每次裁判时判吏必仔细审问强募的法律性质,与其可以运用之范围。惟有一次,法院独赞助行政院之行使武断权力。虽然,法院在此际实尚非一味盲从者比,因为他们同时还要严格地限制此类权力的运用以一定界限。界限何由定?定于旧有风习与现有法案。[20]风习与法

---

[8] 按,1873年最高法院法案,规定高等法院之常法法院分别建立三所:其一为御审院(Court of King's Bench);其二为分诉院(Court of Common Pleas);其三为国课院(Court of Exchequer)。参考雷译《法学肄言》,第65至68页。

18 此判决案以"Case of the Canadian"为标题,载于摩斯梨及歪梨合著,《法律辞典》(简写 M. and W.),第五册,第32页。

19 此为关于艾伦(Allen)之案件,其参考典籍如下:
In re Allen. 30L. J.(Q. B.) 38.

20 关于强征民船水手以充海军之案件,参考下列典籍:
(1) Case of Pressing Mariners, 18St. Jr. 1328.
(2) 斯蒂芬(Stephen),《英格兰的法律新解诂》,第二册(第十四版),第574页。
(3) Corner, Forms of Writs on Crown Side of Court of Queen's Bench. 在最后一书

案常存,武断权力决不能滥使。于是,普通法庭的威权纵当不运用时,仍可以约束政府的举动。试以实例解证之:在1854年,有一组俄罗斯海军兵士,徘徊于基尔特步(Guildford)街上,似无若何辎车随后。未几一俄罗斯海军军官来,证明他们确系一军舰上之逃兵。于是,以该军官之命令,与当地警长之助力,他们被递解往港口(Portsmouth),将欲押归原舰。当是时,适有人致疑于进行程序之法律性质。咨询之余,法律有司特发表他们的意见,谓:"将俄罗斯海军兵士交回俄国海军上尉,复由警察予以援助,使得押归舰上,如此行为实不合法。"[21] 俄罗斯兵士即以此言被省释。然余以情势论之,纵使不以此言被省释,他们终可以得到自由;在此际只须有人代向法院陈情出庭状必足。由此一例,我们即可见英吉利高等法院中之推事在效实上能以端坐无为而约束行政院的举动;此类举动,若自外国政治习惯观察,纯属于政策上之便宜行事,因之,即不应受法院干涉。虽然,此一例尚非法院干涉政令之最强大证据;证据中之最强大者当在于罪犯引渡法案寻求。是故在此法案下无论君主或官吏,他们没有权利以驱逐一个外国罪犯于境外,或引渡他于外国政府,使受审讯。[22] 譬如,一个法兰西人,或为赝造者,或为盗

中,可考究专为提出被拘押之海军兵士的出庭状格式。

21　此引用语引自服西斯(Forsyth)的法律意见,载于原书第468页。

22　虽然,英吉利法家,主张元首应有权力以驱逐外国刑事犯于国外者,亦有多人。关于肯定的主张,参考下列典籍:

(1) *Rex v. Lundy*, 2 Ventries, 314.

(2) *Rex v. Kimberley*, 2 Stra., 848.

(3) *East India Company v. Cambell*, 1 Ves. Senr., 246.

(4) Chitty, *Criminal Law* (1826), pp.14.

此项主张在古代或尝适用,但应与下列成案所有驳辩相比较:

贼，或为杀人犯，自法国逃来英国，在此际英国政府绝无议决案的依据，可以自行递解此人于法国，使受审判定罪。这种法律根据的缺乏，常使行政方面极感不便，于是，巴力门近来乃建立罪犯引渡法案（Extradition Acts），以授权于元首，使得与外国分别订立互交罪犯条约，并依之以引渡罪犯。但自有此类法案，行政方面越感困难，因为引渡权利既赖他们而存在，即事事须查照法案所有条文。徒以条文限制极严密之故，行政官吏动受掣肘。是以每逢犯人已受命被逮，此犯仍然感觉到尚有这种理由，或那种理由存在，因之，足使他本身所犯罪情状未必尽能吻合法案文义。有一于此，他即可以有解脱之希望。申言之，他可以请求出庭状，又可以随即出庭受讯。在此际，法文中一字一句的涵义有可以为自己辩护者，他无不提起，法院亦无一字一句不为之熟思精虑。[23] 倘若稍有根据，或因法文所含意义不尽与本案相合，或因法文所有条件并不能维护此项逮捕为合法，他的释放只是自然之事。[24] 由此观之，裁判官的威权，以执行

---

(1) *Reg v. Bernard*, Ammal Register for 1858, p. 328, 参看裁判长坎别勒（Campbell）之意见；

(2) In re Castioni(1891), 1Q. B. 149, 153, Sir C. Russell 引用前案判决，复加评议。至于今日，此类行事，若用一个法律宗师的断语表示，已不复合于法律。倘使任何行政首长尚欲根据成事以逮捕一人，此类行事的法律问题必被惹起；于是在缺乏立法的条文之证明下，这个犯人必以高等法院之出庭状释放。见：Clarke, Extradition (3rd ed.), p. 27。

又在下一成案，即 *Musgrove v. Chun Teeong Toy*(1891), A. C. 272, 审判员确立一原则，谓一个外国人不有法律上之权利，可以诉讼程序执行此权而要求入境。于是，该案又似暗示，英国元首似曾有常法上之权利（虽无法案条文明评）以驱逐外国人于境外。

23 此为后庭判决案，其标题为：In re Bellen contre(1891) 2Q. B. 122.
24 这一个结论可以下列两成案解证：
(1) In re Coppin, L. R. 2Ch. 47.
(2) *The Queen v. Wilson*, 3Q. B. D. 42.

巴力门法案之故，常减削元首的裁决权力；此盖为不可免之事实。

法院的威权如此运用，就他一方面观察常足以遏制英吉利政府作未雨之绸缪。试假设一例：设有一群外国无政府党人来居于英格兰，据警察侦查所得，他们将有暴乱举动，譬如，谋炸两院。又设，此项阴谋尚未暴露，因之，不能取得确实证据。似此事变，若在大陆国家中，大陆政府必设法预防，所有预防举动，以大陆政情视之，只是当然之事。但在英格兰中，倘若英吉利行政长官不准备将阴谋人物交由法律处分，他们实无法足以驱逐乱党于国境以外。[25] 假使竟将他们逮捕或监禁，法院或以出庭状提讯。当是时，除非他们的禁锢具有法律根据，他们必可以恢复自由。倘若以"便宜行事"（此系采用外国术语），为逮捕或放逐的理由，裁判员行将掩耳不愿闻。至于各种申辩，有如：此次逮捕系奉阁臣命令；又如，此次禁锢只是一种行政处分；再如，内阁总理或内政部长随时可以宣誓书为证；更如，这种举动纯为公共安宁起见，不能不以非常手段解决，一切辩护均不能见容纳于法院。即使再进一步，内阁更知会法院，谓此事经过始末，纯属于国家重大政策，实为全国安危所系，法院仍将不理，且执行出庭状如故。准此以谈，种种解释均不能褫夺出庭状所要求之人身自由。在此际除非能在常法或制定法（common or statute law）中寻出干涉外国人的人身自由之根据，法院对于此事必不能坐视，势必出而干涉。法院于此并非好为多事，个中自有一极明白真理在。真理为何？即是，法院具有此项权力，复在如此

---

25 此事实大陆政府所优为，恰与英吉利政府的地位相反。参考格里瓦（Grégoire），《法兰西的历史》，第356至361页。试观腓立的政府（Louis Philippe's Government）在1833年对付柏梨公爵夫人（Duchesse de Berry）之行事，便可概见。

方向运用，非徒以控制行政人员所有行动为快意，实所以禁止任何法律系统如大陆国家所称"行政法"者发生。原来法兰西国中之行政法（droit administratif）所从出，实出于两个理论：其一为权力的分离；其二为行政行为的独立。关于此旨下文行将探讨，[26] 现时可以不必深论。但读者于此必须注意一事，即是：英吉利法院此种行动，实所以在根本上铲除这两个理论。随之元首的（在现代则为内阁的）裁决权力亦几被剥削殆尽。

综括上文，法院以运用出庭状的效力之所至，无论在实事方面、可能方面，俱足以规范政府的行动于法律。于是，在英格兰中，国家可以处罚已遂罪，但难以防止犯罪于未成之先。[9]

裁判官的地位在17世纪中之争论

探讨至此，我们当能明白17世纪中所有政争何故恒集中于裁判官的地位？与何故纷纷聚讼于出庭状的恢复问题？[27] 此无他，英国制度的外观如何，与内容如何，全赖法院的权力之大小以测定而已。是故在此一方面，则有主张特权的人物，如倍根一流，往往倾向于创制与改良。自倍根等视之，司法的独立只足致行政衰弱，与产生法律的保守主义。法律的保守主义在当代实即以柯克（Coke）为代表，复在他一方面，则有巴力门首领，与倍根适相反。他们大概能明见

26　讨论行政法，本书另取专章；见下文第十二章。

[9]　按，英吉利历史自1603年詹姆士第一即位之日起，至1689年光荣大革命告成之日止，几及90年间，君权与民权，无论以实事方面，或在理论方面，各争雄长，相持不下。双方均欲得法院为之张目，故争点不期而集中于裁判官的地位。主张君权之法家以倍根为代表；主张民权者以柯克为代表。前者谓君权由于神授，故君主是独尊；后者谓常法（common law）的起源实来自湮年远代的风俗，即远在英格兰未有君主之前，理应君民共守，万一君主违法，法院应有权过问。柯克尝在1612年11月10日晨早被召入宫，觐见詹姆士第一，晤对之间，主持真理，不屈不挠，此为法律历史上照耀古今的事实。故戴雪之言有如此。

27　Darnel's Case 3 St. Jr. 1.

两事：其一，柯克力为法院中之推事争权力，即所以抗拒君权而拥护人民的权利；其二，惟有拥护法院的独立足以保持常法的主治地位。除此之外，他们或者还能见及（虽则此事不能说实，）硬性的法治，虽有时使人极感不便，然而实为到达巴力门主权之大道。[28]

第三目　出庭法案在停止时所生效用

在政潮腾沸之际，倘若法院尚有权力，复有义务，以发出出庭状，由此遂以强迫凡人之被以刑事监禁者从速受讯，或释放，政府的权力不但不便运用，而且横受干涉，至属危险。因是之故，巴力门有时须通过一种法案，大众称谓作为出庭停止法案。我说"大众称谓"，因为倘若你随意取一法案，[29] 如刊载于佐治第三代档案，第

28　参考贾地纳（Gardiner），《英格兰的历史》，第二册，第二十二章。书中对于判官的地位另有相异主张。

29　该法案第一节载明：

"一个人或多人在大不列颠王国内，自本法案取得御旨允准之日起，如被枢密院中之六个枢密员署名于逮捕状，或被任一阁员署名于逮捕状，以判逆罪名，或以犯叛逆罪名逮捕后，此人或此数人可被严密看管，不准交保候讯。看管期间以迟至1795年2月1日为限。在1795年2月1日以前，任一判官，或一和平判官，若无六个枢密员署名之命令，不得提讯该囚人，或将其交保候讯。而且在这个期限内，纵令他项法律亦不能发生反对本法的效力。"

这一宗所谓"出庭停止法案"，虽明载于佐治第三代档案第三十四册第五十四章，然较之出庭法案的全体废止，终有极相异的效果。是故在停止有效期间，政府能将被官吏宣告犯叛逆罪或犯叛逆嫌疑的人物一一拘禁；这一辈人物既不能要求速讯，复不能要求释放。但此项停止只能拘束已受逮捕的囚人；除此之外，人民的身份并不受损。至于在出庭法案被全体废止之际，人人在英格兰中都被夺去一宗保障无辜受拘禁的权利。因之，专就这一方面观察，出庭法案的全体废止实较出庭法案的停止来得更厉害。但就别一方面观察，前者又比后者较为和缓。因为出庭法案虽被全体废止，然所有效力只能及于巴力门的立法（parliamentary legislation），而不能及于常法（common law），于是，常法所赋予审判员的威权（即以出庭状提出囚人的威权），依然存在。在此际只要法院

三十四册,第五十四章者为例,你自见如此称谓只是实不副名。原来此法案内容所载连出庭法案之名称亦不提及;故法文所有用意,实不过使任何人被阁臣下命令以叛逆罪名或犯叛逆嫌疑罪名押禁之后,此人不能要求释放或速讯而已。平心论之,此法案自然不免减轻前此两宗出庭法案所保证的人身自由,但若有人由此遽谓,该法案系将使用出庭状之权利概行停止,此语未免离事实太远。个人之不因叛逆大罪而入狱者法文固未议及;而在该法案未通过前所有不合法的逮捕、监禁或处罚,法文亦未尝追认。倘有男女成人以至幼年不被以叛逆名义监禁,此法案更未尝否认任一人对于出庭状的请求权利。然则此一宗特殊法案(即载于佐治第三代档案,第三十四册,第五十四章者)所能牵动英吉利人的权利之处只限于叛逆大罪而且其施行有效期间复是以一年计;倘要继续有效,巴力门必须年年重新通过。其实不仅这一宗特殊法案是如此,我深信所有其他任一出庭停止法案皆是如此。他们的主旨尽可以一语概括,即是:内阁在此类法案有效期间,可以时常延搁囚人之受叛逆行为的控告者所有速讯权利。此事能增加行政权力自然不少,但较诸外国通行办法如"停止宪法诸项保证"者,又较诸法国通行办法如,"军事戒备时期之宣告"[10]者,相去不异天渊。[30] 其实即较诸本国所有

尽职,政府对于叛逆犯的逮捕权力必不能比平时加高;而一般寻常百姓所有人身自由的权利必不至未减。因之,出庭法案的全体废止反不及出庭法案的停止能有特殊效力。参考朴莱克斯顿(Blackstone),《英吉利法律解诂》,第三册,第138页。

[10] 按,军事戒备时期,在法语为"État de Siège";此项宣告为保持公安之一种设施。在如此时期中,法律被停止效力,军政代法律主治。

30 见杜归(Duguit)所著宪法学,第510至513页,及论文"État de Siège"(军事戒备时期)。此论文载于《法兰西制度的历史辞典》(Cherucl, *Dictionnaire Historique des Institutions de la France*)第六版本。

"强行法案"(Coercion Acts),此类法案相差尚远。将欲明白此旨,试将近日巴力门以各种法案所授予爱尔兰[11]行政部的非常权力提示大纲,以资比较。譬如在1881法案(维多利亚代档案,第四十四册,第四章)之下,爱尔兰行政部取得绝对的预先逮捕权力,而且在本法有效期间得禁锢任何嫌疑犯不使受讯,不至视同违法。诚然,爱尔兰副总督于此仅能逮捕受叛逆嫌疑的人物,或有破坏法律及秩序行为的人物,此外人物他不能过问。但本法明明规定,所有逮捕命令只须由副总督依本法所有条件发出,便是充分法律根据,于是法文的意义更可演绎至于包含凡人稍涉叛逆的嫌疑即可受逮捕;随之,在如此命令之下,副总督或其属吏,纵使此项逮捕或有陷害行为,或毫无影响,均可以不负责任。因此之故,倘若副总督以为某人应受监禁,只须依本法所定程式及规则发出命令,爱尔兰政府即能逮捕此人。又如,在1882年为爱尔兰而设的遏制罪恶法案(载于维多利亚代档案,第四十五及四十六册,第二十五章)之下,爱尔兰之行政部所领受权力,下列数事可以提示:政府关于几种刑事案件,[31]能废弃陪审的权利,[32]能逮捕徘徊户外而形迹可疑的生人,[33]能

---

[11] 按,1881年所通过之法案即为强行法案之一。此法案与1882年所通过之遏制罪恶法案同为抑制所谓"自治党人"(Home Rulers)者而成立。先是,爱尔兰自1801年与英格兰合一后,爱尔兰爱国志士时常不甘屈服,力图光复。迨至1867年后,爱尔兰有政党领袖名巴枭勒(Charles Stewart Parnell)者,始尽力提倡爱尔兰自治,并组织自治党以主此运动。格兰斯顿(Gladstone)有见于此,特以解决爱尔兰问题悬为自由党政纲之一。于是在1881年,自由党一方面设法通过土地法案,以买好乡村农人;同时复通过强行法案及遏制罪恶法案,将巴枭勒及其党徒40人置于狱。盖一种恩威并济之政策也。

31 这几种刑事案件是:(1)叛逆或叛逆大罪;(2)杀人或屠戮;(3)谋杀;(4)强奸;(5)常法中或法案中之焚烧;(6)攻打住宅。

32 1882年法案第一节。

33 同案第十二节。

收没带有煽动叛逆及暴行的新闻纸,[34] 又能禁止危及和平与安宁的公众集会。加之,1882年遏制罪恶法案再行提出1848年所通过的"外国人法案",由是,不列颠政府有权放逐外国人中之在该法案通过以前来居于不列颠王国未及三年以上者。[35] 凡诸如此类之权力,虽是极猛烈,然无一来自出庭停止法案,然则出庭停止法案的效力有限一旨不已概见耶?正是因为效力有限,所以巴力门每于该法案未失效以前,补充一类法案,名赦免法案以图救济本法之所不备。

第四目 一宗赦免法案(An Act of Indemnity)

在部甲中,赦免法案尝被引用,以解证巴力门主权的特色,[36] 此类法案是以反省前事为主旨,共有两层作用:第一层,某人已犯法于前,巴力门特通过赦免法案,以解脱此人所负责任;第二层,因云,前次行为的罪过受了原宥,得视作合法行为。由两层作用着想,出庭法案与赦免法案的联属至易明白。出庭法案,依上文探讨所得,并不开脱违法者于民事或刑事责任之外。试假设例证以申前说,设如一个阁臣或他的属吏,在出庭法案被停止时,逮捕及监禁一个全未犯罪的人。倘以缘故为问,所能答复者只是一种信心,大致谓在如此紧急情势之下,一个极负人望的政党领袖(譬如,假定是威勒克士、伏克士或倭康臬勒[12]中之任一人)为公众安宁计,亟应被收

---

34 同案第十三节。
35 同案第十五节。
36 见上文第一章。

[12] 按,威勒克士(John Wilkes)生于1727年,死于1797年。年三十,韦氏始入巴力门为议员;遇事风生,得罪权贵,以致入狱数次。中间以批评佐治第三的政策之故,众民院将其除名一次。除名之后,韦氏尝四次当选,复四次被拒绝。但威勒克士不

禁于狱中，以免他在外煽惑民众。设如，再进一步，当逮捕时，竟有违法事件发生，或阑入私家住宅，或破坏私家财产，或诸如此类之事变。假使诸如此类之事变，当实行时，或出于善意，即执行者以为如此示威庶足以制止反抗而维持秩序。但这种善意的本身，无论出庭法案曾被停止与否，必不能包庇执行命令的属吏，使可以免除刑事上及民事上之责任。当是时，若使出庭法案已被停止，囚人当然不能在顷刻间即依法律程序以告发阁臣或奉命之属吏。但一遇停止期间已过，他即可以请求一纸出庭状，或以速讯，或以他法，他的禁锢自然告终。试思在如此设例中，我们先假定囚人本未尝犯罪，特以政治作用故被逮；而犯法者在实际上确是阁臣及其属吏，其结果是：在出庭停止法案期满之后，他们必须肩起前次违法举动所产生的责任。当是时，倘若即以违法举动系在出庭法案有一部分失效期间做完为辞，他们终不能免于罪戾。

虽然，我们在探讨出庭停止法案的效力之际，至少可以断定一事。此事即为：当出庭法案的停止，既授权于政府，使有拘留受疑人物的可能，甚而至于一经若干时日，尚不用审讯，于是，我们敢

少屈，虽众民院的意志亦不顾忌，仍主张人民有权以投票选举任何人充议员，而进行其选举运动如故。最后，伦敦市民于呼声"威勒克士与自由"卒获胜利，遂选韦氏为伦敦市长。

伏克士（Charles Fox）为英国著名议会领袖，少年气盛，好为人间泄不平。当法兰西大革命时代，伏克士领导民党极力响应，以主张国内改正方案。

倭康臬勒（Daniel O'Connell）生在巴臬勒之先，同为爱尔兰之著名政治领袖。1828年，武氏被选入众民院为议员，纯以旧教教徒之协助，故能战胜当时政府党所推举之竞选人物。当是时，巴力门尚未通过大改革法案，旧教徒参政之限制苛例犹存，倭康臬勒遂被拒绝不能入院。但终其身，武氏常领导爱尔兰政治运动，极力谋以和平手段撤废英爱合一条约，并不少屈。

信国内必有多少次不合法律的行为发生。纵使内阁阁员尚知自爱，或不至于明知故犯；然而一般属吏则不可以一概论。其实，我们尚能进一步推测，敢谓出庭停止法案盖有一不明白宣布的主旨在。此项主旨为何？即授权于政府使能便宜行事是。故就政治论，政府所为事诚属便宜；但就法律论，未必尽合法。当是时，巴力门所以毅然决然毁灭个人自由的诸种保证之一种者，个中实有不得已的苦衷在。巴力门的意见（或者是聪明，或者是糊涂，）实觉得大变将至，为国家前途计，个人的权利必须暂时安置在后。遂有此举。惟其如是，当执行如此重大法案时，凡官吏均应以巴力门之心为心，矢慎矢忠，既不纳贿，复不乘机报仇。倘能如此做法，纵有违犯法律行为，他们自必被巴力门以法律庇护，不至受累。因为专就法律方面观察，犯法者本不能逃罪；但自公众利益方面观察，此类犯法行为实不过自由地运用裁决权力，以奉行巴力门所以停止出庭法案的效力之重大政策。反之，若使官吏不能以如此精神奉命，这宗"停止法案"（the Suspension Act）的企图可谓完全失败。官吏既挟有私意以行事，自必时常记着有一护符在，纵使犯法，亦可以高枕无忧。护符为何？即赦免法案（Act of Indemnity）是。原来赦免法案的成立常实现于停止法案未失时效以前，其用意是在于保护政府，官吏因执行停止法案而至于犯法者使不受罪。虽则在成立之前，赦免法案只是一种期望；然而这种期望必不至失落。依通例，凡有一停止法案继续施行在先，巴力门必以赦免法案随后。例如，上文所引法案，即载于佐治第三代档案，第三十四册，第五十四章之法案，自1794年起，至1801年止，年年再立，亘于七年之久，在最后一年，即1801年，巴力门通过一法案，即载于佐治第三代档案，第四十一册，第六十六章之法案，"赦免自1793年2月1日以来，一切人员在大不列颠内对于有叛逆行动，或犯叛逆嫌疑的人物，加以威吓，收禁及看管于狱中"。于是，自有此宗法案，所有在7年内因重行停止法案而侵害他人权利之行为均得开脱。由此观之，巴力门在所谓"出庭停止法案"发布之后，满期之先，必有赦免法案插入；此事已成为随缘而至之事实。此项随缘而至之事实，自实际上观察，比诸停止叛逆受嫌人的出庭权利，其干涉人身自由较为厉害。为官吏者既亲见停止法案成立，又逆睹赦免法案莅临，当然有恃无恐。然则赦免法案在真际上不啻武装官吏以武断权力。

虽然，赦免法案并非漫然成立只以病民者比。在成立之际，巴力门盖尝权衡轻重，至少有一二种商量，足以辩护此项法案的存在。第一，犯法必诛，已成法治国之通例；至于犯法行为或可以赦免法案解救，此系一种预期其至而未必至之事实。在如此情况之下，官吏欲以赦免法案为护符而任意行动，不异赌博。赌而胜固幸，赌而败只好徒呼负责。要是不然，倘若公众竟疑及官吏因停止法案施行敢于滥用威权，届时巴力门即欲以法案赦免在停止法案有效期间之侵害出庭权利的行为，公众方面必不让此项法案安然通过。第二，至于法律中之遮护，犯有暴戾或非法行为的人们若欲自赦免法案中求取究竟，能如愿否尚须视该法案所有条件而定。条件或是极宽，或是极猛。试观实例，譬如，1801年之赦免法案，对于官吏的犯法行为，给予极有限的庇护。诚人民在大不列颠内之曾因叛逆嫌疑而被威吓、收禁或拘留者，倘若起而告发，赦免法案皆已早为预备，使官吏得以自卫。而且此类预备似皆足以庇护任何不规则或犯法行为。不过在所有恶行中，尽有许多行为，如凌辱，如勒索，已在停止法案之下做完者，足以陷犯者于法。是故介于1793年至1801年之间，倘若有虐待政治犯情事，甚至有淫刑或杀戮政治犯情事，此人必受刑罪。在此际，纵有赦免法案亦觉爱莫能助。倘使尚有人致疑于帝国巴力门所通过赦免法案的温和性，让他取1801年之赦免案，与詹美加（Jamaica）议会在1865年特为庇护挨鸦总督（Governor Eyre）压服内乱之非法行为而制定之法案，两相对勘；对勘之余，孰宽孰猛自可明见。第三，学者须知一宗赦免法案虽欲法外施仁，然法案本身仍是法律。因此之故，赦免法案自他的主要性质观察，终与所谓戒严法律，或军事戒备时期的宣告，或诸如此类之进行程序有别。前者无论如何宽大，仍以法律为行动的准规；后者则纯为一种武断权力，由之，政府得以任意废置国法。本来后者所行事实并非绝无理由，他的运用及施行原是主权者使用最高权能之结果。但在法律主权是一巴力门会议之处，即当国家本身欲有所以通权达变，亦要采取通常立法的形式，然后他的行为乃有所根据。换言之，虽以巴力门之尊，在英格兰中本是一主权者；然而巴力门在运用主权时，无论居于何地，出于何时，这位主权者绝对不能有法外行动。诚如是，赦免法案在表面上，一如在实质上，依然足以提示法律主治在英宪中之精神。

第六章　议论自由所应有权利

第一节　法宪比宪与英宪比较

人权宣言，[1]及1791年法兰西宪法，[2]尝橄告议论自由与出版自由：文中所有律令传流至今；教科书屡征引。此类大义实构成法兰西法律（French jurisprudence）[1]的要旨。兹将原文录出于后，以作实例。人权宣言有言：[2]

"*La libre communication des pensées et des opinions est un des droits les plus précieux de l'homme; tout citoyen pent donc parler, ecrire, imprimer librement sauf à répondre de l'abus de cette*

1　参考杜归与孟尼耶（Duguit et Monnier），《法兰西历代宪法》，第1页。
2　例如布吉尼翁（Bourguignon）著，《法兰西历代立法纲要》，即将原文称引，并谓之为法国法律渊源，见原书第468页。
[1]　按，"jurisprudence"一字本解法律科学；戴雪用此字于本章中凡两次，皆作法律本身解。如此用法系属字之歧义，极是不确当，参考荷兰（Holland）所著，《法学》（*Jurisprudence*）；及雷沛鸿译，《法学肄言》，第1至3页。
[2]　按，人权宣言第十一条汉译如下：
"思想及意见的自由交通是个人所有最珍贵的权利之一个，逐一国民，除曾受法律判决曾有滥用此项自由情事外，能随意说话、作文及印刷所见。"

liberté dans les cas déterminés par la loi." ³

法兰西宪法亦规定：[3]

"La constitution garantie; comme droit naturel et civil……la liberté à tout homme de parler, décrire, d'imprimer et publier ses pensées, sans que ses écrit puissant être soumis à aucune censure ou inspection, avant leur publication." ⁴

此不独法兰西宪法为然；比利时宪法亦是如此。申言之，比利时法律亦将出版自由，作宪法的基本条文看待。试征引原文于后：[4]

"Art.18. La presse est libre; la censure ne pourra jamais être etablie: il neut peut être exigé de cautionnement des ecrivains, editeurs ou imprimeur."

"Lorsque l'auteur est connue et domecilié en Belgique, l'editeur, l'imprimeur ou le distributeur ne peut-être poursuivre." ⁵

<small>议论自由的原理未尝受承议于英吉利法律</small>

原来法国革命党人与比国宪法家同自英格兰假借这两个法律

3　此为人权宣言第十一条原文。原文具见普劳德（Plouard）所著，《法兰西历代宪法》，第 16 页；又见杜归与孟尼耶（Duguit et Monnier）合著，《法兰西历代宪法》，第 2 页。

[3]　按，1791 年宪法为国民议会所制定，第一章原文汉译如下：

"本宪法保证，如自然权利及政治权利一般……凡人皆有自由以说明、写出、印行及发表自己所有思想，而且在印刷之前，此项文字不须交人审查。"

4　此为 1791 年宪法第一章原文。原文具见普劳德（Plouard），第 18 页；又见杜归与孟尼耶（Duguit et Monnier），第 4 页。

[4]　按，兹将比宪第十八条译成汉文如下：

"第十八条，出版应有自由，检查役务永远不得设立；保证金不得向著作人、编辑人或印刷人征取。

"当著作人在比利时国内居住，复不隐匿本人姓名时，编辑人、印刷人或发行人不应被究。"

5　此为比利时宪法第十八条原文。

第六章 议论自由所应有权利

思想(即是，意见的自由，与出版的自由)因之，许多人们对于英吉利法律遂不免时怀一意念，以为此类思想当盛行于英国，而自由发表意见的权利，尤其是世人所熟闻的一种法律形式通常称为"出版自由"者，自然是英格兰的法律中之基本原则，一如1791年短命宪法所尝载，又如现行比利时宪法所明定。而且依推理所至，他们自不免得一结论，以为英吉利法院当然承认这些权利，让人人对于社会、政治或宗教的问题，有发为议论或作为文章之自由。无论何人可不必有怀刑之惧。但以我观之，此项意念虽持有充分理由，然而只是一个不正确的意念。如此不正确的意念实足使英吉利法律对于所谓"思想自由"(较允当些应称"自由发表意见所应有权利")的真态度暗然不彰；学生们遂不免陷入迷途。其实，在英国法家中，尽人皆知"议论自由"或"出版自由"的仂语不但少见于议案中任何部分，而且罕闻于常法中任何格言。[6] 因此之故，英吉利法院甚至不知有此项用语。自古以来，若就历史考察，无人曾见思想自由或言语自由所应有权利被檄告于全国。个中所有真际，当以一部毁谤法专论书中之叙述最能道达。征引如下：

"我国现行法律允许任何人说出、写出或印行自己心中所欲。但若此项自由不被善用，他必然受罚。倘若他竟敢以口舌诬蔑个人，受诬蔑者可以起诉；倘以书面或印版文字，陷害他人于罪恶，犯者可被通告或以书状传讯。"[7]

---

6 虽然，"议论自由"及"出版自由"两仂语曾一度出现于坎别勒爵士(Lord Campbell)在1843年所提法案之序文中，原案载于维多利亚代档案，第六及第七册，第九十六章。

7 见奥杰斯(Odgers)的名著《毁谤及中伤》(*Libel and Slander*)，导言(第三版本)第12页。

由此观之，凡人可以恣意说话或作文，不至受法律拘束。惟至发表任何言论（或口谈，或笔述，或印刷）轶出法律常轨时他或须冒犯重罚而已。至于在法律范围内之言论，英格兰的法律复未尝明定规条斤斤然以维持言论自由或著作自由为事。最可异者，英国法律对于"出版"事业（依日常用语，此名通常指定期刊物，尤指日报）并不替其主张特别利益。试翻阅议案文件，学者至难寻出"出版法"（Press law）一物。[8] 至其所以致此之由实因此项法律本未尝存在；若必欲求近似的法律，则于毁谤法之中庶几可以见之。因此之故，倘能在此时仔细根寻毁谤法中所以限制，出版的自由（即是，凡人皆有权利以自由著书及编报）者何在，我们将必能明见英吉利法律对于议论自由的权利所抱持之态度。

第二节　毁谤法之探讨

第一目　毁谤个人

有许多涉及个人的言论，无论何人不应以文字或印刷物发表。

8　但尚有例外，参考维多利亚代档案，第八及第九册，第七十五章；又第四十四及四十五册，第六十章第二节；学者即可概见。同时复有批评本书的作家费希尔和斯特拉恩（Fisher and Strahan）两君，在所著"出版法"中，提示一点，颇为有理。两君言曰："近代中渐次有一种特殊法律名出版法者生成"（见原书第二版，序文，第3页）。据我的观察所及，近代关于出版立法诚有一种倾向；即是，从前凡属善意的评判，无论以言语或以文字发表，言者、作者或出版者均负同一责任；近时立法机关乃极力要解脱报馆主人所负责任，故有所谓"出版法"者出现。学者应特别注意1888年之毁谤法修正法案（载于维多利亚代档案，第五十一及五十二册，第六十四章）第四节之条文。此项立法实与常法所有原理异趋；是则无庸讳言。至于效果如何，即公众利益所得者为善为恶，则是一个公开的问题；惟有后来经验可以解答耳。

譬如，文字或书报之牵涉个人而至于损伤他的利益、品格或名誉者，不应发表；如果发表，即属诽谤。凡人直接地或间接地将此类诽谤公布，此人可被诉责偿。试征实言之，犯公布诽谤之失而至于受责难者有如下列人员：其一造出谤言，复嘱以书面写出者；其二抄写者；其三发行者；其四印刷者；其五贩卖者。五者之中，逐一可以被诉，逐一必须负责，责难的要点所在不在于书写，而在于公布。是故有人曾将谤言读罢，旋即转寄之于友人，此人即是一个谤者。由此类推，有人于此，倘若明知某种文字含有诽谤性质，尚故意高声朗诵于大庭广众中；此人仍将不免受诉。然则此项个别负责的特性，在英吉利法律中，最足注意。而且法律课责只问事实，不问意思；于是凡毁谤他人有据，即当治罪，犯者必不能以所行并无恶意求解脱。纵使犯者能证明所以误信诽言之故极有理由，如此情形亦不足以自恕。其结果是，凡曾经传播毁伤他人言论者必须赔偿损失。譬如，有人曾犯重罪而受罚，但罚则所定已经如法身受；至于解脱之后，尚被他人指斥为"被定谳的重罪犯"，指斥者即犯毁谤罪。又如，倘使某乙报告某辛以某甲所有财政状况，谓某甲的银行不照付某甲所出支票；又使某辛竟信以为真，遂尽量传播此项消息，但后来始知其为谣言，然而某辛已追悔不及；果尔，某辛所行事只是一种毁谤。不宁惟是，纵有极微意见，但发表之后，至于伤及他人，发言者将不能避免受诉。本来依世人所见，"公允"（fair）批评，不同毁谤；但若有人因此遽谓凡批评家所相信为真者均可以刊在报端，这是十分谬误。批评家诚然有权可以发布公允及正大评判语。但"评判须有界限，批评家必须谨守。申言之，当下评判时，他不能以之为攻击个人之具,或以之为发泄私忿之机会"。[9]故当著作家在报上发表意见时,又当艺术家或歌者献技而被评判时,随处可以惹起"正大批评"与"私人攻击"之界限问题。倘使批评者与被评者在此际各持己见,两不相下,这一个精细问题,即什么是公允性的问题,或须待陪审团测定。测定之余,评判的发表自由或被陪审团所交下答案侵蚀不少。而且我们在此际不要一味冥想,以为言论的真实便足以解免印发人于罪累。所以者何?因为所言是真固然可以解释诬蔑他人的嫌疑;然而印发人既无端暴露私事,复无所裨益于公家。其结果是,虽则言论属实,但此人或将不免以扰乱公众秩序之故而受刑事处分。试设一例。譬如,某辛侦知某甲,在许多年以前,曾犯一件不道德的行为,于是据实情以印发言论。当是时某甲即可提起刑事诉讼,某辛必须出庭对质。在此际,某辛在一方面必须能证明所言属实,在他方面又须能申说公家究竟有许多利益在内必须根究某甲的败德。倘若不能申说这一点,他会要闯起祸端;即是,自由议论的一宗假定权利,在英吉利判官之前,必不能解释某辛的恶行;某辛必须入狱。

第二目 毁谤政府

上文所论系就毁谤法分析,由是根寻该法所以限制涉及私人的议论之要旨。现在让我们且察观毁谤法更用什么方式以限制涉及政府的议论。

---

[9] 此语载于1878年11月27日《泰晤士报》;作者为B. 赫德尔斯顿(B. Huddleston)盖为惠斯勒(Whistler)与拉斯金(Ruskin)之争辩而发,故论文即以"惠斯勒诉拉斯金案"(*Whistler v. Ruskin*)为题。

任何人敢以口头或文字发表言语或公文，而此类语文复包含煽乱意向，此人即犯恶行罪。何谓煽乱意向？分析言之，可得四端：其一，立意要惹起仇恨或侮辱；其二，立意要激动各种怨望，使人民反对君主或政府，或合一王国的宪法，或巴力门中之一院，或司理直道的行政；其三，立意要鼓吹大不列颠的臣民，使不依法律手段，作各种关于国家或寺院的改革运动；其四，立意要促进国内各阶级间之恶感及对敌。[10] 倘若此类煽乱意向由印刷物发表，印刷人并须连带坐罪。本来英国法律固然允许人民发表言文，以议论政治，倘若此类言文的用意只要指示下列各端：譬如，或谓君主被引入歧路；或谓政府办事失当；或提出政治上、宪法上之缺点将欲促成法律的补救；或指陈寺院与国家所应兴应革，将欲以法律手段求其实现。倒转言之，凡人关心于寺院或国家大计，欲以法律方法求现行制度之改造；于是痛下药石之言，指陈得失；此类批评均被法律许可。不过同时任何人在考究所谓"煽惑谤言"的法律界说之后，当能明见在如此界说之下，许多寻常视为可以自由讨论的问题或至受遏抑而不能提起，而且这一界说，倘若认真执行，实足以抵触现代平民政治的运动所有精神。

第三目　议论宗教上或道德上之问题

意见的自由发表，就上文探讨所得结果观察，无论牵涉私人，或牵涉政府，均受毁谤法限制。试再就宗教或道德问题视之，学者

10　参考斯梯芬（Stephen）所编，《刑法汇编》（第六版），第九十六、九十七及九十八节。

将见个中所有情形实与前两者无大差异。[11]譬如,渎神律本为古代产物,遗忘已久;徒以近年来讥评宗教的事变发生,在势不能不起用此律于故纸堆中。但一经审视之余,尽人将要惊愕不置,盖因两端。其一端先就一个法律点观察,任何人,若要发表言论以否认普通基督教义的真实性,或上帝的存在,必至犯了谤神的恶行罪状,至于所言是否适当则可以不管。其他端,更就别个法律点观察,任何人,若要发表关于上帝、耶稣或公祷典则的议论,其旨趣在于伤害人类感情,或激动民众使藐视国立寺院,或培植不道德的言行,使孳生于社会,亦必至犯了谤神的恶行罪状:在此际,法律未尝不有一种规定,使凡怀着好意以传布本人所笃信为真实教旨者不至受累;但个中界限至难测定,于是此项规定到底能容许伤人感情的文字至如何程度,未免使人怀疑。[12]然而此类限制不但存在于古代渎神律中,复存在于今代法案中。试检视今代档案,[13]尽人亦要惊愕不置。因为此类法案明白规定,凡曾受洗礼于基督教堂或即以传播基督福音为职业者,倘有敢以"书面、印版、教诫,或博议"否认教义的真实性,或新旧约的威权,此人即犯刑罪,应受重罚。总之,无论从常法的原理着想,或从现行法案的条文着想,只要此人真能领会两者所有力量,他必不肯极力主张一事:即是,英吉利法律曾经承认一种东西,仿佛法兰西在百年以前所檄告,谓思想及意见的自由

---

11 参考同上书,第一百七十九至一百八十三节。

12 参考同上书,第一百七十九节,并比较奥杰斯(Odgers)(第三版),第475至490页。两书所主张不同,但各有相当理由,至值得注意。

13 此项议案详见威廉第三代档案,第九及第十册,第三十五章;后来复有更改之处,详载佐治第三代档案,第五十三册,第一百六十章。斯梯芬(Stephen)的《刑法汇编》亦有记述;比较下列成案,即"*Attorney-General v.Bradlaugh*, 14Q. B. D.(C. A.)"之第六百六十七节第719页所载裁判员林德利(Lindley)之法律意见。

第六章 议论自由所应有权利

交通是一种自然权利,又是人权中之最可宝贵的权利之一物。再进一步,无论批评涉及私人,或涉及公事,或涉及教旨,英吉利法律对于毁谤罪的处分或轻或重,常视谁人有权以判决此类罪状而定。就实际经验考之,尽人皆知判决此项案件者实非他人,只是以世间俗人而构成的12个陪审员。故在任一案件中,某人应否以毁谤治罪,大抵交由他们判断;在此际,他们须各就所见,以测定所谓公允性、真实性,及用意立心诸类事实问题;迨至诸类事实问题一经决定,实足以影响此项言文的法律性质,即足以决定此人的幸运。[14]

综合以观,议论的自由在英格兰中实不过是一种权利,任何人得用之以书写或谈论公私事务,但以12个店主人所组成之陪审团不至视作毁谤者为限。这样"自由"常依时节不同而变异,有时可以毫不拘束,有时必须十分拘谨。试就英吉利历史过去二百年间考之,自由议论的限度在毁谤法之下,常随公众情感所有实况而差异变迁。而且直至最近时候,英吉利法律卒未尝承认新闻报纸有任何特别利益。譬如,同一议论,倘若载于片柬或写于信纸上者被法律视作毁谤或亵渎,刊于书上或报上仍受均等待遇。准此以观,比利时宪法所为;即给予报纸的编辑人、印刷人、或发行人以特别保护一事,实不啻承认此辈人物有特殊权利。此项法律精神适与英吉利法律所有通常理论恰相反对。专就这一点立论,即谓出版自由未被承认于英格兰亦不为过。

---

14 "倘将浮词删去,此事的真际自然显而易见,虽使一个具有普通常识的人闻之,亦能索解,切实言之,此理不过是两句话:自正面言,一人可以发表任何文章议论,只须他的邦人12位不以为可罚便足,更自反面言,他必须受罚,倘若他所曾发表者是有可罚处(按,即指他的邦人12位以为可罚而言。)这两句话就是在常识上所能提示的法律实质。"语见:*Rex v. Cutbill*. 27St. Jr. 624, 627。

第三节　出版自由何故被视为英格兰所有别相

综合上文两节所探讨者观察，出版自由在英格兰中至属平平无奇，然则外国政论家竟翘示之，而视为英吉利制度所有别相之一者何故？

此项审问可分两层解答。第一，三百年来在英格兰四境以内，只有法律主治或法律的至尊性；政府与出版事业所有相互关系，只是在法律独尊下所产生结果，于是适足以相与别事合同构成法律独尊的共相。第二，正是因为法律主治，却不是因为议论自由尝受任何物特别保护，英吉利出版界，尤其是报纸出版界，才得享一种自由；这一种自由，一直到了现世，方得出现于大陆国家。无论何人，倘若他能仔细审察出版事业在英格兰中现有地位，再取之以与法兰西的报律，或取之以与出版事业在十六七世纪中之英格兰所有法律地位相对勘，自然可以明白此旨。

第四节　现代英国的出版事业所有地位

英吉利出版事业所有自由，大概言之，共含两个特征；在下文中我们当分别提示。

第一目　不受检查

曼斯斐尔爵主（Lord Mansfield）曰：[5]"出版自由有两涵义：

---

[5]　按，曼斯斐尔名"William Murray"，生于1705年，死于1793年，为英国有

其一，在出版前，不须请求执照；其二，在出版后，只有法律可以决定凡人在言论上所负责任。"[15] 衣连波陆爵主[6]（Lord Ellenborough）曰："英格兰的法律是一种自由的法律，因之，我们并不有所谓'出版执照'（imprimatur）一物，此物在英国中实属无用。但凡刊行报纸，报馆主人必须自负法律上之责任；正与其他一切行为足以惹起在违法时所得到法律的果报相等。"[16]

由此两语，我们可见所谓"出版自由"不过将一个通常原理应用于出版事业而已。这个通常原理为何？即凡人除确已证明违法外必不任受刑罚是。[17] 试思出版执照何物？检查何事？哪能偕这个原理并行不悖？其实此物此事亦不能与法院所操权柄相融洽，因为在法院所有权利方面立论，非至印刷人确被判决治罪之际，法院必不欲制止任何讪谤文字的流通。至于在报纸未发行之前，报社先交一宗款项以作押金一举，亦不免抵触此项原理所具法律精神。自然，此举固有两层用意，不可不知。其一，押金既备，报社的财政可以预保其为充实。其二，倘若出版品违犯毁谤律，押金即可随时被没收，以作赔偿名誉的损伤之用。但一经审查，此类押金的收取，对于出版事业所加制限，不但是不正，而且是不直。如此不正不直之端至易明晓，当可毋庸深辨。但在此时我们所以不能已于言者只

名法家。自1756年曼斯斐尔入王庭为裁判长，以不偏不倚著名；但以守正不阿遭忌。

15　语见：*Rex v. Dean of St. Asaph*，3T. R. 431（note）。

［6］　按，衣连波陆生于1750年，死于1818年，以1802年入王庭为裁判长。

16　语见：*Rex v. Cobbett*，29St. Jr. 49；参考奥杰斯（Odgers）所著，《毁谤及中伤》（第三版），第10页。

17　语详上文第四章第二节第一目，论武断权力的不存在。

欲郑重申明一事。此事为何？即此类抑制及预防举动实与英吉利法律中之大义相矛盾是。这是要说，凡人究竟应被干涉与否，或被处罚与否，只依人们曾否有破坏法律的行事而测定；至于他们可以违法，或将要犯法；纵有破绽可寻，英吉利法律决不过问。因此之故，除却一件例外事实之外[18]（读者注意，就是此一件例外事实亦非英吉利法律所固有，却是自别个法律系统得来之遗留物），英国实未尝有出版执照一物，复未尝有检查书报以至检查政治新闻一事。政府或政府以外之机关，不能具有任何权利以强夺或毁灭印刷公司所有出版品，纵使此类出版品含有谋叛的书籍、小册子或短篇文学，有司对之，仍是无可奈何。惟有各级法院，以保障个人使不至受人中伤之故，他们实有权以公开审讯此类印刷品的性质。惟有陪审团，在审问事实之后，他们实有权以决定印刷品中之文字曾否含有毁谤文字。必须待至各种特别情况俱合，法院自己方能禁止一篇毁谤文付印或重印，或遏制此项文字发卖。[19]简约说，出版界之著作家，一如其他民众，须受治于国内现行法律，但除法律外，更不受治于他物。

不宁惟是，政府与法院，大概言之，不能无端以遏止报纸出版，恰与他们不能无故禁抑他人写信及发信无异。论者必不能谓出版

---

18 本文所谓一件例外事实系指演剧执照而言。戏院法案通过于1843年，载于维多利亚代档案，第六及第七册，第六十八章。参考斯梯芬（Stephen），《英格兰的法律新解诂》（第十四版），第三册，第227页。

19 比较奥杰斯（Odgers）所著，《毁谤及中伤》（第三版），第十三章；该书中所论自第388页起339页止，尤须注意。个中所有论旨应取以与原书第一版第13至16页所论互勘。

权较通信权为更重，因之，政府与法院能监视前者甚苛，远过后者。按实说出，如果论者要明白出版界之著作家所居地位，最简方法莫如将他们的地位与写信人所有者相比；比较之余，论者自见两方所有大致相同。譬如，一人写谤语于大门之上，[20]较之，他人印讪词于报纸上或书籍上，彼此获罪均等。因此之故，报纸的著作家或所有者，直至最近时期为止，并不得到任何特别利益，以解免罪戾。[21]所以任从哪一方面观察，你随地可以灼见出版自由在英格兰中所有特色，只是：出版一事（即指出版界之著作家）常受治于本国的普通法律；除普通法律外，更不受治于任何威权。

第二目 不受特别法庭审判

出版自由在现代英格兰所有地位，除不受检查外，尚有一事必须探讨。大凡出版谴责，如果此项术语可以适用于英吉利法律中，著作人或所有人只能由普通法院审讯及处罚。申言之，惟有审判员一人与陪审员12人相与构成的寻常审判机关可以处理此类案件。[22]

---

20 此旨详见："Reg v. Pooley" 成案；斯梯芬（Stephen）之《刑法汇编》复征引之，详见该书第六版，第125页。

21 自1843年有毁谤法案，载于维多利亚代档案，第六、第七册，第九十六章，又1881年有报纸毁谤与登记法案，载于维多利亚代档案，第四十四及四十五册，第六十章，最近于1888年，复有毁谤律修正法案，载于维多利亚代档案，第五十一及五十二册，第六十四章。此类法案均以减轻报纸访员关于公众集会之记载所负责任为事。故本书中词旨关于此点似应稍为变更，然后可与事实符合。

22 虽然，自有关于刑事上直接审讯的诉讼程序的存在，又自有报告虽真亦不能希图免罪的规则，于是毁谤国家之罪在18世纪中几与出版谴责受同等待遇。在那时，此项案件纵使不须受裁判于特别法庭，至少亦须取决于特别法规，及被以特别审讯程序裁判。

自从复辟时代[7]而后,[23]报纸所犯罪过(换言之,因出版而得煽惑、亵渎或中伤之罪恶)不复受任何特别法庭审讯。自英吉利人们视之,此实为当然之事,复无待费词深论。孰知此事在实际上极有重大关系耶?诚以除此一事外,英国更无别种制度足以助成出版自由之进展,而令其得到今日地位。试思出版品之为毁谤与否既全由陪审团决定,而任何人又有权以印行十二个邦人所认为非讪谤的文字,在此际纵使元首或阁臣尚欲以私意行事,他们必难如愿以偿。必欲如愿,自非大多数的人民均不赞成对于现政府有反对论调不可。但就事实方面着想,大凡当政府要极力防止议政之际,人民所有意念或情感必然反对现存政府甚烈:如此犹谓国内公正人多不赞成反对政府的论调,其谁信之?在此等情况之下,政府中人所疾视为叛逆文字者,陪审团或不免同情于文中所论,转以为批评公允:因之,政府中人所欲得而甘心者,陪审团或不免左袒此人,转以为此人无罪。准此以谈,政府既不得到陪审团的合作,即不能坐人于

---

[7] 按,书中屡言复辟时代(Restoration)实分指英法两国,亟须辨清。自英吉利历史言,复辟时代起于1660年,终于1689年,包含查理士第二及詹姆士第二两代。查理士第一死于英国大革命(the Great Rebellion)之难,司徒雅朝代因平民国家之建立而中绝。自克林威尔死后,查理士第二乃得复位,故云复辟。

又自法兰西历史言,法国大革命(the Great Revolution)起于1789年,鲁意十六世(Louis XVI)被判死刑于1793年。自此法兰西政体,始为民主,继为帝政。迨至1815年,欧洲有滑铁卢战役,拿破仑第一被囚,20日后,鲁意十七世复入巴黎,即王位。是为布奔朝代之复辟。

23 欲知在复辟以前,即在平民国家(The Commonwealth)时代之出版情状,参考马森(Masson)所著,《弥勒登传》(*Life of Milton*),第三册,第265至297页。按实说,出版谴责受特别裁判的可能性早于1641年当金星法院被以法案撤废时即已无形消灭,该法案载于查理士第一代档案,第十六册,第十章。

罪。顾或者出而申辩，谓18世纪前之英格兰，与20世纪中之英格兰，所有政情大不相同，因之，陪审员与政府究竟能合作否，自未可以一概论。盖在18世纪时，英国政府中人来自贵族，是为统治阶级；陪审员自商户中征集，是为被治阶级。两者所处地位既然殊异，利害自不免时有冲突。然则彼此不能合作也亦宜。至于今日，商人已属于统治阶级中之一部，因之，在政治问题发生时，他们所有意见及情感不应与政府中人立异。[8]果如此说，则陪审员与政府合作似属可能。虽然，为此说者自是持之有故，复言之成理；因之，以实际言，究竟20世纪之陪审制度尚能如18世纪之陪审制度，依然可以保障议论自由，一仍旧贯与否，自是一个最有兴味的试题，耐人推究。但此题的推究实与本论无涉，故此时殊可以不必索隐。若就本论题旨着想，我们所欲推知复敢断定者只有一事：即是，英吉利出版的自由实造端于所谓"出版谴责"（press offences）得与其他一切毁谤罪状受同等待遇，即同以陪审制度审讯罪名。

综括上文，出版自由在英格兰中只是常法法律的普遍统摄之一结果。惟其如是，当世所谓"出版自由""出版谴责"与"出版检查"（censorship of the press）等流行名词几为英吉利律师所未闻。所以然者，实因出版上所犯任何罪恶均可归类于毁谤程式，同时即可依伤害名誉的法律惩治。

---

[8] 按，英吉利历史，在1832年大改革草案（the Great Reform Bill）未通过以前，英国政权纯属于贵族与地主阶级。自此年后，巴力门选举制度大受改革，中等阶级乃兴。于是商人与贵族地主等遂得同为英国统治阶级。故戴雪有此说。

第五节　与外国古今法律对勘

　　此类事情循行于英国甚久；英吉利人民顺其自然，故皆习焉不察。以此之故，我特意在上文中提出法兰西所有出版律，以资比较。试即就此律而审察其在大革命前后所有地位，同时复审察英国出版事业在17世纪末年所有状况。如此测量将能翘示一要旨，即是：在现代英格兰中，所有待遇报纸方法至能为弥漫于英吉利宪法中之法律精神写真。

法国的出版法律

　　倘若稽考法兰西法典，任一英吉利人当不禁注意及于两件事实：其一，出版法[24]自古以来即已构成法国立法的一特别部分；其二，出版遣责，在任一政体之下，均被法国政府视为特种罪犯。故专就法案一项比较，英国自伊利萨伯女王以来，立法涉及出版者曾不及法国在同一时期中所有之1/10，甚至1/20亦不能及。倘若我们能将两国自18世纪初期以来所有情况互相较勘，双方相反的局面更显而易见。兹为避免言之过当起见，让我们将1700年起，至1881年

　　24　法兰西出版事业概受制裁于1881年7月29至30日所建立之出版自由法案。此法案一经成立，所有从前颁行的诏敕、法令、法律及规程之关于出版立法者一概取消。先是，法国历代立法所以约束出版者至为繁颐，总计有三十宗法律之数。在此类法律之中，著作家可以随在获谴；轻重虽不等，然皆属刑事处分。惟其如是，法国学者达洛（Dalloz）著书论及出版竟印成300页有奇，可以装订巨帙，至非无因。但更就书中内容审察，我们还能发见此次入第三民国时代所颁行法案，取与1881年前所有历代约束文字事业之诏诰法令相较，多少悬绝不可计数。参考达洛，《法律汇考》（*Répertoire*），第三十六册，"出版"，自第384至776页，特别是书中第一部第一章，第二部第四章。罗杰（Roger）与索列尔（Sorel）合著的《法典与法律》（*Codes et Lois usuelles*），亦论出版，详该书第637至652页，可以比较。同时并读杜归（Duguit），《宪法教程》，自第575至582页。

止，两国所立关于出版律法案逐一排比，复互相抵消，庶几得以较量双方所有此项立法之长短多少。较量之余，学者自见法兰西出版律例前后共有三十宗立法；英国则不过十二之数。而且在英国中，此项律例实未尝多大牵动著作家之自由。

试一推求其故，此项差异实导源于两国政府在国家与文学之关系中，尤其是在国家与出版事业之关系中，向来抱持反对态度。

故就英吉利政府所抱持者观察，自1700年以来，常有一大义昭然垂训于国内。此一大义为何？即政府绝不自负领导舆论之责是。万一议论竟有跨越常轨而攻击他人者，又将奈何？此无他法，待至此类议论流于讪谤时，无论以文字或以印刷发表，政府只得按法惩戒之而已。申言之，惩戒毁伤他人的名誉之行为才是政府所有惟一本分。因此之故，英国政府，依大概情形立论，始终未尝负督察文学之职掌，于是，所谓出版法于实际上并未尝存在。英国所有者非他物，实不过是毁谤法之一部，或不过将此法应用于出版事业而已。

复就法兰西政府所抱持者观察，国家所最关心之一事即是文学。所以浸淫于立法方案中之经常大义，自古迄今，常以为行政的职掌所在不但要惩治毁人及渎神之罪，而且要领导舆论，或再让一步，至少要采取预防策略以制止不健全的或危险的宣传品之印发及流行。因此之故，法兰西遂有诸类出版法的存在，不但数量极多，而且性质甚严酷。

直至大革命期间，全国所有文学家均戢戢受命于国家。于是，印刷与发行书籍及其他物品的权利遂被视同某种书店所有特殊利益或专利事业。试征实例。譬如，1723年所颁布条例（réglement）

（此项条例之一部分直至近时方撤废净尽），[25] 又如，1767年条例，两者同限定惟有曾领执照的书店乃能有印刷及发行书报之权利，违者处以重罚。[26] 不宁惟是，印刷之前，各种著作必须经过严密检查，检查复分三度：一度经大学（在此际大学纯为宗教下之一制度）；一度经议会；一度经元首。倘有敢印刷或发行禁书之举，必来文字之狱：或罚在划船上划桨；或枷号示众，或处死刑。这类刑罚固然常时可以设法避免，但无论如何，所有罚则依然存在至于大革命之前夕。惟其如是，法兰西所有名世著作尽刊行于外国。例如，孟德斯鸠的法意出现于日内瓦（Geneva），福尔泰的"轩利诗史"（Heuriade）付印于伦敦。此外，他的盖世名著与卢梭（Rousseau）的伟大作品，或于伦敦，或于日内瓦，或于阿姆斯特丹（Amsterdam）出世。[9] 1775年，忽有一书以"自然界的哲理"（Philosophie de la Nature）为名，实于巴黎出现。巴黎议会命将此书销毁，并判定著者有非上帝无法大逆不道之罪。幸而著者逃免，如其不然，他必然受烧杀死刑。1781年，距全国参政会议之前8年，拉那勒（Raynal）以他的"印度历史"[27]之故，又被巴黎议会坐以渎神之罪，虽然，讨论至此，有应注意之

25　参考达洛（Dalloz）原书第三十六册，"出版"，第一部，第一章，比较罗杰与索列尔（Roger et Sorel）合著，第637至652页。

26　参考书同上。

[9]　按，戴雪在本章中屡次提示英吉利及法兰西政府对于国内文学所生关系，因之，遂追溯两国政制及法意之异点。书中指陈得失，蕴蓄精理至值得注意。比较英国学者亨利·托马斯·比凯尔（Henry Thomas Buckle）名著《英格兰的文明历史肆言》（*An Introduction to the History of Civilization in England*）二大册书中历数英法两国政府对于国内文学所抱持态度及其与两国文明之关系，足与戴雪所批评者互相发明。

27　参考达洛（Dalloz），原书第三十六册，"出版"，第一部，第一章；比较罗杰与索列尔（Roger et Sorel）合著，第637至652页。

事一点，即是：法国政府在大革命前世治理（Ancien Régime）之下，固要遏抑异端或邪说以严刑，尤要极力维持国家所有对于文学的领导之权利及义务。而且进一步想，还要注意一点，即是：法国政府，直至1789年以前，未尝将定期刊物与其他刊物明白区别。故当"哲学文章"（Lettres Philosophiques）可以被刽子手焚烧，又当"轩利诗史"与"百科全书"的印行须靠国王的恩准，政府中人，不拘大小，既能有权以干涉出版，自不用加新闻纸以特别限制。况且在"全国参政会议"（States General）以前，法国实未尝有日报或周报的存在。[28]

霹雳一声，大革命爆发，学者或不免想像，以为出版所受束缚从此可以解免。而且人权宣言的宣告亦既传檄通国，认定每一公民具有印行自己的意见之权利；1791年的宪法[29]复又郑重保证自由发言、印刷、发行的自然权利。同时该宪更明白规定，凡在发行之前检查书报一举应即废止。但法律虽如此规定，事实并不如此做去，因之，此类人权宣言与宪法保证实等于具文。申言之，法兰西革命党人露布一种理论，在实际上适与当时法兰西政府所有行事恰相反对。

原来国民会议在当日并不恢复或别立检查役务，但该会议实以遏制反革命宣传之故，通过1793年3月29日法案。自从此法案一出，通国内人民意见的自由发表一概缄默。在第一帝国之下，报纸

---

28 学者可从洛昆（Rocquain）所著"大革命前之革命精神"寻见"禁书"（Livre condamnés）一表，罗列1715至1789年间政府禁止发行的书籍。此书并详细记载鲁意十五世父子独裁及武断之实况，可以参考。

29 原文具在本章章首征引。

尽归政府所有，书籍的印刷，发行及贩卖一体须受钦定与御审。[30]

或者于此尽可为之解说，谓自1789至1815年间，法兰西尚在革命时期，政府方以压服反革命为事，因之，国家在此际施行各种干涉方案，至非得已，虽然，为此说者，对于历史的事实，未免失察。试观自第一帝国摧败后，即在1815年后，国家干涉文学之举，依然存在如往日；由是我们足见以行政操纵文学的意念在法国至为坚强。按实言之，此一意念恰好与始终支配法兰西法律与习惯互相吻合；惟其如是，故能常存不变。倘若不信，试一仔细审察历代立法所率循之途径，学者当能灼见自复辟时代[10]以来迄于今日，这种意念未尝消灭。虽则政府约束书籍印行的尝试近来已陆续舍弃，然而关于报纸一层，历次政府竟不相约而同有极其的一致行动。申言之，他们既布告报纸的出版自由，同时复极力求取报纸的永远屈服。譬如，在1814至1830年间，报纸检查役务旋废旋立，盖不知历尽几许变迁。缕析言之，则有1814年10月21日之设立，以后即有一部分受废止；至1819年而全体废止；但至翌年，不但复立，而且继续延长，以迄于1828年[31]而后已。其后未二年，即在1830年，政府复欲有同样举动，将以摧残报纸的出版自由；人民不服，遂有所谓"七月革命"。革命既告终，新宪颁布，该宪即将废除报纸检查役务一节造成宪法条文；于是，自宪法成立之日起，检查职掌于名义上遂不能存在。但一就实际观察，1852年2月17日著名法令转得制定各种极苛约束；此类约束实比自拿破仑第一失败后之历次政府

30　参考达洛（Dalloz），第三十六册，第一部，第一章。

[10]　按，此处所云复辟时代，系指法兰西布奔朝代之恢复而言。

31　参考杜归（Duguit），《宪法专论》，第一册，第91及92页。

用"la censure"（检查）的名义而强加的负担更为严厉。试一解剖该法令而分析言之。第一，在此法令之下，政府除具有多种裁夺权力外，复取得封禁报馆权利；而且当封禁时，政府不用证明该报主人或编辑确已犯法，及所得何罪。[32] 其次，若不先向官吏立案，无人能有权以办报。凡诸如此类之钤制，虽无检查之名，而有检查之实，是不过同性质而异形式耳。最后，此类同性质而异形式的检查还不算是法国政府所加于出版自由的惟一制限。譬如先乎该法令而成立者尚有在1848年间之民国所立各种律例。而当前后两者相与提挈以运行于国内时，其所以束缚出版自由者尤属细碎不堪。是故在两类法律的制裁之下，作论说者必须自署真名；[33] 欲办报者必须缴纳巨金以作保证；[34] 出版获谴者不得享受陪审制度的审判。[35] 而且更一进步，法国政府更将大革命前之苛政恢复，即将1723年之条例（réglement）恢复。于是，在此项条例之下，非先取得执照，无一人能经营印刷人之营业（commerce de la librairie）。综合观察，我们敢于断定两语：即是，介于1852与1870年间，法国内之报纸，较1789年以前之一切文学，同受一样严厉钤制；又是，第二帝国所行事不啻向后倒行，复不惜将国运退缩以归宿于革命前之专制原理。诚然，现代民国自成立后确能将所有在第二帝国前后产生之出版禁

---

32 此系根据1852年2月17日法令第三十二节所规定。参考罗杰（Roger）与索列尔（Sorel）合著，《法典与法律》，第648页。

33 此系1850年7月16日法律所规定。参考罗杰与索列尔合著，《法典与法律》，第646页。

34 此系1850年7月16日法律所规定。参考罗杰与索列尔合著，《法典与法律》，第646页。

35 1851年12月31日法律。

例陆续废止。但在最近过去27年中，[11]历次政府无论如何奖借报纸，使得任意论政，至少有一件事实甚是明显。这一件事实是在法国内，直至最近时代为止，常有一盛行各地的意思，大为逐一政党称许者，即主张所谓"出版谴责"应受裁判于特别法院，并应以特别程序处理。就理论上着思，这件事是极端重要，[36]因他可以证明英国人所有法律观念（即将一切犯法案件俱受普通法律惩治之观念），实与法国人所有者迥不相俟。是以在本讲中，所有历史上成事之综览纵属仓猝至极，读者亦能概见法兰西立法要旨两端：即是，自有报纸问世以至今日，历次政府常抱一意见，以为国家应指挥与监督舆论；又是，这种监督的实施可用检查方法，可用印刷权及发行权的制限，又可用特别法律与特别法院以裁判出版罪恶。在综览历史的进程中，读者不难见到两种现象：其一，政府监督舆论有时纵弛；

---

[11] 按，此书第一版发行于1885年，至1897年而有第五版。又按，法兰西现代民国，即第三次民国，成立于1870年9月4日，自其成立后之27年，适当1897年。由此考订，可知此语系在本书第五版时加入，但以后各版本沿之不改。至于所以不改之故，著者殆因法国政府对于出版所抱持之态度，至今未变云耳。

36 在法兰西法律史中，一事突露，至足注意。现代民国虽成立于1871年，然复辟时代与帝国时代之出版法律依然继续有效，亘于十载。直至1881年，此类法律乃一概改弦更张。在此年以前，"出版法"在法兰西法律中自成一部。"出版谴责"在刑罚中自归一类；而就中有法律两宗（或竟多过此数亦未可定）极与英吉利立法之关于出版自由者相冲突。例如，民国成立之顷建立一法（在1871年7月6日通过，详载于：Roger et Sorel, Codes et Lois, p. 652），再限定报馆主人务须缴纳若干保证金于政府执事，用以预防报纸获谴时所有罚金即在保证金项下扣除。数年之后，再立一法（在1875年12月29日通过，详该法第五节。参考：Roger et Sorel, Codes et Lois, p. 652），在一方面，此法公开一部分之出版谴责于陪审裁判；在他方面，此法又规定某种罪戾交特别法庭审判，陪审员不能与闻。自1881年7月29日法律成立，前此法令尽废，出版自由乃得确立于法国。自此之后，法兰西法律对于出版自由，渐能与现代英吉利法律所有观感相符合。然而就大体立论，最近法国立法虽有种种举动务以打消出版自由的制限为事，但任一举动皆隐藏一个意念，即是：出版所获之谴责皆应受一种特殊处理。

其二，政府监督舆论在短时期的纵驰之后，旋即恢复原形，非常紧张。自本章讲话所有论点观察，前者所有偶然纵弛的现象固属重要，然而后者所有再仆再起的现象更较暂时撤废为煞有重大关系。[37]

第六节 与本国古代法律对勘

让我们现在再审察英吉利出版事业在16及17世纪所居地位。

原来英国元首在古代时，亦如法国政府，能掌握一切出版事业。倘若无执照，无人可以印书；倘若犯罪，印书人必受一特别法庭名金星法院[12]者裁判。其实这个特别法庭即为英国君主代表，故能依据御用特权，颁布各类印刷业条例，务使印书人等一齐遵守。复由此类特权，伦敦市有97间书坊同受营业的特殊利益。更由此类书坊与他们的继承者相与联合以构成一行会，名曰"文房用具公司"(The Stationers' Company)。文房用具公司既有专营权利；凡遇行以外之出版品，随时可以收没之。惟其如是，虽以牛津、剑桥两大学，在学术上本占居尊崇地位，最初仍不许自由印刷，其后，不知

---

37 注意1881年后所立几宗法律，同以遏抑出版自由在这一方式或那一方式的滥用。试举数例。例如，1882年8月2日通过一法，1898年3月16日重加修正；本案及修正案均要制止报纸使不能随意违犯道义（outrages aux bonnes moeurs）。又如1894年7月28日建立一法，制止报纸，不许提倡无政府主义。1893年3月16日更立一法，授特权于法国政府，凡外国报纸之输入境内者，或外国语报纸之出版于法国者，皆受检查。比较杜归（Duguit），《宪法教程》，第582页。

[12] 按，金星法院（Court of the Star Chamber）为英国极古法院之一，以枢密院全体院员构成。当枢密员坐堂时，审案不公开；无陪审团复审；得用刑讯。因此之故，此法院大招英吉利人民疾视，卒以大革命时为长远巴力门（the Long Parliament）于1641年以法案废止。

经历几许周折,两大学乃以金星法院的法令而取得印书权利。

英国元首犹以此类限制为未足,特于各种条例之外,造成各项凭照,以便稽查。于是营业凭照逐渐孳生与发展,自成一系。此项系统不但与印刷业条例并行不悖,而且构成一种正经的检查职务。[38]

不宁惟是,出版谴责在此际亦自行构成一类特别罪恶,被裁判于一特别法庭,即所谓金星法院者是。金星法院当裁判时,不采用陪审制度,且执行极严罚则。[39] 如天之幸,该法院卒以1641年摧灭,且以后不复见于英国。然而检查役务依然健在如故,虽入"平民国家"(the Commonwealth)亦得无恙。迨1662年,在复辟时代之下,巴力门竟通过一法案,明载于查理士第二代档案第十三与十四册,第三十三章,给予检查役务以法律上之基础。嗣后,此项法律尚经屡次通过,使其继续有效,直至1695年乃息。[40]

英法两国出版律先同后异 由此观之,当16及17世纪之际,英国施行各种出版法,一如法国在那时所行事。譬如,书业在英国中是专营事业;在法国中亦是专营事业。又如,检查事务彼此有同样苛求;著作人与印刷人,如受谴责,彼此俱以特种刑事待遇,复受裁判于特别法庭。至于英国政府最初所以对待文学者,较之法国政府所以对待文学者,不但相似,而且相符。如此相似性及相符性的存在至足惊异。然而自17世纪末年以后,两国的立法不但所趋途径渐次不同,而且有分道

---

38 关于1695年前英国所有出版事业的管理法律,参考奥杰斯(Odgers),《毁谤与中伤》(第三版),第10至13页。

39 贾地纳(Gardiner),《英格兰的历史》,第七册,第51页及130页;又同书第八册,第225页及234页。

40 参考马可黎(Macaulay),《英格兰的历史》,第四册,第十九及二十一章。

第六章　议论自由所应有权利

扬镳之概。是则尤为可异。譬如，即就上文所已提示者观察，法国对于书报检查，固然屡次撤废，但仍然屡次恢复。若在英国，凭照制度，当存在时，本可与书报检查之举具有同样功效；但此制乃以1695年失效；至于失效的缘由初不起于撤废，而起于期满不再继续。试进一步而推求其故，学者将见众民院所以不愿续立执照法案（the Licensing Act）者并不造端于自由思想的热望。申言之，英吉利政治家，在1695年，不但不主张，而且不信仰百年后之法国人宣言，即是："思想及意见的自由交通是最可宝贵的人权之一种"。[41] 他们不肯继续将旧案重提，固然由此举确立出版自由于英国；但此等重大意义在当时却未被见及。简直说，他们盖不自知所做的事究竟是什么一回事。

如此批评似未免流于刻薄，但事实具在，可以复按。试观众民院于拒绝该法案重立之后，尚以一道公文送达贵族院，说明理由；公文于思想自由一节未尝以只字提起。是以马可黎（Macaulay）有言："这道公文对于院中所以得到如此决议之理由尝明白宣示。玩味之余，读者自能明见下列问题呈露：即是，此事究为何事？众民院盖懵然不知之。他们诚不料此次行事实已制造一场大革命，而且带来一极强势力，足以改造国家与社会。彼执照法案所有制限之荒谬与不公，众民院诸公诚能简明地又确凿地提示于文内。文内词旨备极嬉笑怒骂之能事，但仍能保持谑而不虐之态度。所可惜者，文中所持反对理由尽属小节细目而已。至于关及原理的大问题，关及不用执照的印行书报，对于社会国家，究竟是利是害，公文不牵涉

41　见《人权宣言》第十一条。本章章首曾经征引。

一语。就原文观察，执照法案所以不应存在，并非因法案本身确不合理，却因案中包含细碎苛例。征实言之，则有穷征，有贿赂，有住宅横受骚扰，又有贸易上之各种钤制。凡此种种，固是实情，但仍不过是附带的害端而已。申言之，该法案所以受讥弹者，因为文房用具公司依之得以向印刷人多方需索；官吏依之得以阑入私宅，恣情搜检；伦敦书店依之得以专营外国书籍，而书籍输入遂不得不限于伦敦；税关依之得以留难书籍，至于发霉，尚不送出。不宁惟是，众民院复讼言两弊：其一，执照费不定，因之，执照吏可以任意榨取；其二，关吏依条例非有检查员在旁，不能开视书籍，因之，书籍纵有霉烂，关吏既无从知箱内所有者是书，更无从知箱内有曾经发霉之书。于是，众民院不禁于公文中发一疑问，谓：倘若关吏既被禁开箱，箱中究有何物，物品复有何状态，关吏亦恶能而知之？此为公文中所有辨难；此类辨难至属肤浅，然而转能成功弥勒登（Milton）的经世文章"亚利阿伯基惕卡"（Areopagitica）[13]所不能实现之企图。[42]

由马郭黎所论述观之，英国政治家，在当日，对于出版自由的原理，并无浓厚感情；惟其如是，所以在两年之后，撤废检查役务的众议员仍欲通过一法案以禁止未经检查之新闻。[43] 虽则这宗法案

---

[13] 按，弥勒登在英吉利文学史中为莎士比亚（Shakespeare）后最伟大诗人之一。生于1608年，少入剑桥大学，以1632年受硕士学位，弥勒登领受清教徒（the Puritans）之熏陶濡染，尊尚自由，疾视专制。在这位诗人未生时，英国早已有检查役务的设立，但此制度经大革命入永远巴力门统治时代而未受变革。1644年，弥勒登遂发表一文，命题"Arepagitica"，取义于雅典（Athens）所有公开议政场所（Areopagus），陈请出版自由，废除检查役务。清教徒不能听，此制度遂历平民国家及复辟时代而效忠于历次政府；直至光荣革命后五年乃受废止。故戴雪有此说。

42 见马可黎（Macaulay），《英格兰的历史》，第四册，第541页及542页。
43 见马可黎，《英格兰的历史》，第四册，第771页及772页。

毕竟不能成立，然而出版自由的原理绝未能歆动英国政府中人物，由此事益可证明。但在法国则大异是。出版自由在大革命时代之法国人的心目中，成为立身大义，是以国民会议在1789年集会，特将思想的自由发表之权利庄重宣告。然则自17世纪末年以后，英吉利法律思想，与法兰西法律思想，各有不相同的出发点，正如本文所提示。但两者所有结果则何如？在一方面，法国虽尝檄告思想的自由发表之重要，然一经檄告之后，思想的自由发表仅存在于死文字之上。纵使让一步说，此项权利至多不过成为法律哲学上之一种玄理；有实在性的法律可以随时将其弃置践踏。在他方面，英国以1695年由巴力门拒绝执照法案之重立，即能确实树立出版自由于国内。本来在执照法案被弃置后之50年间，英国政治历尽一种革命与不安时期，盖与法国政治在复辟以后之一时期内，处境相同。但书报检查一事，自经一度撤废，永不再生于英格兰。从此以后，出版自由的限制律例更无所有；若曰有之，则惟寄附于毁谤律者庶几近似。惟其如是，在今代法律中，纵有一个特殊意念，即通常所谓文学应受国家约束者，尚遗下多少胜余律例；而自英吉利人民视之，此类胜余律例已变成赘瘤。此类赘瘤本不应容留；徒以他们既不能在人间作祟之故，他们的存在不但可以容忍，而且几乎令人不复记忆。

第七节　英法出版律对勘后之问题

任一学生，在综览英法两国出版自由的历史之后，必不禁触起两个问题。第一，在17世纪末年之前，两国元首对于出版的制限，何以能主张大致相同的原理？第二，从18世纪初年以后，两国政府所有出版法中之原理何以背道而驰？申言之，出版法在英格兰与法兰西两国之中，开首之相似性，与终局之相异性，骤视之下，殊令人迷目眢心。虽然，前一问题与后一问题，在合观之下，似乎自相矛盾，在分审之下，实各具相当理由，当然可以逐一索解。而且两个问题的解答亟应附记于章末，诚以答案所有蕴义正足以解证本书乙部之题旨，即是：鉴衡英吉利宪法之一要则实是法律的至尊性。

<small>开首相似的理由</small>　自16世纪之初年，至17世纪之末年，出版法在英法两国中所以大致相同之故，其关键是在于政府。当是时，两国政府虽则未必是两国人民，实同受相似的行政思想之熏陶濡染，而且他们对于国家与个人的关系亦怀有同样观念。不宁惟是，在英格兰中，一如在其他欧罗巴国家中，常流行一种信仰，即是：一国元首对于该国臣民的宗教信仰应负责指导。将欲实行负此责任，元首必须履行两要件：其一，领导意见；其二，董理言论。但此项领袖事业的成功尚有待于政府以权力干涉出版的自由，而出版的自由又在根本上是人人应有的权利。申言之，此种权利，除却本人自愿冒险以发表意见，并于意见有不合法时自愿负法律责任外，不应横被干涉。本来在这样矛盾的政象之下，元首至不易行事；但在英格兰中，一如在法兰西中，当代公共意见实要求文学的统驭定为国家所有要务；于是，两国元首乃得同时扩张行政权力于人权范围以内。综合以观，在相似情状之下，必产生相似结果；同类原理既能同时盛行于两国；因之，出版自由的处置必具有同类性质。

<small>终局相分异的理由</small>　但自18世纪初年而后，法兰西所以待遇出版事业的原理，乃迥异英格兰所采用。是何以故？则以超出两国所有政象之上，尚有

异样法律精神足以支配国内法律及风俗故。

在法国中，自来常矗立一重要观念，即是：政府一机关无论在王室之下，或在帝国之下，或在民国之下，常时以代表国家之故，具有各种权利及各种权力，足以对付个人；而且此类权力及权利实超出又独立于普通法律以外。这是法国所有一种特殊法律名曰"droit administratif"[44]（译言行政法）的根基，英吉利人们闻之，十分不易懂得。况且法国民众，以大致情形论之，历来因常受人为压迫之故，对于国家的权力，常引领以望其莅临，盖与16世纪中之英吉利人民尊视元首所有特权，具有同感。惟其如是，中央政府所有权力的扩大，无论在大革命前或大革命后之时代，确是一种方法（至少就大多数法兰西人的眼光观察，有如此景象），可用以解除民众的困苦。又惟其如是，行政院以这一方式，或那一方式，驾御文学，大体尚能与法国所有制度相谐和。况且驾御文学之行事及方法历来常被掌握于法国内最高权力的机关；而此项机关复领袖一组极严密的行政系统，他的行为常为普通法庭所不能过问。因此之故，检查役务（其他统驭出版自由的方式姑不具论）不但能常与政府的行动一致，而且能常与一般民众的情感不至冲突；随之，国家所以实行书报检查之机械必不至于有缺乏之虞。

虽然，通18世纪百年内，其实，自18世纪以迄今日，全国时闻反抗书报检查之声，一如其他武断权力之受反对。所以当大革命开首，又每当大革命后一新政变开首，辄有一种倾向于自由议论的运动发生。由是，遂有检查职务的屡次撤废。然而这种尝试实仅以

44　参考下文第十二章。

收缩政府的权力于一特殊方向间为事,至不能与尊崇国家的威权之心理相融洽。况且当政变之顷,法兰西政体纵使屡易,但法国所以处理政务之吏治制度从未更动。在如此情形之下,政府不拘在何人手里,必然能常时保有所以钤制出版事业之关键:每遇公意倾于遏制言论自由之顷,政府官吏必乘间而入,仍操监督之权如故。由是,遂惹起检查役务的屡次恢复。如其不然,政府纵不欲沿用"la censure"(检查)之恶名,终必袭用其实;甚至变本加厉,政府竟采取更严厉限制,或为英国任何执照法案所不能及。简约说,出版自由的限制一向继续存在于法兰西,迄于今日未尝或改,因为行政部所有预防及武断威权确能融洽法兰西法律的普通精神,又因为由此项法律精神而产生的吏治制度,惯将所以实施武断威权之具,授予行政官吏。

至于英国所有政象则异是。当16及17世纪之际,英吉利元首屡次尝试,亟欲造成一强有力的中央政府;以当代颇有如此需要之故,君主未尝不收相当成功。然而此等政治状况在根本上确与本国所有品性及习惯相违反,因之,强有力的中央政府似不易常存于英国。纵使人民有时甚愿望君权大振,他们在此时亦不喜见元首所挟持及应用以集中权力之工具。

因此之故,英吉利人们,无虑以万数计,本来素恨宗教上有所谓容忍异端之举,又素不珍视政治上有所谓言语自由之私权;但仍然妒忌武断权力,因之立定主意,只愿受治于国法。[45] 凡此诸类情

---

45 赛尔登(Selden)对于金星法院(Star Chamber)所颁布法令之不合法尝有批评。贾地纳(Gardiner)在他的历史中曾加征引,可以参考。

感实主使金星法院卒以1641年裁撤，而且再使此一所可憎的法院，即在1660年全国方发忠君狂病之顷，亦不能再生于英国。虽然，此一所可憎的法院之毁灭实产生一重大效果；但这种效果与其谓民众从此得以脱离苛政，毋宁谓条托朝代（the Tudors）所建立，及司徒雅朝代（the Stuarts）所扩张之行政制度从此遂被摧陷廓清。原来此项行政组织系从外国输入，故与英吉利人们所有法律习惯积不相能。[14]因之，于或迟或早间，英国民众必欲去之而后快。惟其如是，这番改革遂与容忍异端邪说的愿望并不有直接关系。所以同是此一巴力门，然而在一方面，他虽不肯恢复金星法院或此种钦命按察法院；在他方面，他却要设立执照法案。此项法案，依上文所述，在实际上不异检查职务，又继续存在于光荣革命以后，亘于6年之久。这就是巴力门不愿容忍异端的表示。不过执照法案的建立，纵非容忍异端的胜利，却是法律主治的成功。诚以自有该法案，监察书报的权力不能复依据一种观念，以为此乃行政威权所固有。换言之，此项权力的存在，从今以后，惟赖制定法律而存在。监察书报的权利，由此法案，遂被交付于政府；但所有权利实明白规定于法文，于是，执行官吏不能擅作威福。而且个中更有极大关系者在，即是：假使有人竟敢破坏此法，政府只能依平常诉讼程序，诉之于普通法院。所以然者因为金星法院的摧灭早已夺去行政院所以施行武断权力之具。诚如是，众民院于1695年拒绝执照法案之重立

---

[14] 按，条托朝代（the Tudors）统治英国，开始于1485年，终止于1603年。自1603年以后，以至于大革命，皆司徒雅朝代（the Stuarts）。前者自威尔斯（Wales）入主，后者自苏格兰南进。两朝代之君主，习于专制，因之，当来治英国时，带来外国政制实非罕见。故云。

一举，其所含意义，实异于法兰西《人权宣言》所谓思想自由，又不同该国历次撤废文字检查的法律。英国此次毅然将政府对于出版的监督权力一旦废除，这种行为不过要将政府所有法外权力之残留者彻底淘汰而已。是何以故？则以政府自各种特别法庭撤废后，早已失去法外行动之自由故。

综括上文，检查役务虽则屡被裁撤，然而屡被恢复于法国，因为裁夺权力的运用适与法国法律及制度互相融洽。从前如是，现在亦如是。至于英国所有情形乃大相反。书报检查之举，一经明令废止，不能再来，因为本国政制于法意决不长此容忍君主以一人之身竟敢使用武断威权。然则两国所有对峙政象，正如枘凿之不相入，宁非奇特已极！但个中事实尚有更奇特者在，即是：18世纪中之大革命的政治家极力欲建立出版自由于法国，虽不能成功，然而立心甚决，抱愿甚伟，盖欲传播自由的福音于全世界。至于17世纪中之光荣革命的政治家立心不如是坚决，抱愿不如是宏伟，徒以偶尔一度不肯继续执照法案之故，竟建立百世不朽大业，使出版自由得以永存于英国。此项对峙事实不但令人惊异，而且足以为法律主治的概念作一个极坚强例证。

第七章　公众集会所应有权利[1]

第一节　比宪与英宪互勘

比利时法律,[2]关于集会一层，载于宪法第十九条；此条宪法大抵要抄袭英吉利法律。兹先录出原文于后：[1]

"Art.19. Les Belges ont le droit de s'assembler paisiblement et sans armes, en se conformant aux lois, qui peuvent régler l'exercice de ce droit, sans néanmoins le soumettre à une autorisation

---

1 公众集会的权利之参考书籍，列举于后：
(1) 斯梯芬(Stephen)，《英格兰的法律新解诂》，第四册（第十四版），第174至178页。
(2) 肯尼(Kenny)，《刑法大纲》（第三版），第280至286页。
(3) 本书附录，书后第五则，论公众集会的权利相关问题。
2 关于比利时的集会法，参考《法律季刊》，第四册，第159页。此外，关于各国的集会法，该杂志亦有记载：譬如，意大利的集会法，看同书第78页；法兰西的，看同书第156页；瑞士的，看第169页；合众国的，看第257页。至于法兰西公众集会法的历史，参考杜归所著，《宪法教程》，第554至559页。
[1] 兹将法文译汉于后：
"第十九条，凡比利时人民，当依据法律，复不用武器时，有权利和平集会。凡属合法集会不必预向官吏陈请，以求批准。"
"但此条文不适用于露天集会；露天集会应受警察约束。"

préalable."

"*Cette disposition ne s'applique point aux rassemblements en plain air, qui restent entièrement soumis aux lois do police.*" [3]

就表面观察，公众集会的制限，在比利时中，似乎比英格兰中较为严厉；缘在本国，警察实无权以管理露天集会。虽然，个中有一精义不可以不辨。原来英吉利宪法本未尝承认出版自由，作为一种特别权利看待；此旨在上章经已阐发无遗：依同理推究，倘谓本国宪法毕竟有所谓公众集会的一种特别权利，我们似觉难以证明。其实，英吉利人们对于公众集会所有正确观感恰足以解证一事，即是：英宪所由构成的元素实建筑于个人权利之上。是故集会的权利并非别物；他不过是法院所有一种见解，而这种见解实系观察个人的人身自由及个人的言语自由而得到的结果。试设一例。譬如，甲、乙、丙三人欲相与在露天之下集会，或在他处集会；而集会的主旨又以法律为归宿。在此际，英吉利法律并无特别规定，以允许三人集会。但法律固明许甲有权往任何处，而如意所之；凡其所往，法律必不至视同侵害行为。法律又明许甲有权说什么话，而信口开河；凡其所说，法律必不至视同讪谤或煽诱。依同理推究，乙亦有如此权利；丙亦有如此权利。更依同理推究，此项权利可授予丁、戊、己等各个人，而至于无量数个人，其结果：甲、乙、丙、丁及千数万数个人，就通例言之，[4] 可以依此规矩而聚集于任何处。但求聚会宗旨合法，态度合法，逐一个人可有权以去所欲去及留所欲留。

3　见比利时宪法，第十九条。
4　此文所论固然只限于通例；至于甲、乙及丙的集会或者竟含特别状况而有谋叛企图；这样便不是通例，我此时不欲涉及。

例如，甲有权可以踯躅于大街（the High Street），或竟行往众民院。乙亦有同样权利。丙及丁及他们的朋友均有同样权利。诚如是，甲、乙、丙、丁及其他个人纵以万数计，亦可以依如此根据，而召集一公众大会。况且依个人的言语自由，甲可告语乙以己见，谓应有一法案通过以裁撤贵族院，或谓贵族院务必反对任何变更该院本身的法案。依同理，乙亦可以此语转告任何友人；丙亦可以此语转告任何友人。其结果：甲、乙、丙及其他千数以至万数个人，即得于大会中公然发言以扶助政府，或奖借贵族院的反抗行为。总而言之，通常所谓政治上公众集会的权利，外国所视为特别权利，非仔细斟酌不能受限制者，在英国中，仅具如此实质而已。

依据上文所有推理，甲、乙、丙及丁，及其他多至十万数之个人，逐一有权以往任何处，及说出任何言语，由是复有权以开会而讨论政治问题，或其他问题。是固然矣。然而凡人依此项方式以使用所有权利，无论是甲、是乙，或是其他，此人仍或有犯法的可能。譬如，大会在召集之际，或含有暴动主旨，或含有其他破坏和平的目标，公众集会在如此情形下，即成非法的集会。[5] 又如，开会的方式或不免有破坏和平之事端，或有陷无辜民众于危险之举动；公众集会在如此情形下，亦成为非法的集会。两个设例之中，倘若有一于此，大会均可以依法解散。于是，会众之中，无一人能逃免法律上之责任。申言之，凡法律所规定以处置犯法人物者，如公诉，如逮捕，又如刑罚，皆将随犯法之后而至。

---

5 关于"非法集会"的义解，参考本书附录，书后第五则，论公众集会的权利相关问题。

集会纵有时足以激动反对,未必即是违法

公众集会,究竟成为非法与否,煞费斟酌,不能一概论定。譬如大会主持人物,及一切参加人物,竟敢负挟武器游行,或立心激动反对者使至有破坏和平的举动,由是遂致安分民众,心怀社会秩序有倾危之忧虑。此类集会便成非法。但尚有一种集会,以开会宗旨及方式论,未尝违法。当是时纵有反对派存在,欲于开会之际,极力反对,甚至欲诉诸武力;由是该会遂不免间接地扰乱和平。如此集会不能被指为非法。[6] 试设假例。假如,救世军欲开会于牛津,而又有所谓骨格军者出而宣言,谓将以武力进攻前者,倘不能击散该会,必不罢休。当是时,假如,牛津地方中之安分居民,由此遂大起恐慌,同时复不愿见和平被扰;于是,当地有司遂被请求,务须中止救世军集会。骤视之下,此请不无理由,似应得准;但鄙见则以为,[7] 若就法律上着想,地方有司不宜允许。试一深思熟虑,学者当知其故。兹请以日用行事取譬。假如某甲立意要行往大街,某辛预加阻止,且以拳打相吓。在此际,某甲所有人身自由之权利必不能因某辛以危词恫吓而被夺去。本来依事实推究,倘若某甲必欲一行,某辛当不能坐视;于是此行或足以惹起和平的伤害,亦不可知。然而某甲对于此不幸事变岂能任咎?譬如,有人佩带时计一枚,偶被偷儿攫取;论者不责窃贼,反怪此人以谩藏诲盗,卒为失窃之媒

---

6 此书所提示要旨必须善读,学者须记取下文尚有不害君主的和平之主张。故此处所论应以不害君主的和平者为限。

7 我的论点自然须先有一前提,即是:救世军人的集会纯以合法目的而召集(在事实上观察,他们的确是如此),加之,集会行为复能循规蹈矩,不欲自行破坏和平,或激动他人,使不得不出于扰害公安。在此际,地方司尽可令骨格军领袖人物,或竟令救世军大会会众寻觅保人,以担保善行,或维持公众安宁。比较肯尼(Kenny)所著,《刑法大纲》,第282页及486页;*Wise v. Dunning* (1902), 1. K. B. 167。

介。某甲所遇何以异是？[8]平心论之。某甲在此时只是不幸,以至枉遭横逆,但决非破坏法律者流。依同理推究,倘若某甲行往大街的权利既不因某辛的恫吓以至有所牵动;然则某甲、某乙、某丙的同样权利决不以己、庚、辛先有不让他们通过之警告而至于减损也无疑。更依同理推究,救世军只是甲、乙、丙、丁等多数个人之集体,而己、庚、辛、壬等多数个人实构成所谓骨格军,在此际救世军中之各个人仍有人身与言论的自由权利如故,骨格军中之各个人不能侵犯此项权利如故。个中所有曲折与纠纷只由一显明原则解决,即是:某甲做一件合法行为的权利,例如,行往大街,决不因某辛加以一种不合法行为的恫吓,例如,殴打行为,而有所减少。此一原则从前曾经别体对基勒邦士[9]一成案决定或解证。原来救世军决定将于米上威士顿(Weston super Mare)会议,同时复已预知必遭骨格军反对。地方有司因此发布命令,不许召集此会。但救世军人不顾,仍如期开会。警察出而干涉,并告以遵从命令。会众中有某辛者不听,旋被逮捕。事后,某辛及其他数人被地方法曹以参加非法集会的罪名处罚。当是时,假使救世军竟得开会,骨格军必来攻击,因之地方和平必受扰害。这是无疑的事实。然而法庭(the Queen's Bench Division)对于此项判决大不谓然,遂加驳斥。于是,有别体对基勒邦士一案。

裁判官费勒(Field J.)之言曰:"此案,以事实言,是由于一个非法组织(即指骨格军)自行攫取他人集会的权利,以禁制上诉人

---

[8] 义详下文本章第三节,论官吏宣告不能使公众集会成为非法一段。比较下列成案: *Humphreys v. Connor*., 17 Jr. C. L. R. 1。

[9] 别体对基勒邦士一成案之引用典籍如下:
Beatty v. Gilbanks, 9Q. B. D. 308.

们与其他会众开合法会议。更以法律言,地方法曹的断案撰成下方结论,即是:当一人要做一件合法行为时,倘若预知此等行为必受他人反对,此人即犯法律。此一结论殊无法律根据。"[10]

上文所引成案中之原理复经一个爱尔兰判官沿用以判决在爱尔兰中发生之一案件;嗣后案经上诉,原有断案仍受维持于英吉利王庭(English King's Bench Division)。[11] 原有判词录后。

判词有曰:"别体对基勒邦士一案,[12] 自发布后,迭受批评。双方争辩,相持不下。顾自我观之,关于事实一方面,我不敢自信,我的意见能与裁判员所持者完全符合。但关于法律一方面,我不但赞同该成案的法律意见,而且赞同此项意见的应用于他们所灼见的一段事实。审察之余,该成案中之判词似隐具一个原理,即是:一件行为,倘若在行为本身上并非有罪,加以行为时不但不具恶意,而且同时复附带着一件义务的完成,或事业的经营,或合法运动的

---

10 别体对基勒邦士一成案,费勒之言见同案第 314 页。

参考下列两成案:

(1) *Beatty v. Glenister*, W. N. 1884, P.93.

(2) *Reg. v. Justices of Londonderry*, 28 L. R. Ir. 440.

再将此两案反比下列四案:

(1) *Wise v. Dunning* (1902), 1 K. B. 167.

(2) *Humphreys v. Connor*, 17 Ir., C. L. R. 1.

(3) *Reg. v. M'Naghton*, 14 Cox C. C. 572.

(4) *O'Kelly v. Harvey*, 14 L. R. Ir. 105.

学者须知,当判决歪士对邓宁(Wise v. Dunning)一案时,王庭并不有意要将前案,即别体对基勒邦士成案摧翻,而且在当时王庭并已明知继该前案而至者尚有爱尔兰法院所判之成案如"*Reg. v. Justices of Londonderry*"者随后。同时,学者可以参考本书附录,书后第五则,论公众集会的权利相关问题。

11 见: *Reg. v. Justices of Londonderry*, 28 L. R. Ir. 440。参考: *Wise v. Dunning* (1902) 1K. B. 167, 179, 打棱裁判官(Darling J.)的法律意见。

12 见王庭判例,第九册,第 308 页。

消遣，或一宗法律权利的使用，必不至成为刑事罪状；纵使这件行为或足以惹起他人反对，因而扰及和平，或惹起他人因是遂有法外行动，亦可不论。"[13]

更就日用常理推究，救世军人本应有集会权利至容易明白，所以他们的权利主张，地方有司必不能以危词谢绝，即不能以匪徒或要愤激而扰害和平之言谢绝。本来就地方有司之用意推测，禁止开会实所以维持地方和平，于是，制止集会遂成为维持秩序之最易方法。但方法虽是易行，然而人民的集会权利问题实未能解决。"故在此际，若必欲求两全之道，莫如由地方有司调动军警，先事预防。倘使暴动竟因合法权利的运用而惹起，军警尽可出保护。如此，则暴动者必不敢发难，不尤愈不加罪于合法集会之人民耶？"[14]

综括上文，可得一原理，即是：凡有集会，如其本身在各方面均属合法而又安分，再不能因有恶徒思以暴力干涉，甚至不恤破坏和平之计划，作为非法的集会。此义我以为已经确立。[15] 由此原理，更有一义，即是：凡合法的公众集会，必不能徒以该会或足惹恶徒

13　此为裁判官烘士（Holmes, J.）的法律意见，为女王对伦敦爹梨裁判官而发，其引用典籍如下：*The Queen v. Justices of Londonderry*, 28 L. R. Ir. 440, pp. 461, 462。

14　此为倭帛来恩裁判官（O' Brien J.）的法律意见，载在下列典籍：
Reg. v. Justices of Londonderry, 28L. R. Jr. 440, p. 450.

15　我所谓"已经确立"之要义，可由歪士对邓宁（Wise v. Dunning）（1902）一成案见之。此一成案所有法律意见至少可以辨正一事，即是：公众集会的本身是合法，行动又合法，徒以这种集会的自然结果足以产生非法行为之故（即指反对派因此遂至暴动而破坏和平），该会便成非法（看175及176页阿尔弗斯通[Alverstone]裁判长之法律意见；又看178页打棱[Darling]裁判官之法律意见；更看179及180页舍乃尔[Channell]裁判官之法律意见）。虽然，读此案时我们应注意一事，即是：此案所要考究的重心，并非在某种情形之下，公众集会可成非法。该案所着意推求者却是另一问题；这个问题是：在什么情形下一个人必须觅保以明证将来不至为非作歹？（参考肯尼[Kenny]所著，《刑法大纲》，第468页。）

行暴之故,遂应被地方有司禁止或解散。

第二节 集会原理的应用

当应用此原理时,有必须注意者一事,即某种制限或例外之存在是。原来在诺尔曼征服以前,英格兰尚生息于封建政治之下,故平常争讼多由地方有司自行处理。迨至诺尔曼族入主,英吉利元首乃以维持君主的和平为名,常派遣审判员往外司直。于是,君主和平的维持遂在英吉利法律的发展程途占一特殊位置。集会原理在应用时有例外,或有制限,即自维持君主的和平之绝对需要而起。[2]

第一目 制限一:因集会有违法举动以至破坏和平

试设假例,倘若有一基督新教传道之办士,集合徒众于公共地方,以卫道自命;于是当众演讲,后肆意以诽谤语攻击罗马教,或任情以当地禁用之言词宣布罗马教教义之不当。以是之故,罗马教信众大动公愤,遂来暴动。如此集会便成非法。此外,尚有许多集会,

---

[2] 按,"君主的和平"(the King's Peace)一术语,在英吉利法律史上来源甚远,与常法的发展极有关系。此术语最初见于6世纪末年之"Laws of Ethelbert";继见于7世纪末年之"Laws of Wihtrald"。自威廉征服者人主而后,君主的和平遂得日益扩张。其始,除君主的和平之外,尚有寺院的和平,公众地方的和平等并行不悖。在此类和平的范围内,人人均可逃入避难;一经逃入,此人即得安全。其后君权日盛,君主的和平所有范围愈扩大,卒将别种和平概行吸收。故以地域论,初时受君主的和平之保护者只有自罗马人征服英国时所遗留的四条国道;稍后,渐及自城市出发的道路;再后,及全国道路;最后更及全国境域。于是,凡在国内任何地方,不许用武及暴动;如有此项事变发生,均视同破坏君主的和平,俱归常法法院审判。由之,常法遂得渐次推及于四境。参考雷沛鸿译,《法学肄言》,第62至64页。

虽则会场中之态度较为温和，而不至于激动公愤，然而开会主旨未必是十分纯正，至有不合法律之处。因此之故，反对者由注意而愤激，卒至破坏公家秩序。此种集会亦当与上例所举关于攻击罗马教之举一律齐观；即同收到违犯法律之结果是。由此类例证综观，可以括举一通则于下方。

大凡集会，倘若主动人物，或公众演说者，犯有非法行动，或会场中所包含非法的主旨实具有激动反对党派使至于扰害公安，该主动人物或该演说者须负破坏和平之罪，由是，所有诸如此类之集会均变成一种非法的集会。[16]

第二目　制限二：惟解散集会乃足以保和平

但有许多公众集会，就宗旨观察，甚为正大，就会众的行为观察，甚为合法，然而仍不免于惹起反对，以至妨害公安。在此际，将欲保持或恢复秩序，势非解散此类集会，难得别法可资应用。于是，法曹、警吏，及其他当道可以预告该会，使不开会，而自动解散。倘若仍不受命，此会便是不合法。[17]试设假例。假如，救世军决定开大会于牛津，而所谓骨格军者相与集合，务有所以遏抑此会使不成立。假如，当是时事机已是十分危急，除却解散该会，更无别法可以解救。在如此情形之下，虽则救世军大会本属合法，不合法者却是反对党徒，然而地方有司，以事势论，既无他道以维持和平，似应勒令救世军大会自行解散。倘若救世军抗不遵命，此会便违法

16　比较两宗成案：即是，歪士对邓宁，及武揭梨对哈威。
（1）*Wise v. Dunning* (1902) 1 K. B. 167.
（2）*O'Kelly v. Harvey*, 14 L. R. Ir. 105.
17　参考同上两案；特别注意后一案。

律。本来如此处置的所能性实以地方有司再不能维持秩序（即无力保护救世军人之身体安全），于是，他们或者可以禁止救世军人开会。[18]但这种可能性的法律根据只能以事势的需要为前提。倘若地方官吏不必出于此举，至以遏抑合法的集会为事，倘若只将恶徒（即所谓骨格军）逮捕，便能维持秩序，我仍然依旧主张，即谓：地方法曹或警吏务须保护救世军人，使得运用合法的权利。[19]

第三节 个人自由的制限

探讨至此，有一要义必须提示。倘若不在此间及时抉择，此旨或易遭忽视，反至湮没不彰。

<small>公众集会的制限是个人自由的制限</small>

原来公众集会本不应受制限，但所以卒被限者实以保持君主的和平之故。换言之，君主的和平毕竟是一国所有公共安宁所系，在不得已时，或须限制公众集会。试问此项制限果有什么正确限度，个中疑窦至今依然存在。但无论思疑曾经解决与否，此项制限虽以保持和平为名，然在真际上，只是一种束缚，用以裁抑个人所有日常自由。

譬如，假使某甲素以好辩宗教问题著称，一日，独自外出，并不携带随从，向大众演说于利物浦街上。演说之际，某甲偶用诽语，

---

18 在武揭梨对哈威一案中，地方有司对于维持公安所应有的权利更被推究至义之尽，学者须特别留心。此案，据裁判长劳（Law）法律意见，所欲极力考究者，即是：当地方有司被人以侵害行为控诉于法院时，他必须能确证两事：其一，倘若已被解散的聚会依然召集，必惹起和平的破坏；其二，于是，除却禁止开会外，再无别法可以避免骚乱。见爱尔兰司法公报，第十四册，第109页。

19 此义即为武揭梨对哈威一成案所确立。

或亵渎语，或虽无诽谤与亵渎性质，但夹有当地法规所禁忌通用的言语，由是，听众受激成怒，驯至以武力对待，扰乱秩序。在如此情形之下，虽则某甲自己未尝扰害和平，而且未尝立意要如此行事，然而破坏秩序之责，必将由某甲负起。他或须受命缴纳押金以保证个人今后所有行检，不再明知故犯。他或须受警察干涉，使不能继续演讲。因为"就成事观察，所有关于破坏和平的成案，常足以表示一事，即是："和平的扰乱固是一件大事，又是违法行为，但他的造端至微，往往起源于个人有侮辱他人的言行；所以法律见微知著，务有所以防患于未然。"[20]

惟其如是，个人的集会权利，每当公共安宁再无别法可以保持之际，往往被有司干涉，亦为法律所许可。由之，个人的行为即属合法，仍不能不受抑制。譬如，有一热心于新教的信妇某甲于此地，胸佩教派徽章，即以橙色百合花为志，信步行往于罗马教徒的人丛中，旁若无人。此等行动自不免激怒大众。本来就事论事，这位信妇所为并不违法，而且并不立意要破坏和平，然而他不免自召侮辱，甚而至于自取罪累。由是，暴动猝起，众怒难撄。当是时，某辛是一警士，既无别法以保护这位不幸的信妇，亦无别法可以遏抑众人，使公共安宁得以恢复；不得已，该妇卒被请除去胸际所佩之花。奈佩花人不允。于是，复不得已，某辛自行动手，亲将此花除去。众怒遂息；秩序得以回复如初。平心论之，在此际，某辛所有动作固未尝不合法；某甲所有行事亦未尝违犯规矩。万一不然，公众或以某甲不愿除去佩饰之故至于暴动，某甲自然可以不负责任，但身为

20　此为裁判官舍乃尔（Channell）的法律意见，为判断歪士对邓宁一案而发；见：1 K. B. 167.at pp. 179, 180。

警士，某辛必不能坐视。是故某辛的行为所以见许于法律，初非因某甲已犯罪，亦非因公众举动合法；但因在如此情势之下，某辛只能以除去个人所佩胸饰之处分，然后能恢复君主的和平。[21]

<small>官吏宣告不能使公众集会成为非法</small>　　更进一步推考，公众集会的本身在法律上本不成为问题。是故除真有巴力门法案以规定某一种聚集为不合法外，任何公众集会必不因阁相的宣告或地方有司的通知，变成非法行动。试设假例。假如，救世军人在通衢上遍贴广告，声明行将开大会于牛津市外之某地。开会之前，所有会员先在圣斋勒院集合，然后一齐出发。出发之际，大众皆手执旗帜，佐以军乐队，相与排列游行，以趋向目的地。假如，内务部长由各方面考虑，深觉此项集会有碍大局，于是，通告逐一会员，或主动人物，务令自行解散。当是时，救世军人究竟应开会与否仍一视本会的性质而决定；此项性质初不因受过通告而变异。不过遇有本不合法性质的集会时，一经公文先行警告，倘若会众仍然不听，是则明知故犯，法律将来必课以相当责任而已。[22]

21　参考堪弗梨对款娜（Humphreys v. Connor）一案。此案，极足注意，因为他竟要将地方有司或警士的干涉个人行为之权利，推类至义之尽。此项干涉本来无法律根据；如谓有丝毫根据的存在，只有事实的需要一节。但即此节立论，一个著名的裁判员亦加以疑议。故曰："我不知所谓事实的需要究竟如何作界。倘若某辛竟以众怒难犯及骚乱可忧为辞，便擅自除去某甲所佩的百合花，到底此项擅权尚有什么止境？以我观察，此举似乎不是要将国法提高，却是要将暴民的法律提高。倘若推类至义之尽，这番对于警察干涉国内臣民所有权利逐一加以承认，将来或不免惹起宪法的危机。要是这位信妇自行犯法，此案的处理自不可以相提并论。如果这位信妇实欲以佩带百合花为起衅之具，他即已有罪；在此际，警士尽可以激成扰乱而起诉。如其不然，警士似乎不能有权以干涉他的行动。"此系菲茨杰拉德（Fitzgerald）裁判员的法律意见，载：17 Ir. C. L. R. 1, at pp. 8, 9。

22　参考下列成案：
Rex v. Fursev, 6 C. and p. 81；3 St. Jr.（N. S.）543.

第七章 公众集会所应有权利

除此之外，倘若本会自身明明合法，而阁臣乃欲以命令变更他的性质，务使众人因不遵令而开会时，便至违法。在此际，我们确实相信，官吏的命令必不足以变更法律，因之，众人当有权以抗拒乱命。申言之，内务部长所发通告在如此情形之下，不有效力；犹云，我正在欲往大街一行，忽按同部命令禁止，我必然出发如故。由此观之，政府对于合法的集会实无权干涉；纵使聚会之后，该会转因开会的方式不合而至于违法，亦可不拘。因为目前集会所有性质是一事，以后开会所采方式又是一事。倘若方式不合，如此集会再受干涉尚未为晚。官吏必不能混前后两事为一谈，遽然预料后者之违法，遂得先行禁止集会。综合观察，可得结论如下：原来英吉利法律对于国家的功能尝建立一要义，即国家不以预防犯罪为本务，惟于犯罪之后，必绳罪人以法律是。自从此一要义成立，法院于执法时复能笃信谨守，英国行政官吏即于不知不觉之中丧失许多裁夺的威权；由是，法律主治益以固定而不摇。

最后，尚有应注意一事，即是：公众集会以性质论，尽属合法，然而国内达人或热心公益人物仍不免怀疑，而不愿遽行召集。故就个人所有权利着想，甲、乙、丙等实有权以召集会议；纵使此会在事势上或至闯祸亦可不论。试设假例。譬如，有一热心新教信徒某甲，立意要斥驳罗马教中所设忏悔室之非是，特择市中某地方之常有罗马教徒来往者开一露天大会，将欲向罗马教信众作广大宣传。这种集会，平心论之：自然合于法律，但尽人皆能预测此会之前途必非顺利。在此际，我敢信中央政府或地方有司，以常理论，必不能加以禁止，使该会不能开成。若欲加以禁止，除非该会本身确有非法的行为不可。申言之，倘若某甲与会员立意要用种种谤语，以

<small>虽然公众利益相反，然此项集会未必就要违法</small>

诋毁罗马教寺院;诚如是,则该会所有行动不但流于非法,而且足以扰害公安。在如此情形之下,该会应被解散。纵或当日情景不尽是如此恶劣,但使官吏为事势所逼,除却解散该会外,更无别法足以维持秩序;诚如是,该会亦不得不受解散。[23] 倘使不出于上举两端,我即敢信无一中央政府,或一地方有司,能以预防恶徒滋事为惟一理由,遂禁制忠诚百姓,使不能依法集会。

综括上文探讨所及,学者当能明白英吉利法律的要旨所在,即是:将欲保持公众集会所有权利法律,甚至否认国中之最高威权机关以极大裁夺权力,使不能采取非常手段,以预防由法律权利的运用而产生之流弊。至于此项权力的否认究竟为得计或为失策,我尚未暇讨论,抑亦可以不须讨论。其实本章的各个论点,只有一个重心为最值得注意。这一重心是:即就公众集会的权利而论,我们亦可发见英吉利法律所趋常轨,在个中法律所以处置及待遇此项权利的规矩不但足以解证英吉利制度俱为法律精神所弥漫,而且足以解证英国法院所以造法之方式,即在判案过程中法院尝确立此项权利于国宪内,使成为宪法之一部。

---

23 义详上文本章第一节论集会纵有时足以激动反对,未必即是违法一段。比较研究下列各成案:

(1) *O'Kelly v. Harvey*, 14 L.R. Ir. 105.

(2) *Reg. v. Justices of Londonderry*. 28 L. R. Ir. 440.

(3) *Wise v. Dunning* (1902), 1 K. B. 167.

(4) *Beatty v. Gilbanks*, 9 Q. B. D. 308.

地方有司,凡遇公众集会有滋生事端的可能性时,尽可限令开会干事交确实保证,以担保和平无事。刑法学者肯尼(Kenny)特将关于此一点所有法律问题揭示,曰:"纵使一个人未尝犯过何罪,亦可以被令以保证表明心迹,或以保证维持秩序。后者的需要系由怀疑此人将要闯祸而发生;或则纵使本人不至行恶,但他的行动事实有招人反对的可能性,亦可以照此法办理。"语见《刑法大纲》,第486页。

第八章 戒严法[1]

第一节 引论：英吉利法律之分界问题

总览上文，读者既见前章所论，时为人身自由，时为言论自由，时为集会自由，当不免致疑于著者之失检。或将谓本书讲话原以英宪为研究的范围，今乃絮絮论及此类自由，似乎不切题旨。譬如，寻常所谓某甲的人身自由所有权利，倘若对于某辛而言，不过是一种不应任从某辛蹂躏的权利。这是要说，某甲的权利之关于人身自由者实寄托于私法。因之，凡所以保护此项权利使某辛不能侵犯的研究只应属于私法论题。譬如，更就别一视点观察，某甲的人身自由所有权利，倘若对于某辛而言，不过是一种得以刑事诉讼制止某辛的侵害之权利。此又为刑法上之论题。诚如是，两种研究均不属于英宪的学问所有正确范围。然则著者乃纵论及之者何故？此一疑问实足以引出一种真理；这种真理不但关系各种私权所以构成宪法的要素之缘由，而且关系各国人民之方出专制政体而入平民政治

---

[1] 按，戒严法译英吉利语为"Martial law"；共为两解，具详书中本文，学者应仔细玩味。下章所言军法译英吉利语则为"military law"；军法应与戒严法，分别清楚；学者玩味两章本文当得之。

者所为殷殷属望之最大动机。容我提示此旨于下文。

平情论之，此类权利原可从两方面观察而生出两个结论。譬如，人身自由的权利，上文刚已提示，实要表示某甲自具约束本身之权，而此权复不应受某辛干涉。故由此一方面观之，此项权利必属于私法或刑法。然而复由他方面观察，这些权利不但属于个人中之一人，而且属于国民全体中之人人。一国之中，任何人有了此类私权，均足以对抗统治团体，特别足以对抗行政部。诚如是，这些权利遂不期然而构成宪法中之重要部分。然则见仁见智，是存乎人而已矣。

虽然，在如此分类作界工夫的进程中，我们应注意及于英吉利法律中之一要点。这一要点是：在英格兰中，国民中之各个人所有对抗其他个人的权利，大致言之，无殊于国民中之各个人所有对抗公仆中之任何仆役的权利。惟其如是，我在上方讲话中特地提示宪法在本国中只是寻常法律中之一部；此语最足与这一要点互相发明。试思一个行政部长，除却巴力门曾以特定法案假之以权力，如处置外国人法案（Alien Act）或引渡罪犯法案（Extraditon Act）外，绝对不有权力以假借国家名义复自作聪明，而逮捕、禁锢，或惩罚任何人。此旨何在？果具有什么重大意义？简约言之，这个意义不外要声明一个通则，即是：一个行政部长，在行使职权中，一如在私人行检中，必须受治于国内寻常法律。倘使内政部长竟敢以盛怒颜色攻击反对党领袖，或使内政部长不自揣度，竟以反对党领袖的行动自由足以危及国家为词，遽将此人逮捕；他必至被人控诉，而身受各种侮辱他人之刑事处分。诚以此项行为虽是一件处理政务的行动，然而决不足以庇护行政部长，或奉令行事的警察，使得免于罪戾。

试再考察本章及以下三章所有涵义，学者自见此类涵义明明入于宪法范围；而本书既为宪法专论，自当对于此类论题加以探讨。此理之正大当无人可以否认。虽然，倘若从别一方面观察，而且仔细观察。学者又不难发现一事，即是：此类题目虽则在外表上属于宪法，但在根本上仍须倚赖私法或刑法的原理得以成立及存在。此旨正与上文所已讨论者相反照；即是：许多规则，骤视之，似乎为私法所包含，但细审之，则是宪法之基本。试征实例。譬如，即以一介兵士之地位言，身居军职，他本来负有军事上之特殊责任；然而他同时仍有国民的身份如故；因之国民所应尽之责任他必不能放弃。诚如是，寻常百姓固须守法；兵士何尝不须守法？譬如，再就阁臣之地位言，所谓"阁臣的责任"亦不过从英吉利法律中[1]之一条大义产出。大义为何？即是：凡人行事出于法律以外，必须负罪；纵使此事虽尝受元首之命而行，犯人亦不能以之自解。

然则本书部乙中之一个万分重要商量可以易明矣。任你转身向何方，复视察自哪一视点，你终须闯见前几章所尝屡次不止一次提示之一要旨，即是：虽则在外国宪法之下，个人的权利实从宪法条文产出（至少外观是如此）；然而在英格兰中，宪政的法律决不是个人的权利所从出之渊源，却是个人的权利所产生之结果。而且当这个重要商量愈加推阐，英吉利法院所以维护宪法的大道愈得明晓。是故历来法院在护宪进程中所由之路时常率循两个原理：第一

---

[1] 参考：Mommsen, *Romische Staatsrecht*, p. 672。由该书读者当可概见同样原理似已存在于古罗马法中。

为"人人在法律前之平等",而依此一原理,所有寻常百姓的法律责任之免除,或寻常法院的管辖权之超越,均遭否认;第二为"犯罪者之本身负责"。依此原理,凡人希图以奉上官命令行事之一语卸脱由处务而生之罪过,均难有效。试考历史,一直至于爱德华第四(Edward the Fourth)[2]时代为止,学者当能寻见在那时已有一条大义昭垂,即是:倘若任一个人不以合法的逮捕状逮捕别人,纵使此项行动尝受君主使令,他决不得法律饶恕;反之,他必然被科以无故拘留良民之罪。骤闻此义,学者或将以为这种制限只是为控驭君主的特权而设。² 其实不然。原来个别负责的原理通常贯彻于私权侵害法之全体,全国上下均应遵守,君主不能处于例外。

第二节　戒严法与英吉利法律

"戒严法"(martial law)³ 何解?他有正负两义:其一指寻常法

---

[2] 按,爱德华第四即位于1461年,薨于1483年。关于英吉利法律在两条大义中之发展饶有研究的价值。参考滂恩(Pound)所辑述的《常法历史及制度文选》(*Readings on the History and System of the common Law*),第28至209页。

2　参看轩恩(Hearn)所著,《英格兰的政治》(第二版),第四章;及比较贾地纳(Gardiner),《英格兰的历史》,第十册,第144及145页。

3　关于"戒严法"之正确解释,参考下列典籍:
(1) Forsyth, Opinions, pp. 188-216, 418-563.
(2) Stephen, History of Criminal Law, i. pp. 201-216.
(3) *Rex v. Pinney*, 5 C. and p. 254.
(4) 8 St. Tr.(n.s.), p. 11.
(5) *Reg. v. Vincent*. 9 C. and p. 91.
(6) 3 St. Tr.(n. s.), p. 1037.
(7) *Reg. v. Neale*, 9 C. and p. 431.

律的效力之停止，是为负义；其二指国家全部或一部受治于军事机关，是为正义。正负两义实互相表里。在这两种正负指意之下，所谓戒严法绝未闻见于英格兰。[4]关于此点，英格兰与法兰西大异：后者常有所谓"军事戒备时期之宣告"，[5]在如此情形之下，所有维持秩序之责任平时本寄附于内政者，在此时一概移交军政（autorité militaire）；前者绝未尝有一种制度能令此项军政产生。此旨为英吉利法律在英宪之下实具有永远至尊性之铁证。

虽然，"戒严法"一名常被英吉利著作家用来指明两义，两不相同。将欲深明本文所谓"戒严法"一物未尝存在于英国，学者必须辨别这两义。

第一目 戒严法之第一义

戒严法有时被用于元首及其股肱所具有常法上之权利；根据此项权利，他们可以当外敌侵入时，国内变乱时、暴动时，或强徒奸法时，用武力压制武力。此项权利或权力，为有秩序的政治所以能存在之要件，因之，受英吉利法律承认备至。然而我们必不可因此遂谓此项权利当与武装权力特别有关。君主居一国最高地位，固然有权以制服和平的侵害行动。逐一臣民，无论是军是民，无论是公

---

[4] 这一句话，除英格兰外，再不能适用于他国；纵然是会合英格兰而构成不列颠帝国的任一国家亦不能完全适用。若专就英格兰立论，这一句话在承平时候自然是十分真实。至于在交战时期，究竟这种状况还要变通与否，并变通到什么程度，参考附录本书中书后之第十则，"戒严法当交战或叛乱时在英国之实际情况"。

[5] 参考法国1849年8月9日所颁布军事戒备时期法令，见：罗杰与索列尔（Roger et Sorel），《法典与法律》（Codes et Lois），第436页；又1878年4月3日所颁法令，概见于：杜归（Duguit），《宪法教程》（Manuel de Droit Constitionnel），第76节，第510至513页，又第926页。参考本书下文本章本节第二目中所征引之法国法令。

仆(譬如警察)或是私人,不但具有权利,而且负有法律的义务[6]以维持和平。军人与警察本来受雇用于国家,以维持和平为天职,因之,每逢变乱,必受差遣出而靖难,是则固无疑义。但所有忠实臣民亦不可不分担压服暴动的责任。

当"戒严法"一名用于如此意义时,虽兵士亦不能获取因执行职务而错误的宽赦特典。其实此不特兵士为然,即推而至于警察、胥吏、法官亦皆然。抑兵士、警察、胥吏以及法官,在法律的眼前,皆与国民占居同样地位。他们,无论军、警、官、民,都应该抵抗及压制骚乱;他们,无论军、警、官、民,均得为达到此项目的而用武力,虽则至于杀害生命亦所不惜。然而过此之外,他们即不能再越一步。倘若越权,他们,无论军、警、官、民,均可被陪审团传讯定谳。而且我们还要补足一语(因为此义几乎已经忘记),即是:他们,无论是民、是官、是军,或是警,均得被法院逐一传审,而课以不负维持治安的责任之罪过;但以地位不同,他们即可由法院治罪有差。任何人,倘若怀疑这几句陈义,应该考察"君主对片宜"(*Rex v. Pénney*)[7]一主要成案。在这宗成案中,法院对于1831年巴力门改革法案暴动之肇祸,特仔细考虑白理士涂市长(Mayor of Bristol)在此际所应负之责任。

一般人民习于想像,遂以为维持治安是军警的惟一天职,因之,

---

6 比较下列判决案,即是:*Miller v. Knox*, 6 Scott 1。参考当日委员会中之两人,一为:Bowen, L. J.;二为:R. B. Haldane, Q. C.。为查究1893年在羽石(Featherstone)所发生之骚动情形,而发表之言论,(C. 72341)并比对本书附录中之第六则,"军人当奉命解散非法集会时所应守本分"。

7 欲得此判决案详情,请观:5 C. and p. 254;3 St. Tr.(n. s.) 11。

第八章 戒严法

学生们从君主对片宜一成案，发见地方有司在变乱时所负责任如此严重，及所用以维护法律之武力如此无限，或将不免惊讶不置。而且除此成案外，巴力门复立一"暴动法案"（The Riot Act），[8]任一学生读之，更不免为法案中词句所炫惑。试就原案考之。该案在大体上似乎声明凡有12个暴动党徒，当地方有司既遵依法案以警告他们之后（最荒诞的便是将该案法文宣读以当警告），依然聚会至于1小时，该有司即可令军队射击或以刺刀冲锋。[9]然而这样意思实未尝明白记载于文字上，因之，个中文义最易引起误会。至于此项误会不但为未经训练的读者所时有，而且为有司所屡犯（最著的例便是1780年戈登暴动之役），大抵由于假设法文中之负义应与正义并重，因之，非至法案所定条件均已出现，地方官吏不能号令军队以执行法律。此项假设的谬误，在今日视之，已得证实，于是，使用兵力之时会，及借重武力之程度不复拘牵于法文，惟取决于实际的需要。

总括说，倘若戒严法是解作政府或忠实国民的权力，用以维持公共秩序，虽牺牲生命或财产亦所不顾，这样解释的戒严法诚属英格兰的法律之一部分。纵就这种戒严法着想，学者仍须谨记着两事：其一，用力曾否过度之问题，尤其是在杀害人命之际，必须受一个判官及陪审团会同裁决；[10]其二，当判官及陪审团正在裁决之

8　见《佐治第一代议案录》，第一册，第五章。

9　参考斯梯芬（Stephen），《刑法史》，第一册，第202至205页。

10　倘能谨依下列两条件，这一句语所含义理，并不与1902年所判决的 "Ex Parte D. F. Marais" 一案（见：A. C.1091）相冲突，复不与枢密院判词中的字句相抵触。其一，"一宗判案只有案中主旨能成为先例，而可为后起案件所依从"（语见1901年，"Quinn v. Leathem" 一案，载于：A. C.，第506页，为霍尔斯伯里［Halsbury, L. C.］之法律意见）；

际,他们所处清净与安全的环境实不同于一个将官或邑宰所处困难及危险地位,因之,前者在事后的判断自然迥异于后者在遇事时所有忧惧。诚如是,戒严法必不易滥用于英格兰。

第二目　戒严法之第二义

除前说外,戒严法更有一种解释,而且这种解释更比前说为普通,便是,一国或一地方全受治于军事裁判机关,而普通法院的效力复被停止。依上文所已提示,[11] 戒严法用于这种意义时,大抵与法国或其他外国所有"军事戒备时期"之宣告的情状相仿佛。将欲明白在如此情状之下,原有法律究竟还有什么势力,莫如征引法兰西法律以资解证:

"(7)军事戒备时期(l'état de siège)一经宣告,所有民政机关在平日所用以警备及保安的权力一概移交于军政。但在军政未出而代用之处,普通法律依然主治。

"(8)凡妨害民国的安宁,违叛宪法及扰乱公共和平与秩序之罪犯,不拘主从,军事裁判机关均得掩袭逮捕。

"(9)军政可有权以为下列诸事:①不拘昼夜得入民居搜索;②驱逐曾经犯罚之无赖及游手好闲而无一定居处于戒严领域内之个人;③命令私藏军械弹药一律缴出,及进行检查与提取未经缴出之军械弹药;④禁遏具有煽惑与骚动性质之印刷品及集会。"[12]

其二,"每一法律判断概依事实而得到结论,故每一断语俱须参照已证明的事实而引用。诚以断语的概括性并非为概括法律的全体法意而发,乃为按照某一案中之特殊事实而发也"(语见同上典籍)。

11　语见上文所称引"军事戒备时期之宣告"一节。

12　载于:罗杰与索列尔(Roger et Sorel),《法典及法令》,第436及437页。

第八章 戒严法

虽然，法文所具列不过能略示戒严时期所有情状的大概而已。倘若按实言之，试思在巴黎市或法国中之任一地方，当暴动骤发之际，此地即被宣布作军事戒备区域，于是，当日所有情形惟有通行于外国间之政治术语，例如，"所有宪法对于私权的保证一概停止"者可以表出。在此际，倘若我们竟断定，任何个人随时随地可受三数人组成的军事裁判所拘捕、监禁或杀戮，此论亦不是过于刻薄。但无论如何，我们总可明见，法国虽在现代民主政治之下，普通法律因戒严的宣告而停止效力，此事实为宪法所承认；同时我们还可以指出一奇怪现象，即是：军事法庭所有威权在现代民国之下，反远胜于腓立时代之君主国的军事法庭所有。[13]

用在这种解义中之戒严法，我要郑重申明一句，完全与英吉利宪法不相认识。军士尽可以平服暴动，一如抵抗外敌；他们又尽可以攻击暴徒，一如摧破敌军；然而他们在法律下绝对无权以加刑罚于乱党之个人身上。在秩序的恢复进程中，乱徒尽可被格杀无赦，一如敌人之被击杀于阵上；甚至为防备逃脱起见，俘房亦可以被击毙；然而除此之外，任何刑戮俱非军法（military law）所得处置，而由海陆军裁判所（court-martial）所判行，俱是违法。此等非法行动实等于无故杀害人命。试引实例作证。在1798年，爱尔兰乱党有名童恩（Wolfe Tone）[14]者，当法国军队侵入之际，加入敌军作战。

13　参考：*Geoffroy's Case*, 24 *Journal du Palais*, p. 1218, 尝为服西斯（Forsyth）所引用，见他的 "*Opinions*"，第483页。虽然，法国公法学者之所著书如杜归（Duguit）所著，《宪法教程》（*Manuel de Droit Constitutionnel*），又载明虽在法国今代，当军事戒备时期，军事当局仍受种种限制。见原书，第512及513页。

14　载于：27St. Tr., 第614页。

其后，童恩乘军舰来攻，中途被获，童恩遂成阶下囚，而被审判于杜伯林（Dublin）市之海陆军裁判所。审判之结果是，童恩被判决受绞刑。但在事实上，他未尝任英国军职，他所任惟一军职只得自法国。故当童恩将受绞刑之上午，他的亲友代请求一出庭状于爱尔兰王庭。他们所持理由是：童恩既未供职于英国海陆军，自不应受海陆军裁判所审讯定谳；因之，该裁判员等实以非法手段施行戒严法。王庭受理此案，立即发出一出庭状，以提回童恩。及今思之，我们当追议此案时，必须注意三事：其一，童恩所犯之罪已得证实，并无故出故入；其二，爱尔兰王庭中之裁判员在当时均以疾视叛乱之人物构成，因之，成见甚深；其三，在1798年，爱尔兰正受法兰西大革命风潮激荡，于是全国鼎沸。然而在如此情状之下，王庭卒能主持直道，以保护童恩；平心论之，我们不能不赞美这几位裁判之正直无私，同时，在法律的至尊性之示例中，我们复不能不承认此一实例为具有最高尚德性。

第九章 陆军[1]

第一节 引论：本章论旨

英国陆军可分两部分研究：其一为常备军，或称国防军；[2]其二为地方防军，[3]此与民军相似，同为地方兵力，[4]用以捍卫合一王国中

---

1 关于陆军在法律上之研究，参考下列典籍：
(1)斯梯芬(Stephen)，《英格兰的法律新解诂》(*Commentaries*)，第二册，卷四，第八章；
(2)《英吉利行政法》(*Das Englische Verwaltungsrecht*)，第二册，第952至966页；
(3)军法教程。
至于专就常备军研究，参考下列典籍：
(1)威廉与美梨(Will. and Mary)，第五章；
(2) 1879年军纪及军律法案载于维多利亚代档案，第四十二及四十三册，第三十三章；
(3)陆军法案，即1881年通过之法案，载于维多利亚代档案，第四十四及四十五册，第五十八章，暨此后连年所有修正案，直至1907年止。
2 陆军法案第190节第八款明载："法文所称'regular forces'（国防军）及'His Majesty's regular forces'概指军官兵士，当受委任时，及投效时，依照法令，应继续供职，并听从调遣于世界各地。此项称谓并包括海军、印度驻防军，及驻防马耳他(Malta)之炮队，甚而至于后备军，当征调入伍时，亦包括在内。"
3 参考1907年地方防军及后备军法案，载于爱德华第七代档案，第七册，第九章；又参考陆军法案。
4 民军——1907年通过之地方防军及后备军法案，未尝撤废以前所有屡次民军

之治安。此类军队，虽则性质殊异，然而同受治于国法则一。惟本章所欲研究并非要将诸类法案中之牵涉陆军者逐一罗列而摘取其要义；反之，本章所欲审问惟要集中于一题旨，即探讨法律的至尊性所以能贯彻于全国军制及军令之法律根据是。

在普通法律教科书中，关于陆军的研究通常有一定次序：首先论民兵，此即为日前所有地方兵力；最后乃及于常备军。常备军不但被论列最后，而且不大被重视。所以然者，民兵在历史上实较常备军创立较早；而常备军在宪法上又只是一种变态的陆军制度。于是，法学大师每当论及常备军，常时视之如一例外的或次要的题目。按实言之，常备军仅被看作民军的赘瘤之一种而已。[5]但一就现行

法案。此类法案若不遭废弃，元首对于民军之召集及编制成军的权力依然存在（欲得其详，可参考(1)查理士第二代议案录，第十三册，卷1，第六章；(2)查理士第二代档案，第十四册，第三章；(3)查理士第二代档案，第十五册，第四章；(4) 1802年民军法案，载于佐治第三代档案，第四十二册，第九十章；(5) 1882年民军法案，载于维多利亚代档案，第四十五及四十六册，第四十九章；及(6) 1881年军制法案，载于维多利亚代档案，第四十四及四十五册，第五十七章）。当此项权力存在时，民军以理论言，为义务兵，故应出于征集，但以实际言，则为应付急难起见，常出于招募。招募成军之后，民军便成正式军队，但不能调成国外。而且成军之前，若巴力门开会，必须先向巴力门告变，而请命召集；若当闭会，必须有枢密院命令召集（见1882年，民军法案，第十八节；及斯梯芬[Stephen]，《英格兰的法律新解诂》，第二册，第十四版，第469页）。至于军纪之维持则尚有待于叛变法案之每年继续通过。

自1907年地方防军及后备军法案通过后，民军之地位在法律上又为之一变；分析言之，可得两端：

(1)所有正式民军皆将依该法第三十四节改成后备军或被遣散。

(2)正式民军的人员皆在短时期内依该法案停职。

虽然，以实际言，民军之地位，自非待至屡次民军法案尽被撤废而后，必不至摇动或竟消灭无遗。试以巴力门或珍视此项元首所有的历史上传下的特权，于是尽可加以保留也。

5 在17世纪之际，巴力门似乎十分倚重此项由乡间征调出来及由乡绅管带的民军，以为捍卫英格兰之用。参考查理士第二代档案，第十四册，第三章。

制度观察，常备军在今日已成国防中之主要军力，而地方防军转入于不足重轻之数。因此之故，讨论本题当以倒转普通法律教科书所有之次序为便。

第二节 常备军

常备军是一种永远设置的军队；在此项军制之下，军士系以金钱招募及雇用，他们所负义务即是对于军令的绝对服从。骤视之下，此项制度与巴力门政治实属两不相容；良以后者的存在之要件必赖于有法律主治，或赖于有民政当权，尤其是法官当权，而前者则惟军令之是从也。再就实际经验考察，佣兵的存在于各国中常时足以妨害通常所谓"自由政治"之发展，而他们的存在于英国中有时——即如在平民国家时代——亦足以为患。[6]惟其如是，本国政治家往往深信常备军的制度极有害于英吉利人民之自由，而且此项信念一直传下至于1689年的革命之后。但信念自信念，事实自事实，常备军在今日已成为民族安全之要件。因此之故，英吉利人们在17世纪之末与18世纪之初，不时发觉他们本身实处于一种窘境。每逢常备军设置，他们深惧本国将不能逃脱专制；但使常备军竟然废除，他们又知晓本国将不免外敌侵略；果尔，民族自由的维持且足以牺牲民族独立。如天之幸，英吉利政治家卒能偶然地寻出这种

---

6 例如，征诸马可黎（Macaulay），《历史》，第三册，第42至47页，即可概见。弗思（Firth）在他所著《克林威尔的军队》有言："在内乱战争及临时执政期间，军事当局对于军人过举常自行处理及惩治。因之，寻常法院与军事裁判所每以管辖权之问题而惹起争执。"（见原书，第310页）弗思先生且于书中第310至312页间举出多次实例，叙明虽当军事极盛时法院亦尝数番主张正义，以争回被侵害之审判权利云。

窘境的解答方法,而叛变法案(The Mutiny Act),[1]虽则匆遽通过以应付当前危险,转得以解决一个几乎不能置答的问题。

在这个实例中,一如在其他实例中,所有成功之由并无他种谬巧,只以英吉利人们所固有实际经验,政治天才,与政治家的手腕造成。但我们当纵论此项制度时,不可不提防两种错误。

在一方面,我们不应由此便要悬想,英吉利政治家诚具有远识深心,绝非他国政客所能企及,故能作如此聪明举动。在他方面,我们更不应妄加揣测,此类困难的解决纯属机缘凑合:英吉利政治家有了机缘,所以能成立大功;而各国人民都无如此幸运,所以不能应付艰巨。其实政治常识或政治天性不过是从政的实际经验,而这种从政的实际经验原非今代英吉利人们所独有,但有学问的英吉利人们实比有学问的法兰西人们,或德意志人们,老早擅长此术,远在一二百年以前。因此之故,政治的原理之较现实者特比较发展于英格兰,而且远胜他国,直至近时为止。由此观之,光荣革命时代中之英吉利政治家所以能解决这些问题,并非因为他们能自出心裁以创造新思想,亦非因为有了幸运,故能侥幸成功;但是因为法律与政治概念之生长于英国中者多方近于实际,而且1689年之政治家特能善用本国所有政治习惯以应付当前困难而已。按实言之,陆军在国中之地位,依第一次叛变法案所决定,确由该法案的论主

---

[1] 按,叛变法案,在英吉利法律中,颇属重要;倘有一年不得通过于巴力门,政府便无从成立常备军。诚以这一宗法案并非专为治理叛兵或逃兵而设,实则兼顾及于兵士的待遇之改善。譬如,在该法案中,所有军士的给养及其等级编制亦逐一明白规定。若无此法,英国岁费中之陆军经费即无法律根据,常备军必不能设置。因此之故,这宗法案每年必由巴力门通过。关于海军,巴力门亦有同样办法。参考朴莱克斯顿(Blackstone),《英吉利法律解诂》,第一册,第416及417页注脚。

能应用英吉利法律中之一基本原理以定实,即是:一个军人,恰如一个教士,尽可因职掌关系,负有特殊本务,但必不能因此故遂得解除寻常百姓所应负之国民本分。

第一目 常备军与叛变法案

是故1689年之第一次叛变法案[7]所有主旨及原理,恰与后来1881年通过的陆军法案(The Army Act)[8]所有原理及主旨丝毫不差,而后者实为英国全国陆军所受治之根本大法。试将两者相互比较,我们自能涉猎过程中发觉什么是解决困难的主要方法,依之,军纪的维持与自由的呵护(或者,为正确表示起见,当谓国法的至尊性的呵护)然后足以相融洽无间。

第一叛变法案的弁言,除字眼略有变更外,常时转载于后来所通过之逐一同样法案;兹当征引法文以资解证。其言曰:"从来任何人的生命或身手除谨依国法裁判外本不可以受成见预裁,亦不可以受戒严法任何惩办处治。然而于此国步艰难之际,如此重大军备现在或将来必不可以不设;于是,纪律在军中遂不可以不严格施行。自此之后,凡属军人,敢有叛变或煽乱,或逃避军役而散逸者,一律从严复从速惩治;其法律手续应比寻常法律的形式为简易。"[9]

上文引用语最能道达1689年之政治家所有窘迫心理。容我们继此审察个中所有困难之应付方法。

---

7 参考威廉及美梨合治时代档案,第一册,第五章。
8 陆军法案而外,加入逐年通过的叛变法案,遂构成英国陆军法典。
9 参考克卢(Clode),《元首的兵力》,第一册,第499页。比较维多利亚代档案,第四十七册,第八章。在后来叛变法案中,所有字眼虽则变异无多,然此项变异处至足玩味。

一个军人,无论官佐与兵士,当在常备军时(或用今代法案通用语,可云,处于军法(military law)的[10]治下之人员),具有双重系属:其一属于军队以外之邦人队里;其二属于军队中之一个人,不但与同僚相关连,而且与长官更相关连。简约说,凡人之受治于军法下者不但负有国民之权利义务,同时亦负有军人之权利义务。他的地位,无论于任一方面,在英吉利法律之下,常受一定原理支配及处置。

第二目 军人的地位自国民职分方面观察

英吉利法律于此有一定实的大义焉,即是:一个军人,虽则是常备军之一份子,然而在本国内仍要与一般民众同守国民的本分及同尽国民的责任。是以第一次所通过叛变法案尝剀切申明:"无一法意,在此法案中,可以被诠释为有心开脱任何官佐兵士于寻常法律的责任以外。"[11] 这一句话实能括举英吉利立法精神之大旨。诚以

---

10 陆军法案在部乙中提示谁人应是被治于军法的人物。这是要说,某一种人员,依英吉利法律所规定,在特殊情状之下,应受军法裁判所审讯,惩治他所犯了的军事或民事过失。兹为便利研究本章题义起见,这种人员可以概括地叙述,分为三类:第一类为常备军的官佐士兵(见陆军法案,第七十五节,第一款,及第九十节,第八款);第二类为地方兵力中之官佐士兵,惟在下列际会中为限,即是当训练时,当联合国防军作一致行动时,当集合成军时,又当征调于战场中作防卫举动时(见陆军法案,第一百七十六节及一百九十节,第六款的A项);第三类为既非主要军队又非辅助军队的官佐士兵,但为参加或随从海外作战军队的人员(见陆军法案,第一百七十六节,第九款与第十款)。主要军队包含在岸上的海军及受征调出来的后备军。参考陆军法案,第一百七十五及一百七十六两节;比较"*Marks v. Frogley*(1899)"一成案,见:1Q. B.(C. A.),第888页。

11 载于威廉及美梨合治时代,第一册,第五章,第六节;参考克卢(Clode),《元首的兵力》,第一册,第500页。

第九章 陆军

一个军人当服役于常备军时固然负有许多军事上之责任，格外多于常人，但他必不能因挂名兵籍便可卸却国民义务。

是故先就刑事责任言，一个军人与一非军人负同等责任。[12] 当在不列颠领土之内，倘若他竟然犯罪，他必须受普通法院裁判，一如平民之未尝受治于军法者然。更有多种罪状，譬如谋杀罪，所有犯人概受讯决于普通法院。[13] 假使一个军人在英格兰中，或在万狄门地（Van Diemen's Land）中，犯了杀害或劫夺罪，他的军职必不能开脱他的罪名；他终须出庭以站立于罪人席上而受审讯。 <small>刑事责任</small>

更就民事责任言，一个军人亦不能以身任军职之故而希图卸责。试征实言之，倘若负债，他尽可以不出庭受讯；倘若负债而不过 30 金镑，他尽可以不受逮捕；然而无论如何，他总须偿清债务。[14] 即此一端，英吉利法律迥异于大陆立法，已可概见。任何人，苟曾饫受大陆立法的精神熏陶，当不会相信在法兰西或普鲁士中，私人权利能不顾公家职务所占地位，得以自由伸张一至于此。 <small>民事责任</small>

倘使军事裁判所，与普通法院，在管辖权上，发生冲突，普通法院必占优势。譬如，一个军人已受普通法院开释或定罪，军事裁判所不能再对于此事别有判决，[15] 但经军事裁判所定谳之杀害罪或劫夺罪，巡回裁判院（the assizes）依然有权可以再将此人审问及

---

12 比较陆军法案，第四十一及一百四十四又一百六十二节。

13 话虽如此说，试比较 1862 年杀人法案所提示的管辖权一节（见维多利亚代法案，第二十五及二十六册，第六十五章）；并参考克卢（Clode），《元首的兵力》，第一册，第 206 及 207 页。

14 参考陆军法案，第一百四十四节。比较克卢（Clode），《元首的兵力》，第一册，第 207 及 208 页，及 "*Thurston v. Mills*" 一成案，见：16 East, 254。

15 见陆军法案，第一百六十二节，一至六款。

定罪。[16]

长官命令非护符

每逢一个军人被人以刑事罪状控告,他必不能于受审时以曾奉长官命令为辞希图卸罪。[17]这是一个法律上之要旨,尚待详细阐明。

本来一个军人,若就军纪立论,自应以服从长官所有合法命令为本分事。但服从命令是一事,犯法又是一事,当犯法之后,军人仍与平民同样,必不可以善意的执行命令自解。至于此项命令即使来自总司令亦不能引以自重。因此之故,一个军人的地位,在理论上,甚至在实际上,极为困难。倘使不服从命令,他必至受军事裁判所枪决;倘使一味服从军令,或者竟不免受普通法院绞决。将欲明白个中所有困难,试作假设,并考察军人在如此情形下应怎样

---

[16] 见同上法案同上节款。试反比较英吉利及法兰西军人的地位与两国法律所有相互关系。法兰西法律有一基本原理,即是:军人或治于军法的人员,犯了罪过,他只应受军事裁判所审讯。见:*Code de Justice Militaire*, arts. 55, 56, 76, 77; Le Faure, *Les Loire Militaire*, pp.167, 163。

[17] 见斯梯芬(Stephen),《刑法史》,第一册,第204至206页,比较克卢(Clode),《元首的兵力》,第二册,第125至155页。一个军人在法律上之地位可以下面一例作解证。某辛在阿喀琉斯(Achille)兵舰上充当一哨兵。当轮值时,该舰适已付账清楚。"于是,前一哨兵,当换班之际,授以军令。这道命令是:除非来人穿带军装,或得甲板上长官许可,无论什么船只不可令趋近军舰。某辛同时领受短枪一柄、空弹及实弹各三枚。未几,小船群集,意欲迫近兵舰。某辛喝令停止。但仍有一艘前进,不听劝告。某辛发枪,一人在小船上应声倒地。陪审团当审讯此案时,极力要寻求某辛的用意所在。后来审问的结果是:某辛所以放枪的缘故,实因为他感觉得这是他的本分所应为。然而事实虽是如此,审判员在法律方面观察同齐断定某辛犯了杀人罪。不过情有可原,这一宗罪状应受赦免。因为倘使死者实要运动该舰兵士叛变,则某辛的行动实所以保全兵舰故也。"见: Russell, *Crimes and Misdemeanors* (4th ed.), i. p. 823, 论 "*Rex. v. Thomas*, East T., 1816, MS., Bayleys, J." 这宗判决案的日期值得注意,因为在这一期间,英格兰以及欧洲各国政治方趋于保守,无人能假想那时的判言还有故意抑视元首及官吏的权利之倾向。但无论如何,法院的判断确能根据,复能保证,常法中之一大义,即是:做了军人及奉命行事的事实决不能得到解脱。倘使所有行为在常人必须受罚者,在军人仍须议处。

第九章 陆军

行动。

设当暴动猝来之际,一个军官下令开枪射击。而且彼军官所以下令,并非绝无理由;诚以暴动的来势汹涌,除采用如此酷刻手段外,再无别法可以制止。于是,以法律论之,又以军事论之,所有士兵必须遵命,至易明白。因为命令既属合法,而制止暴动又为军人与国民所应尽之职分也。

又设有一个公众领袖,当政治运动进行急激之际,被一军官下令逮捕,而且毫无犯罪证据,遽以谋叛嫌疑,横遭杀害。在如此际会之下,发令者与遵令执行者皆犯了杀人罪;在依法审判与定谳之后,他们必受绞决。诚如是,士兵们为遵守国法起见,虽有违抗命令之嫌当可不顾。

更假设一个军官自以为一群民众方在集合,非用武不能解散,于是下令射击大众,但就事实上推究,秩序尚可以威吓维持,故一旦开枪实是太过鲁莽。果尔,这道命令只是非法;因之,发令的军官不免以身试法,而横遭射杀之人命必须逐一课责。士兵们在此际又将如何?这是要说,什么是他们的本分?此一问题至难解答,并可以说,至今未尝解答。下文所引成语,系审判官斯梯芬先生之言,可以参考;他的一席话虽非针对假设题目立论,然而尽可以视为临机应变之轨范。

斯梯芬曰:"虽然,这一问题,即长官命令能解脱海军或陆军于罪之问题,我未闻曾经提出于法院,从而法院亦未加以明白解释。或者,依上文辩论所及,长官命令,倘若奉行人员既经思索而以为庶几合理,自可以不至陷奉行者于罪戾。譬如,士兵们当受命射击一群不守秩序的民众时,虽则未见有何危险暴动,然而尽可以为长官所命未尝不合事理。但使街上行人，倘若并无暴动痕迹，则无论如何喧哗杂沓，必不应横受武力摧残。当是时万一军中司令竟令施放排枪，所有士兵们自然不能认此举为合理准情。然则命令的合理与否，士兵必须斟酌，而不可盲从。如其不然，倘若竟有一个队长命士兵射杀团长，或竟有一个司令使士兵投降敌军，为之奈何？果尔，则所谓一个军人务须遵守长官命令之大义或足以成为军纪本身的致命伤。因此之故，倘谓一奉军令，虽在太平时候屠杀良民，与在交战时期射杀妇孺，士兵亦可以告无罪，我敢断定此论为非人情。所以关于一个军人能否以曾奉命令而希图卸罪之问题，我以为只有一条界线，即是：此项赦免只以这个军人实相信所执行命令当于事理者为限。在如此际会中，军人既须受治于两个管辖权之下，而两个管辖权复至于互相抵触，其为不方便，孰有甚于此者？顾此项不便实为不可逃避之事实，因为在这方面，军纪固不可以不守，而在那方面，法律的至尊性尤不可以不维持。"[18]

虽然，军人所处地位的困难之来自这种不便者尚可设法以求末减。此法为何？即君主对于此项因公受累之军人可以特权赦免是。[19] 但赦免一事仍属不可知之数，于是个中所有困难依然存在，故在一方面，长官命令，往往有为常识所认作无伤者，不免令执行

---

18 见斯梯芬(Stephen)，《刑法史》，第一册，第205及206页。比较审判员威勒士(Willes)在 "Keighly v. Bell" 一案所发表言论，载于：F. and F. 763。参考布恩爵主(Lord Bowen)的法律意见，征引于本书附录中之书后，第六则"军人当奉命解散非法集会时所应守本分"。

19 除特赦外，总检察长，以代表元首处理法律问题之地位，亦有权将提起公诉事延搁。参考斯梯芬(Stephen)，《刑法史》，第一册，第496页；及阿奇博尔德(Archbold)，《刑事讼案辩护》(第二十二版)，第125页。

时遇犯法之危险；而在他方面，行事所生来法律责任，虽已为庸人所认识者，军人决不能以不奉命而规避，或以受命于他人而脱卸。[20]

第三目 军人的地位自军人本分方面观察

一个国民，当从军之际，即应受治于军法，而负有特别义务。由是，有一种过失，譬如，奉军官以老拳或侮慢，在平民犯之，可成轻罪，或化为无事者，在军人犯之，旋即变成严重罪过，必须从严惩处。而且军人所犯罪过可被军事裁判所审讯。因此之故，他所居地位大异于平民，即是，除与平民同守国民本分外，军人尚须肩负军法所加之责任。但事虽是如此，我们终不能由此遂生联想，以为倘专就军人的地位立论，虽在太平时候，寻常法律亦可以不必遵守。

其实英吉利宪法所以处置此项问题常有一条通理，即是：普通法院实有管辖权以测定谁人应受治于军法，及从军法得到之某种法律程序曾否违背常法的规则。常法的规则者统治全国军队之根本大法也。

由是，遂自然流露下方（除他种不计外）效果。效果为何？约言之，只有民事法院（civil courts）能决定[21]某一人是否"一个应受治于军法的人"。[22]

---

20 Buron v. Denman, 2Ex, 167, 有时被人征引，作为一个官吏能以奉行君命在法律上求卸罪的证据。实则此一判决案并不能作如是用法。在"Buron v. Denman"一案中，判决的要旨是：凡英国海陆军官，因执行君主命令之故，做了一件行为以侵害一个外国人于外国，这件行事可以解作交战行为；但不能解作犯法行为而提起诉讼于英吉利法院。比较：Feather v. The Queen, 6 B. and S. 257, 295, per Curiam。

21 参考：Wolfe Tone's Case, 27 St. Tr. 614；Douglas's Case, 3 Q. B. 825；Fry v. Ogle，征引于陆军法律教程，第七章，第四十一节。

22 参考陆军法案，第一百七十五节至第一百八十四节。

报名从军,个中所有涵义实所以表示遵守军法的志愿,[23] 原来属于一种民事法律程序,因之,一间民事法院有时须查究某人曾否依法投效,或某人能否依法解除军职。[24]

倘若某一军事裁判所逾越他的管辖权,或某一军官,无论曾否以军事审判员资格行事,滥用职权而至于逾法,普通法院均有权可以监督。是以军法有言:"凡普通法院俱可以监督军事裁判所或军官的法律行为。而监督此类行为所有法律程序可为刑事,又可为民事。刑事法律程序用以检察殴辱、非法监禁、杀人或无辜滥杀。民事法律程序用以遏抑一种伤害的实施或继续,是为预防方策;又用以赔偿一种伤害所遭损失,是为补救办法。大概言之,普通法院在民事管辖权方面,可发出禁止状以遏制军事裁判所之行动,又可提起损害诉讼以补救军官之过举。此外尚有出庭状一制度,无论在民事方面,或在刑事方面,随时可以应用。这是要说,凡遇任何人枉被军事裁判所拘禁,普通法院均可签发出庭状并送达于任一军官、任一狱吏,或任一人员,如期将此人交出于一定地方。"[25]

---

23 陆军法律教程,第十章,第十八节有言:"应募投军是契约的一种,由君主与一军人互订。在法律的恒理之下,这种契约不得双方同意,不能变更。其结果是:凡陆军法案所订的条件,依之一人得以投入军籍者,非得本人同意,不可任意改易。"

24 在陆军法案,第九十六节中,寻出关于未及21岁年龄之徒弟应否于应征后送还他的师傅之规定。但在今代法律之下,法院被人请求以考虑某一人被留在军中服务曾否合法之问题,甚少遇见。参考陆军法案,第一百节,第二项及三项。在往昔时代,每逢一人被迫入军籍,而不依正当手续,法院常出而干涉。参考克卢(Clode),《元首的兵力》,第二册,第8及587页。

同理,一所寻常法院亦可以被请求出而审问究竟军人有否权利以辞退他的军事任命。见: *Hearson v. Churchill* (1892), 2Q. B. (C. A.) 144。

25 见陆军法律教程,第八章,第八节。虽然,尚有应注意者一事:法院大概多不愿意处分关于由军政或军律而产生之权利。

最后，尚有一要旨，必须郑重提示；此一要旨便是：常备军的存在与军中所有纪律的存在，若遇太平时候必应完全倚赖逐年通过的叛变法案（或较严谨地说，应称常年陆军法案。）[26] 倘若无这宗法案，一个军人即不须受治于军法。因之，逃军不过与毁弃契约同科，拳击军官亦不能略比殴辱常人为重。

第三节　地方防军

此项军队大抵为民军与义勇队，而组织方法大抵由于人民自告奋勇，复自愿从军。以是之故，此项军队，倘非乐从，不能被调遣于合一王国以外。至于欲用之以推翻巴力门政治，则可谓为绝对不可能。诚以巴力门所代表者是民众的利益也。但事虽是如此，然巴力门仍不愿疏于防卫。因之，即在此项军队里，法律的至尊性仍不肯轻易纵弛。是以此类军中人员通常不受治于军法；受治之时，惟限于集合成军，[27] 或方在训练。当集合成军之际，地方防军虽则不应外调，然在实际上已成为正式军队，故应以军法部勒。

26　个中所有实际情形可以括举如下：常备军的纪律本来渊源于1881年陆军法案，载于维多利亚代档案，第四十四及四十五册，第五十八章。但在该法案第二节中，巴力门复明白规定，谓所有本法案的时效须另以法案指明；于是，巴力门遂须逐年通过一次所谓常年陆军法案（The Army [Annual] Act），即叛变法案。依这一宗法案不但常备军得以继续存在，而且1881年陆军法案得以继续有效。因此之故，我们可以严格地说，常备军的生命与纪律专赖常年陆军法案之逐年通过。

27　然而个中至少有一例外，即是：当受命召集成军时而不能依期应命地方防军中之一份子，虽则别事不受治于军法，但这一件过举会要受军事裁判所审讯，见1907年地方防军及后备军法案第二十节。又在同案第二十四及二十五节中，可审察军事裁判所及简易法庭，对于几种讼案，同时皆有管辖权。

试问集合成军如何实现？以时候言，自非在民族安危所系之时不可；又以方法言，自非待至巴力门有一机会以立法而檄告全国不可。大抵此类法案常有一效实，至少凡遇一个巴力门依然健存时应有如此效实，即是：地方兵力而至于集合成军，除却在非常紧急时期外，必须静候巴力门之命令。[28] 此外更有一效实，便是：将欲趁成军之后，实施及维持军队纪律于地方防军中，尚有待于陆军法案之继续有效，与逐年有叛变法案之继续通过。[29]

---

28 比较1907年地方防军及后备军法案第七节，1882年后备军法案第十二及十三节，和1882年民军法案第十八节。

29 介于英格兰寺院的教士所居地位与受治于军法的人员所居地位之间，藏有一类似点。

一个国立寺院的教士，恰如一个国军的军人，负有特种义务，复严格受治于法院，实为寻常英吉利人们所无有。因为他既然享受阶级所专有的特别利益，他即须受特种制限所束缚；然而教士一阶级，正如军人一阶级，决不能超越于国法之上而生存。大凡寻常百姓所做的事若为犯法，虽使教士为之，亦是犯法：在此际，寻常百姓固然须受管辖于普通法院；教士亦依然须受管辖于普通法院。

不宁惟是，常法法院实有权以测定军事裁判所的管辖权之所至；同理，常法法院亦有权以测定（但须受成于巴力门的法案，可不待说）宗教法院的管辖权之界限。

而且以历史源流言，原来教士在英格兰本受特殊待遇，今则夷与凡人为伍，中间盖不知经历几许困难；同样，建立文治权力于一切军事活动之上，务使戢然受治，所遇困难之艰巨亦如之。其实在这些困难中，每一事相继出现于欧洲诸国，惟英国克服这些困难为最周耳。苟进而深求其故，我们尽可推论法律所有这样胜利实造端于一种普遍尊视，即是："君主在巴力门中"（The King in Parliament）为至尊；至于这种尊视又导源于一种合治方式，即是：君主外，加入两院，彼此相与合作，实足以代表全体民众，因之，足以创作及使用国家所有一切道德的威权。

第十章 财[1]

第一节 章旨

本章所有题旨仍与前章所有者无异。是故前章所欲提示之要点不外为英宪中所具有的法权超越军权之精理；而本章所欲探讨之奥义亦惟着眼于国库与国法之相互关系而已。换言之，凡关于财赋的筹措方法、征收方法及支用方法，本章均不置议，但对于国帑出入必须根据法律一节，本章亟要申论。由是，岁入的法律渊源、岁出的法律依据，及国家经费须受法律监护，遂成为本章所有内容之三大纲领。

---

[1] 关于本章的奥义，参考下列典籍：
(1) 斯梯芬（Stephen），《英格兰的法律新解诂》，第二册，卷4，第七章；
(2) 轩恩（Hearn），《英格兰的政治》（第二版），第十三章，第351至388页；
(3) 梅（May），《巴力门立法程序》，第十一章；
(4) Exchequer and Audit Act（度支及审计法案）1866, 29&30 Vict. c. 39, and 1&2 Vict. c. 2, s. 2。

第二节　岁入之法律渊源

英格兰全国收入，依朴莱克斯顿与其他法律大师所垂教，向来共分两大类。第一类属于经常岁人，是为王室历代于传授的产业入息；第二类属于非常岁入，是为巴力门以法案确定的新起赋税。本来此两类区别，自历史观之，诚为重要。但就本章题旨观察，我们尽可以不必措意于第一类之岁入。所以然者，该类岁入，如王室私地所得地租，又如海军战利品[1]与其他同类收入，合计每年不过 50 万镑，其为数正属无多耳。加之，此类岁收，在今日已不复如前日，专归元首独享；因为自维多利亚后，而至威廉第四，以迄今王，2 此数一概被拨作"王室经费"[2]（civil list）3 作正开销。然则所谓寻常岁入，在往时本归元首世袭者，在今时概拨归国库，而成为全国公帑之一部矣。以此之故，我们尽可暂将第一类世袭岁收置于脑后，而惟切实注意于第二类岁入。第二类岁入，虽则被称为"非常"（extraordinary），其实应叫作"经常"（ordinary）；缘巴力门每年实以法案确定其款目金额，使成为全国税收之固定部分也。

文明日进，国用日见浩大，岁入是以有增无减。即以寻常岁时

---

[1]　按，海军战利品系译自"droits of admiralty"一伪语。就普通各国所有法律说，"droits of admiralty"为一种权利，依之，战胜的政府对于敌方的财产得以享用。专就英国法律说，凡当和平破裂之顷，英吉利政府往往根据此项权利令海军收没敌人的财产之在英国海港以内者，所得即是海军战利品。

2　见 1901 年王室经费法案，载于爱德华第七代档案，第一册，第七章。

[2]　按，英国所谓"civil list"为一种年金。每当新王登位之始，巴力门特通过一法案，规定每年自国库支出数目，以为内庭供奉之用。故译之作"王室经费"。

3　关于王室经费，参考梅（May），《宪政历史》，第一册，第四章。

而论,其为数已达一万四千四百万镑[3](£144,000,000)。⁴ 除世袭岁收而外,全国岁入概属法律规定下之赋税。由此观之,全国岁入概赖法律而存在;他只是巴力门法案下之产物而已。

是故生在今世,无人敢虚构一种想像,以为某项赋税可不用法案而成立。诚以法律与赋税之关系至为密切;此旨已尽人皆知,不待解说。然而赋税的征收与巴力门的召集开会究竟有怎样密切关系,现代人士或未能彻底了解。譬如,世人尽有一种见地,以为巴力门一日不召集,租税即一日不能依法征取;于是,国库既有充实的必要,巴力门即有开会的保证。这样见解,若稽之历史,未尝无据。例如,在查理士第一主治之世,巴力门一不召集,租税即为非法收集。故当时尝有不出代议士不纳租税之说,而且此说并惹起人民与王室的战争。但今日情事变迁,此项见解不能拘泥太过。若使太过拘泥,事实即不可通。诚以赋税固然倚赖法案而成立,然而租税的法案实无庸年年通过。

按实说,赋税的征取可用两种方法。第一方法为永久法案所授

---

[3] 按,本书所云英国岁入为一万四千四百万镑,不过就1907年状况言之耳。其实岁用在今代国家中日进不已,因之,岁入必须照加,此为通例;凡尝治财政学者均能熟悉,无须赘述。譬如,即就英国论之。在1907年岁入为£144,000,000,其后12年乃增至£824,750,000矣。关于岁用增加的普通现象,若学者欲得个中梗概,参考任一财政学专书,譬如:

(1) Bastable, *Public Finance.*
(2) Lutz, *Public Finance.*
(3) *Bullock Readings in Public Finance.*

4 依据财政部长在1907年4月18日所发表预算案演说词〔载于:172 Hansard(4th ser), Cob. 1180〕中,1906至1907年的岁入实收到£144,814,000,若欲详知此后税率及人民担负之重,学者可参考《法律及公意》(*Law and Opinion*)第二版本,"序文",第84至87页。

予；第二方法由暂时法案产生。两者之一，均可发生效力。

试征实例，在1906至1907之会计年度中，赋税之以永久法案征收者实占岁入全数3/4。此类3/4的赋税，即使巴力门经多年不召集，依然合法，譬如，各税之中，地税、[5]国产[4]税、[6]印花税[7]等税即依此法而征取。万一巴力门自1907年起至1910年止，竟不能开会，我们在此三年间，必不能希望以不贴邮票之信件得到邮局代为传递。邮票者，印花税之一种也。

但有特种赋税——最著者便是所得税[5]——须待巴力门逐年以法案规定，然后可以实施。[8]假使巴力门竟有一年不召集，我们在这一年内即不用担负所得税的义务。

由是观之，今代税源实有两类：其一源于永久法案；其二源于暂时法案。两类税源的区别固足注意，但政府取税于民间必有赖于

5　载于佐治第三代档案，第三十八册，第五章。

[4]　按，"Excises"（国产税）自财政学立论，系英国所有间接税之一种，美国称之为"internal revenue taxes"（内地课入税），凡国中自制货物将在国内消费时加以税项，皆属于此项赋税。故译国产税。

6　参考斯梯芬（Stephen），《英格兰的法律新解诂》，第二册，第552至553页。

7　参考1891年印花税法案，载于维多利亚代档案，第五十四及五十五册，第三十九章。

[5]　按，所得税在英格兰中起源于名相披特（Pitt）治国时代。当是时，拿破仑方称霸欧洲，惟英国力与抗衡；因之战争不息，国用告匮，不得已，披特遂直接征收国人所得。英吉利人民极不喜此税，于是屡遭撤废；徒以需要的关系，旋遭恢复。虽至格兰斯顿（Gladstone）当国，尚极力作废弃此税的企图；但此项企图终以需要之故而不能实现。由是，所得税在英国税制中遂成永久税源，但仍须年年以法案规定。见格兰斯顿的财政报告（Financial Statements）14。

8　租税由于逐年法案规定者只有两大宗：其一，入口茶税，在1906年的会计年度，（即截至1907年3月31日止）中，此项税收总计值£5,888,288；其二，所得税，在同年度中，此项税收总计值£31,891,941，于是，巴力门以法案逐年规定的赋税，在是年度中竟达于£37,780,237。

法案之成立一节尤不可忽略。此为英吉利宪法中之一大义。依此大义，所有民间纳税必须符合立法原意。万一竟有特种税项不能得到法院承认其为合法，则虽有一先令细数，政府亦不能强任何人缴纳。

第三节　岁出之法律根据

今人对于公共收入之观察与古人异。原来公共收入在昔时概来自王室所有产业之出息，而国家所有费用大抵以此类收入支付。惟因有时入不敷出，元首穷于应付，乃求取于赋税。赋税在那时，只等于一种礼物，由巴力门以代表各原有阶级之资格赠与元首。例如，在詹姆士第一与查理士第二之世，巴力门均尝因国用不足，特通过法案，许收新税，而交与王室。王室受之，元首即负有道德上之义务，善为应付，庶几国用得以不匮，人民得以休息。虽则以情义言，此项礼物，在巴力门持赠元首之时，固然不能以之收入君主的私囊之中。然而王室经费既与国家费用不能分开，公共收入即不能分立于王室私产以外。这是中世纪所遗政治见解，一直传到佐治第三之世，依然存在。譬如，迟至佐治第三时代，法院审判员之薪俸及其他公共支出，尚取给于王室经费，是其明证。这是英吉利宪法中之一种特殊色彩。虽然，此则古代之观察所有一种见解耳。若在今日，所有公共收入，不复视同君主的私产，惟一律看作公家产业。关于此旨，有两事至足注意。兹当分别审问之于下文。

第一，全国税收由内地税收局解入英格兰银行，[9]即由银行记

9　若在爱尔兰境内的税收则须解入爱尔兰银行，见：Exchequer and Audit Department Act, 1866（29&30 Vict. C. 93），S. 10。

入国库来数。[10] 内地税收局为收取一切税款之总机关；税款入该局后，乃复由该局汇集之而存贮之于银行。其授受程序如下。每日之间，大宗税项由各地解入内地税收局之金库；时至午后，则有自英格兰银行来之办事员两人亲自点验；点验之际，逐一数目均须仔细查明；数目中如有一款不能明白，他们必不能含糊了事；勘查既竟，所有货币当即如数点收，而放置于汽车中，以转运及收贮于银行中之金库。

第二，由全国税收所得款项，无一便尼可以非法使用。换言之，若欲支用该款，无论为数或多或少，非有巴力门法案以为法律根据不可。

此项法律根据或自永久法案得来，例如，载于维多利亚代档案第一第二册之第二章之王室经费法案是，又如国债及地方公债法案是。抑此项法律根据又可来自岁费法案。岁费法案之作用何在？在于应付国用中逐年变更之费用。例如，海陆军费每年迭有增减，其数目难以如国债支付之有定；因之，永久法案自然不能预先核计；于是，巴力门只得逐年另以法案定之。

此事全体之始末，若用通则括举之，可提示之如下文。

首先，以收入言，全国岁入，在常态时期，[11] 可以诸类赋积征取，

10　参考同上法案，并参考公帑的收支之监理与审计第 7 及 8 页。但最近数年间复开始创立一种新抵解制度。在这种制度之下，有若干数量的款项从前被视为额外收入而纳入金库者，今则不复纳入金库；惟由收取该款项的机关请与截留收用。

11　租税由逐年法案规定者只有两大宗：其一，人口茶税，在 1906 年的会计年度（即截至 1907 年 3 月 31 日止）中，此项税收总计值 £5,888,288；其二，所得税，在同年度中，此项税收总计值 £31,891,941，于是，巴力门以法案逐年规定的赋税，在是年度中竟达于 £37,780,237。

第十章 财

约计可得一万四千四百万镑（£144,000,000）之数。该数全体均存贮于英格兰银行，而构成所谓"固定资金"。[6]

其次，以支出言，除非法律概被破坏，全国岁入，所得之款项，必须得到巴力门法案之许可，乃能动用。如无法文许可，纵使为数极微而至于一便尼之多，亦不可行。至于法律根据则有各宗永久法案，所有大多数之支出均依他们所规定而行事。譬如，所有国债的利息，自1887年国债及地方公债法案通过后，一概依该法案之命令，得由固定资金支付。除各宗法案而外，尚有逐年通过的岁费法案；这宗法案即为凡未经永久法案所许可之岁费但又不能不支付者所依据。在两项情形之下，同有一要旨我们必须谨记，即是：全国岁入须有法律的命令（即由巴力门以某一法案明白指示）方可动用。

国家岁费之支用方法，所有详细规则具论于研究巴力门立法程序之专书；[12] 故本书不欲赘述。惟有一事读者必须注意，即是：每一支数（例如，海陆军人之给养数费用）若非有永久法案先行规定，则必须获各宗特别法案及岁费法案之批准。由此综观，我们当可明晓英吉利法律所以处置岁出之方法，盖一如其所以待遇岁入之方法。申言之，岁入岁出均依巴力门法案行事。

---

[6] 按，固定资金译自英语"consolidated fund"，通常简写作"consols"。1787年，巴力门通过一宗法案，设立所谓固定资金的制度（见佐治第三代档案，第二十七册，第十三章）。自有此一制度，所有全国收入均须汇缴英格兰银行，而构成固定资金；所有全国支出亦须从固定资金中依法取出。此为英国财政上的一大进步，即日用语所称"收支统一"是也。关于固定资金的成立，参考梅兰（Maitland），《宪法史》，第441页；关于固定资金的重要，参考希格斯（Higgs），《合一王国的财政制度》，第54页。

12　特别参考梅（May），《巴力门立法程序》，第十一章。

第四节　合法度支之保证

最后，财政上尚有一重要问题，即是：政府当使用人民所纳赋税时，应遵照巴力门的意向；此事果以什么方法为保证？

答曰："保证方法终有赖于极完备的监督及审计制度。"在如此制度之下，全国度支咸受成于一有司；而且这位有司，以官职言，实独立于内阁以外，又以官守言，实有权以监视度支。申言之，他们的重大职务是首先在于监视岁出是否合法；除非有法律根据，无一钱能自国库支出；同时倘若不得他的同意，政府即不能支用一钱。此外，他们的重大职务是其次在于审查已付之款曾否依照指定用途而使用；万一有挪用情事，他们就加批驳。末了他们的重大职务是最后在于对巴力门而负责任；万一有越法支用，他们就要逐款检举而申报巴力门。由是，巴力门对于全国度支遂得施行最后监督。

运用这种完善制度的中心人物是一个长官，这个长官在英格兰中称"都监察兼审计长"（The Comptroller and Auditor Ceneral）。[13]

都监察兼审计长原来是一个绝对超然的大吏。他不能参加政治；因为他既不是众民院的议员，又不是贵族院的爵主；同时他复独立于内阁以外。他本人及他的次官，即副都监察兼审计长，同为特任官吏，由元首以盖有国玺的御旨亲任。若无大过，他可以终身任职；自非巴力门中之两院会同弹劾，他不受任何势力调动。[14] 他

13　详见 1885 年公帑的收支监理与审计。

14　规定于 1886 年国库及审计院法案，载于维多利亚代档案，第二十九及三十册，第三十九章，第三节。

为国库都监察使，兼任审计院院长。由是，他遂以一人之身兼管向日分隶于两机关的职务。他不但监察国帑之支出，而且审核岁出岁入之用途及数目。然则他的两种职务是如此重大；读者亟应分别清楚，不应混两者为一事。兹当郑重讨论之于下文。

第一目 都监察使之职务

当运用监察职掌时，都监察使以属僚之协助，必须严谨监视度支之合法与否。原来全国收入，如上文所已提示，一概存贮于英格兰银行。故当一文钱尚未运出该行以前，都监察使必须查明此款的支取曾否得法律许可；这是要说，这宗用途曾否备载于巴力门所通过之某一宗法案。

都监察使所以能执行职掌之故并无他种谬巧。盖以度支部（The Treasury）为支取公帑之惟一机关；但每当支用公帑之先，度支部务须预备一支券，送交都监察使核准。必俟核准之后，英格兰银行方允照数交款。[15]

至于所有支款之项目金额，上文曾经提示，必须备载于各宗永久法案，或规定于岁费法案。前者属于固定资金役务（consolidated fund services），所有支付公债息金及其同类岁出皆归之；后者属于给养役务（supply services），所有海陆军费及其同类岁出皆归之。

在批准支券之先，都监察使必须反复辨明此项支出是否合法。必俟毫无疑问，他然后依法判行。同时，都监察使又必须郑重审察此项支券曾否依照向银行支款之法定程式而准备。必俟毫无疑问，

---

15 参考1885年公帑的收支之管理与审计，第61至64页，及表格第8号至第12号。

他然后依法裁可。两者之中,万一有丝毫不能满意,他必不愿给与支款;他决不能给与支款。非至依法准行之后,所支款项,无论多少,不能向银行提出。

讨论至此,读者或不免感觉此项审问不过照例行事,因之得到核准概无困难。同时,我们尽可假设所有支款请求必得许可,自是意中事。虽然,此亦未可以一概论。支款中往往有丝毫不合定例,即遭驳复。诚以此种官吏既无所利于违法,一有机会,他即不难制止政府使不能支用公帑。

其实,都监察使,当行使职权时,足以禁格政府,历史上不乏成例。即在较近现世之顷,尚有一极端不便之事,因都监察使要尽本分而发生。当1811年,英法两国方有事于疆场,英王适患痼疾,而嗣君摄政的法案尚未通过,英政府急需百万镑巨款以为海军经费。有格连村爵主(Lord Grenville)者时方任国库审计长(Auditor of the Exchequer),其权位在当日正与现在都监察使兼审计长大略相等,卒不许银行支付此宗巨款。本来此款早经规定于岁费法案,政府可以依法支用。但格连村爵主所以不予批准则亦有相当理由。理由为何?格连村爵主以为此项支券照例须盖有国玺,这番政府所出支券,缺乏此印,即是手续未完,照法定支款程序实不能遽与判行。至于此项手续所以不能办妥则亦有故;缘英王既有痼疾,不能署名;此时又未有摄政,自然无人可以代署;于是监印人员以职掌所在,不能自背最初任职时所发誓言,不待元首签押而擅自用印。三凑六合遂构成此不幸的事实。但此项支款至为正当,又属急切,谁人不知?徒以手续问题卒遭拒绝。但当日人人愕然相视,不能非难,甚至内阁中的同僚之职司法律者,亦一致相劝以屈从格连村爵主及监印人员之法律主张。换言之，他们同以此项法律主张为正当，而不敢以通融办法相责难，更不敢以威力相强迫。迄今事过情迁，现代读者或不免感觉这种主张为拘泥法式太甚之过，甚而至于怀疑格连村爵主所为实含有政治作用。作用何在？在于促当代内阁反省，使恍然觉悟王位不可以一日无人承乏，遂不得不急将摄政草案通过于国会。如其不然，若该爵主果无须挟此以劫持内阁，则内阁亦应早知岁费支取，若不得国库审计司同意，必难如愿，而不敢轻于尝试矣。但事实竟至变成如是僵局焉：此读者所以不能不致疑于格连村爵主的行为之酷似政党领袖所行事也。然则由此一实例观察，究竟格连村爵主之用意为何，此时姑舍之不论；但试一玩味1811年之双方辩论，[16]则都监察使控制岁用的权力之大自能证明。

第二目 审计院院长之职务

当运用他的审计职务时，这位都监察使兼审计长不但要随时核算政府的账目，[17]而且须每年申报收支决算及审核所得结果于巴力门。每届开会，众民院必特选若干议员，出而组织一决算审查委员会；所有审计报告即归该委员会审查。此项审查并非循行故事者比；试一浏览委员会报告，读者当能发见虽在极微数项，至于一镑或三镑之微，倘有可疑之处，必再加审核，而不轻易放过。委员会审查既竣，必将报告付印而呈报巴力门全体大会。

---

16 载于科贝特（Cobbett）的《巴力门辩论通考》，第十八册，第678、734及787页。
17 当审核岁用时，他常要审问及于公帑使用之目的而穷诘其合法与否。当报告巴力门时，他必然提起法律上可以怀疑的支数，促使注意。

第三目　监察及审计制度评议

自有此项监察及审计制度，遂生极大普遍果效，即是：在英格兰中，全国度支具有极正确的会计，远非他国所能企及；又是，全国收入中之每一便尼，当支出时，均有法律根据，即——依照巴力门某一宗法案之规定。[18]

外国政论家于此不免有疑，遂生一问题。问曰："都监察使的本务侧重干涉不合法的度支；而公家财政则贵于敏捷处置。两者似相冲突，何以能并行不悖？简约说，何以1811年所遇之困难，不至屡见不一见于今代？"

答此疑问，可有两个解答：其一为普通答案；其二为专门答案。前者可以英吉利人之政治习惯为解，后者则侧重法律之专门学识。先以政治习惯言，英国行政长官，尤其是超然于党争范围以外之长官，常不愿横梗政务之进展；而1811年之国库审计司不但是一贵族，

18　国库的监理及审计制度所有要旨曾经主管机关开示，兹征引之于下文：

"每日征收所得须尽数解入国库。

"从国库中支出的项目须先得巴力门准许，所支数量亦须先有法案规定。

"支用国帑及审核会计皆由都监察兼审计长综理。都监察兼审计长是一个独立机关的长官，惟对于众民院负责。

"除两院联合弹劾外，他不受任何人罢免。

"只有在本年度以内陆续支用的支数才能适用及抵销任何法案所规定的款目。

"收支数目务须逐一款项得到清楚正确的结果。

"所有下列款项俱须解回国库：(1)年终剩余；(2)超越预先估计的收入；(3)各部及各机关抵解数目的盈余。

"每年会计最后应受众民院审核，即由岁计委员会审核。审核之后，任一项数目，如有超越巴力门在法案中之给予令情事，须受巴力门裁夺，并须获取立法的可决。"

原文见1885年"公帑的收支之监理与审计"，第24及25页。

而且是一个大政治家，故其行事特异于凡民。次以法律之专门学识言，英吉利法律早经准备两种方法，依之，皆可以克服都监察使之滥用职权。第一，以两院的共同弹劾，他将不免于解职。第二，以高等法院所发出之"令遵状"（a mandamus），[19]他必不敢违命。关于后一方法，昔日尝有法学大师陈议，谋以此项法院命令状调解政府与都监察使的争执。虽则此议究竟实际上能否见诸行事，此则未经试验（即在将来恐亦终不有试验机会耳）无人敢作预断。然而政府本居执行地位，在势尽可以取携如意；乃必求助于法院，才能解决支取合法的岁用之困难。是亦太可怜矣！本来法院与政府合作是意中事，则公帑动用自有可能性在。但即就此项可能性的本身观察，公共经费受治于法律之范围如何广漠，当可证明。换言之，岁入岁出，受法律监护之程度，不但以巴力门法案而确定，而且以得法院诠释法案之用意而提高。

19　参考下列两书：
(1) 鲍耶（Bowyer），《宪法解诂》，第 210 页；
(2) 轩恩（Hearn），《英格兰的政治》，第 2 版，第 375 页。

第十一章　阁臣的责任

第一节　何谓阁臣的责任

阁臣的责任一仂语具有两解；两解截然不相混。

第一，此仂语可依日常用法，解作内阁人员应对于巴力门而负责任。在如此用法之下，所有阁员必须赢取巴力门之信任心；倘若信任一失，该员必须去职。

原来阁员应以巴力门之好恶而分别去留一事并未规定于英吉利宪法；此特为"宪典"（conventions of the constitution）所构成耳。宪典是政治道德之一部，而非法律之本体，故此事与法律无直接关系。

第二，此仂语又可依学术上专门用法，解作元首在政治上无法律责任；所有行事俱由阁员负责。此为法律上之用法，其用途较前者为狭。

此项责任，自法律观察点解释，具有普遍性之基础。试翻外国宪法，大概各以条文明白记载，略谓：元首的尊严必须保持，所以他不直接做事；一切行事概由一阁臣代办。于是，元首所发之命令，当发表于文书时，须由一阁臣副署。本来此项法律条文未尝见于英吉利宪法，但同样规矩实早已无形存在。

将欲使元首的行为被承认为他的意志的表示，因之得以发生法律效力。这种行为务须获取一个负责任阁臣之同意，或径直由他代办。诚以君上的意志，大概说来，仅可以三样方法表示：其一以枢密院命令；其二以亲自署名的命令、嘱托或证状；其三以国玺用印的布告、命令状、委状、书信或其他公文。

一道枢密院命令何自出？出于君主本人；惟须经枢密院会商然后发表。发表之后，所有出席于那一次院务会议之人物，均须代元首负这一道命令的责任。以亲自署名的手本而发出证状及其他公文，通常由一个阁臣或数个阁臣副署，但有时或竟用主管机关的印信钤于手本上，惟该长官必须负完全责任。至于以国玺盖印的公文，在发表之后，概由枢密使负责，但有时仍须其他内阁长官加入，共同负责。其结果是：无论元首做了任何行为，而欲此项行事发生法律效力（例如给赏、缔约、或发令之实施），[1]通常须得几个或至少一个阁员参加，并须由参加人物负此项行为之完全责任。

第二节　阁臣的责任与法律主治

由此观之，内阁相臣，或称内庭仆役，之参加君上的行事者，

---

[1] 关于本章全体论旨，读者应参考安生（Anson）所著，《宪法与宪法习例》（*Law and Custom of the Constitution*），第二册，《元首论》（第三版本），第一章，"附录"，第50至59页。据我的闻见所及，安生最能将御旨所依据以发表的各种法式，与依据各种法式以发表的命令所课于阁臣的责任，阐发详尽。此外可参考下列典籍：

(1) 克卢（Clode），《元首的兵力》，第二册，第320及321页；

(2) *Buron v. Denman*, 2Ex. 167, 189；

(3) 1884年，国玺法案，载于维多利亚代档案，第四十七及四十八册，第三十章。

在法律上须代君上负起这一件行事的完全责任。这是要说,他不能以遵从御旨为词,而请求卸责。假使这件做了的行事竟至违犯法律,这位有关的阁员即可以被他人依民事诉讼程序或刑事诉讼程序起诉。其结果,他不能不亲到寻常法院受讯,以至受罚。在少许情节十分重大之罪案中,民刑诉讼程序在实际上不能罗网罪人;因之,他遂为寻常法院的管辖权所不能达到,似乎尽可逍遥法外矣。然而尚有巴力门的弹劾威权在。[1]按实言之,巴力门不但可以将此人弹劾,而且可以自行组织巴力门的高等法院,将他逮捕及审讯,以至定谳。于是,他仍不能逃罪,而脱离法网。诚然,此项弹劾权自1805年,曾经一次使用后,不复见用;因之,几成一种废物。然而弹劾权的使用虽属稀罕,他依然是一种法律程序,并得到一所正式法庭(即巴力门的高等法院)承认。这是要说,在必要时他随时可以供驱使,务令有关系的阁员对于自己所曾经参加的行为负责。至于弹劾权在今代所以几乎废弃不用者亦自有缘故。缘故为何?缘故的一部分是:阁臣在今日,以法律周密之故,绝少得一机会以作一种尝试;其结果足以致弹劾权不能不被起用,而成为惟一诉讼程序。其他部分是:所谓情节重大之罪案,在昔时必须以弹劾权乃能到达者,在今时尽可用普通诉讼程序达到;诚以后者所有手续不如前者所有之繁重,又可以得较好结果,故民间多喜用寻常法院以求申雪也。

虽然,个中研究有一要旨,而为我们所不可忘记者,即是:元

---

[1] 按,"Impeachment(汉译弹劾)",在英吉利法律中,专为检举贵族院或众民院议员而设。议员之中若有犯叛逆大罪或刑事罪状者,当由众民院提起公诉,并由贵族院所组织控诉法院审讯定罪。是为巴力门的弹劾权。

首在今日只有倚仗阁臣辅助，方能处理政事；而且所有行为俱构成一定法式，而由此类法式行事，阁臣或枢密使必须参加。因之，阁臣或枢密使对于自己曾经参加的行为，不但在道德上，而且在法律上须负完全责任。以是之故，君王的臣仆所行事，因之，君王本身所行事，均受治于国法的规矩之下。故一国的法律在本国内为至尊。然则所谓阁臣的责任只是法律的责任，而立于法律的责任之背后者，实为阁臣对于巴力门应负责任。其结果是：所有阁员的行为，同样，他们的属僚的行为，尽数受法律主治。

第十二章 行政法[1] 的反比

第一节 章旨

在许多大陆国家中（最显著的是在法兰西国中）常存有一道

---

1 关于行政法，参考下列书籍：
(1) Aucoc, *Conferences sur l'administration et le droit administratif*(第三版).
(2) Berthélemy, *Traité Élementaire de droit administratif*(第五版，1908).
(3) Chardon, *L'Administration de la France, Les Fonctionnaires*(1908).
(4) Duguit, *Manuel de Droit Constitutionnel*(1907).
(5) Duguit, *Traité de Droit Constitutionnel*(1911).
(6) Duguit, *L'État, les gouvernant et les agents*(1903).
(7) Esmein, *Élements de Droit Constitutionnel*(1896).
(8) Hauriou, *Précis de Droit Administratif*.
(9) Jacquelin, *La Juridication Administrative*(1896).
(10) Jacquelin, *Les Principes Dominants du Contentieux Administratif*(1899).
(11) Jéze, *Les Principes Généraux du Droit Administratif*(1904).
(12) Laferrière, *Traité de la Juridication Administratif*(两本[第二版，1896]).
(13) Tessier, *La Responsabilité de la Puissance Publique*(1906).

我的主旨并不要在本章中详明讲解行政法。我只要勾出行政法的基本原理中之不同于英吉利法律主治的基本概念者相提并论。我所特别注意之点是在于说明行政法怎样给予特殊利益于国家的仆役。虽然，为着阐明题旨，我不能不阑入行政法中之其他重要问题，亦不能不割弃行政法所以进化的一种重要方式，略而不论。原来法兰西国的行政法，以渊源论，实造端于古代君主政治所有元首的特权，但以现状论，则因受法律大师的陶镕之故，渐次趋于司法化（juridictionnaliser），而消纳于国法中，以构成国法之一重要成分。

[1] 按"行政法"一名系译自法语之"droit administratif"，英语之"administrative

第十二章 行政法的反比

行政法的体系[2]（法兰西人们称之为"droit administratif"）。这种法律建立于若干法律观念之上，迥异我们的英吉利常法（English common law），尤绝对不类我们一向所称道的法律主治。大凡行政官吏，在外国中当以善意奉行职守时，纵使所行事有失，必受法律回护。这是常法与外国法律绝异之端，显而易见。若专就法兰西论，此项回护本来随时代而变异。从前法律所以保卫官吏者无微不至；今日虽仍然存在，然已大不如60年前事。[3] 是以在本章中，我深愿集中论点于回护官吏的一意义，而且深望学者能注意于这一论旨。

平情论之，回护官吏的法意，在今日本来不足以贯彻法国所有行政法的全体；是以本章所有题旨虽则侧重此一法意，我深愿于未入本论之先，奉告一句，即是：所有行政法的全体至值得研究，学者不可忽略。诚以除法兰西外，大陆国家无不模仿此举，同以创立行政法的体系于国中为事。惟有英格兰乃独以法律主治著闻。故在外人视之，此为法治精神的极端；而在本国人视之，此为英吉利制

---

law"，及德语之"Verwaltungsrecht"。本来以日常用语观察，这些名词可以互译；但以名理观察，法学者终嫌不能相称，是以在本书中，戴雪在随意讨论学理时，或称用英语的名词，以图利便；但在标题或紧要处，仍时时用法语的名词，以示名从主人之意。译本从之。

2　行政法一名词随国度而异称，譬如，在德国则为"Verwaltungsrecht"。法国的行政法，比诸德国的行政法（参考奥拓·迈耶［Otto Mayer］，《德国的行政法》，第一册［法文译本］第293页，第十七节），较接近英国的法律主治。在此处一如在他处，所有比较研究均以英法两国的同点及异点为标准。原来在欧洲各国中，英法两国曾经不断地努力，思有以维持文治的权力（civil power）于国中。四境之内，凡有任何阶级，如果敢于藐视全国民众的主权，皆在必诛之列。不过两国的尝试各有不相等的成功，而且法国的武力在历史上特具极大光荣；是以世人对于建立法治的努力，反忽视而不及觉察。

3　德意志帝国保障官吏更周。参考：Duguit, *L'État*, p. 624, note 1。

度的特色。这种特色实因有行政法以作反比而愈显。而且研究行政法的全体更有一层作用,即足以类推英宪历史的一部分进展是。诚以时代日进,欧洲政治渐趋于平民化;因之,行政法不但不能专以回护官吏为职志,而且须有所改善以应付今代社会的需要。如此改善至足以衬明英宪在生长程途中之一时期。[4]

是故本章题旨,若加以分析,可得两大纲领:其一,讨论"droit administratif"(行政法)的性质及历史,特别着意于关切论题的部分;其二,比较法律主治与行政法的体系所有异同得失。

第二节 行政法的探讨

专就术语上考察"droit administratif"(行政法)一名,在英语中至难翻译。本来以字面论,"administrative law"两字尽可算作最自然复相称的译法,但以文义论,英吉利法官与律师实未尝熟闻此名,因之,若非加以诠释,虽法界中人亦不能索解。

这种事实——即相当译名的缺乏——在宪法研究上大有关系。诚以名为实之宾,译名的缺乏在根本上是由于本名所代表的事物的不存在。是故在英格兰中,一如在英吉利文明所衣被的国家(譬如以北美合众国示例)中,行政法的体系与原理为从来所未闻未见。因此之故,当笃奎尔(Tocqueville)于少年时,尝往新大陆考察政治,仓猝间发见此项缺乏,即不觉十分惊异,而加以研究。在1831年之顷,笃奎尔自美洲寓书于法国一个极有经验的法吏(magistrat)伯

---

4 见下文本章第三节第一目,论同点(3)行政法的演进。

第十二章 行政法的反比

禄士委(Monsieur de Blosseville),询问何以法美两国制度如此立异,又问何者是支配行政法的普通观念(notions generales)[5]在问话中,他一方面自承暗昧,[6]一方面复明示这种法律的体系殊未能明白周知于本国。

贤明如笃奎尔尚须请教行政法的普通观念,我们当可假作断定,这个论题,虽在法兰西内法律学者之眼前,恐不免视同新颖;因之,英吉利人民对于此项与英国制度不相关涉的事理,甚难领会,当无足怪。虽然,此点在本论中不关轻重;本论所最留意者却为比较观察。申言之,行政法在今代法国,或在古代法国,均与早经确立于英国的人人在法律前是平等的观念显然反对(其实,这点反对性质在19世纪时尤显)。于是撷取两者所有反对性质的普通观念,复加以相互对勘,实为本论的主旨。若再仔细分析,我们的主意可分三层:第一,要勾出行政法的全部体系所有性质及原理;第二,要记取全部法律在运行时所呈露的特性;第三,要阐明该法的存在与运行,不特足以使法国官吏所占法律地位适与英国官吏所有者相殊异,而且足以使法国所有政情在根本上恰好反对英人所珍视的法

---

5 笃奎尔的通信与本论题旨煞有关连,至值得称述。信中有曰:"在比较研究两国制度的工夫中,为着明白美国,我必须明白法国。现在我不能不抱愧自承,我对于法国现存制度的暗昧。原来在本国中,行政法与普通法并立。他们各构成两个分离的世界,既不至相视为友而携手合作,复不至相视为仇而至于宣战。我时常生活在这一世界,却不能周知其他世界有何活动。同时,我尚未明了何者是行政法的普通概念,而此项知识又有求取的必要。敢以此信求教。"见《笃奎尔全集》,第七册,第67及68页。

6 这种知识的缺乏可得解明,并非无故。笃奎尔在1831年才有26岁。当是时,行政法学书籍渐有出版,以应习律者之需要。然而关于宪法之学问文章,尽有许多代表,如拉裴梨耶(Laferrière)、倭玶吘(Hauriou)、杜归(Duguit)、耶磁(Jéze)或柏写列眉(Berthélemy)者,尚未出现。此项文章不但能析理入微,而且对于行政法之历史能穷源而竟委。

律至尊性。

第一目 行政法的性质

"Droit administratif",或行政法,依据法国法学宗师所下定义,是:"所以整饬行政威权与平民所有相互关系的一部规则。"[7]欧郭克(Aucoc)复进而加以诠释,遂得下列两层意思。[8]其言曰:"行政法测定两事:其一,关于社会中之主理公共利益的各个机关(就中当以国家为最重要代表)所有组织与相互关系;其二,关于行政官吏对于国中人民的系属。"

严格说,上文两条界说均缺乏正确义理,惟其如是,行政法乃益值得研究。将欲为审问便利计,一个英人尽可玩索法学论著,而撮取精华,以叙述"droit administratif"(行政法)的涵义。就个人心得观察,行政法是法兰西法律的一部,用以测定三事:其一,为官吏的地位及责任;其二,为私人的权利及责任当在与官吏交涉时所发生的关系。其三,为这些权利与责任在实施时所应采取的手续。

虽然,个中须有特别注意者一事,即是:除非眼光能注射他在历史上的进展,任一英吉利学生将不能明这一部分的法兰西国中之法律。申言之,他必须仔细刺取行政法在1800年至1908年间(尤其是在最后三四十年间)所有变迁,而加以研究。研究之余,他自然发见行政法的基本观念至今未改,但这些观念的发展不但因时代而分高下,而且因时代而异东西。因此之故,在比较观察时,我们必须明白记取两国的法律所属时代,若使不然,我们必至受欺,而

---

7 见欧郭克(Aucoc),《行政法》,第一册,第六节。
8 见同上书。

不及觉察。试设一例：例如，倘若我们要截取1908年间两国所有法律，而加以比较，我们或且不免得到一种想像（在我看来，这种想像仍是舛误），以为两者对于官吏与平民交涉时所占地位及所受特殊利益的规定，原来并无极大差异。果如所论，我们只是受了时代欺瞒。谓予不信，试一审察行政法的历史较早时期（譬如说，介于1800与1815年之间，或介于腓立［Louis Philippe］登位［即1830年］与第二次帝国颠覆［即1870年］之间），我们必能领会两者所有反对性质。申言之，这种反对性质在一方面为法律主治于英格兰，而在他方面为官吏得法律特殊承认于法国及其他大陆各国。

第二目 历史的发展

今代法兰西国的行政法律实生长于19世纪（至少可称完成于19世纪）；这是百年来革命与宪治相轧轹所造成的结果。[9]因之，我们尽可划分行政法的发展为三个时期：其一，自拿破仑帝国起至复辟止（1800—1830年）；其二，自阿里安王国起至第二帝国止（1800—1870年）；其三，自第三民国成立日起至今日止（1870—1908年）。

第一时期——自拿破仑时代至复辟（the Restoration），1800—1830年

依据法国学者的意见，真正行政法造端于大革命纪元之第八年执政院宪法，时适当伯卢麦（Brumaire）政变之后，为拿破仑所创造。

---

[9] 关于行政法的历史，特别参考拉斐梨耶，第一册（第二版），卷一，第四及第五章，第137至301页。第二次民国（1848—1851年）对于行政法，并无多大效益，故并入第二期。

但立法专家[10]以至历史学者,均承认行政法的观念,当如笃奎尔所论,[11]可以溯源及于旧日朝代。诚以新政府所颁逐一制度,均随在可以寻见旧日典型的遗教。譬如,当时所有"国务院"(Conseil d'État)实则效法往日所有"枢密院"(Conseil du Roi);又如,郡守(Prefects)的官职实则模仿"钦派总管"(Royal Intendants)的遗徽是也。然而此系就思想立论,学者方可作如是论断,若专就法式立论,我们只好归功于拿破仑。拿破仑者,古代政治的复原人物,亦革命时代的创制人物也。无论他所取法者为什么制度,他总能改变古制以适应新时代的需要。拿破仑之所以成为拿破仑者是在于这一着。往往有一古代制度于此,一经拿破仑以手指点触,俄顷间便得到新生命,他不但能灼见专制时代所遗最强有力的习例,而且能熟悉山岳派所造成最强有力的革命信条。不宁惟是,他复能合两者于一炉而冶之,以炼成新制度。这番锻炼工夫特于行政法的体系上可见他的匠心独运。依此项体系的创造方法,他的立法与政策,不但能授古

---

10 譬如,拉斐梨耶有言:"虽然,在本国历史中,我们亦可表证一事,即是:自寻常法院成立以来,绝未有一时期间,在个中司法官吏之处理民刑诉讼者,同时复受请求出而判决自公共行政上所惹起的困难问题。"(见原书,第一册,第139页)参考同书第640页。

11 笃奎尔有言:"试就行政档案考察,我们所有常时遇见的事实,似是:行政权力不断地侵入司法的范围。行政界中之法律专家常告诉我们以一语,即谓:古代君主国家的内政之大病是在于法官干预行政。按实言之,我们何尝不可谓当时大病是在于行政官干预司法?不过到了现在,个中不免有一异点,即是:我们对于前者经已改革无余,对于后者却尤而效之。向来我尝有一种信心,以为今代所谓行政法院,系创始于拿破仑;如今我已明白此项制度只是古代政治的遗物。而且在古代政治中之一法律原理,至今尚存于契约法。这一条原理是:国家与私人发生契约关系,若有问题惹起,国家应为这种问题的公断人。这是一种办事方针,君主政治时代之钦派总管视之如金科玉律,今代国民已不及周知矣。但在今代中,此辈钦派总管尚能寻一替人,即一个郡守(unpréfet)是。"见他的《笃奎尔全集》(*Eurves Complètes*),第六册,第221及222页。

代政治中之大权独揽的思想以极好发泄机会,而且能适合及满足普通人民所以嫉忌法院动辄干涉行政的革命心理。原来这种嫉忌心理的本身,虽则在理论上为革命思想所主张,实则由君主时代的政治策略遗传于革命党人。

任何人,如果能仔细考察行政法的性质,或涉及此类性质的论题,必能发见两条大义:在一方面,他们造成行政法的基础;而在他方面,他们未尝受知于英人。

> 行政法的大义两则

第一,政府及每一公仆,以全国国民代表的资格,具有特别权利、特别利益或特殊权力而反抗平民;加之此类特别权利、特殊利益或特殊权力的外延只可用特种原理测定;而这些特种原理独与寻常规矩所以确立私人间之彼此关系所有权利与义务者迥异。依据法国的法律意思,个人对于国家发生交涉时,彼此所站地位高下悬殊,恰与个人与别人交涉时所站地位为平等者相反。[12]

> 国家的特殊利益

第二,所谓"权力的分离"(séparation des pouvoirs)原理实有维持的必要。申言之,政府中之立法部、行政部及司法部必不可使他们互相侵蚀。虽然,本章所欲讨论将不能涵盖政府全体,惟限于

> 权力的分离

---

12 微微恩(Vivien)曰:"某一私人与营业者作一种定期交易,若届期不能执行,前者应向后者赔偿损失。至于赔偿之数则以原有成本并加盈余为比例。此为民法所规定。倘使爽约者为政府而非私人,则所赔偿者不过以实际的损失为限。此为行政法规所确立。除非别有法律以明文反对,普通行政的规矩只是:国家应比一个公民为大,公帑应比私财为重。于是,个人的利益亟须割弃。"(见他的《行政研究》,第一册,第141至142页。)这是一个法学大师在1853年所写。这个特殊原理在今日已见弃于一般法国学者矣。虽然,微微恩的教训诚不复被采用,但仍足以证在法国中个人与国家所有关系。申言之,微微恩的言语,用在特殊事变,已不通行,但国家与个人的关系,在今代法国中,大致一如从前。即此一事,我们当可概见法兰西国的行政法在50年间所有变迁及进步。

行政部与法院所有关系。在此项关系上,这种称谓(即权力的分离是)最易令人误会。是故法国人所谓权力的分离实与英国人所谓"法吏的独立"不相符合。试从法国历史观察,又从立法观察,更从法院的判决案观察,这种称谓的指意只可用下文一原理传译。这一原理是:在一方面,审判员固然须独立于行政院之外,而不应横受罢免;在他方面,行政院及行政官吏的政治行动亦须独立于法院的管辖权之外,而不应横受干涉。[13] 这种原理的理论系从孟德斯鸠所著《法意》(*Esprit des Lois*)得来(见原书卷十一第六章);而且大概从一种双重误会产出。何谓双重误会?第一层误会是由于孟德斯鸠本人;第二层误会是由于大革命时代中之政治家。前者生于错解英国当时制度所有原理及习例;后者生于滥用孟德斯鸠的原意。盖当大革命时代,革命党人既鉴于法国所有诸种"巴力门"(Parliamen's)前后干涉行政之覆辙;同时又深信法院必不喜见制度的改造而横生枝节。因之,他们深喜得孟德斯鸠的著作以为助力。不宁惟是,在法国古代之际,专制君主,一如贤能官吏,同愿减削法院的权力,以伸张中央政府的威权;革命党人虽生于后世,然仍不免受感化于此项理想。因之,他们更不免矫枉过正。虽然,这种探讨工夫(即探讨权力分离一理论在大西洋两岸之法美两国中进展的历程所下工夫)必至愈推进而愈无穷期,驯至离本题太远。所以我们在此时只好将这番工夫结束,同时只须记取孟德斯鸠的教训不但具有绝大势力于法国,而且具有同样势力于步武法国的诸国;而迟至今日,他的理论依然为今代民国所有政治及法律制度的基础。

---

13 参考欧郭克(Aucoc),《行政法》,第二十及二十四节。

除上方所举大义两则之外，法兰西的行政法尚有四种特性，必_{四种特性}
须提示。

大凡政府及行政官吏对于国内个人自不能无所交涉；每逢有所_{（1）国家的权利以特殊规则决定}
交涉，双方自不能不发生关系。但法律所以整治此项关系者实不同
约束个人与个人所有关系的法律。由是，法律遂不得不有寻常法律
与行政法律的区别。此项区别，自1800年以来，即已被承认于法
兰西，而构成法国的公法之一部。其实此事不但法国为然，凡在国
家中之有行政法存在者，无一不有此项区别。[14] 这是四种特性中之
第一种，读者当不难推知。

大凡寻常法院，对于民间诉讼，不论是民事或是刑事，本来_{（2）寻常法院对于牵涉国家的讼案无管辖权}
一概具有管辖权。惟对于国家有干连的案件，寻常法院乃无权过
问。在行政法的体系之下，所有牵涉国家的案件皆成为行政诉讼
（contentieux administratif）；所有行政诉讼，皆归行政法院裁判。
这是四种特性中之第二种。

第二特性的成立，盖根于革命时代的政策所下一种决心，即是：
法吏必不可干涉政府的行为。拿破仑对于这种决心最为折服，于
是，遂不惜以全力促其实现。

实现的方法有二：其一在于分设两套法院；其二在于抑制寻常
法院。兹请先叙述第一方法。两套法院之一为司法裁判机关，恰
似英国的常法法院。此类法院共有两种功能：其一功能，是严格地
关于私人争讼的裁判；主持其事者则有初级法院及控诉法院。其
他功能，是关于一切刑事诉讼的审讯；主持其事者则有惩戒法院及

---

14 但有些国家（譬如比利时）只有行政法而无行政法院。于是行政法的规则只由
寻常法院执行。

巡回裁判法院。[15] 立于上列各法院之上者,则有大理院。大理院为最终审判机关。[16] 除司法裁判机关之外,拿破仑再设有行政裁判机关;含有各州的郡守院(Conseil de Préfecture)[17] 及国务院(Conseil d'État)。本来郡守院与国务院所有职务多属于行政,甚少属于司法。惟若有关于司法范围者,概为行政法上所惹起的问题。两套法院不但并立,[18] 复互相抗衡。是故,在这一方面,司法裁判机关,大概言之,不能顾问行政诉讼。倘若在1800年间竟有以行政诉讼交司法审判机关处理者,则必至视为干犯权力的分离之大义。又在那一方面,行政裁判机关,大概言之,亦不能受理关于民刑诉讼的案件,否则不免有越权之嫌。不过国务院在拿破仑时代实为政府的一部分,而且具有威权极大;所以国务院在那时所受限制,当不若司法裁判机关所受者之严谨。

其次请述第二方法。拿破仑对于寻常法院的审判员,最能体会革命时代的立法精神,而使之变本加厉。试就1790年8月16日至24日之法案[19] 一加审察,读者当可概见革命时期对于司法界之怀疑心理。在这些法案中,司法裁判机关均不得干预立法职务。同时,他们复须超然分立于行政范围以外。所有法吏皆不许障碍行政权力的运行,复不许以处务有失之故,票传执行该项公务的官吏,使

---

15 巡回裁判法院施行陪审制度,其他在法国中之法院概不采用。

16 大理院(Court of Casation)严格言之,并不纯是上诉法院。

17 郡守院的组织及功能,英国学生尽可以不必理会。

18 即在拿破仑时候,亦尝有例外的案件存在。此类例外的案件至于近代,数目大增,大概以便于处理之故。是故往往有应归行政法院受理的讼狱,国会特以法案规定,移交司法法院。亦有应归司法法院,以同样方法而移交行政法院。此类例外的案件实难以一定原理分类,就本章所有题旨看想,尽可略去不论。

19 见1590年8月16至24日法令,第二章,第十一至十三节。

之出庭审讯。十年之后，拿破仑继起当国，复推波而助澜。他以为（后世官吏之与行政部关连者，几乎尽同此见）"法吏只是行政人员的仇敌。假使他们果有机会以干预行政，公共利益将因他们的故出故入或鲁莽灭裂而有受害之惧"。[20] 然而此等恐惧盖毫无根据，其实行政人员从未被中梗于法院。反之，自从大革命之后，审判员常时谦恭自处，不敢违抗命令。[21] 矧在拿破仑时代，若云干政，他们自然更无有这样大胆。所以迟至今日，他们尚不有权能以问及政府与官吏的行为。譬如公家文书，或由部长致属员之函，或为官长令士兵之手札，倘若因此项文书而惹起争执，法院当不能审问文书的意义及法律的效果。甚至有些案件，虽为政府中之官厅与私人的干系，法院亦不有管辖权。不宁惟是，昔在拿破仑时代，[22] 每逢官吏因执行公务而侵害私人权利，以至过或犯罪，法院若非得政府许可，不能受理此项民事或刑事诉讼。虽然，法院的无能力是一事，私权的保障又是一事。学者必不可因前者受制，便谓后者无救济办法。凡受损害，一个私人尽可控告犯罪官于一行政法庭，即国务院是。万一讼案发生的地方距离行政法庭太远，寻常法院亦可以因得政府许可而受理该讼案。

　　司法法院与行政法院既然并立，管辖权的问题当然不时发生。(3) 管辖权的冲突

　　20　耶磁有言："他们大概受动于一种极强有力的成见。这种成见不特存在于行政界，而且存在于大多数法师（jurisconsultes）的心上。该成见以为法吏只是行政人员的仇敌。假使他们果有机会以干预行政，公共利益将因他们的故出故入，或鲁莽灭裂，而有受害之惧。"耶磁（Jéze）（1904版本）第139页。

　　21　耶磁又谓："行政官吏当运用真正武断权力时，绝未遭逢法吏的任何抵抗。其实在大革命之后，司法人员常表示无限恭慎与绝对服从，政府的命令虽则有时近于侮慢，他们亦只得战栗从命。"耶磁，第128页。

　　22　见民国纪元8年宪法，第七十五条。参观下文论"奉命"一段。

试假设一例。譬如,某甲以毁弃契约,或以殴辱,或以无辜禁锢为词,控某辛于司法法院。某辛到案则以下列理由自行辩护:其一,本人系以公仆执行公务;其二,这一宗讼案惹起行政法上之问题,惟有行政法庭(大概说,即是国务院)才能解决。简言之,这种反对论只要郑重申明,司法法院对于这宗讼案即无管辖权。然则受害者为之奈何?本来就英国人的眼光观察,这种管辖权的问题既然争执不决,自应有公断机关以求立解;当此际公断机关自然是寻常法院,而公断人自然是该院中之审判员。诚以用当地所有审判员以断定他们的管辖权所至,实属正当理由也。这种见地,虽则由英吉利律师观察,是十分自然,毫无牵强,实大为法兰西人们所反对。是何以故?则以分权的概念不能相容故。试思寻常法院既然能自行决定他们所有管辖权,他们自不难更进一步而侵入行政范围。万一竟受容许,则所谓行政部切不可任受司法权力的干涉之大义[23]将不能存在于法兰西矣。如之何其可?即就英国人所有经验论,如果他能忆及法院的各种令行证状[2]所生效力,他自然见及法院在英国中确有不时侵越行政的举动。本来孟德斯鸠的分权理论在政治学上尽有可以非议之处,不可以一概盲从。但该项理论要是不被接受则已,倘被接受,则寻常法院不应有决定自己的管辖权之能力,自属确当不易。

于是在拿破仑创制之下,所有决定管辖权谁属的权利,一概保留于国家名下,实则移交国务院主持。国务院者行政法院的最高机

---

23 参见欧郭克(Aucoc),《行政法》,第二十四节。

[2] 按"各种令行证状"一名,系译自英语"great warrants"。此类证状由法院发出,送达有司,令之即如命行事。分析言之,则有逮捕证状(warrant of arrest)、传讯证状(bench warrant)及搜查证状(search warrant)等。

关也。至于保留此项权利的方法共有两端。倘若某一宗案件投到寻常法院，而明白地惹起行政法的问题，该法院即负有设法使此问题先就决于国务院的义务。假使寻常法院竟不自量，或使政府觉得他已越权，任一郡守（他本人就是一员政府官吏）可以提出抗议，务使这个管辖权问题得取决于国务院。由此观之，我们即谓国务院所受于国家的威权外延广漠，亦无过词。国务院既能自行决定他的管辖权所至，他即能在实际上取回寻常法院所已经受理的讼案。[24]

最后，行政法尚有一特性，即第四特性，便是官吏的保障。[25] 大凡国家的仆役，当以善意奉行长官命令时，无论如何违犯法律，行政法必出而呵护，务使此人不至受寻常法院监视。

（4）官吏的保障

这种役吏，自 1800 年起至 1872 年止，可以得到三层保障，是名役吏的保障（garantie des fonctionnaires）。

第一层以国家的行动为保障。每逢役吏执行公务以完成国家的行动，他不任受哪一所法院，司法的或行政的，课以行为的责任。

国家的行动

大凡重要事件，例如关于大政方针与公共安宁，或涉及外交政策与执行条约，以至与外人交涉，在国法之下，必须让政府有无限制的裁夺权，此类重大事件，虽则无一定范围，然而早经法国的法律承认之为国家的行动（acte de gouvernement）。[3] 国家的行动，在施行时，行政方面不任受司法部制裁。至于国家的行动果有什么

---

24 在 1828 年前，任一刑事案件，恰如任一民事案件，一经提起管辖权的抵触（élever un conflit），司法法院即无从过问，于是侵蚀行政法院的威权之患得以防闲。但读者于此不可不注意一点，即是：在拿破仑时代，以至现代，倘遇行政法院竟阑入司法法院的范围，抵触问题无法可以提出。于是，司法法院只得徒呼负负。

25 保障官吏一层初不必一定属于行政法，且可以包藏于法兰西国的法律任何部分。刑法法典第一百一十四条即是一例，但无论如何，此类法律终与行政法有关。

界限,即在今日,尚且是一个难确定的界说。因此之故,除却法国本国的法学大师外,无人能测定一件行事的性质究何属。于是法国中尽有许多事件:倘若是寻常行为,做事的人不免犯了法律,倘若是国家的行动,任何法院都不能过问。近年以来,法国学者方极力要将国家的行动所有范围收缩,庶几这样含糊术语不至助贪暴肆虐。然而在拿破仑时代,甚而至于拿破仑死后多年,我们敢断定法国实未有如此倾向。当是时,任一政府的行为,或官吏的行为,随在可以被解释为"以善意奉行,而谋公共安宁或国家大计的行事"。诚如是,此项行动无论如何犯法,只可以国家的行动看待。

<small>奉命</small>　第二层以上官命令为保障。凡役吏以长官命令行事,而至于干犯本国公民的人身自由,纵使受人控告,他亦可以援引法律而解除责任。此项法律具载于刑法法典第一百一十四条。[26] 此条法典不但实行于拿破仑时代,而且继续有效于今日。[27]

---

［3］　按,"国家的行动"一名,在法语本为"acte de governement",照字面应译作政府的行动。但戴雪在本书中,却以英语"Act of State"对译,诚以在英语中,government(政府)与state(国家)在意义上轻重悬殊也;汉语亦有同样倾向。故从英译。

26　第一百一十四条"行政人员,无论长官或属吏,若有武断的行为,至于损害个人的自由,或几个公民的权利,或违犯宪法,他应受褫夺公权的处分。

但此项武断行为,若系奉直接上官命令,可免置议。倘必须处议,其责任当由原有发令长官肩负。"(见刑法法典,第一百一十四条。)加松(Garçon),《刑法解诂》,第254页。参考加松,刑法,第三十四条及第八十七条。比较他的《刑法法典教程》,第十条;杜归所著,《宪法教程》,第524至527页;杜归所著,《国家论》,第五章,第十节,第615至634页。

27　刑法第一百一十四条所有实际效力,只有法国的刑法专家可以断定。但据考察加松的法律论著(看他的《刑法法典》,第245至255页)所得,则一个英国法律专家似可以作一结论:即是,一个官吏纵使犯罪有据,但求能托庇于第一百一十四条第二项之下,则该条之第1项固不能与他为难,就是刑法法典中之任一条亦不能与他为难。刑法第一百一十四条,由此以观,盖能包庇大多数的官吏(参考加松对于 D. E. 两纲所下

第三层以宪法为保障。新纪元民国8年的宪法,即1800年的 宪法
宪法,尝于第七十五条[28]明载:凡官吏行使本己所有职务,倘若未得
国务院许可,他的行事不受任何人检举,或由任何机关检举。

此项保障可谓宽大已极。宪法第七十五条本来只规定检举的
限制,[29]不料法院尚从宽解释,遂限制及于赔偿损失的要求。是故在
拿破仑的宪法之下,无一公仆,不论是郡守,是市长,或是警士,只
要他的行为先得国家的意旨,即不管如何非法,终不至有受罚之危
险,或有被责令赔偿损失之忧惧。

虽然,上文所罗列四种特性究竟能发生效实与否,尤其是最后
之一特性究竟能保护官吏到什么程度,两节疑问的解释均视一个问
题如何答复。这个问题是:国务院在那时到底是一件什么东西?
换一句话说,国务院是否是一所纯粹法院,抑或是行政部中之一机
关? 实则这个问题的答案至为简单。自拿破仑立法的用意观察,国
务院实为法国所有政治组织的中心。院中人物在法国行政人才中
皆是极一时之选。每遇必要时,拿破仑随时可以顾问他们;每逢有
意见时,他们亦可以随时献可替否。院中全体或院中个人常于实际
上参加国家政治所有大小事务。但就中如政策的决定,行政问题

解释,即原书第249至252页;及G.纲,即原书第253页;与第一百段,即原书第254页。
并读杜归,《宪法教程》,第七十五至七十七节,最要紧的是第504页及527页;又读杜
归,《国家论》,第615至634页)。

以英国人的眼光观察,在这条刑法之下,一个郡守,警士以至其他役吏,只要以诚
意奉行命令,纵使曾犯了殴辱或监禁个人之罪,尽可以不必有受罚之惧。

28 "政府的役吏,除部长以外,惟有先得国务院允许,方能被以公务罪检举,既得
许可,此项检举应执行于寻常法院。"见杜归与孟尼耶(Duguit et Monnier),《法兰西国
的宪法》(第二版),第127页。

29 参看雅克朗(Jaquelin),《行政诉讼的主要原理》,第127页。

的研究，与行政法问题的测定，尤为院务中之最重要者。院中人员的任免，一任拿破仑个人的意思所欲为。由此观之，我们虽谓院内全体人物，除屈服于一人意志外，实足以构成法国政府，亦不为过当。至于院务所以牵入行政法问题之故，大抵由于法国在1800年之顷，行政诉讼实未尝分离于政府事务以外。是故即就行政诉讼之处理而论，国务院的行动酷似一阁部而不同于一所法院。诚以法院为实施法律的机关，而该院对于法律问题只有献议，却无执行判决的责任。因此之故，献议之中，往往有事隔数年，乃经行政部采用者；而且迟至1872年，院中判决方才在法律上取得司法判决的地位。惟其如是，国务院虽则具有司法行政的功能，然在最初开始时，只是一所最高平政院而已。每逢管辖权的抵触问题惹起，该院即应测定某宗案件曾否牵涉行政法，因之，应归该院处理，或归寻常法院处理。然则在法国19世纪初年之国务院，盖仿佛在英国当时之内阁。设使内阁与枢密院中之司法委员会未尝显然区别，又设使内阁能以司法委员会之地位，不但处理政府与民间争讼，而且在处理之际，又时时以公共利益或政治便利为前提，则两者更为酷似。由此综观，我们可见国务院在拿破仑创制之下，确是一种行政机关，不过除执行政事外，仍时时侵入司法范围。自1815年以来，拿破仑虽已失败，然而此一机关仍无大变改；因为旧王朝自复辟后乃事事模仿帝国，而尤着意承袭帝国所创造的特权。其尤甚者，往日政府所有武断权力，事事极受欢迎，恢复惟恐不及。所以迟至1828年，即在查理士第十被逐之前二年，国人公意渐次强迫政府，务使行政威权所凭藉以侵犯司法范围的方法，稍受遏抑及限制。

讨论至此，我们因审问行政法在第一时期的发展，不觉言之至于连篇累牍。但这番仔细审察工夫并非枉费,实则十分值得。理由有二:其一,今日的行政法所有基础实由拿破仑安奠;其二,今日的行政裁判机关亦由他一人创立,而这些机关所有权界仍保守他在前日所规定。所不同者只是在于用途。本来拿破仑发明这种机械,原欲用之以扶持开明专制;今代法兰西的立法专家与改制者却用之以促进法律中之自由。但个中有一事实必不应忘记,这一事实是,法兰西的行政法实造端于几个观念,他们以维持公共利益为前驱,又以拥护政府的特权即所以巩固民族前程为左右翼。

第二时期——自阿里安朝代至第二帝国,1830—1870年[30]

这一时期至值得英吉利学生的注意。本来拿破仑的帝国主义不外代表专制政治,复辟时代不外从事于复古与反动,两者均不足以对峙今代英格兰所有政制,而资比较。可是,自他一方面观察,第二时期概括法国四十年历史,介于查理士第十的放逐与拿破仑第三的败亡之间,虽则被三次变革错杂点缀(即是,1848年的革命,1851年的政变,及1870年的第二帝国之崩溃),实则以全体论,构成一代文治秩序。在40年间,除却6个月期间外,法兰西概依国立法律以为治。这种有秩序的进步,恰好给予两国所有公法以比较研究的机会。就中尤以腓立的统治时期为最适人意,因之,这样研究尤以这时期为最适合。在英吉利人们的心目中,他总算是一个立宪君主。[31]以他的巴力门制度下之内阁言,以他的元老院言,又

---

30 第二次民国仅能寿世3年,且政事梦乱;其间所有立法上之行政法的改革,并不能垂之后世。故此处略而不论。

31 腓立所以能成功为法国君长,亦赖有历史上之一种助力。当是时,法国人咸以18及19世纪中之法兰西大革命,比拟17世纪中之英吉利光荣革命。于是,腓立在法国的地位,恰如威廉第三在英国的地位,两人均要做完成革命的工夫。

以他的众议院言，一切政府所有组织俱模仿英宪；一切政治所有精神亦受英宪熏陶濡染。在腓立的统治之下，寻常法律的至尊性，与寻常法院的执法主治，一概确立于法兰西，一如英格兰所行事。然而在他一方面，试一审视行政法所占地位，英吉利人们不觉大失望复大惊异。因为在这一期的 40 年间，纵不乏立法上之改制，但这些立法对于拿破仑所遗下行政法的特性，甚少惊动。[32] 行政法在那时，一如在前时，屹然独立，只有行政法院可以过问。至于寻常法院，在当日一如在前日，丝毫与行政法无干。本来自从腓立输入巴力门政治以来，国务院尝于屡次不一次被夺去许多政治活动；然而他始终以一所行政法院的资格存在，迄于今日，未尝少改。不宁惟是，国务院在当时且能保存今代所不能维持的一种功能，[33] 即能代司法法院规定该院管辖权一事是。因此之故，国家的役吏依然保有拿破仑的立法或古代习例所遗留的特权及特别利益。简约说，"droit administratif"（行政法）在当时实能维持旧观，以迄 1870 年为止。倘若再进一步，探求缘故，盖有两大原因：

(1) 就国务院本身着想

第一，国务院在第二时期中，未尝完全改变内容而成为一所纯粹的司法机关。这是一点论旨，英国政论家对之颇觉犹豫，而不欲遽逞臆说。犹豫何自起？起于内观本国，与外觇异国。故在他人观察本国方面而考虑，他习见一个法兰西人，虽则善知英国，还要有时误解英吉利制度的实际工作。譬如，因为枢密使（Lord

---

32 当时虽无巴力门的改革（即立法的改革），然尚有司法的立法以为改革行政法的工具。这是要说，国务院以司法法院的精神而行事，遂渐收改善行政法的效果。

33 关于平政院，参考下文行政法在第三时期之发展所有第三项改革，论平政院的设立。

Chancellor)是内阁中之一阁员,同时又是高等法院中之衡平庭(the Chancery division of the High Court)的裁判长,[4]这位法兰西人或不免有一想像,以为内阁的意思总可以感应衡平法院的判决。但试一征诸实事,任一个英吉利人亦能证明结论的谬误。又在本国人观察异国方面而考虑,他亦熟知时至今日,国务院能博得法国人民的信仰,足与法国最高法院之大理院齐名;他又熟知即在往日,国务院自1830年起,声誉日隆而未有艾。因之,我们对于国务院一制度似不可妄加毁谤。虽然,此项犹豫状态当为政论家在批评外国的制度长短所恒有;不过专就介于1830年与1870年间之国务院立论,我们敢作断案如下文,即是:国务院在第二时期中当以行政法院的资格行动之际,虽则渐次趋于司法化,但终不免带有多少行政机关的彩色。这是要说,院中人员当行使半司法的职务时,似乎甚易被阁部所有情感掀动及转移。这一句断案并不要包含一种论调,谓国务院虽常以有名学者及行政专家组织,但仍不能主持直道。他的指意只是要说,国务院所谓直道,有时不能与寻常法院所谓直道两相符合。

第二,役吏的法律保障,在第二时期中,并不见日趋于轻减。(2)就国家的行动着想
凡属国家的役人,不论地位高低,只要所行事是用以完成国家的行

---

[4] 按,枢密使在英语为"Lord Chancellor",是一个职务极复杂的官吏。他在内庭为英国王的管玺大臣,又在枢密院中参与机要。他是贵族院的议长,又是内阁中之一阁员。从前他本是一个宗教官吏,故今日在宗教上他依然占居尊严地位,与参加许多国教事务。而在司法方面,在昔日他本为衡平法院审判长;今以该院归并高等法院,故他遂以审判长兼任高等法院院长。当贵族院组成控诉法院时,枢密使实为该院审判长。故以出身论,他大抵尝习律,又尝充律师。

动，[34] 不须自负行为的责任。在腓立时代，一如在第二帝国时代，这句无定着又无界限的称谓，不论在理论上或在实际上，一略从宽解释。

试征实例。在1832年，[5] 柏梨公爵夫人（Duchesse de Berry）谋乱于拉罔爹（La Vendée），不成，遂被逮。腓立不敢放逐之于国外，又不欲提交法庭审判。而民党中人及王党中人均欲置之于法庭候审，但双方用意各有不同：前者欲待之如刑事犯；后者欲待之如女英雄，即藉之以激动民众。国会屡辩论此案，亦无结果。于是，公众上请求书，请早日开审；否则早日释放。但政府均不采纳。最后，公爵夫人因自认曾经再醮事于狱中，遂致大失人望；因之，政府知其不足为患，乃得出狱，而受放逐于西昔利（Sicily）。平心论之，政府（实则君主）所为，自始至终均违法律。即当代内阁，亦藉西耶（Thiers）之口，出而表示，谓国法曾经蹂躏。却是，众议院以人民代表，乃投票可决（但非通过法案以立法），以维持政府此项非法行动。[35] 这是一种威权，在当时被解释为国家的行动所应有。惟其解释宽泛如是，拿破仑第三乃据之以自由措置阿里安王室的私产；甚

34　关于国家的行动，参考上文论行政法之第四特点。

[5]　按，柏梨公爵夫人为柏梨公爵的寡妇，而柏梨公爵又为法国王查理士第十长子。1830年7月革命猝起，查理士第十出奔，公爵夫人携幼子相从于患难中，以胆气甚豪闻。1832年公爵夫人自意大利复入马赛（Marseilles），谋作乱，不成被逮。腓立囚之于白列（Blaye）故垒，舆论大不以此举为然。腓立患之。会公爵夫人在狱中自认尝于公爵死后再嫁，声誉陡落。腓立知夫人不复能为己敌，故释之，使复自由。

35　格里瓦（Grégoire）在他的《法国历史》中记述此事甚详，兹引用之以资佐证。如下："西耶在6月20日会议场中，侃侃谈论，极力声明此举的失当。政府对于公爵夫人，忽加逮捕，忽加拘禁，又忽加纵释，皆属违法。最后，西耶特望众议院考虑此等事变，而决定其当否。众议院票决之后，仍照议事日程通过（见原书第364页）。参考同书第292至328页，又第356至364页。

第十二章 行政法的反比

至迟至1880年，尚有以威力协散宗教集会事作为国家的行动。一经被视为此类行动，凡事皆可超越国法。[36]

又如上文所论，刑法法典以第一百一十四条保护官吏，使得以奉行上官命令，解除责任：这条法律，在第二时期中间依然有效（即在今日亦然）。

不宁惟是，新纪元民国8年的宪法中极负盛名的第七十五条，[37]亘第二时期40年之久，卒未经撤废。依法文所有意旨，非得国务院的许可，官吏实不受检举。而所谓许可云云，读者当不难明白，国务院在如此场合之中实不免处于被动地位，将惟内阁之命是听。

若在人民方面，法国所有舆论亦不承认国务院为一纯粹司法机关，而且斥责一切关于包庇犯罪官吏的举动。试一倾听笃奎尔的反对言论：

"在法兰西民国新纪元之第八年，一部宪法起草方完，就中插入一条极有名的条文：'第七十五条所有名位在部长下之政府中服务人员，非先得国务院的命令，不能因执掌职务上之行为失检而受检举。[38]惟在得请后所有检举应提出于寻常法院。'迄今民国8年的宪法已废，但该法的第七十五条依然存在，是则该项条文实足以继续八年宪法的生命。全国人民对于此项条文极力非难；以个人所有经验论，我自己尝竭力向英国或美国人解释，每觉为难。骤闻之下，他们的论调大概归宿于一结论，即谓国务院在法兰西中必定是

---

36 刑法法典，第一百一十四条，上文已经征引。参见本书第十二章，注释26。

37 八年宪法，第七十五条，上文已经征引。参见本书第十二章，注释28。

38 此项检举，后来经司法判决，并被扩大意义，以至包含诉讼之关于要求赔偿损失者。参考雅克朗（Jacquelin）所著，《行政诉讼的主要原理》，第127页。

一所伟大法庭，设立于全国中心，而运用预审及专断的管辖权于四境。但每逢答辩，我必告他们以国务院的真际地位，即谓：国务院若自术语上之常识观察，并不是一所司法机关，却是一所行政的咨议机关，由元首委任人员组成。于是，君主在如此场合中，在一方面，刚才差遣他的仆人，称郡守的，做了一件恶事；在他方面，随即差遣别一仆人，称国务员的出头包庇，不使前者受罚。继此，我又向他们表证，即谓：某一公民，倘若曾因元首使令公仆做事而受损害，必须再乞怜于君主，俟得许可之后，方可请求伸雪。不料英国人或美国人一闻如此答辩及表证，他们均不相信世间竟有这样暴劣的政治，甚至斥我为说谎或暗昧。本来在大革命以前，国会每因官吏行恶，而加以检举，但一经元首出而干涉检举即受挫折以至停止。盖以在前朝政治中君主的意志为绝对，又为专断，国民必须依从，在势实不能反抗也。不料降及今代，我们竟能容忍专制时代所有暴行，阳假直道及法律之美名，阴行武断及压迫之实。古今人知识能力上之相去不綦远耶？"[39]

这一段寿世文章，自笃奎尔所著"亚美利加中之民治"引用，以1835年发表；当是时，作者以30年华已负盛名，他的朋友至以孟德斯鸠相比拟。他盱衡古今政局，更对于行政法的地位特加以估量；所言隽永，至耐人寻味。试再翻阅他的晚年杰作《古代政治与大革命》一书，学者当知笃奎尔所有在早岁时对于行政法的评价，到了晚岁依然未改。兹征引一段于下文。

"司法权力在古代政治时，不幸阑入行政范围；大革命发生以

---

39 见笃奎尔所著，《亚美利加中之民治》第一册（英文译本），第101页；又见全集第一册，第174及175页。

第十二章　行政法的反比　　　　　　　　　　　　　　　　　**419**

后，我们乃得大反前人所为，将前者摒出后者所有范围以外。但在同一时候，政府的威权亦已渐次侵入司法所有领域，这是尽人所共见；不幸我们在大革命进程中依然听其存在。是故专就行政方面着想，我们似乎漠视权力相混的危险。殊不知以司法混入行政，固有危险，以行政混入司法，何尝不有同样危险？或者所生危险更甚，亦在意中。诚以法吏干涉行政的危害，至多不过阻误行政在进行上之速力，惟当行政权力可以操纵及指挥司法时，全国公民若不被驱入革命党，则必被夷为奴隶。"[40]

这是一个有天才的学者所发言论。他不但熟知法国历史，而且彻底了解当代的法兰西。他不但在巴力门中有多年经验，而且有一度曾任内阁阁员。于是，他谙练法国的公家生活，仿佛马可黎（Macaulay）谙练英国一样。然则这番言论实足注意。平心论之，笃奎尔在当时所有心理固不无偏袒，而且于笃学深思之余，他不免有时重视今代民治的弱点与古代君政的流毒所有互相感应，故所用语言及词气不无过当处。但无论如何，这段批评实足以代表当时一般学者的意见，至无疑义。试再征诸耶磁（Jéze）。耶磁尝著书讨论国务院的成就及所用方法，特加一条注脚，大致说：直至19世纪的末年为止，所有民间日用常话，凡关于"直道"（justice）或"直道法院"（courts of justice）的名词，务必斟酌用之；按实说，这些名词只有适用于司法法院。[41]这句评论最足以证明笃奎尔的言语并非羌无故实者比。

然则行政法存在于1830年以至1870年之间，究竟发生如何效　行政法在当时所生效实

40　见笃奎尔所著，《古代政治与法兰西大革命》（第七版本），第81页。
41　见耶磁（Jéze）所著，《行政法通义》，第138页注①。

实，我们当不难推知矣。这种效实是：法兰西公家仆役所有法律身份因是大异于英吉利官吏所有。

就大体上说，法国公仆常构成社会中之重要部分，因之，他们在法国中所占地位酷似军人之在英国。例如，英国军人须守军纪；法国公仆亦须守官纪。如有违犯，双方皆被从严惩治。然而法国公仆享受一种保护，务使私人虽受他们在执行公务时所生损害，亦不能向寻常法院控告；此项特别利益绝非英国军人所能梦及。试征实例，譬如，一个郡守或警士，因热心奉行公务之故，至于殴辱私人，或践踏私家田园，受害者必无从报复。若遭控诉，该役吏可以自行申办，即谓这次冒犯是生于国家的行动。万一尚无效力，他可用刑法法典第一百一十四条作护符；依之，驳案纵不能避免，但刑罚仍有末减的可能。况且最终一着，尚有内阁可包庇。倘若内阁裁可他所行事，他尽可以不需法律的辩护。因为在如此场合下，除非先得国务院的允许，他即不用对簿公庭。于是，宪法第七十五条遂成为役吏的特殊利益或无责任之逋逃薮。抑学者对于此物慎勿轻视，遂以为该条宪法久弃勿用，早成具文。试征诸历史，介于1852年与1864年之间，共有264次依宪法控告官吏的申请；就中只有34次获准；其余230次皆被批驳。[42] 由此综观，第七十五条宪法的非直道性质实显而易见，而且法国人民苦之已久。虽以拿破仑的强暴，当1815年时，他亦不能不应允将来要把该项条文撤废。不幸拿破仑即于此时一蹶不起，遂致不能自践前言而已。

---

42 参考雅克朗（Jacquelin）所著，《行政诉讼的主要原理》，第364页。读者于此有足注意者一事，即是：近年以来，宪法第七十五条的原理竟渐次得承认于德意志帝国中之数邦。

第三时期——第三次民国，1870—1908 年

在第二次帝国颠覆前之二年，人民公意力求三项彻底改革实施于法兰西的官法。

1870 年 9 月 19 日，宪法第七十五条被撤废。初，民国纪元 8 年，即 1800 年，执政院宪法成立，第七十五条条文始见于法国。其后，经过第一次帝国，复辟时代，阿里安王国，1848 年之第二次民国以至第二次帝国，计易朝六次，历年八十载，该条文继续存在。此事之足以深感英吉利政论家者，不徒在年代绵远，而在于撤废的时日与方法。试问 9 月 19 日为何时耶？则普鲁士渐次窘迫巴黎国都之日也。在一方面，敌军既深入国境；在他方面，国中人士又自行组织临时政府于国内。本来临时政府的成立在道德上既无根据，在威权上又无倚傍；徒以外寇已深，国内人心惶惑，将欲安内御外，临时政府实在有成立的必要而已。但临时政府方告成立时，国人正在忙于筹备所以捍卫巴黎之际，当局竟有余闲以问及法兰西的法律中之一基本原理，而从事于改革，是亦一大奇事。至于改革的动机究竟何属，此则非外国政论家所易测定。但有一种揣测，似与后来事实不大相违背，即是：第七十五条条文的撤废系随便通过，后来亦不再惹起争论，因为这种改革，就表面观察似属严重，就实际观察则是寻常；换言之，役吏的法律身份与行政权力的进展，并不因有此次改革而受牵动。[43]

（1）宪法第七十五条的撤废

43　欲得佐证，参考下列典籍：
(1) 欧郭克 (Aucoc)，《行政法》，第四百一十九至四百二十六节；
(2) 雅克朗 (Jacquelin)，《行政的管辖权》，第 427 页；
(3) 拉斐梨耶 (Laferrière)，《行政的管辖权论》，第一册，卷 3，第七章。

更有一种际会,足使英吉利法学者遇之而惊愕者,即是:第七十五条条文的撤废,虽则迟至今代尚未经立法机关追认,却永远继续有效,而成为国法的要则。一经提及此点,我们遂得于无意中邂逅法兰西宪法原理中之一条定则。这是要说,法国所有法律及舆论,随时让与事实上的政府以极大威权。试征实例:譬如,1848年的临时政府怎样能以成立,似乎无一人能预料;惟在仓猝间,突有一群暴徒对于一政治领袖,由少数人欢呼,多数人附和,于是新政府遂以产生矣。这样随意组成的政府,直可谓之事同儿戏;但当其继续存在时,法国舆论必加以承认,使得具有立法上之充分威权。申言之,这种临时政府不但是一个立法的威权,而且是一个制宪的威权。他可以发号施令,在法律术语上称之为敕令法(decréts lois);[44]这种敕令法,非至被法定的立法人或立法机关将其撤回时,常有法律效力;而且他的效力之大足敌国民会议所制法律。然则法国人民能接纳政府的威权而顺从之若此,此则英国人所不能已于惊异者也。返而观诸英国本国对于法律的见解[45]则大异是。试征实例:譬如,介于1642年与1660年,凡十八年间,英格兰亦尝建立

然而自有撤废第七十五条宪法一举,实际上至少有一效实。这是要说,此举使人人得以承认一通则,即是:官吏犯法与庶民同罪。由此项承认,法国学者断之为公意之一大进步,又为保国卫家的权力之一种倾向。

44 关于敕令法的法律精义,参考:杜归,《宪法教程》,第1037至1038页;莫罗(Moreau),《行政规程》,第103及104页。此类法律通过于1848年之临时政府,介于2月24日至5月4日之间;又通过于拿破仑第三的政府,介于1851年12月2日的政变与1852年3月29日之间。拿破仑第三在此际实为一个篡夺权力而未得全国承认的统治者。最后,此类法案又通过于国民自卫政府,介于1870年9月4日与1871年2月12日之间。当时政府可以称为时代需要下的临时政府。

45 雅克朗(Jacquelin)在他的《行政诉讼的主要原理》确附和这种见解。阅该书第127至144页。

第十二章 行政法的反比

许多法律矣。其中,复有若干法律案本为克林威尔统治下之巴力门所通过。克林威尔者英吉利平民政治之监护人也,实则国内国外无不尽知其为英国事实上之统治者。但在当时所立之法,无一宗法案被列入于议事录,而成为定法,以垂之久远者何故?则以英吉利法家的守法精神实有以致之也。他们对于1660年间之法律问题,除却一个合法机关外,绝不承认有所谓巴力门的威权存在。这个机关便是长期巴力门(Long Parliament)。长期巴力门尝依立法手续而通过一法案以规定,凡非得巴力门自身同意,政府不能将其解散。这宗法案,同时并得到查理士第一正式承认,于是遂成为长期巴力门的合法根据。讵意自1642年起,大革命(the Great Rebellion)发生,在此际,查理士第一时与巴力门寻仇;巴力门不为之屈,乃自行发号施令,而所有法令不复以国玺盖印颁布。巴力门法案于是乎有法式未完的缺陷;未几长期巴力门亦沦为残余巴力门(the Rump Parliament)矣。基于此理,英吉利法家遂不能承认1642年后的立法为合法。由此综观,英国人民所有守法精神与法国人民所有尊重政府的倾向,盖适相反对。后世学生对于此等反对政象当不免迷目眩心,而难以鉴别双方的是非长短。抑这一段文章所讨论似乎离题太远,实则为题义所蕴蓄。在讨论时,我们当可概见英国人与法国人,即同在革命时代中,对于法律主治,亦具有殊异观察点。

第七十五条宪法撤废以后,尚有一段余话,亟须补述。1870年9月19日所发敕令法,就外表观察,似乎决定今后役吏的命运;即是:自时厥后,凡被私人以犯法控告,这位官员应受寻常法院审判。即就实际观察,所有司法法院及行政法院在1870年至1872年间,亦不约而同怀此见,不幸,竟有一次司法判决为之中梗,卒使这宗敕令法成为有名无实。是亦大可慨已！先是，自9月19日后，官吏被以犯法告发者极为频繁，此类事变至足以惹起政府的忧虑。于是政府不得不设法以保护他的仆役。卒之，政府自动地提出1870年9月19日的敕令法究有什么实效的问题，交予新设的平政院（conflict court）⁴⁶ 请下判决。平政院旋交下法律意见，即谓：检举官吏虽不须得请于国务院，然而权力分离的法律大义仍须尊重。因之，凡遇一件讼狱发生，究竟管辖权应属于司法法院或行政法院（实际上即是国务院），逐一案件均有问题；这种问题固不能取决于国务院，亦不能取决于寻常法院。换言之，惟有平政院才能决定这种问题。⁴⁷ 自从这一道判决交下后，舆论翕服，因之案中大义遂以确立。诚以判决书所持理由实根据权力分离的理论，而权力分离的理论又来自法国人民素日嫉忌法院干涉行政的传统思想；由是，这宗判断依一位法学宗师所论，卒能使撤废第七十五条宪法的法令等于具文。是以杜归言曰："综观此事，我们可见今代法制与古代法制，在互相比较时，只有一点相异，即是：当在八年宪法之下，所有检举官吏之发生于1870年以前者，须先得国务院命令，而在今日，此举须请命于平政院而已。" [48]

46　参看下文平政院的设立一段。

47　参考关于佩列蒂耶（Pelletier）的成案；此案以1873年7月26日判决。此案判决后，极得舆论赞助；试阅拉斐梨耶（Laferrière），第637至654页；柏写列眉（Berthélemy），第65页；杜归，《宪法教程》，第六十七节，第463及464页；耶磁，《行政法通义》，第127至144页。

48　法文原本的语言引述如下："Finalement la seule différence entre le système actuel et celui de la constitution de l'an VIII., cést qu'avant 1870 ; la poursuite contre les fonctionnairos etait surbordonnée à l'autorisation du (Conseil d' État, et quàujourdui elle est subordonnée à l'authorisation du) tribunal des conflits."见杜归，《宪法教程》，第464页。

又依 1872 年 5 月 24 日法令,[49] 国务院凡有关于行政法的判案,(2) 国务院自此日起,应具有司法判决的效实。原来此类判案,在前时的理论及实际中,[50] 上文曾经提示,不过视同一种献议;献议见用与否,政府自有权衡,惟经过此次改革以后,国务的法律意见乃趋于司法化。自 1800 年以来,所有讼案的管辖权问题,即某一讼案应归司法法院或归行政法院(实际上大概就是国务院本身)审讯的问题,俱由国务院决定。这种权力,亦依 1872 年 5 月 24 日的法令[51],一概移交平政院。[52] 然则同此法令以判决言,固足以增加国务院的威信,又以管辖言,却足以减杀国务院的威权。是亦一有趣事也。

平政院是一所独立机关,他的组织务有所以公平代表双方威 (3) 平政院的设立
权:故在一方面则代表大理院(此为司法法院的最高机关),而在他方面,又代表国务院(此为行政法院的最高机关)。院中推事共有 9 人:中有 3 人由大理院选出,又有 3 人由国务院选出,其余 2 人则由该 6 人推举。他们 8 人在院中任期各为 3 年,但得连举连任。而司法部长实为该院之当然主席。徒以置身内阁而为阁员中之一人,同时又未必是律师之故,司法部长甚少躬亲院务。于是平政院遂不得不添置副院长一人,由 8 人中互选 1 人充任。每当院长(即司法部长)缺席时,副院长代行主席职务。[53] 以地位论,平政院几乎成为一纯粹司法机关;因之,依法学宗师所观察,他极能博得社会信仰。

---

49 见 1872 年 5 月 24 日法令,第九章。
50 详见上文行政在第一时期之发展,综论国务院的性质一段。
51 见 1872 年 5 月 24 日法令,第四章,第二十五至二十八条。
52 平政院尝设立于第二次民国时代,但政变后旋即废止。
53 参考本书附录中之第十一则,论平政院的组织。又柏写列眉(Berthélemy),《行政法综论》(第八版),第 880 及 881 页;沙董(Chardon),《法兰西国的行政及役吏》,第 412 页,亦可参考。

然而尚有两点缺陷：其一，现任司法部长既为内阁阁员，又为平政院长，因之该院行政常与政潮相关连；其二，各推事任期有限，而不能终身任职，因之缺乏一种完全司法独立的保障。[54] 两点缺陷，依据法家所论，极应改正。[55] 惟在未实行改正之前。平政院的司法性质殊有遗憾，而自英国人的眼光视察，平政院既有时须受司法部牵制，复时时受政府的意旨感应；该院必将不能完全独立，至易猜度。而且此项猜度并非毫无影响。是故，迟至1908年，一个司法部长因辩论部长应兼任院长问题，即谓：平政院中总应有一个人，以代表政府的利益。[56]

<small>改造与进化相关系</small>　　上文所述三项彻底改革俱以立法行动实施，至足以应付时代的需要。[57] 骤观之下，这种行动似乎进展极速，而又事起于仓猝。虽然，如此观察并不得到事实的真际。其实，这三项彻底改革的成功，只得自缓慢而又继续的思想革命，又得自国务院中之立法家的苦心毅力。正惟有了苦心毅力，这班立法家在法兰西的法律思想与名理的领导之下，乃能脱胎于行政习例中之武断力与专制性，以造成一部行政法的体系。然则为着明白行政法百余年（1800—1908年）来所

54　国务员（或参事）自1875年后，不见有随时免职情事发生。

55　参看拉斐梨耶（Laferrière），《行政的管辖权论》，第一册，第24页；沙董（Chardon），《法兰西国的行政及役吏》，第4页注②；耶磁（Jéze），《行政法通义》，第133及134页。

56　参考耶磁（Jéze），《公法杂志》（1908年），第二十五册，第257页。

57　这三种改革，或受默认于1870年9月19日敕令法，或被规定于1872年5月24日敕令法，皆发生于第三次民国成立以前（即1875年前）。当是时，国民会议为全国政治中枢，主其事者大多数不是革命党人，复不是改良派人物，还只是王党中人。这是要说，国民会议中之大多数领袖方极力以恢复旧物为事。然而他们竟要施行这种彻底改造者，实为全国人民所要求之结果。

有进化，我们必须综览该法所有整个的进展程途，而加以绅绎探讨。申言之，我们所用工夫不要学历史家一味记诵历史上成事，惟须学公法学者，用历史眼光以考察法国所有公法的生成。于是，我们将见行政法在108年间的进化可分三期。[58]兹当分述之如下：

（1）隐生时期，1800—1818年。在这18年间，国务院以司法的先例为工具，特创造多数原则。复依据这些原则，国务院当解决行政上之争讼时，得以立决疑难。于是，行政法的体系遂以暗中生长。

（2）明进时期，1818—1860年。在这42年间，共有多次改革，少半由于立法，太半由于审判员所造的法律。当是时，国务院的司法功能渐次离却行政功能而独立。行政诉讼（le contentieux administratif）概归专一委员会管理。最足注意者却是，凡遇听讼，司法委员会委员相与会合以构成一法庭；庭中不但有两造律师辩论，而且公开谛听两造理由；辩论既毕，审判员乃依法式发表判词。判词公布，旋受报告，报告既出，即得公众注意。于是，判决案渐依司法成规造成法律，一如英吉利律所习见。简约说，国务院的判决卒能取得先例（precedent）的威权。[6]这是行政法的一大进化，较之法兰西的大革命的成功不容多让。徒以政治革命惹起世间注意太过，反致制度上之不断生长浑然忘却。其实行政法虽有时缓进，或至却退，然而终未尝停止一步。即在第二次帝国时代，行政法不

58　参考倭理吁（Hauriou），《行政法精义》，第245至268页。这三个时期的分划不能符合法兰西历史上之政治改革而为本章上文所已枚举者，姑录之以当综观。

［6］　按，先例是一法律的名词，特别被用于司法判决，以指某一成案中之一法律要旨。这一要旨被法院引用以判新案，于是该成案遂带有一种威权，使折狱有所根据，《汉书》有言："不知为吏，视已成事。"此语与本文所有释义可以互相发明。关于先例在英吉利法律中的重要，参考滂恩著，雷沛鸿译，《法学肄言》，第70至75页。

但逐日减去武断力,而且随时增加固定与显著的法规。

(3)组织时期,1860—1908年。最近过去48年为国家多事之秋,丧乱频至。例如:帝国改成民国;普鲁士军队入攻,内乱战争屡起屡仆皆是。然而在如此变乱之际,行政法却能循序渐进而有条不紊。就中罕有猝变,即有:亦不能发生极大效实。譬如,1870年9月19日法令与1872年5月24日法令,当以两者相联合而观察时,似乎足以改变行政法的内容不少。但在实际上观察,他们不过能将自1800年后国务院与大理院所景从以折狱的法律思想,返本还原与发挥光大而已。倘若学者能取法兰西自1800年后的法律历史作整个的考察,他尽可以归结于一句断语,即是:行政部所有武断威权,不管为拿破仑第一所运用,或为腓立与拿破仑第三所运用,纵未完全消灭,至少已经逐渐减削于行政法院的领区以内。是故,"droit administratif"(行政法)虽则执行于似法院而非法院的行政机关,虽则所依据以折狱的规矩不尽符合英国人所有法治概念,实则渐次进步,而成为近似法律。换一句话说,行政法与专制权力所使用的人情好恶的特权是完全两样。

第三节　比较观察

试取法兰西的行政法与英格兰的法律主治互相比较,个中不乏很有趣的同点或异点。让我们申述之于下文。

(1)行政法与16、17世纪中之英吉利思想不相径庭

第一目　同点

在本论开始以前,我们须记取一事,即是:惟有"现代"

(modern)英吉利法律概念,方能与盛行于法兰西或大陆国家中之行政法成为反比。若在其他时代,虽在历史上尚未为荒远的时代,尊君思想依然流行于英国;在此际,两国所有法律概念并非背道而驰。[59] 本来在信仰相同之地尽可以产生相同结果,于是,法国所有行政法似乎可以出现于英国,而造成永久制度。试征诸历史:譬如,自条多君主(Tudors)登位,以至司徒雅君主(Stuarts)出亡时候,元首与公仆常喜主唱一种政治见解,极仿佛法国人民所接纳的理论,不过这种理论所恃以发表的方式互相差异而已。惟其如是,英国在10世纪间所有内乱战争实起于法律问题及宪法问题之争执。只以在一方面,君主失德,不能振作有为,在他方面,人民又混宗教信仰于政治运动,于是内战的真性质转以晦而不彰。若以法家的眼光观察,立于战局之背后者显然分作两派:在一方面以倍根(Bacon)及温华士(Wentworth)为代表,在他方面以柯克(Coke)及翳理倭(Eliot)为代表,双方的政治家各有相当势力,又各有正当主张,而争点惟集中于一政纲。这条政纲是:大陆式下之强有力行政究竟应否永远建立于英国。前者主张正面,后者主张负面。平心论之,倍根及他的同党诚不免忽略了一点,即是:增加君权实可以流于专制。然而他们绝对不要牺牲自由或侵犯私人权利。只以在一方面,他们深见柯克的法治主义过于保守而滋流弊,在他方面,他们极愿得一强有力的中央政府,庶几有以制止私人或一阶级出而作威作福,他们于是乎有正面的主张。简约说,他们要把行政法所授予外国执政

---

59 此旨可用17世纪中报纸与政府的关系解证。当是时,报纸的地位,在英国与在大陆国家具有同点;参看上文,第六章,第五节。

者,衣被于英吉利政府本体。因此之故,行政法上之各种特殊形态,大与尊君派的法家所主张的特权或制度互相仿佛。

首先有一同点即是关于特权本身。特权,依倍根所陈说,是超于寻常法律的一件宝贝;犹之法国学者列大政方针于国家的行动以内。两种权力皆不应受约束于寻常法院。其次,更由法院而联想及于法吏,两国所有见解大略从同。是故英国法院常有一随感,即谓:审判员固然是狮子一样,但只是王殿下之狮子。这是要说,这个狮子不应被用以妨害主权权力。[60]法国革命政治家则谓:审判员,无论何时何地,不应扰害行政部的行动。倘若这条原则能依名理推阐,则所有行政举措皆将纳入特权的范围,而不容法院过问。试征实例:例如星法院(Star Chamber)在于英国,犹之国务院在于法国;两者皆被用以行使特权,故所有权力必须极力增加。不宁惟是,即八年宪法之第七十五条亦不能无独而有偶。[61]他的匹偶即是倍根所条陈的停止进行状。[7]此状一出,凡案件之牵涉君主利益者,审判员即不能干预。所以贾地纳评曰:"倘若倍根能实行他的计划,这一道命令状的效实当可以抗衡法国历次宪法所同有的一条著名条文,依之,凡政府的役人若非先得国务院许可,不能以执行公务而有过失之故,受人控告。本来这道英吉利命令状所禁格只限于君主本身的利益,并不如法国宪法竟要推及官吏之毫无制限,然而两者

---

60 参考贾地纳所著,《英格兰的历史》,第三册,第2页。
61 参看本书第十二章,注释28。
[7] 按,停止进行状在英吉利法律中为一古代之命令状(writ);由君主发生,以送达法院,诫饬法官,使不再进行某一讼案。因为再继续进行,君主所有利益或至妨碍也。故原文为:Writ de non procedendo Bege inconsulto。

都是恶制度则无二致。"[62] 虽然，贾地纳所论尚有待于补充，诚以这一道命令状所含原理尽可以推广至于无限，而且早为倍根料及。所以倍根尝上书于英吉利王曰："这一道命令状是一重要工具，为古代法律所供给。若有案件关系君上的利益及权力者，依此状寻常法院不能过问。申言之，只有枢密使可有权以承审此项案件。而且枢密使非他人，他是政府的顾问及元首的股肱。他的地位以受元首的知遇而保持，因之，他必须努力以卫护王室所有利益。"[63] 倍根之言如此，若使能见诸实行，则行政法所有一个基本信念必能确立于英国。这一信念是：行政问题应就决于行政法院。

综括观察：在一方面，行政法的法理思想至今还盛行于大陆各国；[64] 在他方面，特权的概念曾一度由君主倡导于17世纪之英格兰。两者所有相似性极带有思考的价值。就法律的渊源论，行政法的思想，依多数法兰西的著作家探讨所得，似导源于大革命时代或第一次帝国时代的政治头脑。但再进一步研究，他们不过仍胚胎于古代政治的习惯及传统思想而已；如此主张在今日谅无人非议。至于条多及司徒雅两朝君主所欲建立的强有力政府，究竟取法于何国，自是一个极有趣味问题；然而这个问题我们只好让历史学者去研究。在此地我们且以一结论作结束。这一结论是，法国历史暗示我们以两事：一是建立强有力行政制度于英国所以半成功的理由，二是这种尝试所以卒致失败的缘故。半成功的理由何在？在于十六七

62　参考贾地纳所著，《英格兰的历史》，第三册，第7页注②。
63　参看阿博特（Abbot）所著，《倍根传》，第234页。
64　读者注意，行政法的体系今已经过多少司法化于法国。其余大陆国家亦有行政法，不过这种体系的存在各有殊异方式而已。

世纪之英吉利政情，正与法国古代政情之利于有强有力政府者相类似。惟其如是，两国的君权均赖之以逐渐扩大。然而英吉利元首所以最后仍遭失败者，少半由于司徒雅朝中之君主自有惭德，但太半却由于行政法的理论及实际，适与法律前人人平等的习惯相反对。原来这种习惯久为英吉利制度的主要特性之一种。

（2）行政法是成案法

行政法以内容论，绝不似现代英吉利法律的任何部分，但以造法的方法论，却与英吉利法律相同。诚以行政法只是一种成案法（或名审判官所造的法律）。[65] 由是，行政法的原理必不能自任何法典中寻出；他们只从先例得来。法国律师是以于此常怀一信念，即是行政法必不可以编纂，使成一部法典：如此信心恰与英吉利及亚美利坚律师对于英吉利法律，尤其是常法的信心相同。这种信心在他们的心目中似乎只可以意会，而不可以言传；其实只是：行政法的信士与常法的信士，盖深知他们所赞美的法制不过是司法的立法所生果实；若一旦竟受编纂成若干条文，则在法国中之行政法院，一如在英国中之判官，所固有的立法威权从此以后必被限制。加之所有行政法专书，对于行政诉讼的成案十分重视；此旨亦与英吉利法律专书所有者无异。至于两者所有原因亦属同样；即是两种法律同是以先例为基础的一种法律系统，因之，学律者与执法者必不能忽视成案。

不宁惟是，法国的行政法与英吉利法律，因同为成案法之故，同样受裁成于法律教本及法律解诂的著作家。是故，在英吉利法律

65　参考戴雪所著，《英格兰中之法律与公意》，第十一演讲，第359页，及本书附录中之书后第四则，第481页。英吉利律师们似乎忽视先例（jurisprudence），在法国法院中渐具有感应力。

中，常有著名作者董理所有成案，而紬绎个中原理，以成专书。自此书出，法律中之某一部分往往被整成少数简明规则。例如，从前所有诉讼法不过是寄附于律师的经验中之零星规矩耳，自斯梯芬（Stephen）之书发表，诉讼法遂被造成一个有名理的法律系统。又如，国际私法之所以能在今代英国中成为有系统的法律者，最初由于士托梨的《抵触法解诂》为之促进；最近由于西湖（Westlake）的《私国际法》为之完成。同样，在法国中，亦有作家或大师，例如，郭麦能（Cormenin）、马加列（Macarel）、微微恩（Vivien）、拉斐梨耶（Laferrière）及倭理吁（Hauriou）等，或以文章，或以讲话，各出心得以教天下后世，而有所贡献于现代行政法。由此可见凡在法院能造成法律之地，即为著作家可以剪裁及整理法律之地。此外，尚有一事必须提及，即是：在各部分的英吉利法律中，除却些须部分已受编纂成法规者不计外，法院报告有极大贡献，因而占居极重要地位；报告在行政法中亦有同样贡献及占居同样地位。此旨可以依同理推阐，故不赘论。

虽然，行政法与英吉利法律比较之下，所有类似点起于成案法者固有许多，但类似点并非以成案法为限。介于他们所有历史的进程中，还有奇怪相似点在。试观国务院在最初成立时，本来是一所行政机关，嗣后院中司法职掌渐被分开于行政职掌以外。而前者乃被移交于院中之司法股（sections）。自司法股或司法委员会（此系英语所有称呼，即是"judicial committees"）分别成立，他们复徐徐负起一所法院的任务。其始，这些司法委员会只能备员顾问；其后，国务院对于委员会所条陈一概采择，于是在事实上司法委员会不啻代国务院行使审判职权。这种事实恰与英吉利司法制度所有生长

（3）行政法的演进

的过程适相吻合。原来英吉利谚语中有一句话,即谓:"英国王是直道的源泉。"这是要说,司法权力应由君主自行运用。既而君主不能事事躬亲,司法事务乃以"御前会议"(the King in Council)的名义执行。在此际,英国的枢密院(Privy Council)恰与法国的国务院占居同等地位。我们翻阅古代英吉利历史,得见枢密院在那时所有任务并无行政与司法的区别,当知国务院在最初成立时,未尝将该院自身与所谓司法委员会[66]划开,原不足引以为怪。由是,再将历史向后追究,我们当不难阐明院中之司法职掌,在进化过程中如何被分开于行政职掌以外;又自分开以后掌理司法任务的机关如何蝉蜕而成为独立的法院;更自独立后,法院如何演进而专理词讼,至于院中所有行政事务乃不过成为历史上之遗留物。而且这种分异的过程,在法国一如在英国,有时须藉助于立法机关。譬如,法国国会最近曾以法案改造国务院,使之成为一所真正行政法院。此举恰似巴力门特设司法委员会于枢密院,使之成为殖民地司法的上诉机关。抑此外尚有一点,虽属次要,然亦不可以不提及。原来国务院的判断,在1872年以前并不被视为真正判案;他只是一种陈议,由国务院陈之于行政首长以供采择而已。其在英国,枢密院的判断亦被作如是看待。是故枢密院所有判断,纵由院中司法委员会代办,绝不能视为司法判决而应即执行。申言之,这种判断只是枢密院奉答元首咨询之一种法律意见,至于执行与否,权在元首。此项方式的起源,在今日本已成陈迹;但一加追问,我们须溯源及于英吉利宪法史之初期。当是时,英吉利人民方竭力维持法律的至尊性,以为自由的保证;若使枢密院(实际上即是行政部)得以干涉司

66　参看拉斐梨耶(Laferrière),《行政的管辖权论》,第一册,第236页。

法功能，则法律的至尊性必遭危害。最可异者，这个兢兢戒备的时代不但一度出现英吉利宪法史，而且重新出现于复辟以后之行政法历史，即介于1815年以至1830年间之历史。

在那一时期中，国务员或国务院的参事，上文已经述及，[67]概由行政首长任免；因之，他们只属于一种政治的从属机关。而且在那时尚未有平政院的设立，所有法院的管辖权问题概就决于国务院。于是国务院在实际上，即可以扩张本己的管辖权。凡诸如此类之策划无非欲用国务院为工具，以收缩司法法院的活动范围。同时，我们必须谨记，尚有八年宪法第七十五条以保护役吏，使寻常法院不能问及执行公务时所犯罪过。然则政府之所以为自身谋者可谓无微不至。讵意当代的国务院，因深受法律及直道思想所感化之故，不但不仅从命令，而且极力反抗王党的反动行为。所以该院对于1789年以后及1814年以前所有公共领土的变卖则加以维持，对于大革命时代下，或第一次帝国时代下所有行政判决，若遇有推翻此项威权的尝试，则加以否决。法王深恨之，乃设法夺去国务院之权，而移交于院中参事之各个人。法国于是有1814年与1817年之法令。这两道法令均授权于君主，使遇有关于公家利益的政治争执，不发交国务院判断。判断之责交由院中别一机关名大臣会议（Conseil d'en haut）处理。大臣会议由君主与阁员会同组织。于是，大凡政府所关心的行政法问题，只可由君主与大臣依政治成见判决。就是一所半司法机关如国务院者他们亦可以不必咨商。[68]惟其

67　参看本章上文"综观国务院的性质"一段。

68　参考拉斐梨耶（Laferrière），《行政的管辖权论》，第一册，第226至234页；及郭麦能（Cormenin），《国务院：他的行政与司法的功能》（1818年出版）。

如是，法兰西在 1828 年特坚决要求查理士第十改变判决程序，以减杀国务院的权力。查理士第十无可奈何卒如所请。[69] 综括以观，我们当无怪法兰西人们十分害怕武断权力的增加，复无怪法兰西的自由党徒，趁 1830 年之革命，要求将行政法与行政法院废除。当是时，他们对于国务院感有极大危惧，恰如十六七世纪中之英吉利人们害怕枢密院的威权。不管由该院自行运用，或由星法院代为运用，或由衡平法院（Court of Chancery）代为运用，他们都以枢密院的威权为可怕。综括说，两国人民虽在异时异地，但各不免惴惴危惧，诚恐特权或将代法律的至尊性而主治。

这番比较工夫甚有裨益；比较之余，我们不觉得一特殊印象；即是：仿佛行政法的制度几乎可以产生于英国。而且这番工夫总应带给我们以一种感觉，即是：倘若行政法真能以司法精神实施，人民当受益不浅。如其不然，倘若他竟不能严格地成为法律，倘若他只能做成一种超于国法的武断权力，而又与行政部密切系属，我们在比较之下，当知行政法在此际确带有许多危险性。试征实例：例如，十六七世纪中之枢密院的管辖权，甚至星法院的管辖权，虽则后者的名字得人厌恶，未尝无功劳于社会。徒以当代爱国志士太过热心于拥护常法，他们遂不免忽略星法院所能为。其实他们所有狂热尚不止此。倘若他们果能为所欲为，则不特星法院被废弃，甚至衡平法院且将被裁撤。诚以衡平法院即以枢密使（the Chancellor）为院长，而该使在实际上不过是元首的役人，他的地位得失全视君上的喜怒：因之，他必须，复不难，藉口促进"直道"（justice）与"公

---

[69] 载在 1828 年 6 月 1 日法令。参考拉斐梨耶（Laferrière），《行政的管辖权论》，第一册，第 232 页。

道"(equity)，而摧残常法所有固定性与仪式。然则介于17世纪中之英吉利清教徒，与复辟时代法兰西的自由党徒之间，他们所占地位可谓无独有偶。如天之幸，自由的朋友在两国中均得最后胜利。

虽然，他们所获胜利的结果却是各不相同。在这方面，巴力门既摧败星法院，又使枢密院的武断威权永远不能存在；同时，他并不许任何行政法或行政法院再生或发展于英国。在那方面，法国自由党徒在放逐布蓬（the Bourbons）之后，并不废除行政法院，复不扫荡行政法。

这种别异至足注意。但任一学生，倘非皮相，必能发见根本的异趣于外形所有相似点之中。试观星法院被废，而枢密院的武断威权复遭褫夺；但枢密使的司法权力，在长期巴力门时，或在1688年革命后年年召集的巴力门之下，丝毫不受牵动。个中所以致异的理由并不难以寻见。原来枢密使所执行的法律即为公道法律；[8]公道法律的本身在开始时虽含有武断权力的要素，但在实际上他大有造于当代老百姓。较诸寻常法院所施行的常法，他实能优胜甚远。纵在1660年以前，即在克林威尔将死之前，善观政者尽能鉴别个中优劣，复能觉察公道法律不久将要发展而成一宗固定法律的体系。将欲在折狱时使两造各得其平，枢密使有时诚不能不运用裁决权力

---

[8] 按，英国法律史家梅因（Maine）有言："'公道'（equity）为一部特别法规，与普通法规同时并行。公道不特有特殊原理以为其基础，且有特殊责效力立于其背后；故往往欲代普通法律而兴起。如此一部规则尝崛起于罗马法及英国法中，实为促进原有法律的自由化及今代化的重要工具。由此工具，此两种法律遂能成为世界两大法系。"（原语为滂恩所引用，见所著《法学肄言》，雷沛鸿译本为第84页。）此为公道法律的确诂。又学者如欲考究公道在开始时如何含有武断权力，及在后来如何演进为良法，参考雷译《法学肄言》，第十二节，"公道的发展"。

（discretionary power）[9]以掩护或伸张君主所有特权。然而公道的进展决不以法吏的专断为惟一途径；反之，即在那亭含爵主（Lord Nottingham）时候（1673年），公道已能发展成为一宗有固定性的法律系统。这宗法系所应用的法理，虽迥异常法所用；然而他所有法律形式确然无所游移，关于此旨，公道初不让常法专美。惟其如是，公道法系在此际当不复受专制主义利用。故英国政治家不再视之为危险物。又以此项法律虽导源于变态下之政治，但既经多次改革，已成良法，英国政治家更不忍加以摧残。至于19世纪中之法兰西人们所以待遇行政法者，本无殊于17世纪中英吉利人们所以待遇公道。譬如，试以事实言，自当代公意观察，行政法诚为众矢之的。许多公法家常愿望行政法院的职权可以移交寻常法院，甚至主张废除行政法者不乏其人。然而最终关于行政法之攻击概被否认，关于行政法院与司法法院的分立依旧维持。又试以情理言，个中所有缘由即亦不难解释。本来行政法实未能臻于完善，行政法院亦多有缺点；但两种制度所以不至终于见弃者，只因法兰西人们真能感觉他们的存在为有利。即就反对最严厉者的言论观察，他们不但承认该制度所有优点，而且以为该制度的运行能与法国其他政治制度所有精神相契合。同时，行政法幸能脱逃政客的支配，并能

---

[9] 按，"裁决是一种权力，审判员受之以运用自己的判断而决狱。凡讼狱新起而未尝有规则可用者，或讼狱性质离奇，虽有现行规则而实在不能用者，审判员均应本良心的主张，以裁决方式判行。虽然，法律的目标本来是要摒除自己的要素（personal element）于司法行政以外，而今裁决方式所依据者实为己见，如之何其可？惟其如是，法律最不愿寄托个人以无限的裁决权能或多方面的裁决权能。换言之，裁决是限于极狭的范围。"（语见雷译《法学肄言》，第23页）此为裁决权力的真谛。戴雪在本书中屡提这个术语，故引用这一段文字以资解证。

第十二章 行政法的反比

归法律专家运用；于是在最近50年间，不但他的武断性质渐次减除，而且他的固定性质渐次增加。故行政法在今日已能成为一种确定的法律系统，且受执行于行政法院。所可惜者，行政法院尚不免带有若干缺陷，即如完全独立于政府一节，所有英法两国人士均有同感，谓凡为法院者所应具备；但行政法院在今代尚告阙如。如之何其可？然而无论如何，行政法院在今日终不应被指为政府的行政衙署。由此观之，任何人倘能通晓英吉利司法行政的历史，自能遥望行政法的进展过程，而测定未来进步的可能性，即是：行政法在法律专家的领导之下，最终必能演进而至成为法兰西法律的一支派（法律一名词纵使在此处为严格用法，亦无妨碍）。这种可能性并非虚造，实则可以公道法律的历史解证。原来公道在英格兰中，当造端时，不过是道德观念，然而200余年以来，他久已被认为英格兰的法律之一部分。

最后尚有一点可供行政法的史记抽出，用之可以解明英吉利法律的初期历史中之一疑团。这一疑团是：只要法院能存在又能继续工作，一宗法律系统就可以非常迅速创造或伸张于全国。试先审察英国法律方面的成事。任何人，倘若曾经读过普洛克（Pollock）与梅兰（Maitland）合著的《英吉利法律史》，会要惊异，复不解"王庭"（King's Court）[10]所逐日施行的法律何故竟能普遍推行于四境，有

(4) 成案法的迅速生长

---

[10] 按，"王庭（King's Court）在拉丁语写作"curia regis"，其义最初解作君主所居，为大臣处理王室事务之所。古时英王常在宫内后庭办理公事，接见臣属；于是有'庭见'（received at court）一语。此语渐次引申为行政中心（center of administration），于是君主在内与否均不可论。故凡外国公使来驻英国，谓之代表某国到圣詹姆士的后庭（court of St. James），其意即指英政府。最后王庭一名称复与法庭同解，则以司法在斯时已成为英王的一主要工作，而所有判决又以君主名义执行故也。"此为"王庭"一名

如是急性的速率。这样普遍推行自然是一种法律革命；可是这种法律革命似乎只是一个自然结果，特由一所法院努力执行司法职务而产出。此外尤有不可解者在，即是：这种效实似乎并非法院着意期求而得到。大概说，他的成因约有两源：第一，能干的判官当听讼时常喜多引用特种成案的判决，而且绝少引用概括原理，因之，新判决只以成案为导师；第二，下级法院常有一种倾向，即以上级法院为领袖是。这种倾向至足以解证他爹先生（M. Tarde）的名著《风尚律》（*Lois de l'imitation*）所极力发挥的一要义，即是：人类所有模仿性可以解答两问题。第一问题是任一制度或习惯何以能风行全国？第二问题是，任一制度或习惯何以能风行全世界？虽然，仿效是一事；仿效而成功又是一事。将欲以司法的领导而造成一宗法系，这种成功，以事实言，必需长久期间；然而王庭竟能以短促时候成之。此则读史者所不能不惊异而叹为神速者也。试以史乘上之日期一证我的断案。譬如，自诺尔曼征服以迄爱德华第一登位，即自1066年起至1272年止，为期仅过200年耳，英吉利法律的基础竟能确实建筑于是时。又如，倘若我们规定司法系统的组织开创日期为亨利第二登位之年，即1154年，我们即可作一结论，即谓：这次法律大革命之成功为期不过百年。世间所有神奇事实孰过于此？关于这一点疑难，行政法的历史至足以相助比较法律学的学生解决，使之涣然冰释。

虽然，当在法院的道德感化力方兴未艾之际，法律原理及诉讼程序自能迅速发展，我们固无庸对于此项现象大惊小怪。是故

词的来源及意义（此段文字系自滂恩所著《法学肆言》引用，见雷译本，第65页）。关于王庭推广常法以达于四境之要旨，可参考同上书第十一节，常法的发展。

在现代文明之下，我们固能及身亲见一部法律规矩及原则，与一宗半司法的诉讼程序，曾经以百有八年的期间生长于法国。"生长"（grown up）两字用在此地，极有斟酌；诚以行政法在1800年至1908年间之发展纯属自然演进。综括以观，我们可知法兰西行政法，酷似英吉利宪法，"并非人造，却由自然生长"。

第二目 异点

大凡一个颖达学生，如果能博学深思，将于短促时间发觉行政法的底蕴，即是：个中包含许多规则，用以确立官吏的身份、职务及特殊利益。因此之故，他或不免贸然平列行政法于英格兰的法律之任何部分。申言之，凡在英格兰中，不论法律、规则、或习俗，只要用来测定元首的仆役或内务（即将军职除外）官吏，依他的见解，俱可齐观行政法。这样"官法"（official law）固然存在于法国，亦存在于英国，于是取两国所有以作比较研究，自是可能的事。但试再进一步考察，英国的官法实迥异法国的行政法。前项法律，不管是什么名称，倘若被用来规定内务官吏所能为及所不能为，只是一个阶级的法律，恰如陆军法律一般，他不过是军人阶级的法律而已。至于后项法律决不是这样；反之，他是一体的法律，在一定场合之下，可以牵动任一法兰西公民的权利。譬如，某甲控诉某辛于寻常法院，但寻常法院却不能直接受理；固为两造所有权利须依行政的行为以决定，而行政的行为所惹起问题又须取决于行政法院。由此观之，行政法实不是内务官吏的法律，却是法兰西公法中之一部，凡法兰西人们对于公家行政的行为所有关系均受制裁。所以行政法与法兰西寻常法律的系属决不同特种阶级所有法律（例如陆军法

（1）行政法不应齐观英格兰的法律之任何部分

律)与英吉利寻常法律的系属。但前者却于英国法律中有一天然对偶,即公道法律与寻常法律的系属是。诚以行政法之在法国,恰如公道法律之在英国,逐一法律皆能于本国中构成一体的特殊法律;在一定场合之下,这种法律尽可以变易每个公民的日常权利。

行政法不能齐观英国所以管理内务官吏的法律既如上述,然则在一转念间,我们似可视之同于一种规定政府所有功能的法律。譬如,在各国中此项法律固然存在,即在英国中,年来以国家的活动日增之故,此项法律未尝不渐次生成。试征实例:例如,工厂立法纷起于19世纪之下期中,实因监督厂主以保护工人而设;此类法案不但给政府及官吏以极大权利,而且加政府及官吏以极重义务。如果行政法真能与此类法案的综合体相似,行政法必然具有英国中之"政府的法律"所有通义。加以法国宗师[70]时以广义界说解释"droit administratif"(行政法);英国学者又漫然以"administrative law"(行政法)一名词相对译:故就名词论,行政法似乎可与英国中之"政府的法律"齐观,但实际又不是如此。因为行政法在实际上并不要规定官吏所有权利及义务,却要约束私人与政府的代表所有关系。讨论至此,我们触起英吉利法律与法兰西法律所有根本立异点。是故在这一方面,元首及公仆的权力有时可以增加;有时亦可以减省。但无论或增或减,这种权力必须依照常法的原理而运用。是何以故?则以常法能统治全国人民所有相互关系故。譬如,工厂稽查从巴力门的法案取得若干特殊权力,倘若奉行命令时至于越权,他必

---

70 参考欧郭克(Aucoc),《行政法》,第一册,第六节;倭理吁(Hauriou),《行政法精义》(第三版本),第242页;第六版本,第391及392页;拉斐梨耶(Laferrière),《行政的管辖权论》,第一册,第1至8页。

第十二章 行政法的反比　　443

须自负责任。申言之,这种责任不能以奉命行事求解免,同时,所有侵害行为必受治于寻常法院。而在他方面,行政的权力纵使有时被减,私人与政府的相互关系终不能齐视私人与私人的相互关系。惟其如是,行政法的根本思想绝不同英吉利法律的根本思想。前者不但分别两种关系,而且歧视两种关系;盖政府与私人所生关系属于公法范围,而私人与私人所生关系则属于私法。[71] 后者则一律齐观所有公私关系。因此之故,这种根本立异,实足使行政法无从与英格兰的法律任一部可以比拟于伦。由是,法学上有许多问题,法国宗师视为急切重要者,英国学者从英吉利法律的立场观察,则以为无意义。举例证之,则有:何谓行政诉讼?行政的行为与公共权力的行为有何分别?行政法院及司法法院的管辖权如何分界?

行政法在最近数十年内,曾被输入英国而构成英吉利法律的多少量成分否?这一问题曾经法律学者[72]屡次提起,至今尚未解决。我们应与之以否定答案。

（2）行政法在实际上未曾输入英国

最近60年间,英国政府的权力诚常时扩大,因为国家担任许多新职务,为从前所未有。譬如,自有工厂立法,政府遂干预产业

71　见本章上文行政法在第一时期之发展,论行政法精义两则。

72　参考拉斐梨耶(Laferrière),第一册,第97至106页。公法学者极喜欢征引1893年官府威权保护法案,作为行政法已存在于英格兰的一种证据。依我看来,这种工夫只是就字面上着想。其实,1893年的法案并非新创,他不过将1601年后1890年前所有同性质的条文汇成一系的法律而已。是以该法案首先设定,每一官吏可以做法律上所许可他应做的事;其次给予这个人以特别利益,使在一定期间内,他的行为可以从容进展,不致因初次做错了事便受控告。但他并不规定保护的条文,使一切属吏(譬如警士)当奉上官命令行事时,纵有错过,亦可以不负责任。

在英吉利法律中,本来有十二例证,就中法律的救济,除控告直接做错了事的人外,不能索偿于任何官吏。然而此类例证并不是十分重要。参考本书附录中之书后第十二则,论"控诉官吏"。

问题；又自有教育法案，国家遂问及教育行政。不宁惟是，事有为中央政府所不能亲为者，国家尽可托于地方政府，由是国家的权力遂间接地增加不少。虽然，增加国家的权力是一事，输入行政法又是一事，我们绝不能混两者为一谈。所以无论任何官吏，如果依法行事而至于越权，必须肩起常法上所课的责任。一切法律责任，无论大小，均由常法法院测定。当测定时，常法法院不但可以审问他的法律权力所有范围，而且可以审问他的上官命令是否合法。由此观之，法院对于国内一切行政的行为固能干涉，又能限制。试征实例：例如，伦敦市教育局曾有一度尝试，要强市内纳税人们增加赋税以维持高于小学教育的学校，但高等法院在审问之后，特否认此项权力的存在。又如12年前曾有几个官吏，奉行海军裁判所命令，强占土地。据称此土地应属于元首。随后，此土地的管领权有人争执，常法法院在讯鞫之余，特判决该官吏不合占领民地。在这种讼案中，所有法律争端至属精微，但任何英吉利律师，无论对于法院的判决作什么批评，均不能反对法院，谓法院无权以测定伦敦市教育局或元首的能力。

行政法以此之故，实至今未尝插足于英格兰，至无疑义。顾外国尚有政论家，谓英国近年立法有时别有用心，特给予官吏以司法权力。但试一考察所举例证，我们自见行政法的意思在此类法案中，至为微薄，几乎不可辨认。倘若间有新法参杂，此则纯为便利起见；他们并不足以表证英吉利政治家曾经有意将本国法律的主要原理大加改革。综括以观，在英格兰中至今依然未有行政法存在。

虽然，我们必不能因为行政法不同英吉利法律之任何部分，便断定现代法兰西所有行政法，若以严格视察，实不是法律。同时，

第十二章　行政法的反比　　　445

我们更不要断定行政法只是若干条原则，依之，行政部得以运用武断的或裁决的权力。这种意念确是谬误，我希望读者在此时已能十分明白。不过关于这种误解的存在，实有可以原谅之处，甚至具有正当理由，我们亦不能责备太过。

按实言之，法国政府对于政务，尤其是对于外国人，能运用极大裁决的威权，这种威权复不受任何法院控制。至于国家的行动，在施行后，行政部或他的僚属不能因此故被纠正于任何法院的管辖权。但试问何为国家的行动？则有名作家言人人殊，[73] 似乎至今日尚未有一定界说。[74] 在此际，英吉利法家对于所有陈议，自然不能作左右袒。不过他总能作成下方一种揣度，即是：在纷乱时候，法国政府可以自由运用裁决的威权，而不忧寻常法院干涉；至于行政法院本可干涉，但仍不愿为；大概最后归宿只得以国家的行动为行政部解释耳。即由这一部揣度，我们可见行政部具有极大特权一节事实在英国人的心目中，常与概由官吏构成的法院所施用的行政法之性质相混。

不宁惟是，寻常法院在法国中，常受束缚于法律，致令不能干涉行政部的行动；此项束缚又自英国人观察（因为他习见英吉利法院能自行测定本己的管辖之故），似乎等于压低其他国家的威权，以屈就行政部的裁决。这种观察仍是谬误，然而这番误会实由偶然发生的事实所凑成。原来行政法的性质及存在，最初概由笃奎尔的著

---

[73]　参看本章上文在行政法之第四特性中"论国家的行动"一段。

[74]　试将拉斐梨耶（Laferrière），《行政的管辖权论》，第二册，卷四，第二章，第32页；及倭理吁（Hauriou），《行政法精义》，第282至287页；比较雅克朗（Jacquelin），《行政诉讼的主要原理》，第438至447页。

作而暴露于许多英国人之目前(至少在作者的目前是有如此作用),故笃奎尔的著作有大功用于19世纪中之英格兰,恰如孟德斯鸠的著作有同样功用于18世纪中之英格兰。但笃奎尔本人于壮年时,曾自认对于当代所有行政法不甚明白。[75] 迄于晚岁,他的学识自然与年俱进,不过他对于行政法的态度颇为奇特,此又不可不知。申言之,笃奎尔当研究行政法时,不站立于律师的地位,却站立于历史家的地位;即就历史家的地位论,他仍以历史上之特殊见解,而作行政法的研究。这是要说,《古代政治与大革命》为笃奎尔的晚年杰作,而该书的主旨实要确立一条大义,即是:现代法兰西所有制度,在许多方面,实与前代君主国所有者之精神殊无二致。本来这条大义当最初出现时,似为不可通,但经过他的工作之后,已成真理。不幸正以过于笃信谨守本旨之故,笃奎尔对于大革命时代、帝国时代以至民国时代的法兰西与君主国家时代的法兰西之同点,实不免言之过当。而在各种制度中,尤以关于行政法的论述最多有这种倾向。其始,他表证行政法的基本概念早为1789年前之法家及政治家所接受。其次,他提示行政法在君主政治下之武断。末后,他不但坚执司法与行政在君主政治之下密切联络,而且痛诋此项联络为不幸,于是他复进一步断定19世纪的行政法与武断权力极相关连,恰如十七八世纪的行政法一般。

就笃奎尔的结论考察,他实未能见及行政法在他的生时所有潜移默运,而自经此项潜移默运,行政法的性质不免为之大变。况且他更不能料及行政法在他的死后半百年间所有屡次改革,而自经屡

---

[75] 《笃奎尔全集》,第66页。

次改革后,行政法的内容已不复如前日的简陋粗暴。惟其如是,则凡英国法家倘须赖有笃奎尔的著作,然后明白法国所有制度,自然不能觉察法国更有所谓行政法的司法化(juridictionnalisation),当无足怪。然而行政法的司法化,在法兰西法律历史中,实为一个最可惊及最可注意的现象。

第三目 优点及劣点

讨论同点及异点既毕,我们还要比较这一方面的英吉利法律主治所有长短和那一方面的法兰西行政法所有利弊。

法律主治,在英国中有不可否认的极大利益。个人的自由得所保障远胜欧洲各国。试征实例:例如,出庭法案[76]呵护外国人的自由,无微不至,并不让本国人独享此项权利。又如,戒严法[77]被收缩范围,至于极狭,而且被寻常法院监督极严。更如,司法权力的扩张足以打消权力分离的信念,再加入司法独立的保证,所生效果实为民间对于判官的尊敬。是以在英格兰中,能代表国家(英吉利语则用元首一名)的庄严威势者不是政府,却是判官们。至若陪审制度则不免常受攻击,某一法国著名思想家批评之不遗余力,即谓:以讼案中之困难部分,如事实问题,就决于寻常百姓12人,只是一种荒诞办法,其荒诞一如问神审讯或决斗审讯。以我观察,这种批评或未尝无理由;不过陪审制度所以能成功于本国者,亦不是偶然事实,个中盖有主要原因在。这种主要原因就是民众对于法庭的信仰。本来各个陪审员的智慧及教育至属平凡,然而尚有审判员在:

法律主治——它的优点

---

76 参看本书上文第五章,论"出庭状"一节。
77 参看本书上文第八章,论"戒严法"。

审判员在名义上是他们的同僚,在实际上却是他们的导师。惟其如是,众民院实能体会选民的意旨,特将选举诉讼一概交由高等法院处理。甚至当特殊事变发生,有如1866年佘田(Sheffield)之役,似非寻常司法手续所能驭,全国民众亦惟引领以望法院中所选出之审判员出而负审问之责。现代劳资冲突可谓甚烈,但每遇争讼,无论厂主或工人,亦惟高等法院的审判员之命是听。综合以观,我们可以推知民间所以尊敬法院,并不要服从个人,只要服从法律。换言之,法律的至尊性是民间对于判官的尊敬所从出。

劣点　　法律主治固有许多长处,但未尝无短处。是故在法律主治之下,法院不应成为政府的工具;若法院竟被转变为政府的工具,个中有极大危险。在此际,法律主治不能为法院所以被设立的终局,他只成一个虚悬的目标,为法院所不能趋赴。其在历史上未尝产生尊崇法律与敬重法院之地,法律主治尤不适宜。[78] 加之尊敬法律易流于一种呆板的法律精神,以致妨害国家利益。譬如,侪官吏于平民一种政治风习,固足以制止元首的武断特权,使不发展于英格兰,但这种风习,在许多方面实足以为害于公家役务。

按实言之,公家役吏的溺职当比私家佣工的溺职较为重大,因之,应受较严处分,但这种事实法律似极缓于承认。在1878年尝有在公署中抄写者一人,私泄一件重要外交公文于报纸。此项行动可谓罪恶重大,但法律上似无明文足以处罚这种嫌疑犯。倘若有人

---

[78] 在革命空气极浓时候,以陪审为审讯的制度不易得到尊重直道的结果。试征实例:例如,遮弗梨(Jeffrey)在1685年以王庭的审判长被命往西方英格兰审判孟公爵(Duke of Monmouth)的党徒,历史上于是乎发生"血判"(the Bloody Assize)的惨变。遮弗梨蓄意杀人以取媚君主固不足责;但使当时非适逢孟公爵的谋叛之后,人心大愤,以致陪审人赞助,西方人民表同情,则遮弗梨虽是残暴,固将不能以力也。

能证明他曾经携去用以抄写此项公文的纸张，他尽可被以盗窃罪被审讯。[79] 然而当一囚徒在实际上本犯重大罪恶嫌疑，而在名义上却以较轻罪名待讯，若轻罪不能成立，此人即可受释放。迨至1889年，巴力门有公家秘密法案[80]之通过，以规泄漏公家秘密之罪，于是这件行事乃不能逃罪。但该法案所有程式，一依其他英吉利立法的程式，并不确定一概括原理，使凡有负公家信托，即成罪恶。因此之故，凡官吏失职，在他国必受重惩者在英国仍不能加犯者以何等罪名。

抑在英吉利法律中，凡官吏奉命行事，而至于侵害寻常百姓的个人权利，纵使他以善意执行上官命令，亦不能引以自卫。又凡官吏犯了罪过，他必须受治于寻常法院，概与寻常百姓无异。而且在这一类法院中，裁判事实以测定罪状者，即是上文所论及之陪审团。团员的智慧及教育并不超过寻常百姓。凡官吏受诸如此类之待遇，自公家利益立论，亦未见极为有益。

将欲证实此说，我们最好审察民间因将次出海的船艘被留难事而控告商部的讼案。原来英国自1876年后，巴力门迭次通过商船法案；在此类法案之下，凡遇商船不适于航海者，商部须依法扣留，不许放洋，以免危及人命。[81] 法律的用意既已明白宣示，人皆以为

79　参考《年鉴》(*Annual Register*)，1878年，"大事记"，第71页。

80　该法案旋被撤废，并被代以1911年公家秘密法案(载于佐治第五代档案，第一第二册，第二十八章，题为"1889年公家秘密法案的续补及修正"。特别注意该案第二节)。

81　见1894年，商船法案(载于维多利亚代档案，第五十七、五十八册，第六十章)，第四百五十九节。

商部只要能以诚意奉法,当可无忧受害于船主人。讵意事实并不是如此。商部及部员曾经多次控告,复多次受罚。[82] 至于被控的罪状既不为有心所恶,亦不为放弃职务。换言之,他们实不过因公受累。由此观之,所谓纯以行政的身份执行公务的一件事实,殊不足卫护该部;又所谓奉行部令的一句话,亦不足包庇部员。不宁惟是,若使在执行法律时候,对于法案的条文稍有差池(譬如,就是只将一无所谓的程式略去),执行人,无论官职大小,皆是做错了事的人。在此际,有一问题最属重要,因为答复这一问题的答案,即足以决定执行人的幸运。这一问题是:该船何故被留?个中究竟具有准情度势的理由否?但不幸审问此项答案的人员又以陪审人担任:因为邻里的感情关系,陪审人大概表同情于船主人所受留难的损失,而不甚能谅解稽查员所以爱惜人命的苦心。其结果:商部及部员只得以无辜受累,商船法案的效果几等于零。原来陪审员大概胸有成见,不愿赞成政府的行动。然则此项结果所至,当无待问。况且这种法律问题,概属专门学问与经验,本应咨询专门名家,今乃以之取决于素无研究的寻常百姓。此等措施宁非怪事。加之,政府的行动本要谋公共利益,今乃置之于被告地位,使不能不谋有所以自全。个中所有闷葫芦诚不可解。凡诸如此类的矛盾事实亟应记取,因为他们纵不足以辩护,至少亦足以解明一种主张,即是:所有政治家(虽以笃奎尔之倾于左祖英吉利制度亦不能免)均坚信行政问题应就决于行政法院。

行政法——它的优点　　现代法兰西行政法的优点(即就最好处着眼),大抵不为英吉利

82　参考: *Thomas v. Farrer*, 9. Q. B. D. (C. A.) 372。

宪法学者所注意。[83] 其实，国务院当被用如一所行政法院时，尝用尽全力，费尽心机，以造成对于滥用威权的种种救济方法。只就这一点观察，行政法院诚远胜寻常法院，任一公法学者均不应忽略。大凡行政机关一有越权行事的行为，国务院在今日均能主持公道，以扩张个人的权力，使得攻击此项行为，并使在迟早间将此项行为撤废。譬如，一个郡守发令，或一个团体制定公约，倘若命令或约章有越权处所，任何人，不管曾否受过这种条文或规则侵害，均得仗义执言。一经检举，这样命令或公约旋被国务院审查；审查得实，他们一概被废弃不行。加之，官吏的行为所生罪恶，概被仔细审察，而得到两类精密区别。其一类生成于官吏（例如郡守或市长）的恶意、暴行或怠心；这是私己罪过（faute personnelle）。其二类生成于上官命令的本体，或为非法，或为谬误；这是公务罪过（faute de service）。这种精工的区别，[84] 有两种功用。第一，凡寻常百姓受了威权误用之害，后项区别可给予他以救济办法。第二，凡官吏，在执行公务时，做错了事，前项区别得课他本人以行为的责任。这种

---

83 就中即有一点，譬如，民间趋赴国务院以求平反，非常容易。这一点英国学者即常忽视。

84 法国法律常着意于两种损害的区别：其一是公务罪过，其他是私己罪过。在第一类的损害中，施者（譬如一个警士）并不须负起如何责任；受者如欲申雪，务须向行政法院控告国家。在第二类的损害中，施者（譬如一个警士）必须自己负起行为的责任，受者可以诉此人于寻常法院（参考倭理吁[Hauriou]，《行政法精义》，第170及171页；拉斐梨耶[Laferrière]，《行政的管辖权论》，第一册，第652页）。可见关于第二类的损害，国家不自负责任。

但两类的罪过究竟根据什么事做标准以资区别，法国学者不能衷于一说。惟同有一种倾向，即谓：倘若一个警士能以诚意奉行本己的职务，纵使犯罪，此等罪过不能成为私己罪过。参考杜归所著，《国家论》，第638至640页；又他的《宪法专论》，第一册，第553至559页。

责任复得被寻常法院征取。以我的观察所及,行政法在国务院的指挥之下,洵是正直无私,毫无偏袒。试征引一实例,以资解证:譬如,火柴在1872年,一如今日,系国家的专利品。为着要实行专利,法律特授权于政府,使得以强制力收买私家所办火柴厂。计算之余,某部长以为将欲使政府不至多费金钱,莫如减少现有的火柴厂数。郡守者,政府所能直接使令之仆役也,实有权以执行卫生法令为词,将工厂停闭。某部长于是授意于郡守,即假卫生之名,使停闭某甲所有工厂。郡守既受命行事,即未尝犯了私己罪过。因之,寻常法院不能课他以行为的责任。[85]而且我们还可以再加一句,即是:在如此际会之下,就是在其他行政法院,[86]此案亦无由受理。天幸,某甲提起诉讼于国务院,国务院又能主张公道,断令郡守收回成命。最后,某甲以国务院之明断,还取得2000金镑于政府,以为因非法而被封禁的赔偿。赔偿之后,政府然后得以善价收买该厂。[87]

劣点　　国务院既能申雪人民冤枉,又能应付寻常百姓需要,我们当无怪该院能积极发展。于是,行政法在现代法国,恰如公道法律在于古代英国,两者均能进展无碍而孳生不已。虽然,此非英吉利人所能易领会者也。诚以素来习于重视法律主治,而在法律主治之下,寻常法律处于至尊地位,同时这种至尊性实由寻常法院维持。惟其如是,行政法自他的眼光观察,不免受许多严重批评。

他以为国务院的威权愈增加,寻常法院的尊严将愈以低降。是以西班牙有一谚语,即谓:"多者愈增而愈多,少者愈减而愈少。"

85　参考达洛(Dalloz),(1875年)第一册,第495页。
86　参考达洛,(1878年)第三册,第13页。
87　参考达洛,(1880年)第三册,第41页。

即在英吉利历史中，亦尝有一时代：在此际，枢密使的司法权力暗与元首的特权相结合，常法法院则与之立于相反地位，专以保护国家与个人的自由为事。当前者的势力愈涨时，他几乎可以凌驾后者。于是依同理推测，他终不能不谓国务院及司法法院的地位实互为消长。虽然，此非结论也。试观法国有许多法学专家，尝权衡双方所有地位之轻重，而加以比较，即谓：国务院人员须受政府直接任免，是以他们不易独立于政府以外，至于法院虽有任期终身的保障，但以希望政府与以升迁之故，[88]独立的地位亦不易保持。

陪审制度，依法国法学者的批评，是一种儿戏；若就公家利益之关系观察，此项制度更是一种极不良的儿戏。[89]试观法国中之法院：惩戒法院概不设陪审员；惟巡回裁判法院乃以法官主席，陪审员公断。于是所有原告人或犯罪人，双方皆喜前者，而不喜后者。原告人明知凡在惩戒法院一被证实犯罪，罪人即受惩罚。犯罪人亦明知，虽则在下级法院中，他尽可因不得到陪审员的同情之故，而失去立被开释的机会，但仍可希望不至于亲受较重刑罚。是以个中有两件事实至为确切易见。其一，自1881年后，审判员不能再有权以训令陪审员；于是，年复一年，取决于巡回裁判法院的讼案数目愈见减少。其二，司法法院的诉讼程序，不管是民事或是刑事，渐觉繁重而不适用。至于国务院中之诉讼程序则异是。此项程序的制定一概根据现代法律思想，即是简易、便宜与效实。司法法院中之大理院尚能博得民间尊重；其他法院渐见衰颓，院中审判员绝不似英吉利高等法院中之审判员，能运用司法权能，复能取得道德

---

88 参考沙董（Chardon），《法兰西国的行政及役吏》，第326至328页。
89 参考沙董，《法兰西国的行政及役吏》，第326至328页。

上之信仰。

更自保障私人权利着想,英吉利人诚不易相信行政法院,在与政治有关之争端,尚能极力以保护私人的权利为职志。若在英国,不但本国人所有权利,即外国居留者所有权利,亦被一视同仁。但无论如何,只要一就寻常法律与行政法的区别(再加入法国法学宗师所主张的权力分离理论)观察,我们即可明白法国人的心中内蕴。盖谓当以诚意执行公务时,官吏必不可受寻常法院监督。这种心中的内蕴可以引用许多事实明证。为着保护国家的役吏,刑法法典于是乎有第一百一十四条之规定。为着保持此项愿望,八年宪法于是乎有第七十五条之颁布,而且此条宪法亘70年而继续存在。甚至后来实行将该条宪法废弃的人物,仍不免怀抱这种念头,所以特在废除法案中,表示政府中之司员须受特殊保障。而且这种念头对于司法界具有绝大势力,所以后起的判决,在不知不觉之间几乎尽把1870年12月19日之法案的立法精神摧倒。甚至即在该法案通过后未几时,所有判决虽则有意将寻常法院确定为裁判官吏因公受累之惟一机关,但在实际上仍不受这一个念头牵扰,而至于游移。最可异者,在一方面,行政法院正在努力扩张私人的权利,使于遭官吏伤害之后得向政府索偿;在他方面,这种努力的成功适足以创成一种保护的新方式,以庇荫奉命行事的役吏。因为一个受损的私人,如果能向政府(实即国家自身)[90]取偿,必不愿再与一个因奉行

---

90 试再考虑一位法学宗师所陈的一条大义,即谓:当役吏真能遵照职分行事,任何过失不应课他以行为的责任。兹征引杜归的原语于下,以资印证:"*Si, en effet, le fonctionnaire a agi dans l'esprit de sa fonction, c'est-à-dire en poursuivant effectivement le but qu'avait l'État en establissant cette fonction, il ne peut être responsable ni vis-à-*

上官命令而获罪的属吏为难。即令情愿，亦有何益？故此举不如罢休。虽然，任你如何着想及如何推论，这种免除责任的特殊利益，虽则现代法兰西行政法加以承认，究竟与英吉利法律的基本概念，不能相容，而适相反对。这种反对性质曾经一个法国法学宗师以警辟语道破。

倭理吁（Hauriou）曰："在逐一法律系统之下，凡遇官吏以执行公务之故而至于损害私人，这个人即有权以提起诉讼。这种权利或以某一方式而存在，或以他一方式而存在。但关于此点，法律随国家而殊异他的倾向。是故在二三国家（例如英格兰或合众国）中，法律甚着意于课取官吏的个人责任，责任既定，国家所担负义务自然减轻。又在其他国家中，法律则努力于提出国家自身所担负义务，以掩护官吏的责任，使不至因服务国家而得到受罪的痛苦。大凡集权国家的法律，尤其是法兰西国的法律，即属于此一类。在此类国家中，你可以寻见所谓役吏的保障（garantie des fonctionnaries）。"[91]

---

vis de l'État, ni vis-à-vis des particuliers, alors même qu'il ait commis une faute." 见杜归（Duguit），《国家论》，第638页。

91　原文见倭理吁（Hauriou），《行政法精义》，第三版，第170及171页。兹将原文征引于下，以与译文比较："*Ce principe est admis par toutes les législations, la poursuite du fonctionnaire existe partout, d'autant quélle repond à un mouvement instinctif qui est, pour la victime d'un méfait, de sén prendre à l'auteur immédiatement visible.Mais les législations obéissent à deux tendances bien opposées; il en est qui séfforcent d'abriter l'État derrière le fonctionnaire, il en est d'autres au contraire, qui séfforcent de faire couvrir le fonctionnaire par, l'État, de le protéger, de le rassurer contre les conséquences fâches de ses erreurs.Les législations des pays centralisés et notamment celle de la France sont de ce dernier type; il y a ce que l'on appelle une garantie des fonctionnaires.*"

第十三章 巴力门的主权与法律主治

第一节 引论

本书部甲所详论者有一大义,是曰巴力门的主权;部乙所详论者又有一大义,是曰法律主治。两条大义实浸淫及灌注于英吉利宪法全体。骤视之下,他们似乎互相反对;即使让一步说,至少成为两支抗衡的力量。虽然,这种观察未免只是皮相。其实巴力门的主权,试将其他主权权力与之对勘,最能容纳法律的至尊性;而硬性法律,每当盛极一时,他的力量能支配全国制度之际,不但足以提挈巴力门的主权,而且足以增加此项主权的权力。此为两条大义所有密切关系。

第二节 先就巴力门主权观察

第一目 两种特性运行于英国

有两种特性焉,他们的存在至足以区别英吉利巴力门于他种主权权力以外。正惟赖有这两种特性,法律然后足以主治于英国。

第一,巴力门(包含元首、贵族院及众民院)的号令不可以妄发,发出时所有应具条件必须适合。这是要说,巴力门中之三部分务必一致行动,倘有一部分不同意,这种号令便不合法。加之,所有号令必须依照一定格式,又必须经过一定程序;有一不合,便不足算称立法。简约说,巴力门的意志[1]不可不以巴力门的法案发表。

这样限制决不是一味拘牵形式,却有极重要意义。诚以世间不乏雄才大略的君主,如鲁意第十四(Louis XIV),如拿破仑第一、拿破仑第三,动以诏诰立法;又时有制宪会议,最著者如法兰西所有的国民大会(Convention),好以决议制定法规。倘若该项限制果能存在,两者对于法律的侵犯,势将可以避免。不宁惟是,巴力门要是不说话则已,若有话说,则惟以立法案出之;这条要义实足以增加法院的权威不少。大凡一宗草案一经通过,即可受法院诠译;而每当诠译之际,法院惟以法案中之条文的原文为根据,至于两院中之一院所有在辩论中通过的任何决议,或在讨论中篡改的任何字句,审判员概不加以承认。诸如此类之事例,在英国律师视之至为自然,在外国律师视之未免骇怪。而且在实际上,这种引用法律条文的方法当然影响及于诠解法律,即不能加以广义的解释是。然则由此一特性考察,巴力门的发号施令,自经过如此繁重手续,不但可以确立法令本身,而且能以增加法院的权力。[2]

---

[1] 凡国会应设立两院制,实具有一个极坚强的理由,即是:两院并立足以防闲立法机关的决议流于芜杂,又足以制止立法者妄欲以武断权力代用国内之寻常法律。将欲领略个中奥义,学者可参考及玩味英国长期巴力门与法国国民会议的历史。

[2] 凡主权的立法机关须以法案的程式而发布命令,这是一个重要原理,造端于古代历史。原来一宗巴力门的法案本是一种法律,"由君主本人当贵族院及众民院聚会于巴力门时,得了他们的同意及赞助而制定"。

第二，除在革命时期外，巴力门绝未尝直接地运用行政权力，或任免行政部之任何官吏。或者一闻此说，将谓众民院今日在实际上已取得一种权利以指定某人出而组阁，及某某诸人加入为阁员，此项权利似乎是委任权利之一种。虽然，该项权利的取得，自历史言之为时甚短，为事亦甚迂回曲折，所以他的存在并不能否认上文的真理。不宁惟是，无论贵族院、众民院或两院的合体，俱不能够直接地发布命令于一军官、一警士或一收税人，因为他们现在皆是国家的仆役，而且从前曾经做过元首的仆役，是以不管何时，他们原来不直接隶属于巴力门。以此之故，在此处有一点最足注意，即是：巴力门所有对于官吏的态度，实形成于数百年来对于君主的大权之一种考虑及感情，这种大权在古代时尝为巴力门所嫉视与提防。

惟其如是，两种特性所产生的结果，遂于不知不觉之间，常有扶助法律的至尊性之倾向。巴力门在英格兰中固是一统治者，但只统而不治。这是要说，巴力门不似其他君主国的统治者，能于立法之外，复操行政大权，因之，巴力门实无从以政府的大权为工具，而阻挠法律的进程。[3] 更有进者，巴力门不但不能作如此行动，而且对于他人的违法，不管是什么大吏，决不令遁逃于寻常法院的管辖权以外，因之，巴力门主权是"行政法"的致命伤。是故在行政法的系统之下，他国统治者方以全力庇护官吏的行为，而在巴力门主权之下，英国统治者则以全力保障审判员的独立。然而这样独立，

---

3 与英国的治道相反者则有法国的治道。虽至18世纪的后期，法国君主依然常时干预法院的行为。

巴力门复不令过分，盖亦至于适可而止。所以审判员并不是一经任职，便可终身，他们仍可以受两院弹劾而随时卸任。换一句话说，巴力门做成法院的独立，只令独立于其他权力以外，但必不令逃出众民院的管辖范围。

第二目　两种特性缺乏于外国的立法院

浏览之余，读者或不免构成一想像，以为这两种特性既能存在于英国之巴力门，当可以存在于其他大陆国家中之国会，譬如，法国的国民会议[1]具有许多相似巴力门之点；诚如是，两特性不难自法国中寻出。虽然，作此项想像者，盖不知国民会议的精神何所寄附。按实言之，国民会议不啻是布奔王国与拿破仑帝国的后嗣而已。所以他随在皆有干涉行政的事务之倾向；所以他不甘心令法院具有何等威权，复不愿见审判员的独立。不宁惟是，行政法的制度，法国人民皆以为适合于本国国情，因之，国民会议从未尝表示不赞成此法之意。故以国民会议与巴力门相比较，前者授政府以极大行政权力，甚至授政府以极大立法权力；后者从不愿以同样大的权力授元首或役吏。抑此不但法国为然，其他大陆国家（例如瑞士或普鲁士）莫不皆然。这些国家虽则采用巴力门政治或代议政治，然而无一能追踪英吉利巴力门，专以维法律的至尊性为事。

---

[1]　按，法国的国民会议为第二次帝国倾覆后之法国政府。1870年之役，拿破仑第三败于普鲁士，是年9月4日，民主党、自由党及社会党相与集合于巴黎，组织临时政府。次年1月，巴黎投降于普鲁士。2月，国民会议召集及成立于波耳多（Bordeaux），并选出西耶（Thiers）为执政。于是自是年起，至1875年止，凡5年间国民会议即为法国的事实政府。

第三节　复就法律主治观察

　　法律主治有一必要的条件，即巴力门主权的存在是。原来法律的硬性常足以阻挠执政者的行动，因之，且不免有时妨害要公。加以审判员解释法律时主严谨，行政部更无活动的自由。在如此场合之下，政府惟赖有巴力门给以裁决权力，方足以适时应变。诚以现代生活日趋于复杂，每遇变乱或交战时候，政府非取得武断权力，必难维持和平于国内及防御外侮于疆外。譬如，在内乱期间，谋反叛者固须受罚，即犯谋反叛嫌疑者亦必须被逮捕；或当外国革命党在本国内煽乱之际，该党党徒必须被逐。倘若不然，国内治安将不能保。譬如，当外国中有两国交战，或有一国以内争事形成两个交战团体，除非政府有权力以严禁国人有所左右袒，英格兰必不能严守中立。不宁惟是，倘若外国犯罪人一经逃入英国，虽曾经杀人劫货，亦能幸免，则外国的刑法必因此而成为有名无实。将欲避免如此不幸事实，英吉利政府须有权力以交出德国的罪人于德国，及提解法国的罪人于法国。以此之故，英国执政者非有裁决权力不为功。然而就司法方面观察，此项裁决权力，倘有侵及人身自由之处，必遭法院禁格。于是，假使法国有一凶徒，早杀他人的全家于布陆臬（Boulogne），夜即投下凶器而以血手入于杜斐（Dover）；英国元首，除得一特殊法案[4]允许外，必至于束手无策。由此综观，行政部

---

　　[4] 虽然，此事若遭逢于法国，至为容易，试观腓立对待柏梨公爵夫人（Duchesse de Berry）之事自明。参看本书第五章，注释 25。

在此际必不能不求助于巴力门,至为甚明。

为着协助政府,巴力门是以有下列各种法案的设立。譬如,一宗"外国人法案"[2]所以使内阁当战乱时得驱逐异国人出境;一宗"投效外国法案"[3]所以使内阁能禁制本国人加入外国相互争战或接济任何方以武器。又如,几宗"引渡罪犯法案"[4]曾经陆续通过,其用意有二:一则用以防闲英格兰将为世界罪犯的逋逃薮;二则用以协助外国遏抑罪恶,因为遏抑罪恶,世界文明国家皆应共同负责。大凡诸如此类的法案在档案中至为繁多,不胜枚举:他们的设立都是因为硬性的法律存在之故,政府乃不能不乞援于巴力门。然而法案虽多,但究属定实,事变或猝起于萧墙,或纷乘于境外,至难预测。内阁于万不得已时尚不免出于违法,以作法外行动。此项行动做了之后,阁臣只得乞灵于"赦免法案",以希冀侥幸获宥于万一。这种法案的成立便是(如上文所已提示)⁵巴力门运用最高及最后的主权的表证。他不但可以使本来不合法的举动弄成合法,而且可以使本来不可解决的问题得到妥善答案。原来在 16 及 17 世纪当中,有一困难问题,最足以使当代政治家迷目瞀心者,便是:在一方面,英吉利政治美德(即守法与服从巴力门主权的习惯)必须顾全;在他方面,世界文明国家的行政机枢,在艰危时候,实有运用裁决权力的必要。这种美德将如何结合那种需要,确是难题,有了赦免法案,

---

[2] 按,"外国人法案"为英语"Alien Act"之译名。此法案以 1848 年通过于巴力门。

[3] 按,"投效外国法案"系英语"Foreign Enlistment Act"的译名。此法案载于佐治第三代档案第五十九册,第六十九章。

[4] 按,"引渡罪犯法案"译自英语"Extradition Acts",此类法案系陆续通过。

5 赦免法案上文曾经详论,见第一章及第五章。

这种困难便可迎刃而解。

这种解决方法自批评家视之，似是一篇官样文章，至少可算作一种巧妙的代用方法，即以巴力门的独裁主义代用元首的特权是。然而这种见解可谓误甚。试思行政部必须受成于巴力门的一宗法案，然后可以运用裁决权力，我们当可知在英格兰中这种权力的运用非同儿戏。而且即就这件事实本身着想，纵当取得极大威权之后，政府所有行动仍须受法院监视。然则政府在此际所有权力，无论如何非常浩大，首先须制限于一宗法案的字句，末后仍要听命于审判员所有对于该法案的诠释。巴力门固然是一个至尊立法者，他的意志所表示即成法律，但法律一经制定，这种意志旋即让审判员为之解释。而当解释之际，审判员的见解不但受执政者的感情所感应，而且受常法原理所转移，于是，他们对于违异常法原理的法案所下诠释往往不能尽同巴力门的意旨。关于此点，英国与外国异。故在外国（尤其是在法国）中，行政观念足以制限法院威权，且足以改变法吏的思想。而在英国则反是。然则无论作如何说法，我们总可得到同一结论，即是：巴力门的主权运行所至，必归宿于法律主治，而法律主治不特要求巴力门出而运用主权，而且要求巴力门的主权以法律精神而运用。

部丙

宪法与宪典的联络

第十四章　宪典的性质

第一节　引论

在英吉利宪学中有两大分类焉：其一是"宪法"（law of the constitution）；其二是"宪典"（conventions of the constitution）。前者包含法院所承认及施行的规则；这是宪章所有法律本体。后者包含风俗、习例、格言或教义；这是宪章所有道德（或名政治的伦理），而不属于法律的领域。此项分类在英宪的研究上最为重要，我曾于本书上文郑重提示。[1]而且我又进一步声明，即谓：只是法律，不是道德，关于英宪的研究，[2]依了这个见解，我于是为读者仔细探讨英宪中之两条大义的体用，即是：巴力门的主权[3]及法律主治。[4]

虽然，宪典在政治上实为政治家所不能忽略，在史料上又为历史家所不能漠视，因之，一个律师，纵专心研究为英宪的法律方面计，决不能不明白宪典的性质。即使让一步说，他至少需要测定宪

1　见本书第一章，论宪法的内容部分。
2　见本书第一章。
3　见本书部甲。
4　见本书部乙。

法与宪典究竟有什么关系。在这一层工夫中,他自然觉察一事,即是:依照这样做法,他的研究在英宪学的进程上只不过继续从前未竟之功。又在这一层工夫中,他自然发现一要旨,即是:法律的至尊性本来是英吉利宪政中之最出色的一条精义,依然运行于宪典全体。

因此之故,我的主旨将要在本书部丙中做两层工夫:其一要测定英宪中之法律要素与道德要素,有何系属;其二要指点学者,使能于领会此中所有关系之后,能进一步以解明宪法上之几个次要问题。

将欲达到上项目的,我们只要寻出下文两个问题的答案。第一问题是:什么是宪典的性质?第二问题是:什么是宪典的"责效力"(sanction)?答复第一问题便是本章所有论旨;至于第二问题则归下一章答复。

第二节 宪典的性质

所有宪典原来是所以构成英吉利宪德的要素,而且在个中原有许多特性。将欲明白这一类特性,最好读符礼门(Freeman)的言论如下文:

"我们现在有政治道德的一种体系,个中含有许多教义,毫不见于常法中或法案中之任一页。然而在实际上他们不但足以指示政治家以遵行大道,而且足以与大宪章或人权请愿书所有原理同受一样珍视。简言之,除成文法律外,不成文的宪章渐次旁生于本国。是以每当一个英吉利人谈论某一公人的行动是合宪,或是违宪,他的意思纯与所谓行动合法成违法者迥异。譬如，昔日尝有一大政治家，在众民院中动议，旋由多数赞同而决议，宣称当日阁臣已经不能得到众民院的信任，因之，他们的继续尸位实与宪法的精神相违迕。本来这个决议至含有真理，若就数百年来所有政治家实际行动考察，无人不以为发此论者盖持之有故。然而若必欲求之于书，我恐怕此项工作未免徒劳而无功。试一就动议者原有意思考察，他并不要用违法的罪名，加之阁臣，以致法院得出而检举，及巴力门中之高等法院得出而弹劾。申言之，他并不要声讨内阁诸公所有这番留恋高位，因谓他们必俟元首于相当时机，加以罢免，然后去职，为犯法的行动。他的言论，若加以分析，可得双重主旨：其一，当日内阁所把持政策，自众民院的大多数视之，似是不大妥善，而且不利于国民；其二，因此之故，依照宪政上之习例，他们既然不见谅于众民院，实不如即日去休。"[5]

符礼门先生叙述宪典，可谓形神毕肖，不过个中有美中不足处：即以"成文法律"（written law）对峙"不成文的宪章"（unwritten constitution）是。其实这种反对性的真髓，上文经已提示，是在于这一方面，则有法律本体，或为成文，或为不成文，在那一方面，则有宪政上之各种了解或习例，虽则常受尊视，但不配称为法律。虽然，此系小疵，仅因用字不谨所致。因此之故，我们尽可接受符礼门先生的议论，作为这层研究工夫的出发点。

试征实例，[6] 则有下列各种格言。譬如："一个阁部若遇反对党 宪典的例证

---

5 见符礼门所著，《英吉利宪法的生长》（第一版），第109及110页。
6 参考本书第一章所列举宪典的名种例证。

人赢得多数的反对政府的票数,应即自行辞职。""一个内阁,纵遇对党人赢得多数的反对政府的票数,仍可以解散现存众民院,以求公断于国民。""倘若在公断后,选民仍多数选回反对党人,则选民的意思经已明白表示,内阁再无权以作第二次的解散。""关于政治措施,内阁应以全体向巴力门负责","关于阁中各部的任免人员,内阁在一定范围内亦应以全体向巴力门负责"。"凡在众民院中居多数的政党应有权利(就大致说)以任用该政党党员。""该政党中之最高领袖应被(就大致说)任为内阁总理。"凡诸如此类之格言皆所以规定内阁的地位及组阁方法。然而尚有其他题目的教训,可以枚举。譬如:"缔结条约并不一定需要巴力门的法案,但元首(实际上只是代表元首的一个阁部)总不应订定巴力门所不能与已同意的条约。""本国的外交政策、宣战及媾和,应交由元首(或元首的仆役)办理。但在外务,一如在内务,两院的意旨总应被随从;万一两院的意见不能融洽,众民院的意旨必不应被蔑视。""倘若有一阁部,对于宣战媾和,竟敢公然不顾两院的意旨,这种行动可谓违宪已极。""倘若关于某一政策,贵族院与众民院不同意见,贵族院应稍与让步(但让步到哪一处为止境则未经确定)。万一贵族院竟不愿让步,而众民院又仍然得到全国人民的信任,在此际,元首(或他的辅相)负有一责任以增设贵族院的议员(或只须以此事相恫吓),务使院中反对力受了均衡势力而至于消失,因之,两院得以复相融洽如初。"[7]"巴力门,为迅速处理政事之故,应每年至少召集一

---

[7] 关于宪典上之扬众民院而抑贵族院一节,轩恩(Hearn)独持异议。参考他的《英格兰的政治》(第二版),第178页。

次。""倘若事变猝起，或因内乱，或由外患，内阁为取得较大威权以应变计，应即召集巴力门开会，以请求巴力门授予相当权力。同时，阁臣应即当机立断，务有所以压抑乱萌，或抵抗外侮，虽至于破坏法律亦可不顾。万一国法竟被侵犯，在此际，阁臣惟有请命于巴力门，随后通过一宗赦免法案，以求庇护。"

第三节　宪典的共相

这些规则（我故意用散漫方式杂陈于上文）与其他同类规则，实构成今日所有宪德。他们都是政治家的行动所依据，徒以不受施行于法院之故，遂不能被视为法律。他们具有形形色色，各不相同，不但轻重不同，而且所有格式与范围亦不同。但试进一步而仔细探讨，他们实具有一共相，即是：他们都是（至少可说大半是）一种准规，依之，元首（或他的臣仆）的裁决权力将如何运用得以测定。这个共相，在审察之下，可以随在寻见于上文所已枚举的规则，又可以太半（虽则非全数）寻见于一切未经枚举的宪典。虽然，将欲完全了解此一要旨，我们尚须详加讨论。

何谓裁决权力？[1]大凡元首及他的仆役，都有权以做出任一种行动，虽未尝得请于巴力门的新法案，但准诸法律并未相背，不至被视同越轨。这就是裁决权力。试征实例。例如，虽未得法案允准，元首仍可以解散或召集国会，可以宣战或媾和，可以增设新贵

特权运用的测定

---

[1]　按，裁决权力一名词的用处最广，有应用于司法官吏者，有应用于行政官吏者，有应用于立法机关者。前一用法已详叙于上文第十二章本文，译者并附解释。后二用法本章均有论述，且甚详尽。

族议员于贵族院。他们都是政府的裁决威权中所有事。这种威权以理论言，或尝造端于巴力门的法案，更以实际言，有少数实尝造端于此类法案。试观 1870 年之归化法案，由此法案，一个部长依据法案中所规定，得以转移一个外国人的国籍，使变成不列颠人民。试观 1870 年之引渡罪犯法案，由此法案，一个部长依据一定条件，得以跨越常法，而移交一个外国人于他的政府，使归案受讯。虽然，关于这一类由巴力门特许的裁决，我们可以不必赘论。因为这种裁决被运用的方式大抵详确规定于法案本身，倘使运用时稍有出入，随在可以成为法律问题。于是，裁决的运用方式在此际遂由道德的范围而转入法律的领域。本来裁决权力，自历史观察，并不起源于巴力门的法案，但起源于"特权"(prerogative)；[2] 而特权一名，在宪法的名词中，最足使学者迷惑，复不易索解。因此之故，我们亟须在此地先将这一名词的义解探讨。特权一物，自历史言之，又自事实言之，不过是武断威权的残余；至于武断威权，不论何时，依法律应归元首掌握。诚以英吉利王，昔日在实际上，今日在名义上，原是真正的"萨威棱"(sovereign，译言"主权者"或"统治者")。即使让一步说，他至少是萨威棱的权力中之最有势力者。试观英吉利历史迟至 1791 年，即当法兰西大革命轰动全欧之际，利弗士先生(Mr. Reeves)以博学多闻著名，还要发刊《英吉利法律历史》一书，主倡此说。书中有一段极长文字，以橄树比喻宪法，遂以之断

---

[2] 按，特权在英吉利法律中本为元首所有，今则以之寄托于行政院。在运用时，行政院只能以之作善，不能以之行恶。关于特权的一种权力，参考下列典籍：
(1) Rutherforth, Institute, 279.
(2) Coke on Littleton, 90.

定元首的权力为树身,而其余各部分不过是枝叶而已。由此断语,著者遂作一结论,即谓:元首是法律权力的源泉,倘若竟受摧残,即无异伐断这一株可贵的槲树,将使全国人民于逃避"雅各宾主义"(Jacobinism)之际,失去庇护。至于众民院与其他制度,随时可以芟除,而不至伤及树身。[8]此书一出,舆论大哗。群以为著者实有意阿媚元首,而蔑视众民院。于是,众民院特要求政府,务将著者讯办。当是时,内阁劫于威迫,对于此举虽属不愿,然而实不敢抗命。平心论之,利弗士先生当革命声势极盛之际,竟敢发表这种理论,殊欠检点。然而这种见解,若自历史观察,实具有坚强理由。所以陪审团审察事实,卒能主持直道,而不坐著者以叛逆罪。

何以见得利弗士的见解为不背于历史的事实?试观自诺尔曼征服以迄1688年之革命,元首在真际上实具有主权的大部分。然则元首的权力起源甚远,且远过众民院所有权力的来源。所以特权一名即代表元首固有的威权之残余物;因之,上文曾经提示,他只是古代武断威权中之留在元首的掌上者,至于这种威权在今日究竟由君主自身运用,或由阁臣运用,殊可以不必深究。是以每一行为,凡未经巴力门以法案许可而仍不至于违法者,只以特权存在使然。以此之故,我们尽可为讨论便利计,权将巴力门的法案所许的一部分权力(譬如,自"外国人法案"而得到的权力)置于不论不议之列,同时"特权"一名即可与行政院所有裁决权力等称。于是,我们即可断定:所有一切宪典,以大体论,便是各种教义,依之,凡特权所以运用的方式及精神皆可决定。换言之,所有特权(例如,宣战与

---

[8] 参考:26St. Tr.,自第530至534页。

媾和)究竟应如何行使,庶几行政的行为不至违法,此事必须取决于宪典。这一句判断应用极广,他可适用于一切裁决权力之在法案以外运用者。分析言之,则有君主依自己的意见而做出的行为,又有君主与阁臣参酌意见后而做出的行为(此项行为遭逢多次,其实多过现代宪法学者所愿意承认),更有阁臣以君主的名义而做出的行为。简约说,宪典是用来测定元首的裁决权力如何运用的准规;至于运用者或为君主自身,或为阁臣则可以不必问及。试征实例。譬如,有一格言,谓当反对票数对于某一政策在众民院中占居多数时,内阁应自行引退。是不异声言,元首得依自己的意志以罢免内阁的特权,应参合众民院所有意旨而运用。又有一格言,谓阁臣不应缔结凡两院不能赞同的条约,是即无异申明,元首所有缔约的特权(美国人称为缔约权力)不应被用来反对巴力门的意志。譬如,有一条规则明定,巴力门每年至少集会一次,这是等于称说,君主虽有任意召集巴力门的法律权利或特权,然而这种特权,当运用时,应成为一种方式,依之,巴力门得以开会,每年至少一次。

<small>特殊利益的运用的测定</small>　　上文分析宪典所得结果足以惹起一个确乎不拔的批评,即是:分析工夫虽系正确,然尚有未尽,因为有少数宪章的习例实与特权的运用无关。试征实例。譬如,有一条规则——不过这条规则稍涉广泛而已——即谓:倘若众民院的意志与贵族院的意志常不融洽,贵族院在某一点限度内须退让。譬如,又有一条习例(至少从前有之),即是:贵族院的司法功能只由法律爵主[3]处理;更有一条了解,

---

[3] 按,"法律爵主"译自英语"Law Lords";他们同是贵族院中之贵族议员,因从前曾厕身高级法庭,或尝著名于律师业务中而得名。

即是:离婚法案不以立法程序,却以司法程序处理。凡诸如此类的宪典都是一类规则,依之,这一院,或那一院,或两院,所以运用裁决权力的方式均得测定。这种裁决权力,自历史上之用语立论,应称"特殊利益"(privileges)。[4]即就特殊利益一名词观察,我们已可概见这个名词足与特权一名词并列;因之,在特殊利益的名词之下,当含有若干宪典。其实介于两名词之间,实有一点极关连的类似点:这一个是用来指明元首所有裁决权力在历史上之名称,那一个是用来代表巴力门所有裁决权力在历史上之名号。然则综合以观,宪典被用以节制特权如何运用者实具有一目的,这目的是在于测定统治体中之一部分(即元首),所以行使他的裁决权力之方式:宪典被用以节制特殊利益如何运用者亦具有一目的,这目的是在于测定统治体中之别一部分(即巴力门中之两院)所以行使他们各自的裁决权力之方式。从而所得结果是:所有宪典,若作一个整体观察,只是风俗与习例,由之,主权的立法机关之各分子,在运用各自的裁决威权时,得所依据。至于裁决威权,或名特权,或名特殊利益,可以不必拘泥。原来主权的立法机关,自英吉利宪法上之名词立论,本称"君主在巴力门中"(King in Parliament),[9]是故君主与巴力门原属一体,不可强分。不过宪典中之大多数规则概为应如何运用特权而设立,于是,为简便计,我们即不妨将宪典看作一体系的习例,依之,特权的运用方式得以决定。

---

[4] 按,"特殊利益"译自英语"privilege",解作免除责任之一特典(an immunity from liability)。通常应用于立法中之特殊权利或特典。

9 关于英国的主权立法机关的义解,参看本书第一章,论巴力门的主权之性质一段文字。

第四节　宪典的终局

宪典的共相既经审定如上文，我们当可再进一步将他们的品格解剖。在这一点观察，他们同抱有一个最终目的。他们的终局是：巴力门，或内阁（其实内阁即由巴力门间接地委任）务须努力以宣达选民的大多数的意志，或民族（这是日常通用但不大正确的称谓）的意志。原来选民的大多数，或民族，在现代英格兰中是一个真正的政治主权者。

讨论至此，从前的见解[10]所以极力要区分主权为"法律的"（legal）及"政治的"（political）两种之故，于兹大白。故从法律的视点观察，巴力门在通不列颠帝国中，是一个绝对主权者，因为巴力门的每一法案俱足以约束四境内之法院，而且无一规则，不管是道德的，或是法律的，倘若抵触了巴力门的任何法案，足有约束法院之力。然而所谓巴力门政治的真髓只是代议政治，而代议政治的最大作用便是在于奉扬政治的主权者（即是，选民的大多数，或民族）所有意志。于是，主权的立法机关中之各分子所有行动务须受制裁于一定规则，庶几立法主权者的行动不致抵触政治主权者的愿望。此举在今代实为重要。试考历史在古代英格兰中，政治主权者只是君主一人。当是时，所有立法可以随他一人所喜欢，而采用两式之一以为之。第一，君主可以亲自立法，或用诏诰发表，或用敕令发表。第二，别一机关，例如，国务院，或巴力门，可以受命立法，但

10　关于主权的两种区别，参看本书第一章，论巴力门的主权理论所有困难。

第十四章 宪典的性质

此项立法必须遵守惟一条件，即不背君主的意志是。倘若第一式被采用，宪典自然不有存在的必要。是何以故？则以立法主权者与政治主权者都属于君主一人之身故。倘若第二式被采用，一切立法的进行程序必应有一定规则。如其不然，则所立法律虽已触犯元首，亦无从探知。惟传至今代，政治已渐趋于平民化，于是，英格兰的政治主权遂从君主的身上，而移交于选民团。但以性质论，选举团是一个庞大而又散漫的团体，他自然不能如古代君主，躬亲立法事务；又以历史论，巴力门替代君主立法历有年所，故能继续保存理论上之至尊立法地位。其结果是：主权的立法机关所有行动，依照理论，自不能受制限于法律，但又不可毫无所制裁；于是各种了解生焉，务使巴力门能迎合全体国民的意志。这些了解即形成宪典。然则今日所谓宪典实含有许多风俗习惯，不管起源何处，他们都负有双重使命：第一层以保持众民院的至尊身份为事；第二层，更用众民院为工具，"主权在民"的大义遂得以伸张于全国。

试将此类政治伦理的教义一两条详加审察，这一要旨自易明白。譬如，在宪典中尝有一教义，即谓：元首的权力须由阁臣代为行使，而阁臣的出身须同时在两院中之一院为议员，更须"受信任于众民院"。加以解释，这句教义的指意是：立法机关之选自民间的一部分（即众民院）在效实上（虽则不免由间接方法）实能任用行政大吏；加之，元首及他的臣仆必须实施（至少不能违背）众民院的愿望。虽然，代议政治的进程不过是一种方式，依之，众民院的意志得以迎合全国民众的意志，从而这条给予所有任用大吏权及监督政府权于众民院的教义，在根本上恰好等于一条规则，依之，全民族得以选择及最后监督执政。同理，亦有一条习例，即谓：凡遇极严重的政治争执,贵族院须在某限度内之一点,对众民院而让步,因为众民院实能代表全国民众的郑重考虑。同理,更有一条俗例,(虽则该俗例的生长较属于近日,然已成为重要的宪德之一条教义)[5]亦谓:万一贵族院坚持己见,不愿接纳众民院的判断,元首即应增设贵族议员的名额于贵族院,以冲破反对势力。[11]然而个中不免含

---

[5] 按,历史上极著名的巴力门大改革法案以1832年6月7日正式通过。而在6月7日以前,巴力门的腐败已达于极点,改造声浪亦已腾沸全国。徒以惠灵吞将军时方领袖王党(The Tory Party),贵族院又为王党的反动政策的大本营,多年的全国属望之改革运动常遭禁格。但自七月革命(the July Rovolution)成功于法国而后,英国人民外受革命风潮鼓荡,内受边沁及功利主义的信徒鼓吹,民情激越益不易压抑。加以在野方面,则有"Thomas Attwood"及"Francis Place"等从事于"中下劳动阶级政治大同盟"之组织;在朝方面,复用格雷(Charles Grey)主倡于贵族院,白洛咸(Henry Peter Brougham)主倡于众民院。两人皆为民党(The Whig Party)领袖,并致力于改革运动。1831年,改革草案第一次提出,众民院虽予以通过,贵族院卒将此草案打消。于是人心大愤,全国几陷于革命的恐慌。次年,该草案重提于巴力门,旋即通过于众民院;虽贵族院亦以受迫于舆论之故,在委员会中特将其通过于第一及第二读会,时4月14日也。但自14日而后,形势陡变;贵族院必欲修改草案,然后予以通过于大会;众民院主张要是不通过则已,倘得通过,决不许修改只字。双方相持,各不相下,格雷时方为内阁总理,并为民党领袖,乃谋增设贵族议员,以冲破王党壁垒。此议一出,全国"中下劳动阶级大同盟"为之运动于朝下,民党党人为之鼓吹于朝上。惟惠灵吞持反对论如故;王党党人及贵族院大多数议员亦持反对论如故。加以英吉利王亦不赞成此举;但增设贵族议员实为元首的特权,君主一日不允行,反对势力即一日不能击破。于是,贵族议员的增设(peeragemaking)一问题遂为宪法上之争讼的焦点,尤以在5月间政局最为混乱,即历史上所称为"5月的日子"(The Days of May)是也。卒之,君主及贵族院屈于舆论,与迫于各种示威运动,同愿让步。于是大改革草案得照原文通过,而贵族议员的增设亦未尝实行,只成恫吓而已。译者以此一问题本身关系英宪甚重,又以本章加以反复讨论,故撮述本题所有原委如上。如欲再加深究,学者可参考下列三书:
 (1) Trevelyan, *Lord Grey of the Reform Bill*.
 (2) Wallas, *The Life of Francis Place*.
 (3) Wakefiveld, *Life of Attwood*.

11 轩恩(Hearn)先生否认贵族议员可以增设的宪典曾经存在。见他的《英格兰的政治》(第二版),第178页。虽然,自我观之,他的持论殊欠缺充分理由。

第十四章　宪典的性质

一疑窦，即是：所谓某限度内之一点究竟如何决定？换一句话说，到了哪一点，贵族院就应该让步，否则元首就应该出而干涉？这一问题至值得提起，因为他的答案不但足以解明本题，而且足以说明所有构成宪典的一切规则之性质及目的。诚以该答案的要旨不外是：这一点所在地方即以人民的意思而测定，故每当众民院所争执为人民在郑重考虑后而得到的判断之际，贵族院必须让步，否则元首必须增设贵族议员。由此答案，我们当不难类推，所有关于约束贵族院及元首的行动之习例系各种规则，依之，政治的主权者（即选民团）的至尊身份可以保证。[12]

是故在诸种宪典之中，有规则焉，骤视之余，似乎属于宪典所有普通原理的例外，实则最有宪典的真精神，即关于解散巴力门的规则是。依据这一类规则，凡遇阁部的提案被众民院投票否决，内阁即有权利以要求将该院解散。而在其他方面，若有许多相当机缘凑合时，元首亦能罢免众民院的多数党所组织之内阁，复将现存巴力门解散。简约说，解散巴力门的特权可被元首或阁臣运用以蹂躏众民院的意志，而不至于发生违宪问题。骤闻之下，学者或不免得一结论，即谓：特权竟有时可使民族的意志不生效力。其实不然。原来元首的特权，依照宪章的先例，[6]本应于必要时，被用以减杀

_{解散巴力门的规则}

12　参看贝吉（Bagehot），《英吉利宪法》，第25至27页。

[6]　按，先例一名译自英语"precedent"，在英吉利法律中占重要位置。是故澝恩有言："英国法重成案，不自将判决所依据之原理翘示。求之之法：惟赖法学生在故纸堆中勤求先例。先例既得，然后在成案中绅绎其相似原理；原理既得，然后将新旧案情比较而寻出其类推方法；方法既得，然后应用于新生事变上以下判决。以是之故，英国法吏乃能于未尝存在的常法之外创造法律。所以常法又名'判官所造的法律'。"见雷沛鸿译，《法学肄言》，第71页，此名用在宪典上，系属假借用法。

现存众民院的威权。但众民院所以不能继续存在而被夺去权力之故，并不关元首滥用特权，只因众民院在此际受了不能代表全国民众所有意志的嫌疑。为着测定民意所向，众民院遂被解散，庶几选民得一机会以表示真实意见。由此观之，凡遇立法机关的愿望被人致疑，至于指为不能吻合人民的愿望，解散之举不但是可许，而且成为必要。

<small>1784年及1834年的例证</small>

  这条大义是由1784年及1834年两次极有名的竞争而确立。在每一例证中，元首所罢斥的内阁皆能取得众民院的信任。在每一例证中，元首皆以解散方式请求全国公断。惟1784年之役所得结果较诸1834年之役所得者实不相同。在前者中，选民大表同情于披特（Pitt）及他的同僚；他们入阁主政，实出于元首的独断，而不为众民院所赞同。在后者中，披勒（Peel）及惠灵吞（Wellington）的入阁亦有同样事实，但选举结果却有大不利于现存内阁。然而不论为成为败，两事同有一主要点，亟须记取，即是：这两次竞争所得教训皆结晶于一原理。原理为何？即政治主权者为全国最高公断人是。在如此原理之下，凡关于内阁究应有继续任职的权利或权力之问题概取决于选民的大多数。

  关于1784年的解散或1834年的解散所惹起之宪法问题，议论蜂起，或以言语，或以文字。[13] 其实此项争辩大抵起于字义的混淆，故"依宪"（constitutional）的意义必须确诂。倘若"依宪"竟作"依法"（legal）解，则佐治第三及威廉第四实有权以解散众民院而不至于违法，此事当无人敢于否认。倘若"依宪"只作"照常"（usual）

---

  13 参考本书附录中书后之第七则，"违宪"法律的义解。

解，则当一内阁依然得众民院的信任之际，竟被罢斥，尽人皆知这是"非常"的举动。倘若"依宪"又作"合于宪法的基本原理"解，我们对于佐治第三的行动极表赞同，而无丝毫犹豫。当是时，佐治第三深信众民院所行政策大拂舆情。及今观之，他的见解殊属不谬于事理。今代宪法学者无一不知众民院的威权来自民众，他所以具有如此重大威权，只因他能代表全国人民的意志。至于解散巴力门的主旨即是在于测验巴力门的意志究竟曾否与民族的意志相符合。然则佐治第三此次运用解散的特权，正是他善用特权处所在，因为测验民意就是特权所以存在的惟一使命。以此之故，他的行径，若自宪法的现代理论观察，确能依了宪法以行事。不过自当代政治思想观察，此举在宪理上纵无不合，在事实上亦属创举。无论何人，若曾研究威勒克士（John Wilkes）在宪法上所争执之问题，[7]及英格兰与美洲殖民地在法律上所争执之问题，[8]当能明见佐治第三与当代大多数的政治家直至1784年为止，确能实施主权巴力门的

---

[7] 按，威勒克士在1760年之间，以多才善辩闻。当为报馆编辑时，威勒克士极力批评佐治第三的政策失当，并主张宪政上许多改革。嗣后，尝有一次当选为众民院议员，该院不予收纳，威勒克士反受革除。威勒克士不服，特倡非难之议，即谓：人民既有权选举，便有选择的自由；于是，他们所选出者为何人，即何人当选；至于众民院的意志殊可以不必顾及。此类议论，在今日视之，至为平常，在当代视之，实属创闻。伦敦市民闻之，相与欢呼一口号，"威勒克士与自由"，并即选之为伦敦市长，以实行他的理论。

[8] 按，英格兰与美洲殖民地所争执，始于1765年之印花税，终于1776年亚美利加的独立，在母国方面，英国政治家以为国债新增由于最近之英法战争，而此项战争实为保护殖民地而惹起。因此之故，殖民地须担负若干债务，巴力门应课以新税。在殖民地方面，一自印花税法案通过，报纸抗议，律师辩难，谓巴力门不有权以征税于殖民地，并声言"无代议士的赋税是贪暴政治"。双方各执一说，同以法律问题为争点，于是相持不下，而战祸以起。

理论，使巴力门成为真正的统治者。就中尤以伏克士（Fox）为最热心：当少年为王党党员时，又当晚岁变成民党党员时，伏克士确能坚决主张巴力门的统治权。当是时，惟有遮担（Chatham）父子，独能见到一条精义，即是：立于元首的背后，立于大革命家庭的背后，立于巴力门的背后，尚有遮担所称"大公家"（the great public），即今代所谓民族。而且他们复能见及一层事理，即是：巴力门之所以能为巴力门者实赖有民族为之扶持。遮担父子的伟大实在此点。[9]
至于佐治第三本人，在1784年之际，只以事机危迫，而不能不采用遮担父子的态度。于是，他遂有解散巴力门之举。在此一举，他实由巴力门的主权，而诉愿及于人民的主权。前者本是他生平所有主张；后者本是他生平所畏惮；然而佐治第三卒不能不舍此而就彼，可谓怪极。然则这种诉愿究属依宪的行动，或革命的行动，此时姑不深论；惟有一点，却不可不记取，即是：此举实能坚决地肯定我们所有宪法的基本原理一则。这是要说，国家的至尊权力，在政治上观察，不是巴力门，却是全国民众。当代政治哲学者布雅克（Burke）

---

[9] 按，遮担父子，即披特（William Pitt）与小披特（Pitt. the Younger），老披特受封为遮担伯爵（Earl of Chatham）故名。遮担父子在生时均以刚毅智勇著名，同为当代最伟大的人物，又为最有才干的政治家。在1784年之顷，老父的战功及政绩方震铄当世；幼子年未二十五，即当选入众民院，旋入内阁。他们的政敌是伏克士，他是一个巴力门大家（a great Parliamentarian）。伏克士又为民党领袖，故极主倡主权巴力门政治。解散巴力门事起，小披特主正面，伏克士主反面。双方各作剧烈的政治运动。其结果：披特及王党大胜，伏克士及自由党大败。后世史家追论披特所以成功之由，谓为公众的信任所致；诚以当代群众思潮方十分激荡；此项思潮发泄于法国则为大革命，惟于英国则为民族主义。当是时，英国方以混合内阁专政之故，而至于丧失美洲殖民地，混合内阁于是大不理于人口。故自从披特请佐治第三下解散命令，全国人民群趋于他们的旗帜之下，争先恐后。所以当时尝有一个政论家下一断语，即谓："惟有公众之力，足以使披特战胜四面密布的阵势"。参看：Roseberg, "Pitt", c. 3。

第十四章 宪典的性质

不知此义,且要终身反对民主政治的趋势,故始终驳斥那一次解散为"行刑的"解散。当代政治家伏克士亦不彻底明白此义,但仍欲勉强接合巴力门的绝对主权之大义于人民的主权之信条,是以关于驳斥那一次解散的议论,不免时相矛盾。

至于威廉第四的举动,较之佐治第三的行事,略有分别。自宪法的视点观察,1834年的解散实出于误会,不过威廉第四确相信众民院在当时不能代表全国民的意志。就选举所得结果观之,这种信念诚属谬误,但并非毫无根据。所以在一方面,披勒的党人几乎取得全国选举票的半数;在他方面,他的敌党的势力不久即中衰。综合以观,倘若每遇巴力门不能代表选举区时,元首既在宪法上有权以直接向选民诉愿,政论家即不能因选举得到失败的结果便断定这一次解散为违法。是故选民团不受承认为政治的主权者则已,如受承认,则每逢众民院被疑为不能代表选民之际,元首特欲直接请示,而至于解散巴力门,实不能谓为非宪。惟其如是,1834年的解散所有宪法问题端视一种事实以为断。事实为何?即元首的主观曾否有实在根据是。虽然,这种事实的寻求属于历史家的职务,我们可以不必深究。不过专就宪法方面着想,1784年及1834年的解散,已成先例,而且得确立不拔。由这两次先例,解散的特权应如何运用之原理于是产生。复由这种原理,我们可以作一类推,即谓:凡是宪典的一般规则,一概立意以求出选民团的至尊身份,务使在真际上成为国家的政治主权者。综括说,宪德的效力应替"主权在民"之大义服劳执役。

再进一步观察,解散的特权与巴力门的主权极有密切关系。试观合众国,以立法机关不是主权的权力之故,解散的权利即属缺

解散的特权
与巴力门的
主权相关连

乏，亦无大碍，理由有二端。其一，联邦宪法尝有明确规定，即谓：凡有重大变革，非曾经得请于国民，不能举行。其二，立法机关经受法律规定，须以一定时期改选全部或一部分；因之，立法机关的意志，在不断的变迁中，必能和谐公众意见。若在巴力门的主权之国，必须更有别种方法，以求取双方的融洽。这种方法就是解散的权利。有了这种权利，元首与阁臣即可随时舍巴力门而诉愿于全国民众。不过这种公诉方法，若以严格立论，并不是尽善尽美。设譬明之，则有巴力门及内阁尽可倾心于宪法上之创制，一经提交总投票，以不见许于选民之故，反不成功。是故7年选举法案及与爱尔兰合一法案，两者皆是法律上的革命，倘若必先请命于选民，似乎极难通过。在此处，一如在他处，试取亚美利加的宪法主义比较英格兰的宪法主义，前者所有硬性超过后者所有。然而处在现代政治生活的状况之下，解散特权的存在于本国，几乎足以（倘若未能十足）与美国宪法之特别限制立法权力具有同一功用。申言之，两国所用方法皆足使一种同情心生长于立法机关的行动及民众的意志之间。在此项例证，一如在他项例证，所有明白规定于诸邦宪法及联邦宪法的各种原理，都暗藏于英吉利政治制度的运行之中。综括以观，解散的权利即是直接举行诉愿于人民的权利；这种权利复能灌注及浃洽于宪典的全体。惟其如是，所有宪典的规则，在他们的终局，均是务要使法律主权的权力，与政治主权的权力，得以和谐一致。

第十五章　宪典的责效力

第一节　一个重要问题

什么是这种责效力，依之，人们对于宪典的遵守可以强制执行？

这是由宪法的研究而惹起之最困难问题。在此际让我们先记取巴理（Paley）所交下的随感，即谓：使人明白一件困难问题的答案自是难事；使人能灼见困难的存在，尤是更难的事。惟其如是，在未设法答复本题之前，学者须先知本题的困难所在。

原来宪典所有规则并不是法律，因为他们决不见执行于法院。试设一例。设如，有一内阁总理，对之，众民院通过一不信任的决议。倘若他不惟不辞职，而且效法巴麦士登爵主（Lord Palmerston）所为，要求元首解散巴力门。不幸在改选的结果后，他的政治幸运不似巴麦士登，他依然再受众民院投票谴责。当是时，他总应依照宪政上所有惯例，登时告退。但设使他仍不辞职，靦然尸位，在如此情形之下，无人尚能否认，这一个内阁总理，做了这样举动，还不算作违宪。虽然，法院决不能以违宪为词，而审讯他的行检。再设一例。设如，巴力门中之两院同齐通过一重要草案，但元首竟拒绝同意，或（依日常用语）加以"否决"（veto）。此项行为未免太过伤害惯例，但决不能成为罪状，而至于被人告发。再设一例。设如，巴力门不被召集开会，以处决政务，已经有了好几年。此项疏忽并不是事同小可，他是十分严重的违宪举动。虽然，通英格兰全国，决不有一法院能受理巴力门不经召集的诉讼。[1] 由此观之，宪典不是法律，至为明白易见。然而试一就实际考察，宪典纵不能如法律，得被施行于法院，但宪典所有效力几乎可以企及法律所有。申言之，以宪典与法律较，所有宪典，盖与大多数法案，同受一样尊视，更有许多法案还远不及宪典之受人尊重。这是何故？个中所有闷葫芦如何揭破？将欲索解，我们必须寻出宪典的责效力何在。诚以必须有别一种力量以立于背后，宪典乃能不用法院的强制力，而依然得生效力。

第二节 各种答案

第一目 片面的答案

或人因为这种难题实无法解答，则设为遁词，以求减少个中困难，故谓人们对于宪典并不真意服从，而所云服从，只是伪造。就

---

[1] 关于法院不能直接处理巴力门不召集之问题，参考下列典籍：
(1) 4 Edward Ⅲ. c. 14.
(2) 16 Car. Ⅱ. c. 1.
(3) 1 Will. and Mary. Sess. 2. c. 2.
但学者尚应比较研究载于查理士第一代档案第十六册第一章之撤废法案。依该法案所规定，巴力门的召集当成为法律问题。

第十五章 宪典的责效力

实际考察,宪典的规则时时被人践踏。譬如,即以一个阁臣的进退而论,当他应退休时,他有时仍依旧恋栈。试观事实,例如,在数年前,尝有在野党罗列各种证据(虽则未必十分确凿,然而并非无因),即声讨当日内阁以冒犯人权请愿书中之规则的罪名。又如,在1784年,披特(Pitt)当国,当是时,众民院不但以口舌证明,而且以票决表示他的违宪举动。更如,在1834年,民党(the Whigs)亦以同样事由攻击惠灵吞及披勒(Peel)。不宁惟是,任何人,若不惮烦而翻阅汉撒(Hansard)[1]的各页书中,自不难寻出其他同样例证,而遇见许多极著名的规则亦遭蔑视。然则综合以观,凡蔑视规则的成功适足以表证此项规则未尝存在,而宪典在施行时至无一定把握,于此可见。因之,政治家纵有违宪举动,尽可以托词掩饰,即谓:宪典的某一规则既属无有,某一行为当可视同无事。

虽然,上文所设答案或可适用于个别例证,决不足以概括宪典的作用之全体。按实言之,前文所谓宪典几乎与法律具有同等效力,并非毫无意义。试举三数规则,他们固有遵守的必要。譬如,巴力门的召集,年复一年,毫无间断,恍如自然法律早有规定。而且宪典中更有一条大义,足以包罗一切规则者,即是:英格兰的政治必须依照众民院的意志而运用,但立于众民院的背后,还有选民团,而众民院的意志必须随选民团的意志为转移。于是,选民团遂

---

[1] 按,汉撒(Hansard)本属人名,本文所论则指公报名。先是,英国人有名汉撒(Luke Hansard)者,初时受佣伦敦市之晓士(Hughes)为工人,继于1774年权代总经理,末后于1798年代为业主。晓士原为巴力门公报印刷人,自买受晓士的物业后,汉撒及他的后裔即继续为巴力门印刷公报,自1774年起,至1889年止。因此之故,巴力门公报遂以汉撒得名。

为全国政治的主脑。是故就零星规则立论，尽有不定准的服从例证可以枚举，但就这条大义立论，元首与他的臣仆，无一人敢抗命不遵。这条大义并不是法律：因为他既不被规定于任何法案，又不属于常法的任何部原则；倘受蹂躏，任何法院复不能依诉讼程序处理。然则这一条大义，以及其他相关连的典则，何以竟能具有法律的力量？此项问题，约成简式，就是研究英宪的进程上所遇之一闷葫芦，我们必须及早看出破绽。徒以在研究时或不从法律的视点出发，则虽宪法宗师亦不免忽略个中所有困难而不及觉察。于是，他们往往举下列两宗答案之一，以应付要求。平心论之，这两宗答案未尝不含有真理的成分，但无一答案能解疑析难，使寻问者得以十分满意。

第二目　不精详的答案——弹劾与公意

宪法宗师所举两宗答案，其一侧重弹劾的权力，其二侧重公意的力量。兹请依次讨论之。

倘若第一见解果能实现，所有宪章的典则自然不只是一种了解，他们简直是在严格界说下之法律。于是，宪典所有独异处只是在于一点。申言之，凡犯了此类典则，只有一所非常法庭，如所谓巴力门的高等法院者，方能处罚。虽然，此说所持理由极有商榷余地。本来宪政施行的习惯在开端时确实生成于两院的弹劾权力，这件事实确是重要，亟应承认。但伦敦故垒(the Tower)的拘留所与垒中一块斩首木砧(the block)，传至今日，决不足以威吓现代政治家，使不敢有所作恶。譬如，纸老虎原不可以吓人，倘谓可以吓人，无人敢于相信。是故弹劾权力用于处罚违宪举动，对待麦克列非勒(Lord Macclesfield)、哈士丁(Warren Hastings)及蓦勒微勒(Lord

Melville)外（其实就本论要旨着想，三人的事件尽可不必提及），百年以来未尝遇见。至于用弹劾的手段，对付在改选后之众民院中居于少数地位的内阁总理，使不能再行恋栈，此权久被弃置，今已视同废物。原来此项武器，从前尝被用以卫护自由，现在因被搁置日久，已受锈蚀；因之，他已被什袭珍藏，与其他宪政上之古董一齐安置；于是，我们尽可以预先断定，演武器决不至于被拔出匣袋中而有受人运用之一日。诚以弹劾权力，若被用为施行宪典的工具，常带有一极大遗憾。譬如，一个阁臣，倘若他果然有受罚之惧，自然用尽全力，以怂恿元首，使不召集巴力门。巴力门既不召集，弹刻将何由举行？然则弹劾权保护宪典的可能性，倘若操之过急，适足以使人铤而走险而已。即专就名理立论，所谓阁臣被畏惧弹劾的心理逼迫，遂不得已而主张召集巴力门，迨巴力门既经召集，弹劾然后得以实行，如此推理未免近于自相矛盾。早知今日，何必当初？我们可以断定，如果弹劾权是破坏宪典的惟一障碍，现代政党领袖，必不愿作法自毙，且将效法前数世纪的成事，而主张巴力门不应聚会。

至于第二见解既侧重公意，故对于本题的考虑，则谓：宪典的各种教义所以得人遵守者实因有公意的力量以为保障。公意的权力

这句决定词诚有道理，且足以解证过去事实。是故巴力门须年年召集，实为全民族所期望；一个阁臣，倘若不能保持众民院旧有信任，即应辞退，亦为全民族所期望。任何人，一经被任为内阁总理，必不能辜负他们的厚望。因此之故，公意实足以维持大义昭明的教义，使之在公众生活上发生效力。不过尚有一缺点，即是：倘若不更进一步而加解释，这一句决定词只能将本问题所有困难述

出，但不能将本问题所有困难解答。因为本问题所要求的答案，正是：为什么公意，在表面观察，能有充分力量，以为宪典责效？然则所谓宪典由公意而得到强制执行的一句决定词，必不能算作本问题的答案，至为明甚。而且我们还须记取一件事实，即是：许多行为的规则，本来为公众的意见所扶助，但每日受人蹂躏之事所在多有。譬如，践约本为公意所赞许，犯罪又为公意所贬抑：但全国人心虽则坚信誓约应守，然并不能禁止国内商人有宣告破产的举动；抑全国舆论虽则咒诅杀人流血之非，然未尝足以遏止犯杀的行为。本来在一定限度内，公意足以制止奢淫与罪恶，可无疑义；然而公意所以能运行无碍者实因有法律为之助，至少在最后一着，违犯公意总不免受国家的物质权力出而干涉，然后得以成功。由此观之，公意若无警察相助，收效至仅；行为的规则，若无法院为之执行必遭蹂躏。倘以公意的赞成为强行宪典的惟一工具，是无异以道德的力量为实施国际法的惟一手段，两者必将终陷于失望。是故任何人，除幻想人物外，皆能领会国际法与实力所有关系。申言之，国际法的推行决不专恃道德的力量，必赖海陆军力相辅以行。由此类推，所有宪典，除得公众褒许外，必须加入别一种力量，然后可望强制执行。

第三目　惟一答案——法律的力量

所谓"别一种力量"究竟是什么东西？我的答案是，这就是法律的力量，除此之外，再不有别种力量。本来一道政治伦理的教条，若向源头上溯，诚造端于畏惧弹劾的心理，若从下流追踪，诚赖公意扶持以继续存在。然而公意与畏惧弹劾的心理都不具有责效力，

第十五章 宪典的责效力 489

因之,他们即不能羁勒所有一切胆大妄为的冒险行动,务使逡巡退却以遵守宪法的大义,及包藏此类大义的典则。于是,责效力并不是别事,他只是,凡有违宪行为,不管被破坏者是宪法的大义,或是宪典的规则,犯者在迟早间终要与国法及法院发生冲突。

上文一段语言即所以解答我自己提起的困难问题。为着确立我的答案,疏证的工夫与申辩的工夫尚不可缺少。继此请先从事于疏证。

将欲疏证这一句答案的指意及理由,莫如先将宪典所有重要教义,逐一提示,随即假设某条教义受了破坏,然后审察此后所生法律效果。 _{疏证}

就已经确定的规则观察,其中有最著名者一条,即是:巴力门每年至少须聚集一次。这条教义,上文经已明示,并不从常法得来,亦未经法案确定。假使元首竟令停会,而且停会不止一次,于是,巴力门不复集会于威士敏士惕(Westminster)者已历二年之久。在此际,我们即有破坏宪典的一项例证,但并无破坏法律的事实。然则这件事变究竟产生什么结果?就大体说,这种结果便是:任一阁臣,倘若敢行副署,或容忍此项行动,以及与此项行动有关的逐一人员,自然不免陷入法网。 _{巴力门的年会}

试加以一顷刻间之考虑,我们当可洞见结果所至。陆军[2](逐年的)法案首先以期满失效。于是,别一永久的陆军法案,本为军纪所从出,亦从而停止所有效力。[2] 更推想一步,所有控制陆军的法

---

[2] 按,此处论巴力门集会与陆军的存在之关系,行文简约,不易骤解。著者盖以上文已经详论个中要旨也。复阅本书上文第九章。

2 用通俗语(但并非十分正确)表示,则为"叛变法案会要期满失效"。

律根据，自此之后，即不能继续存在。于是，两种处置方法必须采用：其一，解散陆军；其二，仍旧维持陆军。若用前法，全国的和平与秩序且将无以维持；若用后法，军中所有纪律殊无法律根据。但无论采用任一方法，逐一人员将不能逃出法网则同。是故自总司令以下，一切军官，甚至士兵，不管是发令者，或是奉命者，自然会要发觉本人的行事随时不免犯了法律。军政之外，则有财政。[3]在此际，各项赋税几乎尽数尚能收入国库，但岁入的大部分已成为非法征收。于是，每一征收人员将不免陷于法网。至于岁出方面，已经收入国库的赋税亦无从依据任何法律以供给政府。倘若阁部要动用此类收入，他们会要觉察，这是非法行为，此项行为一经做出，他们将不免对簿公庭。假使阁部竟敢悍然不顾，他们明知法律，复故犯法律，未尝不可。但这种胆大妄为仍然无济于事。若要成功，非有若干官吏愿与狼狈为奸不能得到。就中还有好几个重要人员，如都监察使兼审计长，如英格兰银行的监理，诸如此类之官吏，平日素与行政部无统属关系，今则无辜受累，以至于同负罪名。这些重要人员，我们还要记取，不似其他行政役吏，纵然做错了事，尚能希望得到元首所有特权的庇护，予以特赦。惟其如是，在此际，任何人，不管是总司令，或是团长，倘若欲以武力执行政府的政策，会要遭逢反抗。不消说，此项反抗必然受法院许可。因为在英吉利宪政中，有一件要事，我们必须谨记在心头，即是：法律可以运行于两途。是故在一方面，他可以降罚或施刑于毁法的奸徒；在他方面，他可以奖借奉公守法的国民，使得对于非法命令加以抗拒。这是要

---

[3] 按，关于财政的法律根据，复阅本书上文第十章。

第十五章 宪典的责效力

说，被动的抗命为法律所特许。此类抗不遵令的行为，以行政法[3]及极庞大的裁决权力未尝存在于英格兰之故，益得增加效力。诚如是，被动的反抗并非示弱，而且收效极大。凡以上所举种种祸端皆起源于巴力门的不召集一事。除非全国真要毁弃一切纪纲，政府必至于动受挫折及孤立无助。

综括以观，巴力门每年必须集会一事，虽则不是法律而只是宪典，然而他在宪政上决不应被漠视。因为一受漠视，则株连犯罪者且将以千百计。就中更有许多官吏并不能受庇荫于特赦法案，一经受罪，必至含冤不白。然则这一条宪典，在真际上，不但以国法为基础，而且以国法为保证。

平情论之，上文所征引的典则自然是最明显的一条例证。我特意做出这番详细审察工夫，不但因为他是最明显的例证，而且因为他是一个关键，依之，我们可以谛视宪典所有强制权力的法律效实。

宪典具有法律的效力在法理上是十分真实，此理当以在审问别一最典雅的原则后更为分明。这一原则是：每逢众民院对于现任内阁投一不信任票，阁部全体应提出总辞职。假设有一内阁，在这样票决之后，竟敢在现代中效法披特（Pitt）在1783年所行事，仍守官如恒。此项行动一望而知为宪政的伦理所不许。于是个中所蕴蓄事端不难究诘。倘若内阁还要在宪法范围内行动，他们必须表示所以不辞职的理由，志在要求全国公判。因之，众民院随受解散。有此一举，内阁蹂躏法律的行事自然可以避免。但这种避免犯法的事实究竟能确立与否终视内阁所有行为能否合于宪德以为断。因为

<small>阁部因失却信任辞职</small>

3　详见本书上文第十二章。

这一条典则的真谛,并不是:当被众民院谴责,内阁即不能尸位。反之,此项真谛却是:在如此场合之下,若欲继续行使职权,内阁只有一条路径可行。申言之,内阁务须以自己所抱持政策及此次冲突经过,公诉全国,因而要求选民的充分信任,多选出同一样主张的代议士,以组成一所赞助现任政府的众民院。万一内阁竟不愿走这一条路径(就是,当在初时内阁不下解散令,后来改选失败又仍不辞职)到了那时,阁臣确是犯了宪典的这一条原则,再不能托词以自解。自此之后,众民院必然下一种决心,以控制现任内阁。申言之,现任内阁受操纵于众民院,若再不守法,必至违法。在或迟或早间,陆军(逐年的)法案必至满期,度支法案行将逾限,众民院只须拒绝此类法案的通过;于是,在巴力门经过两年间所生违法的危险(一如上文所提示)必将遭逢于今日。综合观察,我们可见所被破坏者虽则仅为一种仪节的规矩,而且这种规矩不但未尝见于英吉利法律,而且反对英吉利法律的理论,然而所得结果已足以陷行政人员于抵触国法。然则即此一端,我们当可概见所有责人以必从宪典的力量只是法律的力量。本来宪典的本身不是法律,但在效用上言,要是宪典不有约束能力则已,如有约束能力,一丝一毫俱由法律产出。惟其如是,然后违犯宪典者最终必至于犯法,且无一人可以逃罪。

_{驳议及申辩}　　虽然,所谓宪典的责效力来自法律本身一大义不无一二疑难之点,可以提出,而作成驳议。于是,为着确立此义,我们必须谛听反对者之论调,而加以申辩。

_{武力可以推翻法律}　　驳议中之第一端实集中于武力一点。据反对者的推理,政府有时可以利用武力,以惹起政变,随之,即可以蔑视本国所有法律。

第十五章 宪典的责效力

这条驳议在事理上至为真实，但并不贴切题旨。当在革命时期，或在政变时期，全国方陷于大乱，遑论国法？然而暴乱足以藐法一说并不足以驳倒宪典有法律为后盾之大义。若以两者互相比较，宪法当然不能较国内常法法律为更有力量。任一阁臣，如果真要学在1851年之法兰西总统所为，既敢于毁弃一切法律，即不难推翻宪法。所以我们在此间并不要证明法律绝不可以蔑视，与宪法绝不可以推翻。反之，我们所主唱的理论只要证明一点，即谓：当宪典能约束个人的行动，一如法律，在此际宪典所有效力只起源于一件事实，即凡人违犯宪典必至于违犯法律是。

抑有进者，巴力门的主权，一经成立，大足以消除野心家对于宪政的无谓攻击而抵制革命。譬如，当一次变乱发生，革命党人或叛徒通常自以为自己的行事早经得到国人的同情，是以敢于发难。倘若革命果能成功，这种信念自然可以确立。但在现代英格兰中，革命殊可以不必发生。因为任一政党，只要取得选民的大多数赞助，尽可以努力行事，而收成革命所得的效果。是故当全国为革命潮流所撼动之际，在巴力门的主权之下，革命的政策可以即时实施。又当反动精神方盛行于全国之际，保守的政策仍可以由巴力门实现。试征史乘。[4]譬如，在17世纪中之复辟期间，巴力门则陆续颁布压抑自由的法案，又在法兰西大革命发动以迄佐治第三之末年，巴力门又专意设立反革命的法律。两者皆足以援助宪政，使得

---

[4] 按，著者断言"立法精神的变革足以避免政体的改造"，此语最为精警，复耐人玩味。不过著者引用史事以解证巴力门的主权能顺应时代的要求之妙用，不免偏重保守方面。其实巴力门的立法，在历史上观察，有时亦能顺应全国人民所有革命心理，以施行革命的政策。最显著的例证便是1832年所通过的巴力门大改革法案。

免于以自身为众矢之的。于是，立法精神的变革足以避免政体的改造，而宪法的软性在此际遂著奇效。

<small>巴力门未尝拒绝叛变法案的通过</small>

在既闻上文的申辩之后，或者转滋疑惑，因发为一问题，即谓：倘若政治道德的维持既有赖于巴力门的拒绝通过陆军（逐年的）法案，而此项陆军法案，对于秩序的保持及社会的存在，皆属必要，何以巴力门绝未尝一度运用这种方法以强人守宪？

这种驳议可分两层答复。其一，巴力门每年开会的规则在宪典所有规则中原属最重要，但以这条规则的本身遵行已久，则叛变法案可以无须拒绝通过。其二，巴力门具有绝大威权，随时可以达到自己的愿望；于是，只此拒绝权力的存在已足以控制内阁而有余。其实，自1689年以后，除得全国的同情外，内阁再不敢轻视众民院。换言之，除非相信众民院在改选后确能以表同情于自党的政策者居大多数，内阁绝未尝敢开罪于众民院。所以我们敢于补足一句，巴力门自光荣革命后固未尝不有一二次思量不通过叛变法案，或竟以此举相恫吓，但这样例证在历史上究竟绝少遭逢。是以披特（Pitt）战胜混合内阁一段事实尝被翘举，即以之证明巴力门实无能力以行为这一件事。虽然，任何人，如果用心研究"混合内阁的成案"，当能见及论者的误会。伏克士（Fox）及他的朋友在此际本已决心实行运用众民院的拒绝通过权，不过他们随即觉察，当日占居院中的大多数的政党已不能代表全国的意志，于是此事卒不果行。因之，这一宗"主要成案"所能证明者只是：内阁以得到元首的扶助之故，自然具有解散权力；当是时，众民院，若再不能博取选民的同情，遂不免横受解散。讨论至此，我们依然归宿于现代宪政主义的基本信条，即谓：法律的主权要常时屈就政治的主权。此项基本信条实以1784年的事变确立于英格兰，披特在此际所以敢于跨越宪章的俗例者，实因他能以宪章的原理为根据。于是，虽则违宪典以行事，披特仍能保持令誉。倘若依同理以进一步推究，假使在政治奋斗的进程中，事属必要，他还可以弃置法律于不顾。这是要说，倘若混合内阁竟要推进他们的法律权利而趋于极端，1784年改选后之巴力门必然通过一种赦免法案，以图救济这一位阁臣的不法行为。诚以这一位阁臣，我们当补说一句，早已得到元首的扶助，贵族院的扶助，以至民族的扶助。然而无论这件事变的终局如何，我们尽可在此间作一结论，即谓：介于披特与伏克士两人间之一段著名的政争历史决不能适用于后者的驳议，即以推翻我们所确立的论据。申言之，所谓众民院，虽则受全国协助，仍不敢运用绝对法律威权，此说不能成立；反之，众民院在此际为着实施宪典计，必能迫抗命的内阁，使不得不走入辞职或革命之一途。4

第三节　宪法上之几个次要问题

介于宪典与宪法两者之间所有正确关系既经明白了解，学者将能对于宪法之几个次要问题，从前所视为大惑不可解者，如今可以理会。

次要问题中之第一个便是，巴力门在古代时，尝以好几种方法，例如，弹劾及给养的正式拒绝，以至其他同类权力，强行巴力门的

<small>弹劾权为什么弃置不用</small>

<small>4　其实，拒绝给养的意思在现代中尚时为政治家所采用。譬如，在1868年，为着实现提前解散众民院的政策，给养的拒绝即被用为恫吓之具。又在1886年，在众民院被解散前，给养的法令并不完全通过，当时所得通过的法令只限于一定期间。</small>

威权，到了现代，何以弃置不用？

答案至属简单，即是：诸如此类之权力所以不见用，只因他们在此时实可以不必使用。原来现代宪法主义有一基本原理，即是：民族的意志之由于众民院宣达出来者必须遵从。而此项基本原理，在实际上，早已浸淫灌注于国法；以此之故，凡违背该原理以行事者必至触犯四境内之寻常法律。惟其如是，所有宪政上之非常的救济方法，在古代非用之则不足以强行民族的意志者，在今代殊用不着，而至于萎缩。然而他们所以尚能继续存在而不受裁撤者，亦属有故。分析言之，这种缘故半构成于英吉利人民之保守精神，半构成于一种特殊戒惧。诚以事变无常，至难预测，国中或再有重大罪恶发生；当是时，四境内之寻常法律或不足以遏抑元凶大憨；于是，诛锄祸根尚有待于巴力门中之高等法庭。

<small>宪典为什么游移不定</small>　次要问题之第二个便是：宪典中所有各条规则何以都具浑含性质与游移不定的成分？

试征实例。譬如，以关于内阁总理辞职之规则言，何以无人能确切规定辞职的际会？又如，以两院相持不下时所有关系言，如以无人能建立一标准，以测定贵族院应在哪一点退让众民院？而且在昔日时代，何以贵族院能制止众民院的立法而不致于破坏宪德？更以元首与政事之关系言，何以无人能详明叙述元首可以左右政策的界限？而且在佐治第三与佐治第四时代，较之在维多利亚时代，何以前二人能以个人的好恶及心愿实行于国家大计，且远过于后一人所能为？

为着解答以上所举问题及其他同类审问，我们还要再次郑重提示宪政的主要原理。原来此项主要原理只是：首先一步人人须遵从众民院所明白宣示的意志；最后一着，人人更须遵从众民院所代表全民族的意志。至于宪典所有一切条教，上文曾经提示，不过是用以教人尊重此项基本原理的行为准规。在此类行为准规之中，本有少数规则（譬如，巴力门必须召集每年至少一次的规则），得到国人畏敬，有如巴力门的威权一般，于是，任何人，倘若果不愿从事革命，必不敢有所忽视。这种规则在今日已为全国公认，应与以共同遵守。而且此项共同遵守更保证于一件事实，即是：无论何人，倘若敢于干犯，或助人干犯，这种规则，他的行为随时可以触犯法律。此外，尚有许多规则，所占地位十分差异。他们的履行，在某一程度内，足以求取巴力门的至尊身份，但他们所含义蕴至为不分明，所以无人能明示，在哪一限度中，巴力门及民族必要国人信奉他们，违则有罚。以此之故，他们所得到的尊敬心只是别异的及无定的分量。

譬如，试就阁部失却众民院的信任而辞职的规则观察。由该规则所宣示者以推究，人人皆知任何阁臣不能永远忽略这条规则的精神；万一不守此戒，违者将要陷入法网，而他的行为将成非法行动。然而个中有极难辨别处，即所谓众民院不予信任的朕兆是。此项朕兆将以内阁的重要提案被打消而决定耶？抑以在内阁指挥及支配下之大多数的议席及票数骤形缩小而决定耶？假使你要发问，将无一人能确实答你。[5] 所能说者只是：除却各种例外已在上文反复申

众民院的信任问题

5　参考轩恩，《英格兰的政治》第九章。轩恩尝于该书之第九章中试为测定阁部应辞职之时机。又参考1905年7月24日之辩论，亦可略得关于辞职之先例的梗概（见《巴力门辩论》，第四集，第一百五十册，第五十纵行）。

明,[6]可以不计外,内阁不应于不信任票已投后尚图恋栈。在此际,内阁全体总以早行引退为佳。诚以众民院既代表全国民众,该院的意志又经宣示,阁臣于是必不可以不服从。不过在未有此项票决以前,则众民院究竟曾否有这种暗示之一问题殊难以任何原理为标准,而加以决定。是故在今代中阁员不易推知究在何时已失却巴力门的信任;恰如,在古代中,阁臣不易测定实以何时已失却元首的信任。譬如,新寨公爵(Duke of Newcastle)当任大藏部长职时,一旦失去元首的欢心,虽经彪特爵主(Lord Bute)暗示可以退休,然该公爵仍茫然罔觉。近代屡次内阁,对于众民院的信任问题,当感同样困苦。故在主人不明白辞退仆役之际,则主人所有行动曾否暗示此意,自然成为问题,而惹起讨论及考究。由此类推,众民院的意志有时固难测定,选民的大多数的意志当然更难测定。

<small>贵族院退让众民院问题</small>　又有普通规则,关于立法事宜,贵族院最后须让步于众民院,亦为现代宪政上已经确立的教义。但使有人要问让步之点怎样划定,无一近似真理的答案可以求出。无已,只有一句极含糊的答语可说,即谓:无论何时,当觉察下院确被证明能代表全国的意志时,上院应即退让。不消说,解证的性质往往随时会而变异。

有一事焉,倘若专就宪政的理论考究,此事殊难索解,但在众民院既能代表民族的意志以制胜贵族院之后,此事至易明白。这一件事就是现代内阁对于贵族院所发生的关系。征实言之,譬如,虽则在贵族院中,政府党未尝占居大多数,然而内阁可以继续存在,不至动摇,殆五十年来如一日。而且如此内阁复能施行一种政策,

---

6　参考本书上文第十四章,论解散巴力门之规则一节。

本为贵族院所深恶，然而却未受贵族院权力反对。而在别一方面，虽则贵族尝受压逼，以通过该院所不愿设立的法案，然而贵族院究能控制立法的进程之事亦属屡见不鲜。例如，介于1834年与1840年之间，上院，在林赫士爵主（Lord Lyndhurst）领导之下，屡次反对内阁所提出而又已通过下院的各种方案，而且屡次成功。就中如改善犹太人的待遇草案，即是最著者之一例证。此案，本已通过于众民院，徒以贵族院不与通融之故，犹太人卒无权以被选入巴力门者多迟数十年。倘若你要根寻个中所有缘故，你当能寻见，他只是一件单纯的事实，不过这件事实不免深藏于政客的词藻与雄辩中而已。这是要说，关于此类政争的争端，选民实未有相当准备，以扶助内阁而屈服贵族院。假使选民真能准备，内阁总理，在实际上本为众民院的代表，当不难设法使贵族院退让。此法为何？即增设贵族议员是。不过在现代国家中，有如英格兰者，凡事甚少走入极端，因为某一种权力的存在，知之已足，殊可不必见诸实行。试征诸私家生活：多数人们不须被传到法院而已先清偿本己的债务；因为法院及郡长的设置实可以使人知畏，于是，债务自能如期清理。私家生活如是，公家生活何独不然？是故贵族议员，虽则不喜某一方案，但仍予以通过者，并非无故。其故何在？在于一件事实。事实为何？即贵族议员的增设权力之存在是。虽则这种权力是一种极笨重的机械，不易运用，然而他的存在已足使上院知所戒惧，而不得不遵从一条宪典。这条宪典是，贵族院的愿望必须退让众民院的意志。虽然，该条宪典的本身已是隐约不明，而由此项规则产出的遵行力，在程度上观察，复时有高下。是何以故？则以民族的意志并不能时常明白宣示故。而且在此处，一如在他处，民族的意志的本身亦不免时时变异。惟其如是，此项规则的固定性至难得到。不过以现代英格兰论，宪政上各种机械之运行各循定轨，复能互相联络，于是上下两院所有关系不至因此项规则的无定性而发生极大困难耳。是故为着明示个中所有困难，我们姑舍英格兰本国，而考察英吉利殖民地所有经验。而在各处殖民地中，若欲寻求一个最好的例证，以表证下院强迫上院屈服之方法，莫如考察1878年及1879年之维多利亚（Victoria）。先是，下院之在维多利亚者，将参议院所已驳回的草案之实际内容，编入一宗岁费草案，并极力要求参议院予以通过。参议院不允，意将岁费草案驳复。于是，内阁尽数罢免官署役吏、地方有司、地方法院审判员，及其他人员；因为岁费即无从支出，内阁再无方法以支付官俸故也。最后，内阁实不得已，乃谋以下院的单独决议为根据，向财库照领经费。但在这一着，内阁的行事实已抵触巴力门的法案，即与国法相抵触。于是，上下两院相争不下，复争执不已；卒至公意大变，遂能选出一下院，使与参议院合作。然后争端乃息。至于该两院相争后所得结果如何，与我们在此处不相关涉，故可略而不论。惟就中有三点必须勾提。第一，双方所有争讼最终依照选民的意志而了结；第二，在政争的进程中，每方各用尽宪法上之权力，应有尽有，此项行事甚少见于英格兰；第三，因为上院亦由人民选出，内阁遂不能利用增设上院议员的方法，以和谐两院。如其不然，倘使总督诚有权以指派上院议员，上院必须向下院屈服，一如贵族议员之屈服于众民院。

元首的感应力何以无定　次要问题之第三个便是：所有典则，凡被用以制裁元首与政府的实际工作间之相互关系者，何以一概是隐约不明，而且游移不定？

本题所有疑点，若欲索解，则依贵族院与内阁间之相互关系，以作类推，亦当不难得到。试自各种政治日记稽考，复自现代公共生活观察，我们可以发见隐藏于古代风俗中之两要旨，实为本国制度的精神之所寄。第一，逐一国家的行为虽以元首的名义作出，然英格兰的真际执行机关只是内阁。第二，虽则元首未尝亲身处理政务，然而在前王中无一人（即在今王亦是如此）履行；或试为履行，西耶（Thiers）所造成的原则；即谓"英吉利王统而不治"。其实，佐治第三在行政上常处于领袖地位；他的俩儿在全国政治上，虽则干政的程度各异，所用方法各殊，俱能实行他们的意志以至偏好及偏恶。因此之故，元首的意志在宪法之下，对于全国大政，实具有无界限的势力感应的范围。不过此等政治状况，若自不熟悉英吉利宪法精神者观察，不免带有许多奇异性质，而此类性质即可从所有一切约束君主的个人行动之宪典看出。申言之，此类宪典的意义概是泛滥无涯涘。若欲进而探求其故，凡曾经玩味本书上文各章者自易于用功。元首的私人情面及势力依然存在于今日，并非因为国务尚依他的名义处理，只是因为法律的主治权力（即巴力门）及政治的主治权力（即民族）同齐愿望，他还能运用私人所有威信于全国政治。惟其如是，关及元首在运用私人威信时所有风俗及习惯遂不能作成界限。其理由有二：其一，依政治家的见解，此风俗及习惯殊不易以硬性的规则处理；其二，生人所知有限，因之，当无一人能预料全国人民的愿望，究竟君主的说话在实际政治上应有几许重量。于是，我们在此际所能确凿说出者只是：关于此旨，元首所行事与民族所愿望时时变异。譬如，威廉第三，在统治时尝屡次运用否决权力；迨至佐治第三时代，此项权力未尝有一次见用。但佐治第三本人，每逢大事发生，必强行自己的意志。自此之后，所有嗣君，无一人再袭用佐治第三的故技。是故在小事中，一如在大事中，英吉利政治的趋势大抵呈露一种倾向，即是：所有大小政治权力，在向日原属于元首者，在现代渐次移交内阁。试再从小事观察，譬如，介于丁士（Jeanie Deans）及卡罗怜王后（Queen Caroline）间之话剧只可以遭逢于佐治第二时代，适足为当代的真相描写。又如，朵特博士（Dr. Dodd）以著名牧师，因作伪犯罪而被处死刑；他的友人，如约翰孙博士（Dr. Johnson）之流环请特赦。徒以佐治第三坚持不许，朵特只得就死。若在今日，特赦权力已归内务部长运用。更就今代情势观察，假使再有一个丁士出现，此事当归内务部处置；至于一个著名牧师应否抵罪的问题，君主已不过问，让内阁加以答复。

子遗的特权
有何效实　　次要问题之末后一个便是：元首所有裁决威权的残余物称为特权，上文已经讨论。不过还有一疑问，即谓：特权究竟有什么真际的效实？

　　在此地我们必须分别两事。其一，特权的存在，对于元首所有私人威信，发生什么影响？其二，特权的存在，对于政府的行政权力，具有什么作用？

　　在英吉利宪政中，许多政务照例可以不归巴力门直接提督及监理。譬如，国家的重要行为概以君主的名义执行，实际上大抵复为君主所尝经目。又如，审判员的委任、主教的增设，以至外交的处理，皆可以不必咨询两院。此类事实殊足以给与元首以不少机会，得从中潜移默运全国政治。是以贝吉（Bagehot）用平日敏锐的眼光，评判此事；特谓：即就此项方式观察，阁员须禀承及报告君主以国家大事，其间所有经过即足以增进元首的威信不少。

虽然，我们的审问工夫还须更进一步，以考究特权与内阁的地位有何关系。按实言之，特权的存在足以赋予许多权力于内阁总理及他的同僚，使不受两院钤制。外交即是其中最重要者之一事。譬如，巴力门尽可因外交政策而谴责阁臣，然而所有条约，一经元首订定（实则由内阁订定），可不待巴力门许可即生效力。甚至执政的缔约权力有时或可以跨越国法；[7] 此义虽则未能确立，然而至少可成为一种公开疑问。但无论如何，我总可以断定，即谓：主持国交的机关不是巴力门，却是内阁。阁部在实际上还可以决定交战与媾和问题，北美合众国的开国元勋实能了解英宪中之奥义，故能在美宪中创一新法。申言之，他们安置缔约权力于总统及上议院之手，不令总统一人掌握，而且授否决权于上议院，使得否决总统的委任人员。此项安排足以解证一种方式，在其中，特权所受限制即成为执政所有裁决权力的束缚。假使贵族院，亦如上议院一般，具有此类权力，则本国的制度所起变化，直可引用专门术语，谓为元首在缔约与委任方面所有特权被限。然而这样创制所收效实直等于内阁的裁决权力之受限。

除增加内阁的裁决权力外，特权能健在于今日，尚含有一种效果，惟该效果每不易为人觉察耳。按实言之，特权的健存还可以增

---

7 关于此义，参考下列典籍：

(1) *The Parliament Belge* 4 P. D. 129.

(2) 5 P. D. (C. A.) 197.

"究竟这种权力（元首能强令人民以遵守条约中之规定的权力）曾否存在于和平条约，又曾否存在于与和平条约类似之条约，而且究竟在两种情形之一种或全体中，干涉私人权利一事是否可以由立法机关以外之机关规定，此类问题皆是极严重的问题，惟诸位审判员均不以为亟须答复而发表他们的法律意见。"详见：*Walker v. Baird* (1892), A. C. 491, 497, judgement of P. C.。

加威权于众民院，并由众民院而授威权于选举区。原来阁员在运用一切裁决权力时，自不免切志服从国家中之最大支配的权力。譬如，当君权全盛时，阁臣在名义上，一如在实际上，只是君主的仆役。又在历史之一时期中，贵族院的权力尝足以支配政治，内阁的行事亦惟贵族院之命是听。其在今日，众民院在全国中已成为最主要的统治机关，于是，阁部对于裁决的运用，正在努力于宣达众民院的意志。但当内阁须俟受命于立法乃能有所作为之际，情景又为之一变。因为一言及立法，则必须于众民院之外，加入贵族院一机关。是故任何政府，倘要增加权力，自非得到贵族院许可，必不成功。是何以故？则以每一法律必须经贵族院裁可故。于是，巴力门的一宗法案自然不能单纯代表众民院的愿望，此类愿望实为修改于贵族院后而得到之效果。本来贵族议员所有思想，经过长期间之演进后，必能与选民所有者相符合。但若就一短促期间着想，贵族议员或至误解选民的意志；于是，对于众民院所通过的草案，他们竟以为选民不赞成，或无所可否。由此观之，我们当可括举上文，作成约语，以综观内阁在两方面之活动。是故在特权下所有行为，内阁在实际上（虽则名义上不是如此）须就范于民众的代表机关；而在法案下所有行为，内阁不但须禀命于下院，而且须受裁成于上院。其实还不止此，内阁自法案得来的权力，当运用时还要时时被法院干涉。试从现世史中摘取一例，以解证个中所有异点。[8] 在1872年，当日内阁提出一草案以裁撤陆军军职之购买制度，此案并得通过于

---

8 关于裁撤军职购买制度一节，斯梯芬的《伏写特传》（*Life of Fawcett*）有论断，极值得注意。参考原书第271及272页。

众民院。惟一经提出贵族院，该草案竟受否决。内阁不得已，乃返而求诸特权，卒之，发见有所谓御用状（royal warrant）者，甚似特权的运用之一种，[9] 可以达到目的。于是，此项购买制度遂被裁撤。这种变革，我们可以揣度，不但迎合众民院的愿望，而且投契选民团的心理。虽然，假使此项制度的裁撤必有待于立法的威权，此等弊政，虽迟至今日，尚依然可以健存。然则特权的存在，自这件事实观察，实足以副选民的厚望；而且这种结果，在现代政治之下，特权的运用随时随地可以产出。诚如是，元首的特权，在今日，遂变成人民的特殊利益。任何人，倘若要知道此类特殊利益怎样追踪众民院的进步（换言之，众民院变成真际主权者的直接代表愈见亲切，此类特殊利益的伸张愈见广漠），应仔细斟酌贝吉（Bagehot）在他的名著中所论述关于元首不须就商巴力门而即能自行运用的权力，同时并须记取现在运用这些权力的内阁，不复是元首的仆役，却是一个人民代表机关的仆役，而且代表机关的本身还要谨依选民的命令。贝吉之言征引如下。

"前乎此时我曾说过，倘若人民被人告以今代君后不用就商于巴力门亦可以处理许多事务，他们必将惊讶不已。但这句话并不是无稽之谈，且经确实。因为当今后以特权裁撤军职购买制度（在贵族院才拒绝通过一宗裁撤此项制度的草案以后）时，公众即发生极大惊惑。

"虽然，今后可以依法行事，而不须向巴力门商量，此类权能

---

[9] 其实，严格言之，所谓军职的购买受特权裁撤，并不是十分正确。先此曾有法案禁止此项制度，惟有军职之以御用状批准者除外。今则内阁再以御用状通禁此项制度施行于军中，故当批准此事的御用状一经撤回，禁止此事的法案即得发生效力。

原不胜枚举,因之裁撤购买一事直可以不必计及。譬如,军队为国防所系,但她可以将国军一概解散(依法,她不能招募兵士,超过一定数目,但她可以不招一兵);军官为全军司令,但她可以罢斥自总司令而下一切官佐。不宁惟是,她可以遣散全国海军;她又可拍卖全国军舰以至海军军用品储藏所;她可以牺牲款华勒(Cornwall)之地面媾和;她又可以因要攻取柏梨但尼(Brittany)之地而宣战;她可以尽封全国男女国民为贵族;她又可将逐一教区造成大学;她可以罢免全国内务役吏;她又可以特赦一切囚犯。简约说,以特权为工具,今后能摧翻政府中之行政的举动,能卑屈求和及丧师辱国,又能遣散全国海陆军,使我们成为无防卫的民族。"[10]

倘若以巴力门主治的政府竟有转变成为以众民院主治的政府之一日,此项转变的成功大概赖于元首所有特权的运用。

第四节 结论

讨论至此,英宪的研究工夫行将告终,让我们且从法律方面综览英宪,以提示我们在探讨进程所已得到的结果。

由法律的视点观察。英宪在表面上再不呈现"一团糟"(a sort of maze)的状态。加以分析,他可以被区分成两大部分:其一是以各种了解、俗例或典则构成;其二是以法院所施行的规则构成。前者不见承认于法院,严格言之,不能算是法律;后者在严谨的界说之下,确是法律,至于曾备载于法案中与否都可不管。因之,只有

---

10 原文引自贝吉所著,《英吉利宪法》,"导言",第35及36页。

后者,才能构成英宪的法律全体。

再进一步观察,我们又见英宪的法律部分即是英国政治所托足的基础,而且在真际上,他还能给予英宪的典则部分以法律效力,使能责国民以服从。[11]

加之,英宪的法律是在两条大义支配下所造成之产物,这两条大义又由历代英吉利政治家及律师,以明白地知觉心,复以不断地努力,逐渐做出。

两条大义的第一条是巴力门的主权。在第一大义的领导之下,统治权力渐由元首而移交于一所愈趋愈能代表民族的机关。[12] 申言之,主权在最初时不过是君主的个人所有威权,后来乃渐次转变成为君主在巴力门中之主权。这种古怪进程有两样效实:他消灭君主的武断权力;他又能保持国家的至尊威权,而不受损伤,复不受轻减。

---

11 详见本章上文第二节第三目所论。

12 主权的移转方法,在此地不妨以数语叙论。英吉利人民,当与王权竞胜时,除革命时代外,绝未尝试冲破元首的权力,使永远不能为一国主宰。数百年来,他们所抱持政策常为:在一方面,不欲惊动及减君主固有权力;在他方面,惟欲约束元首的行为于一定程序,依之法律的至尊性首先得以保证,最后随即保证及于人民的主权。譬如,在司法方面,君主被认为最尊法吏,但他的司法活动应由法院施行;在立法方面,君主被认为惟一作法者,但除却用"君主在巴力门中"之名义外,他不能自行制定有效的法律;在行政方面,君主拥有一切特权于手中,但经过长期争斗之后,此类特权只能由他的枢密院中之臣仆,即阁臣,代为运用,同时,该阁臣必须代负行为上之责任。于是,君主的私人意志渐被改变,又渐能印证元首依法律而宣示的意志。此项变形大概成于法律的假造方法之运用,而此项假造大抵作始于律师。倘若欲以实事证明,莫如观察法国历史。法国在18世纪之末,"议会"(parliaments)尚欲借用此项假造以遏抑在法兰西君国下之完全发展的专制政治。纵观此段史事大足以令人触起远在百年之英吉利宪法家所使用之技术。由此项技术,元首的特权实渐被缩小范围。参考洛昆(Rocquain)所著,《大革命前之革命精神》。

两条大义的第二条即是我所称的"法律主治"。法律主治的指意，在根本上，实解作寻常法院当有权利以惩治任何人所犯的任何非法行为，这是英吉利制度的要素。倘若巴力门的主权所授予英吉利宪法者为他的法律形式，法律主治所授予英吉利宪法者当为他的实质。简约说，英吉利宪法，虽自某一视点观察，甚似习惯与风俗的集合体，然自法律视点观察，则在全世界中，除合众国的宪法外，[13]最能根据国内法律以组成极完整及严谨的内容。

当我们明察孰为英吉利政治的基本原理之际，我们同时复觉得英宪虽为外国政治家所极力抄袭，但此类原理殊少习用。譬如，巴力门的主权原为一种政治思想至与现今存在于其他采取代议政治的国家所有硬性宪法不能相融洽。至于法律的至尊性之一概念，虽尝发展于合众国，而且能在彼地充分发展，甚至能超越英国所有程度，然而此一概念实为法国的制宪专家所摒弃，而且又为其他大陆国家之步武法国者所摒弃。诚以法律主治的解释不外指明审判员在最后一着应有权利以约束政府，而权力的分离的意义，依法国人所诠释，却为政府应有权利以约束审判员。因此之故，法院的威权，如英国人所熟悉者，极难与盛行于法兰西中之行政法并立。其实我们还可更进一步以断定，英吉利法律主义至难与一种官治机关的存在，如外国所称为"行政"者相投契。此项判断并非故意抑外国制

13　在此地有一要旨须顺便提示，即是合众国的宪法，就现行法律论，大致托足于判官所造的法律之上。马撒尔（Marshall）者大理院院长，亦联邦宪法之解诂学者也。在亚美利加的政治中，他的事业纵不能与开国元勋齐名，至少亦可与立国诸公媲美。参考他的"判决汇刊"所有法律意见之关于宪法诸问题自明。见：*The Writing of John Marshall, late Chief-Justice of the United States, on the Federal Constitution*。

度而扬英国宪法,并以宣示外国制度不适于文明社会与自由民众。反之此项判断只是由分析本国制度,并取之以比较外国制度所得的结果。由是,总括以观,英吉利宪法到底具有特别标志,而且此类标志是十分深刻,远非寻常意想所料及。若以约语提示,英宪所有特性是,巴力门的主权与法律主治两大义相与结合及联立。

附 录

书后一　法兰西宪法的硬性

自 1789 年三院大会（States General）[1]复行召集而后，法兰西宪法前后更改凡十二次。[1] 试就该国宪法中，逐一审察所有关于修改宪法的条文，我们可以得到许多有兴趣的结果。

第一，结果是：除却两次宪法外，[2]每次法兰西宪法均显然具

---

[1]　按，三院大会为法兰西所有一种代表制度，最初召集于 1302 年；嗣后虽则集会若断若续，然一直到 1614 年为止，集议时有。三院本为分立的组织：其一属于僧侣阶级，其二属于贵族阶级，其三属于平民阶级。以功能论，三院并不是立法机关，只是咨议机关。当集会时，三院各自构成一个票决单位，而每一决议必须以三个单位的 2/3 的同意，方能通过。于是，僧侣与贵族两阶级往往能互相联合，以反对平民阶级而制胜。惟其如是，三院大会的代表制度迥异英吉利巴力门制度，由后者英国人民得有所保障，由前者法国君主的威权决不被丝毫减削。然即此咨议机关，法国王室，自 1614 年至 1789 年凡 175 年间，亦靳而不与。到了 1788 年，以财政实无办法之故，法国政府乃不得已谋就教于国内各阶级臣民，翌年，才有三院大会的复行召集。

1　分析言之，则有：(1) 1792 年君主宪法；(2) 1793 年民主宪法；(3) 1795 年民主宪法（主政时代）；(4) 民国纪元 8 年参政宪法（1799 年）；(5) 1804 年帝国宪法；(6) 元老院及临时政府在 1814 年所颁行的宪法；(7) 复辟时代在 1814 年所制定的宪章；(8) 1815 年增订法案（Acte Additionnel），系改造帝国宪法而得到；(9) 1830 年宪章（颁行于腓立[Louis Philippe]时代）；(10) 1848 年之民国；(11) 1852 年第二次帝国宪法；(12) 1870 年以至 1875 年之现代民国的现行宪法。参考耶里（Hélie）所著，《法兰西宪法》（Les Constitutions de la France）；及杜归与孟尼耶（Duguit et Monnier）所著，《法兰西宪法》（第十二版）。

但有应声明的一句话，即谓：法兰西宪法，倘若以表列示，可以伸张，亦可以缩小，只依论者对于宪法所有异同及因革的见解而决定。

[2]　按，此处所谓"两次宪法"，即指复辟时代在 1814 年所制定的宪章，与颁行

有"硬性的性质"。是以法兰西人们的思想，无论属于何学派，概崇信同样理论，即是：国家的政治基础必须超出寻常立法机关的活动范围以外，万一果有改变的必要，此类改变务必令其手续繁难与进行迟滞，必俟全国人民对于革新的条陈，深思熟虑，方能成立。

专就此旨立论，1791年之君主立宪至足注意。在这次宪法之下，立法机关只为一院制，惟该院并不具有修改宪法的威权。具有此项威权的机关却是"修宪会议"（Assemblée de Révision）而关于修宪会议的召集与行动，宪法实费尽心机，以详加限制。限制的方法可以约举如下：

一所谓寻常立法议会概由人民选出，其任期以两年为限。在这两年之内，宪法的修改，无论如何，不许实现。实现之期必俟连续的三届议会，在6年之内，一齐对于宪法中之某一条文之修改，询谋金同，修改的事业方能开始。自从同样修改案提出与通过于这三届议会后，下届议会，除原定人数外，须加选249人，以共同构成"修宪会议"。

修宪会议，自成立后，凡有为宪法可加以限制者亦无微弗至，因之，该会议只能讨论前三届立法机关所已提出的问题。于是，这种修改只是限于局部的修改。又自修正案一经成立以后，加选的249人即须引退，会议组织即须变更。申言之，修宪会议自行解散，寻常立法会议复现原形。由此观之，倘若1791年宪法至今尚能存在，法兰西宪法，在任何情景之下，必不能实现一种修正案于6个

于腓立时代的1830年宪章，这两宗宪法，倘若衡之以硬性宪法的义解，可称为法兰西历代宪法的例外。此旨讨论于本篇下文，试玩索之，不难自得。

年度以前。不宁惟是,虽则有了此类制限,以防御仓猝变易,然制宪人物尚以为未足。[2] 卒之,他们还要再加一种制限,即是:刚在宪法修正罢了后,相继成立的下届两次选出的议会即不应再有提议修正宪法的威权。这是要说,依据制宪人物所有用意推究,至少在10年内(1791—1801年),法兰西政治的基础不应变动,复不能变动。[3]

其次,请审察1793年民主宪法。这次制宪人物的用意,较之前次制宪人物的用意,完全相同,惟所用方法不无相异处。申言之,前后两者均不愿立法机关能对于立国根本,有所过问,惟后者采用一种更繁重的修宪程序而已。是故在1793年宪法之下,宪法的修正不能发动于立法机关,而必须发动于人民本己。人民本己的意志何由表示?它必须表示于选民大会。每逢选民大会开会于全国所有道区(departments)的半数以上,就中倘有1/10赞成现行宪法有修正的必要,立法机关即须根据此项要求,再次正式召集选民大会由之以征求全国意见,而决定可行与否。

假使得到可决,制宪会议,其会员即可依寻常立法会议的选举程序选出,必须克期召集。在此项会议中,所有研究及讨论题目惟以选民大会所已提出者为限。所以该会议的威权至属有限,而不能超越范围。[4]

其三,请审察1795年民主及执政宪法。这一宗宪法,恰似其

---

2 当时尝有人提议(但未得通过)建立一个决议于大会,即谓:宪法的条文,在30年的期间之内,不许改变。参考耶里所著,《法兰西宪法》,第302页。

3 参考1791年宪法,第七章。

4 参考民国3年8月23日(5 Fructitor, An. Ⅲ)宪法,第三百三十六条至三百五十条。比较耶里原著,第336页。

他前两宗宪法,早有一种假设,即是:主权的立法机关,如所谓"国民会议"(convention)者,他的存在至属危险,而宪法的修正案,必须设法使难于成立。为着实现此项愿望起见,立法机关特设两院。其一为耆老会议,其他为500人会议。大凡修正草案必须提出自前一机关,而复决于后一机关。待到这种改革的条议在9个年度内,得到每三年通过一次于两院之后,修宪会议方能召集。此项会议便构成现代美国人所称"宪法大会"(constitutional convention)。这是特种机关,它的成立无妨于寻常立法机关或执行机关的存在。它的职权亦惟以讨论改革条议为限。在3个月份之内,修宪会议必须准备一个改革方案(project de reforme)以提交于全国各地方中之选民大会。自从这个方案一经成立,修宪会议当立刻解散。诚以依当代宪法所规定,不但此项会议被禁制参加行政与日常立法事务,而且这宗被修改的宪法,在修正草案正式通过以前,仍然施行有效。

其四,请审察参政宪法(consular constitution)与帝国宪法。这两宗宪法有两个显著共相:其始修宪必须创始于元老院的决议(senatus consultum);其终所有修正案必须裁可于总投票(plebiscite)。[5] 这两个共相不特存在于两宗宪法而已;其实他们盛行一时,可以称为拿破仑政制下之修宪标准。依此项标准,所有宪法上之变更须依靠执政所委任的一个立法会议的意志,又须受裁可于全国民众。但在总投票的办法运行之下,民众对于改革条议只得全体否决或全体可决,其实就当日所有情势论,大凡执政所贡献的条陈,无论如何,总可以通过于大众。换一句话说,民众在此际实

5　参考耶里所著,《法兰西宪法》,第696至698页。

无机会以讨论新法，因此之故，就是1815年4月23日所公布的增订法案，虽则施行于拿破仑失败之后，仍然带有同样旨趣，即是：修宪的举动必须依赖元老院及人民的意志。不过在增订法案中，有一特点，至足注意。这一特点是：凡有今后改革条议，或欲恢复布奔王室，或欲恢复封建权利，或欲再立什一税，或欲再设国立寺院（culte privilégié et dominant），或欲撤回已经卖出的土地权（即变更法兰西地主的产业权），均被绝对禁止。此项尝试的用意所在，是在于要将特种立国根本切实将护，依之不但寻常立法不得过问，而且宪法的修正方案亦不得议及。英吉利历史学生闻之，当不禁触起一段往事，即是：昔在克林威尔时代尝有若干立国大义，依这位"护国者"（the protector）的主张，不应妄被牵动。是以在1653年宪法之下，凡有称为"立国根本"（fundamentals）者，巴力门，或其他政府机关，不能提议修改。

其五，请审察1848年民国宪法。这宗宪法依旧郑重提示法律上之一个区别。即是：其一是立法机关所能依寻常立法程序而修改的法律；其他是宪法条文，要是不修改则已，倘若修改，必须依异常程序，又须特设一种机关。惟其如是，宪法的修改极是难事。试征实事说明此旨。原来宪法的修改最初须提议于寻常立法机关，而此项机关的任期实为3年。在任期的第三年中，国会得通过修改宪法全部或一部分的决议；惟此项决议的效实还要依赖三个要件的具备方能成立。这三个要件是：第一，这种决议须以隔月的时间通过于国会三次；第二，议员出席者须有500人；第三，就中表同意者须占出席人数3/4以上。

此项决议，既得通过，修宪会议应即依法选出。此项会议所有任期以3个月为限,议员人数比寻常立法机关为较多。在此际,修宪会议的任务当然是在于讨论宪法上之改革条议,但倘遇必要时,他仍然可以商量寻常立法事务。这是要说,修宪会议是一种制宪机关,但仍为代用寻常立法机关而设。[6]

在第二帝国宪法之下,法兰西宪法的修改方法又变,但仍依第一帝国宪法以变革。这是要说,宪法的修正案必须依赖元老院及总投票的结果而决定。[7]

末后,请审察现代民国的现行宪法。现行宪政制度,较之以前所有制度,颇多有异点。原来前代宪法概以一道公文制成;现代宪法,则自国民议会集会于1871年以来,包含于几宗宪法的法案。此类法案,倘若寻常立法机关——参议院与众议院——依普通立法程序以行事,不任受修改。倘若必欲修改现行宪法,两院必须各通过决议案,表示自己的意志。决议既定,两院必须会齐,而构成国民议会。国民议会既经依法集合,遂成制宪机关。于是,宪法始可以着手修改。[8]

在十二次宪法之中,尚有两次宪法略而不论:其一是1814年宪章,为鲁意第十八所颁行;其他是1830年宪章,为腓立所尝接受。但此项省略并非无因,且属有意。按实言之,这两次宪法均不设有修改宪法的条文。倘就外貌观察,英国人或不免得一感想,而以为此类宪法可被寻常立法机关随时撤废或修改。如此推想并非毫无

---

[6] 参考1848年宪法,第一百一十一条。

[7] 参考1848年宪法,第一百一十一条,又1852年宪法,第三十一及三十二条。比较耶里原著,第1170页。

[8] 参考1875年宪法,第八条。

根据。诚以1814年与1830年间之宪法学者尝立意模仿英吉利宪法而制宪，于是元首与两院，在法国中，恰如在英国中，不难集合起来，以构成所谓主权的巴力门。虽然，是亦未可以一概论。[9] 至少就腓立本人的愿望推究，他似乎有意建立一个不可变易的宪政体系，而且就政治思想方面推究，法兰西宪法学者概崇信一个法律见解，即是：宪法根本必不应依据寻常立法机关的意志，而忽受变易。

第二结果是：在法兰西政治家中未尝有一人能认识宪法的过度硬性所带危险。申言之，他们盖未尝领会一层重大意义，即是：少数人盗弄宪法，可以阻遏宪法上之改革新机，亘于许多岁月，驯致忍无可忍，全国卒至闹成革命。[3]

可是：现行宪法的制宪人物，至少已从实际经验，学到多少成事的教训。以此之故，他们虽则仍然保留寻常法律与宪法的区别，然细碎规则已被摒除于宪法以外，以免拘束过甚，遂致诸多不便。加之，宪法的修正程序并不是太过繁难，所有制宪机关即将寻常立法机关改变；于是，立法机关中之两院，除却不能成为主权的巴力门外，握有绝大立法的威权。究竟此项变革为得为失在此际自然不易下断语。不过我在此地必欲郑重提示一点，即是：现代法兰西人们渐能觉察，法兰西宪法常有变成过度硬性的可能，由是遂不适于用，复有害于安全。[10]

---

9 参考本书上文第二章，论腓立时代之君主立宪国家一段。

[3] 按，文中所论宪法的过度硬性所带危险具有至理，戴雪先生，曾于本书上文第二章中，因纵论宪法的硬性能否取得宪法的永久性之要旨，特剀切指陈硬性宪法的流弊，并以1851年的政变一实例为解证。试翻阅上文，学者当能恍然明白本篇在此地所有陈义。

10 将欲明白现行宪法的性质之所由成，学者须研究当时所有实况。参考卢儿勒第三结果是：一个英吉利政论家，见了法兰西人们硬化宪法的多次尝试，或不免微哂：诚以每一宪法，无论如何硬化，在平均寿命计算，仍然不能超过十年。原来此项硬性宪法的始基实造成于第一次国民议会，倘使该议会果能继续存在，则1791年之君主宪法，非待到1801年，不能依法得到第一次修正。但在这10年间，不但国宪已被新造凡三次，而且拿破仑正在建立一个独裁帝政。抑在1795年之执政及民主宪法中，倘若继续存在，非待至1804年不能丝毫变更，顾在这一个时期内，帝政的兴盛已达于极轨。

虽然，事与愿违，世间并非少有，故不应以此为法兰西制宪人物责。况且当法国开始作制宪的试验之际，全世界各国宪法正在静止，复正在停滞不进。当是时，没有一事足以表证一国所有根本大法应徐徐演进的意思为非是，复没有一事足以暗示法国所有制度不应频频更改的愿望为乖谬。试征实例，例如，那时英吉利宪政制度，[4]除英苏合一法案外，若就外国人的眼光观察，久已定实不变，历时百年。纵谓英吉利巴力门，以理论言，能够改变任何制度，但读者须知佐治第三时代的巴力门在实际上必不愿轻举妄动。诚如是，读者当不难推断，大凡关于立国大本的法律，18世纪中之巴力门必不欲加以变易，犹之，关于元首的地位，现代巴力门必不愿撤废。事同一律，理无二致。其实，此不但18世纪中之巴力门为然，即迟至

(Lowell)所著，"欧罗巴大陆政治与政党"，第一册，第7至14页。学者并须记取一事，即是：现行宪法，比之自1789年后所定各宗宪法，寿世已较为长久多矣。

[4] 按，英苏合一法案(the Act of Union)成立于1707年。此法案与1791年法兰西宪法的成立相距仅为84年，又与1795年同国宪法相距为86年；为时均未到百年，故戴雪云然。

19世纪上半期中之巴力门亦然。是故在三院大会复召集于法国后之40年（即1829年）[5]英格兰的政治制度仍未有多大变动。惟其如是，在英格兰中，或在法兰西中，无一人能先在百年以前，预见今世和平革命的状况。这种状况在现代英国人民视之因司空见惯之故，或不惊异耳。同样，新建立的合众国宪法在当时亦日趋于固定，至今亘一百年之久，尚无重大变易。由此观之，1789年之革命领袖的见解，即一部完好宪法，应具有永久性的见解，按之时代背景，证之环境关系，实属自然倾向，不足为怪。

第四结果是：法兰西宪法学者在那时所有错误，倘若就事实推断，盖有两层。第一层，法兰西人们常不免昧于一事，即是：一部宪法可以被新通过的法律暗地破坏。因此之故，法国制宪人物遂不能设法以防闲违宪的法律之运行，一如美国制宪人物所为。第二层，法兰西人们常不免忽视一事，即是：大凡国民议会一经开会，立法机关及行政机关即须暂时中止活动，于是这种国民议会不难在顷刻间转变，而成为革命式的国民大会。

第五结果是：在制宪的艺术中，1795年宪法，倘若本从理论方面考察当为最有兴味的试验。从来革命运动多矫枉过正，因之往往惹起许多不能预先见及的危险。1795年制宪人物由实际经验中，诚能洞见此弊。所以他们对于修宪一事，特创作新方法，以图减少危机。试征实例说明，例如，他们首先设立一种修宪机关，使之独

---

[5] 按，三院大会复行召集于1789年，其经过事实已详述于本篇第一注。至于英国的"大改革法案"（the Great Reform Act）实成立于1832年，距三院大会的复集共有43年。自从大改革法案成立后，英吉利政治制度连接变革，不复具有在法兰西大革命时代之反动性质。戴雪在本篇中所论既指陈此义。

立于现在政府以外,其次规定这种机关的惟一功能在于修宪,使之不能有威权以干涉或停止原有立法及行政机关的活动。由之,美国人民通常所称"制宪会议"(constitutional convention)遂能实现于法国。[11] 此项会议,倘从大西洋彼岸所有经验推证,自是对于硬性的宪法之修改进程中最善方法,为历来创制所未能企及。再征实例说明,例如,在宪法的修正草案既经通过后,其批准修正案的原理仍是特别。依此原理,凡修宪会议所已经可决的条文必须取决于总投票;在未经人民的肯定接纳之前,此类条文,无论如何,不能推行有效。这种原理的创立可算是后来复决制度的先驱。复决制度(referendum)最初兴建于瑞士,而渐次以各种方式出现于世间各国平民政治。由此观之,1795年宪法的创制者所有创作才能至值得赞赏:半因他们所有随机应变的能力极能反衬其他法兰西宪法的制宪人物之鲁钝与呆板;半因主政时代(Directory)下之政府本来在行政上至属软弱无能,却能在制宪工夫中表示创业垂统的真本领。故为郑重提示于读者之前。

---

11 在制宪会议(constitutional convention)一仂语中,"会议"(convention)一名,具有特殊意义,欲得其详,学者当参考下列书籍:

(1)《亚美利坚科学百科全书》;

(2)蒲徕士(Bryce),《亚美利坚平民国家》,第一册(第三版),"附录",论"制宪会议",第667页。

书后二　联邦国家中之权力分割

任一学生，倘若要明白国家权力在联邦制度下所由分割的大义，必须仔细审察下列四要旨。四要旨为何？第一要旨是要研究所谓"定实"权力（definite powers）究属伊谁。换句话说，在国家权力之中，有一部分曾受联邦宪法明白列举，并授之于联邦政府，或授之于列邦。第二要旨是要研究联邦立法机关所立法案曾否被限制。申言之，法院或其他机关，对于联邦法案，能否撤废，或宣告无效。第三要旨是要研究联邦政府，对于列邦立法，所能拘管的范围，究是何若。第四要旨是要研究修宪机关的性质。这是要说，宪法本来不可以一成不变；于是，一国之中在势应有一个机关，能具有威权以修改宪法：倘若有了这种机关，她的组织、权力与制限究是如何，还待测定。

下文所论即系就这四个要旨着想，而比较研究五个互异的联邦政制。

A. 北美合众国

（1）联邦宪法所授予合众国者至为有定，所授予列邦者至为无定。换一句话说，前者系明白列举；后者系概括提示。是以合众国宪法有一条文明载："所有国家权力凡未经宪法赋予合众国者，又未经宪法向列邦禁抑者,皆应保留于列邦或人民全体。"[1]因此之故,合众国(即中央政府)对于联邦宪法所未明白交付,或暗中承认的权力,皆不能攫为己有。却是,在列邦中,每邦对于一个独立民族所应有的权力,倘若未先被联邦宪法褫夺,即得自由运用。

(2)联邦立法,一如列邦立法,同受合众国宪法限制。所以凡遇联邦或列邦所有法案抵触该宪法,法院均得受请出而干涉。倘若讯实有据,该法案当被视为无效,不予执行。

(3)联邦政府的行政机关不有权以撤废列邦立法。列邦宪法初非授予自联邦政府,亦不依赖联邦政府然后可以责效。虽然,个中有一要义不可不辨,即是:合众国对于列邦,须负责保证一个"共和"(Republican)政制的存在。由此推究,我敢于断定,联邦政府负有权利,实则负有义务,以铲除非"共和"政制于合众国的列邦以内;至于何者是"共和"的真谛可以不拘。

(4)联邦宪法的修正,须以列邦全数的 3/4 的同意,方能成立。更由此旨推究,无论国度大小,列邦均享受平等选举权;非至取得本邦的愿意,此项平等权利不任受褫夺。[2]

B. 瑞士联邦

(1)联邦权力是定实,列邦权力却是不定实。[3]

(2)法院对联邦立法必须尊重,不能宣告之为无效。但联邦立法,倘遇有公民三万人或八个乡邦(cantons)的要求,必须提出,交

---

1 见合众国宪法修正案,第十条。
2 参考合众国宪法,第五条。
3 参考瑞士联邦宪法,第三条。

复决，以定去留。至于各乡邦法律，倘若抵触联邦宪法，可被法院宣告无效，而不予执行。

(3) 联邦政府的行政机关不有权以撤废列邦法案。但列邦宪法，与其修正案，必需要联邦的保证。至于保证的获取，必须为不反对或违背联邦宪法者而后可。而且依我所得到的报告，在列邦宪法的修正案未取得联邦的保证以前，修正案中之条文决不能施行有效。

(4) 将欲修改联邦宪法，瑞士人民必须以多数主张，加之，列邦亦必须以多数主张。申言之，大凡宪法的修正案，非经过列邦人民多数的赞同，即不能依法成为有效。

C. 加拿大属邦

(1) 属邦政府（即联邦政府）的威权，未经明定，故属无限；行省，即列邦的威权，已经明定，故属有限。其实后者所有威权被限于极狭的范围以内。[4]

自联邦观察点立论，这一点是十分可异；由这一点我们可以区别属邦宪法于一方面，合众国或瑞士宪法于他方面。申言之，属邦巴力门能具有立法上之极大威权；大凡属邦宪法所未给予各行省的立法事权，属邦巴力门无不可为。可是，行省立法机关仅能在宪法所已明白规定的范围内作立法活动。惟瑞士或合众国宪法则反之。是故在他一方面，合众国国会（Congress）或瑞士联邦议会，因受联邦宪法限制之故，只能就一定范围内以立法：合众国内之列邦，或

---

4 参考1867年不列颠北亚美利加法案，第九十一及九十二节。

瑞士联邦内之列邦，却能运用立法的无限威权，至少凡未经联邦宪法明白给予联邦政府者列邦无不可立的法律。

(2)属邦巴力门的立法，一如各行省的立法，均受同等制限于属邦宪法(即 1867 年不列颠北亚美利加法案)。任何法案，不管是属邦所立，或是行省所立，倘若违犯属邦宪法，只是无效，而法院必将采取同样态度，不予执行。

(3)属邦政府有权以撤废行省立法机关所建立的法案。这种撤废权有时牵动极大，甚至立法活动已经明白许可于属邦宪法者，属邦政府仍有权可以干涉。[5]

(4)属邦宪法造成于帝国法令，因之，除该法令本身预先有所规定外，该宪法只可由帝国巴力门再以法案变革。惟其如是，属邦巴力门，依其现有地位，必不能以立法牵动宪法的任何部分。但当一个行省立法机关相与合作之际，属邦巴力门，在极有制限的范围内，能变动宪法，以求产生划一法律于属邦的各行省以内。[6]

至于省的宪法，依 1867 年第 92 节，第一目，该省的立法机关得加以修改。但此项修改宪法的法律，属邦政府仍得将其撤废。

D. 澳大利亚的平民国家

(1)联邦政府的威权是一定的，故有制限；于是寄附于各邦的威权转是不一定，故无限制。[7]

---

[5] 参考 1867 年不列颠北亚美利加法案，第九十节；又参考布利挪(Bourinot)所著，《巴力门习例与立法程序》，第 76 至 81 页。

[6] 参考 1867 年不列颠北亚美利加法案，第九十四节。

[7] 参考平民国家宪法法案，第五十一及五十二节、第一百零六及一百零七节。

(2)联邦立法(即平民国家的立法),恰如列邦立法,同受平等制限于联邦宪法。申言之,任一法案,不管是联邦的,或是列邦的,倘若有抵触联邦宪法之处,必是无效,而且必受法院不予执行。

(3)联邦政府不有权以直接地或间接地撤废列邦巴力门的立法。

(4)联邦宪法可以下列二种方法提议修改:其一联邦巴力门以草案提议;其二,在特种情形下,两院中之一院亦可提议。至于批准方法则批准者须为全国选民的大多数,济之以列邦的大多数。[8]

抑此外尚有两点,必须注意。第一在联邦宪法中还有许多条文可由联邦巴力门以普通法案变革。[9] 第二,联邦宪法在实际上只是帝国巴力门所通过的一宗法案,因之,帝国巴力门当然可通过别一法案,以撤废该宪法。

E. 德意志帝国[1]

(1)帝国(即联邦)政府的威权,在帝国(即联邦)宪法之下,至有限制;惟构成帝国的列邦所有威权却无限制。虽然,犹有辨。第一,宪法所给予帝国政府者至为博大;第二,帝国立法机关有权力以改变宪法。[10] 故当讨论分权问题之际,学者必须记取这两点。

---

8 参考平民国家宪法法案,第一百二十八节。
9 参考平民国家宪法法案,第七节及第十节。
[1] 按,本篇写成于1885年,最后增补于1915年,均在德意志民国成立以前。故篇中所论联邦宪法均为德意志帝国宪法的内容所载。
10 参考帝国宪法,第二条及第七十八条。

(2) 帝国立法,倘若依立法程序通过,可不至发生[11]"违宪"(unconstitutional)与无效问题。惟在列邦立法,万一竟有"违宪"之处,或有抵触帝国立法之处,此项联邦立法必被法院作为无效。[12]

(3) 帝国政府究竟能以违宪为根据,而撤废列邦立法与否,关于此点,似有许多疑点。但以外国政治家的眼光观察所及,此项权能帝国宪法实未尝明白给予帝国政府,故此项条文绝未见存在于帝国宪法。至于在列邦中所有宪法上之困难问题,在特种情形之下,可由帝国政府解决。[13]

(4) 关于宪法的修正,帝国立法机关可以寻常立法手续行之。但每一修正案,凡遇联邦参议院(Bundesrat)中有14票加以反对,即不能成立。这是一种否决权,依之,普鲁士的修宪权力,或其他数邦由互相结合而取得的修宪权力,可被打消。[2]

---

11 帝国议会所通过的法律,究竟帝国法院或其他法院能视为无效否,自是有辩论价值的问题。关于此点卢儿勒(Lowell)讨论极详,参看他的《欧洲大陆的政治及政党》,第282及284页。

12 参考帝国宪法,第二条;比较拉包(Laband)所著,《德意志公法》,第十节。

13 参考帝国宪法,第七十六条。

[2] 按,德意志帝国宪法第七十八条明白规定:"凡帝国宪法的修正得依普通立法程序举行。但在联邦参议院中,倘有14票对于某一修正草案加以反对,该修正草案不能成立。又凡联邦中之一邦所有特权,一经帝国宪法保证之后,非得该邦自行承诺,宪法的修正案不能有所变更。"

再按,联邦参议院的议员总数为58人,故投票的总数亦为58票,但各邦议员必须遵从本国政府的命令以连带投票,故同属一邦的票数必无散漫或出入之虞。至于各邦所得票数分配如下列:普鲁士得17票;巴维列亚得6票;撒克逊尼得4票;威丁堡亦得4票;巴丁(Baden)得3票;翕写(Hesse)亦得3票,伯伦瑞克(Brunswick)得2票,麦克滥布(Mecklenburg)及储威林(Schwerin)亦得2票;其余17邦各得1票。本来普鲁士及大邦联合时,修改宪法极易,但有了14票反对一层之规定,此类联邦即不能为所欲为。

此外,[3]尚有若干权利,尝经帝国宪法替有关系的几个列邦保证,非先取得他们的同意,即不任受变易。[14]

---

[3] 按,各邦所有特权曾经宪法保证者,为数甚多,为式亦不一。其中,有为对于某邦,宪法赋以特别权力者,譬如,联邦政府主席权属于普鲁士是,又如,国会中之外交常务委员会主席权属于巴维利亚,亦是。其中,又有某邦所固有的权利,经宪法特许,而不受帝国政府的权力所支配者;譬如,巴维利亚邦及威丁堡邦中之移民法律、饮料课税、铁道系统、邮电规程及军制皆是。

[14] 南非合邦成立于1910年,在本书第7版之后,兹特补入一段文字,加以论述于下文。南非合邦的宪法,依当代宗师的观察,并不要在实际上采取联邦政制。在合邦法案之下,南非合邦的宪法对于南非议会所有修改宪法权虽未尝多加限制,但至为明确。是故依该宪法,第一百五十二节所明载,巴力门得撤废或变更宪法中之任何条文,但仍以不牵动法文所已规定的法律时效为限。再依该节所明载,凡本节条文所规定各款,及第三十三节,第三十四节关于立法机关人数的规定,在宪法颁行后10年期间之内,或在该机关的人数达到150人以前,又及第三十五节关于南非议会的选民资格的规定,以至第一百三十七节关于今用文字的规定,均属有效,不能加以修改。若欲加以修改,凡修正案必须待两院相与会齐之后加以通过,而且在三读会时出席人数又须为两院人数的全数2/3以上。似此规定详明,修宪者当知所趋避,不容含混。参考奇斯(Keith)所著"South African Union"论文,最初载于《比较立法社社刊》,其后印成单行本。本段文字所论见奇斯的论文第50及51页。又参考布兰德(Brand)所著,《南非合邦》,特别注意该书第十一章。

书后三 执政的两种形式

代议政治,在这个时会中,盛行于欧洲各个国家;甚至欧洲以外之列国,凡曾经受感化于欧洲思想者,复极力推行此制。这是要说,凡是文明国家,她的立法机关不以选民的代表组织成之者甚为少有,至于选民团的普及程度如何姑且弗论。虽然,代议政治并不是各地一律同形。反之,此项政治依立法与行政所有关系推究,可分两种形式。在第一式代议政治之下,立法机关,至少是民选部分,能在实际上任免执政,而此类执政大抵即自立法机关中之会员选出。惟其如是,这样执政遂取得"巴力门式的执政"之称号。在第二式代议政治之下,执政者,不管是皇帝及其大臣,或是总统及其阁员,不受任命于立法机关。惟其如是,这样执政遂赢得"非巴力门式的执政"之称号。本来代议政治中所有两种区别,近代学者已渐加注意,但在英宪的研究之专著中,尚少有充分探讨。让我将个中所含要旨三数点提示于下文:

第一,这种区别足以供给一条新义,依之,列国宪法得以明白分类,又得以显然呈露这两大类宪法所有共相及别相。譬如,在这方面,则有英格兰、比利时、意大利及现代法兰西民国的宪法,他们同属于一类,因为在逐一宪法之下,各有一个巴力门式的执政。在那一方面,则有合众国、德意志帝国及第二届法兰西民国的宪法,同属于他一类，因为在逐一宪法之下，各有一个非巴力门式的执政。此项分类纯以执政的性质为标准，盖有长处。由此标准，我们可以将亚美利坚民治与德意志帝国划归一类，复将英吉利立宪君国与法兰西民治拨入他类。个中涵义至足耐人寻味。

　　第二，巴力门或立法机关的实际权力大分以所具任免执政的能力为正比例；至少，英吉利众民院所以能有今日之由来只是因为它具有这种能力。惟其如是，我们尽可以直截了当地说，即谓：除非，及等到，行政机关的长官随着巴力门的爱憎而进退；"巴力门政治"（parliamentary government）决不会成功：到了执政的在位果依巴力门的爱憎以决定去留，巴力门政治就达到成熟地位，而造成"巴力门主治的政治"（Government by parliament）。虽然，犹有辨，辨旨为何？即巴力门式及非巴力门式的执政在宪法上之区别未必适与主权的巴力门及非主权的巴力门在宪法上之区别互相符合是。本来以英宪论英吉利巴力门，依本书上文所已推究，正是一个主权者，而英吉利执政（即内阁）又在实际上确是巴力门的执行委员会，即为巴力门式的执政。不过此类结合只是偶然事实，而不是必然事实。何以言之？试思英吉利巴力门取得主权的权力，其期间已历数百年，至于巴力门式的执政之完成则为时较暂。申言之，英格兰的政治权能，直至1689年的革命为止，只是操于非巴力门式的执政之手。又试观德意志帝国，本来联邦参议院（Bundesrath）与联邦国会（Reichstag）当它们联合起来时，总可算是一所主权的立法机关；[1]但任何人，倘若留心时事，必不敢于下一断语，即谓：德意志帝国

---

[1] 参考德意志帝国宪法，第二条及第七十八条。

实受治于巴力门式的执政。关于这一件事,一如其他各事,我们尽可以从爱尔兰昔时所有巴力门政治的历史得到相当教训。原来爱尔兰在1782至1800年间之宪政即人间通常喜用格拉坦(Grattan)[1]的名字以代表者是,无论自赞赏者观之,或自冷评者观之,都不免有一同感。同感为何?他是:那时宪政实藏有一种稀奇古怪的事件于爱尔兰巴力门的政治身份之中。诚以这个巴力门,在那一际会中,就有关系的各方面人物看来,自是一所主权的立法机关;于是,每逢该机关专为爱尔兰而设立法律,英吉利巴力门中之两院不应干涉;然而爱尔兰执政在那时对于爱尔兰巴力门之关系,并不因此就变成巴力门式的执政,因为他们,在实际上还是被任免于英国内阁。此项稀奇古怪的事实,在当日虽使格拉坦和他的同辈自观之,似亦无以自解;但自事后观察,我们当可恍然觉悟一事,即是:主权的巴力门一制度初不必带有巴力门式的执政一制度。惟其如是,倘若

---

[1] 按,格拉坦(Henry Grattan)生于1746年,死于1820年,为爱尔兰的爱国者。先是英国历代君主早在12世纪中即从事于攻略爱尔兰,其间不知兴师动众几次,爱尔兰的征服方能成功。迨至17世纪中,爱尔兰复叛,克林威尔以高压手段歼灭之。于是,英国政府复奖励英格兰及苏格兰两国新教徒移植爱尔兰北部及东部,并没收当地旧教徒所有土地以给之。这就是为爱尔兰南北分裂的祸端所伏。本来爱尔兰远在中世纪时代已设立巴力门,但自15世后所有该国巴力门的法案必须取得英吉利枢密院的同意,方能施行有效于爱尔兰。1775年,格拉坦始入爱尔兰巴力门为议员,首先从事于删除爱尔兰的工商业限制。1779年英国政府不得已从其请。1782年,格拉坦复以立法独立为号召,当是时,英国内阁方怵于法兰西的侵逼,与忙于应付美国的独立战争,遂不能不屈服。于是自是年起,至1800年止,爱尔兰巴力门所立法案可以不用英吉利枢密院的批准即能施行有效。因之,在这个期间内爱尔兰的立法机关遂赢得"格拉坦的巴力门"之一种称号,自1805年后,格拉坦以新教徒的资格复从事于加特力教徒(即旧教教徒)的解放运动;直至死之日为止。迨至1828年英吉利巴力门乃将关于束缚旧教的法案,即考试法案(the test act)及市政府法案(the corporation act)撤消,但格拉坦已经死去8年矣。

有人作成两种假设：其一以为这种缺陷隐藏于宪政机括中，其结果实足使格拉坦对于巴力门独立的尝试终归失败；其他以为这一种最巧妙方法至足以将此项失败加以挽救。凡此种种假设，不管是善意或是恶意实不免枉费心机。虽然，倘若专就当日政情立论，这种联结即主权的巴力门与非巴力门式的执政互相联结，固非流于失败不可；否则，格拉坦的立宪方案亦必须出于改造耳。但此为旁论，不关本题；目前我们所应注意者只是，这种联结，虽则近于稀奇古怪，然而早已存在于巴力门独立期间之爱尔兰宪法。由此类推，我们更可得一新义，这条新义，便是：主权的巴力门之存在既不必带来巴力门式的执政，因之，巴力门式的执政当能与非主权的巴力门同时并存。试征实例，则有比利时宪法，复有英格兰的自治殖民地所得巴力门法案的宪法。

不宁惟是，巴力门式与非巴力门式的执政所有差异，虽则涵盖内阁政制与总统政制的区别而有余，然而仍不能与此项区别适相符合，有如贝吉（Bagehot）所尝反复申论。[2] 按实言之，内阁政制不过是巴力门式的执政中之最通行的一种制度，而合众国的总统政制亦不过为非巴力门式的执政中之一个方式而已。故在巴力门式的执政一制度之内，学者尽可以寻求一个非内阁制的政府，最显著的例证便是普法战争后之法国。当是时，西耶先生（Monsieur Thiers）及麦克马洪元帅（Marshal MacMahon）相继被选于国民会议为执政，但内阁政制初未尝存在。[3] 依同理推究，我们当可以相信在非巴力

---

2 参考贝吉所著，《英吉利宪法》（1878年版本），第16页以下。

3 参考耶里（Hélie）所著，《法兰西宪法》，第1360及1397页。

门式的执政制度中当必有非总统制的政府并行不悖。必欲求取实例，学者当于德意志帝国中寻求。试观德意志皇帝确是帝国的行政机关之首长，他并不是一个总统；他自己，甚至他的阁臣，概不被选出或被罢免于联邦巴力门。

第三，英宪，就目前运行于国中者而论，呈露好几个矛盾现象。譬如，英吉利内阁，在真际上，及在事实上，确是一个巴力门式的执政；因为内阁全体既系由众民院选任（不过选任方法是间接的而已），复系由众民院罢免，加之，它的阁员必须同时为两院中之议员，否则不能当选。惟自名义与外表观察，内阁原来却不是如此。是故每一阁员只是元首的仆役，他必须受任免于君主。倘若单就法律的形式言，他既不受任免于众民院，复不受任免于巴力门中之两院。概括以谈，英吉利内阁在创始时确为非巴力门式的执政。今则实质变矣，而名义依旧，于是，矛盾现象在势为不可免。

试问英吉利内阁，在此际能否徐徐演化，遂于不知不觉之间，仍由巴力门式的执政而再变为非巴力门式的执政？这种设想自然饶有趣味，但并不是无稽之谈。诚以现代政治既日趋于平民化，选民团的威权在将来必然大增，于是，内阁政制的变形当然具有可能性。即就目前情势立论，每有一次普通选举，国内人民所有视线咸集中于某一政治家；因此之故，选举在实际上不啻专为选出此人于内阁总理的地位而举行。更由此旨推究，我们可见纵使英宪在将来无大变更，内阁总理的地位仍不难变成人民直接选任职。盍观合众国总统的选举制度之演进，本来依亚美利坚宪法，凡每届总统的选出首先由选民选举代表团，然后由代表团相与集合而选举总统。于是，全美国选民本无选举总统的责任，而选举总统之责任惟寄附于代表团；恰如今日英吉利选民一般，他们亦无选举内阁总理的权力，而择任内阁总理的权力惟掌握于众民院之手。徒以有宪典运行于国中之故，合众国总统的选举制度骤受变革，卒致代表团退处于无权地位，总统一职在实际上，只受全国选民的意志所支配而选出。美国总统如是，英国内阁总理何独不能变成民选官吏耶？果尔，英格兰目前所有巴力门式的执政当具有变成非巴力门式的执政之可能性。

第四，就两种制度，互相比较，各有优点，亦各有劣点。

巴力门式的执政（为着简便起见，我们在此处姑将此式执政与内阁政制认为一致）所有最著优点，便是：行政机关与立法机关不会发生不可解决的冲突；至少，内阁与维持内阁命运的众民院（即立法机关的一部分）决不至常时互相水火。于是，内阁政制尝能救援英国，使之得以超度双层困陋：其一得以避免合众国当政府与国会轧轹时所有政治阻误；其二得以解除法兰西以及其他各国因两种机关不合作时所惹起的暴动及革命。诚以内阁的存在既完全倚靠立法机关的好感，阁员对于巴力门的意旨所有变迁必须时常顾及，甚至对于巴力门的霎时间之喜怒好恶亦不忍拂逆。由是，行政与立法间之调和与合作至易取得，故有英宪的软性，或英吉利政治体系的软性。虽然，内阁政制亦有一个最著劣点，而此项劣点即伏于优点之中，是为内阁的过度柔顺。所以在此类内阁政制之下，政府治事，不但事事要奉承巴力门的意志，而且要将顺巴力门的一时所有偶感或激愤，而且要迎合选民的一时所有幻想或奢望。诚以巴力门的助力为内阁的命运所系，而选民团的好感又为众民院中之多数党的力量所从出，政府对之遂不得不敬谨从命。惟其如是，巴力门式的执政仅能做成立法机关的造化小儿。加之,此项制度与一般民选的立法机关盖犯了同一毛病,即懦弱无能是。

非巴力门式的执政所有优点及劣点适与巴力门式的执政所有者相反。每逢这一点为前者的长处所在,它便是后者的短处;每逢那一点为前者的短处所在,它便是后者的长处。征实言之,非巴力门式的执政有一显著优点,即比较的独立是。本来在施行代议政治的国家中,行政首长,不论皇帝或总统,自然愿意联络立法机关而取得其扶助。但德意志皇帝,当运用大权时,固不必服从帝国议会的意旨;亚美利坚总统,当执政与立法违异时,亦可以反抗国会意见。惟其如是,皇帝或总统,倘是具有坚强意志的人物,必能决定大政,实施政策;纵使不幸而至于触犯议会或选民,他亦不必忌惮。平情论之,行政首长具有此项独立权力,对于民族利益,未尝不无所裨补;这就是非巴力门式的执政制度所有第二优点。试征实例,例如,普鲁士国王及俾士麦(Bismarck),当在德意志的民族统一进程中,施行一种政策,本不见谅于普鲁士议会,是以屡遭反对。幸而政府的组织系一种非巴力门式的执政,所以普王及其宰相尽可不顾及议会的意思,而独行其是。卒之,民族统一得告成功。[2]此项成就,在今日德国人视之,当不能不归功于执政的独立权力,惟

---

[2] 按,俾士麦(Otto von Bismarck)以1862年受命主持国政。当是时,普鲁士国王威廉方锐意于整军经武,将欲于德意志封建国家中取威定霸,俾士麦极表同意此项政策。特用尽心机,务使议会增加军备的预算。但议会中之多数党,即"进步党"(Fortschrittepartei)终以为民兵制度胜于义务兵制度,大加反对,且于1863年拒绝政府所提出预算,不允增加。俾士麦于是以普王的许可主治全国,既不用预算制度而收支财赋,复不倚赖议会而发号施令,亘于4年之久。其后,普鲁士卒以兵力先胜丹麦,继胜奥地利亚,终胜法兰西。其结果是:德意志民族得以统一,德意志帝国得以成立。故戴雪云然。

其有独立权力,故为执政者能当机立断。再征实例,例如,当合众国在南北因放奴事而互哄之际,林肯总统(President Lincoln)亦尝力排众议,以主持前后一贯的政策。其结果,林肯本人固能建大功,而总统的独立权力复能大有造于合众国不浅。虽然,任何执政,倘若他的存在果不需助力于国会,必将有时触犯国会而不能自禁。试观第二次法兰西民国的历史,自拿破仑第三被选为总统起讫于12月2日政变止,这一段历史可说是法兰西执政与法兰西议会斗争的历史。本来此项斗争,必欲为之解说,尽可归咎于斗争中之主要人物,即拿破仑第三是。何则?盖以拿破仑第三在当时身为民国总统,实具有独立权力;同时他又为拿破仑朝代的遗裔,确有觊觎大位的野心。于是,大乱卒以猝发而不可遏止。但不观诸约翰孙(Andrew Johnson)[3]与合众国国会的互哄乎?在此际,约翰孙何尝有非分思想,而美国人民尊重法律之心又远非法国人民比,宜乎任何冲突可以解免矣。然而执政与立法机关间之冲突仍不下于法国:此非为非巴力门式的执政制度之流弊而何?

第五,历来制宪人物尝屡次设法以创立一个统治机关,在其中两式执政制度的长处庶几可以收取,而他们的短处庶几可以解免。为着达到此项目的起见,他们常采用一种方法,依之,所有执政,不论巴力门式的,或非巴力门式的,一经任用之后,可以不受罢免

---

[3] 按,约翰孙以1865年继林肯为总统,即欲继死者遗志,实行南北调和政策;徒以适当林肯被害之后,国会仇视南人的心理骤增,约翰孙不但不见谅于国会,反受不忠于合众国的讥评。未几约翰孙复劝告国会,请复许南方议员加入共治;但国会不纳,反谓南方列邦应多受军治数年。约翰孙遂付使总统的权力,否决两院所通过的草案;两院又以大多数重复通过为报复。卒之,以总统未得参议院的同意而更换之故,约翰孙受两院弹劾,而至于躬受审讯,双方交哄直至大选期届而总统退职之日为止。

于议会。这就是一种半巴力门式的执政制度。此项制度虽未尝有极大成功,然而至值得仔细研究。

在第一次民国时期,主政院(the Directory)于1795年至1799年间,实构成法兰西民国的政府。在一种复杂选举制度之下,所有主政必须自立法机关中之两院选出,而这两院在实际上即为当代民国的国会。但此项国会虽有选举主政之权,却无罢免主政之权。于是更替之法,只赖有一种规定,依之,主政团中每年至少须有一个主政自行告退。后世宪法学者评曰:"主政时代的宪法显然表示无限量的远见。如此办法不但可以防御无谓的暴动,行政权力的侵蚀,而且可以对于大革命时期中所已发现的危险得以预先制止。所以在那年(即1795年)中,倘若果真有一宗宪法可以确立根基的话,这宗宪法便是执政时代的宪法。"[4] 论者之言如是,但征诸事实,该宪法寿世亦不过4年。其实,执政团中之多数,早已于宪法颁行后两年内,即与立法机关公开作战。其结果是:主政以革命行动制胜,继之以放逐立法机关中之反对派于国外。

但论者对于此项不幸事实,或能下一解释,即谓:当是时,革命力量与反革命力量方在互相竞胜,惟有曾经建立大功的一个将帅能以他的威权恢复秩序,此外更无别种权力能给予自由于法国;果尔,主政时代的宪法实未尝得到相当机会,以资试验。这番持论并非羌无故实,让我们再审观第三次民国宪法。先是在1875年,法兰西对于建立民国的宪法复有再次尝试。依据此项尝试,执政的权力既不被造成立法机关的倚赖者,亦不至被该机关看作仇敌。其结

---

4 引自米臬(Mignet)所著,《法兰西革命》(英译本),第303页。

果遂形成总统政制于现代民国,而民国总统即被选出于国民会议。国民会议为众议院与参议院(用英吉利政治术语表示,便是巴力门中之两院)之合体;他们先集合起来,然后共同将总统选出。一经选定之后,总统便可以在一定期限内继续任职,其任期定为7年。任满之后,他可被再选,并得连任。总统原来具有极大权力(至少在名义上是如此):他可以委任阁员;每逢内阁开会,他可以出席参加;他又可以得参议院的同意,解散众议院。回溯现代民国,自成立以来,历年三十有八,而现行宪法,自颁布以来,亦历年三十有三。倘由现在以推测将来,现代民国诚有继续存在的可能;然一就半巴力门式的执政制度考察,我们尽可断之为已经失败,而且此项失败已属屡见不鲜。其中最显著例证就是麦克马洪元帅与国民会议所有冲突,而结果于他的辞职。关于此次冲突的原委,我们可以无须赘叙;一言以蔽之,这样冲突只是反动派所以妨碍民国成立的最后挣扎。[4]不过在此处有一要点必须提示,即是:此项半巴力门式的执政制度的失败并不完成于麦克马洪之辞职;反之,这种失败却完成于后起事变。征实言之,格列非总统(President Grévy)与卡挪总统(President Carnot)鉴于前事,并不要做成实际上之行政首长;傅鸦总统(President Faure)及卢别总统(President Loubet)随其成规,

---

[4] 按,麦克马洪以1873年被选为民国总统,其任期原定7年。当是时,拿破仑第三之帝国方去,第三次民国方建,而根基未固,即在国会中王党仍居大多数。麦克马洪身为民国总统,而心在王室,于是,反动的势力大张。幸而甘必大(Léon Gambetta)偕其同党,极力支撑,于是,复辟之举无由复现。迨至1877年民党获胜于下院,1879年,民党又控制上院,麦克马洪自知大势所趋,人心已去,遂不待任期满而自行辞职。继任者为格列非(Jules Grévy),乃是民党中之一个忠实同志,守法惟谨。自此之后,民国的基础遂以渐次奠定。

亦不欲再为多事，争揽国政。于是，先例既经确立，逐一总统均不愿效法美国，以做成一个极有大权的总统；反之，他却愿意效法英国，以做成一个守府的国君。卒之，法兰西的政府遂造成巴力门式的执政。本来总统的职务既能独立于国民会议的意志以外，每逢一个果毅有为的政治家就任此职，他依然可以做成民国的真正行政首长，一如西耶及麦克马洪所为。不过一就格列非的失位观察，又就撒利耶（Casimir Périer）的休致观察，此类事实至足表示一要旨，即是：凡民国总统，恰似内阁阁员，在最后一着，终须依赖国民会议的好感，以维持职守。固然总统的去留，较之阁员的去留，难易悬殊。但无论如何，立法机关在实际上终能将总统罢免，此则无可疑议。幸而总统在今日已逐渐退处于无权地位，而阁部代兴，遂变成法国事实上之执政，因此之故，国会与元首的不时争执得以解免。加之，法兰西内阁复受控制于议会中之民选部分，以视英吉利内阁对于众民院所有关系尤为变本加厉；卒之，现行法宪遂发生一特殊效果，即是：半巴力门式的执政制度原为民国创制人物所计划，不意屡经嬗蜕，乃一变成为极端巴力门式的执政。

1848年瑞士政治家方从事于建立瑞士联邦的基本组织，他们所有成就似乎足以掩盖法兰西政治家的两次失败。试征实说，瑞士联邦的执政实为联邦执政委员会（Bundesrat, Conseil fédéral, Federal Council）。[5] 联邦执政委员会何自产生？产生于联邦会议（Bundesversammlung, Assemblée fédérale, Federal Assembly）。

---

5 关于瑞士执政委员会，参考卢儿勒所著，《欧洲大陆的政治及政党》，第二册，第191至208页。

顾联邦会议虽则有权以选出执政委员，然而无权以罢免他们。抑联邦会议何自成？成于国民议院（Nationalrat，Conseil national，National Council）与列邦参议院（Ständerat，Conseil des États，Council of States）相与集合而为一集团。列邦参议院为两院中之一院，代表诸乡邦（cantons）而参加联邦政治；国民议院又为两院中之一院，代表全国人民而建造联邦法律。国民议院为民选立法机关，其任期为3年，因之，联邦行政委员会的任期亦为3年。申言之，联邦执政委员会自本届联邦会议之第一次集议选出，选出之后，它即可以继续任职，直至下届联邦会议之第一次集议为止。这种执政制度的作用至值得注意。诚以瑞士政府本身既为选任，但又为间接选举，而非为直接选举：于是，合众国总统的选举时所有纷扰情形可以避免，而每届议会的存在又适与每届执政的任期适相符合。自然在一经选定之后，执政在任期中不任受罢免，但在一经成立之后，国民议院在法定集会期间内，亦不任受解散。加之，行政与立法间之冲突亦为历来所未闻。读者须知瑞士是世间之一个最真平民政治的国家，而平民政治的倾向概无恒心，即常时变迁不定。可是，瑞士执政委员会却具有一种永久性与固定性，为采用内阁政制的国家所不能企及。譬如，一个英吉利内阁，倘依今代所有经验考察，大抵不能与一届巴力门同寿命；法兰西内阁，在腓立（Louis Philippe）时代，倘以平均方法计算，享龄仅及三载；追入民国，法兰西内阁寿世尤短，大概逾月或及数月。至于瑞士的内阁（如果这个名词可以借用），一经被选之后，任职亘于3年之久，而且被连举者得连任。倘就事实观察，执政委员大抵于任满后被续选，故续选并不是变例，却是常例。约言之，执政委员甚少变动。倘若你不惮烦,你尽可于审问事实之下,发见好几位政治家继续当选为联邦执政委员,已届十五六年之久。这是执政者久于其位的证据。至于所以致此之由,这班执政者初未尝逢迎大众,亦不尽拥有绝大政治势力。反之,其重要原因只附着于一种事实,即是:这班执政者久为人民所信赖,立法机关从而信赖之,既得信任之后,要是本人不愿当选则已,倘愿当选,他必受欢迎。譬如,在英格兰中常有许多合资公司,其重要职员便是公司内之总经理;倘若其人已取得股东信任,他必然常时继续受众人委托。瑞士执政委员会所有继任状况恰是此理。其实,所谓执政委员会,倘若我辈外国人可以参加末见,而加以论断,并不是一个阁部,或一个内阁,一如英吉利人们的心目中所感觉。它不过是一间公司中之董事会,受了人民委托,而主持国事;当在任时,执政委员必须依据宪法与顺应议会的愿望而主治。惟其如是,政务只是等于一种业务;执国政者只是等于一种经营业务的人物。他们决不是内阁政制下之政治家:在这方面他们刚才做了巴力门的领袖;在他方面,他们又要做巴力门的仆役。这样就是瑞士执政委员会的特色,此项方式的执政盖适应瑞士的国情而发生。然而据善知瑞士者观察,这种执政制度行将改变于瑞士。一般热心于改革者流正在谋将行政委员的选举交入选民之手。这是一种革命的举动。倘若这种选举果能实行,我们还要补说一句,必不足以造成巴力门式的执政,却足以造成非巴力门式的执政。[6]

---

6 参考亚当士(Adams)所著,《瑞士联邦》,第四章。

书后四 自卫的权利

捍卫自己的人身、自由或财产,以对抗暴力,自是个人所应具有的权利;试问个人具有如此权利到若何程度?换言之,在英吉利法律之下,自卫的权利(所谓"自卫"[self-defense]在此处纯为广义的用法)究竟以何种原理为根据而[1]确定其范围?

历来所有对于这个问题的答案不但是游移,而且是暧昧;于是,确实继语当然不易得到。然而此项困难的发生至不足怪,诚以所有关于限定自卫权利的规则不过是事理上之矛盾的一种调和。是故在一方面,则有容许个人对抗他人侵犯的必要;在他方面,又有压抑私人间之互相寻仇启衅的必要。此项事理上之调和,万一不善为之,必至贻社会以隐忧。譬如,自助受制,则弱者将常为强者所凌迫;又如,自己的权利主张得到过分奖借,则械斗将成为积习。惟其如是,法院的公断乃不得不出而代用,而谋有所以止息私自仇雠。

让我们再补说一句,即谓:纵使自卫权利确受法律承认,自卫

---

1 关于自卫的权利所有问题参考下列典籍:
(1) Report of Criminal Code Commission.1879, pp.43-49 (C.2345), Notes A and B.
(2) Stephen, *Criminal Digest* (6th ed.), art. 221.
(3) 1 East, P. C. 271-294.
(4) Foster, *Discourse* Ⅱ ss. 2, 3, pp. 270, 271.

者"决不能因此遂取得进攻权利,诚以在法律修明之世,凡人对于已往或目前受害均不须自行报复,他只须诉诸法院,便可以求伸雪"。[2]

方今尚有一种流行意见,大抵来自律师的随感,或来自法律教本的浮言,即谓:凡人为自卫权利计,得用相当武力,但不应用过量的武力。这种意见无论如何通行,只是谬误。果如此说,复推类至义之尽,举枪杀人之事必将时有。虽以9岁儿童,倘遭18岁青年扭耳,便至杀人,此亦是意中事。约在70年前,母鸦大佐(Captain Moir)即实行此旨,以至陷于杀身之祸。先是,大佐有空地一块,尝受人骚扰及践踏蹂躏,大佐忿不能平,因豫先通告禁绝,并谓:自通告以后,倘有明知故犯如前时,犯者必受枪击。讵意顽童一人乃毫不顾忌,大佐于是先之以警告,继之以枪击而伤其手臂。伤者旋被送往医院,仍由大佐补贴药费。不幸,伤者因受伤太重,猝然死去。于是,大佐旋以杀人罪被控,陪审员坐实其罪,审判员判以死刑,随之,大佐即于星期一日受绞。平情论之,大佐所行事固属有罪,但以身为军人之故,大佐平日本习于服从军令,一旦以军令绳人,遂至于犯罪而不能自禁。然则他所以致死之由纯由于不知法律;惟其不知法律,而妄自执法,故至于有罪。由此观之,个人的权利必不能概以武力卫护而至于动手杀人也明甚。

诚如是,武力为自卫的必要而使用时至有商榷余地,其使用时之合法与否只可由两种理论判断。换言之,本篇于开端时所发问题可有两个答案,惟答案只限于两个而已。

---

[2] 参考:Stephen, *Commentaries* (8th ed.), IV, pp. 53, 54。

第一理论——为着拥护一人的自由、人身或财产起见，本人可以依据两种准规而使用武力。这两种准规是：其一必须为"需要"（necessary），这就是适可达到目的而止，此外不再滥用武力；其二，必须为"合于情理"（reasonable）或为"比例差"（proportionate），这是要说，以武力对待冒犯者所生的效果应与本人所身受的损伤为正比例。果能如是，武力的使用便是合法。反言之，凡人以武力卫护自己所有权利而至于违犯上列两种准规，他的行事必至于犯法。[3]

这个原则，即所谓"需要的及合理的武力自卫"之原则实被采用于刑法起草委员会。兹引用原文于下方：

"就管见所及，我们窃敢解释常法中之一条大义如下文，即是：虽则常法许人对抗非法的暴行，以卫护自己所有自由、人身及财产，而且许人使用武力以遏抑罪恶，以维持公众和平，以置犯罪者于法，然而个中有一重要制限必须顾及。这种制限就是需要，这是要说，横逆之来势凶猛，除却用武外，再无别法可以抵御，而且用武后之所生效果，对于本身所身受的损害，未尝超过正比例的数量。此义至为重要，因为它极能申明草案内所有各种条议。徒以世人未能领会其间义蕴之故，此条精义尚未见普遍采用。惟其如是，我们特于草案内附带提示一句，即谓：此项法理，不但应被承认为未来时代的法律，而且应被承认为现代法律。"[4]

玩味上文，我们不禁得一感想，即是："需要"一词的用法殊为

---

[3] 这个原则，据刑法起草委员会在1879年所报告有人称之为敛挪爵主（Lord Leonards）所倡导。由鄙见观察，究竟敛挪爵主的持论曾否适与此处所论者相符合，自是一个疑点。参考：Criminal Code Bill Commission, Report（C.23-45）p. 44, Note B。

[4] 参考刑法起草委员会报告书，第11页。

奇特，因为如此用法不特包含"必要性"（necessity），而且概括"合理的可能性"（reasonableness）。不过除此一点外，委员会的意见，与本文关于第一理论的叙述，大体无异。重复言之，凡人可以依法使用武力而拥护自己所有权利，所应注意者只为：用武时实是出于万不得已，而且武力的分量能与外来横逆成正比例（或从别一方面观察，可说，能与所欲拥护的权利之真值成正比例）。这条原则，依我看来，自是十分公允。惟其如是，国中著名的四大审判员遂以之陈请于巴力门，而求其采用。又惟其如是，英格兰的现行法且将努力于实现原则中所含义蕴。虽然，尚有一个较简明的见解，向为第二理论所主唱者，其旨趣似乎更能切实表现本国法学宗师的学说。让我叙论之于下文。

第二理论——为着防御他人以非法侵害他的人身或自由起见，凡人不得不使用相当武力，甚至不得不出于杀伤，此事应为法律所容许。虽然，有一极严谨限制于此，不可忽视，即是：凡重伤或杀害不应轻加于犯者，倘若竟至以重伤或杀害相加，行事者必须纯然出于自卫而后可。何谓自卫？凡个人对抗他人，不使侵害自己的生命、四肢或永远自由，皆是自卫。[5]

5　参考：Stephen, *Commentaries* (14th ed.) Ip. 79; Ⅲ, p. 267; Ⅳ, pp. 42-46。

伏士惕（Foster）有言："在合法的自卫之情景下，受损伤者为卫护本身、住所或财产计，得以武力还攻武力，而对抗行凶作恶的个人。在此类情景中，他并非有退却的义务，反之，他可以紧追敌手，直至本身得以脱险为止。倘若杀人事变竟由此惹起，本人可不负法律责任。

伏士惕又曰："凡遇一个凶徒图谋劫略或暗杀，身受者尽可以武力制止武力；就是他的仆役适于是时伺候主人，或其他外人适在事变所起的场所，他们均得仗义以出而干涉。倘若杀伤由此惹起，仗义者得免于罪。在此际，天性与社会义务适相合作。"（参考他的：*Discourse* Ⅱ, Chap. Ⅲ, pp. 273-274。）

这个理论可被称为"武力需要的正当自卫"的原则。此项原则的主旨是：处置干犯者以死或重伤的权利应造端，或限制于每一个忠实国民所有自卫权利，依之，他可以采用任何方法，以制止行将莅临于本人所有身命、自由的危险。

比较观察，第一理论与第二理论，虽则立论不同，然而实际上之收效只是一样。

试设假例。假如，某甲受某辛殴辱，至于危及生命，当是时，倘若某甲再无别种善法以作抵制或避免，依据两个理论之任一个，某甲都有权以击毙某辛。由第一理论的见解观察，武力在这种场合下之使用是需要复是合理；又由第二理论的见解观察，武力在这种场合下之使用纯然出于自卫。虽然，犹有辩：这是要说，假使某辛故意阑入及践踏某甲的私产，某甲在此际决无权以枪击某辛；万一竟有枪击之事，某甲的行事必不为任一理论所容许。诚以某甲对于某辛所还报的损害——即某辛的生命所遭危险——是不合于情理，又是不能与某辛所干犯者成为正比例；复以阑入田园之故，而至于开枪射击，是则明明以武力卫护财产，而非以武力卫护自己。不宁惟是，两个理论对于杀人以自卫的权利，均造成严密规矩，以示限制，而且此类规矩所有主旨复互相暗合。[6] 主旨为何？它是，除非待到费

---

6 参考并比较下列书籍：

(1) Stephen, *Criminal Digest* (6th ed), art. 221.

(2) Stephen, *Commentaries* (8th ed.), IV, pp. 54-56.

(3) 1 Hale, P. C. 479.

上列诸书对于某甲击伤某辛的权利之斟酌，似未能大家一致。但以普通原理论，彼此尚互相吻合。总而言之，被攻而退避是身受者所应守的一条重要规则；禁制行凶是人人应有的权利，又是人人应有的义务；捍卫住宅即所以保护人身一节似乎受法律视为一件重大事实；凡在斟酌某甲所有权利时，论者必须将上方所列规则与上方所列权利义务

尽心机，设尽方法，以避免用武，但最终惟有使用武力方足以自卫时，凡人必不可杀伤他人。试设假例明之。假如，无赖子某辛无端拳击某甲，而某甲在此际却有短枪在衣袋中。为着避免犯罪起见，某甲必不可遽尔开枪射击；反之，他必须尽力退避。倘若某辛仍然进迫，以致某甲无路可逃，只得背墙挺立。到此时，又必须待到了此时，倘若某甲再无别法可以解围，他方能使用武器。本来这样场合只属假设，未必真有，即曰有之，此项报复亦已属于过去时代的社会，未必遭逢于今代。虽然，立于此类假设事实的原理乃不可磨灭，至今仍然是简明至要。这条原理所含义蕴便是：纵使恶人无端进攻，身受者不能遽尔用武力自卫；用之之时必为十分需要，然后使用武器乃为法律所容许；而且于万分有一之中，身受者如能退避，自以退避为合，在此际，使用武器仍非是必要。换言之，于万分有一之中，身受者如能寻出藏身地方（譬如，四方市场的公众处所），当不妨暂时放弃法律权利，而避却冲突。[7] 由此观之，两个理论的重心均是在于不轻许可动用武器，而动用武器的标准，惟归宿于"需要"。是以某甲纵受攻于某辛，但使尚有别种安全方法（譬如，闭门相拒）存在，

联合着想，复须将上方所列规则与上方所列事实着想。是故哈勒（Hale）有言："倘若一个窃贼，在屋外或在屋内，要劫略或杀害一个善民，这个善民不应退让，尽可以杀死窃贼。此项杀戮不是刑事罪。"（见：1 Hale, P. C. 481.）关于捍卫住宅之理由；参考：East, P. C. 287。

7　参考：Stephen, *Commentaries* (14th ed.), IV, pp. 42-46。比较下列书籍：
(1) 1 Hale, P. C. 481, 482.
(2) Stephen, *Criminal Digest*, art. 222.
(3) Foster, *Discourse* II, cap. III.

不过在此地有一点必须注意，即是：这条规则（即限令身受者在未用武以前必须退避的规则）惟须应用于极端武力的使用，依之，杀害或重伤个人成为不可免的事实。

以杀伤为自卫的方法必须避免。虽然，假使对方的攻击力量增加，依这两个理论推究，本方的自卫力量即可随比例增加：于是，在实际上明明拥卫私有财产之举，一转变间，可以解作对于人身的拥卫。故曰："拥护所有物的战斗有时亦可视为合法，是何以故？则以此事虽则造端于保卫财产，然而终能结局于保卫人身故。"[8] 这句断论最能洞中肯綮，不过读者在玩味此语之际，必须记取黑石所遗下箴言，即谓：自卫的权利不能用作攻打他人的工具。[9]

倘若更进一步推究，而至于问及这两种理论在实施上所得结果是否相异，此项问题在学理上自是饶有趣味，但在诉讼上似无关宏旨。诚以每逢此类诉讼发生，法院所急须解答者只是：凡人为自卫计，而至于不得不使用武力，在此际，用武可达于什么限度，仍然合法？至于决定合法的标准无论依据情理，或依据自卫的性质，均属不十分重要。但必欲于两者之中加以别择，则后者理论，就英吉利律师的实际经验着想，比诸前者理论，或较为稳实可靠耳。申言之，所谓"极端"武力，在使用时，当以完全出于自卫的举动为易于得到法律的许可。

虽然，或者对于自卫理论的见解，当然不免发生一个反响，即谓：如此持论似乎限制国民的正当防卫所应有权利，过于苛刻。

这种反对论调只是不思之甚，因之，我们可用两项思考，为之解释。

第一，为增进公众直道计，每一个人，依法理运行所至，皆有

---

8 原文载于：Rolle's Ab.Trespass, g 8。
9 参考：Blacks. *Comm*. IV pp. 183，184。

权利以使用武力,甚而负有义务以使用武力,纵使在特种场合中至于杀人,亦所不恤。此为第一项思考。

惟其如是,凡属忠实国民,遇有争斗发生于目前,他尽可以出而干涉,庶几公众和平不至受累。为着达到此项目的起见,他可以准情度理而使用相当武力。[10] 又惟其如是,任一私人,遇有横暴发生于目前,他应负制止横暴的义务。万一见义不为,甚至纵恶行凶,使得安然于事逃逸,这个身在场中的私人必至受累,而不免入狱。[11] 故曰:"凡遇凶徒作恶,有人已身受重伤,或该凶徒欲于事后逃遁,在此际,任何公民均应尽能力所及以防闲犯恶者漏网。倘若穷追不得,而至于开枪射击,使该凶徒无所逃罪;在此际,纵令凶徒中弹身死,开枪者可解脱杀人罪。诚以此项追捕不但为法律所容许,而且为法律所命令;倘有故意忽略不为者必将身受法律制裁。"[12] 虽然,此项极端武力使用必须审慎,用之之时,惟有用以制止行凶或用以防闲犯法者幸免,为能合于法理。但"能如此做法,而有所以制止杀伤无辜良民,则虽至于杀死凶手,依据现行英格兰的法律,亦属正当。是故任何人,倘若因为要行劫、要行刺,或要在夜间破户阑入人家,而至于身死人手,实为罪所应得。在此际,杀人者不管是

---

10 参考:*Timothy v. Simpson,* 1 C. M. and R. 757。

11 参考:Stephen,*Commentaries* (14th ed.), IV, p. 309; Hawkins, P. C. Book Ⅱ, cap. 12。

12 原文载于伏士惕(Foster)《法学讲话》第二讲,论杀人罪,第 271 及 272 页,比较原书在第 273 与 274 页中所论。

斯梯芬有言:"为着拘捕叛贼凶徒,或海寇起见,又为着囚禁上列各类恶人之已被捕而复逃出者起见,任何人,倘若不幸而至于杀害此辈,可被看作无罪。至于杀人者虽出于有意,乃被杀者,当在逃时,初未尝还手抗拒,此类情节均可略而不论。"见:Stephen, *Digest* (6th ed.), art. 222。

对手、屋主人，或前项人物所用的仆役，或毫不相干的个人，但皆以防闲罪恶为事，此人可不至受法律治以杀人罪。虽然，法律的宽容只以对待凶手为限；倘若遇有扒手，或遇有人白昼闯入人家而志不在于焚劫杀害，法律均不许可杀人"。[13] 以是之故，人间本来同是一事，但行为倘若用之以卫护财产往往不为法所允许，惟用之以卫护人身而志在禁止行凶，或逮捕凶手则必为法律所宽假。试设假例。假使群贼劫略某甲家中所有财物，某甲追之，他们遂图越过园场，并携去珠宝以图逃遁。当是时，某甲的生命本不陷于危险，但当追踪群盗之际，经已屡次警告，务求璧归原主，但此外更无别法，以促他们觉悟。于是，某甲开首奋击，群盗中有某辛倒地。在如此场合之下，某甲的行为，倘若依据伏士惕（Foster）的理论推究，不但为无罪，而且以履行公众义务之故，特为有功于社会。[14]

末了，让我再补说一句，即谓：在某甲可以依法拘捕某辛之地，某辛或不免希图抵抗，而至于伤害某甲，于是，某辛对于某甲所受伤害，必须负责。[15]

---

13 参考斯梯芬（Stephen），《英格兰的法律新解诂》（第八版），第四册，第49及50页，比较原书第十四版，第40页。

14 审判员威勒士（Willes）为一代名人，并为博学多能的法吏，相传有一次谈话，其大致如下。

或问："倘若望入我的会客室内，我看见一个窃贼，正在卷起室内挂钟，但他本人却不能看见我。在此际我应该怎样对待他？"

答："站在一个人的地位，站在一个律师的地位，又站在一个英吉利审判员的地位，我可以贡献你几句话如下，即是：提起一杆后膛枪装入弹子，不动声色地瞄准他的心头，一发而中，而射之至死。这就是我的赠言。诚以在如此场合之下，你尽可以有权做出此事；其实我觉得这样做法不但是你的权利，而且是你的义务。"（见：*Saturday Review*, Nov. 11, 1893. p. 534）

15 参考伏士惕，《法学讲话》，第二讲，第272页。

第二，任何人，当在运用自己的法律权利之际，所有行为均能合于法理。不宁惟是，将欲运用此类权利，而得到实效，凡人可以（甚至必须）使用适当的武力。此为第二项考虑。

试设假例。假使某甲正在沿大路缓行，某辛横加阻止；某甲大愤，挥之路旁，于是，某辛倒地至于受伤。本来某甲安然返家，未尝做错了事；他只要维持自己在道路上之行动自由的权利，在势遂不能不反抗他人的无理取闹。讵意某辛不知自责，竟敢拔剑相向，意图进攻。在此际，某甲只得推倒某辛于地上，否则亦须设法遁逃，而不撄其锋。倘若两者均不能做到，复无别种和平方法可以卫护自己，他尽可以用尽一切武力以图自卫，申言之，他可以踢晕某辛于地上，否则，枪击某辛，虽断送一命亦所不恤。

虽然，讨论至此，我们即不免遇一点困难。困难为何？即某甲必须维持自己所有权利果至如何程度是。申言之，某甲正在步行于路上，这种权利是任何人所应有；徒以横逆骤加之故，某甲良不能隐忍，在势不得不争，且将陷于杀伤他人的危险；在此际，某甲果以何者为标准，依之，他可以决定权利与危险间之取舍？

试设假例说明之，假使某甲明知某辛行将声明其自己有封路的权利，而且明知某辛实无此项权利。不宁惟是，假使某甲明知别有一路，由之，虽则多行许多步，但他可安然抵家，在此际，他必须让步，不可使用武力，以伤害他人。必如是，然后足以言自卫。

本来专就权利立论，某甲在需要时尽可用相当武力以自卫。果尔，某甲对于某辛在开首时即可以麾之于道旁。自此之后，每当某辛的暴行增加一分，某甲的反抗力即可增加一分。诚如是，行路权利的互哄且将一变而成为生命上之混战局面。申言之，为着自卫生命起见，某甲或不能不依法以杀害或重伤某辛。这是一种看法，依之，某甲的用武当可以受维持于法律。不过这种看法实有不妥善之处。何以言之？诚以在未放枪之前，某甲必须审察当时所有情势究竟适合于诉诸武力与否；如其不然，某甲的行事必至差之毫厘，谬之千里。譬如，假使避开数步，他便可以摆脱某辛的侮辱，在此际，某甲即不应遽尔动武；因为一经动武，他的行为，倘若揆之上方两种理论，即无有是处。试征实说，枪击某辛在此际，不能算作合于情理，因为某辛所为也许不过是要强迫某甲，于行路归家时，远行数步，但某甲竟以枪弹相饷；于是，双方所有过举的比例差未免是太不相等。再征实说，枪击某辛，在此际，亦不能算作自卫，因为改行他路，某甲尚可以避免种种意外危险。然则某甲所以决然用武者，并非出于不得已而自卫，实则要主张安行于一定道路的权利而已。诚如是，我们对于英格兰的法律，自古以来，即极力维持一条老例，至无足怪。这条老例是：凡人被殴辱之顷，法律必限令身受者极力退避，必至无可再避，法律然后许此人以杀害或重伤对手。

但此不但老例为然。是故在"*Reg. v. Hewlett*"一案中，法院于迟至1858年之顷，尚交下一宗判决案，以表彰同样原理，而维持原有法意。先是，某辛殴打某甲，某甲拔刀相对，遽以刺伤某辛。法院于是下一断案，即谓：除非该囚犯（即某甲）感觉劫略将至，或相似罪恶临头，或生命有绝大危险，或身体有严重伤害（但非推跌于地上），他遽然用刀剑以自卫，必不为法律所容许。[16]简约说，这宗断案的主要论旨是：虽则用刀一举尝救某甲于危险（即被打倒的危

---

16 参考：Foster & Finlason, 91, per Crowder J.。

险），然而此举对于某甲所有身体、四肢或财产的卫护并非是必要；所以这番用武在法律上实属不合。及今观之，这宗案件对于本文的题旨是特别重要，因为某辛在此地并非是寻常主张自己权利的一个人；反之，他却是此次祸变中之一个戎首。

试将前案略加变动，而设为假例。设某辛不是一个恶作剧者，却是一个警察。又设这位警察尝奉警长命令，谨守海特公园（Hyde Park），在此地，某辛即禁止某甲，使之不得由云母石拱门（the Marble Arch）进入。更设某辛所奉的命令是由于警长的错误，于是，必欲阻止某甲通过某一特殊门户在法理上为不合。在如此情形之下，某辛的行为既属非法，似乎某甲尽可以推开某辛而不顾。[17] 但某甲果能因推之不动之故，遂致拔刀刺人以闯入公园耶？此则在法理上不能有如何根据。按实说，持刀刺人在此际不但非是合理的举动，而且非是自卫的举动。

综观以上辨旨，我们当不难得一结论，即谓：凡人间所有关于法律权利的争端必须取决于司法机关，"因为君主及其法院原来是社会中之一种平反的场所，在其中身受冤屈者必将得直"。[18] 惟其如是，任何人，倘要仗着自己的武器所有威风而表示在争持中之法律权利，当为法律所不容许。换言之，法律争端不应以拳头解决。昔在18世纪间，曾有主教一人，竟欲以暴动与打人为工具，由

---

17 这宗假设的案件应有一前提，必须说明，即是：巴力门在此际未尝通过任何法案，以授权于警务长，使之得有权以管理该处公园。这是要说，当讨论本题时我立心要撇开国都警卫各法案（the Metropolitan Acts）的效实及警务长所有权力的范围，略而不论。

18 参考：Stephen, *Commentaries* (14th ed.), IV, p. 44。

之，他平日所怀恨的，一个登记官可被罢斥。卒之，法院于受理此案时，大不直该主教所为，陪审团且决定之为有罪，讵意尔士恺恩（Erskine）[19]横加干涉，该主教卒赖其浮词与荒谬论调而幸免刑事罪。

因此之故，自卫的权利所有问题，不论从哪一方面研究，均可以得到同样结论，即谓：凡人果欲以极端武力而主张自己的权利，必须谨守用武时所有限制非法行动的规则。此类规则至为重要，故本篇特加阐发。若问个中要旨所在，我以为其旨趣大抵侧重严格的自卫所有需要。

19　参考：*The Bishop of Bangor's Case*, 26 St. Jr. 463。

书后五 公众集会的权利所有问题

在公众集会的权利之中,有四个问题,必须商榷。这四个问题是:第一,在公众地方中曾否有关于集会的普遍承认之权利存在?第二,所谓"非法会议"当作何解?第三,元首及其臣仆应有权利以对付非法会议,但此类权利究为何物?第四,合法会议,当被外力干涉或解散时,究有什么权利以资对付?

将欲确切明白各问题所含义蕴,让我先提示两点要旨,本来这两点要旨至属明显,但可惜常遭忽视。因此之故,学者对于他们所有义解与关系必须融会贯通。

其一要旨是:英吉利法律,对于为政治目的或任何其他目的而集会,不承认其有若何特殊权利。[1] 申言之,英格兰的法院,对于个人所有人身的自由及言论的自由常有一定见解,而由此项见解,实以形成集会的权利。惟其如是,集会的权利并不有任何整个性的存在。

因此之故,凡遇合法集会横被干涉,此项事变并不能视同公众权利的侵夺,反之,他只可作为某甲或某乙所有个人权利已受蹂躏。于是,将欲解决此项事变所惹起的争端,公众集会的权利当析为多

---

[1] 参考本书上文,第七章。

数会员的私家所有权利。任何人，倘若曾经解散一群民众，不能让他人以破坏集会起诉。然而这位过举者却随时得被某甲或会中之各个私人控告以损害私家所有权利罪。[2] 诚如是，将欲更进一步，而求出一个正当答案，即是各个私人，在会场中究有几许权利，以抵抗外来力量对于集会的干涉，如此答案，只能依赖法律所规定，公民某甲在抵御外侮时所应采取之方法而决定。

其二要旨即：紧随上列要旨而产出。诚以依上文所论述，公众集会本来不有整个性的权利，惟在会中之各个会员得以私人所有抵御外侮的权利，而抗拒非法解散，个中所有根本困难即隐伏于此地。这是要说，一个公民在法律上究竟具有几许权利以卫护他自己的人身，或自由，或财产（或就广义的用法，竟可统称之为自卫），这是十分深奥的一个问题；而这个问题的深奥性质又起于法律的一种固定性之缺乏，即所谓"自卫"的权利所有准规至不易确定是。[3] 综合言之，凡此种种困难实构成第二种要旨，而这种要旨与上列要旨，学者对之，必须先行彻底明白，然后关于集会权所惹起的四个问题，方可以迎刃而解。故两种要旨均为解决上方四个问题之前提。

此为本篇文字的绪论，其主旨是在于申明集会权利的本身问题与其两大前提之关系。学者再进而玩味下文，则双方所有关系的切要自能灼见。

（甲）在公众地方中曾否有普遍承认的集会权利之存在？

这个答案至是容易。英格兰的法律从不有这样普遍承认的权

---

2 参考下列成案：
Redford v. Birley., 1 St. Tr.(n. s.) 1017.
3 参考上文书后第四则。

利。诚然,英吉利人们常喜以政治问题或其他问题,为集会的宗旨而开会于公园,或公众场所(commons),或其他可以聚集的开会地方。诚然,英国人民,不同比国人民,每有露天集会,动受特殊限制。是以一群民众聚集于公众地方,不管他们要开同乐会,来同看跳绳者打翻筋斗,或要开讨论会来共听一个政治家申辩他的政策及行事,两者在集会上所有权利,以视在大庭内或在客厅中集会,并无丝毫差异。约言之,大凡集会,其宗旨是纯正,其地方是公众地方,其活动是正大(即不至激起善良百姓的恐慌),皆是合法的集会,合法的集会皆应受法律所保护。至于所谓公众地方究为扼克士惕院(Exter Hall)或为哈特斐勒(Hatfield)的空地,或为柏炼海(Blenheim)的空地,或为伦敦市内各公园,皆可以不必措意。对于这种集会无人能加以干涉,参加了这种集会,无人须负什么法律责任。

虽然,英吉利法律未尝禁止露天集会,固矣,但就大概说来,此项法律仍未尝奖借露天集会。申言之,英吉利法律未尝明白规定一条规则,即谓:四境之内,应随在设有空地,俾公众得因政治讨论或娱乐而公开聚集。自然,在英格兰国中本来不乏有特设场所,早经法令或习俗指定为公众集会之用。但英吉利法院,就大体说,必不因之遂对于某一地方加以这样承认。惟其如是,千人以上之群众,较之一介匹夫,同立于齐一地位;两者并不有丝毫差异。试即就一介匹夫所立地位而论,譬如,倘若某甲要作一次学术讲话,或一次政治雄辩,或一个展览会,他必须首先觅取一块空地,或一所房间,在其中他可以依照法律而使用之,以偿夙愿。他必不可占用私家所有产业,以致犯了无故阑入他人的园地罪。他又不可强霸公家所有地方，以致犯了故意捣乱罪。

由此观之，通常所有一种谬见，以为世间应有这种权利如所谓公众地方的集会权利者，盖起于许多误会与混淆。是故在这一方面，则有一种权利，依之，人们可以相聚于法定地方，而作合法的集会，尤其是政治集会，即所谓公众集会的权利；在那一方面，则有英国人民误认的私人权利，依之，人人觉得凡是在公众地方，任一个人可以召集开会。其实这两类权利，在英格兰中，一为真有，一为假有，不意邦人不但弄假成真，而且混两者为一事。若以他国法律观察，这两类权利，纵使同有实际的存在，亦是截然两事，安能混为一谈耶？抑误解又是何在？它是在于一种设定，即以为路道街坊既为人人公用之物，当不妨以之为集会之所。其实此项设定至为大谬不然。良以一群民众攒聚道上，在势必至阻误行人，即不免牵累其他公民所有使用该地段的权利，在法律，必至酿成了障害权利罪。诚然，大路本来属于公众，人人可用，但用之必须得当。申言之，行人来往可由大路，惟大路仍以通过行人为限。[4]因之，法律必不许任何政客改变之为公开讨论场所，恰如，法律不容剧员改变之为露天戏院。两事的性质迥异，法律的用心概同。惟其如是，不论以何种目的集会，凡召集开会者，与赴会者，在此际，一齐陷入障害他人权利罪而不自觉。[5]然则这一辈人物方自以所行事为合法，由之，人数多少可以不管，时间长短可以不计，他们都不知此项行

---

[4] 参考下列成案：
Doraston v. Payne, 2 Hy. Bl. 527.

[5] 参考下列两成案：
(1) *Rex v. Carlile*, 6 C. & p. 628, 636.
(2) *The Tramways Case*, the Times, 7th September 1888.

为"早已侵害他人所有同样权利,而不能并行不悖于自由来往的权利。故就我们探讨所能及,此项行为未尝受法律名家所称许。"[6] 抑此不但大路为然,即在一块公众场所(a common)[7] 他们仍不有权利以召集大会。然则法律至是分明若此,其奈众人尚不察及何!倘若深求其故,此项谬见盖导源于两端:其一端起自一种意念,大概以为法律表同情于一切政治集会;其二端起自一种默许,大概以为凡权利曾经法律承认其存在者法律必为之准备实地行使的方法。按实言之,此类意思至无根据。从来英吉利固未尝特别重视政治集会的权利。政治集会的权利,自法律观之,只等于其他权利(譬如听乐的权利及饮食的权利),任何人都有倾听政治雄辩的权利;任何人亦有同等权利以静听一部鼓吹,或啖食一个甜饼。然而每一权利,在使用时,必须受限制于各种法律,即是:闯入私家田园有禁,障害他人权利有禁,盗窃财货亦有禁。

或者因此当不免生一反感,即以为:演讲厅的存在至是重要,万一无有,千百数善良公民将必失去极好机会,依之,他们所有政治愿望幸得以表示。这种反感自是实情,但此项实情,若自律师视之,都是无可如何。试设譬明之。譬如,人人均有权以看傀儡戏;可是倘若傀儡戏竟在戏院中收费而后表演,凡贫不能出一先令者即不能饱眼福。再如,人人均有权以听一部鼓吹,可是,倘若就近不

---

[6] 参考下列成案:
Ex Parte Lewis, 21 Q. B. D. 191, 197, *per Curiam*.

[7] 参考下列两成案:
(1) *Bailey v. Williamson*, L. R. 8 Q. B. 118.
(2) *De Morgan v. Metropolitan Board of Works*, 5 Q. B. D. 150.

有一块空地，在个中不但大众可以使用，而且使用者复不至惹出障害权利罪，千百数良善公民在此际，只得放弃听乐的权利。又如，人人均有权以任何仪式崇拜上帝，可是，倘若当地居民都不愿让卖地段，在其上一所监理会的寺院庶几得以建筑，则许多崇尚卫须礼宗派的教徒只好不能如愿以偿，而徒唤奈何已耳。

（乙）通常所称"一个非法会议"当作何解？

原来此项称谓的指意所在并不是在于"诛意"。这是要说，纵使任一会议带有非法的宗旨在内，法律亦不遽下判决，即定之为非法。譬如，有欺骗者5人相聚于一室，以作成一个行骗计划，以撰著一篇毁伤名誉的文字，以伪造银行钞券，或以同谋做成一套假立誓词，他们所有集会动机固是不正，但他们决不以此遂犯了"非法会议"的罪状。其实，"非法会议"（unlawful assembly）几个字，在英吉利法律中，早经成为美术上之沿用语。这是要说，这个名词的意义本来具有多少确定性，徒以历代法律宗匠常自出心裁而造成定义，[8]于是字句间遂不免有互相参差之弊。但就大致立论，此类定义

---

8 参考下列典籍：
(1) Hawkins, P. C. Book i. cap. 65, s. s. 9, 11.
(2) Blackstone, iv. p. 146.
(3) Stephen, *Commentaries* (14th ed.), iv, p. 174.
(4) Stephen, *Criminal Digest*, art. 75.
(5) Criminal Code Bill Commission, Draft Code Sec. 84, p. 80.
(6) *Rex v. Pinney*, 5C. and p. 254.
(7) *Rex v. Hunt*, 1 St. Jr. (n. s.) 171.
(8) *Redford v. Birley*, ibid. 1071.
(9) *Rex v. Morris*, ibid. 521.
(10) *Reg. v. Vincent*, 3 St. Tr. (n. s.) 1037, 1082.
(11) *Beaty v. Gillbanks*, 9 Q. B. D. 308.

的别异，与其谓成于实质，毋宁谓成于字句。惟其如是。这样别异的存在遂具有两点重要结果。第一，非法会议果以何种条件构成，此类定义未尝剀切开示，因之由此项缺点所惹起的许多问题，尚待详细讨论。第二，历代所作据以测定公众集会的权利之规则概构成于司法判决，即构成于法院的立法，而此项立法，一经流传之后，仍可再由后代审判员推演，以成新例，因之，任何律师，倘要寻求所以测定某一集会是否合法的依据，不但须玩味判决案中之字句，而且须探讨字里行间之语气。

果能这样做工夫，任何人当不难灼见所谓"非法会议"的一个显著性质。是故凡人相与聚集，倘若犯了破坏治安罪，或将要违犯破坏治安罪，或令他人发生这种恐慌，在如此情形之下，法律均称之为非法。申言之，实际的或胁迫的破坏治安，就是测定一种集会究竟是否"非法"的准规。不过更进一步而审察所有刊载于斯梯芬爵士（Sir James Stephen）的《刑法汇考》中之定义或解诂，以及刊载于刑法起草委员会的《刑法草案》中之叙论，我们尽可替所谓"非法会议"下一比较明确的界说。

大概言之，凡有3人或3人以上之集会，在其中会员犯了下列条件之一者，皆可被称为"非法会议"。试征实说，凡会员：

（一）相与聚集，而破坏治安，否则于聚集之后，其行为结果竟至于将治安破坏；或

（二）相与聚集，而立心使用武力，以破坏治安；或

---

(12) *Reg. v. M'Naughton* (Irish), 14 Cox. C. C. 576.
(13) *O'Kelly v. Harvey* (Irish), 15 Cox. C. C. 435.

（三）相与聚集，而蕲向同一目的，在此际，姑勿论此项目的为合法或为违法，但比邻居民只由集会方式已经惹起将来或有扰乱的恐慌；或

[（四）相与聚集，而谋有所以煽惑元首的臣民，使之对于国宪及政府顿起仇视，其结果将至实行谋叛，或准备实行谋叛。⁹]

由此界说，遂惹起下文几点要旨必须注意：

（1）凡人集会而至于扰害治安，或至于产生邻里间之恐怖心，依之，人人皆以为危乱将至，此类集会皆为非法。

因此之故，当在测定某一集会是否非法会议之际，许多复杂情形必须顾及，例如：在开会期间邻人究作何种感想；参加集会者为何种人物，与到会人数共有若干；集会景况究是何若（即曾否挟带武器）；开会地点是空旷郊野或是人烟稠密之区。凡诸如此类之情形必须先调查清楚，然后加入统计，而决定其是非。

（2）凡属非法会议均有同样罪名，此项罪名初不因集会的宗旨正大而末减。

譬如，一群民众以请求开释一个囚人而集合，或以观阅一个武术家演戏而集合，虽则集会的性质是合于法律，但此类会议尽可以变成非法会议。申言之，纵使有千百人于此，本以合法目的而聚集，但邻人或且因此误会，于是群以为危乱将至。果尔，所有此类集会

9　括弧 [ ] 内之文字系引自：*O'Kelly v. Harvey*(Irish), 15 Cox. C. C. 435。这条定义的一部分之包含于括弧内者在英格兰中或不能成为定论，但试一参考下列两成案：其一为：*Reg. v. Ernest Jones*, 6 St. Tr. (n. s.) 783；其二为：*Reg. v. Fussell*, ibid. 723, 764. 审判长威勒德（Wilde C. J.）在两案中均有概括的结论，学者可按上列页数翻阅。抑在一定情形之下，叛逆者的行为已暴露于公众集会，其结果且将扰乱和平，当是时，该定义之括弧部分（即第四项）虽在英格兰中亦应适用。

皆成非法，而会议的宗旨所有合法性质依然不能挽救，使之不至陷于非法的罪状。

(3) 凡以非法的动机而集会，依上文所已论证，未必就使会议本身成为非法。

是故会议的性质，将欲加以检验，只有一个标准，即"君主的和平"将至破坏与否是。分析言之，则个中所有研究实变成两个问题：其一，某一次集会究竟有动用非法武力的倾向否？其二，邻右曾大起恐慌，而至于忧虑非法武力的动用为不可免否？

(4) 迩来尝有少数法家，陈说一条新义，即谓：凡一种聚会，倘以煽惑叛乱为事，或以鼓动某一阶级以反对其他阶级为事，或以淆惑听众，使之藐视国宪与政府为事，在事实上皆足使会议本身成为非法。[10] 他们又谓：纵使一种集会未尝直接地发生和平将受破坏的恫吓，但依然蓄有阴谋，以奖进一种妨害公安的举动，这种集会仍不免成为非法集会。

虽然，此项陈议固是新奇动听，但我以为不可遽信。申言之，我们对于此项陈议亟应抱着怀疑态度，非至英吉利法院确然作同样主张，我们切不可遽逞臆说。若就平稳切实方面着想，我们不如略

---

10 参考下列八宗成案：

(1) *Redford v. Birley*, 1 St. Tr. (n. s.) 1071.

(2) *Rex v. Hunt*, ibid. 171.

(3) *Reg. v. Morris*, ibid. 521.

(4) *Reg. v. M'Naughton* (Irish), 14 Cox C. C. 572.

(5) *O'Kelly v. Harvey* (Irish).15 Cox C. C. 435.

(6) *Reg. v. Burns*, 16 Cox C. C. 355.

(7) *Reg. v. Ernest Jones*, 6 St. Tr. (n. s.) 783.

(8) *Reg. v. Fussell*, ibid. 723.

变前议，即谓：凡一种集会，其所怀目的不但是凶恶异常，而且在实施时之运行所至且足以扰乱公安，就是在实际上成为非法会议。

(5) 于此遂有两个问题亟待将来解答。

假设有一次集会，虽则会议本身至属安和，然而会外人终不免怀惧，于是，国内和平的扰害之恐怖心遂以惹起。这番集会遂构成非法集议否？具体地说，在政治领袖向一个政治大会演说之际，慷慨激昂之气概充满会场；因之，局外人或起疑惧，以为会场散后当不难激出大扰乱。这样会议当作如何看待？

将欲解答此问题自是不易，良以所有答案至今尚未属定实。[11]

更进一步，假使邻右怀惧果足以构成集会的非法性质矣，这种惧怕心，或破坏治安的事变，必须自会中人物主使然后他们的罪名方足以成立否？此为第二问题。

关于第二问题，我在本书上文曾勉为解答一遍，学者可以复阅。[12]

就原有答案审察，个中涵义大概可析出两层意思。第一层意思

11　参考下列两成案：

(1) *Rex v. Hunt*, 1 St. Tr. (n. s.) 171.

(2) *Rex v. Dewhurst*, ibid. 530, 599.

审判员贝梨（Bailey J.）有言："论及恐慌一层，尽有许多次集会，在其中，苟自全场空气推究，非待会议解散以后，此类集会可不至发生何等扰乱之忧惧。将欲声讨该会以一种罪状，有如我在上文所提示，我以为在此际，非确有暴动可猝发于散会以前的景象，不能适用此项手段。虽然，倘若你所采证据确实证明暴动在所必有，而公众和平必随暴动而破坏，我希望你能以便宜行事，即使用所谓'特别决定'（special verdict）勒令即刻解散。"参考下列两成案：

(1) *Reg. v. Ernest Jones*, 6 St. Tr. (n. s.) 783.

(2) *Reg. v. Fussell*, ibid. 723.

12　参考本书上文第七章。

是：假使某一次集会，以宗旨论又以会员所有言动论，完全合于法律，则这次集会决然不是一个非法会议。纵有会外人三数辈，以其偏见动加反对，驯致公众和平受扰，这种扰乱的可能性及或然性实于该会议无与，而该会议必不因此遂成非法。[13] 第二层意思是：设有某一次集会，其会议本身并不带有非法性质，惟其开会宗旨，或会员所有言动，究竟带有几分非法，由是激起反对者公愤，遂酿成破坏和平的变故；卒之，这次集会便以此变成非法会议，此亦为未可知之数。[14] 更进一步设想，纵使会议本身，开会宗旨，以至会员所有言动，概属完全合法，但使破坏和平的事变竟起衅于反对者之手，惟地方当道在此际更无别法可以恢复和平；诚如是，地方有司或其他执事，迫不得已，只好勒令该会自行解散。万一会员抗命，不肯散会，这个集会由此故遂以最终成为非法会议。[15]

（丙）元首及其臣仆究竟有什么权利以处置此类非法会议？

（1）逐一个人，凡曾经参加是会者，概犯了行为不端之过，因之，元首遂得提起公诉，使行恶者不得逃罪。

不过在如此场合之下，会中人物某甲，虽则参预此会，然而究竟有罪与否，尚待研究。申言之，逐一个人的罪名成立与否，当依事实而决定。

---

13 参考下列两成案：
(1) *Beatty v. Gillbanks*, 9 Q. B. D. 308.
(2) *Reg. v. Justice of Londonderry*, 28 L. R. Jr. 440, pp. 461, 462.（看审判员烘士[Holmes J.]的断案）
14 参考下列成案：
Wise v. Dunning [1902], 1K. B. 167.
15 关及此点，特别参考：*Humphries v. Connor*, 17 Tr. C. L. R. 1.

假设某甲虽则身临会场，然未尝入会为会员；他的赴会或者只是逢场作兴；他尽可以不悉会中底蕴；而且全群会众或者竟以合法目的而集会；况复这种际会（设如，动用武器，或猝起暴动）的遭逢，其结果虽足以促成该会议的非法化，但其开端实产出于开会之后，当是时，某甲或者竟至始终不参预此项事变。诚如是某甲不能被指为有罪。不过在这样际会当中，最重要的事实便是有司（譬如，中央政府的阁部部长，或地方政府的邑宰）所出文告。假使在文告中有司既明明指出某一会议确是包藏祸心而召集，当地居民即不应赴会。假使既经读过告示之后，一个公民依然赴会，他明明自蹈危险。万一这次会议竟酿成非法会议，他不能再以不知底蕴为词，而希图卸脱参加会议之罪状。[16]

　　(2) 邑宰、警士，以至忠实公民不但有权利以解散非法会议，而且负有义务以解散此项集会。万一竟有必要，虽诉之武力，以图达到解散目的，未尝不可。是故世间尝有一种假想，即谓此辈人物须少安毋躁，必俟暴动发生，或俟暴动法案（the Riot Act）既经宣读，他们才能动手。这种假想只是大谬。[17] 正惟有了这种谬见，伦敦市当在戈登暴动（the Gordon Riot）之际，遂陷于暴民之掌握凡数日，且无人敢撄其锋。"生于其心，害于其政"此之谓矣。由此观之，解散非法会议的方式及态度，与使用武力以解散此项会议的高下程

16　参考：*Rex v. Fursey*, 6 C. and p. 81, 3 St. Tr. (n. s.) 543。
17　参考下列两案：
(1) *Reg. v. Neale*, 9 C. & p. 431。
(2) *Burdet v. Abbot*, 4 Taunt. 401, 449。
并参考本书上文，第八章。

度,大抵随逐一案件所有实际情形而变异。

(3)倘若任何会议变成暴动(申言之,即是:此项会议开始作扰害公安的举动),一个邑宰在听闻12人或12人以上相聚,而大呼,而大跳,而有心于扰乱和平之际,即负有义务,亟须发出紧急命令,通常称之为"暴动法案的宣读"(reading of the Riot Act),[18] 勒令自行解散。

宣读后之果效是大致如下:第一,任有12个人,倘在1小时内尚不散开,他们便犯了扰害治安罪;第二,邑宰及其僚属在此顷便得逮捕犯人,而使用武力以冲散大会,纵有杀死或重伤,法律对之,必加以回护。简约说,邑宰实受命于"暴动法案",始则将其宣读,继则将其执行,倘待至1小时之后,会中人尚敢违抗,邑宰即得命令军警,开枪射击,或舞剑冲杀。[19] 由此观之,暴动法案所授予邑宰的制止暴动权力,较之,常法所授予邑宰及逐一公民的遏抑破坏治安权力,盖两不相上下。[20]

(丁)一个合法会议的会员,当集会横被武力干涉或解散时,又有什么权利以相抵抗?

譬如,设有救世军,以讲解新旧约而开会,故其宗旨至为正大;以私人借用的空地为会场,故其开会地点亦为合法。讵意少数个人逞其私见,辄以此项集会为可恶,甚至指之为非法,因之,他们必

---

18 见:1 Geo. I stat. 2, cap. 5, s. 2。

19 参考斯梯芬所著,《刑法史》,第一册,第203页,刑法起草委员会所拟"刑法草案",第88及99节。

20 参考下列成案:

Rex v. Fursey, 6 C. & p. 81, 3 St. Tr. (n. s.) 543.

欲设法解散之，至于不恤使用武力，以求遂愿。在如此情形之下，救世军人，本因来听讲经而赴会将为奈何？这是一个问题，用具体实例说出，亟待考虑。[21]

原来从英吉利法律观察，大凡解散集会的尝试，不管成功或失败，都足以牵动与会人物，如某甲、某乙及某丙者所有权利。是故依上文所已提示，任何人干涉了他人的集会，他的行为虽未尝侵犯该会的权利（因为该会本身，不有整个集体的权利之故）；然而此项行为，无论如何，究已冒犯会中人之某甲、某乙及某丙。此数人者或遭推倒，或被夹榨，或遇殴打以至其他侮辱。

于是，此际亟待解决的问题在实际上便成为：某甲，即某一集会中之参加者，究有什么权利？此项寻问，倘若追踪下去，可再析成两个题目。这两个题目，为着得到眉目清醒起见，应仔细分开，各附详论。

第一，某甲对于这番戮辱究应有何种补救方法以求得直？

此题的解答自是易事。某甲在此际尽有权利以提起民事或刑事诉讼（惟提起刑事诉讼时，须受制于一条保留条件）以对抗任何对方，至于对方为何人（譬如，或是官吏，或是军人，或是警长，或是邑宰，或是警士，或是无赖），都可以不管。不宁惟是，万一某甲竟死于此项变故，这个仇家或这班人物皆将按据实际情形，被控以杀人罪。

虽然，上方议论为关于某甲所有权利之提示，又为关于攻击某

---

21 为着便利起见，我特地提出救世军以为合法会议示例。其实，救世军所有权利，比之任何一群人民的集合（譬如音乐大会）所有权利，终是相等，两者决不因集会的性质而判明权利的数量之多少。此意读者不可不知。

甲者所负责任之确定(其实这两事只是一事,不过从某甲的视点观察则为权利,从某甲的对方的视点观察则为责任而已);此项权利的行使,或此项责任的负担,应受限制于一条保留条件,不可不知。保留条件为何?这就是关于军人(警士或者亦可包括在内)在奉命行事时所发生的责任。试征实说,譬如,以上官命令之故,军人做了一件行为(例如,逮捕某甲,或枪击某甲)。本来专就表面看来,此项行为并不为非法,惟其结果往往至于酿成非法的祸变,且不为奉令行事者所能预料。是何以故?则以某一会议本身并不在法律专门研究上确为非法会议故,或以该长官在发出命令时确有越权嫌疑故。

是以审判员威勒士(Willes, J.)有言:"我希望我在将来永不被请决定这个困难问题,即所谓长官命令足为下属犯罪者辩护的程度问题。万一推却不去,我或者要郑重揭示一旨,即是:在交战进行之际,此类命令就是极坚强保障,依之,下属犯罪者得以辩护无碍;此旨在最低限度,至少可适用于对待敌人或外国人。就是本国臣民,依鄙见审察,亦可适用,惟当命令本身确属违法之际,则此项变故似又须作别论。我深信全国较高明的法律宗匠概有同一主张,即谓:除却命令本身是明白地或必然地违法外,所有军官或军士的行为均得以长官命令为辩护。"[22]

威勒士原为法界泰斗,他的判决随感,比之别人的最熟思考,亦为较有势力;因之倘有批评家竟敢加以鄙弃,我们只可谓之不自

---

[22] 原文见于下列成案,即是:*Keighly v. Bell*, 4 F. & F. 763, 790。参考本书下文书后第六则。

量。不宁惟是，这番议论，自其本身观察，确是情至义尽。假使有人对之，竟要否认，则将来所得结果不但是无情，而且是不义。何谓无情？诚以此项法律问题，至精至微，即在长时间问难之后，尚足以迷瞀一个有经验的律师，而谓一个普通军士能决定是非于俄顷，复无舛误乎？何谓不义？诚以就军人的职务言，倘若不从上官命令，这个军士必至遭军事裁判所审讯而定死罪，但又以公民的地位言，倘若服从上官的乱命，他复将被寻常法院判决，而断为犯了杀人罪，并处绞刑；然则为军人者岂不是左右为难？

虽然，我们在此地郑重提示一要旨，即是：审判员威勒士先生所持大义，虽则现在经得到刑法起草委员会的赞评，[23]然而以实用言，实则只能适用于刑法上所起之责任而已。惟其如是，这个军士或警士，倘若逮捕或侮辱了人民，而无法律根据，必然须完全担负在民事上所起之责任。

假使某甲迫不得已而使用武力以对抗敌人，在此际，他果有几许权利以维持自己所有参加合法会议的利益？申言之，某甲本来先得地主的许可，然后前来静听救世军领袖的演讲，而参加一种合法会议，讵料干涉横来，听讲遂至不成功；然则某甲究有几许权利以维持自己所站立地位耶？

将欲取得一个正确答案，我们首先须记取关于自卫的原则，[24]再次考虑在哪几种别异情形之下，纵然不先取有法律许可证状，解散救世军的会议仍属可行。按实言之，攻击集会，或（换一个称谓，即

---

23 参考刑法起草委员会所拟，"刑法草案"，第四十九至五十三节。
24 参考本书上文书后第四则。

为)攻击某甲，可出于两途：其一出于市中无赖所为；其二出于负责任的人物。后者确信自己所为系运用法律权利，或执行法律义务。此类别异情形让我们分开讨论。

第一，让我们姑且首先假设：救世军(包括某甲在内)受所谓硬骨军或其他狂徒攻击。让我们再进一步假设：这番攻击纯以冲散会场为事，倘若某甲与会中人员自行散走，他们尽可不至陷入伤身或害命的危险。

依实际情形看来，某甲与其友人似乎应该依旧站立，至多亦不过略用力量以主张自己权利，他们当可以维持原有地位。而且某甲与救世军人，以不屈不挠自持，最后还可以破坏和平之罪归咎这一辈硬骨军人，使之不能作恶。无奈对方愈闹愈众，驯至声势汹汹，当是时，如果救世军人尚欲维持原有地位，自非用武不可。故自救世军的视点观察，在那时动用武力，纯属必要。但自法律的视点观察，这样武力的行使果为合法否？必欲替某甲及其朋辈辩护，则最强有力的法律根据莫如作一种声明，即谓：此项行事盖出于不得已；盖以惟有开枪射击，惟能将破坏和平的暴动镇压得住。虽然，这样辩护，倘若综合全体事实观察，不能成立。诚以依照自卫的权利所有原理，凡个人必欲出于极端行动，以对抗他人的侮辱，自非经再三退让，卒至忍无可忍而后可。抑此项原理不但适用于一个个人，而且适用于多数个人；于是此项原理不但为某甲一个人所应遵守，而且又为某甲、某乙、某丙以至救世军中各个会员所应遵守。况复救世军人在此际，所极力维护者并不是他们自己的生命，却不过是他们所有开会权利而已耶？

第二，让我们假设：当救世军人集合，复有外人闯入，谋有所以解散该会,惟这番解散的主动人物不是硬骨军人,却是警察。警察因受了警长的命令而执行此举,警长复因误解内务部长的训示,[25]遂以救世军人集会为非法会议,故加以禁止。

在如此情形之下,警察的行动确是错误。由是,一个警士殴辱了某甲、某乙及某丙,并不有法律根据。当是时,纵使有人提出一件事实,以求解释,此项解释亦不易成立。所谓一件事实者何?即警察原系元首的仆役,而这次举动又不过遵行命令以迫使某甲离开会场是。

虽然,警察的地位,较之一般狂徒的地位,究有别异之处,而此项别异之处可自两方面看出。第一方面是事实的研究。是故当警士某辛通知某甲行开甚至强使退出时,某辛并不置某甲于伤身或致命的危险,因为某甲明明知道。倘若他肯离却此地,他必不至再受警察骚扰,他又明明知道,倘若他甘受逮捕,他虽则暂时受囹圄之辱以至对簿公堂,然而审判员必能秉公处理,以维持其所有权利。第二方面是从法律观察。是故当警士某辛强使某甲退出会场之际,某辛盖深信某甲不有权利以站在那一处所。然则某辛的行动实出于守法奉公的诚意,而由此举所惹起的问题遂成为介于双方间所争执的法律问题。原来法律问题只应以法律方法解决,而不应以法律以外之方法解决。惟其如是,某甲、某乙及某丙尽可利用自卫者的地位以拥护原有站立该处的权利。[26]万一竟受逼迫,他们仍可坚持

---

25 参考:*Beatty v. Gilbbanks*, 9Q. B. D. 308。

26 就是这样少量的武力被用以抗拒警察一节,究竟合法与否,尚是一个疑问。故审判长威勒德(Wilde, C. J.)有言:"任何人,倘若当警察正在驰到以解散某一次集会之际,竟敢劝告众人以并肩站立于原有地位而寸步不动,这种劝告,虽未至鼓动会众以

不退,但仍不可动用武力以伤害某辛及其他警士。假设再进一步,警察依然不见谅,相逼太甚,在势,救世军非出于用武再不能继续开会;于是,短棒、利剑、短铳,遂不能不被用,于是大祸遂以闯出矣。平情论之,救世军人本不应使用此项武力,因为某甲和他的友人并未遭生命的危险,徒以维持原有站立于某一地位的权利之故,他们乃不恤杀死警士以行事。夫以区区小故而至于行凶杀人,较之,某甲所身受的侮辱与所欲抵挡的事变,实属太不相称。[27]因此之故,某甲的行为绝不能以自卫权利的原理为自己辩护。

讨论至此,我们还要提示一事,即是:在上文设题中警察所占地位可谓不优越至极。其实,就执行公务着想,他们随时可以占居较优越地位,而不至自侪于横逆者之列。譬如,他在救世军未开会之先,他们尽可先奉命令,早将开会地点占据及守望。迨至救世军人茌止,他们自然看见再无隙地可以集会。在如此情形之下,只有武力,而且要动用极端武力,警士们方被斥逐。不过此项武力救世军必不敢使用;万一竟敢使用,他们的行事竟是等于变乱,再不能等于自卫。况且他们所争执者还不过是一块特殊空地的使用权利,

---

殴打警察为抵抗,但显然立意怂恿他们以消极手段为抵制,即成为非法的劝告。在如此情形之下,倘遭干涉,他们不能有权以抗拒警察,他们应即自行解散,解散之后,他们尽可提起诉讼,向法院求直。……诚以这是一队警察,其行事有法律为之负责任,又有发令的长官为之负责任。而发令的长官身膺重寄,以维持和平为本分,倘遇非法集会,他必下令解散,自从下令之后,倘若尚有人故意好为多事,这是自贻伊戚,于该长官无损。……在座诸君,凡是好和平的公民,倘若当变故将来,尚若肩壁立而坐视不动,他们实未免放弃本分。倘若当受警察解散,尚淹留那处,恍如充耳不闻,他们不但不履行职务,而且做成了非法会议。"(见:*Reg. v. Ernest Jones*, 6 St. Jr.[n. s.] 783, 811, Summing up of Wilde, C. J.)

27 参考下列成案:
Rex v. Fursey, 6 C. & p. 81, 3 St. Tr. (n. s.) 543.

在此际，惟有向法院起诉之一法方为正当手续。

稽之古代成案，就中以暴力抗拒非正当手续的逮捕事件，多有成案判决。不过若欲引用之以解证本题[28]所讨论者，此项尝试不易成功。诚以这些成案所着意之点不是在于研究某甲究竟有无反抗的权利，却是在于指示此项行为系有意杀人或系无意杀人。虽然，此亦未可以一概论。申言之，最近亦有三两成案，就其逻辑推究，颇能相助解决公众集会中之会员所有使用武力以维持开会的权利之问题。而这三两成案，倘能用综合方法观之而得到正当了解，确能为上文所有自原理方面推究得来的论调张目。试征实例。例如，"*Reg. v. Hewlett*"[29]一案尝下判断，即谓：除非严格地出于自卫，纵使某辛确系恶人，某甲亦不应伤害他的身体。此为最重要的法律精义之一。再如"*Reg. v. Fursey*"[30]一案尝对公众集会的权利，直接地下一断案。先是，在1883年间，某甲参加一次大会于伦敦市，并手持合众国国旗一面以游行。警士某辛遇之，骤然夺去该旗帜，于是，某甲大怒，遂刺某辛。卒之，某甲实以佐治第一代法令档案第九册第三十一章第十二节所规定而受判决为有罪。在该案中审判员特遗下一条精义，即谓：倘若此项集会果系合法，某辛自然不有权利以夺去某甲的旗帜；然就某甲方面着想，纵使该会的召集为合法，

---

28 参考下列四宗成案：

(1) *Dixon's Case*, 1 East, P. C. 313.

(2) *Barthwick's Case*, ibid.

(3) *Wither's Case*, 1 East, P. C. 233. 309.

(4) *Tooley's Case*, 2 Lord Raymond, 1296.

29 载于：1 F. & F. 91。

30 载于：3 St. Tr.(n. s) 543。参考刑法起草委员会报告书，第43及44页。

某甲亦不有权利以刺杀某辛,万一某辛,果以此致死,某甲必不能逃脱无意杀人罪,甚至不能逃脱有意杀人罪。能与上列成案大致符合者便是近日"*Reg. v. Harrison*"[31]一案。该案所用词句,倘若就报章的短促记载观察,诚不能不令人有所訾议;但倘若我们不以词害意,案中所下断论至为精当不易。这个断论的要旨是:一个凶徒决不能为着主张自己在某一街道行走的权利之故,刺杀警士或援助警士的一个公民。这是一条良律,同时亦是一句公道话。[32]

关于此类成案尚有两宗,通常被人称引,以证明法院对于使用短铳或短棒以主张法律权利一种行为,深加赞许。此项引证殊有商榷的必要,兹请申论之于下文。

两宗成案之一是为"*Beatty v. Gillbanks*"[33]一案。这宗案件的要旨是要表明一事,即是:某一次合法集会,不能因尝受市井无赖试加摧坏之故,便成非法会议。换一句话说,凡集会所以至于因破坏了公众和平而变成非法者大概须由该会中人甘为戎首;[34]倘若破坏和平之举造成于不愿见该会开成的市井无赖,会中人不负责任。[35]

其他成案便是"*M'Clenaghan v. Waters*"[36]一案。倘若绅绎判

---

31 载于《泰晤士报》,系1887年12月19日出版。

32 审判长威勒德(Wilde, C. J.)有言:"倘若在警察既命令散会而依然抗命之后(著者按,抑在此项命令之前又如何?)竟有了几颗头颅受伤,这几颗头颅,倘若不自量度还要带来法院求直,让我老实说出必然更要遭逢厄运。任何陪审团,必不加以姑息,却必简直断之为有罪,任何审判员必不加以爱怜,却必立即执行罚则。"见:*Reg. v. Ernest Jones*, 6 St. Tr.(n. s.) 783, 781, 812, Summing up of Wilde, C. J.。

33 载于:9 Q. B. D. 308。

34 此点在本篇上文我已论及;学者可以复按。

35 我在本篇上文经已提示一要点,即是:"*Beatty v. Gillbanks*"一成案所主张的精义,其为合理与否,尚属疑问。

36 载于《泰晤士报》,系1882年7月18日出版。

决文所有字句,学者尽可称引之以解证一条大义,即是:当警察被命执行解散合法会议之际,他们的行动不能视同被命"践履本分内事";因此之故,该会会员即可以不顾警察的反对,而继续开会。究竟这条大义是否绝对正确,大有辩论余地。但无论如何,该条大义所有指意仍不过是:为着对抗他人以拥护自己所有权利起见,少量武力无妨运用。这是要说,这宗成案绝未尝下一种判决,即谓:凡属合法集会,其会员即可有权利以使用充分武力而制止他人解散该会的行动。至于该成案更未尝立心要替救世军的用武举动作辩护,更可以不待深论。申言之,救世军人在上文设题所有情形之下,不惟不放弃所谓集会权利,而且还要撞破警士的脑髓,此类行动必不能取得该案中之法理的维持。再进一步研究,这样极端武力的使用以对抗警士固是不可,就是少量温和武力的使用以对抗警士能否被赞同于本案,尚是一个疑问。诚以本案实根据上案,即"*Beatty v. Gillbanks*"一案而成立,因此之故,无人能诠译本案的旨趣,谓为超越上案所遗下的法则。况且本案所要测定的问题只是:"本案事由,依据上诉书所陈述,系因上诉人等(即救世军人)以开会而受警察干涉,随之警士受辱,终之他们的列队游行旋被制止,故本案所有法律问题遂集中于警察在那时所有干涉行动是否合法一问题。"换一句话说,就是:救世军人的集会是否一个合法会议。对于这个问题,在本案判决书的词句观察,只有一个答案可以交下。而这个惟一答案法院确能明白说出。他们以为:参加游行原为合法行动,故上诉人们确能谨遵法律以行事;至于相信此举足以惹起反应,以致他人做出违法事件一节,殊不足替干涉游行的举措作辩护。法院所下判决,依原案观察,是大要如此;究竟他们曾否还要说什么过分的话，有如论者所拟议，我不敢知。但纵使他们当真如此说出，即说出所谓任用几许武力以对抗警察仍是合法的法律意见，我以为此项意见尚不至于前此法院尝用重法以惩治哈利孙（Harrison）之举措发生冲突。

虽然，无人在今日敢于否认一件事实的存在，即是：尽量用武以卫护权利而所为依然合法，与使用武力以应付反对人物而至于违法，介于两者之间不能容发。由是，大凡集会合法，而至于遭逢意外干涉，会中人究有几许抵抗的权利，个中诚煞费思量，而惹起许多不能即时解决的问题。将来倘有爱国志士，或市井无赖，不求瓦全，宁为玉碎，竟至不恤杀却警士，以维持集会权利，此项行动，自法律理想方面观察，可以算作一种法律上之实验，其结果大足以为法学者研究之一助。不过此项实验，因为进行程序太过鲁莽之故，纵使不受法律断送行为者的生命，亦要受法律牺牲他的自由。[37]

---

[37] 审判长威勒德在判决"*Reg. v. Ernest Jones*"一案中所下概括结论之全文（载于：6 St. Tr.［n. s.］783，807-816）至值得特别注意。判决书的词句，倘若真能正确地诠释法律的用意，自是十分强有力。由是，凡遇警察真以诚意执法而解散某一次集会，此项守法奉公的诚意，依判决书的词旨推究，至足以使任何抗拒终归于无权。而在事后研究，纵使该会在最终结果仍不至做成了非法会议，此项情节亦可以姑置之弗深论。

书后六 军人在被命解散
非法会议时所应守本分

昔在1893年9月7日,巴茹队长(Captain Barker)方率领一队军人,驻守阿克屯煤矿山场(Ackton Colliery)以防御暴徒袭击。是日果有一群人暴动,相与持竿执棍而集合于矿场后庭,并强行要求军队退出。既而来者渐增,旋有人打破窗户,复自窗外以石子掷投驻防兵士。再进一步,暴动者复欲以放火为恫吓,而当是时,确有人从事于拾取薪柴,旋即烧柴起火。军士不得已乃图退让,但又被2000人围困。于是,暴动法案当即依法宣读,依之,暴徒须即于1小时以内自行解散。讵料群众不听,碎石仍乱投不已。但矿场必不能弃而不顾。殊不得已,在1小时将尽之前,司令官只得发令开枪。枪声一起,群众四散,但不幸有旁观者2人被击毙。全国闻之大震,士师布恩(Lord Justice Bowen)于是被命偕诸位特派员亲临其地查明肇祸原委具复,并评议该队军人的行为之得失。下文所征引几段文字即从布恩爵主(Lord Bowen)所参加的特派委员会之报告书引出,这几段文字可视为法家对于军人在被命解散非法会议时所应守本分的法律观察。

"继此,请商榷这一个十分重要问题。即谓:军人开枪射击群众的行为究竟是否合法。将欲得到明白答复，我们亟须先将有关于答案的法律简约叙述。按本国法律，人人均负有相助弹压暴动的责任，此则毫不用疑议。不过关于用武的程度问题至须斟酌。此项程度为高为下须视暴动的性质而别异，诚以武力原是不得已而使用，必须略带和缓，又须顺应当时所有紧急情形而达到维持和平的希望。

"诚如是，因弹压暴动而至于杀害人命，除非有了下文所举三种需要之一，才能许可。三种需要为何？其一是在于对抗各种行凶举动，以保护身体及财产；其二是在于解散行将闯祸的暴民集合；其三是在于压倒不听暴动法案的命令之群众，即在暴动法案既经宣告后，而仍然拒绝解散之群众。今观阿克屯煤矿山场之暴动群众所为，他们的行为所生危险是在于烧毁矿山财产的企图，又是在于打击保护矿产的人员。所以这种行为直是等于行凶罪，他们便成为一群捣毁他人所有财产的群众。当是时，大凡一切在场人物，如果酷爱和平，必须同负平乱的义务。因之，武力在此际而使用以至有所杀害当为法律所原宥。

"论及军官与军人，他们对于上项法律原理，并不负特别义务，亦不具有特殊权利。一个军人，当在建立或恢复秩序时，仍然是一个公民，不过带有武器而已。倘若在非需要时，杀伤人命，他不能以军人的身份而要求原宥。惟其如是，地方有司，当请调军队以资弹压时，必须审慎。他们究竟应调遣军队与否须依照同样准规而测定。武器原为凶器，用之足以伤杀他人，而军人又只能以所带武器而行动。矧在今日，枪炮的制法愈精，弹子的炸力亦愈猛，要是不被用则已，倘若被用，一个军人少不了要有所杀害，甚而至于杀害旁观者亦是难免。然则地方有司平时本负有维持地方治安之责，在此际所负责任尤为重大，倘非在万不得已时，不可轻易求助于军队。但一经求助，而援助的机会又是紧急万分，军队中人不可置之不理；倘或置之不理，该队军人即不免犯了过举罪。

"是故军队在此际所有行动，自始至终，均应依据大无畏的精神与力行的原理，以遏抑乱萌，复应以小心及机智，时时审虑所做出的举动，是否合法。本来在事机危急之际，倘欲求出一套定则以确定行为的方向，至是难事；但个中有最稳妥习例一则，即地方有司随军出发是。地方有司在法律上本不负有随军的义务，但此项随从在此际最有重要关系。诚以军队或来自远方，因之未必熟悉地方情况。一旦被调来守卫，旋即有军事行动，他们必须倚赖地方当道为其耳目。虽然，假使地方当道实不能随从，军人依然有保卫地方之责，初不以该当道不在遽尔自甘放弃，不过该军人在此际所有行事务须格外审慎而已。万一竟以地方有司不在军中为辞，遂袖手旁观暴徒的恶行，英吉利法律必不能为之恕。

"至于开枪射击一群暴众之举动果应以何时起首为合宜，此一问题，我们曾经提示，端视当时所有紧急情形而决定。这种枪击的行动，有如此项行事，倘若欲揆之法理而适合，必须从速遏止暴动的恶化，不可怠懈，亦不可放任。假使此项需要确实存在，军人以职责所关，当不能不放枪；惟放枪时仍不能毫不经意，必须止于适可保护生命及财产之限度。倘若邑宰从军，则依照军事行动的惯例所订定，军士必须俟邑宰下令，然后开枪。这条惯例为审慎计，为明决计，自当尽量遵守。虽然，邑宰的命令在法律上并无效实。倘若邑宰发错了命令，这种命令虽有亦等于无；这是要说，该命令必不能为枪击的过举作辩护。倘若事机果是危急，使用武力果有必要，纵不有邑宰命令，军人仍须以暴止暴。如果军人在此际尚袖手旁观，他不能藉口邑宰无命令而求脱罪。

"上方所论列的英吉利法律大义系从常法（common law）得来，'暴动法案'（the Riot Act）未尝干涉及之。暴动法案的效实只要郑重申明一要旨，即谓：凡在该法案既宣读1小时之后，倘若集会依然不自行解散，这一群民众即犯了行恶罪（a felony）；罪状既成，此项集会即可以用武力解散，虽至杀伤人命亦可不恤。今观阿克屯煤矿山场之变，情形颇有违异处，即是：暴动法案虽经宣读，但宣读后未经过1小时，军队即已开枪。然则这种举动必不能托庇于暴动法案也明甚，而审讯此案当不能再依据该法案以作判决亦明甚。不过事变之来既属骤急如此，暴动法案宣读后未及1小时的事实决不能褫夺军人的行为能力，与懈怠军人所有保卫地方的本分。申言之，所有在常法所规定的公民义务与军人义务依然存在，于是，维持和平人人与有责焉。何况军人？是故巴茄队长与其部下的行为，在法律上之解释，不应依据暴动法案，惟应依据常法。究竟此项行动，对于恶行罪的防御，果属必要否耶？倘果为必要，究竟他们亦常运用小心与机智，使此项行动，庶几能避免无谓牺牲否耶？

"倘若上方两种考虑果能满意解说，纵使曾有人民无辜受害，此项惨变亦不能课军人以法律上之责任。是故死者倘为肇事领袖，则死当其罪；倘为旁观者流，则无辜被累，洵可谓为无妄之灾。法律对于此项惨变良不欲起死者于九泉，使之自怨自艾；诚以死者在事前或未能自觉危险而预先避开，故无可责备。然而法律对于此项用武必欲为之解释，庶几此辈军人不至受累，诚以该军人在此际，除履行职务外，更无别路可行。

"迄今从事后考察，我们就采证所得以估量当日所有实际需要情状，当不难想见此辈军人实处于极困难地位。第一他们原有军备，在肇事前，已有半数被抽调往娜士铁煤矿山场（Nostell Colliery），其留守者为数甚仅，已不足以防御骤起于夜间之变故。第二，这一群民众，在肇事前，数小时间，已明明看见军队的警备，但对于此项警备仍然藐视。第三，所有调解工夫经已用尽，但依然无效。当是时，巴茄队长诚不知来攻者数目之多少，复不知外面包围之实际声势。虽以邑宰亲身请求群众解散至于六七次，奈群众竟不听从。甚至暴动法案亦既宣读，亦不有何种效果。而且军队曾有一度冲锋，事仍未息。矿场中财产已有许多受焚，群众仍汹涌前进，或打击救火机，或舞棍举棒以直取军士。为着防御矿场财产尽被摧毁起见，为着谋自身留一出路起见，巴茄队长只得率其部下紧守格林连大门（Green Lane entrance）不开。倘若不然，群众在黑夜当中早已侵入山场，毫无阻碍。倘若引退一步，矿山办事处必受焚毁殆尽；倘若坚持不退，军士必至受伤，防御力必至减少。攻打四至，袭击迭承，在此际，我们以为：巴茄队长及其部属更无别法，只得开枪，而哈特梨先生（Mr. Hartley）处此亦无良法应付，遂不能不请求军队用武。

"不过从群众方面着想，就中不少有从旁观看者流；他们在如此声情激越之下，未必能与邑宰及驻防军士共怀抱同一见解。他们诚不能察觉此辈军人所负责任之重与所受危险之大。惟其如是，间有少数遂不免无辜受累，诚属不幸！虽然，我们对于死者，无论若何哀悼，对于邑宰许久未到及军力太过单薄以致事变愈形恶化的事实,无论如何惆怅,我们终不能一味瞎说,尚谓军士的开枪为非需要的举动。我们再不能寻出何种理由,依之,我们便可以发现开枪虽是不可免的事实,但仍然不是出于审慎与机智的行为。诚以黑夜漫漫安能辨谁为暴徒与谁为安分民众?而况即在枪声有三四次发出之后,其为效或多或寡,甚至或有或无,亦在不可知之数耶?然则综合以上各种事变观察,假使我们所下各种结论为不谬(我们于此实敢相信其为不谬),此辈军人的行为实得法律容许。"[1]

---

[1] 此为巴力门特派委员会对于1893年9月7日在羽石(Featherstone)地方所发生的变故之调查报告书。原文见:Report of the committee appointed to inquire into the circumstances connected with the disturbances at Featherstone on the 7th of September 1893 [C.—7234]。

书后七 "违宪"法律的义解

"违宪"(unconstitutional)一名词,当用以形容宪法时,至少有三种不同义解;此类义解盖随所适用特殊宪法的性质而变异。其要旨如下:

(一)当被用以形容英吉利巴力门的法案时,这种称谓要指明某一特殊法案(譬如,即以1869年所通过的爱尔兰寺院法案为例)显然违反英宪的精神,但该法案决不能因之被解作破坏了法律,或解作无效。

(二)当被用以形容法兰西议会的法案时,这种称谓的指意是:某一宗延长议会任期的法案显然背违法兰西宪法的条文。然而这一宗法案,倘依法兰西宪法的原理推究,仍不能因此之故遂被斥为无效;诚以任何法兰西法院未尝有一次以违宪为藉口,而拒绝执行某一宗法案。但在法国政治习例中,每逢法国人称用此项称谓,大抵意含谴责。

(三)当被用以形容合众国国会的法案时,这种称谓便具有特殊意义,即谓:凡法案一被指为违宪,该法案即变成无效,因为国会本无权以通过此案,今竟得通过,是谓越权。然而"违宪"一名在此地并不蕴蓄谴责的意思,而至于斥该案为恶法。反之,一个亚美利坚人尽可奖借一宗法案,谓为有利于国与益于民,而视之为良法;

同时仍可指斥该法案为违宪,为越权,复为无效。两种批评,当适用于合众国国会的同一法案时,可以并行不悖,而发言者本身决不至蒙出乎尔与反乎尔之讥诮。

书后八　瑞士联邦主义[1]

自皮相者流观察，瑞士联邦宪法似乎由抄袭合众国宪法而成。此为过当之论，不待深辨；惟在其中究不免有一二要旨，特别是联邦参议院的组织，实属刻意模仿参议院而成。虽然，除此之外，瑞士联邦主义究竟由于自然生长，因此之故，遂形成许多特性。诚如是，瑞士联邦主义至值得仔细研究。

立于现代瑞士的制度之后共有三个基本理想。

第一理想是国民的直接主权，自古迄今，未尝变改。

在瑞士国中，人民的意志，每逢依据宪法的方式而发表，自是至尊无上。此项至尊性，在四境以内，无一政客，亦无一地方，敢于争辩，而加以非议。国中制度咸建立于民治的基础以上，无人梦想其变革。试观法兰西至今尚有一群反动派，他们有时还要觊觎非分，而倾覆民国，但瑞士决无此辈人物。在人民的社会中，无一部分敢于反抗中央政府，有如布希眉安人民（Bohemians）对于奥国或

---

[1] 关于瑞士联邦主义参考下列书籍：

(1) Lowell, *Governments and Parties in Continental Europe*, ii., Switzerland, pp. 180-336.

(2) Orelli, *Das Staatsrecht der Schweizerischen Eidgenossenschaft*.

(3) *Marquardsen's Handbuch des Oeffentlichen Rechts*, iv. i. 2.

如阿勒萨斯（Alsace）地方中之法兰西种人对于德国所为。是何以故？则以这个中央政府实为人民所共立故。此之谓人民至尊。人民既为至尊，故以人民全体组成的民族必须直接地行使威权。于是，人民的至尊性与民族的直接威权两旨遂在理论上与实际上，同遭承认与尊视。而过去时代所有政府对抗人民的古老思想已成陈迹。政府中之任何部分，不论行政或立法，均被认为人所有公务的经理；人民本已仍时时可以亲身干涉立法。简约说，所谓主权在民之旨在于现代瑞士中，恰如君权独裁之旨在昔日君主政体特盛时代的欧罗巴国家中，确然建立，不可摇动。更严格说，瑞士人民所占居地位，较之伊利萨伯君后（Queen Elizabeth）在英格兰所占地位，实有相称而无不及。倘若将两者所有威权对勘，我们当知此语非谬。试观历史伊利萨伯在英国中所有威权，无论如何巨大，她决不是一个暴主；但她究竟能主治全国，当代阁臣不过是她的仆役，专备驱使而已。至于立法的活动她本来未尝直接参加，惟以否决权及其他权力尚在，她即可以控制重要立法。这样尊贵地位，就大体说，较之瑞士人民所占地位，并无轩轾。惟其如是，联邦执政与联邦议会一向只得谨依人民的意旨行事，而不敢有所造次。加以在复决权的名义之下，瑞士人民随时可将不慊于心的国会法案，毫不客气地撤废；更在创制权的名义之下，他们复随在可以直接地立法。究竟此类制度为得失，此时姑置勿论；但立于制度后之意思所在至可概见。国民全体原来是统治者，所有行政人员及立法人不过是人民的经纪，即不过等于君主国中之臣仆。

第二理想是：政治并非异物，只是日常事务。惟其如是，政治系统必须有条不紊，政事措施必须受命于贤能。由之贤者得以在位,能者得以在职。他们还须体察民情,以忠实地执行人民的意志。

第三理想,即末后一种理想,为瑞士人民所独创;吾辈外国人,生长于别异的宪法之下,最难了解。此项理想为何?它是:一国虽有政党的存在,但此国并不一定要采用政党政治。

凡兹三种理想,或基本概念,实潜滋贯彻于瑞士国中之一切制度。他们不特互相系属,而且浸润于宪法全体,运行无间,固然瑞士宪法,较之其他联邦宪法,尽有许多共相。然而共相而外,尚有许多别相,而且此类别相大抵生成与支配于上文所已列举的三项基本理想。将欲明白此旨,让我们审察瑞士国中之重要制度。

(1)联邦执政委员会(the Federal Council)——这个机关,若在英格兰中,是谓内阁,实以委员7人组成。此7人者皆由两院集合而构成所谓联邦会议的机关于第一次集会时选出。执政委员的任期为3年,联邦会议的任期亦为3年。当全国选举完成之日,联邦会议即新旧更迭;当联邦会议开会第一次,联邦执政委员会即被改选。执政委员不必自联邦会议的会员选出,但在实际上大概当选者以该会会员为多。每逢当选之后,执政委员即失去议员资格,但仍可参加议场中之辩论。于是,执政委员在实际上仍与议员无异。委员会所有权力至为巨大,诚以该会既为联邦政府的执行机关,故照例自应具有中央政府的权能。不过此中尚有一异点,在英国人或美国人视之,必且生怪,即是:联邦执政委员会并执行许多司法事务。惟其如是,所以常有许多"行政法"(administrative law)问题移交该会议决,甚至少数问题,自英国人或美国人视之,纯为法律问题,该会亦得过问与处理。试征实例,例如:数年以前,执政委员会实尝判决救世军的集会权利之争执,并明定各邦立法能约束此项权利至于若何程度。再征实例,例如:每逢列邦制宪或修宪,执政委员会实有权以裁可新制定或新改订的条文;在未与裁可以前,该会必须测定此数条文究竟违背联邦宪法的精神与否。按实言之,执政委员会简直是联邦政制全体的中心:介于联邦政府与列邦政府之间所有相互关系赖之以调和,全国公共秩序赖之以维持,法律的运行于四境赖之以督促。不宁惟是,外交事宜,在瑞士现有国势之下,最为重要,监督外交之责又完全有赖于执政委员会。

虽则执政委员由联邦会议选出,他们却不受罢免于联邦会议。是故专就此旨着想,委员会本身可谓为独立机关。但就别方面着想,委员会决不有如此独立权能,恰如其他营业机关一样,执政委员会中之委员,不过被视同业务经理:后者固须忠实地执行雇主的命令;前者亦须诚恳地奉行联邦会议的议决案,尤须敬恭地在最后一着奉承民族的意旨。惟联邦会议虽能对于执政委员会的行政,依宪法而加以裁可或否决,然而对于执行之责仍不侵夺。是故每当执政有所报告,而联邦会议加之以一定训示,此项训示必且见诸实行。不过任何执政或执政委员会全体,倘若对于联邦会议尝有所条陈,或尝提出法律草案,纵使条陈与草案竟遭拒绝,决不因此辞职。再进一步,纵使此项条陈或法律草案在通过于联邦会议之后,仍被人民以复决方法而加以否决,该执政或该委员会决不随之退位。不宁惟是,以政治惯例论,执政委员固然由联邦会议选出,复依通例多为议员一份子,更须时时顾及议会的情意;然而此辈人物决不代表巴力门中之多数党,有如英吉利内阁或法兰西内阁所为。执政的任期原定3年,但被连举者得连任,而在事实上观察,他们确以连举而继续任事。以此之故,同此一人可以接连任职达于16年以上。

于是政治舞台中之角色并不骤然受迭次更换。以此之故，议会中之多数党属于某一政党，而执政委员的多数却又属于别一政党，如此离奇事实在瑞士中诚为屡见不鲜，不过立法与行政机关所有相互关系未尝因党籍不同而发生不便。然则这个闷葫芦又将如何解答？自我观之，此项解谜的密钥所在不应求之于政治文范，但应求之于营业通例。原来执政委员会在真际上并不等于法兰西或英吉利内阁，却不过等于一种营业的董事机关；而所谓联邦总统，依通例概由执政委员每年互推1人担任，在事实上不过是董事会的主席而已。将欲明白此旨，让我们试将联邦执政委员会与一所股份公司的董事会互勘一番。董事会，倘依营业通例观察，本不有独立权能。诚以该会董事既由股东选出，股东即有权以控制该会的行动，甚至大反其所为亦属常事。不过就我们所有经验观察，董事会究竟终能举措自由，而不至常受掣肘。是故公司事务只求善于管理，股东决不会发愿干涉，即欲干涉，亦有不能。何则？诚以他们盖深知董事对于营业所有知识及技能，远非股东所能企及；倘若贸然干涉，公司营业必受牵累。故为股东者自应以信任董事为得计。联邦执政委员会所处地位正是同样。该会固常禀承联邦会议以行政，但这种依赖性决不是弱点所在，却为政府强有力的源泉。诚以信任既经取得，执政委员会即不难造成一个固定机关，依之，执政委员遂可以运用政治权能，所向无碍。简约说，该会原来不过以营业界中人物组成，实以经营国家事务为其本分。

我们讨论瑞士联邦执政委员会的组织与作用不觉言之冗长，但这样仔细研究却非费词，因为该会实足以代表一种行政制度，不但异于英吉利或法兰西内阁政制，而且异于亚美利坚总统政制。试先取之以与内阁制比较。原来该会并不直接地代表最有势力的政党，因之，某一政党在议会中得势或失势决不影响执政的地位，所以他们常能任职长远，不但长过任期无定的内阁阁员，而且长过任期有定的总统。虽然，就我的研究所得，执政委员会固大异于内阁，但我们仍可称之为巴力门执政，或半巴力门执政。[2] 惟其如是，该会制度遂迥殊亚美利坚总统政制。这是要说，以直接地选出于人民之故，合众国总统常有独立权能，以超越国会，甚至反抗国会；但自两国宪政史观察，瑞士自1848年以来，未尝有一度试过立法与行政间之冲突，而在合众国中，此项冲突竟至数见不鲜。然则瑞士的执政制度所以异于英美制度者有如是。倘若要在历史上求取相似制度，惟有在克林威尔所颁布的宪法下之国务院或能近似。假使这一宗宪法确能依照当日反对派的主张而修改，务使巴力门得以接连选任同一国务员，则国务院所占地位尤能酷肖执政委员会目前所占地位。[3] 倘若要在现制中求取相似制度，我们只好举英国吏治制度[1]以为对。是故执政常能久任职守，恰如各部常务次长一般：两者同是国家的终身仆役；他们纵未尝参加立法，但一经建立之后，此法必须奉行；他们纵未必表同情于某一法案，但一经通过之后，该法

---

2 参考本书上文书后第三则。

3 参考"护国政府第二次巴力门的宪法草案"（Constitutional Bill of the First Parliament of the Protectorate），第三十九章；及贾地纳（Gardiner）所编纂，《清教徒革命时代之宪法文书》，第336及337页。

[1] 按，戴雪在此地提出英吉利吏治制度（the English Civil Service System）以比喻瑞士联邦执政委员会制度，最为精审。英吉利吏治之优良在今日政治学界中，久为人所乐道。考其主要特性共有四事：其一为无政党臭味，其二为专家行政，其三为事业精神，其四为贤能政制。凡此四种特性，瑞士执政制度均具有之。参考：H.Finer, *The British Civil Service*（London, 1927）。

案必须实施。其实在瑞士联邦中,此项常任吏治制度本未尝存在,于是,执政的举措,与其称之为运用阁员的威权,毋宁称之为执行常任役吏的职务。故将执政委员会与英吉利吏治制度两相比较至为有益。换言之,此项比较至足以解明执政委员会所居地位。

(2) 联邦会议——这个立法机关诚有多少模仿合众国国会之处。但联邦会议中之两院则常因许多事故而相与集合以开会。试征实例。其一事故则为选举联邦执政委员会,此为上文所已论及。其二事故则为受理行政诉讼的上诉,即继执政委员会之后而构成最终审讯机关;此项功能殊罕见于别国所有立法机关。但联邦会议的最重要功能却为接受执政的报告与通过法案。联邦会议每年集会期至为短促,故所行事殆尽限于处理要务。该会议所立的法律,倘若交人民复决,可由人民以否决权推翻。议员于任期终了之后通常续被选举。简言之,会议本身在世界各国所有巴力门中最为平稳而特有秩序。

联邦会议,以组织论,共分两院:其一为国民议院,其他为列邦参议院。列邦参议院(Council of States)为着便利起见,可称之为参议院(the Senate),[2]代表诸乡邦(the cantons)以参加联邦政治。每一乡邦概派出2人为代表。国民议院(the National Council)恰似合众国众议院(House of Representatives)直接地代表人民。院中议员的人数常随人口增加而变异,每一乡邦所出议员的多寡概与本邦人口的数目成正比例。

---

[2] 按,参议院(the Senate)本为合众国国会的上院,而联邦参议院(the Council of States)乃为瑞士国会的上院。名称虽异,实际则同,故戴雪云然。

联邦会议，有绝异于合众国国会者一事。在合众国中，参议院常比众议院为较有势力。在瑞士联邦中则反是。本来依制宪者的希望，国民议院所有势力应比列邦参议院为较逊一筹，但此节未免令制宪者失望。诚以在宪法运行之下，国民议院极为显赫，列邦参议院反须退让一步。倘若进而推求其故，自有多种；其一为关于报酬，所有列邦参议院议员均由本邦给予薪俸，多寡不一；其二为关于任期，每邦代表的任期各由该邦规定，而且定期极短；其三为关于任务，原来参议院的设置所以代表列邦，在瑞士者本与在合众国者无异，但以功能言，瑞士参议院不及合众国参议院远甚。因之，政治领袖都欲弃列邦参议院而就国民议院。况且尚有一个重要原因，至足使列邦参议院失却领袖地位，此旨实为制宪者所不及察觉。此项原因实起于联邦执政委员会所占地位与所有功能以至长远任职及所受于立法机关的宠任。古语有言：邻之厚者君之薄也，故执政委员会日隆，则参议院必日替。凡此种种皆足以使瑞士参议院，比之合众国参议院，较为减色。此项减色，自比较宪法学研究，至足注意。原来外国经验，对于一国宪法，在制定时虽足以为他山之攻错，然而当在运行之际，假使不洽国情，则外来制度仍不得不变异迁就以适应环境，非此之谓欤？

(3) 联邦法院[4]——联邦法院，在初设立时，即为制宪人物立心用之以模仿合众国大理院，诚以大理院在合众国中所具权威久为瑞士创制者所歆羡。但天下事理仍有出人意外者：即为联邦法院，自

4　参考卢儿勒（Lowell）原书，第二册，第214页；及倭列里（Orelli）原书，第38至44页。

起始以迄今日，不但迥异合众国大理院，而且在权力上远逊合众国大理院。以组织论，该院共有审判员14人，其任期为6年，任满之后，新任审判员由联邦会议选出。院中设院长1人，副院长1人，其任期各为2年，期满由联邦会议就审判员中指派。以功能言，该院所有活动极为广大。是故关于重大刑事罪状、行恶罪状，以至叛逆罪状，联邦法院均有管辖权；惟此项管辖权殊少运用。每逢联邦与各个乡邦，或一乡邦与其他乡邦，若有争讼，此类讼案概由联邦法院受理；甚至两造之中若有联邦或列邦之一为一造的讼案，其管辖权亦属诸联邦法院。该院并有权以判决公法范围内之争端，而且争端之惹起于联邦立法者，其为数若达3000佛郎以上，该院并得为列邦法院的上诉机关。此外，倘有人民的权利，凡曾受联邦宪法或列邦宪法保证者，若受侵犯，联邦法院当有管辖权。本来此项司法机关的设立最初只欲用之以解决由公法问题所惹起的争讼，同时并欲用之对此项争讼作成司法判决，以资遵守；嗣后民事诉讼竟纷至沓来，此则非制宪者所及料。然而管辖权无论如何广大与无定，联邦法院，不似合众国法院，能运用宪法上之无限威权。试征实例，例如：凡关于"行政法"上之争端，联邦法院并无管辖权；此项管辖只属于联邦执政委员会，最后仍属于联邦会议。[5] 况复"行政争端"（administrative controversies）一名词挟有极广泛的涵义，由是，该院遂被夺去最高司法机关所应具有的威权不少。列举言之，则有许多难题，或为营业权利，或为缔订商约权利，或为消费税问题，或为游猎法律问题，或为匠师执业凭照问题，或为工厂法律问题，或

---

[5] 参考瑞士宪法，第八十五条，第十二款，及第一百一十三条。

为银行兑换券问题,或为度量衡统一问题,或为公立小学问题,或为卫生警察问题,或为列邦选举的有效问题:[6]凡此种种法律争讼,学者于骤见之下本可以不问而知其所应属,徒以"行政争端"引申义太过扩张之故,联邦法院均不能有所干涉。加之,该院虽能宣布列邦立法为违宪,使之变为无效,然不能对于联邦立法采取同样手段。申言之,联邦法院不有权以宣布联邦立法作为无效。[7]

联邦法院的审判员系选任于联邦会议,任期极短。该院系独立机关,故对于全国司法制度,该院毫无权力统率。加之,联邦法院不自设置执行官吏,故所下判案常无属吏为之奉行。此类判案的执行通常须赖列邦官吏;假使列邦官吏不听命令,执行之责只得望之联邦执政委员会。[8]但在联邦执政委员会管理下之联邦官吏,联邦法院对之,亦不有极敏活的指挥权力。任何国民尽可有权以控诉联邦官吏,但所谓行政争端,依上文所提示,随时足以抵制法院,不使过问。倘若管辖权问题惹起,则每一讼案究应归法院管理,或应归执政委员会受理,此为未决问题,尚有待于研究。惟研究与判断之责不是在于法院本身,却是在于联邦会议。而联邦会议的判断又时常左袒执政委员会。综括观之,联邦法院所谓权力至属有限。[9]惟其如是,该法院遂在威权上逊于合众国大理院,至无足怪。

虽然,联邦法院,在种种不优越地位之下,尚能逐年进展,至

---

6 参考卢儿勒原书,第二册,第38页。

7 参考瑞士宪法,第一百一十三条;及郭克斯(Brinton Coxe)所著,《司法权力与违宪立法》,第86页。

8 参考亚当士(Adams)所著,《瑞士联邦》,第74及75页。

9 参考卢儿勒原书,第二册,第220页。

今还未有止境。此诚是一件可异事。盖观宗教自由一事，本来关于此事所有争讼，以至各教会应有权利问题直至1893年为止，一向待裁决于联邦会议。但自是年开始以后，此类讼案概拨归联邦法院处理。这种管辖权的转让，以至联邦法院，或联邦会议，或联邦执政委员会，对于执行法律的关系，凡寻常英美两国所明认为法院的管辖权者瑞士尚视之为未决问题，凡此种种至足以解证一要旨，而唤起读者注意及之。此一要旨为何？在一方面，则有"法律主治"之大义久已确立于英格兰，而在他方面，又有"权力分立"的原则久已切实推行于其他大陆各国，两者却未能完全施行于瑞士。[10]

（4）复决权[11]——倘若在联邦法院的组织中，又在列邦参议院的组织中，我们随处可以寻出所有前此仿效合众国的陈迹，我们对于复决权制度却不能发觉同样事实或倾向。这是要说，复决权在瑞士中只是一种土生制度，其发展比任何国家所有者较为根深与蒂固。然则何谓复决权？倘若删除枝节，惟就瑞士联邦宪法以观察此项制度，我们可以简约叙述之如下文，即谓：复决权是一个布局，依之，无论任何宪法的修改条文，甚至联邦法律之为人民重视者，一概须交付人民投票公决；除非待到票决之后而取得多数同意，此项条文或此项法律不能发生效力。此外我们还要补说一句，即谓：宪法的修改案，除却投票公民以多数同意票通过外，还须待列邦公决，并

---

10 参考卢儿勒原书，第二册，第218及219页。
11 参考卢儿勒原书，第二册，第十二章；亚当士所著，《瑞士联邦》，第六章。复决权一制度亦存在于合众国中之列邦，不过名称不尽相同而已。但一就合众国宪法考之，此项制度并不见造端于该宪法，即类似制度亦不见存在。参考：Oberholtzer, *Referendum in America*。

得到多数乡邦（cantons）的赞同。至于发生地点，则除一个乡邦外，复决权实以变异的方式存在于列邦，因此之故，我们虽称之为瑞士宪法主义的特殊彩色亦无不可。申言之，复决权直等于全国民众的否决权。诚以瑞士人民具有复决权，恰如英吉利君主或君后具有否决权；不过后者在古代英格兰中（譬如在伊利萨伯时代）是一件事实，及今则已成为一种理论而已。而两者当被运用时同足以制止立法者之鲁莽从事则无二致。是故每一宗草案，非至取得元首的同意，必不能自成法案。若以普通用语之意义言之，每逢此项同意不能取得，这宗草案便称为被元首否决。但依法律术语的用法而叙述元首的行动，我们应说，君主把这宗草案弃置不用，一如贵族院或众民院所为。盖两院之一通过一宗草案，其他一院仍可拒绝之，不予通过，君主亦然。是故任何草案虽已通过于两院，元首仍可拒绝之，不予同意。这样恰是瑞士国民在投票公决一宗联邦法案时所占地位。倘若他们表示赞同，这宗法案就成法律；倘若他们表示不赞同，这宗法案即被否决，或较正确地言之，应谓：这宗献议的法案不见谅于国民，不能通过，即在真际上不能成为法律。

由此观之，复决权一制度实具有一种否定的效力。惟其如是，所以在许多邦宪中，又在联邦宪法的一定范围中，制宪者常谋以创制权为补充。[3]何谓创制权？创制权是一种方法，由之，国民自相

---

[3] 按，创制权（the initiative）在今日已久经试用于瑞士及合众国，且与复决权（the referendum）并用而昭著极大成效。申言之，两者在现代民治国家中同视为民众直接立法的重要制度。惟在戴雪立论时，创制权实采用未久，故有此言。将欲补足此书所未及而详考两种制度在现代民治国家中之作用，参考：A.Lawrence Lowell, *Public Opinion and Popular Government*。

邀约，待至满了一定人数，便可提出议案，交由全国人民公决；纵使立法机关曾经拒绝采用此项意见，亦可不顾。[12] 创制权在联邦宪法之下，尚未有许多尝试机会。究竟此项制度，在任何场合中，亦能推行无碍与否，自是一个疑问。但我在此时姑置之勿论，且惟欲提示一旨，即谓：创制权一制度，无论在理论上或在事实上，固不必一定要为维持复决权而设置；其实两种制度都不过是实在的例证，依之，凡瑞士国民所有直接立法的活动可以概见。

试将复决权一制度，参合宪法中之各种条文与瑞士联邦主义的公有性质，作一综合研究，我们可见两种效果由之产出。

第一，立法机关与行政机关向来所有地位必受影响。这是要说，联邦会议与联邦执政委员会从此便变成瑞士人民的经纪。譬如，一个执政委员，或执政委员会全体，提出一宗议案，旋即通过于联邦会议。但一经交付，复决，这宗法案，让我们假设，竟被否决。于是，该会议与该委员会只得对于公众的判决而表示屈从。但执政委员或议员亦不必因为此事而遽然自行引咎以辞职，诚以选民虽对于某一法案加以否决，然对于主持该法案的提议人们往往仍照旧将他们选出。所以从政者虽遇主张有一次失败，尽可以不介于怀。诚如是，他仍可以继续主张从前所持论，纵使公然反对选民的见解，亦可以不必顾虑。第二，政党政治必不能充分发展而毫无限制。故凡在选民对于法律不满意而旋即加以否决之地，纵使当时尚有政治领袖所怀政见不能与选民的大多数相投契，选民当可以不必措意。是何以故？则以人民实有权以操纵此辈政治领袖故。惟其

---

12 参考卢儿勒原书，第二册，第280页。

如是，选民遂不必斤斤注意于执政委员会或联邦会议究竟能归某一政党支配与否。而且这种参加立法的习惯一经取得及养成，瑞士国民遂不期然而倾向于政治的自由批评。申言之，他们对于任何法律必不盲从，必加以审问而决定其良否。至少我们可以断定一语，即谓：瑞士人民，必不似他国人民，蔽于党见，而轻信政党所罗列的方案。自然，或者对于此项断语尽可以发生异议，遂谓：这是政党政治尚未成熟于瑞士的证据，正是因为政党还在幼稚时期，所以尚未能成功领导国民，故复决权得以被人民行使。两说孰是孰非，我们于此姑不置辩，但无论如何，我们总可明见一事，即是：这种特殊制度所以存在于瑞士，实与瑞士政党不能主治的实际情状具有密切关系。

继此请将瑞士联邦主义与亚美利坚联邦主义作一种比较研究。原来瑞士联邦主义，依上文所已提示，实私淑于亚美利坚联邦主义。惟其如是，两国所有历史及制度，无论同点或异点，均为极有趣味的比较材料。

合众国与瑞士为天然的联邦国家，除却受治于联邦宪法之下，两国之中无一国能希望能有今日的发达兴盛，而且时至今日，两国又为天然的民治国家。邦的组织，在两国中，同先于联邦而成立；人民爱邦之心，在两国中，同为极盛，且远盛过于民族统一的感念。至于民族统一的事实只生成于必要，但一经生成之后，此项感念必将战胜邦的权利或邦的主权之爱护心。以上所陈皆为两国制度相互酷肖之处，但此不独制度为然，即在联邦历史亦大致如是。是故在合众国中，一如在瑞士中，各有离心力长期存在，而此类离心力推行所至，且于末后一着还要破坏民族统一。譬如，畜养黑奴与释奴之争端，史不绝书，卒之，遂酿成北美合众国南北战争；而新旧宗教的冲突在瑞士中实为屡见不鲜，最后几乎造成全国的分崩离析。又如，在合众国与瑞士历史中常有少数较贫，较强悍好战，但较能团结的列邦，其行动辄足以妨碍多数较富，较文明，但较少合作的列邦之进步。为了放奴问题未能解决，畜奴在国内划分界志之争常不绝于美国；为了新旧教未能调和意见，宗教宣传的公有领土之运动常继续进行于瑞士。南方列邦脱离合众国之举实先遭逢于瑞士，而酿成加特力联邦（Sonderbund）的建立；后来格兰（Grant）将军战胜南方，而杜夫（Dufour）将军亦先已克服敌党。至于两人的战功均足以救民族统一于危亡，自是两相媲美。不宁惟是，这两次战役，在两个历史上，还有许多共通性质。第一，战事结束，从前所有启衅的争讼亦随之结束，于是武力在两国中同有镇压内争之效。第二，战场上虽有胜败之分，战后在待遇上乃无彼此之别，于是言归于好之后，双方敌手仍成为同一民国的忠实国民。不宁惟是，两国在今日所有兴隆国运大抵造成于两国所有制度，而两国所有制度，倘就重要色相观察而互相比较，实具有显著同点不少。

同点之外，两个联邦政治仍有许多异点，此类异点复值得注意。合众国为联邦中之最大者，瑞士却为其最小。在48邦中之各邦，除一二小邦外，以人口论，以面积论，其多过与大过瑞士联邦全体者，不一而足。美国全国均以新造之邦构成，瑞士联邦中之各份子却同为旧邦。其实就武功着想，瑞士先民以多年血战，创业垂统，当是时，尚未有一个欧人，涉足于美洲大陆。于是，瑞士独立，早过北美殖民地独立，实有百年以上。亚美利坚制度大概孕育于英吉利民族思想，而且此类思想大抵盛行于17世纪的民权运动中之英格兰；

因之，亚美利坚社会实未尝少受支配于封建主义。瑞士的民治却随在带有欧洲大陆的封建政治之彩色，所以直至法兰西大革命为止，瑞士社会尚有许多不平等的事实及制度存在。合众国中之列邦一向熟习于代议制度，瑞士联邦中之乡邦却生长于非代议而贤能的或平凡的政治之下，历有年所。在如此场合之下，两国制度纵带有许多共相，但其中仍不免包含殊异性质，此诚为事所至及理所当然耳。

反勘之余，双方所有对峙地方可以综括语提示如下文：合众国联邦主义之强点所在适为瑞士联邦主义之弱点，合众国联邦主义之弱点所在适为瑞士联邦主义之强点。

试观合众国参议院及司法机关，在合众国宪法之中，最能耸动异邦人视听。由是，瑞士联邦的创业人物对之十分羡慕，遂欲有所观摩与仿效。但两项尝试皆未见完全成功。在一方面，联邦参议院并不取得合众国参议院所有威权；在他方面，联邦法院，虽则院中之司法势力日形增加，然究不能与合众国大理院并驾齐驱。其实若就外国政论家的眼光观察，瑞士司法制度最足以惹起不满意的反感；而就中尤以联邦会议与联邦执政委员会操有司法威权一着为不能与今代司理直道的理想相和谐。

但亚美利坚制度亦有不良者在，对此类弱点，虽有心中爱慕美国制度的批评家，亦不能曲为隐讳。试征实例，例如：总统的选举方式，执政与两院的关系，政党的法外发展，以至由党魁或党徒所造成无谓耗费及贿赂罪恶，皆是极显著的证据。

惟瑞士的执政制度则不然。其实，试取联邦执政委员会，以之比较任何国家所有极善的执政制度，亦无愧色。于是，世间遂不乏有外来的政论家甚至指此制为巴力门制与非巴力门制的结晶，故只有两者之长，而无两者之短（其实，此则未免言之过当）。但无论如何，执政委员会究竟有一特殊优点，即是：虽则委任于联邦会议，在执政委员大概连举连任，故能久于其位，远非内阁制的阁员或总统制的总统所能及；同时，行政机关与立法机关极能和谐一致。至于政党组织虽则存在于瑞士，党见有时亦愈闹而愈深，政党政治却非是必要物。于是，由政党政治而起的弊病绝未尝为害于国中。所谓"政党的秘密会议"与"政治的机器"复不见出现于瑞士。其他，若合众国中之总统选举运动随处可以惹起全国骚动，又若英格兰国中之大选举时时可以决定政党的命运与政局的前途，瑞士却了无所有，得以逍遥自在。由之，所谓分赃制度瑞士人民而未尝梦见，而贿赂公行之弊尤为一尘不染。

书后九　澳大利亚联邦主义[1]

澳洲政治家（Australian statesmen）当从事于起草平民国家的宪法草案时，盖具有双层目的：其一要尽量假借联邦的与民主的宪法精神于合众国，甚至有一部分假之于瑞士；其二要尽情保留英格兰所有单一国[2]的与君主的宪法精神。前者被用为骨干，以树基础；后者被用为筋络，以资系属。除此之外，他们还要在一方面替平民国家本身创造介于自治殖民地与母国间之相互关系，在他方面替平民国家内之自治殖民地保留彼此对于母国向来所有相互关系。

因此之故，平民国家的宪政表现出四个特性：第一是一个联邦式的政治；第二是巴力门式的执政；第三是有果效的修正宪法之方法；第四是介于合一王国与自治殖民地间相互关系的维持。

---

[1] 关于澳大利亚联邦主义参考下列典籍：
(1) The Commonwealth of Australian Constitution Act（澳大利亚的平民国家法案），载于维多利亚代档案，第六十三及六十四册，第十二章；
(2) 奎克与加兰（Quick and Garran）所著，《澳大利亚平民国家宪法注疏》（The Annotated Constitution of the Australian Commonwealth）；
(3) 摩尔（Moore）所著，《澳大利亚的平民国家》；
(4) 蒲徕士（Bryce）所著，《历史及法学的研究》，第一册，第八论文。
[2] 参考本书上文第三章。

A. 联邦政治

平民国家，以严格论，纯然是一个联邦政治。原来这一个平民国家的诞生实造端于全国人民所有一个欲望，与全国人民所有一种决心。欲望为何？它是民族的统一。决心为何？它是列邦对于平民国家的相当独立权力。[3] 前者推行所至便要造成一个澳洲民族，后者却要在这个统一的民族之内保留各殖民地向来所有自治权利。将欲达到造成此项联邦式的国家之鹄的，制宪者即尽心依据（但并不一味盲从）亚美利坚联邦主义所有基本原理，以谋进行。譬如联邦宪法在合众国中为四境以内之至尊法律；平民国家宪法本来亦是如此，[4] 徒以尚有母国与殖民地间之关系存在之故，该宪法遂不能不屈服于帝国巴力门的主权之下。又如，合众国特于宪法中规定中央政府与邦政府所有权限，平民国家亦然。而且平民国家在规定此类权限时，复切实参照合众国宪法中之一条原理，即是：中央或联邦政府（行政与立法机关均包含在内）所有权力固属极大，但必须列举以求定实；其余凡宪法未经赋予联邦的权力概归列邦所有（较正确说，应谓概归列邦中之巴力门所有）。[5] 关于此旨，澳大利亚不但同于合众国，而且同于瑞士，惟独与加拿大立异。不宁惟是，平民国家宪法所以划分中央与列邦所有权限为两组之方法亦系采用自合众国的经验。是故平民国家的巴力门之设立即负有保证列邦所有权利的使命。诚以巴力门中之众民院固然以各邦人口为比例而定

---

3 参考本书上文第三章。

4 参考平民国家宪法，第五十一及一百零八节。

5 同上宪法，第一百零六及一百零七节。

各邦所出议员的数目,但参议院仍然以邦数为基本单位,不管面积大小与人数多寡,列邦各出同数的代表。[6]加之,参议院一机关,依据宪法原有用意而组织,至足以造成一种极有威势的制度。譬如,以任期论,参议员在职实较众议员为长;以选任方法论,参议员又较众议员为特别。特别之处何在?在于更番选举。而更番选举更足以防止参议院全体受解散。凡此种种皆所以使参议院能比众民院为较有永久性的机关,亦为较有经验的机关。以视众议院所有任期仅为3年,而在3年之内该院尚可以随时被解散者,其地位高下为何如?不宁惟是,参议员之地位尤有特殊者在。特殊之点为何?即代表邦政府而出席是。[7]

再就列邦与中央政府的关系观察,列邦实能保有一定数量的立法权之独立。譬如,维多利亚巴力门(Victorian Parliament)通过一宗法案,对之,联邦执政或联邦议会均无权以撤废。此又为袭用合众国宪法的一证。

更就法院的职权观察,平民国家的宪法亦自袭用合众国宪法得来。这是要说,诸凡法院,尤其是联邦法院,同为宪法的监护人。是故凡遇讼案发生,法院往往被请求出而判决某一法律的宪德问题。申言之,联邦巴力门,或维多利亚巴力门,既通过一宗法案,法院得乘受理讼案之便,进而审问该法案究竟合宪与否,而决定其有效或无效,诚然,此项诠释宪法的权力,平民国家宪法固未明白地授予澳大利亚法院,但合众国宪法又何尝以此权明白地授予亚美

---

[6] 平民国家宪法,第七节。但以过去8年所有经验观察,参议院对于所谓列邦权利的维持,颇具有嫉视态度。此项态度,参议院较众议院尤为显著。

[7] 参考平民国家宪法,第七节。

利坚法院耶？惟其如是，在英吉利律师中，遂无一人尚能怀疑一事，即是：各级法院（最后仍归宿于联邦大理院）实立心要做成宪法的诠译者，随之，还要做成宪法的监护人。关于此旨，澳大利亚法院颇与瑞士法院立异。诚以后者对于联邦法案的违宪问题无权过问，前者则有之。

由此观之，平民国家的创制人物大概由模仿合众国而造成一种真正联邦政治，此则似无多疑义。虽然，倘若更进一步研究，我们当可发见一要旨，即是：他们于追踪合众国外，还要参合加入自英格兰传来的法律思想于联邦宪法。个中所有义例最显著者便是巴力门式的执政。

B. 巴力门的执政

原来平民国家的执政制度纯然是一种内阁政制，这种政制不但存在于英格兰，而且存在于各个不列颠自治殖民地。诚然"内阁"（the cabinet）一名称概不见于平民国家宪法，不过此处正是他们能笃信谨守英吉利先例所在；因为内阁一制度虽存在英格兰政治，故英吉利人们常喜用其实而讳其名。是故当时制宪人物不但不提起内阁的称谓，而且并不在宪法中明白地规定一句，即谓：联邦执政须对于联邦巴力门负责任。然而无论何人，倘若熟悉英吉利宪史，或洞晓列邦宪法在平民国家中之各个殖民地所有运行状态，必不至怀疑一事，即是：联邦执政，试就制宪人物的用意观察，确要做成巴力门式的阁部。更就事实观察，确已做成巴力门式的阁部。因此之故，这个阁部，虽则在名义上被委任于总督，然在实际上直从巴力门中之多数党得到扶助，于是，只以该多数党的领袖人物组成。是故英吉利内阁制原有各种本性，就中尤以解散巴力门的权力为最特别，而联邦执政确能具有此项权力。所以每逢联邦执政与巴力门在政策上不能互相谅解，前者往往将后者解散，转而诉诸选民以求扶助。不过在此处我们还要补足一句，即谓：澳大利亚执政，比之英吉利阁部，较有势力。这是要说，英吉利内阁虽能解散巴力门，但只能解散巴力门中之众民院，而绝不能解散巴力门中之贵族院。反之，澳大利亚执政，在一定情形之下，竟能间接地解散参议院。诚如是，倘若学者真要研究平民国家宪法，他必不可于此加意。按实言之，解散巴力门的权力不独不为合众国总统所有，而且不为瑞士联邦执政委员会所有。即在法国，只有现行宪法授之于法兰西总统，但仍加许多限制。因此之故，纵使法兰西总统得到参议院许可，于是，确实知道他有权以解散众议院，在此际，尚无一人敢于断定一句，即谓：总统必徇内阁之请而解散议会。[8] 然则解散议会权，虽在巴力门式的执政之下如法兰西者，尚有许多留难若此，但平民国家的执政竟能有之，复可以自由运用，此岂非大可异耶？其实在此处尤有应特别注意者一点，即是：此辈制宪人物本以联邦主义相号召，然则关于执政制度似宜仿合众国所为而采用非巴力门式的总统政制，否，亦宜仿瑞士所为而采用半巴力门式的执政委员会政制。在前一政制中，行政首长由人民公选；在后一政制中，诸位执政委员虽由联邦会议选出，但不受罢免于联邦会议。今此辈制宪人物，对于两种制度，均不采用，乃惟将执政的权力概置之于内阁的掌握中者何故？或有为之解者曰：此举至为不得已，诚以倘若不依此做

8　参考埃斯曼（Esmein）所著，《宪法》，自第555至563页。

去，则殖民地有一非巴力门式的执政或半巴力门式的执政，母国政府又有一巴力门式的执政，果尔，双方所有关系必至发生困难，至为不幸，但困难诚是矣，然而我敢信此项困难尚非绝对不可解决。故此项解释似不能成立。将欲加以推究而求得真正原因，我以为只有求之于政治经验。是故平民国家所以决然采用内阁制者，其主要原因只是因为惟有内阁制能为当代在母国中与殖民地中之政治家所习用。

虽然，就中有一特点，依之，我们可以概见平民国家中的执政制度还要比英格兰所有巴力门式的执政更进一步。试观英吉利法律，一个政治家，至少依理论上之见解观察，虽则不是两院中之一院的议员，仍可以入阁为内阁阁员；惟平民国家的宪法决不是如此。按之宪法，某一政治家，除非在3个月内，真能当选为参议员或众议员，他必不能继续任职过于3个月以上。[9]但在此地我们仍可谓制宪者所为并非是创举，且依然遵照英吉利先例，不过此项先例不出于法律而出于典则耳。诚以专就宪典考察，英吉利内阁在习惯上常以众民院或贵族院中之议员组成，至于以非议员入阁在今日已为事实所无有。要而言之，平民国家宪法未尝不有违异英吉利宪法之处，但此类违异仍出于遵守英吉利宪法的诚意。这是要说，前者所着意采取乃为后者所有现代宪法精神，而不斤斤于株守古法。譬如，平民国家宪法尝有一项规定，即谓：凡遇巴力门中之两院所有意见终不能一致，驯致相持不下，选民应为之作最后公断。而自有此项规定，政事完全停顿之弊于是可以解免。故此项条文当然是一

---

9 参考平民国家宪法，第六十四节。

种良法。不过倘若有人因此遂归功于制宪人物，称之为独创，这是大误。诚以此项规定虽未尝见于英吉利宪法，但久已垂诸英吉利宪典，而且帝国巴力门遵行之，已历年所；于是，制宪者所为不过将英吉利政治习惯著之于法律耳。

C. 宪法的修改

任一联邦宪法，以需要言，必须具有硬性，平民国家宪法当然不能居于例外。不过平民国家中之自治殖民地（譬如，维多利亚）大抵各有软性的宪法；这是要说，自治殖民地巴力门得以容易改易该地宪法，一如改易其他法律。因此之故，我们可以推知一事，即是：澳洲人民实在不愿意抛弃软性宪法的利益，或换一句话说，他们殊不乐意专用联邦政策，有如合众国所为，务使联邦宪法等于不能修改，或如加拿大所为，务使修改之权一概掌握于帝国巴力门。由是，澳洲联邦主义者乃以平民国家为一联邦国家之故，不能不采用硬性宪法，同时仍欲参合与输入软性于宪法之中，庶几当地人民，对于此项立法权的运用，不至毫不与闻。[10]

解决之法至为精密，具见匠心独运。

是故就全体观察，平民国家宪法自是一部硬性宪法，因为该宪法不能以寻常立法程序改变。

惟此项硬性终受调节于三条办法。

第一，平民国家的巴力门，宪法特授以极大立法威权。惟其如是，遂有许多问题素为合众国国会所不能议及者，这个巴力门得取

---

10 参考平民国家宪法，第五十七节。

之为题目以建立法律;亦有许多题目素为加拿大属邦议会所不能议及者,[11]这个巴力门仍得取之为题目以建立法律。在此处有一要点至值得注意,此一要点是:联邦立法机关与列邦立法机关往往在同一题目,均有立法权限;但每逢联邦法律与列邦法律冲突,倘若联邦巴力门未尝越权立法,联邦法律应占优势。这是一种优越地位,联邦巴力门得之益足以扩充立法权力。[12]

第二,平民国家宪法有多数条文,仅能继续有效,"至于联邦巴力门别立他法为止"。因此之故,此类条文即可由巴力门依寻常立法手续将其修改,有如普通法案一般。换言之,该宪法带有许多条文均具软性。[13]

第三,宪法本身复备载修正程序,[14]并含有瑞士通行制度即所谓"复决权"者于其中(但复决权之名,未尝见于宪法)。此项程序至为宽大,可以叙出之如下:大凡修改宪法的议案必须以两院的绝对多数通过;通过之后,此项法律草案必须提交全国选民公决;倘若在多数的列邦中,各有多数的选民投票以赞成该草案,而且赞成者在全国选民中复居多数,该草案必须送交总督,以求元首的同意,当同意既经取得,该草案乃成为巴力门法案。于是,修宪程序的原

---

11 比较下列宪法:
(1)平民国家宪法,第五十一至五十二节;
(2)合众国宪法,第一条中之第一及第八节;
(3)不列颠北亚美利加法案(1867年通过,载于维多利亚代档案,第三十及三十一册第三章),第九十一至九十二节。

12 参考平民国家宪法,第一百零九节。

13 参考平民国家宪法,第五十二节第三十六款,比较平民国家宪法,第三节、第二十九节及第三十一节。

14 参考平民国家宪法,第一百二十八节。

理遂可以一语约举，即为：先之以巴力门可决，继之以多数选民及多数列邦的同意，联邦宪法即可修改。

关于此旨尚有一个要点，必须注意，即是：凡一宗修宪草案，在某种情形之下，仅能以绝对多数通过于巴力门中之一院，其他一院或以绝对多数打消之，或不能以绝对多数通过之；诚如是，此项草案必须提交选民公决；倘若该草案竟能依上列程序受选民与列邦赞同复取得元首同意，该草案即成为巴力门的法案。

除此之外，尚有少数变革，譬如，变革任一邦在联邦巴力门中之任一院所有比例代表人数，必须该邦选民以多数投票，复以多数可决，方能有效。[15]

将来此类新宪制度究竟收效如何，此则无人敢于逆睹与预断；但一国政论家尽可以怀抱一种无穷希望，即谓：澳洲政治家殆可以成功创造一种宪政，在其中硬性与软性宪法的长处，庶几能并采兼收，因之，平民国家宪法固不能造次受变革，但每逢全国人民的多数要求有所变革，则修改之事亦非是绝对困难而等于不能实行。

D. 平民国家与合一王国所有相互维系

在制定宪法之际，常有两种力量至足以感应当代创制人物：其一为澳洲民族的生长感念；其二为竭力拥戴母国的忠心。自有联邦政治的设立，在其中一般民众取得极大自治权利，同时复不至妨害殖民地与母国所有密切关系，于是前一感念得以满足。至于所以满足后一要求之法，制宪者在一方面安置平民国家自身于自治殖民地

15　参考平民国家宪法，第二十八节。

之列，在他方面极力保留列邦向来与母国所有系属，只求其不至妨害联邦政府的生存便足。这两种举动至足注意。

平民国家本身，对于元首与帝国巴力门，并非他物，即始终仍为一处庞大的自治殖民地。于是，总督（Governor General）一职仍被任命于元首，实即被委任于英吉利阁部，而此项职守，在联邦政府未成立以前，亦已存在，实即为维多利亚的巡抚（the Governor of Victoria）所担任。凡一草案，在通过于平民国家的巴力门之后，若为寻常法律，须即送总督转求元首的同意，若为牵动宪法的法律，则必须先提交选民投票可决，然后咨送总督办理。这是要说，任何草案，非候得到元首批准，不能成为法案。[16] 而且元首在此际固有权以否决任一宗法案，恰如前时以至现在对于维多利亚的巴力门所为。不宁惟是，帝国巴力门仍保有一种权力以替澳大利亚立法，甚至修改平民国家宪法；不过此项权利，除非当地人民实在愿意，殊少运用而已。又在司法方面，联邦大理院所下判决，倘有不服，上诉者可以英吉利枢密院为上诉机关；纵使此类争端为有关于平民国家宪法的问题，其上诉权本已受诸多限制，但此类制限条件的本身在许多地方中仍可以有多少变动，于是上诉人仍得进行上诉如故。[17] 由此观之，自平民国家本身立论，合一王国初不因平民国家既成立，遂与澳洲各个殖民地断绝统属关系，因之，帝国巴力门的主权并不受损害。

更就平民国家中之列邦立论，每邦对于合一王国，仍维持从前逐一自治殖民地（譬如，维多利亚）所有维系。任何草案，在通过于

---

16 参考平民国家宪法，第一节、第五十八节、第五十九节及第一百二十八节。

17 参考平民国家宪法，第七十一节、第七十三节及第七十四节。

维多利亚的巴力门之后,必须请求元首予以同意,方可以成为法案。至于平民国家的联邦政府决无权以否决此类草案。又在司法方面,维多利亚自治殖民地的人民对于当地法院的判决,仍保有上诉于英吉利枢密院的权利,一如在澳大利亚平民国家法案(the Australian Commonwealth Act)未通过以前所有。不过个中权利在此时实有一例外,不可不知。例外为何? 即上诉机关可为英吉利枢密院又可为联邦高等法院是。诚以"平民国家宪法明白给予自各邦法院而上诉于联邦高等法院的权利,但仍不撤废人民向来所有自殖民地法院上诉于枢密院的权利,因之,此项权利并未受损害"。[18]

---

18 参考奎克与加兰(Quick and Garran)所著,《宪法注疏》,第738页。

惟其如是,大凡列邦各级法院所下判决,倘有不服,可以上诉于该邦大理院,倘仍不服,可以依照此旨而上诉于英吉利枢密院;其各该法院所有管辖权,则又明白规定于从前所建立各级法院的法案,而且任何该案的上诉于枢密院,照例必须先取得该院的许可。这是一条重要上诉于枢密院的规则,当适用于任何管辖权(本邦的或联邦的)之曾经赋予列邦各级法院(译者按,此指各该邦大理院以下之各级法院)者之运用方式。不过我们还要补说一句,联邦各级法院对于联邦司法的管辖权并不完全具有,试设例明之,则有关于此邦与彼邦事务的讼案,又有关于本邦与联邦事务的讼案,凡此类讼案非该各级法院所能过问。

凡讼案不上诉于英吉利枢密院,而惟上诉于平民国家的联邦高等法院;两种办法之一,实为平民国家宪法所许可。在此际,凡有关于本邦或联邦事务的讼案,其管辖权及其上诉程序——须遵照平民国家的巴力门在1903年通过的司法制度法案所规定。上诉者究将何往,他可以有权作主,而自行决定。凡遇上诉人因不服各邦法院的判决之故,进而陈请联邦高等法院出而决定,究竟某一宗特殊讼案曾否受了平民国家宪法第七十四节的条文规定所限制,各邦法院无法可以阻止其进行。又凡遇有各种争端,假使不惹起于联邦的,各邦的,或诸邦的宪法权力所受限制之问题,又使不惹起于两邦或两邦以上所有宪法权力的制限问题,高等法院对之,自不能依据一定宪法条文以作断案,于是,此类断案,万一竟有互相矛盾之处,即亦无法可以避免。而且高等法院,对于枢密院的判决,并不须一定接受,而视同上级机关的判决。不过关于此旨,尚有一例外,即是:倘若这种判决不是因为要推翻各邦大理院的原有断案而交下,却是因为要推翻高等法院本身的原有断案而交下,高等法院在此际必须尊视枢密院的判决。

将欲明白澳大利亚联邦主义所有稀奇性质，莫如取平民国家宪法，以与加拿大属邦宪法，互相比较。[19]

属邦与平民国家自其对于母国所有关系观察，究竟孰为较多或较少受治于帝国巴力门？此一问题的解答须依视察点而别异。是故自某一视察点立论，属邦比平民国家为较多受治，因为前者所有宪法之大部分只能以帝国巴力门的法案而修正，[20]而后者所有宪法却可由当地人民自动修改。不过此项区别，骤闻之，似乎令人觉得十分重要，细察之，并无重大关系。诚以某一项修正案，倘若果为属邦内之多数行省与多选民所愿望，帝国巴力门自然为之着急通过，于是其结果应与平民国家的人民自具有修宪权者相等。更自别一视察点立论，属邦比平民国家为较少受治，因为前者所有行省，对于帝国巴力门，甚少直接地发生关系，而后者所有列邦，对于帝国巴力门，极多有直接地发生关系的机会。

讨论至此，我们遂触及介于属邦与平民国家间之重大区别一点。此点为何？即联邦政府与列邦或行省、政府之相互关系是。试自属邦宪法观察，大凡该宪法所未尝给予行省的权力概为属邦所有；复自平民国家宪法观察，平民国家仅能具有宪法所赋予的权力，其余则尽归之平民国家内之列邦。

不宁惟是，属邦政府，对于各行省立法机关的立法，以至各行省的行政，常能运用极大量的监察权。试征实言之。第一，属邦政

19　参考门禄（Munro）所著，《加拿大的宪法》。

20　虽然，属邦巴力门，以至列省立法机关，各受权于1867年不列颠北亚美利加法案，在极狭范围以内，得修改属邦或各省宪法（见门禄原书，第229页）。参考1867年北亚美利加法案，第三十五、第四十一、第四十五、第七十八、第八十三及第八十四节。

府在许多地方能将各省议会所立之法加以否决。第二，属邦政府有权以委任各省法院之审判员。第三及末后，属邦政府还能任免任一行省的巡抚副使；于是，巡抚副使并不是帝国官吏，亦不是行省官吏，而为属邦官吏。凡此种种皆为平民国家宪法所无有。

书后十　戒严法在外战或内乱时期之问题[1]

本篇所要考虑的问题先有一种假设的事实，其原委可以简约叙出如下：在英格兰的边外适遇有敌军正在侵入，或在境内适遇有叛徒正在用武力以抗拒元首的行政威权，于是，为着应付外患或内忧起见，元首或其臣仆，或其忠实国民，做出了这种或那种行为；此

---

[1] 关于本题论旨参考下列典籍：
(1) Law Quarterly Review, XVIII.
(2) Holdsworth, *Martial Law Historically Considered*, pp. 117-132.
(3) Richards, *Martial Law*, ibid. pp. 133-142.
(4) Pollock, *What is Martial Law?* ibid. pp. 152-158.
(5) Dodd, *The Case of Marais*, ibid. pp. 143-151.
(6) *The Case of Ship Money*, 3 St. Tr. 826.
(7) *Wall's Case*, 28 St. Tr. 51.
(8) *Ex parte D. F. Marais* [1902], A. C. 109.
(9) Forsyth, *Cases and Opinions*, Ch. VI. p. 188.
(10) Clode, *Military Forces of the Crown*, II Ch. XVIII.
此外尚有美国方面之典籍：
(1) *Ex parte Milligan* (Am.), 4 Wall. 2.
(2) Thayer, *Cases on Constitutional Law*, II, p. 2376.
这种美国的成案及书籍，以及其他成案及书籍之关于戒严法者，虽则不为英吉利法院在折狱时所根据，但随处仍有讨论常法对于戒严法的正当观察各种论旨，至值得注意。
参考本书附录中之书后第四则，论"自卫的权利"；第五则，论"公众集会的权利所有问题"；第六则，论"军人在被命解散非法会议时所应守本分"。

类行为，倘若专就平时的法律眼光观察，不免违犯法律，倘若以变时应迁就事实的眼光观察，究竟可受原宥与否，尚待研究。因之，法律问题遂以惹起，这个法律问题是：处如此事变之下，此类行为，究竟将以何种原理为依据，或以何种限制为范围，而取得法律的原宥？这个问题，正是我们在本篇书后中所要研究及解决的主要问题。

在未着手考虑这个问题以前，尚有两项前提，我们必须记取。

第一前提便是：本篇书后并不要把所有包括于所谓"戒严法"（martial law）的一个游移无定的名词中之几个问题，逐一加以答复。譬如，试举实例以示证：其一为关于"军法"（military law）（申言之，即陆军法案及战时治军条例）的条例；其二为关于约束统帅与军人当正在外国境内作战或正在防御外敌侵击之际，所有行动的一切规则；其三为关于英格兰的境外之交涉，或关于英格兰本身以外之国法（例如，苏格兰或者西[Jersey]的法律）。凡此种种法律，本篇均将不引用，而由此类法律所惹起的问题，本篇亦不论及。

第二前提便是：在研究本篇书后的主题时，我们，必须常时记取英吉利法律的一个基本原理，即是：任何不列颠臣民，当在英格兰四境以内，随时都具有他的常法权利（common law rights），特别是他的人身自由权利；除非等到一种确实证据，能证明他在那时正当于特殊情形之下，确被某一宗巴力门的法案或被大家共信的一条法律原理，褫夺此类权利，他所有权利必须常时设定其存在。这种设定就是那个"法律主治"（that rule of law）[2]的主要成分，而法律主治又是英吉利制度的主要特征。因此之故，倘有人要宣称战事存

2　参考本书上文第四章。

在，由之，英吉利人们所有常法权利，应一概被褫夺（即将戒严法颁布，或将军官放置于寻常法院的管辖权以外），这个人必须负责寻出此项议论的法律根据之义务。

本篇所要研究及解决的题目可分三层考虑：第一层为戒严法的性质；第二层为由研究此项性质有所得后之推论；第三层为相异于本篇所有推论的别种法律见解。

A. 戒严法的性质

"戒严法"（martial law）的意义在于本篇书后中，系用之以指明元首及其仆役（换言之，即是政府）的权力，权利或义务，依之，政府为着达到维持公共秩序（在法律上之用语则为君主的和平）之目的起见，虽至牺牲若干数量的生命及财产，亦所不恤。因此之故，戒严法的存在大抵为内乱或外敌发生之时，与内乱或外敌发生之地，在当时，又在当地，君主的和平再不能以寻常方法保持，戒严法遂应需要而生成。[3] 此项政府的行动有时被称述为元首的特权，其实这种称谓尚未为十分正确。诚以维持公共秩序，全国之中，人人有责。所以凡在外患凭凌或内忧骤起之时与地，敌人或叛徒正在谋以武力反抗法律，于是，任何忠实国民均应投袂奋起以恢复及维持君主的和平，甚至使用几何武力都可不计。这是一种权力或权利为国内人民所应有，又是一种义务，为国内人民所应负。此实为事理的自然，并无人为作用于其间。所以生在今世，人们对于元首的

---

[3] 参考乾德（Kent）所著，《宪法解诂》，第一册，第341页；坎别勒（Campbell）爵士及鲁勒弗（Rolfe）爵士之法律意见，载于服西斯（Forsyth）所编，《法律意见》，第198至199页。

特权所受限制，或不免言人人殊，但对于忠实公民用武力以抵抗敌军侵入一节，无人敢否认其为[4]人民的本务。而且此项行为，若在他处虽成为侵害民事的行为，而在此处，无人敢断之为不合法。[5]

"每逢敌人来攻，及于海岸，任何人可以奔至我的土地之与该处相毗连者，掘战濠，筑城堡，以捍卫社稷。诚以社稷本为公有，人人皆赖之以得庇护。因此之故，爱德华第四代档案第八册第二十三章有谓：依常法的规则所昭垂，人人得趋赴此间及使用我的土地，以拱卫社稷。如在危急情形之下，他们甚至得向地中掘取沙砾以建筑寨堡，而从事于堵御工作，因为国家本是人民所公有，而且人人都得享受其保护。……故在此一讼案，古代有一条规则十分适用；这条规则是：君主与民国，为了正当防卫可以占用我的财产。"[6]

同理，被告的律师，在"船税的成案"(*the Case of Ship Money*)中亦以此旨替被告辩护。其言如下：

"诸位爵主[1]，在如此危急时期，我以为不但君王陛下，就是任一平民，只求为其力之所能及，必然攫夺四境内任何人所有财货，以纾国难，甚至焚毁他家的积谷以断敌粮的补充，而且还要做出了许多破坏行动；至于所谓财产权此时姑且不计，但图有所以拯救国家于危亡。"[7]

4　特别参考船税的成案(*the Case of Ship Money*. 3 St. Tr.)第 860 页、905 页、974 页、975 页、1011 至 1013 页、1134 页、1149 页、1162 页及 1214 页。

5　参考：1 Dyer, 36b。

6　见《法律报告》，第十二册，第 12 页。

[1]　按，此为律师对审判员的称谓。

7　参考船税的成案，第 826 及 906 页。比较荷勒本(Holborne)的言论，见同案，第 975 页，及布列审判员(Buller J.)的言论，见：*British Cast Plate Manufacturers v. Meridith*, 4T. R. at p.797。

就上文所已征引自法律宗匠的言论观察，我们当可洞见言者所有词旨只及于财产权的干涉，而未尝及于人身自由权的干涉。而介于两种干涉行为间究有轻重的区别，自无待论。不过就上文词旨引申，而作推论，我们实敢于作一断语，即谓：每当敌军侵入，一个统帅及其部属，为着奉行元首的威权起见，得以做成许多行事，此类行事若在平时必为犯法，而害及人身自由；甚至为着应付紧急的需要起见，他们还可以致不列颠臣民于死地，亦不为过举。在如此场合之下，有一要点，我们必须谨记在心头，即是：这样运用戒严法的权力，惟有美国法院通用的称谓"交战权力"（war power）为能相称。依此术语的涵义，交战时所使用的权力造端于某一种场合下之需要，亦受限制于某一种场合下之需要。[8]

坎别勒爵士（Sir J. Campbell）及鲁勒弗爵士（Sir R. M. Rolfe）尝谓："戒严法的运行只是普通法律的停止，它的运行倘真为时势的迫切要求，即受法律容许。"[9]此语最为中的，且可称之为要言不烦。是故在一方面，此语能道破戒严法所以能存在之缘由；在别方面，它又能翘示此法在使用时之制限。将欲阐明此旨，试一再观麦坚多储爵士（Sir James Mackintosh）的议论。兹引之于下文：

"英格兰的法律所以能容许世间所谓'戒严法'的出现，只根据惟一原理，这一原理就是需要。试问戒严法何自起？我必曰：起于需要。又问戒严法由何事为之维持，使得以继续存在？我亦必曰：

---

[8] 参考亨利（Henley）及约克（Yorke）的意见，载于服西斯原书，第188及189页；哈格雷夫（Hargrave）的意见，载于同上书，第189及190页；坎别勒爵士及鲁勒弗的意见，载于同上书，第198及199页。

[9] 参考服西斯原书，第201页。

由于需要。倘若需要既消灭，戒严法还要多留恋一分钟时候，这就变成无法妄动。惟当外敌正在压境内贼正在猖獗之际，寻常法院至于不能行使职权，或至于不能执行司法判决，在势遂不得不寻出一个粗拙代用物，而至于使用陆军，因为军力在此际就是残留于社会中之惟一制裁力量。正惟法律既以武力猖狂而自甘缄默，军事领袖必须尽情惩治一般害人自害的罪恶，不稍瞻徇。但此类行动，无论如何，不应超过需要的时间。"[10]

戒严法的存在既作如此解释，常法所责难于逐一忠实公民的本分，又有如此严重规定，一般人民，尤其是奉命御敌的军官，遂取得极大威权。首先他对于武装军士加以控制，他们一概受治于军法；[11]其次，他对于一般民众亦加以同样控制，民众虽则不是军人，然仍须受治于军法。不宁惟是，元首及其臣仆本来有权以征调逐一国民以捍卫社稷而抵抗外敌侵逼，[12]于是受治于戒严法的人物，其人数必且有加无已。加之，任一统将，倘自上文引用语考察，当有权以占用任何土地或财产而用兵，而建筑防御工事。又在需要时候，他复可以对于不协助本国军队的人民及内奸，加以重罚，甚至处以死刑。其实任何军事行动，倘若必要见诸实行，一个统将极难始终不侵犯法律丝毫。此不独一个统将为然，就是一个平民，奉了下级军官、邑宰或其他别个平民之命以行事，而求其丝毫不至违犯法律，亦属难事。于是，迫切需要不但足以逼出这种行动，而且足以庇护这种行动。此外，许多法学著作家还要加入一种考虑，即谓：方今电报

10　此段文字曾被克卢（Clode）征引于其所著书，《元首的陆军力量》，第二册，第486页。

11　参考本书上文第八章及第九章。

12　参考船税成案（*Case of Ship Money*, 3 St. Tr.），第826及975页。

来往敏捷，现代战争状况为之大变；于是，一件行为方在伦敦做出，往往足以牵动发生于北虎姆别兰（Northumberland）间之战务，因之需要在境域上之扩张度遂以大增；惟其如是，战务虽则进行于北方英格兰，而干涉人身自由的行动，或不能不波及伦敦或白理士涂（Bristol）的居民亦未可定。由此综观，我们可见戒严法的使用必有待于需要，而需要的存在又必有赖于逐一事变所有实际情形。

虽然，惟有需要为能使戒严法出现于外战与内乱时期，而至于暂时停止英吉利国民的寻常权利，这是一件事实，至足以昭示限制；申言之，这件事实仍足以约束元首及其臣仆的运用法外制裁力量。本来依上文研究所及，外敌侵入或内乱发生于北方英格兰固然能影响全国，遂不得不容许法外行动的存在于英格兰四境以内，但我们须知此项因果并非随缘而至。盍观历史？第一，当伪主（the Pretender）率军侵入英格兰，迭获胜利，遂长驱直入打摆（Derby），然而居于伦敦市的国民并不因此遂被褫夺常法权利。当是时，必无一人敢于献议，即谓：一个英吉利人既已被军事裁判所讯明有叛逆罪于太班（Tyburn），即应就地正法，不再延宕。第二，当1745年之役，内乱方殷，然而任一英吉利人，纵使已经被人告发为有叛逆罪，决不至受递解于战场所在地方，使之受军事裁判所审讯，旋受刑戮。[13] 万一竟有此事，无人能替当局辩护，谓其行动尚不至于违

---

13 倘若审判员白拉克布恩（Blackburn）在君主对挨鸦（*Reg. v. Eyre*）一案第84页中所发言论被引用，以证明这种法律处务为合法，我们必须记取一事，即是：白拉克布恩替挨鸦总督所辩白，纯以詹美加立法机关所立法案为根据；而且审判长郭克布恩（Cockburn, C. J.）在君主对臬勒孙（*Reg. v. Nelson*）一案中所发言论之倾向，固明明表示戈登（Gordon）的杀身实为非法。

法。当是时,假使辩者竟欲肆其巧辩,即谓:虽则叛徒应受审讯于寻常法院,并应依据寻常审判程序以置之于法,然而"治乱国用重典",故依迅速与爽快办法以杀人,实所以遏制乱事之蔓延。此说虽能动听,然必不能见诸实行;即能见诸实行,此类刑罚必不能成为合法。虽然,违法之举固不限于刑罚而已;即有轻于刑罚的举动,或为逮捕,或为监禁,倘不依寻常程序行之,亦为不当。本来政府当局,倘能动辄以嫌疑罪状,对于个人加以逮捕或监禁,自是快人快事,然而依法律的眼光观察,此类逮捕与监禁,除却出于需要外,必不受法律许可。[14] 综括以观,倘有论者声言这种由法律的敬畏心而加于元首及其仆役的制限未免是太过不便,而且流毒无穷。此项批评至含有真理在内,我们可以承认。虽然,犹有解说。第一,我们须知大凡国民的寻常权利之维持,在英格兰中自是最重大而又宝贵,英吉利人民将抵死不肯放弃。第二,我们须知每当国家有难,为着受了需要或受政治便利之驱使,违法行为竟至发生,至非得已;在此际,犯法者不管是一个统帅,或是元首的一个臣仆,倘若所有行事出于诚意,又出于赤心卫护公众利益,总可以希望将来得受庇护于赦免法案。

讨论至此,我们可以提出一个有类似性的法理理论,以资解证。是故在一方面,为着自卫起见,一个私人得有权以使用武力,虽至于杀人亦可不顾;而在他方面,为着捍卫社稷起见,一个军官,或任一忠实国民,亦得有权以使用法外威权,虽至于犯法仍可不计。此两类行动的辩护皆归宿于需要。一个私人,倘遇横逆骤加,尽可

---

14 注意荷勒本(Holborne)的言论,见船税的成案,第975页。

使用任何大的力量,以避免身受重伤或死亡;[15] 但使他竟然杀死一市井无赖,他必须能自行以事实证明此举只出于自卫的需要。同理,一个将官在戒严法之下而行动,至于监禁或杀死一个不列颠臣民于英格兰,他必须受罚;倘若要取得免罚,他必须寻出需要的证据。此项类似性自然不是十分完全,但仍是比较研究的绝好材料,足供参考。

让我们再补入一个综括观察,即谓:这条需要的大义,不但能昭示在戒严法下之行动以明白制限,而且可以适用于决定邑宰、警士或忠实国民在奉命解散一种集会或遏抑一种暴动时所有义务与权利。诚然,一个将官为着抵御敌人侵入而使用武力的威权,其权力高下程序及其地域广狭范围,当比邑宰、警士或忠实国民在上列场合之下而行动时,所有程度及范围,判然成为两事。不过双方所使用的威权实具有同样目的,复来自同一渊源。此项威权在被使用时,概以维持君主的和平为事,且惟有需要一原理为能容许其运行。惟其如是,所以每逢你要测定戒严法所受制限,你必须研究君主对平尼一案(the case of R. v. Pinney);[16] 在该案中,审判员并不要考究一个将官在统率士卒时应有什么权力与威权,却要仔细审问白理士涂邑宰在制抑暴动时所有义务。

抑此岂惟君主对平尼一案为然而已,即任何成案亦是如此。是故在任一成案中,凡有关于使用武力以维持君主的和平之法律权利与义务,个中常露有两个普遍特征。第一,凡将官或邑宰,为了保

---

15 参考本书上文书后第四则,论"自卫的权利"。

16 君主对平尼一案载于:3. St. Tr. (n. s.),第11页,比较审判员白拉克布恩在君主对挨鸦一案所发议论,第58及59页。

持公众秩序,而至于跨越寻常法律,这是一种相对的法律权利及义务。第二,此项权利或义务只能赖时势的迫切需要而存在,每遇需要一灭,此项权利或义务随即消失。更征实说,戒严法只能当在交战时而存在;邑宰使用武力以制止暴动的权利应随秩序恢复而消失,犹之,他应使用武力以制止暴动的义务,应随暴动开始而发生。由此观之,在英格兰四境以内,如有使用非常权力(或谓法外权力)之事出现,惟有需要一大义为能庇护此项行动。申言之,只有维持或恢复君主的和平之需要,能成为此项权力的运用之法律根据。

B. 断论

从上文研究戒严法的性质所得,[17] 我们可以总结之,而作成四个断论:

第一,戒严法不能存在于和平时期。

这句言陈涵义昭著,复经一般法律宗匠承认。[18]

不过在此处尚有一标准问题必须解决;申言之,究竟和平时期在于一定和平地方(譬如,伦敦)当以什么标准测定其存在。

将欲答复此问题,我们须知此项标准并非一望而知;反之,这是一种事实,尚有待于法院的测定。法院在测定此项事实时,当遭遇许多困难,并与测定别种事实的困难,毫无异趣。[19]

求之古代论主,则有许多法学大师,以为战争状态绝未尝存在;

---

17 见郭克布恩在君主对臬勒孙一案所发议论,第 85 页。

18 比较马列一造自讼成案: *Ex parte D. F. Marais* [1902], A. C.109;又弥力检一造自讼成案(4 Wall 2Am)。

19 当从事于测定战争状态的存在一事实时,究竟法庭开审与否一事是否即为战争状态的存在之明证,而法院必须注意及之否,此为一未决问题。

书后十　戒严法在外战或内乱时期之问题

至少当寻常法院开庭之时,与在寻常法院开庭之地,和平状态即可视为保存。就事实论之,这条规则似乎不能确立而视同法律原理;诚以事实告诉我们,虽在戒严法施行之地,亦有一二寻常法院照常处理公务,但我们绝对不能因此遂谓该地无战事。[20]虽然,该条古例固不能被接受为确定规则,但亦不妨视同一条精到法理。当在某一时期,与在某一地方,寻常法院果能开庭,又能完全地与自由地运用其权力,我们当可假定和平状态的存在。和平既能存在,戒严法即不应施行。

故曰:"倘若于内乱或外战之秋,法院果真关闭,驯致依法律以处理刑罚竟成不可能之事;诚如是,军事行动已正在进行,战争状态已正在完成,当是时,总应有一代用民政的威权之物,以维持公众秩序。这种代用物就是戒严法,因为除军权外,当时再无别种权力遗留。于是,戒严法遂得运行,直至寻常法律能恢复原位为止。顾需要既能造出戒严法,即能限制戒严法的运命。诚以在法院既恢复原位之后,倘若军政仍能继续主治,是谓权力的篡夺,所以在法院能开庭问事之地,在其中法院又能完全行使职权毫无窒碍,军治即不能存在。申言之,军治的存在必须为实在战争之地。"[21]

第二,戒严法的存在不必尽由于戒严法的颁布。

除非经过巴力门以法案规定,戒严法的颁布并不能增加政府固有的权力或权利,依之,政府得使用武力以遏制乱萌或抵抗外敌。申言之,此项权力或权利为政府所固有,戒严法颁布与否未尝有所

20　比较马列一造自讼成案。
21　见弥力检一造自讼成案(*Ex parte Milligan*, 4 Wall.2);参考写耶(Thayer)的宪法成案,卷四,第2390页。

增损。至于戒严法所以颁布，无非欲通告居民，使之明白何处为戒严区域，又明白政府之用意纯然在于捍卫国家或恢复公众秩序。[22]

第三，法院在秩序恢复之后，对于军事裁判机关及其他机关在交战时所有经手事件，均有管辖权。[23]

故曰："任何特殊案件，在战时处理，所以能见许于法律者，只以其能于最末后一着尚受裁成于法院之故。至于在某一时期中与某一地点中，究竟曾否有战争状态的存在，此为事实问题，必须就当时及当地已发生事实测定。"[24]

上文引用文为普洛克（Pollock）的言论，其为正确至无疑义。试设例明之。设如，某甲以无端受辱复受监禁之故，诉某辛于高等法院。但某辛自辩则谓：某辛在行为此事时，实任军职为团长，当是时，战事正在进行，戒严法亦已颁布，而且关于某甲所受侮辱及监禁，实系奉总司令之命而行。此项辩护究竟能成立与否，我们且不必深论，不过我们总可下一断语，即谓：法院至少在和平既经恢复之后，能有管辖权以审问此案的事实，就中尤要审问当某甲被逮捕时，究竟曾否有战争状态的存在。诚然，最近却有一判决案，[25]在

22　参考坎别勒及鲁勒弗的意见，载于服西斯原书198页。
23　参考下列成案：
(1) Cockburn's Charge, *Reg. v. Nelson*.
(2) Blackburn's Charge, *Reg. v. Eyre*.
(3) *Exparte parte Milligan*, 4 Wall 2.
比较下列成案：
(1) *Wall's Case*, 28 St. Tr. 51.
(2) *Wright v. Fitzgerald*, 27 St. Tr. 759.
24　参考普洛克，"何为戒严法"，载于《法律季刊》，第十八册，第156及157页。
25　参考在马列一造自讼成案（A. C. 109, 114, 115.）中之枢密院的判决。

其中枢密院似乎要作一种法律主张,即以为军事机关在战时所已做的行为,寻常法院无管辖权。但着实考察枢密院判决马列一造自诉成案(Ex parte D. F. Marais),所有词意,该院即郑重申明,此项断论仅能适用于原案所有特殊情状。而且原案判决文的用意,亦不外要反复提示一点,即是:法院必不愿(其实亦不能)于军事进行之顷干涉军中行动。申言之,当战争正是剧烈,法院殊不欲受理控诉军人在戒严法下所做行为的讼案。至于在和平既经恢复之后,法院对于战时所做了的行事应否有管辖权之问题,枢密院在该案中绝未议及。法律大家如普洛克,且谓:即在战争时候,法院并不以别种机关自代,不过以战事关系,法院实从行使职权而已。故其言曰:"世间通常有一问题,即谓戒严法当实施时,究能代用寻常法院至如何程度?其实这种问题……绝不应提及。诚以依哈勒爵士(Lord Hale)所论,戒严法在真际上并不是法律;它不过是一种东西,本不被许可成为法律,但又不能不稍加宽假而姑且作如是观。至于它所以卒被宽假之由,则以叛乱方来,别种法律实不能运行而已。于是戒严法的存在不能谓为替代寻常法院,因为这些法院实已不能行使其管辖权,然后戒严法方有发生机会。"[26]

第四,军人及其他役吏,在战争时期,所做的法律处务或检举行为,事定后受人控告为非法行动,倘若查明属实,但所行事仍出于诚意,而且纯为国家服务而受累;在理,该军人或该官吏应受法律保护,而此项法律实为一宗赦免法案。[27]

一宗赦免法案是一道法令,其目的是在于使原来不合法的法律

---

26 参考坎别勒及鲁勒弗的意见,载于服西斯,第199页。
27 参考本书上文第一章及第五章。

行为变成合法。换一句话说，该法案的用意所在，是要把曾经做错事而犯了法律的个人们解除法律责任。属于此类的法令，大概成立于内乱战或骚动(譬如，即以1715年及1745年之革命[28]为列)之后。诚以在这种变乱期间，役吏及其他人物，为着保护国家的利益起见，曾经不依法律途径以行事(譬如，他们本来不有权以监禁国民，然当时竟做禁锢他人的行事)。因之，巴力门不得不于事后通过此项法案以图补救。此项法案的真容必须彻底明白，然后本论题旨方可以继续讨论下去。第一层，我们须知所谓赦免法案，对于合法行为，无论如何残酷，并不适用。譬如，一个地方有司，在适当情势之下，使用武力以解散一个非法会议。又如，一个司令官，在适当情势之下，令部下开枪射击一群暴众，以迫其解散，因之，群众中遂有三数人受击毙。两种行动在事后均不用通过法案以求赦免。诚以依照常法所昭告，全国人民在需要时均负有用武力以维持君主的和平之责任；今兹所为，只是履行此项责任之一种行动，故得受许可而免除议处。惟有一个邑宰、一个警士或一个将官，竟在战争时候，或和平时候，不遵行法律途径以行事，遂至损害一个英吉利人的财产，或干涉他的自由；诚如是，行事人将不免负行为上之法律责任，而此项责任实为犯法者所必负。不过这个犯法者所以甘冒大不韪而行事的动机究竟与寻常不同，此则不可不注意。此项动机尽可以发于爱国心，于是，他的行动在政治上实为当机立断，而万姓胥受其利。虽然，凡此种种利益，倘若这件行事终不能见谅于法律，必不能解他所负行为责任，甚至不能逃避控告。惟其如是，惟有一宗

---

28 参考克卢所著，《元首的陆军力量》，第二册，第164及165页；又佐治第一代档案，第一册，法令第2号，第29页；及佐治第二代档案，第十九册，第二十章。

赦免法案为能庇护此人。关于此旨，请注意一位鼎鼎大名的审判员所发议论：我们须知这位审判员并不是一个故意藐视元首及其仆役的威权之人物。

"倘若我们要问，究竟一个官吏越权行事，是否至于犯了民事侵害罪，这个原理大抵从同上方所已论列；换言之，该原理不过要补足'君主对平尼（*Rex v. Pinney*）'一案所交下原理而已。倘若这个官吏做了一种行为，而越过法律所尝授予他的权力，这种行为无论在如何情势之下，终不是他的本分所应有，于是，他必须依行为的性质而负起相当责任。纵使此项不法行为纯出于爱国热诚且是救国举动，事后且足为巴力门通过一宗赦免法案张本，此时终不能制止受害者，使不能提起刑事诉讼。这是要说，倘若他已经越权行事，他必须自负行为的责任。反之，倘若这种行为确是一件行事，不但行于适当情势之下，而且行于法律范围以内，诚如是，他的忽略不为，依君主对平尼一案所交下的原理，转足以陷此人于罪恶。此处所有案情，较之上列案情，适两相反。"[29]

上文一段引用语，系自白拉克布恩（Blackburn）的发言征引，这段引用语还可以解释反对派关于需要一大义所有反对主张。

反对者言曰：一个人做了一件应该做的事，他必需一宗赦免法案以求免咎，但不做此事，他又要因忽略不为而受重罚。在如此情形之下，他岂不进退维谷？

我的答案是，这种假设的困难决不至当真实现。法律本属至公，一向毫无为难私人之意；至于表面上所有困难或不合情理之处，

29　此为审判员白拉克布恩在君主对挨鸦（*Reg. v. Eyre*）一案所发言论，见原案第58页。

大抵起于"义务"(duty)一字的混淆。混淆何自起？起于混道德的义务于法律的义务。我们须知一个人所有法律的义务必须履行；倘若不履行，他自然要受处罚。但在此际，他并不需一宗赦免法案以解免行为之罪，但在别一方面，履行道德的义务迥异履行法律的义务，而有时因履行道德的义务之故，他或不免侵害了邦人的寻常权利，于是遂形成违法的罪状。在此际，纵使他的行为是合理，他本来可以不负道德的责任，但他必须负法律的责任，故非有赦免法案的通过不能免罪。所以法律上之不为与道德上之不为自然是十分异趣。试设例明之。设如，白理士涂(Bristol)的市长，在需要的情势之下，不使用相当武力以解散一群暴众，此项忽略不为必须受罚，因为他已经忽略了法律的义务；但倘若他还能履行这种义务，即能使用相当武力以遏抑暴动，在此际，他并不惹起法律责任，因之，并不须求庇荫于赦免法案。设如，在别一方面，当外敌侵入或内乱乍起之际，一个邑宰竟不依法律途辙，遽以不忠心疑人，即以嫌疑而逮捕而监禁若干人民。倘若此项嫌疑后来属实，他自然造福于国家不浅，所以他的行事在道德上并不是错误。不过合理是一事，违法又是一事，因此之故，倘若不有赦免法案，他必不能脱卸非法禁锢他人之罪。虽然，在此处我们必须注意一点，即是：假使这位邑宰明于利害，而不勇于任事，他必不越权行事以逮捕在法理上所不容许逮捕的嫌疑人物，果尔，他的行为必将不见谅于爱国之士，但无人能以此故控之于法院。由此观之，一个人对于法律的义务忽而不为，此项不为实属有罪，必须受罚；但既履行之后，他再不须求助于赦免法案。在别一方面，此人做了一件行事，按之道德为合，按之法律却为不合，他必须托庇于一宗赦免法案，以求免罪，但在此际，他必不以忽略道德的义务之故，至于受罚。

C. 关于戒严法之别种见解

本篇书后对于戒严法的施行，特以"迫切需要的大义"（the doctrine of immediate necessity）为其根据；异于此项见解者，尚有三派学说，各树一帜。第一学说以御用特权为戒严法的使用之基础。第二学说则以军人的身份为出发点，由之，更进而测定军人在军事进行中之诚意的行为所有性质，末后遂归结于这种行为惟对于军事法院而不对于寻常法院负责任。第三学说更将"需要"（necessity）一义尽量引申至于极广，特提出政治的需要或便宜为戒严法的使用之根本。兹当逐一讨论而辩驳之。

（1）特权的大义——主此说者，以为元首依据特权的威力，得于战争时期发布戒严法，以停止或跨越寻常法律所固有的效力。这个见解亦自有其考据，并非为无稽之谈，而此项考据即来自人权请愿书（the Petition of Rights）。论者谓该书并未尝反对戒严法在战争时期之运用，故有此说。

这一条大义有极大弱点，即是在于缺乏法律根据。关及人权请愿书的推论，白拉克布恩尝加以驳复，至足参考。其言曰："倘若因为人权请愿书未尝抨击戒严法，论者便要硬派之为赞成戒严法，此项推理只是完全错误。"不过白拉克布恩后来仍补足一句，即谓："人权请愿书诚未尝将反对的态度流露于书中文字。"[30]

---

[30] 此为审判员白拉克布恩在君主对挨鸦一案所发言论，见原案第 73 页。除本页外，翻读第 69 至 73 页，在其中读者当可明白人权请愿书所以略去在战争期间所有戒严法之理由。

(2)超越法院管辖权的大义[31]——此项主张可以赅括言语叙出如下文。一个将官,在统率士卒以抵抗敌人之际,自不免跨越财产或人身自由的寻常权利。古来法律宗匠主张此说者颇不乏人,原书具在,可以覆按。[32]依此见解,这个将官固有权以侵害他人所有财产(譬如,闯入私有土地),而不负行为上之法律责任。加之,一切法律权利本来站立于同一水平线上,倘若因为作战而出于不得已之故,一个将官既能占用或摧毁私人财产而不至违法,依同理,他即可以禁锢一个英吉利人,甚至罚之,或杀之亦无不可。约言之,为着作战之故,他可以干涉任一英吉利人的任何权利。说者以为此项主张的确实可以几项要旨作证。第一,法院对于履行军人本分的行为不能审判;第二,法院在战争期间,不愿,抑亦不能干涉司令官的作战事务及他的行动,以至奉他的命令而做出的行为。由之遂得结论,即谓:军人在军事行动下之出于诚意的行为,不但在交战时期,而且在和平恢复以后,均应超越寻常法院的管辖权。[33]凡上方所陈述皆为超越法院管辖权的大义之要旨,将欲以一语括举,我可以用极明显的简式提示之如次,即谓:战争的发生即可视为寻常法律的效力即时停止,此说至少可以适用于统率兵士而从事于抵抗外敌的军官。依此见解,一个司令官在此际所占地位,恰同一个审判员在履行其本分时所占地位。申言之,军官在军事行动下之出于诚意的行为,不任受控诉于寻常法院,犹之,审判员在执行职务下之行为,

---

31 利查(H.Erle Richards)尝著论文,即以"戒严法"为题,对于本篇书后在此处所批评的理论主张极力,其言甚辩,学者可以参考。该文载于《法律季刊》,第八册,第133页。

32 参见本篇上文论戒严法的性质一节。

33 参考《法律季刊》,第十八册,第140页。

亦不任受检举于寻常法院。

依鄙见观察，这种主张可以惹起最坚强的反对，试问一个将官在御敌时得随意占用私人财产的权利，究竟有何事实以为根据？此问题一经究诘，我们将见此项权利实不过适用一条原理，即是：为着维持君主的和平起见，尤其是为着击退侵入境内之外敌起见，一个忠实国民可紧随需要情状而做出任何行为。但除却占用私人财产的权利之外，倘若更有较扩大的别种推论，亦欲以此一事实为根据，我诚未见其可。

将欲以学理解证这条超越法院管辖权的大义，求之法律典籍，殊不易得。反之，这条大义不但龃龉审判长郭克布恩(Cockburn, C. J.)在君主对臬勒孙(R. v. Nelson)一案所发言论，而且违反审判员白拉克布恩在君主对挨鸦(R. v. Eyre)一案所下评语。抑主张此说者，何不观诸赦免法案乎？赦免法案所以通过，即不外要救济在内战或革命时做出的非法行为。假使超越法院管辖权的大义果能成立，巴力门又何以竟不惮烦而建立这宗法案？不宁惟是，在此说中尚有一种推理，因为法院在交战时无权力以干涉司令官或其部属的行为，论者遂以推断法院在和平恢复以后仍无权利以问及此类行为，这种推想，殊未易寻出其名理。更就法律史考察，这种推论殊不合于最明显的事实。按实言之，在英格兰中之法院，以至在合众国中之法院，绝未尝对于其本身所有在战争时期中之非法行动的审问权稍怀疑虑。

(3) 政治需要或便宜的大义[34]——国内著名律师，其意见至值得

---

34 参考普洛克，"何为戒严法？"，载于《法律季刊》，第十八册，第162页。

尊视者，亦有以此旨为戒严法的使用之根据。他们以为当在外敌侵入境内之际，一个将官、一个市长、一个邑宰、或任何忠实国民可以做出任何行事，甚至犯了民事侵害罪或刑事罪，倘能向陪审团证明所行事为出于至诚卫国，即得免罪。此项大义（为着讨论便利起见，我称之为政治便宜的大义），直要从法律立论以辩护许多不起于迫切需要的非法行为。为着彻底明白这条大义所有广漠范围起见，我特地征引普洛克爵士（Sir Frederick Pollock）的言论：

"敌军已在北方英格兰登岸，而且要长驱入约克（York）。当是时，伦敦与白理士涂两市尚能保持和平，法院尚在开庭审事。惟据侦探所得报告，知有谋为不轨之辈，正在设法别处口岸上陆，以图响应及报告军情。白理士涂市适为此类口岸之一。然则该市市长为之奈何？我以为在如此情势之下，法律问题姑置勿论，他所有国民的道德义务至少足以驱使他举办下列各事：第一要防止嫌疑犯登岸；第二要逮捕及禁锢已经登岸的恶人；第三要严密稽查铁道往来行旅，不使此辈恶人得以北上；第四要检查邮电。凡此种行动皆是侵扰他人的罪状（或者惟有禁止外国人登岸一事可以除外），因之，只有曾经法案规定的邮务总长所有权力之使用为能许可于法令外，其余行动只可希冀常法权力之起于需要者出而解救。学者在此地必须注意一事，即是：我现在并不提及审讯与刑罚等事。诚以普通见解（有时官吏亦怀此见）往往因有了戒严法，便忆及军法裁判，此层意思最易惹起纠纷，故审讯之事在此地特被略去。至于特种紧急处罚在戒严法运行时可为必要，亦可为不必要，是以我亦阙之勿论。惟专就此类紧急处分观察，市长在此际所有威权，直等于船主在航海时所有威权。

"假使白理士涂市长竟不能办理这些事务,他必然要蹈他的前任[著者按,此指平尼先生(Mr. Pinney)]的覆辙,而感觉困难。纵使他欲以下列情形自辩,即谓:市内和平尚在保持,法院尚在开审,因之,他只能遵依法律途径以行事,我深恐其无大效力。此外,他本来还可托词自解,即谓:他正在等候枢密院令,惟此项命令乃始终未见到。但这种解释,依我观之,仍未必比上项辩论较为优胜。即使有所优胜,他的罪名亦不见得到极大减轻。"[35]

此项见解,比之我在上文所谓"迫切需要的大义",在根本上截然相异,我们对之诚不能予以赞同。其理由是:这个理论,除却君主对平尼(R. v. Pinney)[36]一案外,罕有成例可以依据;即以该案而论,倘若仔细审察其特殊情势,我们亦不敢信普洛克先生所有推理为确实。诚以平尼市长在此案中所以受罪之特殊情势是大致如下述:第一,平尼先生在当时身任市长,即负有维持白理士涂市的公众安宁之责,讵料当暴动初起,他竟然溺职,不能预加制止;第二,在君主的和平既受破坏以后,监狱旋被开放,主教的宫室以至其他住宅旋被焚毁,他仍然不采取相当步骤以逮捕暴徒或恢复秩序。然则当日所有情势既是迫切如此,即比之任何假设案件,亦是迫切莫过,为着恢复秩序起见,武力的使用实属迫切需要。在痛定思痛之余,倘若元首的控诉词可以尽情吐露,平尼先生便是地方大吏所犯溺职罪状的绝好榜样之一个。他的行为固然是懦弱无能至无疑义,然而一经反复审讯,他仍然被陪审员视为非明知而故犯刑事罪者

---

35 参考普洛克,"何为戒严法?",见《法律季刊》,第十八册,第155及156页。
36 参考君主对平尼(R. v. Pinney, 3 St. Jr. n. s.)原案,第11页。

比，审判员亦以为然而予以同意。抑在此案中尚有一要旨，我们必须特别注意。此一要旨是，原案对于一个邑宰在公众便宜的相当理由之下，得以越权行事而不至违法一项陈义，绝未尝加以商榷。所以该案本身仅能确立一则原理，即谓：凡一个地方有司，倘若在事实上失于维持公众和平，便犯了刑事罪。至于由此则原理以作推想，遂假设一个白理士涂的市长，因为外敌正在侵逼，便要感觉到便宜行事的需要，即谓：跨越常法的一切寻常规则以实行非常举动于一所太平地方，确是他的本分，此项想像实难令许多律师敢相信其所有行动为合法。抑个中犹有更难处在，即是：一个市长，在普洛克爵士所假设的特殊形势之下，何以必要怀抱如此恐惧，即以为在此际倘不当机立断，必至有蹈平尼先生的覆辙之忧，此层曲折处尤令人不易于索解。然则平尼一案实不足以解证所谓政治上之便宜的大义，至为明白。倘若该案尚不能为之解证，此外我更不知尚有别种成案可充此役。

不宁惟是，这个理论还有可以极力反对处在。反对处何在？在于历来赦免法案的通过。此旨亦为主张此项理论的极伟大宗匠所深悉。是故普洛克爵士有言：“他人闻之，或不免生一反对论调，即谓：倘若此项见解是正确，则历来所有赦免法案只成为多事而已。其实不然。原来一宗赦免法案不外是一种审慎周详与慈祥恺悌的立法，所以该法案所有作用，并不要庇护在事实上已经成立的非法行为，却要祛除社会上一种疑惧心理，庶几虽有由合法行为所产生的损害，凡照常例必不能依法诉请赔偿者，亦得依据该案以起诉。"[37]

---

[37] 参考普洛克，"何为戒严法？"，见《法律季刊》，第十八册，第157页。

此项答辩可谓精心结撰，但有缺点。缺点何在？在于缺乏一宗赦免法案的完满解释。这种法令固然是一种审慎周详与慈祥恺悌的立法，但并不是如此单纯。按实言之，此类法案在实际上确着意于庇护做了非法行为的个人或少数人们。试观实例。例如，自从考试法案及市政府法案（the Test and Corporation Acts）通过以后，直至他们受废弃为止，非国立寺院的信徒常有陷于非法行为的可能，因之，巴力门特于每年通过一宗法案，不论命题何若，其用意均在于庇护此类非法行为。不如，在 1715 年及 1745 年革命之后，巴力门各于此时通过一宗赦免法案。又如，爱尔兰巴力门在 1798 年革命之后所通过的赦免法案，因为条文太苛细之故，当时尚不足以庇荫斐格拉（Mr. T. Judkin Fitzgerald）酷烈对付革命党徒之暴行，后再通过一宗法案，其条文极为宽大，乃足以解免斐格拉于刑事罪。[38] 更如，詹美加（Jamaica）立法机关亦尝建立同样法案，依之被告人在腓立对挨鸦（Phillips v. Eyre）一案中得以有所申辩，遂获胜诉。凡此种种法案，其命名尽可相异，其用意却无二致。申言之，此类法案均着意于赦免犯法的行为。凡人因为履行了政治的义务，而至于破坏国法，倘依通例，必应受罚；惟有在赦免法案的运行之下，此人方可以免于罪戾。由此观之，所谓赦免法案，只是补救非法行为的一宗立法。这一要点必须被十分看重，因为介于"迫切需要的大义"与"政治便宜的大义"之间之争辩，概须被测定于下一问题，即谓：何为赦免法案的真性质？倘若这种法案，依上文所推究，果

38　参考赖特对斐格拉（*Wright v. Fitzgerald*, 27 St. Jr.），第 759 页；又列基（Lecky）所著，《18 世纪中之英格兰》，第八册，第 22 至 27 页。

为补救非法行为的一宗立法，则"政治需要或便宜的大义"所有主张不待攻而自破。

从来有两种场合，至足以在表面上使人对于政治便宜的大义感到殊有必要的印象，但此亦不是表面工夫而已。试分析言之，第一场合起于一个矛盾理论，即谓：为国家的利益而行动，尽可合于道德，但仍不免违于法律；因之，这种矛盾的解救，惟有赖于一宗赦免法案。其实此处所谓矛盾，上文刚已提示，不过是在于表面而非是实在。是故加以剖解，这个理论实具有两层意思：其一，要表明一个人的日常本分，只是在于守法；其二，要提示这个人以一条出路，即谓：倘若真为着政治利益而行动，而至于跨越范围，他必须求救于主权权力（即君主在巴力门中之威权）。第二场合起于盛行于人间的观感，即谓：凡在大变故时，你不好过于勇敢任事。但此项观感，仍不过是一种幻想。诚以百数市长在通国中藉公众利益之名以轻举妄动，其流害当比外敌将次侵凌所生的危险，较增十倍。

书后十一　平政法院的组织[1]

平政法院（Tribunal des Conflits）以下列人员组成：

（一）院长1人，由司法部长（Garde des Sceaux）[2]兼任。以法律言，部长可于开会时出席参加，并任主席，同时并有票决权；但以事实言，部长出席之时甚稀。

（二）审判员8人，皆由选任，其分配方法如下：

（1）最高法院审判员（Conseiller à la Cour de Cassation）就院中审判选出3人为代表。

（2）国务院中之参事（Conseiller d'état en service ordinaire）[3]就院中参事选出3人为代表。

（3）上列两组代表再会同选出两人。此两人照例应从上列两院以外之审判员及参事选出，但依习惯，则为最高法院1人，国务院1人。

1　参考柏写列眉（Berthélemy）所著，《行政法纲要》（Traité Elémentaire de Droit Administratif）（第五版本），第880及881页；沙董（Chardon）所著，《法兰西的行政》，第411页。

2　副院长由全体审判员就8人中选1人为之。副院长通常于开会时任主席。

3　"Conseillers d'état en service ordinaire"（国务院参事）为国务院中之常务官吏，通常能终身任职。此类官吏正与"Conseillers en service extraodinaire"（国务院参议）相反。参议为临时职，因处理特种事务而委任。

以上 8 人依法得接连被举，其实接连被举乃为常事。是故连司法部长在内，平政法院实有审判员 9 人。

此外尚有代理员 2 人，由两院自行分举。当在平政法院审判员中有 1 人不能出席时，当由代理员分别顶替。

此外，更有所谓政府委员（*Commissaire du Government*）[4]2 人，由总统委任：其一自国务院中之上诉主事（*Maîtres des requétes*）选委，其他由最高法院中之高级律师（*avocats généraux à la Cour de Cassation*）择任。

---

4 "政府委员"的名义与事实殊不相称。诚以他们并不代表政府而参加平政法院；反之，他们常具有独立意见，而不受政府指挥。他们并非是审判员，却是法律的代表。每逢政府代表（譬如，州长 [the prefeet]）提出管辖权的冲突问题（例如，寻常法院干涉及行政法上之诉讼，是否即为越权的问题）于平政院，这两位政府委员的法律意见，常与该代表所有者不能苟同。

书后十二　论控诉元首

就法律本质立论，控诉元首，在英吉利法律之下，几乎是绝不可能之事，而此项不可能性，大抵基于元首不能做错事之一原理。因此之故，熟悉政情的外国政论家，甚至英吉利人们，常时以为关于元首行为的救济办法，阙然无有。申言之，私人所受于政府的损害，或为：

（1）与元首所订契约，以至与政府各部所订契约顿被毁弃；或为

（2）元首的侵害行为，以至役吏的侵害行为，似乎漫无限制，亦不有若何方法以图补救。

虽然，此项见解未免在事实上为谬误。

关于契约的毁弃

倘若政府各部替代元首订约而至于毁约，此时有人权请愿的程式在。此项文书所载固然是一种请愿，而且必须先取得总检察长许可；但他的允许必定可以得到，而文书一上，其所有效力直等于起诉。

政府各部之中，尚有若干部（譬如，即以工务委员会为例）因为有管理公众建筑物之故，通常只被看作法人团体，因之，即可以受人作为法人团体而起诉。

由政府各部，或其代表所订契约，其代价照例须从巴力门每年所通过预算项下支付，而且此项支付方法大抵订明，有时即不订明，

亦可以作为双方默契。至于巴力门究竟能依期通过预算以准备该款的支付与否，此则非订契者对方所愿与闻。

关于侵害行为

倘若官吏因处理公务而有侵害行为，受害者对于元首不能以法律诉讼起诉，亦不能以人权请愿书请愿。

在此际，受害者惟有将亲身行事的官吏或参加行事的官吏，起诉于法院。但就大概情形立论，该官吏虽受控告，亦不至因公受累，因为元首（实即政府）对于此项损害的赔偿，概代如数垫出。譬如海军军舰，因舰长不慎之故，常时冲坏商船，于是海军人员往往以之受控告。倘若控告得直，所有商船所受损害的偿金，均由海军部支付。

倘有巴力门法案规定，从今以后，凡遇元首的仆役以奉行公务之故，至于犯了民事侵害罪，受害者得以人权请愿向元首申请赔偿；诚如是，此项规定直等于将原有法律加以修正。不过元首超越于此项侵害行为的地位，久经习惯，巴力门立法即不便妄事纷更，而再立新法；同时，倘依原有惯例办，侵害者与被害者仍各得其平，而不至于使一方受枉屈。

此外，我们还须记取一事，即是：许多政府事务在外国概为国家的役吏为之者，在英格兰多由法人团体（譬如，铁道公司、市政府等）处理。大凡法人团体，若有经纪为之代订契约，必须负起完全责任，若有雇员因执行公务而至于侵害他人所有权利，又必须担任赔偿。[1]

---

[1] 参考卢儿勒（Lowell）所著，《英格兰的政府》，第二册，自第490至494页。

书后十三　1911年巴力门法案

（著者按，该法案载于佐治第五代档案，第一及第二册，第十三章。）

法案题目
规定贵族院与众民院相互关系及限制巴力门任期法案。
（著者按，该法案通过于1911年8月18日。）

主文
因为巴力门中之两院所有相互关系亟应确定：

又因为现行贵族院将来亟须谋改为巴力门中之第二院，其议员在将来必须由人民公选，不再仍旧世袭，但如此改革尚不能即时实现：

又因为巴力门将来尚须计划所以限制及规定第二院所有权力，但本案仍以明订条文即以约束现行贵族院的权力为切要：

决议
因此之故，君王陛下，以宗教爵主及世俗爵主以至众民之辅导与同意，同于本任巴力门之本届会议，即依巴力门所有威权，而通过决议如下：

第一条　财用草案

第一款　倘若一宗财用草案，曾经众民院通过，并经在本届会议闭会前之1月咨送贵族院，惟贵族院不能于咨送后1个月内以无修正而通过，这宗草案，除非众民院再下别种命令，应即呈送君主陛下，一经御旨批准，即成法案，虽则贵族院未尝表同意亦可不理。

第二款　一宗财用草案为公家草案（Public Bill）之一宗，该项草案，依众民院议长的见解决定，只能包括下方所列各款，即是：赋税的课取、撤废发还、更改或酌定；为清还公债而征取的课税，或为其他财务上之应付，例如，固定资金或巴力门所给款项，而征取的课税，以至此类课税的变更或撤废，供给金额，公家款项的账目之交付、收入、保管、支出与清查，任何公债的征募或保障及其清还，以至与上方各款有关连的款目。所有列在各目中之称谓，例如，"赋税""公家款项"及"债务"等名词，并不包含由地方政府为当地支用而筹措的赋税、公家款项及债务。

第三款　逐一财用草案须经签押，然后咨送贵族院，而每逢此项草案呈送元首请批准，该草案须由众民院议长亲具证明书并署名于书上，以证实其为财用草案。在未膳具此项证明书之前，议长倘在可能范围内，应咨询院中人事委员会会员两人，此类会员应于每届第一次会议用该会委员长的羊皮纸文书而委任。

第二条　公家草案

第一款　倘若任一公家草案（财用草案除外，又凡公家草案之具有超过巴力门5年任期的时效者亦除外）曾经接连三届会议（不论其为同一任的巴力门与否）被通过于众民院，而且曾经于每届会议闭会前1月咨送贵族院，惟贵族院竟接连三次反对，这宗草案，除非众民院再下别种命令，应即呈送君主陛下，一经御旨批准，即成法案，虽则贵族院未尝表同意，亦可不理；但尚有一种限制，即是：除非介于该草案在众民院第一届会议中之第二读会的时期，与该草案在众民院第三届会议而通过的时期，其间相隔已经过两年之外，该法案方生效力。

第二款 当一草案依本节所规定，呈送君王陛下请予批准，众民院议长须亲具证书，并署名于书上，以证实该草案曾经遵照本条所规定办理。

第三款 倘若一宗草案不以无修正，或不以两院可表同意的修正，而通过于贵族院，这宗草案仍视同被拒绝于贵族院。

第四款 倘若一宗草案，当在咨送贵族院时，适与前届所咨送的草案互相符合，或仅含有一种修改，以时日及事实变易之故，经众民院议长认为必要者。又或为照抄贵族院在前届会议时所修改者，甚至可为任何修正案，惟曾经议长具书证明其为贵族院在第三届会议时所修改，而又为众民院所愿与同意，因之，特将其插入原案，乃遵照本条所规定，而呈送元首请予批准者，这宗草案应视同前届所咨送于贵族院的草案。

但众民院，当这一宗草案通过于该院第二届或第三届会议时，倘若他们认为合宜，可以献议修改，但仍不作成修正案而插入之于原案，此项献议即可供贵族院考虑。倘若该院能予同意，此项献议即可作为经贵族院修正而又经众民院认可的修正案；但当该草案全体受拒绝于贵族院时，此项权力虽经众民院使用，亦无碍于本款法文的法律效力之运行。

第三条 议长证书

众民院议长依本法案所规定而出具任何证书,该证书应为绝对有效,不应受审问于任何法院。

第四条 本法案的应用

第一款 凡每一草案,若依本法案所规定程序而进行,当呈送君主陛下时,应将决议本文依照如下款式草成,这是要说:

"君主陛下,由众民之辅导及同意,并依众民之辅导及同意,特于本任巴力门之本届会议,遵照1911年巴力门法案所规定而进行,又根据同法案所受威权而立法,用特通决议如下文。"

第二款 凡一宗草案的任何修改,倘若为着要求本条所规定得到施行实效起见,不应被认为该草案的修正案。

第五条 在本法案中"公家草案"的称谓,不适用于为追认一宗临时法令而通过的任何草案。

第六条 众民院原有权利及特殊利益,不以本法院成立之故而有所减削或变更。

第七条 在1715年7年法案之下,巴力门任期向为7年,继自今此项任期应改为5年。

第八条 本法案当被引用时,应注明1911年巴力门法案。

戴雪先生略传

戴雪教授（Professor Dicey）名"Albert Venn"，生于 1835 年 2 月 4 日，死于 1922 年 4 月 7 日，享年 87 岁。戴雪先生出于英格兰的望族：其父为爱德华·戴雪（Thomas Edward Dicey）；其母为安妮·斯梯芬（Anne Mary Stephen）。在 19 世纪上半期中英格兰有一风行一世的周刊，名《北暗灯文汇报》（Northampton Mercury），即由爱德华·戴雪主撰。其实，《文汇报》自创办于 1720 年起，至转卖于 1885 年止，戴雪氏一家四世迭主笔政，并经营印务。至于斯梯芬氏家人，尤多能以政治、法律及历史学问闻名于世，列士梨·斯梯芬（Leslie Stephen）即为其最著者。列士梨·斯梯芬与戴雪教授为中表兄弟，相交甚契。列士梨尝为其姑及姑丈作传，各有切实称奖：前者被称为淑女贤母及言语名家，大有斯梯芬氏家风；后者被称为精通数理，及深明世界大事，盖是一个极有修养而又有智虑的学者。戴雪教授共有兄弟 4 人：长者名"Henry Thomas Stephen"，次者名"Edward James Stephen"，第三者为"Albert Venn"，第四者为"Frank William"。长者为名律师，次者为名主笔，季者亦以美术为业。一门之内，兄弟共有 4 人，却无姊妹；大家同受教于贤母，直至入大学为止。

1854 年戴雪教授始及第于牛津大学的入学考试，旋入巴理倭勒(Balliol)学院为学生，1860年毕业于牛津大学。在修学时，戴雪先生能博学深思，长于辩论，尤能择交良友持之以敬爱。当是时，求学于牛津、剑桥两大学者人才济济，极一时之盛会。1856年，戴雪与倪可勒(John Nichol)纠集同学设立青年励志会名"Old Mortality Society"，即以道德智识互相砥砺。会中著名人物，除戴雪二人外，则有格林(T. H. Green)，后成名为政治哲学家，又有荷兰(T. E. Holland)后成名为法律哲学者。牛津大学原有牛津协会(the Oxford Union Society)，其与会者多以审问明辨著称，当戴雪修学时，除其本人与格林外，文学者摩梨(John Morley)亦称健者。故查克孙博士(Dr. W. W. Jackson)于后来追忆，则断然谓：每逢辩论会开会，戴雪在会中常能出类拔萃。抑终戴雪一生，其友朋间之进德修业，恒赖有一学社名"Ad Eundem Club"者，为之中介，以团聚旧朋与欢迎新友。会中著名人物有政治家蒲徕士(James Bryce)、宪法学者安生(William Anson)、政治学者依勒别(Courtney Ilbert)、宗教家纽门(W. L. Newman)，皆为牛津毕业生，又有政治学者西域克(Henry Sidgwick)、历史学者列士梨·斯梯芬、宗教家约翰·温(John Venn)、历史学者阿克顿(Lord Acton)，皆为剑桥大学毕业生，诸友之中，蒲徕士与戴雪尤为死生道义之交，中间虽以爱尔兰自治问题主张各异，然朋友交谊始终保持不变。蒲徕士以1922年死去，戴雪黯然伤神，既悲老友，复念来者，乃遗书来特(Robert S. Rait)告哀，复殷殷然以结纳后进为劝告。书中词旨不尽缠绵恻怛，读之如见其人。书发后未及数周，此老亦淹然物化。

戴雪先生既毕业于牛津大学，旋来伦敦执行律师业务，中间复好以余闲从事著述。伦敦市之"旁观"(the Spectator)纽约市之

"国民"(the Nation)常有其论说。1872 年,戴雪先生与本咸架惕(Elinor Mary Bonham Carter)女士结婚。伉俪敦笃,终其身在学问上、事业上相互为伴侣。每逢远行暂别,戴雪先生必追忆每日行事中之最有兴趣者驰书相告。本来戴雪为人和易,长于书翰,故生平与其爱妻畏友所有往来书札,积之成帙。死后,挚友来特教授(Prof. R. S. Rait)受戴雪夫人委托,为之编辑生前言行录(Memorials of Albert Venn Dicey),即根据此类信札成书。

1882 年,牛津大学有微臬特设常法讲座(the Vinerian Professorship of Common Law)出缺,戴雪先生遂被召归母校而担任此一讲座。该讲座原为名律师微臬(Charles Viner)捐款设置,自其设立之始,朴莱克斯顿(Blackstone)以著名法律学者被聘为微臬讲座之第一任教授,嗣后,虽代有名人继起,以承其乏,然求其能绍承朴莱克斯顿遗绪,以树立宗风者,戴雪实为朴莱克斯顿后之第二人。先是,戴雪在修学时,素以能以审问明辨著称,离校以后,尝怀抱一种宏愿,欲于迟早间入巴力门为政治领袖。故当被召任常法讲座之际,他十分犹豫,不欲应命。但一经郑重考虑之后,戴雪乃毅然接受此职,并决定将努力使用其职权与休闲时间,以做成两种事功。其一为改进全魂学院(All Souls College),务使之成为牛津大学的极优良法律学校;其二为殚心著作,务使自己能于法律文学上有所贡献。及今观之,戴雪教授至能实践生平所有愿望,了无愧色。关于前一层愿望,他尽心与院长(the warden)安生爵士(Sir William Anson)合作,全魂学院在今日,不但成为一优良法律学校,而且成为全国极有名誉的法律学校。安生爵士原与戴雪教授为同学,其所著有《英宪的法律及惯例》(*Law and Custom of the Constitution*),

号称一部杰作,复能与戴雪所著《英宪精义》相互发明。当安生死于 1914 年,未几时,戴雪即致书其妻表示痛悼,以为此项噩耗不但是全魂学院的一大丧失,而且是他本人所遭遇的一大不幸事。关于后一层愿望,他的就职演讲即以"究竟英吉利法律能教习于大学否?"为题,而加以肯定答案。而且在讲学期间,先后有三大名著,出而问世。三大名著之第一部,便是《英宪精义》,此书由在牛津大学的讲义编成。其第二部为《法律与公意》(*Law and Public Opinion in England during the Nineteenth Century*),此为演讲于哈佛大学的原稿。原来著者在其生时,尝两度游历合众国,在其第一次旅行中,蒲徕士相与偕行,时为 1870 年,而此行实为蒲徕士后来作《亚美利坚平民国家》(*The American Commonwealth*)之张本;至于第二次旅行,实由于哈佛大学校长翳理倭博士(Dr. Eliot)敦聘,特于 1898 年遄往讲学,同时并演讲于卢儿勒研究院(Lowell Institute)、普林斯登大学与哥伦比亚大学。其第三部名著为《法律的抵触》(*The Conflict of Laws*),法律的抵触在英吉利法律学问中为一种新起的专门研究,而戴雪实在英格兰中为其开路先锋。此项研究通常称为"国际私法"(Private International Law),但著者独喜用"法律的抵触"之名称;自其书出后,戴雪教授之后任人,桀勒达教授(Prof. Geldart)尝下一句评语,即谓:著者"不但能将英吉利法律中最复杂的一部分治理,使之成为有系统的研究,而且能发挥其所有义蕴,与解证之以实例及成案,故此书实大有造于斯学之发达"。

综览戴雪先生所有一生事业,可分三项:其一为治法律,其二为从事教育,其三为立言。以第一项事业论,因为身体羸弱及兴趣不专之故，其律师业务并不见得有十分发展，但自1861年起至1916年止，凡56年间，戴雪未尝停止此项执业，而且在法律界中极负时誉。再以第二项事业论，戴雪教授尝教习于英美各大学，并十分热心于工人教育。故自1899年起至1912年止，戴雪先生兼任伦敦工人学院（the Working Men's College）的校长职务，规划周到，因之，并与该校副校长利希费尔德（Litchfield）夫妇结成莫逆交，复结识工人与引进劳动者于学问不少。就中他对于牛津大学关系尤深。计自1882年为始，戴雪即担微桌讲座，到了1909年，乃以年老耳聋自请辞职。然而虽在辞职之后，牛津大学仍聘之为国际私法讲师及全魂学院学友（Fellow of All Souls College）至于终身。更以第三项事业论，戴雪先生诚可谓著作等身。当其少时，著者即以《北暗灯文汇报》为发表意见的言论机关。壮年以后，其所有演讲与著作的活动不但能主持本国坛坫，而且能蜚声于法兰西与合众国间。至于他的三部名著，不但在本国中成为法律的经典文学，而且在外方各国中迭受翻译于各国文字。即在暮年，著者年将八十，尚将《英宪精义》作第八次修正于1915年，将《法律与公意》第二次修正于1914年。其用功之勤有如此。至于《法律的抵触》一书之第二次修正，则以著者精力已衰，不能独任，于是特请爱丁堡大学奇斯教授（Prof. A. B. Keith）相与合作。迨至该书第二次修正后出版才数日，著者遂亦溘然长逝矣。

新旧人名译名对照表*

本书旧译名　　　　**现行新译名**

A

亚当士（Adams）　　亚当斯
安娜（Anne）　　　　安妮
安生（Anson）　　　　安森
亚理士多德（Aristotle）　亚里士多德
亚奴勒特（Arnould）　阿尔努
亚士葵斯（Asquith）　阿斯奎斯
欧郭克（Aucoc）　　　奥科
倭士丁（Austin）　　　奥斯丁

B

倍根（Bacon）　　　　培根
巴丁（Baden）　　　　巴登

---

* 为便于读者阅读，编辑根据商务印书馆出版的《英语姓名译名手册》《法语姓名译名手册》等，列出本书中人名旧译名对应的新译名，以供参考；另，学界有约定俗成的译名的，依惯例沿用。

贝吉（Bagehot）	白芝浩
贝梨（Bailey）	贝利
巴理倭勒（Balliol）	巴利奥尔
巴茄（barker）	巴克
比根士斐勒（Beaconsfield）	比肯斯菲尔德
比亚（Beard）	比尔德
别体（Beatty）	贝蒂
柏梨（Berry）	贝里
柏写列眉（Berthélemy）	贝泰勒米
白拉克布恩（Blackburn）	布莱克本
朴莱克斯顿（Blackstone）	布莱克斯通
柏连（Blain）	布莱恩
伯禄士委（Blosseville）	布洛斯维尔
布眉（Boutmy）	布特米
布奔（Bourbons）	波旁
布利挪（Bourinot）	布里诺
布恩（Bowen）	鲍文
布勒士（Bowles）	鲍尔斯
柏辣拉夫（Bradlaugh）	布拉德洛
伯赖特（Bright）	布赖特
白洛咸（Brougham）	布鲁厄姆
蒲徕士（Bryce）	布赖士
布列（Buller）	布勒
布雅克（Burke）	柏克

布儿来（Burleigh）	伯利
彪特（Bute）	比特
布特列（Butler）	巴特勒

C

坎别勒（Campbell）	坎贝尔
卡挪（Carnot）	卡诺
卡罗怜（Caroline）	卡罗琳
沙董（Chardon）	沙尔东
查理士（Charles）	查尔斯
遮担（Chatham）	查塔姆
齐奢勒（Chichele）	奇切利
克卢（Clode）	克洛德
柯伯丁（Cobden）	科布登
郭克布恩（Cockburn）	科伯恩
款娜（Connor）	康纳
君士但丁（Constantine）	君士坦丁
郭麦能（Cormenin）	科尔默南
葛顿（Cotton）	卡顿
考别（Cowper）	柯珀
郭克斯（Coxe）	考克斯
克兰徐（Cranch）	克兰奇
克林威尔（Cromwell）	克伦威尔

D

打棱（Darling）	达令
戴维士（Davis）	戴维斯
爹雍（D'Éon）	迪昂
丁士（Deans）	迪恩斯
狄龙（De Lolme）	德·洛尔默
殿民（Denman）	登曼
狄爹裸（Diderot）	狄德罗
地士烈理（Disraeli）	迪斯雷利
朵特（Dodd）	多德
杜斐（Dover）	多弗
杜斯（Dubs）	杜布斯
杜夫（Dufour）	杜福尔
杜归（Duguit）	狄骥
戴生（Dyson）	戴森

E

翳理倭（Eliot）	埃利奥特
伊利萨伯（Elizabeth）	伊丽莎白
衣连波陆（Ellenborough）	埃伦伯勒
爱佘（Esher）	伊舍
挨鸦（Eyre）	艾尔

F

傅鸦（Faure）	福尔
伏写特（Fawcett）	福西特
费列（Ferrers）	费勒斯
费勒（Field）	菲尔德
斐格拉（Fitzgerald）	菲茨杰拉德
服西斯（Forsyth）	福赛斯
伏士惕（Foster）	福斯特
伏克士（Fox）	福克斯
弗列特（Frederick）	腓特烈
符礼门（Freeman）	弗里曼
弗来（Fry）	弗莱

G

贾地纳（Gardiner）	加德纳
桀勒达（Geldart）	吉尔达特
佐治（George）	乔治
稷本（Gibbon）	吉本
基勒邦士（Gillbanks）	吉尔班克斯
格兰斯顿（Gladstone）	格拉德斯通
格乃士（Gneist）	格奈斯特
葛德歪恩（Godwine）	戈德温
古勒士米斯（Goldsmith）	戈德史密斯
格兰（Grant）	格兰特

格拉坦（Grattan）	格拉顿
格拉维拿（Gravina）	格雷维纳
格连村（Grenville）	格伦维尔
格列非（Grévy）	格雷维

H

哈勒（Hale）	黑尔
哈廉（Hallam）	哈勒姆
汉奴费（Hanover）	汉诺威
汉撒（Hansard）	汉萨德
哈卢（Harold）	哈罗德
哈利孙（Harrison）	哈里森
哈特梨（Harttey）	哈特利
哈威（Harvey）	哈维
哈士丁（Hastings）	黑斯廷斯
倭理吁（Hauriou）	奥里乌
海士（Hayes）	海斯
轩恩（Hearn）	赫恩
耶里（Hélie）	埃利
翕写（Hesse）	赫西
哈孙（Hobson）	霍布森
荷勒本（Holborne）	霍伯恩
荷勒士华斯（Holdsworth）	霍尔兹沃思
荷兰（Holland）	霍兰

烘士（Holmes） 霍姆斯
晓士（Hughes） 休斯
堪弗梨（Humphreys） 汉弗莱斯

I
依勒别（Ilbert） 伊尔伯特

J
查克孙（Jackson） 杰克逊
遮弗梨（Jeffrey） 杰弗里
甄琴士（Jenkyns） 詹金斯
荐枭（Jenner） 詹纳
耶磁（Jéze） 热兹
约翰孙（Johnson） 约翰逊

K
奇斯（Keith） 基思
武揭梨（Kelly） 凯利
乾德（Kent） 肯特
吉青纳（Kitchener） 基奇纳

L
拉包（Laband） 拉班德
拉裴梨耶（Laferrière） 拉菲利埃

列基（Lecky）	莱基
敛挪（Leonards）	伦纳德
雷士（Lewis）	刘易斯
李非（Livy）	李维
陆克（Locke）	洛克
卢别（Loubet）	卢贝
鲁意（Louis）	路易
卢儿勒（Lowell）	罗威尔
林赫士（Lyndhurst）	林德赫斯特

M

马加列（Macarel）	马卡雷尔
马可黎（Macaulay）	麦考莱
麦克列非勒（Macclesfield）	麦克尔斯菲尔德
麦坚多储（Mackintosh）	麦金托什
梅兰（Maitland）	梅特兰
曼斯斐尔（Mansfield）	曼斯菲尔德
马列（Marais）	马雷
马利倭（Mariott）	马里奥特
马撒尔（Marshall）	马歇尔
美梨（Mary）	玛丽
麦克滥布（Mecklenbury）	梅克伦伯格
蔑勒微勒（Melville）	梅尔维尔
安者卢（Michael Angelo）	米开朗基罗

米臬（Mignet）	米涅
弥勒（Mill）	密尔
弥力检（Milligan）	米利根
弥勒登（Milton）	弥尔顿
母鸦（Moir）	莫伊尔
孟尼耶（Monnier）	莫尼埃
孟弗（Montfort）	蒙福特
摩梨（Morley）	莫利
缪鸦（Muir）	缪尔
闵恩（Munn）	芒恩
门禄（Munro）	芒罗

N

臬勒孙（Nelson）	纳尔逊
新寨（Newcastle）	纽卡斯尔
纽门（Newman）	纽曼
倪可勒（Nichol）	尼科尔
奈亭给尔（Nightingale）	南丁格尔
那亭含（Nottingham）	诺丁汉

O

倭帛来恩（O'Brien）	奥布赖恩
倭康臬勒（O'Connell）	奥康内尔
倭列里（Orelli）	欧列里

倭理安（Orleans）	奥尔良
倭屯（Orton）	奥顿

P

巴理（Paley）	佩利
巴勒格拉弗（Palgrave）	帕尔格雷夫
巴勒麦（Palmer）	帕尔默
巴麦士登（Palmerston）	帕麦斯顿
巴臬勒（Parnell）	帕内尔
披勒（Peel）	皮尔
撒利耶（Périer）	佩里耶
腓立（Philippe）	菲利普
辟克福特（Pickford）	皮克福德
披特（Pitt）	皮特
普洛克（Pollock）	波洛克
滂恩（Pound）	庞德
柏梨斯理（Priestley）	普里斯特利

R

来特（Rait）	雷特
拉斐勒（Raphael）	拉斐夫
拉那勒（Raynal）	雷纳尔
利弗士（Reeves）	里夫斯
利查（Richards）	理查兹

鲁布克（Roebuck）	罗巴克
鲁勒弗（Rolfe）	罗尔夫

S

三苗而勒（Samuel）	塞缪尔
孙爹士（Saunders）	桑德斯
司各特（Scott）	斯科特
西域克（Sidgwick）	西季威克
心门（Simon）	西蒙
琐麦写体（Sommersett）	萨默塞特
梭非亚（Sophia）	索菲亚
斯丹何拍（Stanhope）	斯坦霍普
斯梯芬（Stephen）	斯蒂芬
斯托克狄勒（Stockdale）	斯托克代尔
士托梨（Story）	斯托里
司徒雅（Stuart）	斯图亚特
士徒柏（Stubbs）	斯塔布斯
苏枭（Sumner）	萨姆纳

T

达西图（Tacitus）	塔西佗
他爹（Tarde）	塔尔德
太零（Tarring）	塔灵
写耶（Thayer）	塞耶

西耶（Thiers）	梯也尔
多马士（Thomas）	托马斯
体勒奠（Tilden）	蒂尔登
多特（Todd）	托德
童恩（Tone）	托恩
笃奎尔（Toqueville）	托克维尔
条托（Tudors）	都铎
堵哥（Turgot）	杜尔哥

V

温 Venn	维恩
微臬（Viner）	瓦伊纳
维娜格拉铎（Vinogradoff）	维诺格拉多夫
斐济勒（Virgil）	维吉尔
微微恩 (Vivien)	维维恩
福尔泰（Voltaire）	伏尔泰

W

华勒播勒（Walpole）	沃波尔
惠灵吞（Wellington）	威灵顿
温华士（Wentworth）	文特沃思
西湖（Westlake）	韦斯特莱克
威士顿（Weston）	威斯顿
威勒德（Wilde）	怀尔德

威勒克士（Wilkes）	威尔克斯
威勒士（Willes）	威尔斯
歪士（Wise）	怀斯

新旧地名译名对照表 *

A

鸦皋（Aargau） 阿尔高

阿克屯（Ackton） 阿克顿

亚勒诗耶（Algiers） 阿尔及尔

阿勒萨斯（Alsace） 阿尔萨斯

亚美利坚（America） 美利坚

圣安鲁（Andrews） 圣安德鲁斯

亚片奢勒（Appenzell） 阿彭策尔

阿剌伯（Arabia） 阿拉伯

B

巴哈马士（Bahamas） 巴哈马

巴巴杜士（Barbadoes） 巴巴多斯

巴斯体耶（Bastille） 巴士底

别京顿（Beckington） 贝金顿

---

* 为便于读者阅读，编辑根据商务印书馆出版的《外国地名译名手册》，列出本书中地名旧译名对应的新译名，以供参考；另，学界有约定俗成的译名的，依惯例沿用。

比列时（Belge）	比利时
俾母打（Bermuda）	百幕大
别恩（Berne）	伯尔尼（瑞士）
白列（Blaye）	布莱
柏炼海（Blenheim）	布莱尼姆
布希眉安（Bohemia）	波希米亚
波耳多（Bordeaux）	波尔多
布陆枭（Boulogne）	布洛涅
白理士涂（Bristol）	布里斯托尔
柏梨但尼（Brittany）	布列塔尼
伯伦瑞克（Brunswick）	不伦瑞克
柏鲁萨（Brusa）	布鲁萨

C

款华勒（Cornwall）	康沃尔
古的士坦（Curdistan）	库尔德斯坦

D

大摆（Derby）	德比
狄爹裸（Diderot）	狄德罗特
杜伯林（Dublin）	都柏林

F

羽石（Featherstone）	费瑟斯通

G
基亚那（Guiana） 圭亚那

H
哈特斐勒（Hatfield） 哈特菲尔德

I
伊利奈（Illinois） 伊利诺伊

J
詹美加（Jamaica） 牙买加
者西（Jersey） 泽西

L
拉罔爹（La Vendée） （法国）旺代省
勒司特（Leicester） 莱斯特
李斐勒（Lichfield） 利奇菲尔德
吕先（Lucerne） 卢塞恩

M
人岛（the Isle of Man） 马恩岛
麻萨诸塞（Massachusetts） 马萨诸塞

N
纳塔耳（Natal） 纳塔尔

纽西兰（New Zealand）	新西兰
诺曼地（Normady）	诺曼底
北卡罗来那（North Carolina）	北卡罗来纳
北虎姆别兰（Northumberland）	诺森伯兰郡

P

拔丁敦（Paddington）	帕丁顿

R

洛特岛（Rhode Island）	罗得岛

S

储威林（Schwerin）	什未林
佘田（Sheffield）	谢菲尔德
西昔利（Sicily）	西西里岛
士米拿（Smyrna）	士麦那
圣安鲁（St. Andrews）	圣安德鲁斯

T

惕星（Tessin）	泰辛
斯拉士（Thrace）	色雷斯
苏皋（Thurgau）	图尔高
脱兰斯哇（Transvaal）	德兰士瓦
太班（Tyburn）	泰伯恩

U
亚勒士惕（Ulster）　　　　　阿尔斯特
乌利（Uri）　　　　　　　　乌里

V
万狄门地（Van Diemen's Land）　范迪门地（塔斯马尼亚岛）
浮德（Vaud）　　　　　　　　沃州
威几尼亚（Virginia）　　　　　弗吉尼亚

W
威尔斯（Wales）　　　　　　　威尔士
华德（Ward）　　　　　　　　沃德
威士敏士惕（Westminster）　　威斯敏斯特
威士发利亚 (Westphalia)　　　威士特伐利亚

Z
沮利克（Zurich）　　　　　　　苏黎世

图书在版编目(CIP)数据

英宪精义/(英)A.V.戴雪著;雷宾南译.—北京:商务印书馆,2024
ISBN 978-7-100-23559-4

Ⅰ.①英… Ⅱ.①A…②雷… Ⅲ.①宪法—研究—英国 Ⅳ.①D956.11

中国国家版本馆CIP数据核字(2024)第060829号

权利保留,侵权必究。

英宪精义
〔英〕A.V.戴雪 著
雷宾南 译

商务印书馆出版
(北京王府井大街36号 邮政编码100710)
商务印书馆发行
北京通州皇家印刷厂印刷
ISBN 978-7-100-23559-4

2024年5月第1版 开本850×1168 1/32
2024年5月北京第1次印刷 印张 22⅛
定价:135.00元